KB181271

"일찍이『대학연의』를 보건대, 이리저리 경전(經傳)의 글을 인용하여 의논이 정확했고 말한 바가 관계가 있는 것이었다. 주강(晝講)은 조용하지 못하나, 야대(夜對)에서는 사세가 세밀하게 논할 수 있으니, 모름지기『대학연의』로 야대를 하겠다."

—『중종실록』, 중종 17년(1522년) 3월 12일

"진덕수가 10년 동안 깊이 생각한 공부가 매우 부지런했다. 이제 이 책을 보니 어렴풋이 그 사람이 곁에 있는 듯하며, 그것이 다스리는 도리에 있어서 매우 절실하고 지극하니, 마땅히 각별하게 유의하겠다."

—『숙종실록』, 숙종 23년(1697년) 윤3월 27일

임금이『대학연의』와『서경(書經)』의「요전(堯典)」두 대문(大文)을 외고, 기로소 아홉 사람으로 하여금 차례로 읽게 하였다. 읽기를 마치고는 음식을 내려 극진히 즐거워하였고, 임금이 어제(御製)를 내려 여러 신하로 하여금 화답하여 올리게 하니, 왕세손 역시 지어 올렸다.

—『영조실록』, 영조 48년(1772년) 10월 21일

『대학연의보(大學衍義補)』는 곧 나라를 다스리는 큰 법칙으로서 그 글됨이 참으로 진선진미하여, 내가 일생 동안 좋아한 것이 바로 이 글에 있었다. 20년 전에 이 책을 손수 베끼었는데, 요즘에 또 다시 읽으면서 다시 베끼어 서산(西山)의『대학연의』와 함께서 내용을 가려 뽑고, 또『대학』의 경문(經文)·전문(傳文)과 주자의 장구(章句)를 각단(各段)의 첫머리에 기재해서 초계 문신들로 하여금 정서(淨書)하도록 하였으며, 또 호남의 유생들로 하여금『대학』1본(本)을 교정하도록 하였다. 이것이 모두 나의 요즘 공부하는 대략인데, 요는 나의 심신에 유익함을 위해서일 뿐이다."

—『정조실록』, 정조 22년(1798년) 4월 19일

대학연의 上

# 大學衍義
# 대학연의
## 上

성현의 말씀과 제왕의 역사로 읽어낸 『대학』 풀이

진덕수 지음 | 이한우 옮김

해냄

# 왜 『대학연의』를 읽어야 하는가?

중국 송나라의 정치인이자 대학자인 진덕수의 『대학연의(大學衍義)』 번역을 드디어 끝냈다. 지금이야 이게 무슨 책인가 하겠지만 조선시대, 특히 초중반에는 이 책을 읽지 않고서 선비 노릇을 한다는 것은 불가능했다. 특히 임금을 비롯한 고위 관리들일수록 이 책을 읽지 않는다는 것은 생각조차 할 수 없었다.

율곡 이이의 거의 유일한 학술서적이라 할 수 있는 『성학집요(聖學輯要)』는 홍문관 부제학이던 이이가 1575년(선조 8년)에 선조가 성군이 되기를 바라는 염원을 담아 쓴 성학(聖學), 즉 제왕학의 텍스트인데, 그 책은 바로 이 『대학연의』를 모범으로 삼아 쓴 '조선판 『대학연의』'라 할 수 있다. 이이는 서문에서 "『대학연의』는 권수가 너무 많고 문장이 산만하며 사건의 경과를 기록한 글과 같고 참다운 학문의 체계가 아니어서 참으로 아름답기는 하나 모두 좋지는 않습니다"라며 약간의 문제점을 지적하면서도 "경전을 널리 인용하고 역사책을 두루 끌어들여서 학문의 근본과 다스림의 차례가 환하게 체계적으로 드러났으면서도 임금의 몸에 중점을 두었으니 참으로 제왕이 도에 들어가는 지침입니다"라며 극찬했다.

둘 다 면밀히 비교하면서 읽어본 입장에서 말한다면, 『성학집요』는 『대학연의』의 근처에도 못 가는 책이라 하겠다. 이이의 지적 중 "권수가 너무 많고"에는 동의하지만 "문장이 산만하며 사건의 경과를 기록한 글과 같고 참다운 학문의 체계가 아니어서 참으로 아름답기는 하나 모두 좋지는 않습니다"에 결코 동의할 수 없다. 이런 비판은 우리의 학문적 주체성과는 무관하며 문체의 수준, 사고의 깊이, 시야의 광폭에서 애낭초 진덕수에 비견될 수 없다. 이 부분은 학계의 진지한 토의가 있기를 바란다.

우리 조선학술사상사는 『대학연의』가 번역되기 이전과 번역된 이후로 나뉠 것이다. 뒤에 별도의 글을 통해 옮긴이가 밝히고 있지만 『대학연의』가 배제된 조선의 탄생, 조선 건국의 사상, 태종과 세종의 치적 등은 실은 알맹이가 고스란히 빠진 탁상공론이라 할 수 있다. 앞으로는 조선의 역사와 사상을 이야기하려면 『대학연의』를 반드시 언급해야 할 것이다.

얼마 전 한 원로 동양철학자가 조선사상사 운운하는 방대한 책을 냈는데, 유심히 색인을 들여다보니 진덕수나 『대학연의』는 단 한 번도 나오지 않아 경악하지 않을 수 없었다. 그분은 도대체 어떤 조선의 역사를 보았고 무슨 조선사상사를 연구했다는 말인지 이해하기 어려웠다. 우리 동양학계의 사상적 빈곤을 목격한 것 같아 씁쓸했다.

『대학연의』의 번역이 갖는 의미는 우리 역사의 일부분, 즉 여말선초 지식인들의 국가 건설을 위한 고민을 제대로 이해하는 데 도움을 주는 선에서 그치지 않는다. 오히려 현재 살아 있는 맥락에서 훨씬 더 큰 의미를 갖는다고 할 수 있다. 옮긴이는 『대학연의』의 번역이 앞으로 우리 동양학계의 논의에 어떤 생산적인 자극을 줄 수 있는지를 몇 가지 제시하는 것으로 '들어가는 말'을 대신한다.

첫째, 『대학연의』는 비록 송나라 황제 한 사람을 위해 저술된 것이기는 하지만 그 내용의 풍부함과 체계 그리고 현실적합성에서 천 년이 다 돼가는 지금 읽어도 거의 손색이 없다. 이를 통해 우리는 '동양적 교양(東洋的敎養)'의 기본 골격을 갖출 수 있다.

진덕수는 동양의 고전, 특히 사서오경(四書五經)에 정통한 것이 어떤 것인지를 유감없이 보여준다. 사안의 문맥에 따라 사서오경에서 자유자재로 문장이나 단락을 끌어들여 자신이 하고자 하는 이야기를 마치 잘 짜여진 설계도처럼 체계적이고 일목요연하게 배치한 다음 쉽고 군더더기 하나 없도록 깔끔하게 풀어낸다. 우리는 사서오경을 자유자재로 넘나드는 진덕수의 통달을 통해 무엇보다 동양적 교양 중에서도 현실유학적인 사고방식을 배울 수 있다. 무엇보다 사서오경으로 사유한다는 것이 무엇인지를 알 수 있게 해준다는 점에서 일반 독자는 물론 동양철학을 공부하고 있는 이들에게도 새로운 자극이 될 것이다.

둘째, 조금 더 전문적으로 들어가서 우리는 세종대왕이 몸소 구현했던 학문하는 방법, 즉 경전과 역사적 사례를 통합하는 '경사융합(經史融合)'의 세계관이 어떤 것인지 직접 보게 될 것이다. 『대학연의』는 사서오경을 해체하여 재구성하는 데서 그치는 것이 아니라, 진덕수가 엄선한 경전 구절을 골격으로 하여 그에 해당하는 역사적 사례들을

『사기(史記)』『한서(漢書)』『신당서(新唐書)』와 『구당서(舊唐書)』 그리고 『자치통감(資治通鑑)』 등 중국의 대표적인 역사서에서 뽑아 살을 붙였다. 사서오경이 뼈대가 되고 중국의 역사서가 근육과 살이 된 것이다. 세종대왕의 정신세계는 곧 『대학연의』와 『자치통감』의 융합이자 통섭이었다는 점에서 『대학연의』만 읽어도 세종의 정신세계를 절반 이상 알게 된다고 해도 과언이 아니다.

셋째, 그 밖의 학문적 논의는 학계에 맡기고 이번 작업을 마치면서 특히 우리 동양학계의 번역 문화에 대해서는 한마디 해두고자 한다. 옮긴이는 철학과에서 공부했지만 주로 서양철학을 했기 때문에 엄밀한 의미에서 동양철학 전공자가 아니다. 그럼에도 불구하고 대학교 2학년 정도의 교양만 있으면 충분히 이해할 수 있도록 번역할 수 있었던 것은 실은 서양철학을 우리말로 옮기는 과정에 힘입은 바 크다.

우리나라 서양철학은 일본을 통해 들어왔기 때문에 대부분의 용어가 일본식이었다. 이처럼 용어가 일본식이면 우리의 철학적 사고도 일본적이 되고 이를 제대로 의식하지도 못한다. 90년대에 들어서야 일본 문화에서 자유로운 신세대 학자들이 차례로 번역에 뛰어들어 지금은 누구나 믿고서 인용할 수 있는 수준의 번역서들이 차곡차곡 쌓여가고 있는 단계다.

그런데 지금 우리 동양철학의 번역 수준은 어떤가? 누구나 믿고서 인용할 만한 사서삼경 번역본이 있다고 자부할 수 있는가? 단언컨대 없다고 말할 수 있다. 철학은 동양이건 서양이건 전승된 텍스트에 대한 치밀하고 빈틈없는 해석에 기반해 현대에 적용할 수 있다. 그러나 현재는 국한문을 섞어 적당히 표기하는 수준을 벗어나지 못하고 있다. 이래서는 동양철학의 발전은 요원할 수밖에 없다.

철저한 번역만이 이런 상황을 타개할 수 있다. 지금처럼 번역에 자신이 없어 우리글과 한문을 병용해서는 우리의 독자적인 사고도 만들어질 수 없다. '의(義)'만 해도 의리인지, 정의인지, 의로움인지 헷갈린다. 그러나 문맥을 정확히 살피면 의리가 적합할 때가 있고 의로움이 적합할 때가 있다. 이 과정에서 자연스럽게 우리의 독자적인 사고도 만들어진다. '도(道)' 또한 마찬가지다. 번역에 자신이 없어 그냥 도(道)라고 옮기는데 상황에 따라 도, 도리, 길로 번역하는 것이 적합하다.

그래서 옮긴이는 아주 특별한 경우를 제외하고는 대부분 가장 생생한 우리말을 찾아 옮기려 했으며, 독자들이 궁금해할 만한 단어나 구절은 원문을 〔 〕 안에 실었다.

끝으로 진덕수가 인용한 사서오경과 중국 역사서들의 번역과 관련해서 언급해 둔다. 옮긴이는 이미 사서오경 중에서 『예기(禮記)』와 『춘추(春秋)』를 제외한 사서삼경의 번역을 마쳤다. 그중 『논어로 논어를 풀다』 『논어로 중용을 풀다』 『논어로 대학을 풀다』가 이미 출간됐고, 『논어로 맹자를 읽다』도 곧 출간될 예정이다. 따라서 『대학연의』에 나오는 사서삼경은 말할 것도 없고 『예기』와 『춘추』의 인용 부분도 필자가 직접 번역했음을 밝혀둔다.

이 책에는 역사서 중 『자치통감』이 가장 많이 인용되는데 권중달 선생이 옮긴 『자치통감』(삼화출판사)이 있어 번역 과정에서 큰 도움을 받았다. 다만 세세한 표현에서 미진하거나 누락된 부분들은 옮긴이가 표현을 바꿨다. 그럼에도 불구하고 『대학연의』에서 상당 부분을 인용한 『자치통감』의 번역본이 없었다면 이 작업은 많이 지체됐을 것이다. 한 번도 뵌 적은 없지만 권중달 선생의 방대한 번역 작업에 깊이 감사드린다.

이번 『대학연의』의 번역은 옮긴이 개인에게는 남다른 감회를 갖게 해주는 작업이었다. 그동안 40여 권의 영어 및 독일어 철학서들을 번역했지만 한문 텍스트의 번역은 처음이었다. 게다가 사서삼경처럼 기존의 번역서들을 참고할 수도 없었다. 『조선왕조실록』을 공부하기 시작해 『세종실록』을 읽으면서 『대학연의』를 읽고 싶다고 생각한 2003년부터 정확히 12년, 사서 공부를 시작한 2007년부터 7년, 본격적으로 번역을 시작한 2013년 5월부터 1년 만에 우리말로 된 『대학연의』를 내놓게 된다는 것은 참으로 가슴 벅찬 일이다.

그리고 현재 진행 중인 사서삼경 완역 작업 중 사서의 번역 및 풀이가 끝난 상태에서 『대학연의』를 번역함으로써 옮긴이가 그동안 해온 번역 작업을 중간 점검할 수 있었고, 그 방향도 크게 틀리지 않았음을 확인한 것은 큰 성과였다. 여기서 비축된 힘이라면 『시경(詩經)』과 『서경(書經)』 그리고 『주역(周易)』의 번역 및 풀이 작업 또한 그다지 어렵지 않으리라 마음을 다져본다.

정직과 사람다움의 가치를 깊이 심어주시고 떠나신 아버님, 변치 않는 가족 사랑으로 늘 힘을 주시는 어머님, 생전 소주 한 잔 제대로 올리지 못했던 장인어른과 늘 헌신하는 삶을 통해 우리 가족에게 큰 힘을 주시는 장모님께 감사하다는 말씀을 드린다. 아내 김동화는 주말을 다 빼앗기고도 늘 응원과 격려를 아끼지 않으며 옮긴이에게 힘을 불어넣어주고 이제 성인이 된 아들 이상훈은 내가 부지런히 책을 써야 하는 동기를 제공해 준다. 적어도 아들과 그 또래들이 살아갈 세상은 우리 때보다는 나아져야 한다는 바람이 그 동기다.

이 자리를 빌려 학문의 길을 가르쳐주신 이기상 선생님의 건강을 빌고 또 지금은 저세상으로 가셨지만 공부하는 사람의 정신이 무엇인지를 몸소 보여주셨던 김충렬 선생님께 삼가 제자의 도리로 감사드린다. 김충렬 선생님은 늘 내 머리맡에서 독려하신다. 특히 이번 작업은 선생님께서 계셨다면 더욱 좋아하셨을 것이라 생각하니 가슴이 먹먹하다.

지난 20년간 기자의 길을 걸어오면서 학문에 대한 열정을 지킬 수 있었던 것은 옮긴이의 직장 《조선일보》의 후원이 있었기 때문이다. 이 자리를 빌려 조선일보사 방상훈 사장님, 변용식 발행인님, 김대중·강천석 고문님, 송희영 주필님, 홍준호 경영기획실장님, 양상훈 논설주간님, 오태진·김태익·김광일 논설위원님, 강효상 편집국장님께 깊은 감사의 뜻을 전한다. 그 밖에도 일일이 이름을 들어 밝히지 못했지만 옮긴이의 먼지 풀풀 나는 이야기를 인내심을 갖고 들어주고 의미 있는 촌평을 해주신 여러 《조선일보》 선후배들에게도 고마움의 인사를 전한다. 그 밖에도 감사를 표해야 할 사람들이 많지만 일일이 거명하지 못하는 것을 양해해 주기 바란다. 해냄 출판사의 송영석 사장과 편집부 이혜진, 이진숙, 박은영 씨는 언제나 그렇듯 내 글쓰기의 든든한 후원자들이다.

2014년 7월
서울 상도동 보심서실(普心書室)에서
탄주(灘舟) 이한우 삼가 쓰다

# 조선을 이룩하고 이끈 왕들의 책, 『대학연의』

## 1 송나라 진덕수의 『대학연의』란 어떤 책인가?

『대학연의』란 말 그대로 중국의 세계적인 고전이라 할 수 있는 사서 삼경(四書三經) 중의 하나인 『대학(大學)』의 깊은 뜻〔義〕을 알기 쉽게 풀어냈다〔衍〕는 뜻이다. 이 책을 쓴 사람은 송나라 유학자 진덕수(眞 德秀, 1178~1235년)다. 우선 진덕수에 대한 기초적인 정보부터 정리해 보자.

송나라 건녕부(建寧府) 포성(浦城) 사람으로 자는 경원(景元) 또는 희원(希元)인데, 나중에 경희(景希)로 고쳐 불렀다. 호는 서산(西山)이 고, 시호는 문충(文忠)이다. 그래서 조선시대에는 그를 서산 선생 혹은 서산 진씨라고 불렀다.

원래 성이 신(愼)이었는데, 효종(孝宗)의 이름인 조신(趙眘)을 피해 고쳤다고도 전해진다. 4세 때 처음 책을 잡았고, 5세 때 아버지가 돌아가신 후 어머니 오씨(吳氏)가 가난 속에서도 온 힘을 다해 그를 교육시켰다.

영종(寧宗) 경원(慶元) 5년(1199년)에 진사(進士)가 되고, 개희(開禧) 원년(1205년)에 현직 관료들을 대상으로 시행하던 시험인 박학굉사과(博學宏詞科)에 합격했다. 이종(理宗) 때 예부시랑(禮部侍郎), 직학사원(直學士院)에 임명됐지만, 재상이었던 사미원(史彌遠)에게 탄핵되어 파직됐다.

단평(端平) 원년(1234년)에 다시 호부상서(戶部尙書)를 거쳐 한림학사지제고(翰林學士知制誥)가 됐다. 다음 해 참지정사(參知政事)에 오른 뒤 1년이 되지 않아 사망했다. 강직한 인물이었다 전해지며, 그가 벼슬자리에서 물러난 후 황제를 위해 쓴 『대학연의』는 주희의 『대학장구(大學章句)』에 비견한다는 평을 들었다. 조선에서는 그가 편찬한 『심경(心經)』도 크게 유행했다.

그러면 도대체 『대학연의』란 어떤 책이길래, 조선 건국 영웅인 태조 이성계가 독서를 즐기지 않았던 무장 스타일이었으면서도 이 책에 관한 신하들의 강의를 즐겨 들었고, 태종 이방원은 이 책에 관한 강독을 끝내고 "이 글을 다 읽으니, 이제서야 학문의 공(功)을 알겠다"고 토로했을까? 그리고 학문을 좋아했던 세종은 즉위 후 경연에서 이 책만으로 제왕학을 공부하려 했던 것일까?

한마디로 조선 초 국왕들의 정신세계를 이해하는 데 가장 결정적인 책을 꼽는다면 단연코 『대학연의』라 할 수 있다. 여기에 견줄 만한 책은 사마광(司馬光, 1019~1086년)이 쓴 『자치통감(資治通鑑)』이나 주희

(朱熹, 1130~1200년)가 성리학적 시각에서 정리한『자치통감강목(資治通鑑綱目)』정도다.

사실 조선의 국왕들 대부분은 이 책을 즐겨 보거나 억지로라도 읽어야 했다. 따라서 이 책을 대하는 태도만으로도 조선시대 각 국왕들의 학문적 기호나 성품까지도 알 수 있고, 서로 간에 비교도 가능해진다.

원래 고려 때는 국왕들이 당나라 태종(太宗)을 모범 삼아 오긍(吳兢, 670~749년)의『정관정요(貞觀政要)』를 주로 읽었고 더불어 공자가 편찬한『서경(書經)』을 제왕학의 교과서로 삼았다. 그런데 중국에서 송나라 때 사마광이 19년에 걸쳐『자치통감』을 완성하고 주희에 앞서 정호(程顥, 1032~1085년), 정이(程頤, 1033~1107년) 형제가『예기(禮記)』에서 중요한 구절을 발췌해『대학』을 별도의 책으로 편찬하면서 이론적으로는『대학』, 실무적으로는『자치통감』이 제왕학의 텍스트로 떠올랐다. 100년이 지나 주희는『자치통감』을 보다 성리학적으로 개조해『자치통감강목』을 지었고, 그 후 1222년에는 진덕수가『대학』과『자치통감』을 통합해『대학연의』라는 책을 썼다. 경(經)과 사(史), 현대식으로 표현하면 철학과 역사의 변증법적 종합이었다.


2 고려 말, 새 나라의 이념을 담은 책으로 널리 읽히다


여말선초(麗末鮮初)는 혁명적 시기였다. 임금만 바뀌어도 피바람이 불기 십상인데 고려가 망하고 조선이 들어서는 역성혁명(易姓革命)의 대변혁이 일어났으니 19세기 구한말이나 20세기 중반 해방 정국 이상의 격동기였다. 고려의 쇠퇴는 곳곳에서 감지되었고 구석구석에서 새

로운 비전을 갖춘 인물들이 속속 등장했다. 한편에는 무력을 장악한 이성계(李成桂, 1335~1408년)가 있었고, 다른 한편에는 토지개혁을 밀어붙인 조준(趙浚, 1346~1405년)이 있었다. 조준과 『대학연의』의 관계는 잠시 후에 살펴보기로 한다.

그보다 더 근본적으로 고려의 한계를 지적하며 새로운 나라의 이념을 준비한 독특한 집안이 있었다. 무송(茂松) 윤씨(尹氏) 집안이다. 여말선초를 거치며 흥한 집안도 있고 멸족당한 집안도 있었다면 무송 윤씨는 흥한 쪽이었다. 그리고 그 결정적인 무기가 『대학연의』였다면 주목하지 않을 수 없다.

윤택(尹澤, 1289~1370년)은 공민왕(恭愍王)에게 진덕수의 『대학연의』를 고려 조정의 경연(經筵)에서 읽도록 권한 최초의 인물이다. 이때부터 무송 윤씨 집안과 『대학연의』의 인연은 시작됐다. 그 이전까지 고려 임금들이 주로 읽은 정치지침서는 앞서 언급한 바와 같이 당 태종을 이상적 모델로 간주한 오긍의 『정관정요』였다. 『정관정요』가 패도(覇道)의 정치철학서라면 『대학연의』는 왕도(王道)의 정치철학서였다.

윤택의 아들 윤귀생(尹龜生)은 이렇다 할 관직에 오르지 못했지만 손자 윤소종(尹紹宗, 1345~1393년)은 이성계, 조준, 정도전(鄭道傳, 1342~1398년) 등 새 나라를 꿈꾸는 혁명 세력과 가깝게 지내며 조선 건국에 일익을 담당했고 훗날 개국공신이 됐다. 학자풍의 깐깐한 성품이었던 윤소종은 말년의 공민왕에게 거침없는 상소를 올려 동료들이 걱정해야 할 정도였다.

고려 왕실에 대해 좌절감을 느끼던 윤소종은 1388년에 이성계가 위화도회군을 단행해 개경으로 돌아왔을 때 그를 직접 찾아가 『한서(漢書)』 「곽광전(藿光傳)」을 바쳤다. 곽광(藿光, ?~기원전 68년)은 한나라 때의 정치가로 자기 뜻에 따라 황제를 갈아치웠던 인물이다. 「곽광전」을 바쳤다는 것은 우왕(禑王)을 내치고 다른 왕씨를 임금으로 세워야 한다는 암시였다. 실제로 이성계 세력은 우왕을 내쫓고 창왕(昌王)을 세우게 된다.

공양왕(恭讓王) 때는 실력자 조준의 도움으로 경연 강독관(經筵講讀官)이 된다. 당시 공양왕이 『정관정요』를 읽고 싶어 정몽주(鄭夢周, 1337~1392년)에게 강의하도록 명했다. 그러나 윤소종이 강력하게 반발했다.

"전하께서는 중흥(中興)의 임금으로서 요순시대를 본받아야 하며 당 태종은 취할 바가 못 됩니다. 바라건대 『대학연의』 강의를 들어 옛 성군(聖君)의 정치의 길을 밝혀야 할 것입니다."

윤소종의 건의가 간절했던지 공양왕은 『정관정요』를 포기하고 『대학연의』를 읽게 된다. 무송 윤씨 집안과 『대학연의』의 인연은 조선이 세워진 후에도 이어진다. 앞서 본 대로 태조 이성계가 무인 출신이면서도 즐겨 읽었던 책이 『대학연의』다. 『조선왕조실록』의 『태조실록』 총서에는 이런 구절이 나온다.

"태조는 본디부터 유술(儒術-유학)을 존중하여, 비록 군중(軍中)에 있더라도 늘 창을 던지고 나서 휴식할 동안에는 유학자 유경(劉敬) 등을 인접하여 경사를 토론했으며, 더욱이 진덕수의 『대학연의』 보기를 좋아하여 밤중에 이르도록 자지 않았다."

태조는 학문을 즐긴 사람은 아니다. 그럼에도 불구하고 『태조실록』에서 그 사람을 전반적으로 소개하는 총론인 총서에서 그의 『대학연의』 사랑을 강조하고 있다는 것은 의미심장하다. 실제로 실록을 보면 태조 이성계는 몇 차례 성균관 대사성(成均館大司成) 유경을 불러 『대학연의』를 배우는 장면이 나온다. 그런데 태조 이성계가 즉위하고 경연에 별다른 관심을 두지 않자 태조 1년 11월 14일에 간관이 이를 비판하고 있다. 여기에 『대학연의』가 어떤 내용을 담고 있는지에 대한 상세한 언급이 나온다.

"선유(先儒) 진덕수가 『대학연의』를 지어 경연에 올렸는데, 그 글이 맨 처음에 제왕의 정치하는 차례로 시작하고, 다음에 제왕의 학문하는 근본으로 나아가, 자기의 몸과 마음으로부터 시작하지 않는 것이 없으니, 이것이 이른바 강(綱)이요, 맨 처음에 도술(道術)을 밝히고 인재를 변별하며, 정치하는 대체(大體)를 상세하게 다루고 백성의 동태를 살피는 일로써 시작한 것은 격물치지(格物致知)의 요체요, 다음에 경외(敬畏)를 숭상하고 일욕(逸欲-안일함과 욕망)을 경계하는 일로써 나아가는 것은 성의정심(誠意正心)의 요체요, 그다음에 언행을 삼가고 위엄을 바르게 하는 일로써 나아가는 것은 수신(修身)의 요체요, 그다음에 배필을 소중히 여기고, 내치(內治)를 엄격히 하고, 국본(國本-세자)을 정하고, 척속(戚屬)을 가르치는 일로써 나아가는 것은 제가(齊家)의 요체이니, 이것이 이른바 목(目)입니다."

한마디로 수신제가치국(修身齊家治國)의 핵심은 격물치지(格物致知)와 성의정심(誠意正心)에서 출발한다는 것이다. 외부 세계의 원리

를 깨닫고 자신의 마음가짐을 제대로 해야 한다는 뜻이다. 그리고 한
달 후인 12월 16일에 좌의정(左議政)에 해당하는 좌시중(左侍中) 조준
은『대학연의』를 중시하는 태조 이성계의 방향이 지극히 옳다는 것을
지적한다. 이미 조준은『대학연의』가 어떤 의미를 갖는 책인 줄 잘 알
고 있었다. 그랬기 때문에 이방원이 개국 초 정도전에 밀려 울분을 되
씹고 있을 때 조준의 집에 찾아가자 조준은 안방으로 그를 안내한 후
술상을 내놓으며 은밀하게 "이것을 읽으면 나라를 다스릴 수 있습니
다"라고 말하면서『대학연의』를 건넸던 것이다. 제왕의 꿈을 놓아서는
안 된다는 격려의 의미라고 할 수 있다.

조준이 한 살 많은 윤소종에게 학문을 배웠음을 감안할 때 제왕학
으로서『대학연의』라는 책이 갖는 의미를 조준에게 일깨워준 사람도
윤소종이었을 것이다. 조준은 미래의 국왕을 향해 책을 건네는 것까
지 윤소종에게서 배운 셈이다.

『대학연의』를 매개로 한 조선왕실과 무송 윤씨 집안의 인연은 세종
때까지 이어진다. 세종이 왕위에 오른 1418년 10월 17일에 첫 번째 경
연을 여는데 그 교재가『대학연의』였다. 이 자리에 참찬관(參贊官)이
라는 직함으로 강독을 돕기 위해 참석한 인물 중 하나가 윤소종의 아
들 윤회(尹淮, 1380~1436년)다. 10세 때 주희가 사마광의『자치통감』
을 일목요연하게 정리한『자치통감강목』을 달달 외웠다는 윤회는 술
때문에 태종과 세종에게 야단을 맞으면서도 술버릇을 고치지 못했으
나, 학문이 뛰어났기 때문에 예문관 대제학(藝文館大提學)에까지 오
르게 된다.

첫 번째 경연이 열린 후 얼마 지나지 않은 1418년 11월 8일 저녁 술
자리에서 세종은 윤회를 편애하여 별명까지 부르면서 장난을 쳤다. 다

른 신하들이 의아하게 생각하자 세종은 이렇게 말했다.

"내가 윤회와 장난을 친 것은 그와 친하기 때문이다. 내가 윤회의 이름을 들은 지 오래됐으나 그 실상은 알지 못했는데 지금 상왕(태종)을 통해 윤회가 사학(史學)에 뛰어나다는 것을 알게 됐다. 그의 아버지 윤소종이 우리 왕가에 자못 공(功)이 있었으니, 경(卿)들은 이를 알 것이다."

참고로 윤회의 큰아들 윤경연(尹景淵)은 출세를 하지 못했지만 그 아들 윤자운(尹子雲, 1416~1478년)은 세조의 총애를 받으며 훗날 영의정에까지 올랐고 그의 여동생이 바로 신숙주(申叔舟, 1417~1475년)의 부인 윤씨였다. 소설 등에서 남편이 성삼문과 같은 길을 가지 않자 목매 자살했다고 묘사되는 그 주인공이다. 그러나 신숙주 부인의 자살설은 허구다. 다만 무송 윤씨의 집안 분위기로 볼 때 남편인 신숙주의 처신을 자랑스러워하지 않았을 가능성은 있다. 여말선초의 격변기를 잘 올라탄 무송 윤씨 집안도 윤자운으로 끝을 맺게 된다. 1478년(성종 9년)에 그가 세상을 떠나자 실록은 이런 비평을 남겼다.

"아들이 둘인데 모두 어리석고 미련했다."

"아침저녁으로 어머니의 집 앞을 지나면서도 보살피지 않음이 많았으므로 그 마을 사람들이 이르기를 '이 할머니는 아들이 없다'고 했다."

정안공 시절 이방원(李芳遠, 1367~1422년)이 조준으로부터 『대학연의』를 건네받기는 했지만 당장 독파했을 가능성은 없어 보인다. 이방원이 남들보다 빠른 17세에 과거에 급제할 만큼 상당한 수준의 학식을 갖추고 있긴 했지만 『대학연의』는 단숨에 읽어 내려갈 수 있는 그런 책이 아니다. 그냥 목차 정도 훑어보고 군데군데 관심이 가는 곳을 골라 읽어보는 수준이었을 것이다. 게다가 그 시절 그의 모든 관심은 정도전의 공세를 피하고 대권을 잡는 데 쏠려 있었다. 독서에 전념할 만한 정신적 여유가 없을 때였다.

1400년 1월 28일에 2차 왕자의 난이 일어나고, 2월 4일에 정안공 이방원은 왕세자로 책봉된다. 그리고 11월 11일 정종이 이방원에게 선위할 때까지 10개월 남짓 세자 시절을 보낸다. 이때 비로소 이방원은 『대학연의』를 본격적으로 읽는다. 세자 시절 『대학연의』와 관련된 기록은 딱 한 번, 정종 2년 6월 20일자에 나오지만 서연(書筵)에서 강독은 계속됐던 것 같다.

이미 이때 세자 이방원의 나이는 34세이었기 때문에 초보적 수준에서 문장을 외우고 논하는 게 아니라 『대학연의』에 언급된 중국의 역사적 사례가 나오면 그와 관련된 우리의 역사나 자신의 체험을 비교하면서 나름의 의미와 교훈을 추출해 내는 최고 수준의 독해가 이뤄지고 있었다.

이날 세자 이방원은 강독을 도와주는 좌보덕(左輔德) 서유(徐愈)와 함께 『대학연의』를 읽다가 당나라 현종과 숙종 때의 이야기가 나오자 병권(兵權)에 관한 자신의 솔직한 생각을 털어놓는다. 권력이 병권에서 나온다는 그의 확신은 이미 이때 이야기한 것이다.

태종의 『대학연의』에 대한 애착은 대단했다. 태종 1년 3월 26일에는 개경에서 한양으로 오던 도중 경기도 광탄에 가마가 머물렀다. 그리고 임시 천막 같은 데 머물면서도 시독관(侍讀官) 김과(金科)를 불러 함께 『대학연의』를 읽는다. 이 무렵에는 김과가 가장 빈번하게 『대학연의』 강독에 참여했다. 때와 장소를 가리지 않고 『대학연의』 강독에 전념했던 것이다.

여기서 우리는 왜 태종이 집권 초 집착에 가까울 만큼 『대학연의』 읽기에 몰두했는지, 아니 몰두해야 했는지에 관한 물음을 던져볼 필요가 있다. 다행스럽게도 그 자신이 이에 관한 적절한 답을 주고 있다.

같은 해 11월 20일 경연에서 경연 지사 권근(權近, 1352~1409년), 시독관 김첨(金瞻) 등과 함께 『대학연의』를 읽고 술과 과일을 내려준 다음 이런저런 이야기를 하다가 자신의 집권을 둘러싼 폭력성 내지 잔인성에 대해 나름의 변명을 한다. 그는 "불똥이 팔뚝에 튀어 박히면 어느 누가 서둘러 버리려고 하지 않겠는가"라고 반문한 다음 자신은 집권 의도를 갖고 한 것이 아니었다고 강조한다. 12월 9일에는 명나라에 사신으로 갔던 영의정 부사(領議政府事) 이서(李舒) 등이 귀국해 명나라에서 구한 『대학연의』 등을 바쳤다. 그리고 마침내 1년여 만인 12월 22일에 태종은 『대학연의』의 진강(進講)을 끝낸 후 김과를 불러 "이 글을 다 읽으니, 이제서야 학문의 공(功)을 알겠다"고 흡족해한다.

태종 3년 5월 21일에 태종은 옥새와 각종 제기들을 관장하던 상서사에 명하여 『대학연의』의 서문과, 신하들이 그 내용에 관해 쓴 글을 정리해 병풍을 만들게 했다. 교훈적이거나 중요한 구절들을 늘 가까이 두고자 함이었다.

태종이 주로 『대학연의』에서 배웠던 바는 바람직한 군신 관계에 집중해 있다. 오늘날 용어로 말하면 리더십 문제다. 세월이 어느 정도 흐른 태종 11년과 12년에는 그가 『대학연의』를 어떻게 이해해서 어디에 적용하고 있는지를 보여주는 기사들이 집중해 있다. 태종 11년 5월 20일에 그는 지신사(知申事-비서실장 격으로 훗날 세종이 도승지로 명칭을 바꾼다) 김여지(金汝知)와 동부대언(同副代言) 조말생(趙末生)을 불러 『맹자(孟子)』를 강하다가, "신하가 임금을 섬김은 예(禮)로써 하는 것인데, 어찌하여 '임금을 옳다고만 하면서 섬기면 아부하는 자다' 했는가?"라고 묻는다. 이에 조말생은 "만약 한결같이 임금만 섬기기로 마음먹어 임금의 과실을 보고도 말하지 않는다면, 이것은 아첨하고 순종만 함으로써 임금을 잘못된 길로 이끌며, 비위만을 맞춤으로써 임금을 즐겁게 하는 데만 애쓰는 자입니다"라고 했다. 그러자 태종은 동의하면서 『대학연의』에도 그 같은 이야기가 있었다고 덧붙인다. 그만큼 『대학연의』는 그의 정신 깊숙이 자리 잡은 책이 되어 있었다.

그리고 태종은 그해 12월 15일에는 아예 우부대언(右副代言) 한상덕(韓尙德)에게 명하여 『대학연의』에 있는 말 중에서 귀감이 될 만한 것들을 골라 편전의 벽에 크게 쓰도록 지시했다.

"『대학연의』는 고금의 격언을 모아서 만든 글인데, 내가 매번 읽을 때마다, 덕형(德刑-덕을 베풀 때와 벌을 행할 때) 선후(先後-일을 할 때 중요한 것과 그렇지 않은 것)의 분별과 토지제도 그리고 외척을 멀리하는 것이 중대한 것임을 새삼 깨닫게 된다."

더불어 그는 직언(直言)과 모함(謨陷)의 차이를 구별해 내는 문제의 중요성도 『대학연의』에서 배웠다고 털어놓는다. 태종 12년 10월 20일에 태종은 신하들과 신문고(申聞鼓) 문제를 논하다가 남을 모함하는 참소(讒訴)와 직언을 구별하는 일이 어렵다는 신하들의 이야기를 듣고서 이렇게 말한다.

"참소하는 말을 정확히 가려내기가 가장 어렵다. 만약 임금이 신하들의 직언을 참소하는 말로 받아들인다면 그 실수는 큰 것이다. 『대학연의』에서도 국왕이 늘 경계해야 할 것 중 참소나 참언이 으뜸이라고 했다. 매우 절실한 말이라 생각한다."


## 4 성군(聖君) 세종대왕을 만든 책, 『대학연의』

1418년 6월 3일에 갑작스레 양녕대군이 세자의 자리에서 쫓겨나고 막내 충녕대군 이도(李祹, 1397~1450년)가 세자로 책봉됐다. 그러나 충녕을 더욱 당혹스럽게 했던 것은 세자 책봉 후 불과 두 달여 만에 왕위에 올라야 했던 일이었다. 실록 편찬 과정에서 삭제됐는지 아니면 실제로 그런 발언을 안 했는지 몰라도, 세자의 자리가 자신에게로 왔을 때 충녕이 거부하는 반응을 보였다는 기록은 없다. 다만 자신의 감격을 표명한 글은 『세종실록』 총서에 실려 있다.

"조회에서 책봉하는 대명(大命)을 내리시어 세자를 세워 나라의 근본을 바로잡으시려 하는데 그 뜻이 신의 몸에 이르오니, 송구한 마음 진실로 간절하오며 더욱 감격하옴이 깊사옵나이다. 엎드려 생각건 대 신 도(裪)는 식견이 천박하고 성품이 우매하여 부모를 모심에 순 리를 따르는 도리를 알지 못하옵고, 경전(經傳)을 스승에게 이어 받았 으나 깊고 오묘한 뜻을 밝게 연구하지 못했는데, 뜻밖에 거룩하신 은 혜가 이 누추한 몸에 깊이 젖게 하옵셨습니다. 대개 주상 전하께옵서 는 장엄하옵시고 정대하옵시며 깊고 밝으시온데, 임금의 자리는 반 드시 돌아갈 곳이 있고 민심은 미리 정한 바가 있다 생각하시어, 변변 하지 못한 제가 높은 지위를 받게 하셨습니다. 신은 삼가 마땅히 맡 기신 책임이 가볍지 않음을 생각하여 길이 보전하기를 싫어하지 않으 며, 지극히 간절하옵신 교훈을 받들어 영원히 잊지 않사옵기를 맹세 하옵나이다."

의례적인 표현으로 보기에는 여러 가지 면에서 충녕의 본심이 읽히 는 글이 아닐 수 없다. 굳이 세자의 자리가 자신에게 주어진다면 거부 할 생각은 없다는 것이며, 일단 맡으면 제대로 해보겠다는 결의도 쉽 게 알아차릴 수 있을 만큼 가득 차 있다.

태종 9년 9월 4일자 기사에는 태종이 가까운 신하들을 불러 민무 구(閔無咎)가 세자 이외의 왕자들, 특히 효령과 충녕을 제거하려 했던 일에 대해 탄식하는 장면이 나온다. 이 자리에서 태종은 김과에게 "일 전에 너는 네 살, 다섯 살 된 충녕과 효령을 가리키며 '이 작은 왕자들 이 장(長)을 다투는 마음이 있다'고 했고, 그 후에도 이 두 자식에 관 해 그와 비슷한 말을 해 내가 심히 불쾌했던 적이 있다"고 말한다. 효 령이나 충녕 또한 권좌에 대해 무욕(無慾)의 입장은 아니었음을 보여 줄 수도 있는 의미 있는 언급이다. 먼저 시도하지는 않겠지만 국왕이 될 기회가 온다면 굳이 피할 필요는 없다는 게 충녕의 솔직한 생각이었을 것이다.

양녕을 대신해 세자가 된 후 불과 두 달 만에 양위가 결정됐을 때 누구보다 당황했던 사람은 바로 세종 자신이다. 여러 가지 이유가 있겠지만 두 달이라는 기간은 국왕이 되기 위한 준비 기간으로서는 너무나 짧았다. 아무리 그 전에 독서를 많이 했다고 해도 그냥 책을 읽는 것과 통치를 위한 책을 탐구하며 국왕의 일을 준비하는 것은 전혀 다른 차원이다. 충녕이 태종의 양위 의사를 전해 듣고 사양하며 했던 말 중 "신은 학문이 아직 이루어지지 못하여 위정(爲政)의 방도에 대하여 어리둥절하고 깨달음이 없사온데"라는 대목은 겸양이라기보다는 당시의 솔직한 본심이었을 것이다.

세자를 위한 서연은 두 달밖에 못했지만 대신 국왕을 위한 경연을 강화함으로써 그 대안을 찾고자 했던 것이 세종의 생각이었다. 그래서 즉위 두 달도 채 안 된 10월 7일에 세종은 첫 번째 경연을 여는데 그때 채택한 교재가 『대학연의』였다. 하고많은 책 중에 왜 하필이면 『대학연의』를 첫 번째 경연 교재로 사용한 것일까? 경연을 책임지고 있던 경연 동지사(經筵同知事) 이지강(李之剛)은 10월 12일에 두 번째 경연에서 세종에게 『대학연의』를 강의한 후 이 책을 선택한 이유를 다음과 같이 간략하게 이야기한다.

"임금의 학문은 마음을 바르게 하는 것이 근본이 되옵나니, 마음이 바른 연후에야 백관이 바르게 되고, 백관이 바른 연후에야 만민이 바르게 되옵는데, 마음을 바르게 하는 요지는 오로지 이 책에 있습니다."

그는『대학연의』라는 책은 한마디로 '마음을 바르게 하는[正心] 책'
이라고 정곡을 찔러 말하고 있다. 세종이『대학연의』를 독파하는 데 걸
린 시간은 대략 4개월 정도였던 것 같다. 세종 1년 2월 17일자 기사다.

"탁신은 또 아뢰기를 『대학연의』란 책은 선과 악이 분명하여, 경계가
되기에 족하니, 진실로 임금의 귀감(龜鑑)이옵니다. 전하께서 등한히 마
시고 항상 익히 보시옵소서' 하니, 임금이 '그렇다. 내가 어려서부터 학
문의 꿈을 독실히 하여 일찍이 조금도 게을리하지 아니했다. 『대학연
의』는 마땅히 다시 자상히 읽겠다'고 했다."

그래서 세종은 3월 27일에 강독이 끝나자 다시 3월 30일부터『대학
연의』로 경연을 열었다. 그러나『대학연의』에 대한 강독은 왕권이 안
정되면서 줄어들게 되고 대신 신하들과 종친 등 주변 사람들에게 선
물하는 장면들이 종종 나온다. 참고로 양녕대군은 세자 시절『대학연
의』를 독파하는 데 6년이 걸렸다.

5 세조 이후 조선 국왕들의『대학연의』독서기

세종을 쏙 빼닮은 문종도 즉위하던 해(1450년) 경연에서『대학연의』
를 강독하는데 이와 관련해『문종실록』즉위년 12월 17일자에 아주
흥미로운 기록이 나온다.

"임금이 동궁(東宮)에 있을 때 서연관(書筵官)에게 명하여『대학연

의』를 언자(諺字-한글)로써 어조사를 써서 종실(宗室) 가운데 문리(文理)가 통하지 않는 자를 가르치려고 했다."

구결이 아닌 한글로 어조사를 달려고 했다는 것은 그만큼 문종도 이 책을 좋아했다는 뜻이다. 그리고 이듬해 7월 12일 문종은 좀더 구체적인 명을 내린다.

"임금이 말했다. '『대학연의』는 임금의 귀감일 뿐 아니라, 대신과 종친도 몰라서는 안 된다. 이번에 지은 주해(註解)가 조금 소략하므로 상세히 주석(註釋)을 더해서 세자와 종친을 가르치고자 한다.' 검토관(檢討官) 성삼문(成三問)이 대답했다. '지금의 주해는 오직 차대경연관(次對經筵官) 두 사람이 대강 고열(考閱)한 것이므로 상세하지 못한 것이 많으니, 마땅히 따로 한두 유사(儒士)에게 명하여 책임지고 완성하도록 하셔야 합니다.' 임금은 그대로 따르라고 명하여 좌사간(左司諫) 최항(崔恒)의 직을 갈아서 집현전 부제학(集賢殿副提學)으로 삼아서 이를 맡게 했다."

단종은 『대학연의』를 접하기에는 너무 어렸다. 그리고 세조는 왕위에 올랐을 때 이미 장성해서 독서 취향이 분명했기 때문에 『주역』이나 『정관정요』는 좋아했어도 『대학연의』에 대해서는 별도의 언급이 없다. 아마도 그 자신이 조카를 죽이고 왕위를 사실상 찬탈했기 때문에 찬탈에 대해 극도로 비판적인 『대학연의』를 본인도 꺼림칙해했고 신하들도 적극적으로 권하지 않은 때문으로 보인다. 예종도 즉위 초 경연에서 『대학연의』를 강론하지만 곧바로 의문의 죽음을 당해 더 이상 이렇다 할 기록을 남기지 않았다.

열네 살에 즉위한 성종의 경우 어려서 왕위에 올랐기 때문인지 20대 중반이던 성종 10년 전후에야 경연에서 『대학연의』를 강하고 연산군은 즉위 첫 해부터 『대학연의』를 읽었다. 그리고 연산군 3년과 8년에도 『대학연의』를 진강했다는 기록으로 볼 때 연산군도 이 책을 상당히 좋아했음을 알 수 있다.

세종 못지않게 『대학연의』를 좋아하고 가까이했던 임금으로는 중종을 꼽을 수 있다. 결과적으로는 이렇다 할 업적을 남기지 못했지만 그만큼 중종은 강한 왕권을 향한 의지를 불태웠던 임금인지도 모른다. 이를 통해 그가 왜 조광조로 대표되는 신권 세력을 일거에 제압했는지를 이해할 수 있다.

대체적으로 중종반정(中宗反正) 이후 사림 세력을 중심으로 『소학(小學)』을 중시하는 분위기가 생겨났다. 이는 신권 중심주의와 직결된다. 『대학연의』는 왕권에 중점을 두는 반면 『소학』은 예학을 기반으로 하면서 임금이나 신하 모두 같은 예를 따라야 한다는 것을 강조하는 점에서 신권에 중점을 둔다. 그러나 이후 세자와 임금들은 서연이나 경연에서 『대학연의』를 읽고 또 읽었다. 숙종의 경우 숙종 23년(1697년) 윤3월 27일에 『대학연의』에 대한 강독이 다 끝난 후 이렇게 말한다.

"진덕수가 10년 동안 깊이 생각한 공부가 매우 부지런했다. 이제 이 책을 보니 어렴풋이 그 사람이 곁에 있는 듯하며, 그것이 다스리는 도리에 있어서 매우 절실하고 지극하니, 마땅히 각별하게 유의하겠다."

적어도 이상과 같은 실록의 기록만으로 보더라도 『대학연의』는 조선 건국부터 후기까지 줄곧 제왕학의 텍스트로 널리 읽혔음을 알 수 있다. 오히려 불가사의한 일은 이처럼 조선의 왕실뿐만 아니라 조선의 지성사를 이해하는 데 가히 결정적이라 할 수 있는 『대학연의』가 지금까지도 번역되지 않았다는 것인지 모른다. 번역되지 않았다는 것은 제대로 된 탐구가 없었다는 말이다.

일러두기

1 『대학연의』를 옮기는 데는 여러 저본들이 사용됐다. 일차적으로 조선시
　대 세종 16년(1434년)에 간행된 판본을 기본 텍스트로 삼았다. 이 텍스
　트에는 구결이 붙어 있어 옮기는 데 큰 도움을 주었다.

　두 번째로는 우리나라의 안병주 선생과 미국의 뚜웨이밍(杜維明) 교수가
　학술 고문으로 참여해 1991년에 산동우의서사출판에서 상하권으로 펴
　낸 판본을 참고했다. 그런데 이 판본은 뜻밖에도 누락 글자나 잘못된 글
　자들이 종종 발견되어 신뢰성에 문제가 있다는 것을 확인할 수 있었다.

　그 밖에 인터넷 검색을 통해 여러 가지 판본들을 확인할 수 있었는데 대
　만 사이트인 국제예술도고(國際藝術圖庫, www.ourartnet.com)가 제공
　하는 판본이 활자도 선명하고 내용 또한 가장 정확해 큰 도움을 얻을 수
　있었다.

2 이 책에 인용된 사서오경이나 역사서의 경우 진덕수가 출전을 밝히지 않
　은 경우가 많아 일일이 찾아 괄호 안에 표기했다.

3 진덕수는 『춘추』『춘추좌씨전』『국어』『사기』『한서』『후한서』『구당서』
　『신당서』『자치통감』 등 다양한 역사서에서 사례를 인용하고 있다. 그런데
　많은 경우 『자치통감』과 내용이 상당 부분 중복된다. 이럴 때는 예를 들
　어 국내에 번역되지 않은 『한서』와 이미 번역된 『자치통감』이 겹칠 경우

순전히 독자들의 편의를 위해 그 출전을 『자치통감』이라고 표시한 경우가 많다는 점을 밝혀둔다. 진덕수가 편의에 따라 내용을 삭제하고 압축한 경우가 많기 때문에 출전의 문장과 일치하지 않은 경우도 많았다는 점을 지적해 둔다.

4 원주는 번호를 달아 다른 색깔로 표시했고, 역주는 괄호 안 번호로 표기하여 진덕수의 설명이 끝나는 부분에 내용을 첨부했다.

5. 역주의 경우 아주 짧은 내용일 경우에는 괄호 안에 '-' 표시로 추가했다. 그 밖에 번역 과정에서 옮긴이가 이해를 돕기 위해 추가한 내용(서기연도, 생몰년, 재위 기간 등)도 괄호 안에 넣었다. 의역이라는 이름으로 원저자의 뜻을 해치는 것을 막기 위함이다.

6 한자 표기의 경우 대부분 우리말로 풀고 〔 〕 안에 한자를 표기했다. 예를 들어 '천명(天命)'이라고 한 경우도 있지만 대부분 '하늘의 명〔天命〕'이라는 방식으로 표기했다.

차례

대학연의 下

　신(臣-진덕수)이 비로소 『대학』 한 책을 읽고서 격물(格物), 치지(致知), 성의(誠意), 정심(正心), 수신(修身), 제가(齊家)로부터 치국(治國)과 평천하(平天下)에 이르기까지를 보니, 그 근본과 곁가지〔本末〕<sup>본말</sup>는 차례를 세우는 데〔序〕<sup>서</sup> 있고, 그 우선해야 할 바와 뒤에 해야 할 바〔先後〕<sup>선후</sup>는 사람의 도리〔倫〕<sup>윤</sup>의 중요성을 가려내는 데 있었습니다. 그래서 일찍이 『대학』을 읽고 음미하던 중 혼자서 감탄하여 이렇게 말하지 않을 수 없었습니다.

　"(만백성의) 임금이 된 자라면 『대학』을 몰라서는 아니 되고 (임금의) 신하 된 자라도 『대학』을 몰라서는 아니 된다. 임금의 자리에 있는 자로서 『대학』을 모르면 정치를 하는 원천을 맑게 할 수 없고 신하의 자리에 있는 자로서 『대학』을 모르면 임금을 바르게 해주는 법도를 다할 수 없다. 이미 그전에 있었던 제왕들의 통치(의 역사)를 상고하여 살펴보아도 (모든 일의) 근본인 몸을 바로잡지 않고서 그 통치가 천하에 제대로 다다른 일은 없었다."

그 후에야 마침내 (신 진덕수는) 이 (『대학』이라는) 책은 여러 뛰어난 임금들이 실제 경험했던 (임금이라면 반드시 가져야 할) 마음가짐의 요체를 정리한 책〔要典〕이지 공씨(공자)의 사사로운 말을 모아놓은 것이
<sub>요전</sub>
아니라는 것을 알게 됐습니다.

삼대(三代)<sup>1)</sup> 이후로 이런 배움은 전승이 끊어져 그 책<sup>2)</sup>은 비록 존재했어도 내용은 잊혀짐으로 인해 그 얼개만이 전해져 왔을 뿐입니다. (그래서 자신이 다스리는 자가 되어) 다스림의 지혜를 구하고자 하는 자는 그것을 볼 수 없었고 혹여 다스림에 관해 고찰하고자 하는 자 역시 바람직한 임금상(像)을 그려낼 수 없었던 것입니다.

단지 당나라 때의 한유(韓愈, 768~824년)<sup>3)</sup>와 이고(李翶, 772~841년)<sup>4)</sup> 만이 일찍이 (『예기(禮記)』 중에서 '대학'에 있는) 그 학설을 뽑아내어 그 진정한 도리〔原道〕<sup>5)</sup>에서 인간의 본성〔性〕을 회복시킬 수 있는 편
<sub>원도</sub>　<sub>성</sub>
(篇)을 보았으나, 그것을 조정의 논의에 (조잡하게나마) 끌어들이는 데 그쳤을 뿐 일찍이 그것을 (하나의 체계로) 완성해 내는 데 이르지는 못했습니다. 그래서 진한(秦漢) 이후 이 책(-『대학』)을 깊이 신뢰했던 사람은 오직 한유와 이고 두 사람뿐이지만 그들 또한 그 책에 담겨 있는 제왕학〔聖學〕의 저 깊은 원천과 세상을 다스리는 도리〔治道〕의 탄탄한
<sub>성학</sub>　<sub>치도</sub>
뿌리를 알지는 못했던 것입니다. 하물며 그 나머지 사람들이야 말할 필요도 없을 것입니다.

신은 항상 망령되게도 『대학』이라는 한 책이 천하를 다스릴 사람의 율령이자 모범사례〔格例〕이므로 그 근본을 잘 받아들이면 반드시 치
<sub>격례</sub>
세가 이뤄지고 그것을 어기면 반드시 난세가 될 것이라고 말해 왔습

니다. 그리고 근래에 이르러 대유학자인 주희(朱熹)가 일찍이 '장구(章句)'[6]로 독립시키고 '혹문(或問)'[7]을 써서 『대학』에 담긴 뜻을 쪼개어 밝혀냈습니다.

(신은) 영황(寧皇)[8] 초기에 대궐에서 황제를 뵈옵고 경연〔經帷=經幄=經筵〕에 참여할 기회가 있었는데, 심지어 (외람되게도) 일찍이 이 책[9]으로써 강의를 올리며 치세를 이루는 군왕이 되시기를 기원했습니다. 혹시 그 책을 취하여 가까이하고 그 뜻을 음미하며 잘 풀어내신다면 다스림의 차례〔爲治之序〕와 (통치학을) 배움의 근본〔爲學之本〕은 결국 그 깊은 뜻〔胸次=胸襟〕에서는 서로 통한다고 할 것입니다.

불초한 신 진덕수는 감히 저 혼자 몰래 (제왕의) 다스림을 보필하고 배움을 돕는 이치가 바로 이 책이라고 생각합니다. 그리하여 경문(經文)의 205자(字)를 따로 떼어내어 이 책에 싣고 (『서경(書經)』의 편명인) '요전(堯典)', '고요모(皐陶謨)', '이훈(伊訓)'과 (『시경(詩經)』에 실린) 마음을 밝혀주는 시들, (『주역(周易)』에 실린) 각종 괘(卦)들을 앞에 두고서 옛 성군들의 모범이 되는 행적을 살피는 것은 (『대학』을 지은 본래의) 그 뜻과 다르지 않습니다. 이어서 자사(子思), 맹자(孟子), 순황(荀況), 동중서(董仲舒), 양웅(揚雄), 주돈이(周敦頤)의 학설을 제시하고서 훗날의 현자들의 논의를 살피는 것도 (『대학』을 지은 본래의) 그 뜻을 벗어나서는 불가능합니다.[1]

(중국 고대의) 요(堯) 임금, 순(舜) 임금, (하나라를 세운) 우왕(禹王), (은나라 혹은 상나라를 세운) 탕왕(湯王), (주나라의) 문왕(文王), 무왕(武王)의 배움〔學〕은 그보다 훨씬 순정(純正)했습니다. 상나라의 고종(高宗), 주나라의 성왕(成王)의 배움은 그와 거의 비슷한 경지에 다다랐습니다. 한나라와 당나라의 현명했던 군왕들의 이른바 배움이란 것

은 이미 그보다 못하게 됐고, 한나라 효원제(孝元帝) 이후 여러 군왕들의 배움이란 것은 기예나 글재주 정도에 그쳤을 뿐 그보다 훨씬 형편 없었습니다.[2]

상하 수천 년 동안 치세와 난세, 나라의 존속과 멸망은 모두 다 그로부터 말미암아 생겨난 것입니다. 신은 그래서 단연코 그것을, 천하를 다스릴 율령이자 모범사례[格例]라고 보는 것입니다. 그렇지만 임금의 배움은 반드시 그 요체[要]를 안 연후에야 (통치를 위해) 힘을 쏟아야 할 곳이 어디인지를 알게 되는 것입니다. 무릇 도리를 밝히고[明道術] 인재를 가려내고[辨人材] 다스림의 실상을 훤히 꿰뚫어 보고[審治體] 백성들의 사정을 면밀하게 살피는 것[察民情]이야말로 임금이 '격물하고 치지한다[格物致知]'는 것의 요체[要]입니다.[3]

삼가고 두려워하는 것을 높이고[崇敬畏] 게으르고 욕심내는 것을 멀리하는 것[戒逸欲]이야말로 임금이 '뜻을 열렬하게 하고 마음을 바로잡는다[誠意正心]'는 것의 요체입니다.[4]

왕비를 중하게 여기고[重妃匹] 집안의 다스림을 엄하게 하고[嚴內治] 나라의 근본(태자나 세자)을 미리 세우고[定國本] 친인척을 잘 가르치는 것[教戚屬]이야말로 임금이 '집안을 가지런히 한다[齊家]'는 것의 요체입니다.[5]

이 네 가지[10]의 도리가 서게 되면 나라를 다스리고 천하를 평정하는 것[治國平天下]은 그 안에 있게 되는 셈입니다.

매 조항[條] 가운데 성현의 밝은 가르침을 머리로 삼아서 과거의 일과 행적[事蹟]을 참조했으니 취해야 할 것과 버려야 할 것의 교훈을 환하고 밝게 볼 수 있을 것입니다.

(신 진덕수는) 예전에 이영(邇英)[11]에서 황제를 모시고 시강할 때 이

미 대체로 이러한 뜻을 갖고 있었습니다. 그해 이래로 세상과의 인연을 끊고 집에만 있으면서 아무 하는 일도 없기에 여러 경전들을 되풀이해서 읽고 음미하며 한 줌도 안 되는 변변찮은 충성심으로나마 아침저녁으로 생각하고 또 궁구하여 이 책을 완성케 됐는 바 그것을 비밀리에 베로 만든 상자에 고이 담아 적절한 때를 기다려오다가 (이렇게 황제께) 올리게 됐습니다. 이 책의 내용은 모두 『대학』의 앞에 나오는 두 개의 벼리〔綱〕와 뒤에 나눠놓은 네 개의 항목〔目〕[12]을 바탕으로 해서 『대학』의 뜻〔義〕을 미루어 헤아리고〔推〕 풀어낸〔衍〕 것입니다. 그래서 그 제목도 '대학연의(大學衍義)'라고 붙였습니다.

신 덕수 삼가 머리말을 지어 올립니다.

1 이상은 제왕이 다스리는 차례〔爲治之序〕를 논한 것이다.

2 이상은 배움의 근본〔爲學之本〕을 논한 것이다.

3 도리를 밝히는 항목은 네 가지인데, 첫째는 하늘의 본성과 사람의 마음의 좋음〔善〕이요, 둘째는 하늘의 이치와 사람의 윤리의 바름〔正〕이요, 셋째는 우리의 바른 도리와 이단의 나눔〔分〕이요, 넷째는 왕도와 패술의 다름〔異〕이다. 인재를 가려내는 항목 또한 네 가지인데, 첫째는 성현들이 사람을 살피는 법〔觀人之法〕이요, 둘째는 제왕들이 사람을 알아보는 일〔知人之事〕이요, 셋째는 간웅들이 나라를 도둑질하는 술책〔竊國之術〕이요, 넷째는 간사한 자가 (자신의) 주군을 옭아매는 사정〔罔上之情〕이다. 다스림의 실상을 훤히 꿰뚫어 보는 항목은 두 가지인데, 첫째는 덕을 행할 때와 형벌을 행할 때〔德刑〕의 선후를 가려내는 것이요, 둘째

는 (상황에 따라) 의리와 이익[義利]의 경중을 분별해 내는 것이
다. 백성들의 사정을 면밀하게 살피는 항목 또한 두 가지인데, 첫
째는 백성들이 따르고 등 돌리는 연유요, 둘째는 농민들이 편안
해하고 걱정하는 실상이다.

4 삼가고 두려워하는 것을 높이는 항목은 여섯 가지인데, 첫째는
삼감[敬]으로 자기를 닦음이요, 둘째는 하늘을 섬김의 삼감이
요, 셋째는 백성들을 다스림의 삼감이요, 넷째는 일을 다스림의
삼감이요, 다섯째는 몸과 마음을 잘 다스려 깊이 성찰함의 공효
[功=功效]요, 여섯째는 삼가도록 일깨워주는 말들의 도움[助]이
다. 게으르고 욕심내는 것을 멀리하는 항목은 다섯 가지인데, 첫
째는 술에 깊이 빠져드는 것을 멀리함[戒]이요, 둘째는 여색에
빠지는 것을 멀리함이요, 셋째는 유흥이나 유람에 빠져드는 것
[盤遊]을 멀리함이요, 넷째는 사치함을 멀리함이요, 그리고 맨
처음에는 총론으로서 위의 네 가지 멀리함을 잃어버려서는 안
되는 까닭이 나온다.

5 왕비를 중하게 여기는 항목은 네 가지인데, 첫째는 엄격하게 간
택하여 세우는 도리[道]요, 둘째는 지혜로운 비빈이 임금을 경
계시키는 이익[益]이요, 셋째는 처첩[嫡媵]을 엄격히 가려 대우
하는 것[辨]이요, 넷째는 작위를 폐하고 신분을 빼앗길 수 있는
[廢奪] 잘못을 미리 징계하는 것[懲]이다. 집안의 다스림을 엄하
게 하는 항목도 네 가지인데, 첫째는 대궐 내 안과 밖을 분명하
게 나눔[分]이요, 둘째는 대궐 내 (사사로운) 정치 관여를 멀리
함[戒]이요, 셋째는 대궐 내에서 근무하는 신하들의 충성스러움
과 조신함의 복됨[福]이요, 넷째는 대궐 내 신하(예를 들면 내시)

들의 정치 관여로 인한 재앙[禍]이다. 나라의 근본(태자나 세자)을 미리 세우는 항목도 네 가지인데, 첫째는 근본을 세우는 계책은 마땅히 일찍 이뤄져야 하고[蚤=早], 둘째는 책봉의 명을 내리는 법도는 마땅히 미리 이뤄져야 하고[豫], 셋째는 적서의 분간은 마땅히 명확해야 하고[辨], 넷째는 작위를 폐하고 신분을 빼앗는[廢奪] 잘못은 엄격하게 (미리) 살펴야 함[監]이다. 친인척을 잘 가르치는 항목은 두 가지인데, 첫째는 외척이 겸손하고 삼가는 복됨[福]이요, 둘째는 외척이 교만하고 넘치는 재앙[禍]이다.

1) 하나라, 은나라, 주나라의 전성기 때를 말한다.

2) 『대학』은 원래 별도의 독립된 책이 아니고 『예기』에 포함돼 있었다.

3) 당나라의 대표적인 문인이자 사상가로 자는 퇴지(退之)이다. 덕종(德宗) 정원(貞元) 8년(792년) 진사(進士)가 되었고, 사문박사(四門博士)를 거쳐 19년(803년)에는 감찰어사(監察御史)가 되었고, 부침을 거쳐 형부시랑(刑部侍郎)까지 올랐다. 그러나 819년 헌종(憲宗)이 불골(佛骨)을 모신 것을 간하다가 좌천되었다. 헌종 사후에 조정으로 소환되어 이부시랑(吏部侍郎)이 되었고, 몇 년 후 세상을 떠났다.

사상 분야에서는 유가의 정통성을 적극적으로 옹호하며 도교와 불교를 배척했고, 송대 이후 성리학의 선구자가 되었다. 문학 분야에서는 유종원(柳宗元) 등과 함께 고문(古文) 운동을 주도하여 산문의 문체개혁(文體改革)을 주장했다. 이는 육조(六朝) 이래로 대구(對句)를 중심으로 짓는 변려문(騈儷文)에서 벗어나 자유로운 형식의 고문(古文)을 따른 것이었다. 이 문체는 이후 중국 산문 문체의 표준이 될 정도로 큰 영향을 주었다.

4) 당나라의 유학자로 한유의 제자이자 친구였으며, 자는 습지(習之)이다. 덕종 정원 14년(798년) 진사가 되었고, 교서랑(校書郎)에 올랐다. 국자박사(國子博士), 사관수찬(史館修撰)을 지냈으나 강직한 성격으로 주변의 미움을 사 오랫동안 승진하지 못했다. 이후 고공원외랑(考功員外郎)을 거쳐 중서사인(中書舍人)이 되었고, 산남동도절도사(山南東道節度使)를 역임했다. 한유에게 깊은 영향을 받아 유가의 정통성을 지키고자 했고, 『예기』에 기초하여 자신의 학문을 완성시켜 나감으로써 송 이후 중국의 유학 사상에 큰 영향을 끼쳤다.

5) 유학의 본래 정신이라는 뜻으로 한유가 지은 책의 저서 이름이기도 하다.

6) 주희가 풀이한 『대학장구(大學章句)』다.

7) 주희가 풀어 쓴 문답집 『대학혹문(大學或問)』이다.

8) 송나라 14대 황제 영종(寧宗)이다.

9) 『대학』을 말한다.

10) 왕비를 중하게 여기고〔重妃匹〕 집(대궐) 안의 다스림을 엄하게 하고〔嚴內治〕 나라의 근본(태자나 세자)을 미리 세우고〔定國本〕 친인척을 잘 가르치는 것〔教戚屬〕이다.

11) 학사원(學士院-송나라의 관서로 우리의 집현전처럼 시강을 하던 곳)의 별칭이며 邇英院, 邇英閣 등으로도 불렸다. 邇英은 장차 국가의 인재가 될 신하들을 임금이 가까이한다〔邇〕는 뜻이다.

12) 두 개의 벼리란 제왕이 통치하는 차례와 제왕이 배우는 근본을 말

하는 것이고, 네 개의 항목이란 격물치지, 성의정심, 수신, 제가를
가리킨다.

제1장

제왕이
통치하는
차례

(『서경(書經)』) '요전(堯典)'[1]에 이르기를 "아! 옛날에 요(堯) 임금이 하셨던 일들을 상고(詳考)해 보니 지극한 공훈〔放勳〕[2]을 이루신 분이다. 처리하는 일마다 경건으로 임하시며〔欽〕[3] 밝게 처결하시고〔明〕, 애쓰심〔文〕과 생각〔思〕에 억지가 없고 자연스러워 편안했다. 진실로 공손하고 능히 겸손하여 그 광채가 온 사방에 퍼지고 하늘과 땅에 미쳤다. 능히 밝고〔克明〕 빼어난 다움〔峻德〕을 밝혀 그 밝은 다움으로 구족(九族)[4]을 내 몸과 같이 대하시니 구족은 이미 화목해졌고, 나아가 백성을 고루 밝히시니 백성들이 스스로 자기들 안에 있던 다움을 밝혀 제국 안의 온 나라들〔萬邦〕이 서로 화합했다. 백성들이 아! 마침내 교화가 되어 이때에 서로 화합했다"고 했다.

1 「우서(虞書)」의 편(篇) 이름이며 典은 불변의 도리나 사람이 지켜야 할 상규〔常〕를 뜻한다.

2 放은 지극하다〔至〕는 뜻이며 온 세상〔四海〕에 다다를 만큼 넓고 크다는 뜻이다. 勳은 功이다.

3 欽은 삼감〔敬〕이다.

4 구족(九族)은 동족구대(同族九代)로 고조(高祖), 증조(曾祖), 조(祖), 부(父), 자신(自身), 자(子), 손(孫), 증손(曾孫), 현손(玄孫)을 가리킨다.

신(臣-진덕수)이 가만히 살펴보겠습니다. 이 장(章)은 요 임금의 공덕(功德)과 그가 통치를 펼친 순서를 일목요연하게 정리하고 있습니다. 아주 먼 옛날부터 복희(伏羲), 신농(神農), 황제(黃帝) 등 여러 빼어난 임금[聖人]들이 다 백성들을 사람답게 살게 하는 것[生民]에 공이 있었지만 요임금의 공은 참으로 더욱 큽니다. 그래서 '지극한 공훈[放勳]'이라고 일컬은 것이니 또한 이는 바로 공자(孔子)가 (『논어』에서) 요임금을 칭하여 공훈을 이룸에 있어 태산처럼 우뚝[巍巍] 섰다고 평한 것과 뜻이 통합니다. 흠명문사(欽明文思) 안안(安安), 즉 '처리하는 일마다 경건으로 임하시며 밝게 처결하시고, 애씀과 생각에 억지가 없고 자연스러워 편안했다'는 것은 요임금의 제왕다움[德]을 말하는 것입니다. 흠(欽)이란 삼가지[敬] 않음이 없다는 뜻이고 명(明)이란 환하게 밝히지 않음이 없다는 뜻이며, 문(文)이란 (꽃부리) 안에 잠재되어 있던 것을 밖으로 남김없이 드러내 보여주는 것[英華之發見]이고 사(思)는 뜻하고 생각하는 바가 깊고 멀다는 것입니다. 안안(安安)이란 뜻하는 바를 억지로 힘쓰는 바가 없다는 것으로, 그 다움[德]의 아름다운 빼어남이 모두 다 스스로 그러함[自然]에서 나오고 굳이 억지로 힘쓰지 아니하니 이른바 '본성[性]이 시키는 대로 하는 것'을 말합니다. 윤공극손(允恭克遜), 즉 '진실로 공손하고 능히[克=能] 겸손했다'는 것은 요임금의 행실[行]을 나타내는 말입니다. 공손히[恭] 외양을 꾸미지 않는 까닭에 '진실로 공손하다[允恭]'고 하는 것이고, 겸손하여[遜] 억지로 행함이 없었으므로 '능히 겸손하다[克遜]' 한 것이니, 이른바 편안하게 우러나서 어떤 일을 행함을 일컫는 것입니다. 마음속에 깊숙이 두텁게 쌓여 있다가 겉으로 드러나는 것이 광명(光明)입니다. 고로 능히 그 광채가 온 천하에 퍼지게 하고 광명이 하늘과 땅 사이에 미치게 하는 것이 이른바 제왕의 (제왕)다움[德]입니다. 극명준덕(克明峻德), 즉 '능히 밝고 빼어난 다움[德]'이란 능히 그 큰 다움[大德]을 밝힌다는 말입니다.

흠명문사(欽明文思)란 여러 다움들 중에서도 으뜸이요 핵심이라, 큰 다움[大德]이란 곧 흠명문사를 총칭해서 부르는 말입니다. '빼어난 다움[俊德]을 밝히셨다'는 것은 몸을 닦는[修身] 일이요, '구족을 내 몸과 같이 대했다[親]'는 것은 집안을 가지런히 하는[齊家] 일이니 이른바 수신제가(修身齊家)입니다. '구족은 이미 화목해졌고, 나아가 백성을 고루 밝히셨다'는 것은 말하자면 제가치국(齊家治國)을 하셨다는 것입니다. '백성들이 스스로 자기들 안에 있던 다움을 밝혀 제국 안의 온 나라들이 서로 화합했다. 백성들이 아! 마침내 교화되어 이때에 서로 화합했다'는 것은 이른바 치국평천하(治國平天下)를 이루셨다는 것입니다. 밝음[明]을 지극한 밝음[昭明]이라 한 것은 밝음이 지극함(을 말한 것)이고, 화합[和]을 궁극의 화합[協和]이라 한 것도 화합이 다하였음(을 말한 것)입니다. '아! 마침내 교화됐다'는 것은 교화되지 않은 백성이 없고 아름답지 않은 풍속이 없다는 것이며 '화합했다[雍=和]'는 것은 한 해의 봄[春]과 같이 서로 잘 어울려 지냈다는 뜻입니다.

이것이 바로 제왕의 다스림[治]입니다. 먼저 극명준덕(克明峻德)은 (황제 자신의) 다움을 능히 스스로 밝히는 것이고, 다음으로 백성소명(百姓昭明)은 백성들 역시 스스로 다움을 밝히도록 하는 것입니다. 다움이라는 것은 사람들이 다 얻게 되는 것이지만 원래 백성들의 (백성) 다움에는 지혜롭고 어리석은 차이가 없습니다. 무릇 민초들은 기품에 제약을 받고 사리사욕에 가려집니다. 그래서 백성들은 그 다움을 스스로 밝힐 수 없고 반드시 빼어난 임금[聖君]이 나와 천하에 다움을 밝힌 연후에야 비로소 각자 그 처음(의 다움)으로 돌아가게 됩니다. 백성의 다움을 밝히는 일은 임금의 다움을 먼저 밝힌 연후에야 가능하게

되는 일입니다. 무릇 다섯 황제(五帝)[2]의 치세는 요임금 때 가장 번성
했고 그 기본은 극명준덕(克明峻德)으로부터 비롯됐습니다. 따라서『대
학』에서 밝은 덕(明德)을 밝히는 것(明)은 백성을 새롭게 (혹은 내 몸과
같이 여기게) 하는(新民/親民) 발단이 됩니다. 그렇기 때문에『서경』의
'요전(堯典)'이라는 장은『대학』의 근본 뿌리(宗祖)라 할 것입니다.

1) 사마천의『사기』에 따르면 요임금은 1년 사계의 표준인 춘분(仲
   春), 하지(仲夏), 추분(仲秋), 동지(仲冬)를 정했다. 봄에는 백성들이
   들로 나가 농사를 짓고 새나 짐승들은 교미를 하여 새끼를 낳았
   다. 여기서 '한 해의 봄과 같이'는 이런 맥락에서 나온 말이다.
2) 오제(五帝)는 고대 중국의 전설에 나오는 다섯 황제로 책에 따라
   다르다. 사마천은 황제(黃帝), 전욱(顓頊), 제곡(帝嚳), 요(堯), 순(舜)
   을 꼽는다. 그러나『주역』에서는 복희, 신농, 황제, 요, 순을 꼽는다.

(『서경』) '고요모(皋陶謨)'[1]에 이르기를 "자신의 닦은 몸을 삼가고(愼
厥身修), 생각은 멀리 장구하게 하며, 구족(九族)을 돈독하게 하면서도
질서 있게 다스리고, 현능한 이들이 나서 힘껏 도와준다면 가까운 곳(邇)
으로부터 먼 곳으로 나아갈 수 있음[2]이 바로 여기에 달려 있다"고 했다.

1 이 또한「우서」의 편 이름이다. 고요는 순임금의 빼어난 신하
  (聖臣)이며 謨는 고요가 지어 올린 국가 경영 전략이다.

2 이는 가까운 곳의 선정(善政)을 미루어 헤아려 먼 곳에도 이르
게 하는 것이다.


🌿　　　　신이 가만히 살펴보겠습니다. 고요(皐陶)가 황제(-순임
금)를 위해 지어 올린 모책(謀策)은 다름 아니라 황제가 삼가 그 몸을
닦는 것(修身)을 가장 첫머리에 두어 역설했습니다. 모름지기 임금
(人君)의 한 몸은 사실상 천하와 나라의 근본이며, 삼가는 한 마디 말
은 수신(修身)의 근본입니다.

　'생각은 멀리 장구하게 한다(思永)'는 것은 생각을 멀고 길게 하면서
동시에 쉬지 않고 한다(不息)는 것입니다. 임금이 된 자가 어찌 몸을
마땅히 닦아야 함을 모르겠습니까마는 이 마음이라는 것이 한 번 놓
아버리면 능히 잠시 동안 바르게 있을 수는 있지만 오랫동안 한결같이
못함은 어쩔 수 없습니다. 쉬지 않고 항상 생각해야 하는 이유는 바로
부지런함에 이르기 위함입니다. 오늘 이러하다가 내일도 역시 (변함없
이 늘) 이러해야, 왔다 갔다 함으로써 일관성을 잃게 되는 폐단에서 벗
어날 수 있습니다. 무릇 이렇게 한 다음에야 그것을 일러 '멀리 장구하
다(永)'라고 할 수 있습니다. 만일 그렇지 못하면 아침에는 부지런하다
가 저녁에는 나태해집니다. 잠깐 본연의 일에 임하다가 곧바로 게을러
져 쉰다면 과연 (몸을 닦는데) 무슨 더해짐(益)이 있겠습니까? 후세의
임금들이 처음에는 통치를 잘 하다가도 끝까지 그런 자세를 이어가
는 것이 드문 것도 바로 '생각은 멀리 장구하게 한다(思永)'의 뜻을 제
대로 깨닫지 못한 데서 말미암은 것입니다. 삼가 조심하는 태도(謹)를
잃지 않는다는 것은 항상 삼감(敬)을 유지함으로써 쓸데없는 일에 마

음을 흘리지 않는다는 뜻입니다.

생각한다〔思〕는 것은 변함없이 자신을 지키면서 수신(修身)의 가르침을 놓지 않고 그에 대비하는 정신자세를 갖추는 것입니다. 그런 연후라야 '친족을 내 몸과 같이 여기고 현능한 자들을 우대하는' 친친현현(親親賢賢) 두 가지 일이 제대로 이뤄질 수 있습니다.

구족(九族)은 (임금의) 울타리와도 같은 존재〔屛翰〕입니다. 그들이 있고 나서 돈독함으로 집안의 차서(次序-서열)를 바로잡으며 친족들이 (임금의) 은혜를 골고루 입도록 해야 합니다. 수많은 현능한 자들은 (임금을 보필하는) 날개와도 같은 존재〔羽翼〕입니다. 그들이 있고 나서 부지런함으로 그들을 독려해 기꺼이 임금을 돕도록 해야 합니다.

수신(修身)을 근본으로 삼고서 구족과 현신(賢臣)들이 각자 자신들의 길을 제대로 가게 한다면 그 효과는 절로 집(家)에서 나라로 확산될 것이고 다시 나라에서 천하로 퍼져나갈 것입니다. 그 도리〔道〕라는 것도 바로 여기에 있습니다.

『중용(中庸)』에 나오는 '세상을 다스리는 아홉 가지 법도〔九經〕'[1]의 차례〔序〕도 아마 여기에 그 뿌리를 두고 있을 것입니다.

1) 『중용』에서 공자는 이렇게 말했다. "천하와 국가를 다스리는 데에는 아홉 가지 법도〔九經〕가 있습니다. 첫째는 자신의 몸을 닦는 것이고〔修身〕, 둘째는 뛰어난 이를 그에 걸맞게 대우하는 것이고〔尊賢〕, 셋째는 혈육을 내 몸처럼 여기는 것이고〔親親〕, 넷째는 대신을 존중하는 것이고〔敬大臣〕, 다섯째는 여러 신하들을 마음으로써 보살피는 것이고〔體群臣〕, 여섯째는 일반 백성들을 자식처럼 사랑하는 것이고〔子庶民〕, 일곱째는 세상의 각종 전문가가 모여들게

하는 것이고[來百工], 여덟째는 먼 나라 사람들도 찾아오고 싶도록
품어 안는 것이고[柔遠人], 아홉째는 여러 제후들이 자발적으로
따르게 만드는 것[懷諸侯]입니다."

(『서경』) 이윤(伊尹)[1]이 '이훈(伊訓)'[1]을 지어 계도했다.

"지금의 왕께서 그 다움을 이으려 하신다면[2] 즉위하신 초에 모든 것
이 달려 있으니 사랑[愛]을 세우되 친족을 내 몸같이 대하는 데서 하시
고, 삼감[敬]을 세우되 윗사람을 공경하는 데서 하시어 집과 나라에서
시작하여 사해(四海-천하)에서 마치소서."

1 『서경』「상서(商書)」의 편 이름이며 이윤은 탕왕(湯王)의 빼어난
재상이다. 탕왕의 손자 태갑(太甲)을 옹립하고 보필했다.
2 지금의 왕이란 태갑을 가리킨다. 따라서 그 이어야 할 다움이란
성탕 혹은 탕왕의 다움을 말한다.

신이 가만히 살펴보겠습니다. 이는 곧 제가 치국 평천하
(齊家治國平天下)의 실마리입니다. 성탕(成湯)은 늘 최선을 다해 그것
을 실천했습니다[躬行]. 그래서 이윤은 그것을 들어 태갑(太甲)을 일
깨우려 했던 것입니다. 성탕의 다움을 이어받고자 한다면 마땅히 자
리를 물려받은 초창기에 노력을 해야 한다는 것이었습니다.

초창기에 삼가지 않으면서 끝을 제대로 마무리한 자는 없습니다. 다움[德]이라는 것은 가까운 사람을 얼마나 사랑하고[愛親] 윗사람을 얼마나 공경하는가[敬長], 바로 이것입니다. 임금이 천하를 다스릴 때 마땅히 사랑하지 않을 바가 없으나 사랑한다는 것은 곧 친족을 내 몸처럼 여기는[親] 데서 시작하며, 마땅히 삼가지 않을 바가 없으나 삼간다는 것은 곧 윗사람을 공경하는 데서 시작하는 것이니 (친족을 내 몸처럼 여기고 윗사람을 공경하는 것) 이 두 가지가 바로 사랑과 삼감[愛敬]의 근본입니다.

근본이 이미 바로 서게 되면 곧 가정과 나라를 거쳐 천하에 이르기까지 다 바로 서게 되는 것이니 나에게 있어 사랑과 공경이 들어맞지 않는 것이 없게 됩니다. 진실로 그 근본이 없고 도리를 거꾸로 시행하게 되면 곧 그런 사랑은 다움을 더럽히는 것[悖德]이 되고 그런 삼감은 예를 더럽히는 것[悖禮]이 되니, 이 어찌 선왕께서 정치를 베푸신 길이겠습니까?

1) 하(夏) 나라 걸왕(桀王)이 주색에 빠져 포악한 정치를 하자 제후의 하나였던 성탕(成湯) 혹은 탕왕(湯王)이 군사를 일으켜 걸왕을 정복해 하나라를 무너트리고 상(商/殷) 나라를 세웠다. 이윤은 성탕의 재상이다.

『시경(詩經)』의 '사재(思齊)'[1] 2장이다.

"본부인〔寡妻=嫡妻〕에게 의법(儀法-모범)을 보이시어 / 그것이 형제
에 이르게 하고 / 나아가 집안과 나라를 다스렸기〔御=治〕 때문이니라."

1 『시경』 「대아(大雅)」의 편 이름이다.


신이 가만히 살펴보겠습니다. 이 시의 골자는 (주나라)
문왕(文王)이 빼어난〔聖〕 까닭입니다. 사람들은 말하기를 문왕의 치세
때 현명한 왕비의 내조가 있었기에 능히 그 빼어난 다움〔聖德〕을 이룰
수 있었다고 합니다. 그러나 후비(后妃)가 현명할 수 있었던 것도 실은
문왕이 몸소 모범을 보여 교화한 데 있으므로 시인은 이를 노래하여
'본부인에게 의법을 보이시어〔刑于寡妻〕'라 한 것이며, 그것은 곧 문왕
의 다움이 규문(閨門-내실)에까지 베풀어진 것을 말합니다.

규문이 바로잡히고 나니 다음으로 형제에 미치게 되고 이로써 집안
과 나라가 다스려져 바르지 않은 것이 없게 됐습니다. 그 근본은 다
문왕의 몸에서 시작됐으니 맹자는 이 시를 들어서 제나라 왕에게 고
하여 말하기를 "이 마음을 들어 저들에게 가할 뿐임을 말한 것입니다"
라고 했던 것입니다. 문왕은 사람답지 못한 것을 사람답게 한 것입니
다〔非人人化之也〕. 여기에서 내 몸을 닦고 그 효험이 절로 저들에게 미
치게 하니 이렇게 되면 후비(后妃)는 궁검절용(窮儉節用)의 다움을 갖
추게 되고 음험하고 바르지 못한 마음과 사사로이 임금을 만나려는
마음이 사라지게 됩니다. 왕자들이 모두 신의가 있는 데다가 다움이

두텁고 공주들 또한 정숙하면서도 화기애애하면 교화가 집안에 행해집니다. (반대로) 중림(中林)의 무사[1]처럼 다툼을 싫어하지 않고 여분(汝墳)의 여인[2]처럼 남편을 바로잡으려 애쓴다면 교화가 나라에까지 행해집니다. '요전(堯典)'의 말들을 보면 하나의 변함없는 법칙에서 나오는 것 같습니다. 이것이 빼어난 제왕들은 늘 하나의 같은 도리〔道〕를 갖는 이유라 할 수 있습니다.

1) 『시경』의 '토저(兎罝)'라는 시에 나오는 내용으로 숲 속에 있지만 굳센 정신의 소유자로서 충직한 인물을 뜻한다.
2) '여분(汝墳)'은 『시경』에 나오는 시로 도리가 행해지는 것을 읊은 것이다. 내용은 문왕의 교화가 여분의 나라에 행해지니 부인이 부역 간 남편을 걱정하면서도 오히려 바른 도리〔正道〕로써 권면한다는 내용이다.

---

『주역(周易)』의 가인(家人) 괘(위는 ☴, 아래는 ☲)에 대한 공자의 주석〔彖〕에 따르면 "가인괘는 여자는 안에서 바른 자리〔正位〕를 갖고 있고 남자는 밖에서 바른 자리를 갖고 있으니 남녀가 바른 것은 하늘과 땅의 큰 뜻이다. 집안 사람〔家人〕에게는 존엄한 어른〔嚴君〕이 있어야 하니 부모(父母)가 바로 그 어른이다. 아버지가 아버지답고, 자식은 자식답고, 형은 형답고, 동생은 동생답고, 남편은 남편답고, 아내는 아내다워야 집안의 도리〔道〕가 바로 서고 바른 가정이 있어야 천하(天下)도 제대로 설

수 있다"라고 하였다.

가인괘에 대한 상세한 풀이인 상(象)에 따르면 바람(風-밖)이 불(火-안)에서 나오는 것이 가인(家人)이니 그래서 군자는 말에 내용〔物〕을 담고 행동에 지속성〔恒=久〕을 갖추는 것이라고 했다. 상구(上九)[1]는 '위엄을 갖추면 길하다〔威如之吉〕'고 했고, 그것을 풀이한 상(象)에 따르면 위엄이 있어 길하다는 것은 몸을 되돌아봄 혹은 (어떤 일의 잘잘못 등을) 자기 몸으로 돌이킴〔反身〕을 말하는 것이다.

　　　　신이 가만히 살펴보겠습니다. 가인(家人) 괘 하나는 다 집안을 다스리는 법에 관한 것입니다. 이(二)[2]는 음효(陰爻-갈라진 효)로 내괘(內卦)[3]의 가운데〔中=正〕 있고 (따라서) 여자가 안에서 바른 자리를 갖고 있는 상(象)입니다. 오(五)[4]는 양효(陽爻)로 외괘(外卦)[5]의 가운데 있고 남자가 밖에서 바른 자리를 갖고 있는 상입니다.

옛날에는 궁실(宮室-집 건물)을 내외로 구분해 남자는 밖에 머물고 무릇 문지방〔梱〕 밖의 일을 책임졌습니다. 여자는 안에 머물고 무릇 문지방 안의 일을 책임졌습니다. 남녀 각각은 그 맡은 바가 있어 서로 상대방이 하는 일을 침해하거나 문란하게 해서는 안 됩니다.

선비와 일반 백성〔庶人〕으로부터 그 이상은 다 그러했지만 특히 임금의 집안은 관계되는 바〔所繫〕가 훨씬 중대했습니다. 고로 '예가 있다〔禮有〕'는 말은 곧 천자는 남자들을 가르치는 일을 살피고 황후는 여자들을 순하게 하는 일을 살피고 (또) 천자는 외치(外治)에 힘쓰고 황후는 집안 대소사를 챙긴다는 뜻입니다.

옛날에 남자와 여자, 안과 밖을 분별하기를 이와 같이 엄하게 했으

니 그것이 어찌 사사로운 뜻[私意]으로 그렇게 했겠습니까? 하늘과
볕[天陽]은 굳건하여 위에서 만물의 생명을 불어넣어주고 땅과 그늘
[地陰]은 순하여 아래에서 만물의 모양을 유지할 수 있게 해주니 이것
이 하늘과 땅[天地]의 바른 이치입니다. 남자는 강건(剛健)을 다움으
로 삼아 일을 맡은 (남)자는 결단하고 제어하며, 여자는 유순(柔順)을
다움으로 삼아 일을 맡은 (여)자는 (윗사람의) 뜻을 잘 받들어 이어야
합니다. 남자와 여자가 각각 그 바름[正]을 얻으면 하늘과 땅의 이치
에 부합하게 됩니다. (남자와 여자) 어느 한 쪽이라도 그 바름을 잃게
되면 하늘과 땅의 이치에서 벗어나게 됩니다.

　집안을 (바르게) 다스리려면 엄숙함[嚴肅]을 근본으로 삼아야 합니
다. 부모 된 자는 한 집안의 어른이니 어른이 엄숙하면 가정을 다스리
는 것[家政]은 일어나고 엄숙하지 못하면 무너집니다. 그러나 소위 엄
숙하다고 하는 것이 무섭거나 사납다[猛暴]는 것을 뜻하는 것은 아
닙니다. 아버지는 아버지의 도리를 다하고 자식은 자식의 도리를 다하
고, 이에 비추어 형제나 부부도 각자 그 주어진 도리를 다하지 않음이
없을 때 아래위는 엄숙해져 조금이라도 각자의 도리를 어지럽힘이 없
게 되는 것입니다. 이처럼 하면 곧 집안의 도리는 바르게 되고 임금의
집안도 바로 서게 되니 이를 미루어 헤아려[推] 천하에도 적용한다면
(온 천하에) 바르지 않은 것이 없게 됩니다. 따라서 말하기를 가정이
바르게 되면 천하가 정해진다 혹은 안정된다[定]고 하는 것입니다.

　가인괘의 몸통을 보면 안[內=內卦][6]은 이(離 ☲)이고 밖[外=外卦][7]
은 손(巽 ☴)이니 바람[風-밖]이 불[火-안]에서 나오는 형상입니다. 군자
라면 이 괘의 상(象)을 보고서 천하의 일을 알게 되는 것입니다. '안으로
부터 나오지 않는 것이 없다'라고 하는 것은 국가의 치란이 가정에서 비

롯된다는 것이고, 몸과 가정의 관계로 말하자면 가정이 바르냐 그렇지 못하냐는 (가장의) 몸에서 비롯되는 것입니다. 따라서 나라를 다스리는 것〔治國〕은 집안을 바로 세우는 데〔正家=齊家〕 있고, 집안을 바로 세우는 것은 또 몸에 돌이키는 데〔反身〕 있는 것이니 내 몸과 언행에 한 가지라도 삼가지 못한 것이 있게 되면 그 집안을 다스릴 수 없을 것입니다.

그렇기 때문에 말에는 반드시 (실천을 통한) 내용〔物〕이 있어야 하는데 이때 내용이란 그 실상〔實〕이 있다는 뜻입니다. 또 행동〔行〕에는 반드시 지속성〔常〕이 있어야 하는데 이때 지속성이란 꾸준한 법도〔常度〕를 말합니다. 언행은 반드시 삼가고 몸을 닦아야 합니다. 이를 미루어 헤아린다면 (즉 그대로 집안과 국가에도 적용한다면) 집안이나 국가도 바르게 되지 않을 수 없습니다. 상구(上九)라는 효 하나는 (가인괘 전체에 이어) 다시 집안을 다스리는 도리〔治家之道〕가 엄숙하고 위엄을 갖출 때 길한 것임을 말하고 있습니다. (그런데) 성인(聖人-공자)은 후세 사람들이 우매하게도 그 본래의 뜻을 혹시라도 무섭거나 사납다는 것으로 받아들이고 위엄을 갖춘다〔威〕는 것이 자신의 몸을 다스린다는 것이지 다른 사람에게 위협을 가한다는 뜻에서의 엄하다는 것이 아님을 모르고 능히 그 도리를 따르지 못하는 사람이 생겨날까 봐 깊이 걱정했습니다. 따라서 자기 몸에 돌이킴〔反身〕이라고 구체적으로 언급한 것은 임금이 자신의 몸에 돌이켜보게 하여 말 한마디, 동작 하나까지 늘 삼가면서 의젓하게〔凜然〕 하려고 한 것이니, 이것이 소위 '위엄을 갖추면〔威如〕'의 정확한 뜻이라 하겠습니다. 단(象-공자의 주석)과 상(象)의 풀이를 통합해서 볼 때 집안은 천하의 근본이고 몸은 또 집안의 근본이라는 것은 도무지 (어느 누구도) 바꿀〔易〕 수 없을 만큼 단단한 이치라고 하겠습니다.

1) 6개의 효 중에서 맨 위에 있는 양효(陽爻-붙어 있는 효)를 가리킨다.

2) 아래에서 두 번째 갈라진 효다.

3) 6개 중에서 아래 3개의 효다.

4) 아래에서 다섯 번째 붙어 있는 효다.

5) 6개 중에서 위의 3개의 효다.

6) 아래 3개의 효다.

7) 위의 3개의 효다.

『대학(大學)』[1]

남을 다스리는 자가 되기 위해 (반드시) 배워야 하는 (세 단계) 길은 첫째 (내 몸에) 공적인 다움〔明德〕을 갈고닦는 데 있고, 둘째 백성들을 내 몸과 같이 여기는 데 있고〔親民〕, 셋째 가장 바람직한 상태에서 오랫동안 머물러 있는 데〔止於至善〕 있다.

(가장 바람직한 상태에서) 오랫동안 머무를 줄 알게 된 후에야 (뜻이 나아갈 방향이) 정해짐〔定〕이 있고, 뜻의 방향이 정해지고 난 이후에야 능히 흔들림이 없는 마음〔靜〕을 갖게 되고, 마음의 흔들림이 없어진 후에야 능히 (인이나 도를) 편안하게 여기게〔安〕 되고, 인을 편안하게 여길 수 있게 된 후에야 능히 심모원려〔慮〕를 할 수 있고, 심모원려를 할 수 있게 된 후에야 능히 (그에 어울리는 지위나 뜻했던 바를) 얻게〔得〕 된다.

모든 일에는 근본과 곁가지가 있고 모든 일에는 끝과 시작이 있으니 먼저 해야 할 것과 뒤에 해야 할 것을 잘 알고 있다면 도리에 보다 가까이 다가가게 될 것이다.

옛날에 공적인 대의(明德)를 천하에 밝히고자 하는 자는 먼저 자기 나라를 잘 다스렸고(治國), 나라를 잘 다스리려 하는 자는 먼저 자기 집안을 가지런히 했고(齊家), 집안을 가지런히 하려고 하는 자는 먼저 자기 몸을 닦았고(修身), 몸을 닦고자 하는 자는 먼저 자기 마음을 바로 했고(正心), 마음을 바로 하고자 하는 자는 먼저 자신의 뜻을 열렬하게 했고(誠意), 뜻을 열렬하게 하고자 하는 자는 먼저 앎에 이르렀으니(致知), 앎에 이른다는 것은 사물의 이치를 깨우치는 데(格物) 있었다.

사물의 이치를 깨우친 후에야 앎에 이르게 되고, 앎에 이르게 된 후에야 뜻이 열렬해지고, 뜻이 열렬해진 후에야 마음이 바르게 되고, 마음이 바르게 된 후에야 몸이 닦이고, 몸이 닦인 후에야 집안이 가지런해지고, 집안이 가지런해진 후에야 나라가 제대로 다스려지고, 나라가 제대로 다스려진 후에야 천하를 평정할 수 있다.

천자로부터 아래로는 일반 백성에 이르기까지 일체 다 몸을 닦는 것(修身)을 근본으로 삼는다. (왜냐하면) 그 근본이 (바로 서지 않아) 어지러운데 곁가지가 제대로 다스려지는 경우는 없고, 두텁게 해야 할 것을 엷게 하는데 엷게 해야 할 것이 두터워지는 경우도 없다.

1 『예기(禮記)』의 편 이름이다.

신이 가만히 살펴보겠습니다. '요전(堯典)'을 비롯해 (지금까지 살펴본) 여러 책들은 하나같이 자기의 몸(身)(을 닦는 데)에서 시작해 이를 미루어 천하에까지 이릅니다. 그보다 가장 앞부분에 격물

(格物), 치지 (致知), 성의(誠意), 정심(正心)이 오고 그다음에는 그 몸을 닦는 것[修身]이니 『대학』이 비로소 제시하는 것은 그 이전의 성인[1]이 말하지 않고 숨겨두었던 것을, (배움을 향해) 따라 들어가는 길로써 배우는 자에게 보여주는 것이니 그 공효(功效)가 대단히 크다고 하겠습니다.

1) 증자(曾子) 이전의 성인이라는 뜻이므로 공자를 가리킨다고 봐야 한다.

『중용(中庸)』[1]

천하와 국가를 다스리는 데는 아홉 가지 법도[九經][2]가 있다. 첫째는 자신의 몸을 닦는 것이고, 둘째는 뛰어난 이를 그에 걸맞게 대우하는 것이고, 셋째는 혈육을 내 몸처럼 여기는 것이고, 넷째는 대신을 존중하는 것이고, 다섯째는 여러 신하들을 마음으로써 보살피는 것이고, 여섯째는 일반 백성들을 자식처럼 사랑하는 것이고, 일곱째는 세상의 각종 전문가[百工]가 모여들게 하는 것이고, 여덟째는 먼 나라 사람들도 찾아오고 싶도록 품어 안는 것이고, 아홉째는 여러 제후들이 자발적으로 따르게 만드는 것이다.

몸을 닦으면 도리가 서고[修身則道立], 뛰어난 이를 그에 걸맞게 대우하면 불혹(不惑)[1]하게 되고, 혈육을 내 몸처럼 여기면 아버지의 형제들인 숙부(叔父)들이나 친형제들이 원망하지 않게 되고, 대신을 존중하면 현혹되지 않고[不眩], 여러 신하들을 마음으로써 보살피면 선비들이 임금에게 보답하려는 예(禮)가 두텁게 되고, 일반 백성들을 자식처럼 사랑하면 백성들이 부지런해지고, 세상의 각종 전문가[百工]가 모여들면 재물의 쓰임이 풍족하게 되고, 먼 나라 사람들도 찾아오고 싶도록 품어 안으면 사방에서 찾아오게 되고, 여러 제후들이 앞다투어 자발적으로 따르게 만들면 천하가 두려워하게 될 것이다.

마음을 가지런히 하고 (다음을) 밝히며 옷은 언제나 잘 차려 입고서 예가 아니면 움직이지 않는 것[齊明盛服非禮不動]이 몸을 닦는 것[修身]이다. 참소하는 자를 물리치고 여색을 멀리하며, 재물을 가벼이 여기고 다음[德]을 귀하게 여기는 것은 뛰어난 이를 진정으로 권면하는 것[勸賢＝尊賢]이다. 그의 자리를 높이고, 그의 녹을 두텁게 하며 그의 좋아하고 싫어함을 함께 하는 것은 혈육을 내 몸과 같이 여김을 권면하는 길[勸親親]인 것이다. 부하 관리들을 많이 두어 마음껏 부리게 함은 대신을 권면하는 길이다. 진실한 믿음으로 대우해 주고 녹(祿)을 충분히 주는 것은 낮은 직급의 관리들을 권면하는 길이다. 때에 맞춰 부리고 세금을 가볍게 해주는 것이 백성들을 권면하는 길이다. 날마다 살피고 다달이 시험하여 그에 맞게 급여를 주어 일에 어울리게 하는 것이 공장들을 권면하는 길이다. 가는 것을 보내고 오는 것을 맞이하며 잘하는 것을 칭찬해 주고 못하는 것을 불쌍히 여기는 것이 먼 나라 사람들을 부드럽게 하는 길이다. 끝으로 끊어진 세대를 이어주고 피폐한 나라를 일으켜주며, 어지러움을 다스리어 위태로움을 붙들어주고, 조회(朝會)와 빙례(聘禮)를 때에 맞춰 하고, 보내주는 것을 두터이 하고 가져오는 것을 가벼이 하는 것이 제후들을 품어 안는 길이다.

이처럼 천하와 국가를 다스리는 데에는 아홉 가지 법도가 있으나 총괄적으로 보자면 그것을 행하는 것은 결국 하나이다.

1 『예기』의 편 이름이다. 공자의 손자 자사(子思)가 지었으며 자사
의 이름은 급(及)이고 증자의 문인이다.

2 經은 經緯라고 할 때의 經이다.
　경　　　경위　　　　　　　경

선배 유학자 여대림(呂大臨, 1046~1092년)[2]은 이에 대해 다음과 같이
말했습니다.

"천하와 나라, 집안의 근본은 몸(身)에 있다. 고로 몸을 닦는 일(修身)
　　　　　　　　　　　　　　　　신　　　　　　　　　　　　수신
은 아홉 가지 법도(九經)의 근본이다. 그러나 반드시 스승을 내 몸같이
　　　　　　구경
가까이 여기고 벗을 얻은 후에야 몸을 닦는 도리가 진전을 보게 되는 것
이니 뛰어난 이를 그에 걸맞게 대우하는 것(尊賢)이 그다음이 되는 것이
　　　　　　　　　　　　　　　　　　　존현
요, 도리를 진전시키는 것은 자기 집안보다 먼저일 수 없기 때문에 혈육
을 내 몸처럼 여기는 것(親親)이 그다음이 되는 것이요, 집안으로 말미암
　　　　　　　　　　친친
아 조정에까지 미치게 되는 것이니 대신을 존중하고(敬大臣) 여러 신하
　　　　　　　　　　　　　　　　　　　　　　　경 대신
들을 마음으로써 보살피는 것(體群臣)이 그다음이 되는 것이요, 조정으
　　　　　　　　　　　　체 군신
로 말미암아 그 나라 전체에 미치게 되는 것이니 일반 백성들을 자식처
럼 사랑하는 것(子庶民)과 세상의 각종 전문가들이 모여들게 만드는 것
　　　　　　자 서민
(來百工)이 그다음이 되는 것이요, 나라로 말미암아 천하에 미치게 되는
내 백공
것이니 먼 나라 사람들도 찾아오고 싶도록 품어 안는 것(柔遠人)과 여러
　　　　　　　　　　　　　　　　　　　　　　　　　유 원인
제후들이 자발적으로 따르게 만드는 것(懷諸侯)이 그다음에 오는 것이
　　　　　　　　　　　　　　　　　회 제후
다. 이것이 바로 아홉 가지 법도의 순서다. 신하들을 보살피기를 마치 내
몸을 보살피듯이 하고 백성들을 돌보기를 마치 내 자식을 돌보듯이 하니
이것이 신하들을 볼 때와 백성들을 볼 때의 차이다."[3]

주희(朱熹)는 다음과 같이 말했습니다.

"몸을 닦으면 도리가 서고[修身則道立]' 이하는 아홉 가지 법도의 효험[效]이다. 도리가 선다[道立]는 것은 도리가 내 몸에서 이루어져 백성들의 표상이 될 만하다는 뜻으로 (『서경』'홍범(洪範)'에 나오는) 이른바 '황제가 표준[極]을 세운다'는 것이 바로 이것이다. 의혹을 품지 않는다는 것[不惑]은 이치[理]에 대해 의심을 품지 않는 것이요, 현혹되지 않는다는 것[不眩]은 일[事]에 임하여 전혀 어둡지 않다는 것이다. 대신을 존중한다는 것은 신임이 단단하여 소인배 같은 신하들이 이간질을 할 수 없으니 일에 임하여 현혹되지 않는다는 것이다. 백공들을 오게 하여 받아들인다는 것은 기술들을 서로 통하게 하고 일을 바꿔서 함으로써 농업과 말업(末業-상공업)이 서로 도움을 주게 되어 재용이 풍부해진다는 것이다. 먼 나라 사람들을 보듬어 안으면 온 세상의 나그네들이 모두 기뻐하여 그 길로 나오고 싶어할 것이므로 사방이 다 귀의하게 된다. 제후들을 품어준다는 것은 다움이 베풀어지는 바가 넓고 위엄이 다스리는 바가 넓어진다는 뜻이므로 천하가 두려워하게 된다."

『중용혹문(中庸或問)』[4]에서 어떤 사람이 "아홉 가지 법도는 어떠한 것입니까"라고 묻자 주희는 이렇게 답했습니다.

"그 안(내면)이 하나같지(혹은 한결같지) 않으면[不一] 그 밖을 제어할 수 없고, 그 밖이 가지런하지 않으면[不齊] 그 속[中=內]을 길러낼[養] 수 없고, 고요하기만 하고 지켜내는 바가 없으면[靜而不存] 그 근본[本]을 세울 수 없고, (반대로) 움직이기만 하고 (자신을) 살필 줄을 모르면[動而不察] 사사로움[私]을 이길 수 없다. 따라서 '마음을 가지런히 하고 (다움을) 밝히며 옷은 언제나 잘 차려입고서 예가 아니면 움직이지 않는다면

〔齊明盛服非禮不動〕' 안팎은 서로 길러주고 움직임과 고요함〔動靜〕이 각
각 자신의 할 바에서 벗어나지 않으니 그것5)이 바로 몸을 닦는 것〔修身〕
의 요체가 되는 까닭이다. 간사한 마음으로 남을 헐뜯는 것을 (임금이 쉽
게) 믿는다〔信讒邪〕면 이는 인재를 쓰는 일을 잘해야겠다는 그의 다짐
에 일관성〔專＝一〕이 결여된 것이요, 재물과 여색을 좋아 다닌다〔徇貨色〕
면 이는 인재를 좋아하는 것이 별로 돈독하지 않다는 것이다. 가연지(賈
捐之)6)의 이른바 '후궁이 아름답고 고우면 현자는 뒤로 숨게 되고, 아첨꾼
이 일을 좌지우지하게 되면 간쟁해야 할 신하들은 입을 닫는다'는 것이 그
말이다.

　대개 균형을 이룬 형세에서 이쪽이 무거우면 저쪽이 가벼워지니 이치
가 진실로 그러하다. 따라서 참소를 끊어내고 여색을 멀리하고 재화를
가벼이 여기면서 다움이 있는 사람을 귀하게 여기기를 한결같이 하는 것
이야말로 현명한 인재를 권면하는 도리가 되는 이유다.

　친족들에게는 (벼슬을 주어) 귀하게 만들고 싶고 사랑하는 자에게는
(재물을 주어) 부유하게 만들고 싶은 것과, 형제와 인척들이 서로 멀리함
이 없도록 만들고 싶은 것은 당연하다 할 수 있다. 그래서 그들의 자리를
높이고, 그들의 녹을 두텁게 하며 그들의 좋아하고 싫어함을 함께하는
것이 혈육을 내 몸과 같이 여김을 권면하는 길이 되는 이유다.

　대신이란 자질구레한 일들까지 직접 할 수 없으니 도리〔道〕로써 임금
을 섬기는 것으로 스스로 할 바를 다 할 수 있도록 해주어야 한다. 그래
서 관속(官屬)들을 많이 두어 그들을 마음대로 부릴 수 있게 해주는 것
이 대신을 권면하는 도리가 되는 이유다.

　그 열렬함〔誠〕을 다하여 사사로운 일들까지 근심해 준다면 선비들은
위로 부모를 섬기고 아래로 처자를 기르는 데 걱정함이 없게 되어 즐겁

게 맡은 바 일을 하게 될 것이다. 그러므로 진심을 다하고 신의를 지키며 녹을 많이 주는 것이 선비를 권면하는 도리가 되는 이유다.

안일함에 젖어들고 싶은 것이 사람의 마음이고, 또한 부유하게 되고 싶지 않은 사람은 없다. 그러므로 때에 맞춰 백성들을 부리고 세금은 가볍게 거둬들이는 것이 백성들을 권면하는 도리가 되는 이유다.

날마다 살펴보고 달마다 시험하여 그들의 능력을 제대로 평가하고 그들의 녹이 그들의 능력에 맞도록 하여 상으로써 그들의 수고로움을 보상한다면 법도를 따르지 않고 음란과 기교를 부리는 자들은 용납되지 못하고 게으른 자는 힘써 노력하게 되고 능력이 있는 자는 더욱 힘쓰게 될 것이다. 그들을 위하여 부절(符節)을 주고서 떠나가는 사람을 전송하고, 자신들을 찾아오는 사람을 풍부한 물자로 환영하며 그들에게 능력에 맞춰 일자리를 주어 그들의 잘하는 바를 가상히 여기고, 그들이 하고 싶어 하지 않는 일은 억지로 시키지 않으며 그들의 무능함은 긍휼히 감싸준다면 온 천하의 사람들은 다 기뻐하고 이곳에 찾아들기 위해 길을 나설 것이다.

후손이 없는 자에게는 후손을 잇도록 해주고,[1] 이미 멸한 자라도 다시 책봉해 주며[2] 그들의 혼란을 다스려 상하가 서로 편안하게 해주며, 그들의 위태로움을 붙들어 크고 작은 나라들이 서로 보살펴주게 하며, 조빙(朝聘)은 때에 맞게 하여 그 힘을 쓸데없이 쓰도록 하지 말고, 공물과 하사(貢賜)는 법도에 맞게 하여 그들의 재물을 다 소진토록 하지 않는다면
공사
천하의 제후들은 모두 다 온 힘을 다하여 왕실을 지켜주고 혹시라도 왕실을 배반하려는 마음을 품지 않을 것이다.

무릇 이 아홉 가지 법도[九經]는 각각이 서로 다르지만 그 내용을 총
구경
괄해서 보면 수신(修身), 존현(尊賢), 친친(親親) 세 가지에서 벗어나는 것

이 전혀 없다. 대신을 존중하고[敬大臣] 여러 신하들을 마음으로써 보살
<sub>경 대신</sub>
피는 것[體群臣]은 뛰어난 이를 그에 걸맞게 대우하는 것[尊賢]에서 한
<sub>체 군신</sub> <sub>존현</sub>
등급씩 미루어 낮춰가는 것이며, 일반 백성들을 자식처럼 사랑하는 것
[子庶民]과 세상의 각종 전문가들이 모여들게 만드는 것[來百工]과 먼 나
<sub>자 서민</sub> <sub>내 백공</sub>
라 사람들도 찾아오고 싶도록 품어 안는 것[柔遠人]과 여러 제후들이 자
<sub>유 원인</sub>
발적으로 따르게 만드는 것[懷諸侯]은 혈육을 내 몸처럼 여기는 것[親親]
<sub>회 제후</sub> <sub>친친</sub>
으로부터 (친족 서열처럼) 미루어 낮춰가는 것이다. 그리고 뛰어난 이를
그에 걸맞게 대우하는 것[尊賢]과 혈육을 내 몸처럼 여기는 것[親親] 또
<sub>존현</sub> <sub>친친</sub>
한 몸을 닦는 것[修身]이 제대로 된 이후에야 각각 그 이치에 합당하여
<sub>수신</sub>
어긋나는[悖] 바가 없을 뿐이다."
<sub>패</sub>

또 누가 "(왜 아홉 가지 법도 중에는) 혈육을 내 몸처럼 여겨야 한다고
하면서 혈육에게 관직을 주어 일을 맡기는 것에 대해서는 아무런 말이
없습니까"라고 묻자 주희는 이렇게 답했습니다.

"이는 친친(親親)과 존현(尊賢)이 나란히 가면서도 서로 어긋나지 않게
해주는 도리[道]다. 만일 혈육을 내 몸처럼 여긴다고 해서 현명한지 여부
<sub>도</sub>
도 가리지 않은 채 가벼이 귀한 벼슬을 맡겼다가 불행하게도 혹 그 일을
제대로 수행할 수 없을 경우에 만일 이를 냉철하게 처결한다면 이는 혈
육으로서의 은혜를 상하게 하는 일이다. 또 그렇다고 처결하지 않는다면
이는 나라의 법을 폐기하는 일이다. 이렇기 때문에 그를 부유하게 해주고
귀하게 해주고 내 몸처럼 여기고 두터이 해주라면서도 관직을 주어 일을
맡기는 것에 대해서는 아무런 말이 없었던 것이다. 이것이 바로 혈육을
내 몸처럼 여기고 아끼면서[親愛]도 그를 온전하게 지켜주는 것이다.
<sub>친애</sub>

만약에 혈육이라 하더라도 그 능력이 뛰어나다면[賢] 마땅히 대신의
<sub>현</sub>
지위에 두어 그를 높이고 공경해야 한다. 어찌 그에게 부귀를 누리게 하

는 데 그치겠는가? (예를 들면) 관숙(管叔)과 채숙(蔡叔)에게 상나라[7]를 통치하도록 했다는 점에서 주공(周公)은 허물이 있음을 면하기 어렵다. 하지만 그들을 벌한 이후에는 오로지 강숙(康叔)과 담계(聃季)만이 힘을 합해 왕실을 보좌했고 나머지 오숙(五叔-다섯 형제들)은 봉토만을 소유했을 뿐 관직을 갖지 못했던 것을 보면 빼어난 분[聖人-주공]의 마음이
                                                          성인
어떠한 것인지를 제대로 볼 수 있을 것이다."

또다시 어떤 사람이 "(여대림이 말하기를) '대신을 존중한다는 것은 신임이 단단하여 소인배 같은 신하들이 이간질을 할 수 없으니 일에 임하여 현혹되지 않는다'고 했다면서 만약에 대신을 부림에 있어서 그 사람이 현명하다면 그리 되겠지만 혹 불행하게도 조고(趙高), 주이(朱异), 우세기(虞世基), 이임보(李林甫)[8] 등의 무리가 있게 된다면 추양(鄒陽, 기원전 206~129년)[9]이 말한 바 '한쪽 말만 치우쳐 들으면 간신을 낳고 어느 한 신하만 깊이 신임하면 난을 부르게 된다'는 말과, 범휴(范睢, ?~기원전 255년)[10]가 말한 바 '어진 사람을 질투하고 능력 있는 사람을 질시하며 아랫사람을 막 대하고 윗사람을 속이면서 자신의 사적인 욕심만 채우는 자가 있어도 임금은 깨닫지 못한다'는 말을 진실로 우려하지 않을 수 있겠습니까"라고 묻자 주희는 이렇게 답했습니다.

"그렇지 않다. 저들이 그 지경에까지 이르게 된 것은 아홉 가지 법도의 뜻을 알지 못했기 때문일 뿐이다. 만약에 그들로 하여금 이런 깊은 뜻을 밝게 알게 하여 몸을 닦는 것을 근본으로 삼게 했다면 보는 데 있어 눈 밝고 듣는 데 있어 귀 밝아[視明聽聰] 그들이 현명하건 그렇지 않건 속임
                              시명 청총
을 당하지 않았을 것이다. 또 뛰어난 이를 그에 걸맞게 대우하는 것[尊賢]
                                                존현
을 우선으로 삼았다면 대신을 임용하는 데 있어 반드시 그런 무리의 사람들을 제쳐놓았을 것이다. 그리고 불행하게도 혹 (주공처럼) 그런 잘못

을 저질렀다 하더라도 곧장 새로운 인재를 구해 그들과 대체할 뿐이다. 어찌 그 사람이 능히 나라를 망칠 것이라는 것을 알면서도 도리어 대신의 자리에 그대로 두어 그로 하여금 문서를 받들어 행하는 중책을 그대로 맡겨둘 것이며, 또 한갓 낮은 직위의 신하들로 하여금 살피게 한다고 해서 그로부터 생겨날 일들을 미리 막을 수 있겠는가?

모름지기 (임금은) 뛰어난 이를 나아가게 하는 데 노력하고 인재를 얻으면 편안해하고 일단 임무를 맡기면 의심하지 말고 의심나는 점이 있으면 임무를 맡기지 않는 것이다. 이것이 바로 옛 성군과 현명한 재상들이 온갖 열의를 다해 서로 믿고 서로 도와서 자신들의 도리를 남김없이 다함으로써 함께 크고 바른 광명의 위업을 달성할 수 있었던 이치다.

만일 그렇게 되지 않는다면 아마도 윗사람이 아랫사람에 대해 시기하고 막아서는 마음이 더욱 세세하게 갖추어져서 그로부터 생겨나는 현혹은 더욱 심해지며, 아랫사람이 속이고 감추는 것은 더욱 치밀해져 그로부터 생겨나는 해악은 더욱 심해질 것이다. 그리고 불행하게도 바로 이런 때에 신하의 간사스러움이 (그 틈을 타서) 이루어지게 되면 그 재앙은 이루 말할 수 없을 것이며, 요행히 임금의 위엄이 앞서는 바람에 이른바 '한쪽 말만 치우쳐 듣고 어느 한 사람만을 신임하는 것'과 '아랫사람을 막 대하고 윗사람을 속이는' 간특한 일이 장차 대신들에게서는 일어나지 않을지 몰라도 좌우의 가까운 사람들에게서는 일어날 것이다. 이렇게 되면 나라의 재앙은 더욱 어떻게 할 수 없는 지경에 이를 것이니, 아! 이 얼마나 위태위태한 일인가?"

주희는 또 이렇게 말했습니다.

"하나같다[一]는 것은 곧 열렬함[誠]이니 단 하나라도[一] 열렬함이 없
<sub>일</sub>          <sub>성</sub>          <sub>일</sub>

으면 이 아홉 가지는 다 헛소리[虛文]가 된다."

1 이는 주(周) 나라 무왕(武王)이 하나라와 상나라의 후예들을 이
  어준 것과 같은 것이다.
2 제나라 환공이 위(衛)나라를 책봉해 준 것과 같은 것이다.

　　　　　신이 가만히 살펴보겠습니다. 아홉 가지 법도에 관해서
는 주희가 남김없이 다 말했습니다. 어떤 이는 『대학』은 성의정심(誠意
正心)을 먼저 말하고 그 뒤에 수신(修身)을 말했다고 이야기하기도 합
니다. (그러나) 『중용』의 아홉 가지 법도의 순서가 곧장 몸을 닦는 것
[修身]에서 시작하고 있는 것은 어째서이겠습니까? 말하기를 '마음을
가지런히 하고 (다움을) 밝히며 옷은 언제나 잘 차려입고서 예가 아니
면 움직이지 않는 것[齊明盛服非禮不動]'은 다름 아닌 삼가는 마음가
짐[敬]이라고 했습니다. 삼가는 마음가짐을 갖게 되면 뜻을 다하는 데
열렬하게 되고[意誠] 마음을 바로 하는 것[心正]이 그 가운데[中]에
있게 됩니다. 주희가 말한 '하나같다[一]는 것은 곧 열렬함[誠]이다'는
무슨 뜻이겠습니까? 말하기를 천하의 이치란 하나이면 순수하고[一
則純] 둘이면 뒤섞인다[二則雜]고 했으니 순수하면 열렬하고 뒤섞이면
거짓[妄]이 됩니다. 몸을 닦는 것이 하나가 아니면 선과 악이 뒤섞이고
현능한 이를 높이는 것이 하나가 아니면 사정(邪正)이 뒤섞입니다. 둘
이 아니고 뒤섞이지 않은 것[不雜=純]이 열렬함이 아니라면 무엇이겠
습니까? 그래서 순임금은 오직 하나[惟一]만을 말했고 이윤은 능히
하나[克一]를 말했으며 『중용』에서는 도리를 행하는 것이 하나[一]라
고 한 것입니다.

1) 불혹하게 된다는 것은 사람을 제대로 볼 줄 알게 된다(知人)는 뜻이다.

2) 중국 북송(北宋)의 학자다.

3) 미세하게나마 백성보다는 신하에 더 비중을 두게 된다는 말이다.

4) 이는 주희가 쓴 책 문답 형식으로『중용』의 뜻을 풀이한 책이다.

5) 齊明盛服非禮不動을 가리킨다.
   제 명 성 복 비 례 부 동

6) 한나라 문제(文帝) 때의 대학자 가의(賈誼)의 증손으로 한나라 원제(元帝) 때의 관리이자 학자다.

7) 상나라는 주나라에 이미 망했지만 제후국으로서의 지위는 유지하면서 선왕들의 제사는 지낼 수 있도록 해주던 것이 당시의 전통이다.

8) 이들은 나라를 위태롭게 만든 간신들로 뒤에 상세하게 다뤄진다.

9) 한나라의 문필가다.

10) 진(秦) 나라 때의 정치가로 범수라고도 읽는다.

(『맹자(孟子)』) 맹자가 말했다.

"사람들이 누구나 쉽게 하는 말 중에 천하니 나라니 집안이니(天下國家) 하는 것들이 있다. (그러나) 천하의 근본은 나라에 있고 나라의 근본은 집안에 있고 집안의 근본은 (가장의) 몸에 있다."

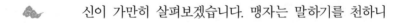          신이 가만히 살펴보겠습니다. 맹자는 말하기를 천하니

나라니 집안이니[天下國家] 하는 것들은 세상 사람들이 항상 쉽게 말을 하면서도 나라가 천하의 근본이고 집이 나라의 근본이며 또 몸이 집의 근본이라는 것은 알지 못한다고 했습니다. 그 말은 곧 여기에는 차례[序]가 있다는 뜻입니다. 근본은 마치 나무의 뿌리와 같아서 뿌리가 튼튼해진 이후에야 가지와 잎사귀들이 무성해지듯이 정치의 본말(本末)도 역시 이와 같습니다. 그런데 『대학』에서는 마음을 바로 하는 문제[心正]에 관해 이야기했는데 여기서 (맹자가) 아무런 이야기도 하지 않은 것은 (신이 생각해 보건대) 아마도 성의(誠意)와 정심(正心)은 다 몸을 닦는 일에 속하고 따라서 몸을 말하게 되면 마음은 이미 그 안에 포함돼 있기 때문일 것입니다.

(『맹자』) 맹자가 말했다.

"도리[道]는 가까운 곳[爾=邇]에 있는데 그것을 멀리서 구하고, 일[事]은 쉬운 데 있는데 그것을 어려운 데서 구한다. 사람 사람마다 자신들의 부모[親]를 내 몸과 같이 여기고[親] 자신들의 연장자나 윗사람[長]을 삼가며 모신다[敬]면 천하는 평안해질 것이다."

신이 가만히 살펴보겠습니다. (맹자가 살았던) 전국(戰國)시대에는 도리를 배우는 자들이 가까운 데서 도리를 구하지 않고 먼 데서 구하려 했으니 이는 요순(堯舜)의 도리라는 것이 (일상생활에

서) 어른을 뒤따라갈 때는 천천히 가야 한다[徐行後長]는 것과 떨어
져 있는 것이 아니며, 어짊과 의로움[仁義]의 실상이라는 것도 (결국
은) 친족을 높이고 어른을 삼가며 모시는 것에 있다는 것을 모르는 것
입니다. (또) 일을 도모하는 자들이 쉬운 것에서 (길을) 구하지 않고
어려운 데서 구하려 했으니 이는 진(秦) 나라나 초(楚) 나라보다 국력
이 약한 제(齊) 나라 선왕(宣王)이 왕도가 아닌 패도로 천하를 쟁패하
려 했던 헛된 꿈이란 나무에 올라가서 물고기를 찾으려는 것
[緣木求魚]보다 심하다는 것을 스스로 몰랐던 것입니다. (그래서 맹자
는) 내 노인은 내가 공경하고 (그리하여 그것이 다른 사람들이 자신들
의 노인을 공경하는 데까지 이르게 하고) 내 아이는 내가 사랑(하여 그
것이 다른 사람들이 자신들의 아이를 사랑하는 데까지 이르게)한다면
천하는 손바닥에 놓고 움직일 수 있다고 했습니다.

　그래서 맹자는 이 같은 내용을 절절히 고함으로써 이때의 임금(-제
나라 선왕)이 (모든 일을) 자기 자신의 몸에 돌이켜 구하고[反身] 세상
탓을 하지 않기를 바랐던 것입니다. 무릇 임금이 능히 그 부모와 친족
들을 제 몸과 같이 여기게 되면[親其親] 백성들도 그 부모와 친족들을
제 몸과 같이 여기지 않음이 없고 (또 임금이) 능히 나이 든 사람들을
어른으로 모시게 되면 백성들도 나이 든 사람들을 어른으로 모시지 않
는 일은 없게 됩니다. 천하의 사람들이 다 각각 그 부모와 친족들을 제
몸과 같이 여기고 나이 든 사람들을 어른으로 모신다면 온순하고 화
목한 풍조가 널리 행해져 서로 다투고 업신여기며 남을 범하는 습속이
멈추게 될 것이며 천하는 다 평안해지지 않겠습니까? 이 또한 한 집안
에서 비롯되어 온 세상에까지 이르게 되는 것의 뜻이라 하겠습니다.

(『순자(荀子)』) 순자[1]가 나라를 다스리는 것[爲國]에 대한 질문을 받자 이렇게 답했다.

"몸을 닦는 것[修身]에 대해서는 들은 바가 있으나 나라를 닦는 것[修國]에 대해서는 들어본 바가 없다. 임금이란 쟁반[槃]과 같다. 쟁반이 둥글면 (거기에 담긴) 물도 둥글다. 임금이란 그릇[盂]과 같다. 그릇이 네모나면 (거기에 담긴) 물도 네모나다. 임금이란 물의 원천[源]이다. 원천이 맑으면 물의 흐름도 맑고 원천이 흐리면 물의 흐름도 흐리다."

　　1 이름은 황(況)이다.

　　　　신이 가만히 살펴보겠습니다. 순황(荀況)이 여기서 말하고자 하는 바는 임금의 몸이 바르면 신하와 백성 또한 바르게 된다는 것입니다. 따라서 많은 사람들이 이를 깨우쳐 행한다면 그 또한 의미가 있는 일이라고 하겠습니다.


(『자치통감(資治通鑑)』) 동중서(董仲舒, 기원전 170년경~120년경)[1]는 (자신이 지어 올린 대책에서) 이렇게 말했다.

"임금이 된 사람은 마음을 바로잡음으로써 조정을 바로잡고, 조정을 바로잡음으로써 조정 백관을 바로잡고, 조정 백관을 바로잡음으로써 만

백성을 바로잡고, 만백성을 바로잡음으로써 천지사방을 바로잡는다고 했습니다. 천지사방이 바로잡히면 멀고 가까운 모든 것이 감히 단 하나라도 바로잡는 데서 벗어나지 못하니 사사로운 기운이 그 사이를 이간질하는 것[奸=犯]이 불가능합니다. 이로써 음양이 조화를 이루고 바람과 비가 때에 맞춰 불고 내려 모든 생물들을 조화롭게 살려내니 만백성이 불어나게 됩니다."

1 한나라 무제(武帝) 때의 사람이며 뛰어난 인걸로서 건원(建元) 초에 대책을 지어 올렸다.


신이 가만히 살펴보겠습니다. 동중서가 논하는 바는 맹자가 세상을 떠난 후에는 아무도 도달하지 못했던 바의 내용입니다. 무릇 조정에 있는 자는 천하의 근본이고 임금 된 자는 조정의 근본이며 또한 마음이란 것은 임금의 근본입니다. (그래서) 임금이 자신의 마음을 바로잡아 모든 일들이 맑고 깨끗해져서 전혀 의혹하는 바가 없게 되면 임금이 명령을 내리고 그것이 시행되는 바가 모두 제대로 되어 조정은 바르게 됩니다. 조정이 바로잡히면 현능한 자와 불초한 자 사이의 분별이 이뤄지고 군자와 소인이 서로 자리를 바꾸지 않으니 백관이 다 바르게 됩니다. 그 이하로는 특별히 뽑아서 그렇게 두었다 뿐이지 하늘이 사람에게 부여한 것은 본래 다 동일한 기운입니다. 따라서 인사(人事)가 바르면 바른 기운이 모여들어 좋은 징조가 모이게 되고, 인사가 바르지 못하면 사사로운 기운이 모여들어 재이(災異)가 생겨나게 됩니다. 그 근본은 임금의 마음 하나에 달려 있을 뿐이니, 아!

어찌 부지런하지 않을 수 있고 삼가지 않을 수 있겠습니까?

(『법언(法言)』) 양자(揚子, 기원전 53~기원후 18년)[1,1]는 누군가가 큰 일을 물으면 작은 일로 답하고 먼 곳을 물으면 가까운 곳으로 답했다. 그런데도 제대로 이해를 못하면 이렇게 말했다.

"천하가 비록 크다고 하지만 천하를 다스리는 것은 도리〔道〕에 있으니 그 얼마나 작은가? 사해가 비록 멀다고 하지만 사해를 다스리는 것은 마음〔心〕에 있으니 그 얼마나 가까운가?"

1 이름은 웅(雄)이고 자는 자운(子雲)이며 한나라 성제와 애제 때의 대학자로 『법언』이란 책을 지었다.

신이 가만히 살펴보겠습니다. 도리〔道〕는 곧 이치〔理〕입니다. 천하가 비록 크다고 하지만 하나의 이치라는 면에서는 똑같으니 임금이 이치를 따르면 치세(治世)가 되고 이치를 거스르면 난세(亂世)가 됩니다. 그래서 다스림〔治〕은 도리에 달려 있다고 하는 것입니다. 사해(四海-온 천하)가 비록 멀다고 하지만 하나의 마음이라는 면에서는 똑같으니 임금이 마음을 바로 하면 치세가 되고 바르게 하지 않으면 난세가 됩니다. 그래서 다스림은 마음에 달려 있다고 하는 것입니다. 하나의 이치로 만사를 꿰뚫어 큰 것을 다스리니 작은 일에서 비롯됐다고 하지 않겠습니까? 또 하나의 마음으로 만물을 제어하여 먼 곳을 다스리니 그것이 가까운 곳에 있다고 하지 않겠습니까?

1) 양웅은 전한 말의 유학자 겸 문인으로 각 지방의 언어를 집성한 『방언(方言)』, 『주역』을 바탕으로 한 철학서 『태현경(太玄經)』과 『논어(論語)』의 문체를 모방한 수상록 『법언』 등을 저술했다. 왕망(王莽)의 정권의 들어서자 대부(大夫)가 되어 벼슬자리에 올랐기 때문에, 송학(宋學) 이후에는 비난의 대상이 되기도 했다.

(『태극도설(太極圖說)』) 주돈이(周敦頤, 1017~1073년)[1]는 말했다.

"천하를 다스리는 것은 그 본바탕[本]이 몸[身]에 있음을 이르고 또 천하를 다스리는 것은 그 법칙이 집에 있음과 같다. 본바탕은 반드시 단정하니 단정한 본바탕[端本]이란 다름 아닌 열렬한 마음[誠心]일 뿐이다. 본보기[則=準]는 반드시 좋으니 좋은 본보기[善則]란 다름 아닌 친족들과의 화목함[和親]일 뿐이다.

집안은 어려운데 천하는 쉽다. (왜냐하면) 집안은 친밀한데 천하는 멀기 때문이다. 집안 사람들[家人]이 제각각 흩어지는 일은 반드시 부인에게서 일어난다. 그래서 '두 여자가 함께 살지만 그 뜻은 함께 가지 않는다'는 규(睽) 괘(-38번째)는 가인(家人) 괘(-37번째) 다음에 온다.[2] (바로 이것이) 요임금이 두 딸을 (규수의 물가에 살던) 순(舜)[1]에게 시집보내 둘을 잘 다스리는지를 살피려 한 까닭이다. 이것이 천하를 다스림은 집안에서 살피고 집안을 다스림은 그 몸에서 살피면 될 뿐이라는 말의 뜻이다.

몸이 단정하다는 것은 마음이 열렬하다[誠]는 것이요 열렬한 마음이란 좋지 않은 움직임을 하지 않는 것[復=反]이다. 좋지 않은 움직임이란 거짓[妄]이요, 따라서 거짓을 행하지 않는다는 것은 바로 무망(無妄), 즉 망령됨이 없다는 뜻이다. 무망은 곧 열렬함이다. 고로 무망(无妄) 괘(-25번째)는 복(復) 괘(-24번째)의 다음에 와서 '선왕(先王)이 이로써 성대하게 때를 기다려 만물을 길러냄이 심하구나'라는 뜻풀이[象]를 갖게 된다."

1 자는 무숙(茂叔)이고 북송의 관료였으며 『태극도설』을 지었다.
2 규(睽)와 가인(家人)은 둘 다 『주역』에 나오는 괘의 명칭이다. 규괘는 태(兌) 괘가 아래에 있고 이(離) 괘가 위에 있다. 태는 소녀(少女-어린 여성)이고 이는 중녀(中女-젊은 여인)다. (따라서) 규괘는 두 여성이 함께 살지만 그 뜻은 다르다. 고로 규괘의 상(象)은 어그러지고 배반하는 것[乖]이다.

신이 가만히 살펴보겠습니다. 주돈이의 말은 옛 성군(聖君-요임금)의 실상과 서로 딱 맞아떨어집니다. 대개 마음이 열렬하지 못하면 사사로운 뜻과 사특한 생각이 커져 의견일치를 보지 못하고 분란이 생겨나게 됩니다. 이에 몸을 닦으면 사태는 해결의 경지에 이르게 됩니다.

친족들이 불화를 하면 집안 여자들끼리도 어그러지고 눈물짓는 일이 생겨나 서로 간의 정의(情意)가 멀어지고 단절되어 버립니다. 이에 집안을 바로잡으려 해야만 사태는 해결의 경지에 이르게 됩니다. 무릇 집안을 다스리는 것의 어려움이 나라를 다스리는 것보다 더 심한 까닭은 집안에서 은혜를 높이는 것이 의리를 가리는 것(揜)보다 쉽기 때문입니다.<sup>2)</sup>

　세상 사람들은 분명 집 바깥을 다스리는 데는 노력을 다합니다. 그런데 집 안에 이르러서는 혹 처첩(妻妾)의 사소한 것까지도 오냐오냐 받아주거나 골육지정에 이끌리는 경향이 있습니다. 그래서 올바르게 자신(과 주변)을 단속하는 사람들은 극히 드문 것입니다.

　(세상 사람들이 이러한데) 임금은 훨씬 더 심합니다. 한나라 고(高) 황제(유방)께서는 능히 진나라를 주벌하고 (초나라) 항우(項羽)를 멸망시켰으나 친척과 후비(后妃)들을 제대로 잘라내지 못했습니다. 또 당(唐) 나라 태종은 수(隋) 나라를 넘어트리고 도적떼들을 물리쳤으나 집안의 덕화(德化-다움의 교화)가 이루어지지 않으면 어떻게 할까 하는 문제에는 조금도 힘써 돌아봄이 없었습니다.

　무릇 멀다(疎)는 것은 공적인 길(公道)이어서 행하기 쉽고, 가깝다(親)는 것은 사적인 정(私情)이어서 푹 빠져들기 쉽습니다. 이것이 바로 사적인 정을 멀리하기 어려운 까닭입니다. 그 어려움을 (평계로) 앞세우지만 않는다면 능히 그 쉬운 것을 못할 이유가 없습니다. 한나라와 당나라의 임금은 본바탕(本)을 세우는 일을 이와 같이 했으니 어찌 그들의 천하 통치가 삼대에 이르지 못한 것을 괴이하다 하겠습니까? 무릇 여자란 그늘지고 은근한 성질(陰柔之性)을 타고나서 시기하지 않고 엉큼하지 않은 경우가 드뭅니다. 따라서 두 딸이 함께 살게 되면 쉽게 서로 시샘하는 일이 생겨날 것인데도 요임금이 순임금을 시험코자 하여 굳이 두 딸을 함께 시집보낸 것은 능히 두 여자를 다룰 수 있으면 능히 천하도 다룰 수 있다고 본 때문입니다. 순임금이 몸을 바로 하고 집안을 제대로 다스린 것이 이와 같았습니다. 그래서 요임금은 천하를 넘겨주었고 더 이상 순임금이 (나라를) 잘 다스릴지 여부에 대해 불안해하지 않았습니다. (순임금의) 몸이 이처럼 바를 수 있었던 이유는 그 마음이 열렬[誠]했기 때문입니다. 열렬함[誠]이란 뒤섞인 것이 없다[無他=不雜]는 뜻입니다. 설사 그 가운데 좋지 못한 싹이 생긴다 하더라도 곧바로 원래의 좋은 자리로 되돌아올 뿐입니다. 열렬함[誠]이란 하늘과도 같은 이치에 맞는 참이요, 허위[妄]란 인위적으로 빚어낸 거짓입니다. 허위를 버린다는 것은 곧 열렬함에 오래 머무는 것[誠存]입니다. 그리고 열렬함에 오래 머문다는 것은 곧 몸을 바로 하는 것이고 몸을 바로 하는 것은 집안을 다스리고 이에 비추어 천하도 다스리는 것이니 (이렇게 되면 천하를 다스리는 일도) 손바닥을 뒤집는 것처럼 쉬운 일이 되는 것입니다. 주돈이의 말은 이처럼 뜻이 깊고 그윽합니다.

1) 아직 왕위에 오르지 않고 평민으로 살고 있을 때다.
2) 원래 이 말은 『예기』에 나오는 다음과 같은 말을 압축해서 표현한 것이다. "집 안의 다스림은 은혜가 두터워 의리를 가리도록 해야 하고 집 밖의 다스림은 의리가 은혜를 끊어야 한다[門內之治恩揜義 門外之治義斷恩]."

제2장

제왕이
배우는
근본

# 1

요임금, 순임금,
우왕, 탕왕, 문왕,
무왕의 배움

(『서경』) '대우모(大禹謨)'[1]

순임금께서 우(禹)를 불러 말씀하셨다.

"사람의 마음이란 오직 위태위태한 반면 도리는 오직 잘 드러나지 않으니 (그 도리를 다하려면) 정밀하게 살피고 한결같음[一]을 잃지 않아 진실로 그 적중함[中]을 잡도록 하여라."

　1 「우서」의 편 이름이며 대우(大禹)가 나라를 다스리는 계책을 진
　　술한 내용을 담고 있다.

주희가 말했습니다.

"아주 옛날[上古] 성인(聖人)들은 하늘(의 도리)을(를) 이어받아 표준[極]을 세우고 도통(道統)을 전하여 내려주었다. 그것이 경서(經書)에 나타났으니 그것이 바로 '진실로 그 적중함을 잡을 수 있다'는 윤집궐중(允執厥中), 즉 집중(執中)으로, 요임금이 순임금에게 전수해 준 바로 그것이다. (그리고 여기서 보듯) '사람의 마음이란 오직 위태위태한 반면 도리는 오직 잘 드러나지 않으니 (그 도리를 다하려면) 정밀하게 살피고 한결같음을 잃지 않아 진실로 그 적중함[中-핵심]을 잡도록 하여라'는 것은 순임금이 우왕(禹王)에게 전수해 준 것이다. 요임금의 '윤집궐중(允執厥中)' 한마디가 워낙 그 말할 바를 다 했으나 순임금은 인심유위(人心惟危), 도심유미(道心惟微), 유정유일(惟精惟一) 세 마디를 덧붙여서 우왕에게 상세히 되풀이해서 말했다. 즉 요임금의 한마디를 풀어 밝히는 것은 반드시 이와 같이 풀어낸 이후라야 거의 그 본뜻에 가까이 다가갈 수 있을 것

이다.

　무릇 마음의 깨끗하고 영민한 지각〔虛靈知覺〕[1]은 하나일 뿐임에도 사람의 마음〔人心〕과 도리의 마음〔道心〕 사이에 차이가 있게 되는 것은 그 차이가 혹은 개개인의 형체〔形〕와 기질〔氣〕에서 생겨나거나 혹은 성명(性命-본성과 명)의 바름〔正〕에서 생겨나거나 해서 그 지각되는 것이 같지 않기 때문이다. 이리하여 어떤 것(-인심)은 위태위태해서 안정됨이 없고 어떤 것(-도심)은 미미해서 보기가 어려울 뿐이다. 그러나 사람이라면 누구나 형체를 갖고 있기 때문에 설사 뛰어난 지혜를 가진 사람이라도 사람의 마음〔人心〕을 갖지 않는다는 것은 애당초 불가능한 일이다. 또한 사람이라면 누구나 바른 본성〔性〕을 갖고 있기 때문에 설사 바보처럼 어리석은 지능을 가진 사람이라도 도리의 마음〔道心〕을 갖지 않는다는 것은 불가능하다. 이 두 가지가 마음〔方寸〕 사이에 섞여 있는데 그것을 다스리는 바를 모르면 위태위태한 것〔人心〕은 더욱 위태위태해지고 미미한 것〔道心〕은 더욱 미미해져서 하늘과도 같은 이치의 공명정대함〔天理之公〕이 사람들의 욕심〔人欲〕의 사사로움을 이기지 못할 것이다. 온 정성을 다 쏟는다는 것〔精〕은 곧 이 두 가지의 차이를 잘 살펴서 뒤섞지 않는다는 것이요, 늘 한결같이 한다는 것〔一〕은 그 본래 마음의 바름을 지켜 이탈하지 않는다는 것이다. 이에 바탕을 두고서 조금의 중단도 없게 하면 도심(道心)은 항상 한 몸의 주재자가 되고 인심(人心)이 언제나 도심이 명하는 바를 듣고 따른다면 위태위태한 것은 안정되고 숨은 듯 미미한 것은 드러나게 되어, 움직임과 고요함〔動靜〕, 말과 행동〔云爲=言行〕은 저절로 과하거나 모자란 잘못이 없어 그 적중함/핵심〔中/中道=中和〕을 잡게 될 것이다. 무릇 요(堯), 순(舜), 우(禹)는 천하의 큰 성인(聖人)이요 성군(聖君)이다. 천하를 서로 주고받았으니 그것이 천하의 큰일〔大事〕이요, 천하의 큰 성인으로서 천하의 큰일을 행했으나 그것을 주고받을 때 정녕 타일러 일깨워준 것은 이것뿐이었다. 그러니 천하의 이치라고 해서 어찌 여기에 더 보탤 것이 있겠는가?"

신이 가만히 살펴보겠습니다. '사람의 마음이란 오직 위태위태하다〔人心惟危〕' 이하 16자(字)는 곧 요임금, 순임금, 우왕이 서로 전수하고 전수받은 마음의 법칙〔心法〕이니 모든 세대에 통용될 수 있는 제왕학〔聖學〕의 깊은 뿌리〔淵源〕입니다. 후대의 임금들이 요순(堯舜)을 배우려 한다면 바로 이것을 배우면 됩니다. 이에 대한 선배 유학자들의 훈고(訓詁)와 주석(註釋)이 비록 많기는 하지만 주희의 학설이 가장 정확합니다. 무릇 이른바 형체〔形〕와 기질〔氣〕의 사사로움이라는 것은 음악, 여색, 좋은 냄새와 맛을 가진 음식〔聲色臭味〕을 탐하는 욕망을 가리킨다고 했고, 본성과 명〔性命〕의 바름〔正〕이란 인의예지(仁義禮智)의 이치를 가리킨다고 했습니다. 음악, 여색, 좋은 냄새와 맛을 가진 음식을 탐하는 욕망은 모두 다 기질〔氣〕, 즉 인심(人心)에서 생겨나고 인의예지의 이치는 다 본성〔性〕, 즉 도심(道心)에 뿌리를 두고 있습니다. 이제 임금께서 자기 한 몸만을 챙기는 데 급급할 경우 궁실(宮室) 여인들은 안락함만을 추구할 것이고 음식과 옷도 아름다운 것만을 추구해 (주변 신하들이) 비빈(妃嬪)을 그것으로 모시고, 구경거리와 나태함, 유람과 사냥〔觀逸遊田〕2)의 즐거움으로 받들려 할 것입니다. 이것이 바로 사람의 마음〔人心〕이 일어나는 것〔發〕입니다. 이런 마음이 주가 되고 억제하는 바가 없게 되면 물욕은 하루가 다르게 더 커져 얼마 안 가서 걸왕(桀王)3)이나 주왕(紂王)4)의 신세와 멀지 않게 될 것입니다.

부귀(富貴)는 믿을 만한 것이 못 되며 오히려 우환을 만들어낼 수 있다는 것을 알고, 교만과 사치로 인해 방자해서는 안 되고 절제를 통해 공손하고 검소해야 한다는 것을 알며, 또 맛있는 술과 훌륭한 음식은 마음을 미혹시키는 맹독(鴆毒)과도 같다는 것을 안다면 왜 그것들이 틈이 생기게 하는지를 생각해야 하고, 또 음탕한 음악과 아름다운 미인은 인간의 본성을 파괴하는 큰 도끼와 작은 도끼임을 안다면 왜 그것을 멀리해야 하는지를 생각해야 합니다. 이것이 바로 도리의 마음(道心)이 일어난 것입니다. 이런 마음이 주가 되고 빠르게 상하지 않는다면 이치와 의로움(理義)은 하루가 다르게 충만해져 얼마 안 가서 요순의 경지와 멀지 않게 될 것입니다.

(그런데) 사람의 마음(人心)이 일어나는 것은 예리한 창끝이나 사나운 말과 같아서 쉽게 제어하거나 길들일 수 없기 때문에 이를 일러 '위태위태하다(危)'고 한 것입니다. 도리의 마음(道心)이 일어나는 것은 불이 처음 붙는 것이나 샘이 처음 솟아나는 것과 같아서 쉽게 확산시키거나 채울 수 없기 때문에 '숨은 듯 미미하다(隱微)'고 한 것입니다. 오로지 평상시에 장중한 태도와 삼가는 마음으로 스스로의 몸가짐을 지키면서 하나의 생각이 일어나는 바의 근원을 살펴서 그 생각이 음악, 여색, 좋은 냄새와 맛을 가진 음식(聲色臭味)을 향해 일어난 것이라면 온 힘을 다해 그것이 자라나지 못하도록 다스려야 합니다. 또 그 생각이 인의예지를 향해 일어난 것이라면 한결같은 의지로 지켜내어 변하거나 다른 데로 옮겨가지 못하게 해야 합니다.

무릇 마음 다스리기를 이와 같이 한다면 이치와 의로움은 항상 우리 곁에 있게 되고 물욕은 물러가게 됩니다. 이런 자세로 세상의 만 가지 변화에 대응한다면 어디로 가든지 중도(中道)[5]에 부합하지 않는 것이 없을 것입니다. 대개 적중함[中]을 핵심으로 삼는 것을 일러 도심(道心)이라 하고 제반 쓰임새[用]의 핵심을 잡는 것을 중도(中道)라 하니 도심과 중도는 본질적으로 둘이 아닙니다. 요순을 배우고자 하는 자는 오로지 여기에 온 힘을 써야 할 것입니다.

1) 이것은 주희 특유의 마음의 개념이며 깨끗하고 영민하며 어둡지 않은 것이라는 뜻에서 허령불매(虛靈不昧)라고도 한다.
2) 『서경』「주서(周書)」의 '무일(無逸)' 편에 나오는 말이다.
3) 상(商) 나라를 세운 탕왕(湯王)에게 쫓겨난 하(夏) 나라의 마지막 임금이다.
4) 주나라를 세운 무왕에게 쫓겨난 상나라의 마지막 임금이다.
5) 正道와 비슷하지만 正道란 말에는 이미 약간의 가치판단이 개입돼 있다. 中道는 딱 맞아떨어진 도리라는 뜻이다.

(『서경』) '익직(益稷)'¹에서 우왕이 말했다.

"훌륭하십니다. 폐하시여! 제왕의 자리에서 늘 삼가심[愼]이여!"

순임금이 답했다.

"옳도다!"

이에 우왕이 말했다.

"어짊[仁]에 오랫동안 머무는 것을 힘겨워하지 않으시고 오히려 편안하게 여기시면서[安汝止] (일에 임할 때는) 항상 기미(幾微)를 살피셨고

(일이 진행되는 동안에도) 그 하는 바가 성공적으로 마무리될 수 있도록 최선을 다하셨습니다. 그리고 보필하는 신하들이 모두 곧았기〔直〕 때문에 (임금께서 어떤 일을 하기 위해) 일단 움직이면 세상 사람들이 크게 반응하며 (임금의) 뜻이 무엇인지를 알고 싶어 간절하게 기다릴 정도였습니다. 하늘로부터 대의명분을 얻었으니 하늘도 거듭 명하여 임금의 치적을 높이 평가할 것입니다."

1 이 또한 「우서」의 편 이름이다.

신이 가만히 살펴보겠습니다. 우왕은 이미 삼가는 말 한마디 '신(愼)' 자로 황제를 은근히 일깨워주었습니다. 그런데 그것으로는 본래의 뜻을 전달하기에 미진한 듯하여 다시 安汝止 세 글자를 더하여 삼갈 신(愼) 자를 부연 설명하고 있습니다. 安汝止란 '당신〔汝〕의 마음이 오래 머무는 곳〔止〕에서 편안하게 있다〔安〕'는 뜻입니다.

사람의 한결같은 마음〔一心〕은 고요해진〔靜〕 다음에 적극적인 움직임〔動〕이 있고 (마음 가는 방향이) 정해진〔定〕 다음에 적극적인 응함〔應〕이 있는 것입니다. 만일 고착된 것은 고착돼 있고 움직일 수 있는 것은 움직이기만 하여 외물의 영향에 휘둘리느라 마음이 스스로 힘을 발휘하지 못한다면 무엇으로 만물을 주재할 수 있겠습니까?

선배 유학자들은 말하기를 '마음〔心〕이라는 것은 사람에게 있어서 북극성〔北辰〕'이라고 했습니다. 북극성은 오로지 자기 자리에만 머물러 있기 때문에 능히 28수 별자리의 척도〔綱維〕 역할을 할 수 있는 것입니다. 마찬가지로 마음도 머물러야 할 곳에서 편안하게 있기〔安汝

止〕 때문에 능히 세상만사의 중심줄〔樞紐〕이 되는 것입니다.

　그러나 항상 편안한 마음을 유지하는 데는 도리〔道〕가 있습니다. 기(幾)라는 것은 염려가 싹트기 시작하는 시초이고, 강(康)은 다스림이 안정되어 모든 것이 즐겁고 유쾌할 때입니다. 기미(幾微)를 제대로 살피지 못하면 기쁨, 화냄, 슬픔, 즐거움〔喜怒哀樂〕은 다 때가 있는데 그 절절함을 놓치게 되고, 편안해지도록 마음을 다스리는 것〔治安〕을 제대로 살피지 못하면 놀면서 마음껏 즐기는 것과 게으르게 노는 것〔盤樂怠傲〕에도 때가 있는데 자칫 방종에 빠져 방자해질 수 있습니다.

　이와 같이 해서 머물러야 할 곳에서 편안하게 있으면 그것을 얻을 수 있을 것입니다. 편안한 마음을 오래 지키는 것〔安止〕과 기미를 살피는 것〔幾康〕은 다름 아닌 성인(聖人), 성군(聖君)들이 마음을 기르는 비법입니다. 이렇게 마음을 기를 수 있다면 얼마든지 '삼가는 마음으로 자리를 지키는 것〔愼乃在位〕'이 가능합니다. 또한 좌우에서 보필하는 신하들도 곧지 않음이 없다면 안팎이 서로를 길러주게 됩니다. 이렇게 되면 편안하지 못하여 이에 응하지 못하는 사람이 한 사람도 없으며 하늘도 역시 이에 응하게 됩니다. 순임금이 정일집중(精一執中)으로 우왕을 깨우쳐주었고 우왕은 다시 편안한 마음을 오래 지키는 것과 기미를 살피는 것으로 순임금을 일깨워주었으니 외형상으로 드러나는 바로 이 두 가지가 차이가 있을지 모르지만 결국 그 실질 내용은 똑같은 것입니다. 순임금과 우왕을 배우고자 하는 자는 이런 가르침을 합해야 제대로 된 배움에 이를 수 있을 것입니다.

(『서경』) '중훼지고(仲虺之誥)'[1]에서 (중훼가 탕왕에게) 아뢰었다.

"임금다움(德)이 날로 새로워지면 사방 각국들이 다 흠모하고 (반대로) 뜻이 자만해지면 구족(九族)이 그 즉시 떠나버릴 것이니, 왕께서는 힘써 큰 다움(大德)을 밝히시어 백성들에게 중도(中道=極=標準)를 세우십시오. 의로움(義)을 잣대로 일을 처리하시고 예(禮)로 마음을 다스리셔야 후손들에게 넉넉함(裕)을 드리울 수 있을 것입니다. 제가 들은 바를 말씀드리자면 '능히 스스로 스승을 얻는 자는 왕(王)이 되고, 다른 사람들이 자기보다 못하다고 깔보는 자는 망한다'고 했고, 옛말에도 '묻기를 좋아하면 여유가 있고 자기의 지혜만을 고집하면 작아진다'고 했습니다."

1 이는 「상서」의 편 이름이다. 중훼(仲虺)는 탕왕을 돕던 재상으로 이를 지어 성탕(탕왕)에게 올렸다.

신이 가만히 살펴보겠습니다. 이는 중훼가 탕왕으로 하여금 사양할 줄 아는 마음(辭)을 갖도록 하는 데 힘을 쓰도록 한 것입니다. 즉 사양지심(辭讓之心)이 몸에 배이도록 하여 마음이 그 공효(功效)를 나타낼 수 있도록 한 것입니다. 몸에 (임금)다움(德)을 닦아 배도록 하는 것을 날로 새로워지게 하고 그치지 않는다면 사방 각국들이 다 흠모하게 됩니다. 이른바 도와주는 사람이 많은 경우에 (워낙 따르려는 자들이 많기 때문에) 그 으뜸은 천하가 순종하는 것이라 했습니다. 마음이 가 있는 데(心之所存=志)가 교만으로 넘치고 자만하면 구족이 그 즉시 떠나버린다고 했습니다. 이른바 도와주는 사람이 적어질 경우에는 친척마저도 배반한다고 했습니다. 날로 새로워지려고 하루하루 앞으로 나아간다는 것은 요순(堯舜)도 늘 삼가며 이룩했던 일입니다.

스스로 만족하면 하루하루 태만해져서 후세의 임금들이 제대로 일을 끝맺지 못하게 된다고 했습니다. 다스림〔治=治世〕과 어지러움〔亂=亂世〕이 나뉘는 것도 결국은 여기서 비롯될 뿐입니다. '힘써 큰 다움을 밝힌다〔懋昭大德=明明德〕'는 것은 곧 그 다움을 나날이 새롭게〔日新〕한다는 뜻입니다. 懋라는 말은 늘 힘쓰려고 한다는 뜻이고 昭라는 것은 늘 밝히려고 한다는 뜻입니다. 이런 것들이 이미 갖춰져 있는 마음은 어느 때고 힘쓰지 않음이 없으니 그 다움도 늘 밝게 밝혀지지 않음이 없습니다. 따라서 懋 한 자 속에 '힘써 큰 다움을 밝힌다〔懋昭大德〕'는 뜻이 다 들어가 있는 셈입니다. 『대학』에서 탕왕의 반명(盤銘-목욕통에 새긴 글)을 인용한 것이 바로 그것입니다. '힘써 큰 다움을 밝힌다〔懋昭大德〕'는 말은 곧 몸을 닦는 수신(修身)을 뜻하는 것으로 『대학』에서 말하는 '밝은 다움을 밝힌다〔明明德〕'가 바로 그 뜻입니다.

'백성들에게 중도를 세운다〔建中于民〕'는 것은 수신하는 몸을 보여줌으로써 사람들을 이끈다는 것으로 『대학』에서 말하는 '백성을 새롭게 한다〔新民〕'가 바로 그 뜻입니다. 적중함〔中〕이라는 것은 백성들의 본성의 근본입니다. 따라서 거기서 시작해야만 사물이나 일〔物〕에 변화가 일어날 수 있습니다. 고로 (백성들이) 바름〔正=中道〕을 잃을 경우에 성인이나 성군은 자기 한 몸을 통해 백성을 위한 표준〔極〕을 세움으로써 백성들이 그것을 바로 보며 따르게 만드니 모든 것은 결국 중(中)[1]으로 돌아가게 됩니다. 이것이 이른바 '백성들에게 중도를 세운다

〔建中于民〕'의 본뜻입니다.
<sub>건 중 우 민</sub>

　그러나 그것을 세우는 도리에 어찌 다른 것이 있겠습니까? '의로움
을 잣대로 일을 처리하다〔以義制事〕'와 '예로 마음을 다스리다〔以禮制
<sub>이 의 제 사</sub>　　　　　　　　　　　　　　　　　　　　　　<sub>이 예 제</sub>
心〕'가 바로 그것입니다. 무릇 세상 일〔事〕에는 만 가지 단서〔端〕들이
<sub>심</sub>　　　　　　　　　　　　　　<sub>사</sub>　　　　　　　　　<sub>단</sub>
있습니다. 이를 다 헤아려 처리하는 것은 쉽지 않으니 오직 당연한 이
치를 법도〔揆〕로 삼아야만 그 조치들이 적당하여 단 하나의 일도 적
<sub>규</sub>
중하지 않음이 없게 되는 것입니다. 마찬가지로 사람 마음에는 만 가
지 걱정〔慮〕들이 있습니다. 그때마다 그 걱정들을 다 바로잡는다는 것
<sub>려</sub>
은 쉽지 않으니 오직 내면을 삼감〔敬〕이 지배토록 하여 보고 듣고 말
<sub>경</sub>
하고 행동하는 것이 감히 경솔하거나 방자하지 않게 되어야만 그 두
루 마음 쓰는 바〔周旋〕가 예와 맞아떨어져 단 하나의 생각도 적중하
<sub>주선</sub>
지 않음이 없게 될 것입니다.

　임금의 중도(中道)는 다름 아닌 백성들의 중도가 생겨나는 원천입
니다. 무릇 임금〔王〕이란 후세들이 본받는〔法〕 모범이 됩니다. 의로움
<sub>왕</sub>　　　　　　　　　　　　　<sub>법</sub>
〔義〕과 예(禮)가 바로 그것입니다. 이런 도리〔道〕가 몸에 갖춰져서 더
<sub>의</sub>　　　　　　　　　　　　　　　　<sub>도</sub>
이상 아무런 흠이나 허물이 없는 경지에 이르게 되면 후대에 모범이 되
고도 남음이 있습니다. 다만 그렇더라도 자신의 좋음〔善〕을 너무 자랑
<sub>선</sub>
해서는 안 될 것입니다. 사람의 좋음이란 무릇 자질〔資〕에 의해 흥할
<sub>자</sub>
수도 있고 그 반대로 갈 경우 사람을 망치는 첩경이 될 수도 있습니다.

　텅 비운 마음〔虛心〕으로 묻기를 좋아한다면 그것은 천하의 좋음
<sub>허심</sub>
〔善〕이니 모두 다 나에게로 귀착됩니다. 이 어찌 넉넉하다 하지 않겠습
<sub>선</sub>
니까? (반면에) 자신이 모든 것을 다 할 수 있다고 자만한다면 그것은
자기 혼자만의 좋음〔善〕이니 그런 좋음이 설사 여러 개가 된다 한들
<sub>선</sub>
그 어찌 작다고 하지 않겠습니까? 성탕(탕왕)은 빼어난 사람〔聖人〕입
<sub>성인</sub>

니다. 그런데도 중훼는 (여기서 만족하지 않고 다시) 배움을 통해 탕왕을 빼어난 임금으로 인도하려고 힘썼습니다. 정녕코 그 절절함이 이와 같았으니 후대의 임금들이 어찌 그 말을 깊이깊이 음미하지 않을 수 있겠습니까?

1) 가운데 중(中)이 아니라 목표나 표적에 적중한다고 할 때의 '중'이다.

(『서경』) 이윤(伊尹)이 지은 '함유일덕(咸有一德)'[1,1)]에서 (이윤이 태갑에게) 이렇게 말했습니다.

"저 윤은 몸소 탕왕을 도와 (임금과 신하) 모두가 한결같은 다움〔德〕을 갖도록 했습니다."

(또 말하기를) "다움이 한결같으면 움직일 때마다 길하지 않은 것이 없고 한결같지 않으면 흥하지 않은 것이 없습니다."

(또 말하기를) "시작과 끝을 한결같이 하는 것이 바로 날로 새로워지는 것입니다."

(또 말하기를) "다움에는 불변의 모범이 없어 좋음〔善〕을 내세워 주장하면 곧 모범이 되고, 또 좋음에는 불변의 주장함이 없어 능히 한결같음을 지향합니다."

1 이 또한 『상서』의 편 이름이다. 이윤은 이를 지어 태갑에게 고했다.

신이 가만히 살펴보겠습니다. 맹자의 말에 따르면 탕왕은 이윤에게서 배운 뒤에 그를 신하로 삼았습니다. 그리고 또 (맹자는) 말하기를 탕무(湯武-탕왕)는 배운 바를 몸에 익혔으니 성탕의 빼어남[聖]은 대체로 배움을 통해 이룩한 것이며 그 점에서 한결같은 다움[一德]을 갖추었다고 할 수 있으니 그것은 이윤이 보좌를 잘한 덕분이라고 했습니다. 그런 이윤이 여기에 이르러 태갑에게 경계의 말을 올린 것입니다.

하나[一]라는 것은 순수하여 잡스러운 것이 없고 늘 한결같아 쉼이 없다는 뜻입니다. 길흉(吉凶)은 각각 좋음과 나쁨[善惡]에 상응하는 것이니 사람에게 대단히 중요한 일[秉德]입니다. 순수하게 좋고 능히 늘 한결같으면 어떤 행동을 하더라도 길하지 않은 것이 없습니다. (그러나) 좋음에 불순함이 있어 사람의 욕심이 거기에 관여하거나 좋음에 한결같지 않음이 있어 사람의 욕심[人欲]이 거기에 끼어들면 다움이 순수하지 못하게 되어 움직임에 흉하지 않음이 없습니다.

『주역』에 날로 새로워짐[日新]으로 다움[德]이 번성함을 이룬다 했으니 선배 유학자[先儒]들이 일러 말하기를 사람의 배움이 하루라도 나아가지 못하면 곧 하루만큼 퇴보한다고 했습니다. 그러므로 다움은 날로 새로워지지 않을 수 없으니 날로 새로워지지 않는 것은 하나(한결같음)가 아니어서 (거기서 그치지 않고) 다움에 해를 끼치게 됩니다. 처음에는 부지런하다가 끝에는 태만해지고 또 처음에는 삼가다가 끝에는 방만해집니다. 하나가 나가면 하나가 들어오는 마음 자세로 일을 혹 짓기도 하고 혹 그만두기도 하면 다움이 어찌 절로 새로워지겠습니까? 처음부터 끝까지 늘 한결같으면서 변하지 않으면 다움은 하루하루 새로워질 것입니다.

그러나 다움[德]은 정해진 이름을 갖고 있지 않습니다. 흉하기도 하고 길하기도 하니 장차 무엇이 그것을 택하여 모범으로 삼겠습니까? 마땅히 좋은 것[善]을 주로 하는 사람을 모범으로 삼아야 하니 좋은 자는 다움이 있고 좋지 못한 자는 다움이 없습니다. 좋다는 것[善]은 정해진 형체가 없으니 장차 무엇을 택해 주로 삼겠습니까? 마땅히 하나[一]에 합치되는 것을 주로 삼아야 하니 한결같은 것은 좋고 한결같지 못한 것은 좋지 못합니다. 천하의 이치는 무릇 하나에서 나오고 좋지 않음이 없으니 우물 속으로 막 빠지려는 아기를 보면서 갑자기 불쌍한 마음[惻隱之心]이 일어나는 것과 같은 것입니다.[2] 이때에는 다른 잡스러운 생각이 전혀 없으니 하나[一]이자 좋음이요, 뭔가를 바라면서 아기의 부모와 친하게 지내려는 마음을 갖거나 다른 사람들로부터 칭찬 듣기를 바라는 마음이 있으면 하나가 아니니 좋음이 아닙니다.

따라서 다움을 생각하는[考德] 사람은 좋음을 위주로 하고 (그 같은) 좋음을 택하는[擇善] 자는 다시 하나(한결같음)를 위주로 합니다. 태갑이 과오를 뉘우치고 좋게 바뀐 후에도 이윤은 오히려 태갑이 좋음을 택한 것이 정밀하지 못하고 다움을 쥐려는 노력[執德=考德] 또한 일정하지 못해 훗날에 다시 (나쁜 쪽으로) 되돌아올 것을 우려했습니다. 그래서 특별히 한결같은 다움에 관한 글을 지어 고(告)하니 그 정밀하고 요긴함이 이 몇 마디 말보다 절절한 것은 없을 것입니다.

순임금은 장차 임금의 자리를 넘기려 한 후에 유정유일(惟精惟一)을 말해 주었고 이윤은 우왕에게 장차 물러날 것을 고한 후에 태갑에게 함유일덕(咸有一德)을 전해 그 진정한 본 뜻을 전수해 주었습니다. 임금이 된 자라면 어찌 이 말들을 음미하지 않을 수 있겠습니까?

1) 이는 임금과 신하 모두〔咸〕순수한〔一=純粹=專一〕 다움〔德〕을 가져야〔有〕 한다는 뜻이다.

2) 이 이야기는 『맹자』에 나온다.

(『서경』) 주공(周公)이 지은 '입정(立政)'[1]에서 이렇게 말했다.

"문왕(文王)께서는 자신의 마음을 안정시키는 데 능하셨습니다. 그래서 능히 이 상사(常事)와 사목인(司牧人)[1)]이란 자리를 만들어 아주 뛰어나고 그에 맞는 다움〔德〕을 갖춘 인물들을 그 자리에 쓰셨습니다."

1 「주서」의 편 이름이며 주공은 이것을 지어 성왕을 경계하려 했다.

신이 가만히 살펴보겠습니다. 문왕이 '자신의 마음을 안정시켰다〔宅厥心〕'고 한 것은 곧 위대한 우왕〔大禹〕이 '당신의 마음이 머무는 곳에서 편안하게 있다〔安汝止〕'고 말한 것과 같은 뜻입니다. 요순(堯舜) 이후 여러 빼어난 임금들이 이어져 내려왔지만 이 점에서는 그 뿌리가 하나입니다.

(주나라) 성왕(成王)이 즉위하여 정사(政事)를 시작하려 할 때에 주공(周公)께서는 (성왕이 아버지인) 문왕의 통치하는 법〔治法〕만 알고 문왕의 마음을 다스리는 법〔心法〕을 알지 못하는 것을 깊이 걱정했습니다. 그래서 이 글을 지어 '정사를 바로 세움〔立政〕'이라는 이름을 붙

이고 성왕께 진달한 바, 모두에게 명하여 관(官)에서 사람을 쓸 때에는 반드시 택심(宅心)을 우선으로 삼도록 했습니다.

무릇 사람을 쓰는 일[用人]이란 정사를 바로 세우는 데 근본이 되며, 또 마음을 안정시키는 일[宅心]은 사람을 쓰는 데 근본이 됩니다. 모름지기 정사(政事)가 제대로 돌아가는가 아니면 엉망이 되는가는 사람을 쓰는 데 성공했는가 아니면 실패했는가[用人之得失]에 달려 있으니 임금이 된 자로서 누가 그것을 모르겠습니까마는 사람을 쓰고 버리는 사이에 있어서 (원래 주려던) 자리가 바뀌지 않는 일은 지극히 드뭅니다. (그만큼) 마음에는 정해진 주인[主]이 없어 옳고 그름, 그릇되고 바름 등이 (뭔가에) 순간적인 홀림[眩]의 여부로 인해 정해집니다.

문왕은 능히 자신의 마음을 안정시켰기 때문에 이 상사(常事)와 사목인(司牧人)을 담당할 사람을 제대로 세웠으니 모두 다 현명하고 그에 맞는 뛰어난 다움[德]을 갖춘 자들이었습니다. 마음은 물과 같아서 그것이 뒤흔들려 탁해지면 산악이라도 비쳐 보이지 않고, 아주 깊고 맑아 아무런 움직임이 없으면 머리카락까지도 비추일 수 있습니다.

지극한 공명정대[至公]에 이르러야만 천하의 사사로움[私]을 다 꿰뚫어 볼 수 있고, 지극한 바름[至正]에 이르러야만 천하의 그릇됨[邪]을 다 꿰뚫어 볼 수 있고, 지극한 고요함[至靜]에 이르러야만 천하의 온갖 움직임[動]을 빠짐없이 다 살필 수 있습니다.

문왕이 사람을 씀에 있어 모두 다 적재적소에 배치할 수 있었던 것은 능히 마음을 안정시켰기[宅心] 때문입니다. 문왕께서는 날 때부터 이 같은 빼어난 지혜[聖]를 알고 있었기에 (그 같은 지혜를) 배움에 힘쓰지 않았다고 하더라도 이른바 능히 택심할 수 있는 분이셨습니다. 이것이 바로 문왕에게서 배워야 할 바[文王之學]입니다. 그런데 (여기

서) "자신의 마음을 능히 안정시킨다〔克宅厥心〕"라 하지 않고 "자신의
안정된 마음을 지키는 데 능했다〔克厥宅心〕"고 한 것은 마치 '고요모'
에서 "자신의 몸을 삼가 닦는다〔愼修厥身〕"라고 하지 않고 "자신의 닦
은 몸을 삼간다〔愼厥身修〕"라고 한 것과 같으니² 읽는 사람이 그것을
말로만 이해한다면 그 말하고자 하는 뜻을 해칠 수 있습니다.³

1) 아주 초기의 관제로서 상사는 중앙 관리를 뜻하고, 사목인은 넓
   은 의미에서 백성을 통솔하는 지방 관리를 뜻한다.
2) 공자의 표현을 빌자면 문왕은 배워서 사람을 볼 줄 아는 사람
   〔學而知之〕이 아니라, 날 때부터 사람을 볼 줄 아는 사람〔生而知之〕
   이다.
3) 이 두 표현의 양식은 각각 이미 갖추고 있는 사람과 그렇지 못하고
   배워 익힌 사람을 구별하고 있다.

(『서경』) '홍범(洪範)'¹에서 말했다.

"즉위한 지 13년째 되던 해에 무왕(武王)이 기자(箕子)²를 찾아가 물
었다.

이때 왕이 말하기를 '아, 기자여. 하늘이 말없이 백성들을 안정시키시
어 그 거처하는 것을 도와 화합시키시니 나는 그 변치 않는 이치〔彝倫=
常理〕가 펴지게 된 이유를 알지 못하겠노라'라고 했다. 이에 기자가 답
했다.

'내가 들으니 옛날에 곤(鯀-우왕의 아버지)이 있어 홍수를 막아 다스리다가 오행(五行)의 질서를 어지러이 무너뜨리니 하늘이 크게 진노하여 홍범구주(洪範九疇)를 내려주지 않아 변치 않는 이치가 곧 무너져 내렸다. 이로 인해 곤이 유배를 가서 죽고[3] 우왕이 (아버지 곤의) 뒤를 이어 일어나게 되자 하늘이 우에게 홍범구주를 내리시어[錫=與=賜] 변치 않는 이치가 곧 펴지게 됐다. 그 첫째가 오행(五行)[4]이요, 둘째가 신하들을 삼가며 부리는 데 있어 오사(五事)[5]를 쓰는 것이요, 셋째가 농사에 팔정(八政)[6]을 쓰는 것이요, 넷째가 화합을 이룸에 있어 오기(五紀)[7]를 쓰는 것이요, 다섯째가 세움에 있어 황극(皇極-임금의 표준)을 쓰는 것이요,[8] 여섯째가 다스림에 있어 삼덕(三德)[9]을 쓰는 것이요, 일곱째가 밝힘에 있어 계의(稽疑)[10]를 쓰는 것이요, 여덟째가 생각할[念] 때에는 서징(庶徵)[11]을 쓰는 것이요, 아홉째가 백성을 권면할 때에는 오복(五福)[12]을 쓰고자 염원하고, 백성을 징벌할 때는 육극(六極)[13]을 위엄 있게 쓰는 것이다.'"

1 「주서」의 편 이름이다. 洪은 크다[大], 範은 모범[法]을 뜻하니 洪範이란 천하를 다스리는 큰 모범이란 뜻이다.

2 기자는 상나라 사람으로 주왕의 숙부이자 스승이다. 무왕이 주왕의 상나라를 멸망시키고 주왕을 죽인 다음 주왕의 아들을 세워주고 기자는 유폐에서 풀어주었다. 그리고 이때 기자를 찾아가서 묻게 된다. 子는 작위다.

3 곤은 치수를 위해 9년 동안 공력을 쏟았으나 성공하지 못했다. 이에 순임금은 그를 우산(禹山)으로 유배를 보냈고 곤은 거기서 죽었다.

4 첫째 水, 둘째 火, 셋째 木, 넷째 金, 다섯째 土이며 이 다섯 가지

가 하늘과 땅 사이에서 흘러 다니기[流行] 때문에 行이라고 한다.
유행                         행

5 첫째는 용모[貌]이고, 둘째는 말하는 것[言]이고, 셋째는 보는 것
모                                    언
[視], 넷째는 듣는 것[聽], 다섯째는 생각하는 것[思]이다.
시           청                          사

6 첫째는 음식, 둘째는 재화, 셋째는 제사, 넷째는 토목 관리[司空],
사공
다섯째는 교육 관리[司徒], 여섯째는 형벌 관리[司寇], 일곱째는
사도                      사구
외교, 여덟째는 군사력이며 농정은 백성을 두터이 하는 일이다.

7 세(歲), 월(月), 일(日), 성신(星辰), 역수(曆數)다. 사람들은 점을 쳐
서 자신들이 하려는 일이 오기와 화합하는지를 알고 싶어 했다.

8 이는 위에서 표준을 세워 아랫사람들로 하여금 따르게 하는 것이다.

9 첫째는 정직(正直), 둘째는 강극(剛克), 셋째는 유극(柔克)으로
사람을 다스리는 노다.

10 이는 점[卜筮]치는 것을 말한다. 稽는 決, 疑는 惑이므로 稽疑는
복서                          계  결  의  혹          계의
의혹을 풀어내는 것이다. 그래서 밝힘[明]을 위해 (계의를) 쓴다
명
[用]고 한 것이다.
용

11 이는 비가 오고 해가 돋고 따뜻하고 춥고 바람이 부는 것[雨暘
우 양
燠寒風]인데 때를 징험한다는 말이고, 생각한다[念]는 것은 앞서
욱 한 풍                                    염
말한 표준이 제대로 섰는지를 하늘의 작용들을 통해 항상 생각
하고 또 생각해 본다[念念]는 뜻이다.
염념

12 수명[壽], 부(富), 심신의 평안을 유지하는 것[保康寧], 다움을 닦
수                                    보 강녕
고 좋아하는 것[攸好德], 하늘이 부여한 수명을 다 살고 죽는 것
유 호 덕
[考終命]이다.
고 종명

13 단명하는 것[凶短折], 질병[疾], 근심[憂], 가난[貧], 나쁜 일[惡],
흉 단절        질      우      빈        악
쇠약[弱]이다. 단명하는 것은 수명[壽]의 반대이고 또한 하늘이
약                          수
부여한 수명을 다 살고 죽는 것의 반대다. 질병과 근심은 심신의

평안을 유지하는 것의 반대다. 나쁜 일과 쇠약은 다움을 좋아하는 것의 반대다. 육극 중에서도 지극한 것을 궁극(窮極)이라 한다. 황극의 의리는 위협을 느끼기보다는 경외의 대상에 가깝다.


신이 가만히 살펴보겠습니다. 주나라를 세운 무왕이 상나라를 꺾은 초기에 변치 않는 이치〔彛倫〕의 가르침을 통해 나랏일〔國事〕을 바로잡지 못하자 망국의 신하인 기자를 찾아갔습니다. 찾아갔다〔訪〕고 말한 것은 감히 부르지 못하고 그에게로 나아가 물었다는 뜻입니다.

변치 않는 이치〔彛倫〕라 한 것은 천하를 다스리는 지속적인 이치〔常理〕이니 선후본말(先後本末)이 각각 자연스러운 이치를 갖고 있는 것입니다. 그런 이치는 사람이 할 바가 아니니 곧 하늘이 베풀어야 할 바입니다. 하늘이 백성에게 베푸는 것은 이미 그윽하게〔黙涉〕 좋음에 이르고 또 거처하는 바를 도와 화합시키는 것입니다. 그러나 임금과 스승의 다스리고 가르치는 책임은 (남이 아닌) 자신에게 있는데 (무왕) 그 자신은 아직 변치 않는 이치의 차례와 경중〔次序〕을 알지 못한다고 했습니다. 이것이 바로 (무왕이) 기자에게 (찾아가서) 물음을 던진 까닭입니다.

요임금이 홍수를 걱정하여 곤에게 홍수를 다스리도록 명했으나 곤은 능히 (물이나 홍수의) 본성〔性〕에 따라 순하게 인도하지 못하고 도리어 둑을 쌓고 막아서 물의 기세를 더욱 격동시켜 물〔水〕이 이미 그 본성을 잃게 만들었습니다. 이렇게 수(水)가 본성을 잃게 되자 화(火), 목(木), 금(金), 토(土)도 따라서 어지러이 무너져버렸습니다. 모름지기 수(水)는 오행(五行)의 으뜸이니 첫 행이 어지럽게 되면 오행이 다 어지럽게 됩니다. 오행은 하늘의 도리(道)인데 곤이 이를 어지럽혔으니 그것은 곧 하늘을 거스른 것(逆)입니다. 그리하여 하늘이 움직이고 격노하여 대법(大法)인 구주(九疇)를 내려주시지 않았으니 곤은 그로 인해 귀양을 가서 죽은 것입니다.

우가 뒤를 이어 일어나서 산의 형세를 따라 물길을 정비하니(隨山濬川) 아무 일도 없게 되고 물로 인한 우환도 평정됐습니다. 하늘이 곧 대법인 구주를 내려주시니 신령스런 거북이(神龜)가 등에 무늬(文)를 새기고서 낙수(洛水)에서 나왔습니다. 그때 거북이 등에 있는 것은 수(數)뿐이었습니다. 위대한 우왕(大禹)은 빼어난 사람(聖人)이기 때문에 마음이 하늘과 통하니 그 수(數)를 보고서 그 이치를 알아차렸고 그다음에는 아홉 가지(九類)를 행하라는 것이 곧 구주를 명하는 것임을 알았습니다. 여기서 말하는 처음부터 마지막 아홉 번째까지가 바로 그 변치 않는 이치(彝倫)입니다.

오행(五行)이란 하늘이 사람을 낳고 기르는 법입니다. 그 기운은 하늘에서 운행하고 쉼이 없으며(不息) 그 재목(材)은 세상에서 쓰이며 다함이 없습니다(不匱). 그 이치, 즉 오행이 사람들에게 적용됐을 때는 오상(五常)[11]이 됩니다. 그리고 하늘의 도리를 통해 말하는 것으로서 오행보다 큰 것이 없으니 따라서 (오행은) 구주의 첫머리에 있는 것입니다.

오사(五事)란 하늘이 내려 사람에게 구현된 것입니다. 용모의 공손함(貌之恭), 말하는 것의 순종함(言之從), 보는 것의 눈 밝음(視之明), 듣는 것의 귀 밝음(聽之聰), 생각하는 것의 일 밝음(思之睿)은 모두 다 인간 본성의 본래 모습(本然)입니다. (따라서) 반드시 삼가며 그것을 쓴다면 능히 그 본래 모습의 본성을 보존할 수 있고, 삼가며 쓰지 못한다면 그 모습은 반드시 남을 업신여김[嫚]에 이르고 그 말은 패악 스러움[悖]에 이르게 되어 눈과 귀도 흐려지고 막히어 사려도 조잡하 고 얕아져서 결국 본래 모습의 본성을 잃게 되는 것입니다. 이 다섯 가 지는 몸과 마음을 다스리는 요체이니 사람이 하는 일과 말 중에 이보 다 절실한 것은 없습니다. 그렇기 때문에 오사(五事)는 오행의 바로 다 음에 온 것입니다.

몸과 마음이 이미 다스려진 후에야 정사를 베풀 수 있습니다. 음식 과 재물[食貨]은 백성을 살 수 있게 해주는 근본입니다. 그래서 의식 (衣食)이 이미 풍족하게 되면 근본을 잊을 수가 없으니 제사[祀]가 있 게 되는 것이고, 사공(司空-토목을 관장하는 관리)은 백성들에게 살 곳을 주어 이미 거주함을 편안케 하는 것입니다. 또 사도(司徒-교육을 관장하는 관리)가 있어 백성을 (법으로써) 가르치고 법을 따르지 않는 사람에게는 사구(司寇-형벌을 다스리는 관리)의 형벌이 있습니다. 그 리고 먼 나라에서 온 사람들을 예로써 접대하는 것[賓]과 군사력으로 천하에 위엄을 보이는 것[師]이 있습니다. 무릇 이 여덟 가지는 모두 백성들의 삶을 두터이 해주는 것들이니 고로 '농사에 팔정(八政)을 쓴 다'고 말한 것은 바로 그 뜻입니다.

민정(民政-백성을 제대로 살게 하는 일)이 이미 자리를 잡으면 하늘 을 우러러 사람이 그것을 받으니 이를 뒤로 미룰 수 없습니다. 이에 세 (歲), 월(月), 일(日), 성신(星辰), 역수(曆數)의 오기(五紀=60년/1紀=12년) 를 이어받아 그에 미루어 점을 쳐서 반드시 하늘에 화합함을 구합니 다. 고로 이를 일러 '화합을 이룸에 있어 오기를 쓴다'고 한 것입니다.

황(皇)이란 임금을 칭하는 것이고, 극(極)이란 의로움[義]이 지극한 경지에 이른 것으로 표준(標準)의 이름이니 정중앙에 자리 잡고 있으면서 사방을 취하는 것입니다. 따라서 임금의 자리에 머문다는 것은 오직 자신의 한 몸에서 비롯되어 만사에 이르고 다하지 않음이 없으니 임금이 지극한 이후에야 백성의 표준이 됐다고 할 수 있는 것입니다. 세움〔建〕이란 백성 위에 세우는 것이면서 백성들에게 모양을 부여하는 것을 말합니다. 고로 이를 일러 '세움에 있어 황극(皇極)을 쓴다'고 한 것입니다.

정직(正直), 강유(剛柔)를 베풂에 이르러서는 또 반드시 시속(時俗)의 강약을 바탕으로 해서 그 시대가 치세인지 난세인지 여부를 살펴봐야 합니다. 임금이 마땅히 권력을 쥐고 있으면 자연스럽게〔無使〕위엄과 복이 아래로 옮겨지는 것이고, 신하가 마땅히 법을 잘 따르면 자연스럽게 임금에 대해 방자하고 참람한 짓을 하지 않을 것이니 정치를 하는〔爲治〕도리는 이를 넘어서지 못하는 것입니다. 고로 이를 일러 '다스림에 있어 삼덕(三德)을 쓴다'고 한 것입니다.

나라에 큰일〔大事〕이 있으면 먼저 반드시 자기 자신을 깊이 살핀 연후에 다른 사람들의 생각을 보게 됩니다. 그런데도 사람들이 능히 결단을 하지 못하면 다시 길흉을 알아내기 위해 거북이 등이나 산가지〔卜筮〕를 가지고 하늘에 점을 쳐서 결정했습니다. 하늘과 사람이 함께 참여하니 일에 지나친 거동〔過擧〕이 없어 그 표준〔極〕을 보존하고 허물이 없게 되는 것입니다. 고로 이를 일러 '밝힘에 있어 계의를 쓰는 것〔明用稽疑〕'이라고 한 것입니다.

오사(五事)를 얻느냐 잃느냐 하는 것은 표준이 서느냐 그렇지 못하느냐에 달려 있으니 어떻게 그것을 좇아 징험할지는 저 하늘을 볼 뿐입니다. 비가 오고 해가 돋고 따뜻하고 춥고 바람이 부는 것〔雨暘燠

寒風)이 다 그 때에 맞으면 표준을 세우는 징험이고 이 다섯 가지가
늘 맺고 끊는 절도가 없으면[無節] 표준이 없다[不極]는 징험입니다.
하늘과 사람이 서로 감응하는 것[天人相應]은 마치 그림자나 메아리
[影響]와 같으니 임금은 마땅히 생각에 생각을 거듭하고 지극히 살펴
야 하는 것입니다. 고로 이를 일러 '(앞날을) 생각할 때에는 하늘의 여
러 징조들[庶徵]을 쓰는 것'이라고 한 것입니다.

임금이 세운 표준이 확고해지면 온 세상 사람들이 다 그 혜택을 입
고 오복(五福)이 그에 응해 펼쳐지니 그로 인해 요순의 백성들은 어질
지 않은데도 오래 살지 않은 사람이 없다고 하는 것입니다. 이는 임금
이 지향해야 하는 바입니다. 고로 이를 일러 '백성을 권면할 때는 오복
을 쓰는 것'이라고 했습니다.

임금의 표준이 서지 않으면 온 세상 사람들이 다 그 화를 입게 되니
육극(六極)으로 그것을 따르게 해야 합니다. 그로 인해 걸주(桀紂)의
백성들은 비열하지 않은데도 일찍 죽지 않은 사람이 없다고 하는 것
입니다. 이는 임금이 마땅히 두려워해야 하는 것입니다. 고로 이를 일
러 '백성을 징벌할 때에는 육극(六極)을 쓰는 것'이라고 했습니다.

홍범구주(洪範九疇)가 65자에 불과하지만 하늘의 도리[天道][2]와 사
람의 일[人事]이 어느 것 하나 해당되지 않는 것이 없으니 원래부터 그
본바탕은 다 임금 한 몸에서 비롯되는 것입니다. 결국 이 때문에 무왕
의 질문과 기자의 대답은 만세를 위한 지침[蓍龜]이 됐던 것입니다.

1) 인의예지신(仁義禮智信)이다.

2) 여기서 天道를 다른 문맥에서처럼 '하늘과도 같은 도리'라 옮기지
   않고 하늘의 도리라고 한 것은 자연 자체의 이치를 더욱 강조하

는 문맥 때문이다. 그러나 이 책에서 天道의 경우 대부분은 '하늘과도 같은 (명명백백한) 도리'로 옮겼음을 밝혀둔다.

(『대대례(大戴禮)』) '예천조(禮踐阼)'

무왕은 즉위〔踐阼〕한 지 3일째 되는 날 스승인 상부(尚父-태공망(太公望) 여상(呂尚), 강태공)를 불러 "황제(黃帝)와 전제(顓帝)[1]의 도리〔道〕가 지금도 남아 있습니까?"라고 물었고 상부는 "단서(丹書)가 남아 있습니다"라고 답했다.

무왕이 그것을 듣고 싶다고 하자 "먼저 재계(齋戒)하셔야 합니다"라고 답했다.

재계한 지 3일째 되는 날 무왕은 단정하게 면류관(冕旒冠)을 쓰고 상부 역시 단정하게 관(冠)을 쓴 다음 그 책을 받들어 올리자 임금은 동쪽을 보고 섰고 상부는 서쪽을 보고 서서 책의 내용을 일러주었다.

"삼감〔敬〕이 게으름〔怠〕을 이기는 자는 길하고 게으름이 삼감을 이기는 자는 흉하다.

의리〔義〕가 욕망〔欲〕을 이기는 자는 오래가고 욕망이 의리를 이기는 자는 얼마 못 간다.

무릇 일〔事〕이라고 하는 것은 강하지 못하면 굽고〔枉〕 삼가지 못하면 바르지 못하니〔不正〕 굽은 자는 (결국) 사라져 없어지고 삼가는 자는 만세를 누린다."

무왕은 책에 있는 이 구절을 듣고서 마치 무서운 것을 본 양 두려워하며 깨우침의 실마리로 삼아 임금 자리의 네 끝에 새겨 넣으라고 명했다. (이어 그것만으로 성이 차지 않았는지) 안석(安席-몸을 기대는 방석), 거울, 목욕통 받침대, 기둥, 지팡이, 관대, 신발〔履屨〕, 술잔, 담장, 칼, 활, 창 등에까지 새겨 넣도록 했다.


신이 가만히 살펴보겠습니다. (주나라) 무왕이 상나라를 꺾은 초기에 기자를 찾아가 홍범(洪範)을 얻었습니다. 그리고 즉위 초에는 또 태공을 불러 (황제와 전제의 도를 담고 있는) 단서(丹書)를 물었으니 그만큼 통치의 바른 길〔道〕을 얻고자 하는 것이 급박했다고 할 수 있습니다.

이때 태공망이 무왕에게 고한 바는 삼감〔敬〕과 의리〔義〕 두 단어에서 벗어난 것이 조금도 없습니다. 무릇 삼가면 온갖 좋은 일들이 바로 서게 되고 게으르면 곧 거꾸러집니다. 의리는 이치〔理〕가 그 주인이 되고 욕망은 외물〔物〕이 그 주인이 됩니다. 길흉(吉凶)과 존망(存亡)이 여기서 나뉘게 되니 먼 옛날〔上古〕 성인(聖人-여기서는 황제와 전제)들도 이미 이것을 아주 조심했던 것입니다. 무왕이 이를 듣고서는 마치 무서운 것을 본 듯 두려워하며 각종 기물(器物)에 그것을 새겨 넣음으로써 스스로를 경계했습니다. 무릇 이를 두려워함이 전혀 없어 게으름과 욕망에 빠져드는 것은 (길흉과 존망의) 그 틈을 더 크게 할 수 있습니다. 그 후에 공자는 『주역』의 곤괘(坤卦) 육이(六二)[2]에 대한 풀이에서 말하기를 '삼감으로써 안을 곧게 하고 의리로써 밖을 반듯하게 한다〔敬以直內 義以方外〕'고 했습니다. 선배 유학자는 이를 주석하여 말하기를 삼감이 바로 서면 안이 곧아지고 의리가 채워지면 밖이 반듯해진다고 했습니다. 무릇 (매사를) 삼가면 이 마음에 사사(私邪)로움의 폐단이 전혀 없어 안이 곧아지는 것이고 의리를 지키면 일은 일답고 사물은 사물다워져〔事事物物〕 각각이 다 주어진 분수에 들어맞으니 밖이 반듯해지는 것입니다. 황제로부터 무왕에 이르기까지, 그리고 다시 무왕으로부터 공자에 이르기까지 그것은 모두 같은 길〔道〕이었습니다.

이상은 요, 순, 우, 탕, 문, 무(堯舜禹湯文武) 임금의 배움을 서술한 것입니다.

혹자는 요순 이하 6왕이 모두 날 때부터 성인, 성군인데 지금 배움을 이야기하는 것이 무슨 의미가 있겠는가라고 말할지 모릅니다. 모름지기 날 때부터 알 수 있는 것은 의리(義理)의 원천뿐이고 자기와 남을 다스리는 법은 배우지 않고서는 불가능합니다.

전하는 바에 따르면 요, 순, 우, 탕에게도 배움의 스승이 없지 않았고, 『논어』를 살펴보건대 공자는 자신이 '옛것을 믿고 좋아하는 사람〔信而好古〕'이라 했고 '배움이 충분히 이뤄지지 않은 것〔學之不講〕'이 일찍이 자신의 걱정거리라고 했으며, 또 말씀하기를 자신은 '날 때부터 알고 있는 사람이 아니라 옛것을 좋아해 민첩하게 그것을 구하는 자〔我非生而知之者 好古敏而求之者也〕'요, 또 말씀하기를 '열 집 정도가 모여 사는 작은 마을에도 (나처럼) 충신(忠信) 한 사람은 있을지언정 나처럼 배우기 좋아하는 사람은 없을 것〔十室之邑必有忠信如丘者焉不如丘之好學也〕'이라고 했습니다. 즉 비록 날 때부터 아는 빼어난 사람〔聖人〕이라도 배움에 힘써 종사하지 않은 사람이 없었습니다.

상나라 이전에는 배움(學)이라는 이름은 없이 여러 성인들의 마음
을 담은 글을 보면서 직접 대면하여 전해 주었습니다. 이처럼 임금과
신하 사이에 서로 일깨워주고 서로 알려주는 것을 배움이 아니라고
할 수 없습니다.

(신 진덕수는) 원컨대 통치를 함에 있어 열렬함(誠)을 다하면서 더
불어 이 배움을 담은 책들을 거듭 반복하여 폐하의 것으로 만든다면
장차 마음속에 분명해지는 것이 있을 것이니 열심히 노력하고 힘써
행하면 이제 삼왕(二帝三王)³⁾의 성(盛)함에 얼마든지 이를 수 있을 것
입니다.

이제 그 책들의 대요를 취하여 편으로 지어 보이니 배우는 사람은
그 근본을 깨우치게 될 것입니다.

1) 황제의 손자로 이름은 전욱(顓頊)이다.
2) 붙어 있는 효를 구(九), 떨어져 있는 효를 육(六)이라 하고 이(二)
   는 아래부터 두 번째라는 뜻이다.
3) 요임금, 순임금이 이제요, 우왕, 탕왕 그리고 문무왕을 합쳐 이렇
   게 부른다.

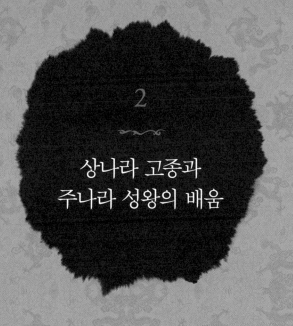

2

상나라 고종과
주나라 성왕의 배움

『서경』 '열명(説命)'[1]에서 고종(高宗)이 말했다.

"이리 오너라, 너 부열(傳說)아! 나 소자(小子)는 옛날에 감반(甘盤-상나라의 뛰어난 신하)에게서 배운 바 있는데 (그 후 나는) 황야로 물러나 하수(河水) 가에 들어가서 살았다. 그나마도 하수에서 다시 박읍(毫邑-상나라 수도)으로 가야 했기에 마침내 끝날 때까지 (배움이) 드러나지 못했노라. 너는 이제부터 짐(朕)의 뜻을 키우는 데 힘써서 (만일 내가) 술과 단술을 만들려 하면 너는 누룩과 엿기름이 되고, (만일 내가) 간이 딱 맞는 국을 만들려 하면 너는 소금과 매실이 되어다오. 너는 다방면으로 나를 닦는 데 힘쓰고 결코 나를 버리지 말라. 나는 능히 너의 가르침을 행할 것이다."

이에 부열이 말했다.

"왕이시여! 사람을 구할 때 견문이 넓은 사람을 구하는 것은 늘 일을 바로 세우기[建事] 위함입니다. 옛 가르침에서 배워야 얻음이 있을 것이니 옛것을 본받지 않고서 일을 능히 오래가도록 했다는 것은 제가 전혀 들은 바가 없습니다. 배움은 뜻을 겸손하게 하는 것이어서 노력하기를 늘 민첩하게 하면 그 닦음의 결실이 마침내 올 것이니 이를 굳게 믿고 마음에 품으면 도리[道]가 폐하의 몸에 쌓일 것입니다. 가르치는 것[敎=敎]은 배우는 것[學]의 반이니 생각의 시작과 끝을 항상 배우는 것에 두게 되면 그 다음이 (절로) 닦여지는 것을 스스로도 깨닫지 못할 정도입니다. 선왕(先王-여기서는 탕왕을 가리킨다)이 이룩해 놓은 법을 늘 보고 살피시어 영원토록 잘못이 없도록 하소서. 저 열이 최선을 다해 삼가[欽=敬] 받들어 뛰어난 인재[俊乂]들을 널리 불러 모아서 여러 자리에 두도록 하겠습니다."

신이 가만히 살펴보겠습니다. (상나라) 고종이 어려서 태자로 책봉되어 감반에게서 배웠는데 학문이 크게 이뤄지기도 전에 고종은 물러나 황야로 돌아가서 하수와 박읍에 머무니 배움의 끝을 제대로 알 수 없었습니다. 고종이 감반을 잃은 뒤로 배울 데가 없어 망연자실하다가 드디어 부열을 얻어 자신의 명(命)을 따르게 함으로써 감반의 업(業)을 이어갈 수 있었습니다.[2]

'너는 이제부터 짐의 뜻을 키우는 데 힘쓰라[爾惟訓于朕志]'는 말은 부열에게 자신의 마음을 바로잡아주는 일[格心之事]을 기대한다는 뜻입니다. 술이나 단술을 빚는데 누룩이나 엿기름이 없다면 불가능하고 소금이나 매실 없이 국을 끓여서는 간을 맞출 수 없듯이, 임금이 현명한 이의 보필을 받지 못하면 그 임금다움[德]을 앞으로 나아가게 할 수 없다는 것입니다. 그래서 "너는 다방면으로 나를 닦는 데 힘쓰고 결코 나를 버리지 말라. 나는 능히 너의 가르침을 행할 것이다"라고 한 것입니다.

고종이 부열에게 기대한 바가 그처럼 절실했으니 부열은 "왕이시여! 사람을 구할 때 견문이 넓은 사람을 구하는 것은 늘 일을 바로 세우기[立事] 위함입니다"라며 뜻이 담긴 말[志言]을 기꺼이 할 수 있었습니다. 배움은 반드시 일에 적용된 연후에야 유용한 학문이 되는 것이니, 만일 그렇지 못하다면 들은 바(즉 배움)가 비록 많다고 하더라도 과연 어디에 쓰겠습니까?

'옛 가르침[古訓]'이란 앞서 간 옛 빼어난 임금들의 가르침이니 그것을 글로 써서 (『서경』의 '요전(堯典)', '순전(舜典)'이나 '대우모(大禹謨)', '고요모(皋陶謨)'처럼) 전(典)이나 모(謨)로 정리한 것이 바로 그것입니다. 배움은 반드시 옛 가르침에서 구해야 이득이 있는 것인데 빼어난 사람이나 임금이 아닌 자가 쓴 책이나 글을 읽는다면 그것이 무슨 도움이 되겠습니까?

얻음[獲=修=崇]이란 자기 몸에 체득하는 것을 말합니다. (이처럼) 배움은 스스로 자신의 몸에 체득[自得]한 연후에 효험[功=效=徵驗]을 나타내는 것이니, 만일 그렇지 못하다면 도리[道]는 자신의 진정한 도리를, 나[我]는 나 자신의 진정한 자아를 아직 배우지 못한 것입니다. 임금이 일을 할 때는 마땅히 옛 성현을 스승으로 삼아 성현의 뜻을 자기의 일처럼 해야 하는 것이니[自任己意], 옛것을 본받지 않으면서 오래도록 백성을 다스리고 평안하게 할 수는 없다는 것은 바로 이런 이치입니다.

여기에서는 또 배우는 요체[爲學之要]란 뜻을 겸손하게 하고 늘 민첩하게 힘쓰는 데 있다고 했습니다. '뜻을 겸손하게 한다[遜志]'는 것은 그 마음을 낮춰 공손하게 하는 것이니 설사 뭔가 있더라도 없는 듯이 하는 것이고, '늘 민첩하게 힘쓴다[時敏]'는 것은 틈날 때마다 나아가려고 노력하는 것이니 하루가 다르고 또 다른 하루가 달라지는 것[日新又日新]입니다. 무릇 사람이 배움에 해를 끼치는 것은 뽐냄[驕]과 게으름[怠]이니, 뽐내면 뜻이 넘쳐 좋은 것[善]이 들어올 수 없고, 게으르면 뜻이 흐지부지 사라져 이룸[功]이 들어설 자리가 없습니다. 결국 겸손은 뽐내지 않는 것이고 민첩은 게을리하지 않는 것이니 도리를 닦는다는 것은 자신 속에서 계속 물을 뿜어내는 원천[源]을 만들어내는 것입니다. 이는 우물의 샘처럼 아무리 길어내도 물이 계속 나오는 것과 같습니다. 무릇 사람이라면 누가 이것을 모르겠습니까마는 몸이 부지런하지 못하면 설사 운 좋게 (다움을) 얻음[得]이 있더라도 쉽게 잃게 됩니다. 오직 믿음[信]이 깊어지고 생각[念]이 돈독해진 연후에야 비로소 도리[道]가 그 몸[躬]에 쌓일 수 있는 것입니다. 쌓는다[積]는 말은 좋은 일을 쌓는다[積善]고 할 때의 그것이니, 오늘 하나의 이치[理]를 (몸에) 익히고 내일 또 새로운 이치를 익히며 오늘 하나의 좋은 일[善]을 이루고 내일 또 새로운 좋은 일을 이루는 것을 말합니다. 오래 쥐고서 바꾸지 아니하면 도리는 몸에 쌓이는 것입니다. 그래서 몸은 곧 도리요 도리는 곧 몸인 것이니 몸과 도리는 혼연일체가 되어 조금의 틈도 없게 되는 것입니다.

이어서 또 배움[學]과 더불어 가르치는 것[敎]을 말한 것은 배움과 가르침이 각각 그 절반을 차지하기 때문이라고 했습니다. 이는 곧 내(=부열 자신)가 가르치는 바는 겨우 그 절반에 지나지 않음을 말한 것입니다. 고종은 이에 스스로의 힘을 최대한 다해서 나머지 절반을 자신이 터득해야 하는 것은 마땅하다고 했습니다. 하나의 생각[一念]은 그 끝과 시작[終始]이 항상 배움에 있으니 조금도 중단함이 없는 연후에야 그 다음의 닦여짐[修德]은 그런 줄을 알지 못하는 사이에 절로 그러한 것이 있게 되는 것입니다. 종시(終始)라 하고 시종(始終)이라 하지 않은 것은 배움에는 그치는 법이 없다는 것을 강조하기 위함입니다. 위에서는 도리의 쌓음을 말하고 아래에서는 다움의 닦음을 말했습니다. 이치[理]를 통해 그것을 말하려 한 것이 도리[道]이고, 얻게 되는 바[所得]를 통해 그것을 말하려 한 것이 다움[德]이니, 도(道)와 덕(德)은 두 개가 아니라 하나입니다.

부열이 배우는 방법을 논한 것이 이처럼 지극했습니다. 또 부열은 혹시라도 고종이 본받을 바를 잘 모를까 봐 걱정하여 다시 선왕인 성탕(成湯)을 본보기로 삼는 데 온 힘을 다했습니다. 성탕은 이미 성인(聖人)[3]이었습니다. (성탕은) 임금다움[德]이 있으면서도 오히려 부끄러움이 있을까 두려워하여 잘못이 있으면 반드시 고치는 데 주저하지 않았습니다. 온 힘을 다해 그 (선왕이) 이루어 놓은 본보기를 보고 따른다면 어찌 잘못이 있겠습니까? 임금의 임금다움이 먼저 닦여진 연후에 대신(大臣)을 천거하여 자리를 맡기고 현능한 인재들을 불러 여러 지위에 있게 할 수 있습니다. 부열은 배움[學]이라는 글자 한 자도 감히 배운 바 없고 당연히 그에 앞서 경서(經書)는 구경도 못했습니다. (그런데도) 고종은 이런 부열과 더불어 말하기 시작하여 마침내 그 어디에도 비길 데 없는 제왕학[聖學]의 원천을 열어놓았으니 그 공(功)은 진실로 크다고 하겠습니다.

1) '열명'이란 상나라 고종(高宗)이 부열(傅說)에게 명한 내용을 기록한 것으로 『서경』에는 상중하(上中下) 세 편이 실려 있다. 상편은 고종이 부열을 발탁해 정승으로 명한 말들을 기록했고, 중편은 부열이 정승으로서 고종에게 올린 말을 기록했고, 하편은 부열이 배움을 논한 것을 기록했다. 여기에 나오는 것은 '열명' 하편에서 뽑았다.

2) 진덕수는 '황야로 물러나 하수가에 들어가서 살았다. 그나마도 하수에서 박읍으로 가야 했기에'의 주어를 고종[小子]이 아니라 감반으로 보고서 풀이를 하고 있다. 그러나 주희의 지적대로 "감반이 황야에 은둔했다"는 소식(蘇軾)의 주장이나 진덕수의 해석은 원문과도 부합하지 않는다. 여러 사서에도 고종의 아버지가 고종으로 하여금 "민간의 고통과 어려움을 알게 하려고 민간에서 살게 했다"는 등의 기록이 있는 것으로 보아 고종이 왕자로 있을 때의 일로 봐야 한다. 특히 박읍은 상나라 수도이기 때문에 문맥

상으로 보아도 고종이 주어라야 문장이 성립한다.

3) 판본에 따라 '盛'으로 되어 있기도 하다. 그럴 경우 도리에 입각한
통치의 번성을 이루었다는 뜻이다.

(『시경(詩經)』) '삼갈지어다〔敬之〕'[1,1]
경 지

"나 소자가 총명하지 못하고 삼가지도 못하나 / 나날이 이루어지고
〔就=成〕 다달이 자라나〔將=大〕 / 배움이 이어지고 밝혀져서 광명에 이
취 성                    장 대
르려 하니 / (신하들이) 이 말은 짐을 도와주어서 / 드러난 덕행을 나에
게 보여주기를 바라노라."

1 신하들이 주나라 성왕(成王)에게 경계를 하라는 뜻으로 지어올
린 시다.

신이 가만히 살펴보겠습니다. 주나라 성왕(成王)이 즉위
하여 정사를 펼치던 초기에 신하들이 경계(警戒)의 시를 지어올려 '삼
갈지어다, 삼갈지어다'를 첫머리로 삼아야 한다고 말하니 성왕은 즉답
하기를 "나 소자는 총명하지 못하여 삼갈 줄도 모르지만 마침 나날이
이루어지고 있으며 다달이 자라나고 있으니 그 도(道)란 어디서 비롯
되는가? 오직 배움에 있을 뿐이다. 모름지기 배움이란 곧 서로 잇고
밝혀서 광명에 이르려는 노력이라 할 수 있다. 무릇 사람의 본성은 광

명에 뿌리를 두고 있으니 『대학』에서 말한 '밝은 다움〔明德〕'이 바로 이 것이다. (그런데) 바로 이 배우고자 하는 힘이 계속 이어지는 것은 아니다. 바로 그 때문에 본연의 광명은 하루가 다르게 어둡고 컴컴해지므로 지금 (내가) 배우는 일에 마땅히 힘써야 하는 것은 마치 부녀자의 길쌈이 계속 이어져 끊어짐이 없는 것과 같아야 하니, 이렇게 함으로써 나의 본연의 광명을 넓혀가야 하는 것이다. 그렇지만 나를 잘 보필하여 능히 이 맡은 바 과업을 내가 잘 해낼 수 있도록 하는 것은 뭇 신하들의 책임이다. 원컨대 그대들은 나에게 두드러지고 밝은〔顯明〕 다움과 행실을 보임으로써 내가 배움에 힘쓰는 방도를 환하게 알도록 해주어야 할 것이다"[2]라고 했습니다.

이것은 성왕이 배움의 나아가기 어려움〔難進〕을 깊이 생각하고 잘 알아서 이와 같이 뭇 신하들에게 기대했던 것입니다. 다움〔德〕이란 행함(혹은 행실)의 근본〔本〕이요 행함이란 다움의 발현〔發〕이니 성왕의 배움이란 오직 그 본성의 광명을 채우고 그 몸의 다움과 행함을 더 나아가게 하는 것이었습니다. 그러니 어찌 후세 사람들이 외물(外物)에나 힘을 쏟는 것에 비할 바가 있겠습니까?

이상은 상나라 고종과 주나라 성왕이 힘써 배운 바〔學〕를 서술한 것입니다.

🌀　　　신이 가만히 살펴보겠습니다. 고종과 성왕 두 임금은 처음부터 성군(聖君)의 자질을 갖고 있었던 것은 아니고 배움의 근본을 익힘으로써 능히 자신의 사사로움을 넘어서고〔克己〕 도리를 (자신의 몸에) 닦아 마침내 상나라와 주나라의 뛰어난 임금이 되셨는데 후세

에는 이런 수준에 이른 자가 없습니다. 배움이 사람들에게 공효를 주는 바가 이와 같다고 하겠습니다.

1) 『시경』「주송(周頌)」편에 나오는 시 '경지(敬之)'다.
2) 이 인용 부분은 실제 성왕이 그렇게 말한 것이 아니라 그런 취지라는 것을 진덕수가 풀어낸 것이다.

3

한나라 고제,
문제, 무제,
선제의 배움

(『사기(史記)』) 한나라 고조(高祖-유방(劉邦), 재위 기원전 206~195년) 황제가 천하를 평정했을 초기에 태중대부(太中大夫-궁중고문관) 육가(陸賈, 생몰년 미상)[1]가 수시로 그 앞에서 『시경』과 『서경』을 높이 평가하며 강술하려 하자 고조는 "내가 말 위에서 (천하를) 얻었지 어찌 『시경』과 『서경』이 도움을 주었겠는가"라고 말했다.

이에 육가는 말했다.

"말 위에서 (천하를) 얻었다고 해서 말 위에서 다스릴 수 있겠습니까? 문무(文武)를 함께 쓰는 것이야말로 장구한 계책〔術〕입니다. 만일 진(秦)나라 시황제(始皇帝)가 천하를 얻고 나서 어짊과 의로움〔仁義〕을 닦으며 옛 성인(聖人)이나 성군(聖君)들을 본받았다면 (진나라가 망하지 않았을 터이니) 폐하께서는 어찌 천하를 얻어 가질 수 있었겠습니까?"

이에 고조는 부끄러워하는 듯한 모습을 보이면서 육가에게 말했다.

"그대는 나를 위해 진나라가 천하를 잃게 된 까닭과 내가 천하를 얻게 된 까닭, 그리고 옛날 왕조들의 성공과 실패 등에 관해 책을 쓰도록 하라."

육가는 곧바로 나라 존망의 근본 이치에 관한 저술에 착수해 모두 12편을 썼다. 매번 한 편씩 올릴 때마다 고조는 "처음 듣는 말〔新語〕"이라며 칭찬을 아끼지 않았고 그 책의 이름도 『신어(新語)』[2]라고 지어주었다.

선배 유학자 호굉(胡宏, 1106~1161년)[3]은 말하기를 육가의 대답은 마땅히 이러해야 했다고 했습니다.[4]

"폐하께서 천하를 얻은 것은 말 위에서의 무력 때문만은 아닙니다. 폐

하께서는 타고난 성품이 관대하고 의젓하시기 때문에 회왕(懷王, ?~기원
전 206년)5)이 내린 입관(入關-관중(關中)으로 들어가는 것)의 명을 받으
셔서 천하를 위해 남은 도적 무리를 제거하셨습니다. 지난날에 노략질
하는 자들을 물리치셨고 진나라에서 투항한 왕자 영(嬰)을 용서해 주셨
으며 재물을 빼앗지 않았고 부녀자들에게 빠지지 않았으며 법삼장(法三
章)6)을 제정하셨습니다. 이에 (진나라의) 부로(父老)들은 폐하만을 두려
워하고 더 이상 진나라를 섬기지 않으니 불과 삼대(三代) 만에 천하의 어
짊을 얻었습니다. 반면 초나라 항왕(項王-項羽)은 회왕과의 약속을 어기
고 폐하를 촉한(蜀漢) 땅으로 내쫓았지만 폐하께서는 인내를 갖고서 봉
국으로 나아가셔서 소하(蕭何, ?~기원전 193년)7)를 등용해 재상으로 삼
아 현명한 인재들을 모여들게 함으로써 백성들을 잘 다스렸고, 파촉(巴
蜀) 땅의 임금으로 봉해지자 이를 받아들여 삼진(三秦-장안)으로 돌아
와 근거지로 삼으셨습니다. (그리고 얼마 후) 항우가 참람되게도 초나라
의제(義帝)를 살해하자 폐하께서는 군대를 일으켜 흰색 비단[縞素]에 새
겨 제후들에게 고하고서 그를 정벌하셨습니다.
　(폐하께서는) 불과 삼대(三代) 만에 천하의 의리를 취하셨고 매사를 악
착같이 자신이 직접 다 하려 하지 않았고 큰 윤곽만 잡아주면서 영웅의
마음가짐으로 장량(張良, ?~기원전 186년)8)을 스승 삼고, 진평(陳平, ?~
기원전 178년)에게 중임을 맡기고, 한신(韓信, ?~기원전 196년)을 장수로
삼아 거의 요임금, 순임금, 우왕, 탕왕, 문왕, 무왕에 버금가는 사람 알아
보는 밝은 지혜[知人之明]로 백성들을 진무하고 군사를 지휘했으며 전쟁
터에서 불행하게 죽은 사람들의 옷을 새로 갈아입힌 다음 관에 넣어 그
집으로 다시 보내주셨습니다.
　또 거의 요임금, 순임금, 우왕, 탕왕, 문왕, 무왕과 마찬가지로 홀아비나

과부가 된 사람에 대해 마음 아파하고 고아나 혼자 된 늙은이를 구휼해 주는 정사(政事)를 펼쳤으니 이 같은 지략과 다스림[數]이 있었기 때문에 폐하께서는 천하를 얻을 수 있었던 것입니다.

이제 천하가 드디어 평정됐으니 간절하게 원하옵니다. 폐하께서는 숙손통(叔孫通, 생몰년 미상)[9]을 물러나게 하시고 노(魯) 나라의 유생 두 명을 초빙해 오고 장량과 나란히 사호(四皓)[10]를 불러 신하로 삼는다면 그 결과 천하의 여론[共論]이 삼대(三代-하, 은, 주의 삼대)의 마땅함[宜]을 계승하게 되어 한 시대의 큰 골격이 잡히게 되고 이로써 천하는 행운을 얻어 만세에 이어질 것입니다."

(호굉의 말이 이어진다.) "육가로 하여금 이렇게 대답하게 하고 또 한 고조가 그 말을 채용했더라면 반드시 육궁(六宮)[11]에는 제어함이 있고 적서(嫡庶)에는 분명한 구분이 섰을 것이며 자식들을 가르치는 데도 법도가 있어 후(后)와 부인(夫人), 빈(嬪), 부(婦)가 각각 자신의 자리를 찾을 수 있었을 것입니다.

(그렇게 했다면) 또 어찌 척부인(戚夫人, ?~기원전 194년)[12]이 인간돼지[人彘]로 불리고 그의 아들 조왕(趙王) 유여의(劉如意), 준양왕(准陽王) 유우(劉友), 양왕(梁王) 유회(劉恢)가 모두 다 비명횡사했겠습니까?

(그렇게 했다면) 또 어찌 심식(審食)이 왕실을 시궁창처럼 더럽히는 패륜을 저지르고[瀆亂-黷亂] 여씨(呂氏)는 족멸에 이르게 하여[13] 세상에 이런 외척의 재앙이 있게 했겠습니까?

(그렇게 했다면) 반드시 나라의 기강과 법률이 살아 있어 형왕(荊王) 가(賈), 초왕(楚王) 교(交), 대왕(代王) 희(喜), 제왕(齊王) 비(肥) 등이 수십 현(縣)들에 봉해지지 않았을 것이고 신농, 황제, 요, 순, 우, 탕, 문, 무로부터 고요와 이윤을 거쳐 주나라에까지 전해진 여씨의 후예들은 (살아

남아 조상들의) 제사를 이어갈 수 있었을 것입니다.

(그렇게 했다면) 반드시 체모를 갖춘 대신이었던 소하 상국(相國-재상)이 옥사에 연루되지 않았을 것이고 경포(黥布), 진희(陳豨), 노관(盧綰), 한왕(韓王) 신(信)[14]은 배반하지 않았을 것입니다.

(그렇게 했다면) 반드시 진나라를 답습하지 않게 되어 임금을 존숭하고 신하를 억제했을 것이며〔尊君抑臣〕 조정의 위에서는 도리로써 예를 제
<sub>존군 억신</sub>
정하고 그것을 존중하며 임금의 권위는 비할 바가 없고 신하의 도리는 위로 잘 행해져 천지가 어우러지듯 조화를 이루니 '대신에게 천하를 의탁하고 어린 임금〔六尺之孤〕을 믿고 맡길 수 있게' 됐을 것입니다.
<sub>육척 지 고</sub>

(그렇게 했다면) 반드시 제후(諸侯), 번원(藩垣), 병한(屛翰) 등을 봉하여 세워서〔封建〕 뿌리가 튼튼하고 쉽게 흔들리지 않도록〔根深蔕固〕 하여
<sub>봉건</sub>                              <sub>근심체고</sub>
쉽게 기울어지거나 뽑히지 않도록 하니 중국과 네 오랑캐의 분별이 바로 잡히고 더 이상 흉노를 두려워하지 않고 오히려 그들과 화친하면서 손발을 쭉 펴고 살 수 있었을 것입니다.

(그렇게 했다면) 반드시 정전(井田)의 제도를 회복했을 것이니 얼마 안 가서 30분의 1세(稅)가 (20분의 1세를 내던) 오랑캐들의 방법〔貉道〕에라
<sub>맥도</sub>
도 가까워졌을 것이며, 부자들은 논밭이 연이어져 공후(公侯)를 참칭하고 가난한 사람들은 고생에 대한 원망을 토해 내고 직업을 잃어버리는 일들이 일어나지 않았을 것입니다.

(그렇게 했다면) 반드시 황제의 주변을 둘러싸고 있는 자들이 바른 사람들을 가로막지 못했을 것이고, 황제가 병들었을 때 환관에게 세력을 넘겨주고 누운 채 권력을 행사해 천하를 버리는 일이 없었을 것이고, 공경대부들은 황제의 유명(遺命)을 받들어 (정상적으로) 정사를 행함으로써 부녀자와 환관들이 득세하는 일은 없었을 것입니다. 그리하여 크고

바르게 그 끝맺음을 했을 것입니다."

　　　신이 가만히 살펴보겠습니다. 호굉의 논의는 당시의 잘
못(失)을 적절하게 지적하고 있으니, 대개 육가가 (고조에게) 비록 인의
(仁義)를 닦고 옛 성군들을 본받아야 한다고 말은 했지만 그 예로 들
어 진술한 것은 진나라에서 한나라로 넘어오던 과정에서 일어난 일에
불과했으니 어찌 그 임금을 제왕의 융성함으로 제대로 인도할 수 있
었겠습니까? 바로 이 때문에 호굉은 (육가의 진술을) 심히 안타깝게
생각했던 것입니다.

1) 전한 초기의 변론가이자 외교가로 초나라 사람이었는데 유방을
　도와 한나라를 세우는 데 크게 기여했다.
2) 『신어』는 도기(道基), 술사(術事), 보정(補政), 무위(無爲), 변혹(辨
　惑), 신미(愼微), 자질(資質), 지덕(至德), 회려(懷慮), 본행(本行), 명
　성(明誠), 사무(思務) 12편으로 이뤄져 있다.
3) 송나라 학자로 호안국(胡安國)의 아들이다.
4) 이하는 호굉이 가상으로 써 내려간 대답이다.
5) 초나라가 세운 허수아비 황제 의제(義帝)를 가리킨다.
6) 기원전 206년에 한나라 고조가 진나라 수도 함양(咸陽)에 입성해
　그 땅을 차지했을 때 지방의 유력자와 세 가지 법을 약속한 사실,
　또는 그 법삼장을 가리킨다. "사람을 죽인 자는 사형에 처하고, 사
　람을 다치게 하거나 도둑질한 자는 그에 따른 벌을 내린다"는 내
　용을 남기고, 그 밖의 진나라의 법을 모두 없앴다.
7) 한신(韓信), 장량(張良), 조참(曹參)과 함께 한 고조 유방을 도와

한나라를 세운 개국공신이다. 유방이 관직 없이 한량으로 지낼 때부터 교류했고, 유방이 진나라에 반기를 들며 군사를 일으키자 모신(謀臣)으로 활약했다. 진나라 수도에 입성했을 때 진 승상부(丞相府)의 도서와 율령을 입수해 한나라의 기초를 다졌다. 유방과 초나라 항우의 전쟁에서는 관중을 지키며 군량과 군병의 보급을 확보하여 그 공을 인정받아 찬후(鄼侯)로 봉해지고 식읍(食邑) 7천 호를 하사받았다. 후에 한신 등의 반란을 평정하고 상국(相國)의 자리에 올랐다.

8) 한나라의 개국공신이다. 진나라에 멸망당한 한나라 귀족의 아들로 유방이 군사를 일으키자 그의 수하로 들어갔다. 뛰어난 책사(策士)로서 한나라의 기틀을 다셨다. 징자방(張子房)으로 더 잘 알려져 있다.

9) 처음에는 진나라 2세 황제를 섬기다가 위태로움을 느끼고 고향으로 돌아가 항량과 항우를 섬겼다. 그리고 다시 유방에게로 넘어왔다.

10) 진나라 말기에 난세를 피해 상산(商山)에 숨은 동원공(東園公), 하황공(夏黃公), 녹리선생(甪里先生), 기리계(綺里季)를 말한다. 4명의 노고사(老高士)가 모두 수염과 눈썹이 모두 희었기 때문에 사호(四皓)라 불렀다.

11) 중국의 궁중에서 황후의 궁정과 부인 이하의 다섯 궁실을 가리킨다.

12) 고조의 총희로, 조왕(趙王) 여의(如意)의 어머니다. 고조가 태자 영(盈)을 폐하고 여의를 태자로 삼으려고 했지만 여후(呂后)가 상산사호(商山四皓)를 태자의 빈객으로 삼았던 장량(張良)의 계책을 쓴 덕분에 영은 태자의 자리를 지킬 수 있었다. 고조가 죽자 여후가 조왕을 죽이고 척부인을 투옥한 뒤 팔다리를 모두 자르고

눈을 뽑고 귀를 태우며 벙어리 약을 먹여 돼지우리에 던져두었다. 그런 뒤 인체(人彘-인간돼지)라 불렀다.

13) 여씨 주멸(誅滅) 사건을 말한다.

14) 소하, 장량과 함께 한나라의 3대 개국공신이다. 가난한 집안에서 태어나 진나라 말기에 항우를 섬겼으나, 한미한 집안 출신이라는 이유로 중용되지 않았다. 유방의 휘하로 들어온 한신은 재상이었던 소하의 눈에 띄어 삼군(三軍)을 통솔하는 대장군에 임명되었다. 한(韓), 위(魏), 조(趙), 제(齊) 나라의 군대를 격파하는 등 큰 공을 세웠다. 유방이 한나라의 황제로 등극하자 한신은 초나라의 왕으로 임명되었다. 그러나 곧 유방과 공신들의 견제를 받았고, 여후와 소하의 계략으로 장락궁에서 살해당했다.

(『사기』) 한나라 문제(文帝, 재위 기원전 180~157년)[1]가 통치할 때 태중대부 가의(賈誼, 기원전 200~168년)[2]는 장사왕(長沙王)의 태부(太傅)로 좌천됐다가 여러 해가 지난 후 문제가 가의를 아깝게 여겨 다시 불러들였다. 마침내 대궐로 들어가 문제를 알현할 때 바야흐로 문제는 복을 받기 위해 선실(宣室-殿의 이름)에 앉아 있었다.

마침 황제가 귀신(鬼神)의 일에 감동해 귀신의 근본〔本〕에 관해 묻자 가의는 그 연유에 대해 잘 갖추어 말씀을 올렸다. 밤이 깊어지자 문제는 가의로 하여금 바로 앞자리〔前席〕에 와서 앉게 했다.[1] 자리가 파하고 가의가 나가자 문제는 이렇게 말했다.

"내가 오랫동안 가생(賈生=賈誼)을 보지 못해 스스로 생각하기를 가생보다 (학문이) 낫다고 생각했는데 오늘 보니 그에 미치지 못하는구나."

1 옛날에는 임금과 신하가 서로 마주 보고 앉았기 때문에 앞자리에 앉은 것이다.


신이 가만히 살펴보겠습니다. 문제가 가의에게 던진 질문이 귀신의 근본을 묻는 데까지 이르렀습니다.

"귀신이라는 것은 무엇인가?" "음양(陰陽)의 조화를 이르는 것입니다."

황제의 질문이 이처럼 뜻이 있고 깊은 이지를 담은〔有意窮理〕 경지에 이르자 가의는 그 연유에 대해 잘 갖추어 말씀을 올렸던 것입니다. 그리고 황제가 가의를 앞자리에 앉도록 했다는 것은 분명 (가의의 진술을 통해) 마음속에 깊이 감동한 바가 있었기 때문일 것인데 안타깝게도 사씨(史氏)³⁾는 그 문답을 제대로 전하고 있지 못합니다. 하지만 귀신에 관한 일은 말로 한다는 것이 지극히 어렵습니다. 공자의 문하에서도 계로(季路=子路)가 귀신을 섬기는 문제〔事鬼〕를 물었고 재아(宰我)가 귀신에 관해 묻는 데 그쳤고, 그밖의 문인이나 뛰어난 제자들도 대개 인(仁)이나 효(孝)나 정사(政事)에 대해 물었을 뿐입니다. 대개 이승과 저승이라는 것은 두 개로 나뉘지만 그 이치는 근원적으로 하나이니 인의(仁義)를 알게 되면 음양(陰陽)의 이치도 알게 될 것이요 능히 사람의 본성〔性〕을 다 한다면 능히 (하늘이 내린) 명(命)에도 이르게 될 것입니다. 가의의 대답도 일찍이 (귀신의 일도 궁극적으로는 사람의 일과 연결된다는) 이 단계에는 이르렀던 것입니다. 그 후에 신원

평(新垣平)이 간사스러운 거짓말을 올리니 황제가 이에 미혹되었습니다. 이는 (황제가) 아직 귀신의 실상을 알지 못했던 것입니다. 황제가 이치를 파헤치려는 마음이 있었지만 가의는 이치를 제대로 풀어내지 못했습니다. 고로 군주의 다움(德)을 성취하는 일이 거기서 중단됐고 마침내 옛 성현들께 부끄러움이 있게 되었으니, 아! 얼마나 애석한 일입니까?

1) 제4대 황제이자 유방의 넷째 아들이다.
2) 한나라 문제 때 문인이자 학자였다. 낙양(洛陽) 사람으로, 어릴 때부터 시서(詩書-『시경』과 『서경』을 가리키지만 동시에 넓은 의미에서 유학 전반을 뜻하기도 한다)를 잘했고, 20세 때 문제에게 발탁되어 박사(博士)가 되었다. 1년만에 태중대부(太中大夫)가 되어 한나라의 관제를 정비하였다. 그러나 주발(周勃)등 조정 신료들의 모함을 받아 장사왕(長沙王) 태부(太傅)로 좌천되었고, 33세에 죽었다.
3) 역사를 정리한 사람이라는 말로 여기서는 사마천을 가리킨다.

❦

(『사기』) 한나라 무제(武帝, 재위 기원전 141~87년)는 즉위해 현량(賢良)과 문학(文學)의 선비들을 천거받아 시사에 관한 책문(策問)을 냈다.

"짐은 큰 도리(大道-유학)의 요체는 무엇이며 지극히 고매한 논의의 핵심은 무엇인지를 듣고 싶노라."

이에 동중서(董仲舒)는 다음과 같이 답했다.

"학문(學問)에 온 힘을 다한다면 견문(聞見)이 넓어지고 지혜[知]는
날로 밝아질 것입니다. 또 도리[道]를 행하는 데 온 힘을 다한다면 다음
[德]은 날로 일어나 큰 공적이 있게 될 것입니다."

신이 가만히 살펴보겠습니다. 온 힘을 다해 배우고 묻는
것[强勉學問]은 앎에 이르는[致知] 일이요, 온 힘을 다해 도리를 행하
는 것[强勉行道]은 힘써 행하는[力行] 일입니다. 『중용』에 이르기를
"그것을 널리 배우고, 그것을 따져가며 깊이 묻고, 그것을 신중하게 생
각하고, 그것을 밝게 가려내며, 그것을 독실하게 행해야 한다[博學之
審問之 愼思之 明辨之 篤行之]"고 했습니다. 여기서 배우고 묻고 생각하
고 가려내는 것[學問思辨]은 모두 다 그 도리를 알고자 하는 것이고,
그래서 그것을 독실하게 행하면 도리를 행하게 되는 까닭입니다. 또
『중용』에서 "남이 한 번에 능하거든 자신은 백 번을 하고, 남이 열 번
에 능하거든 자기는 천 번을 할 일이다[人一能之 己百之 人十能之 己
千之]"라고 한 것은 '온 힘을 다하는 것[强勉]'을 이르는 것입니다.
동중서의 학문은 이런 경지를 보았지만 무제는 그것을 능히 활용을
못했으니 애석한 일입니다.

(『사기』) 또 (동중서는) 말했습니다.

"증자(曾子)는 '들은 바를 존중하면 고명(高明)하게 될 것이요, 알고 있는 바를 행한다면 위대하게 될 것이다. 고명해지고 위대해지는 것은 다른 데 달려 있는 것이 아니라 그의 의지를 더하는 데 달려 있을 뿐이다'[1]라고 했습니다. 원하건대 폐하께서 마음으로 지극한 열렬함[至誠]을 다하고 미루어 도리를 행하신다면 삼왕(三王)[2]과 무슨 차이가 있겠습니까?"

신이 가만히 살펴보겠습니다. 무제가 도리에 나아가기는 했지만 그것을 듣기만 했을 뿐 존중하지 않았고 알기만 했을 뿐 행하지 않았습니다. 이것이 그의 병통[病]의 뿌리입니다. 그래서 동중서는 지식으로 고명함을 일깨워주려 했고, 일[事業]을 통해 광대함을 말해주려 했고, 옛 성왕들은 들으면 반드시 존중(하여 자기 몸에 체화)했지 그냥 듣기만 한 것은 아니었음을 이야기한 것입니다. 아는 바가 있으면 반드시 행하였지 다만 알기만 한 것이 아니라는 것입니다. 그랬기 때문에 (옛 성왕들은) 지식을 채우면 곧 고명해지고 여러 사업들을 보면 곧 광대해졌습니다. 이는 도리를 구하는 열렬함[誠]이 있었던 까닭입니다. 따라서 황제로 하여금 능히 그 말을 채택하여 쓰도록 하고 마음으로 열렬함을 다해 그것을 행하도록 하는 것은 다만 도리를 들었다는 이름(명성)을 위한 것이 아니라 반드시 도리를 행하는 실질을 갖고자 했던 것이니, 이런 경지에 이르게 된다면 어찌 그 아름다움에 끝이 있겠습니까?

1) 이것은 『예기』에 나온다.

2) 하나라의 우왕, 은나라의 탕왕, 주나라의 문왕과 무왕을 말한다.

(『사기』) 또 (동중서는) 말했습니다.

"요임금께서는 여러 후(侯)들 가운데에서 천자가 되셨고,¹ 순임금께서는 깊은 산중에서 일어나셨으니² 하루아침에 현달한 것이 아니고 점진적으로 천자의 자리에 오르셨습니다. 말은 자기[己]에게서 나오는 것이기에 막을 수가 없고 행동은 자기 몸[身]에서 나오는 것이기에 가릴 수가 없습니다. 이 같은 말과 행동은 군자가 온 세상을 움직이는 방법입니다. 그래서 작은 일이라도 몸과 마음을 다하는 자가 크게 되고 미미한 일이라도 신중에 신중을 거듭하여 성취를 이루는 자가 세상에 드러나게 되는 것입니다. 『시경』에 이르기를 '오직 저 문왕께서는 / 조심하고 삼가셨도다[惟此文王 小心翼翼]!'라고 했습니다. 그 때문에 요임금께서는 전전긍긍하며 날마다 도리를 행하셨고, 순임금께서는 두려운 마음으로 날마다 효를 행하셨던 것입니다. 선행이 쌓이면 이름이 세상에 드러나고, 다움이 펼쳐지면 몸이 귀하게 됩니다. 선(善)이 몸에 쌓이는 것은 마치 (사람의) 키가 매일매일 커가는 것과 같아서 남들이 알아차릴 수 없습니다. 악(惡)이 몸에 쌓이는 것은 마치 불이 저 혼자 기름을 태우며 타오르는 것과 같아서 남들이 쳐다보지 않습니다."

1 요는 원래 당후(唐侯)였다.

2 역산(歷山)에서 밭을 갈던 농부였다.


신이 가만히 살펴보겠습니다. 서한(西漢-前漢)의 유학자들 중에서 유일하게 동중서만은 공자와 맹자에 대한 배움이 순정했습니다. 그래서 그는 임금에게 고할 때 반드시 요임금과 순임금을 언급했습니다. 대개 칠편(七篇)[1] 이후로는 요순을 언급하는 경우가 없었습니다. 만일 황제가 동중서를 좌우에 가까이 두어 보필하는 지위를 맡겼더라면 반드시 이제 삼왕(二帝三王)의 도리를 매일 진달하여 허물을 고치고 잘못을 바로잡아 (황제의) 그릇된 마음을 바로잡아줄 수 있었을 것입니다.

(이렇게만 했다면) 어찌 황제의 마음 씀씀이가 사치에 쏠려 군사력을 소홀히 하다가 오랑캐의 화를 입었겠으며, 또 어찌 사특함에 미혹돼 신하들을 무고의 감옥[巫蠱之獄]에 빠트리고 부자지간이 끊어져
<small>무고지옥</small>
대궐 안이 피의 공간으로 바뀌었겠습니까? 고로 아무리 좋은 가르침이라도 마음에 새기고 또 새기고 했어야 하는데 이를 보면 무제는 비록 배움에 뜻을 두기는 했지만 실상으로는 배우는 까닭이나 이치를 알지 못했으니 참으로 애석한 일입니다.


1) 이는 『맹자』를 가리킨다. 이 책이 모두 7편으로 돼 있기 때문이다.

(『사기』) 예관(倪寬)[1]이 한나라 무제를 찾아뵙고 경학(經學)에 대해 이야기하자 무제가 말했다.

"내가 처음에 『상서(尙書)』[2]로 인해 박학(樸學 - 유학)을 좋아하지 않았는데 그대의 말을 들어보니 (박학도) 봐줄 만하구나."

그리고 나서야 예관에게 한 편을 물었다.


신이 가만히 살펴보겠습니다. (당시까지 전해 내려오던) 전(典), 모(謨), 훈(訓), 고(誥), 서(誓), 명(命)[3] 등의 글은 100편에 이르며 모두 다 임금이 마땅히 걸어가야 할 궤범(軌範)입니다. 무제는 즉위 초 박학을 좋아하지 않았으니 이미 그 도리를 잃었다고 할 수 있습니다. 그리고 예관의 말을 듣고서 봐줄 만하다〔可觀〕고 했지만 결국 한 편을 묻고 답하는데 그쳤으니 이것이야말로 그 배움을 좋아하지 않는 것이 어느 정도였는지를 잘 보여줍니다. 빼어난 경전〔聖經〕이 담고 있는 지혜는 무궁무진하여 일단 거기로 들어가면 100편의 글을 얻어 갖추지 못하는 바가 없도록 해야 합니다. 그런데 무제는 그 한 편에 머물렀으니 과연 일찍이 깊이 음미하고 마음에 두었겠습니까? 몸을 닦고 사람을 다스리는 것〔修己治人〕 역시 꼭 필요한 (정치적) 자산인데 황제가 행한 것 중에서 『서경』과 합치되는 것은 하나도 볼 수 없습니다. 따라서 이 또한 쓸데없는 질문일 뿐이니 과연 무슨 (배움의) 더함〔益〕이 있겠습니까?


1) 유학자 공안국(孔安國)의 제자다.

2) 한나라 때까지도 『서경』을 『상서』라고 불렀다.

3) 이것들은 모두 『서경』에 나오는 글의 형식들이다.

(『사기』) 무제가 칙령을 내려 한영(韓嬰)[1]이 창시한 시 짓기에 능한 사람을 구하자 채의(蔡義-한나라의 저명한 유학자)가 부름을 받고 무제 앞에 나아와 시(혹은『시경』)를 논하니 무제는 대단히 기뻐하면서 채의를 발탁해 광록대부 급사중(光祿大夫給事中)에 임명했고 나아가 소제(昭帝)에게도 진강을 하도록 했다.

신이 가만히 살펴보겠습니다. 무제가 채의의 시 강의에 기뻐했다는 것은 이미 그 자신이 좋아하여 가까이한 것이고, 또 그 아들에게도 강의를 하도록 한 취지 또한 아름답습니다.

그러나 의리(義)의 학설은 모른 채 시를 배워봤자 거기서 시인이 말하고자 하는 바를 제대로 얻을 수 있었겠습니까? 무릇 시 300편[2]은 '관저(關雎)'를 첫 장으로 삼으며 풍속을 교화하는 원천(風化之源)으로 중시되고 있습니다. 그래서 무제가 위후(衛后)[3]를 축출하고 이부인(李夫人)을 나아오게 하여 대본(大本)[4]으로 삼은 것도 이와 관련돼 있으니 알 만합니다.

고로 사치하려는 마음과 욕심이 극에 이르러 원앙의 의리를 버리게 되고 세금을 무겁게 매겨 마구 거둬들이면서 빼어난 이들의 경계 말씀에 어두워져 아무리 가물어도 하늘이 메말랐으니 어찌 구름이 생겨나겠습니까? 한나라(황제)가 참언(讒言)을 (받아들여) 쓰고 태자를 죽이는 것을 두려워했다면 어찌 그런 망극한 일들이 있을 수 있었겠습니까?

　공자는 말하기를 시 300편을 달달 외워도 정치(에 제대로 적용하는 데)에 제대로 이르지 못할 수 있다고 했습니다.[5] (무제가) 아무리 많이 시를 외운다 한들 이 또한 어찌 무제를 도리에 가까이 가게 해주었겠습니까?

1) 한나라의 문인으로 문제 때 박사가 되었고, 경제(景帝) 때 상산왕 (常山王) 유순(劉舜)의 태부(太傅)가 되었다. 특히 『시경』을 깊이 연구해 이름을 떨쳤다.
2) 이는 곧 『시경』을 가리킨다.
3) 한 무제의 후(后)다. 태자 거(據)를 낳자 후로 삼았고, 뒤에 무고 (巫蠱)의 사건으로 후의 새수(璽綬-옥새와 인수)를 회수하자 자 살했다.
4) 국모로 삼았다는 뜻이다.
5) 『논어』 「자로(子路)」에서 공자는 이렇게 말한다. "『시경』 300편을 외우더라도 정사를 맡겼을 때 잘하지 못하고, 외국에 사신으로 나가 혼자서 응대하여 처결하지 못한다면, 비록 많이 배웠다 한 들 또한 어디에다 쓰겠는가?"

(『한서(漢書)』) 한나라 선제(宣帝, 재위 기원전 74~49년)[1]는 재주가 높고 배움을 좋아하여 18세 때 스승으로부터 『시경』과 『논어』와 『효경(孝經)』을 배웠다.

한나라 원강(元康) 원년(기원전 65년)에 선제는 신하들에게 조칙을 내렸다.

"짐은 육예(六藝)에 밝지 못하고 큰 도리〔大道〕[1]에 어둡다. 이 때문에 음양과 풍우(風雨)가 때에 맞지 않으니 관리와 백성들 중에서 몸을 닦고 문학(文學-유학)에 정통하며 선왕의 도리에 밝아 그 뜻을 깊이 파고든 사람 두 명을 뽑아 올리도록 하라."[2]

(『한서』) 한나라 원제(元帝, 재위 기원전 49~33년)는 태자일 때 성품이 부드럽고 어질며 유학자들을 좋아했는데 황제(선제)가 주로 쓰는 사람들이 대부분 법가와 명가〔刑名〕적인 관리여서 아랫사람들을 옭아매는 것을 보고서 일찍이 연회에서 모실 때 조용히 말했다.

"폐하께서는 형벌에 의지하심이 너무 깊습니다. 마땅히 유학자들을 중용해야 할 것입니다."

황제는 안색이 바뀌며 이렇게 말했다.

"한나라 황실〔漢家〕은 독자적인 제도를 갖고 있다. 본래 패도와 왕도를 섞어놓은 것이니 어찌 순전히 (유학이 강조하는) 다움과 가르침〔德敎〕에 맡겨 주나라의 정치를 쓴단 말인가? 또 통속적인 유학자들은 그 당대의 적절한 사안들〔時宜〕에 이르지도 못하면서 옛것은 옳고 지금은 그르다고 하여 사람들로 하여금 이름과 실상〔名實〕을 현혹시킨다.

(현실 정치를 위해 마땅히) 지켜야 할 것을 모르는데 어떻게 그들에게 맡긴단 말인가?"

이어 황제는 탄식하며 말했다.

"우리 집안을 망칠 사람이 태자구나!"

1 선왕들의 모범이 될 만한 도리를 말한다.


신이 가만히 살펴보겠습니다. 선제가 내린 조칙은 음양과 풍우가 때에 맞지 않는 이유가 자신이 육예에 밝지 못하고 큰 도리에 어두운 때문이라고 말하고 있습니다. 무릇 임금이 기본[經]에 밝지 못하고 도리[道]를 알지 못하면 마음을 바로 할 수 없고 몸을 닦을 수 없어서 한 가지 생각 속의 불순함이나 한 가지 행동의 (중도에) 적중하지 못함[失中]이 다 음양의 조화를 깨트릴 수 있습니다. 그래서 '홍범(洪範)'[3]에서 비는 엄숙함[雨=肅]에, 화창함은 조리 있음[暘=乂]에, 따뜻함은 지혜로움[燠=哲]에, 추움은 헤아림[寒=謀]에, 바람은 빼어남[風=聖]에 각각 상응한다고 했던 것입니다. 이 다섯 가지가 각각 때에 맞지 않게 되면 엉망이 되고[狂] 위를 범하고[僭] 게으르고[豫] 급하고[急] 아둔한 것[蒙]에 각각 상응하게 되니 임금의 한 마음[一心]은 하늘 및 땅과 더불어 서로 흐름이 오고 가는 것이 되어 선악과 길흉의 징조에 크게 영향을 받지 않을 수 없는 것입니다. 무릇 이와 같기 때문에 후세의 임금들 중에 그것을 아는 자는 지극히 드문데 선제는 그것을 알았으니 탁월함을 보였다고 하겠습니다.

그렇지만 관리와 백성들 중에서 몸을 닦고 문학(유학)에 정통하며 선왕의 도리에 밝아 그 뜻을 깊이 파고든 사람을 선발한 것은 참으로 쓸쓸하다 할 만큼 얼마 되지 않았습니다. 물론 몸을 바로 하고〔正身〕 도리에 밝은 선비는 정말로 세상에 드물기는 하지만 (뛰어난 신하가 있어) 황제로 하여금 과연 온 정성을 다해 그런 선비들을 널리 구하도록 했다면 어찌 한두 명 정도만이 나아가 황제를 위해 쓰였겠습니까? 그 당시 일을 제가 상고해 보니 오직 왕길(王吉) 한 명만이 거칠게나마 만세에 이어질 장구한 계책을 세우고 싶어해 삼대(三代)의 융성함을 이룬 빼어난 임금들을 거론했으나 황제는 듣기를 거부하면서 (왕길의 건의를) 황당하다〔迂闊〕고 여겼습니다.

자사(子思)와 맹자로 하여금 그 시대에 살게 했다면 어짊과 의로움〔仁義〕에 창대했을 것이고 공리(功利)에 급급해하지 아니했을 것입니다. 이는 황제로 하여금 둥근 도끼 구멍에 네모난 도끼자루를 억지로 집어넣도록 했던 것이 너무도 지나치니 몸을 바로 하고〔正身〕 도리에 밝은 선비가 그 뜻을 깊이 살펴서 즐거이 황제를 도와 도리의 길을 걷도록 했어야 할 것입니다.

무릇 다움을 행하여 어진 사람이란 왕도를 쓰는 자〔王〕요, 힘을 빌려서 어진 사람이란 패도를 쓰는 자〔覇〕입니다. 예를 들어 흰색과 검은색의 서로 다른 색이나 맑은 냇물과 흐린 냇물의 서로 다른 흐름은 섞일 수가 없습니다. 만일 섞이게 되면 검은색과 흐린 냇물이 결국 이기게 됩니다. 그런데도 황제는 패도와 왕도를 섞는 것이 한나라 황실의 제도로 가능한 것이요, 또 황제는 일찍이 『논어』를 배웠다고 했습니다.

『논어』에서 (공자는) 말하기를 "백성을 법령으로써 인도하고 형벌로써 가지런히 하면 백성이 법망을 면하려고만 하고 부끄러움이 없게 된다. 백성을 다움으로 인도하고 예로써 가지런히 하면 부끄러움을 알게 되고 또 감화될 것이다"라고 했습니다. 또 공자는 말하기를 "대부여! 정치를 하면서 어찌 죽임을 쓸 수 있겠습니까?"라고 했습니다.

이때 공자의 뜻은 바로 임금이 다움과 가르침〔德教〕에 순수하게 임하기를 바란 것입니다. 또 일찍이 (공자가) 『서경』과 『춘추(春秋)』를 편찬한 뜻은 관리들을 위한 것입니다. 공자가 『서경』을 써서 문왕과 무왕의 성대한 정치를 기록함으로써 후세를 위한 모범으로 삼았고, 『춘추』에서는 왕도를 존숭하고 패도를 내버렸으니 이때 공자의 뜻은 바로 임금이 주나라의 정치를 순수하게 쓰기를 바란 것입니다.

이에 황제는 다움과 가르침에 맡길 수 없고 주나라의 정치를 쓸 수 없다면서 『논어』를 반드시 받아들일 필요도 없고 『서경』과 『춘추』에 반드시 입각해야 할 필요도 없다고 했습니다. 통속적인 유학자가 옛 것은 옳다 하고 지금은 그르다고 하는 것은 진실로 (관리로) 쓰기에 족하지 못하겠지만 진정한 유학자를 찾아서 쓰려고 했다면 그것까지 부당하겠습니까? 통속적인 유학자가 당시의 적절한 사안들에 이르지 못했다는 이유로 싸잡아서 당시 세상일에 능통한 사람들까지 버린다면 이는 목이 멘다고 해서 음식을 버리는 것입니다. 게다가 (황제는) 뛰어난 재주를 갖춘 데다가 배움을 좋아하는 군주이면서 이런 선택을 했으니 이 때문에 그 황제가 정치에 힘을 쓰는 것이 비록 일시적으로는 치세에 이르러 주나라에 비견될 수 있었고 법률이 『시경』과 『서경』의 자리를 차지했으나 결국 후대에 이어지는 재앙의 기초를 놓아 주는 것을 면할 수 없었으니 애석합니다.

이상은 한나라 고제, 문제, 무제, 선제의 배움을 서술한 것입니다.

1) 한나라의 제8대 황제이며 무제의 증손자다.
2) 그 두 명이 왕길(王吉)과 공우(貢禹)다. 황제가 소문을 듣고 사람
   을 보내 두 사람을 데려오도록 했으나 왕길은 이미 죽은 후였고
   공우만이 불려와 간대부(諫大夫)의 벼슬을 받았다.
3) 『서경』「주서」'홍범' 편을 말한다.

4

한나라 광무제,
명제, 장제와
당나라 세 황제의 배움

(『후한서(後漢書)』) 후한 광무제(光武帝, 재위 25~57년)[1]는 『상서(尚書-서경)』를 배워 그 큰 뜻에 통달했다.[1] 광무제는 환영(桓榮, 기원전 17년경~59년경)[2]을 들도록 명해 유학을 논하게 하고서 그것을 심히 좋아해 매 조회 때마다 항상 환영에게 명하여 경전의 뜻을 자세하게 풀어내도록 했고 황제는 그를 칭찬했다. 매번 일단 강론을 시작하면 아침 해가 중천에 오르고서야 끝났고 또 수시로 공경(公卿-문신)과 낭장(郎將-무신)을 인견하고서 경전과 각종 이치들을 밤늦도록 강론하니, 황태자[2]는 황제가 늘 부지런히 일하는 것만 보았고 게으름에 빠져 있는 것은 한 번도 보지 못했다. 이에 황태자는 틈을 타서 간했다.

"폐하께서는 우왕과 탕왕의 명철함을 갖고 계시지만 황로(黃老)가 말한 본성을 기르는 복을 잃을 수 있습니다. 바라건대 정신을 잘 기르시고 아끼셔서 강녕함 속에서 옥체를 편안하고 한가롭게 보존하소서!"

이에 황제는 답했다.

"나는 스스로 좋아서 하는 것이라 결코 피로하지 않다."

1 『동관기(東觀記-후한의 역사서)』에 따르면 여강(廬江) 사람 허위 (許威)에게 『상서』를 배웠고 그 대의를 깨우쳐 세상 일을 알게 됐다.
2 훗날의 현종(顯宗)이다.

신이 가만히 살펴보겠습니다. 광무제는 일찍이 유생이었고 즉위해서도 경술(經術-유학)에 힘을 쓰는 것이 또 이와 같았습니

다. 마땅히 옛것을 다시 빛내고〔光復舊物〕[3] 온몸을 바쳐 나라의 태평
을 이루니 거의 하나라의 소강왕(少康王)[4]과 주나라의 선왕(宣王)을
보는 듯합니다.

아! 하지만 애석하게도 그 시절 유신(儒臣)은 복담(伏湛)과 후패(侯
霸)[5]의 무리가 보필했는데 이들은 다 장구(章句)에만 밝은 서생들이라
옛 사람들이 (임금의) 마음을 바로잡아주던〔格心=正心〕 단계에까지는
이르지 못했습니다. 그 결과 광무제 재위 30여 년간 비록 지나친 처사
는 드물었지만 아무런 죄 없이 정후(正后)를 폐하고 태자를 바꾸었으니
부끄럽게도 집안의 의리를 어긴 것이요, 직간(直諫)한다고 해서 대신을
죽였으니 물 흘러가듯이 간언을 받아들이지는 못했습니다.

따라서 광무제의 배움이라는 것은 대체로 좋은 것〔善〕을 밝히고 몸
을 맑고 깨끗하게 하는 경지에는 이르지 못했던 것입니다. 그랬기 때
문에 아버지와 아들, 지아비와 지어미, 임금과 신하의 관계에 있어 유
감스러움이 없도록 할 수가 없었습니다. (이처럼) 성학(聖學-제왕학)에
밝지 못하면 제아무리 세상에 다시 없을 자질을 갖고 태어났다고 하
더라도 광무제처럼 될 것이기 때문에 마침내 제왕의 융성에는 도달할
수 없는 것입니다. 그러니 임금이 배움에 힘써야 하는 것이 그 얼마나
중대한 일이겠습니까?

1) 후한을 세운 초대 황제다.
2) 가난한 집안에서 태어났지만 학문에 매진하여, 후한의 대학자로
   이름을 날렸다. 광무제의 뜻으로『상서』를 강독했고, 의랑(議郎),
   태자소부(太子少傅)를 거쳐 태상(太常)에까지 올랐다.
3) 우리의 광복절 명칭도 여기서 따온 것이다.

4) 하나라의 제6대 임금으로 중흥 군주로 불린다.

5) 복담과 후패는 둘 다 대사도(大司徒)를 차례로 맡으며 광무제를
보필할 만큼 당시로서는 유학에 일가견이 있는 인물들이었다.

(『후한서』) 후한 현종효명제(顯宗孝明帝-현종, 재위 57~75년)는 10세
때 『춘추』를 이해하니 광무제가 큰 기대를 걸었다. 그리고 황태자 때 박
사 환영을 사사하여 『상서』를 배워 통달했고 황제의 자리에 올라서도
환영을 스승의 예로 존숭했다. 승여(乘輿)를 타고 태상부(太常府)에 나
아가서는 환영으로 하여금 동면(東面-주인이 앉는 자리)하여 앉도록 예
를 차렸고 (노인을 공경하는 차원에서) 궤장(几杖)을 갖추어 놓았다. 그
리고 백관과 환영의 제자 수백 명이 모인 가운데 천자는 자신이 직접 경
서를 쥐고서 수업을 진행했다. 환영이 (어려운 마음에) 자리를 피하려 하
면 그때마다 황제는 "태사(太師)는 그냥 머물러 있으시오"라고 (겸손하
게) 말했다. 다 끝나고 나면 태관이라 하여 공급했던 것들을 모두 태사
의 집에 하사했다. 뒤에 삼옹(三雍)[1]이 이루어졌고 환영을 오경(五更)[2]
으로 삼아 활쏘기 행사 때마다 노인을 받드는 예가 깍듯해 황제는 그때
마다 환영과 그의 제자들을 가까이 오게 하여 당(堂)에 올라 함께 경전
을 강의했다. 이때 황제는 말하기를 "삼로(三老) 이궁(李躬)은 나이가
들어 학문이 밝아지고 오경 환영은 짐에게 『상서』를 가르쳤으니 『시경』
에 말하기를 '다움은 보답하지 않음이 없고 / 말은 돌아오지 않는 것이
없다〔無德不報無言不酬〕'고 했다" 하였다. 그리고 환영에게 관내후(關內
무덕 불보 무언 불수

侯-열후에 버금가는 작위)의 작위를 하사했다.


신이 가만히 살펴보겠습니다. 선배 유학자 호인(胡寅, 1098~1156년)은 현종이 그 스승을 지극히 모신 뜻은 백년 천년에 드문 훌륭한 일이라고 말하고 임금의 인품이 높았다고 평가했습니다. 그러나 애석하게도 스승 환영으로부터 경학을 배운 것이 장구(章句)에만 얽매여 공자가 말한 몸을 닦고 천하를 다스리는 작고 미묘한 이치〔微指〕에는 이르지 못했다고 했습니다. 그래서 현종의 다움과 업적은 이처럼 그 말에서 그쳤을 뿐이니 호인의 말은 당연하다고 하겠습니다.

신이 가만히 한 말씀드리자면 배움이란 성정(性情)을 다스리는 방법입니다. 그래서 옛 한나라의 유명한 유학자 광형(匡衡)[3]은 본성을 다스리려면 반드시 자기에게 여유가 있는 쪽을 잘 살피고 모자란 쪽은 더욱 강하게 해주라고 했습니다.

그래서 귀 밝고 눈 밝아〔聰明〕두루 통하는 자는 거창해짐〔太〕을 더욱 경계해야 하고, 작은 것을 뚫어지게 살피고 작은 일을 듣기 좋아하는 자는 옹색해짐〔壅蔽〕을 더욱 경계해야 하고, 용맹하고 강인한 자는 지나치게 사나워짐〔太暴〕을 더욱 경계해야 하고, 어질어서 사랑을 베풀고〔仁愛〕따스해서 착한 사람〔溫良〕은 물러터짐〔無斷〕을 더욱 경계해야 하고, 마음이 편안하여 여유가 있는 사람은 때를 놓침〔後時〕을 더욱 경계해야 하고, 마음이 넓고 호방한 사람은 (다른 사람의 일을) 쉽게 잊어버림〔遺忘〕을 더욱 경계해야 한다는 것입니다.

(그러니) 현종과 같은 임금은 어찌 마땅히 경계해야 하지 않았겠습니까? 전해오는 역사서에 따르면 황제는 성품이 좁고 세세하여 눈과

귀로써 숨겨진 것을 들추어내는 것을 좋아하여 스스로는 이를 밝다〔明〕고 생각해 공경과 대신들이 여러 차례 모함을 당하고 봉변을 겪어야 했으며 근신들과 상서(尙書) 이하의 하급 관리들에게도 물건을 집어 던지거나 밀쳐버리는 일들이 있었습니다.

황제는 일찍이 스승으로부터 『서경』을 배운 바가 있는데 바로 그 『서경』에서는 요임금을 "진실로 공손했다", 순임금을 "따스하고 공손했다", 문왕을 "날마다 조심조심하며 늘 공손했다"고 칭송하고 있습니다. 이는 다 공손〔恭〕이 그만큼 중요하기 때문입니다. 또 말하기를 "그 마음을 너그럽고 크게 하라〔寬綽厥心〕"고 했습니다. 이 또한 너그러움〔寬〕이 그만큼 중요하기 때문입니다.

황제는 공손과 너그러움 이 두 가지를 다 잃었습니다. 다른 사람을 제대로 용인해 주지 못했고 아랫사람을 예로 대하지 못했으니 그렇다면 그의 배움에 있어 무엇이 중요한 것이겠습니까? 선배 유학자(-주희)의 말 중에 "이 책을 안 읽어도 사람이고 이 책을 읽어도 사람이다"라고 했는데 좋지 못한 일을 하면서 책을 읽는 것은 거의 현종을 두고 하는 말이라 하겠습니다.

1) 주나라 때 예를 행하던 궁전으로 명당(明堂), 영대(靈臺), 벽옹(辟雍) 셋으로 이뤄져 있다.

2) 천자의 스승이라는 의미로 모(貌), 음(音), 시(視), 청(聽), 사(思)의 다섯 가지의 일을 아는 자를 뜻한다. 주나라 때부터 시작되었고, 『예기』의 「악기」 편에 "삼로와 오경을 대학에서 먹인다〔食三老五更於大學〕"라 하여 국가적으로 존대하는 현로(賢老)를 지칭하는 말로도 사용됐다.

3) 전한 시대의 관리이자 학자로 시문에 능했다. 원제 때 승상(丞相)이 되어 낙안후(樂安侯)에 봉해졌지만 성제(成帝)가 즉위하자 왕존(王尊)에게 탄핵을 당했다. 성제 건시(建始) 3년(기원전 30년) 봉국(封國)의 전조(田租)를 과다하게 거둔 죄로 파면됐다.

(『후한서』) 후한 숙종효장제(肅宗孝章帝, 재위 75~88년)는 어려서 너그럽고 포용력이 컸으며 유학〔儒術〕을 좋아해 마침내 태자가 될 수 있었다. 장포(張酺)에게 배웠는데, 원화(元和) 2년(85년)에 동쪽 지역을 순행할 때 장포는 동군(東郡) 태수로 있었다. 황제가 동군에 행차하여 장포와 그의 제자 그리고 군현의 관리들을 모이게 하여 관청 마당에서 연회를 베풀었다. (황제는) 우선 제자로서의 예를 갖추고서 장포에게 『상서』 한 편을 진강토록 한 다음에 군신(君臣)의 예를 행했다.

신이 가만히 살펴보겠습니다. 장제(章帝)가 경전을 좋아하고 스승을 섬기는 뜻은 예전의 어느 누구에게도 부끄럽지 않았고 또한 (너그러운 성품으로) 현종의 지나친 가혹함을 경계했습니다. 매사 겸손하고 너그러우며 두터워 모후를 효로써 모셨고 친족들을 사랑으로 대했으며 만백성〔元元〕을 은혜로써 기르고 가혹한 법은 철폐하니 후대에 의논하는 자들이 그의 높은 덕망을 칭송했습니다.

황제는 하늘이 주신 자질의 아름다운 다움에 배움의 힘을 잘 알고

있었습니다. 그러나 애석하게도 그때 장포라는 스승 같은 신하[師臣] 사신
는 그 바탕이 곧고 의리를 지켜 여러 차례 바르게 간언하기도 했지만
(정작) 황제가 배운 바는 장구를 외우는 데 불과했고 하물며 또 매사
엄격하게 살펴보는 것을 꺼림으로써 좌우에 좋은 인재들을 오랫동안
두지 못했습니다. 그래서 자신의 임금다움과 뛰어남[德善]을 보필하고 덕선
완성하는 것이 이와 같이 (중도에) 그치고 말았으니 그의 본기(本紀-제왕
의 역사)를 보면 (황제의) 자리에 있었던 것이 겨우 13년인데, 33세에
세상을 떠났습니다. 어찌 게을리해서는 안 된다[無逸]는 경계를 혹시 무일
라도 소홀히 할 수 있겠습니까? 안타까울 따름입니다.

(『신당서(新唐書)』) 당나라 태종(太宗, 재위 626~649년)은 몸소 활
을 쏘며 전쟁터에서 젊은 시절을 보냈으나 유학[經術]에 정통했다. 진왕 경술
(秦王)으로 있던 시절 문학관(文學館)을 열어 저명한 유학자 18명을 불
러 학사(學士)로 삼아 천하의 일들을 함께 논의했다. 즉위해서는 궁궐
에 홍문관(弘文館)을 설치해 학사들을 다 모이게 하여 차례대로 숙직하
게 하고 교대로 쉬게 하면서 그들로부터 조정의 일들을 듣고 함께 고금
의 일들을 토의하고 예전 임금들의 성패(成敗)의 도리를 깨우치느라 어
떤 날에는 새벽과 밤을 잊었으니 일찍이 조금도 게으름이 없었다.

신이 가만히 살펴보겠습니다. 후세(-삼대 이후)의 임금들

중에서 어느 누구도 당 태종만큼 배움을 좋아한 이는 없었습니다. 전란을 치르는 와중에서도 (배우는 것을) 조금도 쉬지 않았으며 (당나라가 건국되고) 왕으로 있을 때에는 유학에 정통하여 저명한 유학자들을 불러들여 학사로 삼고서 유학을 강마(講磨)했으니 이는 삼대(三代) 이후에 유례가 없었던 일입니다. 또 (황제에) 즉위해서는 궁궐에 홍문관을 설치해 학사들을 다 모이게 하여 차례대로 숙직하게 하고 교대로 쉬게 하면서 그들로부터 조정의 일들을 듣고 고금의 일들을 함께 토의하고 예전 임금들의 성패의 도리를 깨우치느라 어떤 날에는 새벽과 밤을 잊었으니 일찍이 조금도 게으름이 없었다고 했습니다. 이 또한 삼대 이후에 유례가 없었던 일입니다.

그래서 육지(陸贄, 754~805년)[1]는 이를 예로 들면서 덕종(德宗)에게 고할 때 그 말이 농사일의 어려움에 이르면 힘써 절약하고 근검하라 했고 그 말이 일반 백성들의 질병과 고통에 이르면 대외정벌과 역사(役事)를 그치는 논의를 하라고 했으니 바로 그것이 정관(貞觀-당 태종)의 치세가 이루어질 수 있었던 요체입니다.

우리 왕조(-송나라)에서 역대 임금들이 번성했을 때는 이름난 유학자들을 잘 골라 돌아가면서 황제를 모시고 경연을 열도록 했고 뛰어난 인재들을 가까이 했습니다. 또 정사를 행할 때는 신하들에게 널리 물었고 밤에도 숙직하며 황제가 불시에 부르면 바로 달려오도록 해 (황제가 궁금해하는 것들을) 조금도 남김없이 밝게 해명하여 성학(聖學-제왕학)을 활짝 열어놓았습니다.

(폐하의) 예지와 총명은 아마도 정관(貞觀)의 그것과 실질적으로 같은 수준이라고 할 수 있습니다. 무릇 낮에 하는 경연[晝訪=晝講](주방 주강)으로도 충분할 터인데 또 반드시 야간 경연[夜對](야대)도 거르지 않으시니 그

어떻겠습니까? 임금의 한 마음을 사로잡는 것은 많이 있겠지만 (그중에서) 특히 성색(聲色-연회와 여색)에 쉽게 빠져드는 것이니 평소 조정 일을 돌볼 때 덕망을 갖춘 대신들이 위엄을 갖추고 늘어선 가운데 폐하께 좋은 말[昌言]과 바른 논의[正論]가 몰려든다면 (당 태종과 같은) 그 수준을 계속 유지하여 지키실 수 있을 것입니다.

하지만 이슥한 밤에 깊은 궁궐에서 접하는 자들은 환관[貂璫][2]의 무리가 아니면 빈첩들[嬪御]이니 화려한 화장의 외모는 번잡하게도 눈을 현혹시키고 신기한 교태는 마음을 흐리게 하기에 충분하니 그 수준을 유지하여 기르는 것이 어렵게 됩니다. 이것이 야간 경연의 이점이며 또한 그것은 낮에 경연에서 배운 바를 더욱 심오하게 해줍니다.

폐하께는 빼어난 명철함[聖明]이 있으시니 당장 제왕의 사업[3]에 뜻을 두신다면 정관의 수준에 이르게 되어 우리 조종(祖宗)의 가법은 바뀌지 않고 영원히 이어져갈 것입니다.


1) 당나라 때의 관리이자 학자로 덕종 때 한림학사로 이름을 날렸다.
2) 담비 꼬리와 황금 고리로 장식한 환관들의 모자를 말한다.
3) 왕도(王道)의 길을 말한다.

(『신당서』) 당나라 태종이 가까이서 모시는 신하들에게 말했다.

"양(梁) 무제(武帝)는 오직 고행과 공적[苦空][1]만을 말했고 원제(元帝)는 주(周-북주를 말한다) 나라 군대에 포위가 됐는데도 오히려 『노자(老子)』를 강론했으니 이는 깊이 그리고 충분히 경계로 삼아야 할 일들이다. 짐이 좋아하는 것은 오직 요순(堯舜)과 주공(周公) 그리고 공자(孔子)의 도리뿐이다. 이는 마치 새가 날개를 갖고 있고 물고기가 물을 만난 것과 같아서 나에게서 잠시도 떠날 수 없다."

신이 가만히 살펴보겠습니다. 태종은 소량(蕭梁-양나라)의 실패를 깊이 살피고서 노자와 석가 두 사람의 설을 취하지 않고 오직 요순과 주공 그리고 공자의 도리만을 취했으니 이를 좋아했다는 것은 선택해야 할 바가 무엇인지를 잘 알고 있었다는 뜻입니다.

하지만 (당 태종이) 평생토록 행한 바에는 부끄러움이 없을 수 없으니 이는 그저 배움을 (행하기보다는) 좋아하기만 한 탓입니다. (경연에서) 진강을 했던 것이 비록 독실했다고는 하지만 전 시대의 득실(得失)을 논한 것에 불과했고 세 성인이 전수해 주는 은미한 뜻과 육경(六經)[2]이 전해주는 정치하는 완전한 법도에 대해서는 제대로 들은 바가 없습니다.

또 가까이 했다고는 하나 그것은 혹 일시적으로 이름난 유자(儒者)를 가까이 했을 뿐이고 간신과 소인배들 또한 측근에 있었으니 어찌 (배움이) 실질적으로 도움이 되는 바가 있었겠습니까? 그래서 이름은 이전의 성인들 이상으로 크게 났지만 도리에 있어서는 사실상 얻은 바가 없으니 이 또한 참으로 유감스럽다고 하겠습니다.

1) 당시 임금과 신하들이 불교에 심취했다는 말이다.
2) 『시경』『서경』『역경(주역)』『예기』『악기』『춘추』를 가리킨다.

(『신당서』) 당나라 태종이 일찍이 말했다.

"임금이란 오직 하나의 마음을 갖고 있는데 그것을 차지하려는 것은 여러 가지가 있으니 (나쁜 신하들은) 혹 용력으로써, 혹 변설로써, 혹 아첨으로써, 혹 간사한 계교로써, 혹 탐욕으로써 그것을 차지하려 한다. 이들 각각이 스스로 (임금의 마음의) 주인이 되려고 애를 쓰고 있어 임금이 조금이라도 해이하여 그중 하나라도 (잘못) 받아들이게 되면 곧 위태로움과 멸망이 뒤따르게 되는 것이니 그것이야말로 (행하기) 어려운 까닭일 것이다."

신이 가만히 살펴보겠습니다. 진한(秦漢) 이후에 뛰어난 군주(賢主)라 불리게 되는 것은 몸을 닦고 허물을 적게 하면 혹 있을
<sub>현주</sub>
수 있는 일입니다. 그러나 이런 마음에 힘을 쏟을 줄 알아서 간사스러운 아첨배들이 그 틈을 파고 드는 것을 두려워한 인물로는 당 태종만한 황제가 없었습니다. 당 태종은 그런 사람들 중에서도 으뜸가는 인물이라 하겠습니다. 그래서 봉덕이(封德彝), 우문사급(宇文士及), 권만기(權萬紀)의 무리들이 다 끝내는 원하는 바를 이룰 수 없었고 황제의 의심을 받게 됐던 것입니다.

그렇지만 유혹들은 만만치 않고 그중에서도 탐욕(嗜欲)이 가장 강
<sub>기욕</sub>
력합니다. 옛날의 성군들은 오직 이것을 두려워했으니 고로 '집에서 소인들과 붕당을 지어 음행을 일삼는 것(朋淫于家)'[1]은 우왕이 순임
<sub>붕 음 우 가</sub>
금에게 일깨워주었던 바이고, '바쁠 게 없어 노는 것에 탐닉하는 것
(無皇(=遑)耽樂)'[2]은 주공이 성왕에게 일깨워주었던 바입니다. 그런데
<sub>무 황   황   탐락</sub>

태종은 간사스러운 아첨배들은 엄하게 막아냈지만 탐욕의 함정에서
는 능히 벗어날 수 없었습니다.

(태종은) 집안을 다스림에 있어 이미 임금으로서 허물이 많았고, 무
재(武才)가 뛰어난 사람으로서 여우의 눈썹처럼 아양으로 사람을 홀
리는 것에 넘어가 결국 뒤에 가서 천자의 자리[鼎祚]가 다른 데로 옮
겨지고 왕실 종친들이 제거되는 재앙의 바탕을 놓았습니다.
<small>정조</small>

무릇 하늘로부터 받은 자질이 뛰어나 여러 가지 유혹의 뿌리를 잘
알고 있었지만 배우는 힘이 얕아서 결국 그 가장 극심한 폐해를 이겨
낼 수 없었으니 그 때문에 '앎이 거기에 이르더라도 어짊이 그것을 능
히 지켜낼 수 없다[知及之 仁不能守之]'[3]고 한 것입니다.
<small>시 급 지 인 불능 수 지</small>

근래의 유학자[4]가 마음을 위해 경계하는 말[心箴]을 지었습니다.
<small>심잠</small>

"아득하고 아득한 하늘과 땅이여, 굽어보고, 우러러보아도 끝이 없도다!

사람은 그 사이에 있어 희미하게 몸뚱이 하나만 갖고 있으니 이 몸
의 미미함은 마치 나라의 큰 창고에 있는 아주 작은 피와 같은 꼴
[太倉稊米=滄海一粟]이라.
<small>태창제미　　　창해일속</small>

(이 미미한 사람이) 하늘, 땅, 인간 세상 3재(才)에 끼게 된 것은 오직
마음이 있기 때문일 뿐이다.

옛날이나 지금이나 누군들 이 마음이 없겠냐마는 마음이 형체에
부림을 당하여 짐승도 되고 새도 되는 것이다.

오직 입과 귀와 눈과 수족 그리고 움직임과 고요함[動靜]이 저 물욕
의 틈 사이에 던져지고 끼여들어 그 마음의 병이 된다.
<small>동정</small>

한 마음의 미미함을 온갖 욕심들이 공격해 대니 그 마음을 제대로
보존할 수 있는 사람이 오호라! 지극히 드물구나.

군자가 열렬한 마음[誠]을 보존하여 능히 근심하고 능히 삼간다면
<small>성</small>

내 마음이 태연해져서 온갖 몸〔百體〕이 (마음의) 명령을 따를 것이다.”
이 잠언은 조금 뻔한 말이기는 하지만 마음을 바로 하는〔正心=格心〕 배움에 있어 심히 절절하오니 그 때문에 기록해 둡니다.

1) 『서경』에 나오는 말로 우왕이 순임금에게 요임금의 후손이 끊어지게 된 이유를 설명하면서 언급한 내용이다.

2) 『서경』에 나오는 말로 주공이 조카인 성왕을 타이르는 내용이다.

3) 이 부분은 『논어』에 나오는 말이지만, 부분 인용으로 인해 뜻이 조금 이상하다. 『논어』와 해당 구절을 비교해 볼 필요가 있다. 「위령공(衛靈公)」 32장이다. 공자는 말했다. “앎이 도에 미치더라도 어짊이 그것을 뒷받침해 줄 수 없다면〔知及之 仁不能守之〕 설사 도를 (순간적으로는) 얻었다 하더라도 결국 자기 것이 되지 못하고 반드시 잃게 된다. 앎이 거기에 미치고 인이 그것을 지킬 수 있다 하더라도 장엄으로써 백성에게 임하지 않으면 백성들이 공경하지 않는다. 앎이 거기에 미치고 인이 그것을 지킬 수 있고 장엄으로써 백성에게 임할 수 있더라도 백성들을 예로써 분발시키지 않는다면 그 사람을 선하다고 할 수 없다.” 오히려 이 구절 전체를 보면 당 태종의 문제점이 훨씬 분명하게 드러난다.

4) 범준(范浚, 1102~1151년)을 가리킨다.

(『신당서』) 당나라 현종명황제(玄宗明皇帝, 재위 712~756년)가 개원 (開元) 3년(715년)에 재상에게 말했다.

"짐이 매번 책을 읽으면서 의심스러운 곳이 쌓여가도 그것을 물어볼 데가 없으니 유학을 공부한 선비를 뽑아서 안으로 들게 하여 짐의 독서를 돕도록[侍讀] 하시오."

(이에) 노회신(盧懷愼)이 태상경(太常卿) 마회소(馬懷素)를 천거하니 마회소를 좌산기상시(左散騎常侍)로 삼아 저무량(褚無量)과 함께 날짜를 바꿔가며 시독하도록 했다.

그때마다 합문(閤門)에 도착하면 견여(肩輿-어깨로 드는 가마)에 올라 들어가도록 했으며 혹은 별관까지의 길이 멀 때는 궁중에서 말 타는 것을 허락해 주었다. (황제는) 친히 그들을 보내고 맞이했으며 스승의 예로써 대했다.

개원 때 (황제는) 여정서원(麗正書院)을 설치하여 문학하는 인사들을 모았다. 이들로 하여금 때로는 서적 편수 작업을 맡겼고 때로는 시강을 하도록 했는데 장열(張說)이 수서사(修書使)가 되어 이들을 총지휘했고 해당 기구들에서 공급하는 물품이 대단히 두터웠다.

이에 중서사인(中書舍人) 육견(陸堅)은 이들이 나라에 유익함은 주지 못한 채 쓸데없이 국고만 낭비한다고 보고서 그것을 철폐하라는 상소를 올리려 했다. 이에 장열이 말했다.

"예로부터 제왕은 국가가 무사할 때에 궁실을 짓고 음악과 여색을 구하지 않는 이가 없었다. 그러나 지금의 천자께서는 홀로 예의가 바르고 문학(유학)에 능한 학자들을 한데 모아 전적(典籍)들을 밝히는 데 온 힘을 발휘하고 있으니 얻는 것은 크고 잃는 것은 미미하다. (하지만) 그대 육자(陸子-육견을 가리키는 말)의 (재용을 아끼자는) 말에도 일리는 있다고 하겠다."

황제는 이 소식을 전해 듣고 장열을 중히 여기고 육견은 한 수 아래로 보았다.


신이 가만히 살펴보겠습니다. 명황제(-현종)가 정사를 하던 초기에는 배움을 좋아하고 문치(文治)를 숭상함이 무릇 이처럼 번성했으니 아름답다고 말할 수 있을 것입니다. 마침 그때 한 명의 진정한 유학자를 만나 임금을 잘 인도하게 하고 온 정성을 다해 임금을 돕는 자리에 두어 날마다 요순과 삼왕(우왕, 탕왕, 문왕/무왕)의 도리, 육경(六經)과 공맹(孔孟)의 말을 앞에서 진강토록 했으니 반드시 일과 사물을 그 이치에 맞게 파악[格物]함으로써 앎에 이르렀습니다〔致知〕. 이에 옳고 그름[是非]과 어긋남과 바름[邪正]을 가리는 판별력이 밝아져서 사람을 보는 데 미혹됨이 없었고[不惑], 그래서 장구령(張九齡, 673~740년)[1]과 이임보(李林甫, ?~752년)[2]가 충신인지 간신인지를 두고서 쓸 사람과 버릴 사람이 뒤집어지는 데까지는 이르지 않았던 것입니다. 또 반드시 뜻을 열렬하게 가짐[誠意]으로써 자신의 마음을 바로잡았으니[正心] 음악과 여색, 재물의 유혹에도 단호하게 넘어가지 않고서 혜비(惠妃), 태진(太眞)의 고혹적인 눈썹과 왕홍(王鉷)과 우문융(宇文融)의 세금을 통한 백성 착취를 (일시적으로는 허용했지만) 더 이상 내버려두지 않았습니다.

(하지만) 또 반드시 몸을 닦음으로써〔修身〕 그 집안을 바르게 했어

야 했으니〔正家=齊家〕 부자와 부부의 윤리, 조정과 궁침(宮寢)의 다스
림이 각각 그 도리를 다했다면 어찌 참소를 믿어 세 아들을 서인으로
폐한 다음에 다 죽이는 재앙이 있을 수 있고, 또 어찌 안녹산의 패륜
적인 반란이 궁궐을 차지하는 참담한 일이 일어날 수 있었겠습니까?
아! 이를 어쩐단 말입니까? 장열의 무리는 (기껏해야) 시를 짓거나 그
림을 그리는 것〔文墨〕으로 도왔을 뿐이고 저무량과 마회소도 역시 문
장의 구절이나 풀이하는 유학자에 불과했습니다. 그래서 설사 황제가
배움에 뜻이 있었다고 하더라도 (신하들이) 진강(進講)을 올려 임금에
게 남김없이 충성스러운 말을 하는 바가 이런 수준이었습니다. 이로써
문물이 번성하기는 개원(開元-당 현종 시대)이 최고에 달했지만 황제
의 마음 상태는 안락함에 빠져들어 여자와 소인이 안팎에서 서로 부
채질을 해대면서 근본이 날로 좀먹어〔蠹〕 들어갔으니 화란(禍亂)이 그
치기를 바랄 수 있었겠습니까? 따라서 임금의 배움이 빼어난 임금들
〔聖王〕을 스승으로 삼고서 몸과 마음〔身心〕을 위주로 하는 것임을 깨
우치지 못한다면 그 성취함이 있다는 것을 (신은) 아직 본 적이 없습
니다.

1) 당나라 현종 때의 재상으로 재상 장열의 추천을 받아 중서사인(中
書舍人), 중서시랑(中書侍郎)을 거쳐 재상이 됐다. 안녹산이 위험
인물임을 간파했다는 일화가 전해지며, 반대파인 이임보에게 미
움을 받고 좌천됐다.

2) 당나라 현종 때의 재상으로 아첨을 일삼고 유능한 관리들을 배척
하여 '구밀복검(口蜜腹劍)'이라는 말을 낳았으며, 당을 쇠퇴의 길
로 이끈 인물로 여겨지고 있다.

(『신당서』) 당나라 현종(憲宗, 재위 805~820년)은 오제 때의 책 『오전(五典)』과 삼황 때의 책 『삼분(三墳)』에 뜻을 두고서 매번 전대(前代)의 흥망과 득실의 일들을 열람했다. 그 말들을 반드시 세 번 되풀이했고 또 정관(貞觀-당 태종), 개원(開元-당 현종) 실록을 읽고 태종을 그리워하면서 『금경서(金鏡書)』와 『제범(帝範)』을 지었고 현종을 공부하고서는 『개원훈계(開元訓誡)』를 지었다. 그리고 황제는 드디어 『상서』 『춘추』 『사기』 『한서』[1] 등에서 임금과 신하들이 일을 행한 바를 귀감으로 삼아 14편을 모아 완성했으니 '첫째는 임금과 신하가 도리를 합해야 한다, 둘째는 어긋남과 바름[邪正]을 판별해야 한다, 셋째는 권력에 빌붙는 자를 경계해야 한다, 넷째는 미행(微行)[2]을 경계해야 한다, 다섯째는 현능한 신하를 임용해야 한다, 여섯째는 충성스러운 간언(諫言)을 받아들여야 한다, 일곱째는 정벌을 삼가야 한다, 여덟째는 형벌을 엄중히 해야 한다, 아홉째는 사치와 교만을 끊어야 한다, 열 번째는 절약과 검소를 받들어야 한다, 열한 번째는 충성과 곧음[忠直]을 장려해야 한다, 열두 번째는 다음의 정치를 닦아야 한다, 열세 번째는 사냥을 자제해야 한다, 열네 번째는 공을 세우거나 현능한 신하는 반드시 기억해야 한다'이다. 이를 상하권으로 나눠 제목은 '전대 임금과 신하들의 사적(事跡)'이라 하고 그 글을 병풍에 베껴 늘 곁에 두고 보았다.


신이 가만히 살펴보겠습니다. 헌종은 경적(經籍)을 좋아하여 거기에 뜻을 두고서 그 안에 있는 일들을 한데 모아 귀감으로 삼으려 했으니 그 뜻한 바는 좋았다고 하겠습니다. 그러나 어느 정도 평

정 과업이 달성되자 그 이후 교만과 사치가 급격히 심해지더니 배도(裴
度)는 충직하다 하여 소원하게 대하면서 이봉길(李逢吉)은 참소와 아
첨을 하는데도 중용하고 황보박(皇甫鏄)과 정이(程异)는 선여(羨餘)[3]
때문에 진급을 시켜주었습니다. 이것들이 바로 어긋남과 바름〔邪正〕
을 제대로 판별하지 못함이요, 현능한 신하를 제대로 임용하지 못함
이요, 충간(忠諫)을 제대로 받아들이지 못함이요, 공을 세우거나 현능
한 신하를 제대로 기억하지 못함이요, 토목공사가 흥하면 (국가 재용
의) 절약과 검소에 반하는 것이요, 세금을 악착같이 긁어모으는 것은
다움〔德〕의 정치를 어기는 것입니다.

다 해서 이른바 14개조 중에서 황제의 언행과 행실이 어그러지고 뒤
틀리지 않은 바가 단 하나도 없으니 그 이유는 무엇 때문이겠습니까?
무릇 속에 있으면서 만사를 제어하는 것이 마음〔心〕이니 옛날의 빼어
난 임금들은 여기에 힘을 쏟았던 것입니다. 따라서 하나의 마음이 바
르게 되면 만사가 바르지 않을 수 없습니다.

헌종은 전 시대의 성공과 실패의 자취를 알고서 살펴보았지만 정작
옛 사람들의 큰 배움〔大學〕의 원천은 알지 못했던 것입니다. 변경의 변
과 진〔藩鎭〕들이 아직 평정되지 않아 오히려 더 힘쓰고 독려했어야 함
에도 일단 약간의 공이 드러나자 사치에 물들고 오만방자해지니 (글을
써넣은) 병풍 울타리가 있다 한들 생각은 이미 딴 데 가 있어 보는 것이
라고는 쓸데없는 것들뿐이었습니다. 그로 말미암아 황제는 마음을 다
스리지 못했던 것입니다. 당시 여러 신하들 중에서 배기(裴垍)만이 홀
로 제대로 바른 마음의 설을 이야기하고 마음이 바로 되어야 하는 까
닭이 무엇인지를 올려야 했으나 그 역시 못했습니다. 그때의 무리들은
개괄적인 것은 말하면서도 정작 힘을 써야 할 곳은 고하지 않았습니다.

이는 마치 사람들에게 극기복례(克己復禮)라는 말은 가르치면서 정작 바르게 보고 바르게 듣고 바르게 말하고 바르게 움직이는 것[視聽言動]에 대해서는 한마디도 하지 않는 것과 같으니 그것이 어찌 (임금다움[德]을 기르는 데) 유익할 수 있었겠습니까?[4]

따라서 신하 된 자로서 큰 배움[大學=『대학』][5]을 알지 못한다면 제대로 자기의 임금을 마땅한 도리에 따라 이끄는 자는 없을 것입니다.

이상은 한나라 광무제, 명제, 장제와 당나라의 세 임금(태종, 현종, 헌종)의 배움을 서술한 것입니다.

1) 흔히 중국의 대표적인 역사서를 말할 때 좌국사한(左國史漢)이라고 하는데 이는『춘추좌씨전(春秋左氏傳)』『국어(國語)』『사기』『한서』를 통칭하는 말이다. 여기서는『국어』대신『상서』가 포함됐다.

2) 임금이 편복을 갈아입고 몰래 대궐 밖을 나가는 것이다.

3) 당나라 때 관원들이 초과로 징수한 세금을 황실에 바치던 것이다.

4) 이 말은『논어』「안연(顔淵)」에 나오는 말이다. 안연이 어짊[仁]에 관해 묻자 공자는 말했다. "자기(의 사사로운 바)를 이겨내고 예로 돌아가는 것[克己復禮]이 곧 인(을 행하는 것)이니, 단 하루라도 극기복례를 행한다면 천하도 그런 사람을 인하다고 인정해 줄 것이다. 인을 행하는 것은 자기 자신에서 비롯되는 것이지 어찌 남에게서 비롯되겠는가?" 안연은 이 점에 대해 보다 구체적인 사항들을 쉽게 설명해 줄 것을 정중하게 청한다. 이에 공자는 다음과 같이 말했다. "예가 아니면 '절대' 보지도 말고[勿視] 듣지도 말며[勿聽] 말하지도 말고[勿言] 움직여서도 안 된다[勿動]."

이에 안연이 말했다. "회(回=안연)가 비록 불민하지만 그 말씀을 따르도록 노력하겠습니다."

5) 여기서는 보통명사로 '큰 배움'이라는 뜻도 되지만 구체적으로 『대학』이라는 책을 가리키는 것이기도 하다.

5

한나라, 위나라, 진나라,
수나라, 당나라,
여러 임금의 배움

(『한서』) 한나라 원제는 재예(才藝)가 다재다능하여 붓글씨 쓰기를 좋아하고 거문고를 타거나 퉁소를 불고 스스로 곡을 짓기까지 했으니 노랫소리를 듣고서는 아주 미세한 음의 도수까지 정확히 분별할 만큼 지극히 예민했다. 어려서부터 유학을 좋아해 황제에 즉위해서 유학자들을 불러 등용하고 정사를 맡겼으나 공우(貢禹), 설선(薛宣), 위상(韋賞), 광형(匡衡)이 번갈아 재상이 되어 사사건건 (황상을) 견제를 한 데다가 우유부단하니 원제의 업적이 쇠했다.


신이 가만히 살펴보겠습니다. 임금의 배움이란 자기 몸을 닦고 사람을 다스리는 것[修己治人]에 지나지 않을 뿐입니다. 원제는 이 두 가지 점에서 아직 그 뜻을 다하지 못했고, 또 그 좋아하는 것이 붓글씨와 음률의 일이었습니다. 따라서 그 정교함이 아무리 뛰어났다 한들 그것은 하급 관리의 작은 능력일 뿐이요 장인의 말단 기예에 불과하니 이것이 어찌 임금의 큰 도리이겠습니까?

옛날에 (공자의 제자인) 안연(顔淵)이 나라를 다스리는 것에 대해 묻자 공자는 정(鄭) 나라의 음악을 추방하는 것으로 나라 다스림에 대해 이야기했습니다. 그런데 원제가 좋아한 것은 퉁소를 불고 스스로 곡을 짓는 것[度曲=作曲]이었으니 (제대로 나라를 다스리려 했다면) 이른바 정나라의 음악을 바로잡아야 했던 것처럼 했어야 합니다.

공자가 말한 그 음악이란 비애를 담고 있었다는 뜻으로 능히 그때 사람들의 마음을 향락에 빠트려 나태한 습성을 기르고 심성을 파괴하는 노래가 모두 그것을 따라 생겨났을 것이니 원제의 자질은 원래부터 굳세고 밝지〔剛明〕 못한 데다 이런 것들이 더해졌던 것입니다. 그래서 그의 뜻과 기운은 나날이 퇴락하고 쇠미해졌으니 어찌 흥기(興起)의 이치가 신속히 떨칠 수 있었겠습니까? 마땅히 사사건건 견제를 당한 데다가 성품마저 우유부단했으니 마침내 한나라 왕실이 망하는 재앙이 그에게서 기초가 놓이게 됐던 것입니다.

(『자치통감』) 위나라 문제(文帝, 재위 220~226년)[1]는 전쟁터에 있을 때에도 손에서 책을 놓지 않았고〔手不釋卷〕 어릴 때부터 각종 시와 주석들을 달달 외웠으며 성장해서는 역사서와 오경(五經), 예를 들어 『사기』와 『한서』 그리고 제자백가의 말들을 두루 읽지 않은 바가 없었고 그가 직접 쓰거나 지은 논저와 시 등이 무려 60편이었으니[1) 사신(史臣) 진수(陳壽)[2)]는 이렇게 평했다.

"문제는 타고난 자질이 문학을 좋아해 붓을 내리면〔下筆〕 그대로 문장이 됐고 넓은 견문과 탄탄한 식견을 쌓았으니 재주와 예능을 겸비한 인물이었다. 만약 여기에 넓은 도량이 더해지고 공평한 정신으로 신하들을 권면하고, 도리를 지키는 데 힘쓰고 능히 황제다운 마음〔德心〕을 베풀었다면 옛날의 현능한 임금에 견주어 그 차이가 얼마나 됐겠는가?"

1 위 무제 조조(曹操)의 아들 조비(曹丕)이다.

신이 가만히 살펴보겠습니다. 황제가 태자 때는 왕찬(王粲)이나 원우(阮瑀) 등 당대 최고 문사로 불렸던 건안칠자(建安七子)[3]와 어울려 놀았습니다. 황제가 왕찬 등과 함께 지은 이른바 문장(文章)들은 지금까지도 온전하게 전해오고 있으니 그 꾸밈과 화려함에는 대단함이 있었지만 『시경』이나 『서경』[4]을 척도로 본다면 죄인이라 할 수 있습니다.

무릇 넓은 도량, 공평한 정신, 권면하고 도리를 지키는 데 힘씀, 황제다운 마음의 베풂 등은 모두 다 임금이라면 마땅히 힘써야 하는 것인데 황제의 경우에는 후사로 정해졌을 때[5] 기뻐하는 빛이 얼굴에 드러났고, 상중에도 평소처럼 음악을 즐기며 슬퍼하지 않았으며 동기로서 (동생들에게) 은혜를 박하게 베풀었고, 재미 삼아 총애를 받지 못한 짝을 죽였고 진기한 물건들을 좋아해 먼 곳의 물건들까지 애써 구했으며 사사로운 감정을 품고서 간관을 죽이기까지 했습니다.

이런 점에서 볼 때 문제는 (임금이) 마땅히 힘써야 할 것에는 힘쓸 줄 몰랐습니다. 붓글씨를 쓰고 시부(詩賦)를 논하는 것은 말단의 기예일 뿐 임금이 마땅히 힘써야 할 것들은 아닙니다. 그러고는 이내 사치와 자기 과시에 젖어들었으니 많이 보고 배웠다 한들 어쩌겠습니까? 이렇다 보니 사신도 그렇게 책망했던 것입니다.

1) 문제는 문학평론집 『전론(典論)』을 편찬했는데 거기에는 자신이 직접 쓴 문학비평 '논문(論文)'도 포함돼 있을 만큼 문학을 좋아했던 황제다.
2) 『삼국지(三國志)』를 썼다.
3) 이 말도 문제가 지은 '논문'에 나오는 말이다. "지금 문인 중에는

노국의 공융, 광릉의 진림, 산양의 왕찬, 북해의 서간, 진류의 완우, 여남의 응창, 동평의 유정 등 일곱 사람이 학문에 있어서는 놓친 것이 없고 문장에 있어서도 빌린 것이 없이 모두 천 리 길을 천리마처럼 내달리면서 우러러 발굽을 나란히 하며 치닫고 있다."

4) 원문에서는 풍아전고(風雅典誥)라 했는데 풍아(風雅)는 각각 『시경』에 나오는 「국풍(國風)」과 「대아」를 가리키고 전고(典誥)는 『서경』에 나오는 '요전', '순전'이나 '탕고(湯誥)', '강고(康誥)' 등을 가리키는데 여기서는 『시경』이나 『서경』의 정신세계 전체를 뜻한다.

5) 원래 조비는 둘째 아들에다가 서자여서 태자가 되기 어려운 위치에 있었다.

(『자치통감』) 후위(後魏 혹은 북위(北魏)) 임금 규(珪)[1]가 박사 이선(李先)에게 물었다.

"천하에 어떤 물건이 사람의 정신과 지혜를 더해줄 수 있겠는가?"

이선이 답했다.

"서적만 한 것은 없습니다."

규가 물었다.

"서적은 대체 얼마나 되며, 또 그것을 다 모을 수 있는가?"

이선이 답했다.

"문자가 생겨난 이래 세상에는 점점 더 늘어나 지금에 이르러서는 전부 다 셀 수 없을 정도입니다. 그러나 진실로 임금께서 좋아하신다면 어찌 모으지 못하겠습니까?"

규가 마침내 군과 현에 명을 내려 대대적으로 서적을 찾아내어 모두 다 평성(平城)²⁾으로 보내도록 했다.

신이 가만히 살펴보겠습니다. 큰 배움의 도리는 앎에 이르는 것[致知]이 우선입니다. 왜냐하면 그것은 욕심을 바로잡아주고 귀 밝음과 눈 밝음[聰明]을 열어주며 지식을 계발해 주기 때문입니다. 위나라의 규는 오랑캐의 임금이어서 처음에는 일찍이 배우지 못했는데도 사람의 정신과 지혜를 더해줄 수 있는 것을 물었으니 절실한 물음[切問]이었다고 할 수 있고, 이선은 구체적인 책을 들어 대답하지 않았으니 또한 좋은 대답[善對]이었다고 할 수 있겠습니다. 그래서 "문자가 생겨난 이래 세상에는 점점 더 늘어나 지금에 이르러서는 전부 다 셀 수 없을 정도입니다. 그러나 진실로 임금께서 좋아하신다면 어찌 모으지 못하겠습니까?"라고 말한 것은 대단히 심오한 대답입니다.

무릇 고금의 서적들이 아무리 많아도 임금다움[君德]과 다스리는 도리[治道]에 절실한 것은 육경(六經)³⁾과 『논어』와 『맹자』뿐입니다. 육경의 큰 뜻은 임금이 다 마땅히 들어본 것이겠지만 하루에도 수많은 일을 해야 하기 때문에 두루 읽어 그 이치를 통달할 수는 없으니 그중에서 한두 가지에만 오로지 집중해서 해야 합니다. 따라서 그에 겸해 『논어』『맹자』『대학』『중용』과 같은 책에 힘을 쏟으면서 틈틈이 유학에 능한 신하들에게 명하여 부수적으로 역대(임금들)의 득과 실을 진술토록 했다면 그것은 (임금의) 귀 밝음과 눈 밝음[聰明]을 열어주며 지식을 계발해 주는 것이니 어찌 작은 일이라 하겠습니까?

(하지만) 애석하게도 이선은 그저 그런 유학자라 아는 바가 이런 경지에 이르지 못했으니 헛되이 위주(魏主)[4]로 하여금 책을 모으게 해서 아름답기는 하지만 (정작) 책에서 얻은 것은 없었기 때문에 신선이나 찾고 형륙(刑戮)을 남용하고 음악과 여색에 빠져 마침내 도리를 잃어 그 목숨까지 잃었습니다. 이러했으니 도서를 아무리 산처럼 쌓는다 하더라도 (그것에서 자기 것을 만들어내지 못한다면) 결국 어떤 (위급한) 일을 당했을 때 무슨 도움이 되겠습니까?

1) 북위의 초대 황제로 성은 탁발(拓跋)이고, 시호는 도무제(道武帝)이다. 선비족의 한 부족이었던 탁발부 사람으로 5호16국시대의 전진(前秦)의 세력이 약해지자 선비족을 규합해 위(魏) 나라를 세웠다. 중국식 국가 체제를 받아들여 관제(官制)를 정비하고, 한인(漢人)들을 기용하는 등 나라의 기초를 확립하였다.

2) 당시 후위의 수도로 지금의 산서성 대동시를 가리킨다.

3) 『시경』『서경』『주역(역경)』『춘추』『예기』『악기』다.

4) 오랑캐의 임금이라 그냥 주(主)라고 부른다.

(『자치통감』) 당나라 문종(文宗, 재위 826~840년)은 성품이 검소하고 조정의 일들을 듣고 결단하는 중에도 겨를이 생기면 경서와 역사〔事史〕를 즐겼을 뿐 유희나 사냥에는 일찍이 뜻을 두지 않았다.
사사

신이 가만히 살펴보겠습니다. 문종은 배움을 좋아한 군주라 할 수 있지만 결국은 재앙에서 벗어나지 못하고 패망한 임금입니다.

『주역』에서 말하기를 "군자는 옛 성현들의 말씀과 행적을 많이 알아서 그것으로써 다움〔德〕을 안에 쌓는다"고 했습니다. 문종으로 하여
덕
금 이런 뜻을 알게 했다면 그 굳셈〔剛〕을 키워 강건해지고 그 눈 밝음
강
〔明〕을 키워 세상을 보는 아름다움〔離麗〕을 갖춰서 굳세지고 밝아지
명                        이려
면 위압과 복덕을 균형 있게 행사할 수 있었을 것이고 군자와 소인의 본분을 명백하게 분별했을 것입니다. 그랬다면 어떻게 유약하여 홀로 서지 못하고 사람 같지도 않은 자의 말을 들어서 쓰는 바람에 환관들의 세력이 날로 확장되게 만들어 난헌(赧獻)[1]과 스스로 어깨를 나란히 했겠습니까? 그는 경서와 역사〔事史〕에 매료되긴 했지만 털끝만큼
사사
의 (다움의) 얻음도 없었으니 자세를 바르게 하고 앉아 그냥 혼자 즐겼을 뿐입니다. 무릇 책을 좋아하면서도 그것으로 아무짝에 쓸데없는 이야기〔空談〕나 하면서 하루 종일 문을 닫아걸고 있다면 문종처럼 되
공담
지 않을 자가 드물 것입니다.

1) 권신들에 휘둘려 나라를 망하게 만든 주나라의 난왕(赧王)과 한

나라의 헌제(獻帝)를 가리킨다.

（『후한서』） 후한 영제(靈帝, 재위 168~189년)[1]는 문학을 좋아해 자신이 직접 『황희편(皇羲篇)』 50장을 지었고 이로 인해 여러 유생들 중에서 문장과 부(賦)를 잘 짓는 자들을 끌어들여 홍도문(鴻都門) 아래에 늘어서서 제서(制書)[2]를 기다리게 했다. 뒤에는 척독(尺牘)[3]을 쓰는 사람과 조전(鳥篆)[4]을 정교하게 쓰는 사람들까지 모두 다 끌어들여 마침내 수십 명에 이르렀다.

시중좨주(侍中祭酒) 낙송(樂松)과 가호(賈護)가 행실이 좋지 않고 권세나 좇는 무리들을 잔뜩 끌어들여 그 사이에 두고서 시중에 떠도는 시시껄렁한 일들을 즐겨 말하니 황제는 이를 심히 기뻐하며 서열을 뛰어넘어 그들을 대우해 주었다.

신이 가만히 살펴보겠습니다. 사(詞)[5]와 부(賦)는 작은 기예입니다. 전한 시대의 인물 양웅(揚雄)은 이를 '벌레를 조각하고 〔雕蟲〕 이상야릇한 글자나 깎아내는 것〔篆刻〕'에 비유하면서 "장부라면 부끄럽게 생각하는 짓"이라고 말했습니다. 하물며 임금이야 어떻겠습니까? 부(賦)가 이처럼 아무짝에 쓸모가 없는데 하물며 이상한 글자나 새기는 것은 쓸데없는 기예가 아닐 수 없는 것입니다.

영제가 배움을 좋아했다는 명성을 얻었지만 정작 그가 했던 것이라고는 이것뿐입니다. 무릇 임금이란 어떤 것을 가벼이 좋아해서는 안됩니다. 임금이 어느 하나를 좋아하면 뭇 아랫사람들은 반드시 그 뜻을 엿보려 할 것입니다. 따라서 문장이나 부, 서예나 전각이라 하더라도 소인들에게는 권력을 향해 나아가는 계단이 될 수 있는데 하물며 다른 것들이야 어떻겠습니까? 오직 경술(經術)에만 마음을 쏟아 담담한 마음으로 욕심을 줄인다면 간사한 자들이 감히 엿볼 수 없을 것입니다. 영제는 어둡고 어리석은 임금이라 별로 논할 것이 없으니 후세의 임금들은 거울로 삼아야 할 것입니다.

1) 제12대 황제다.
2) 황제의 명을 따라서 쓰는 것이다.
3) 고대 중국에서 길이 30센티미터 정도의 나무토막〔簡牘, 木簡〕에 글씨를 쓰던 것을 가리키며, 나중에는 종이의 서간까지도 의미하게 됐다.
4) 중국의 옛 서체 중 하나인 전서(篆書)를 말하는 것으로 새 발자국을 닮았다고 해서 조전이라고 한다.
5) 그냥 시(詩)로 돼 있는 판본도 있다.

(『자치통감』) 진(陳) 후주(後主, 재위 582~589년) 진숙보(陳叔寶)[1]는 궁인으로서 문학(文學)의 재질이 있는 사람을 여학사(女學士)로 삼았다. 복야(僕射) 강총(江摠, 519~594년)[2]은 비록 재보(宰輔)[3]에 있으

면서도 정무를 가까이 하지 않고 날마다 상서(尚書) 공범(孔範) 등 10여
명과 어울려 후주를 모시면서 놀이와 연회를 일삼아 뒤에 이들은 압객
(狎客)으로 불렸다. 후주는 매일 술을 마시고 여러 비빈들과 여학사들
로 하여금 압객들과 함께 부시(賦詩)를 주고 받게 하면서 그중 특히 곱
고 아름다운 시를 골라 새로운 곡을 지어 붙인 다음 임금과 신하가 함
께 노래하고 즐기는 것이 밤부터 다음 날 아침까지 이어지는 것이 다반
사였다. 그 후에 수나라가 진나라를 정벌하고서 진숙보(陳叔寶)를 잡아
돌아가는데 수 문제(文帝)를 따라가면서도 부(賦)와 시를 지어대자 문
제는 그를 지목하며 이렇게 말했다.

"시 짓는 것을 공(功)으로 여겼으니 어찌 시사(時事)를 안정시키는 생
각이 나올 수 있었겠는가?"

수 양제(煬帝, 재위 604~617년)는 글을 잘 지었고 다른 사람이 자기보
다 뛰어난 것을 보려 하지 않았다. 설도형(薛道衡, 540~609년)[4]이 죽자
양제는 말했다.

"또다시 '공량낙연니(空梁落燕泥-빈 대들보에서 제비집 진흙이 떨어진
다)[5]'를 지을 수 있을까?"

왕주(王胄, 558~613년)[6]가 죽었을 때는 그가 남긴 아름다운 구절을
읊으면서 말했다.

"'정초무인수의록(庭草無人隨意綠-뜰에 난 풀은 사람이 없어도 맘껏
푸르다)', 다시 이런 말을 지을 수 있을까?"

양제는 자신의 재주와 학식에 자부심이 너무 강해 늘 천하의 선비들
에게 교만하여 일찍이 시신(侍臣)들에게 이렇게 말한 적까지 있다.

"세상 사람들은 모두 짐이 운 좋게 선대로부터 물려받은 황통이 있었

기에 이 자리에 오를 수 있었다고 말들 하는데 설령 짐이 사대부들과 겨뤄서 선발 시험을 친다고 해도 마땅히 천자가 될 수 있었을 것이다."

🔹　　신이 가만히 살펴보겠습니다. 진나라와 수나라의 두 임금은 사예(詞藝)에 능한 것으로 이름을 얻어 한편으로는 그 때문에 임금과 신하가 서로를 함부로 대했고, 다른 한편으로는 그 때문에 임금과 신하가 서로 잘난 체 다투었으니 결국 어지러워져 망하고 말았습니다.

이렇게 볼 때 제왕이 사장(詞章)을 좋아하는 것은 모두 다 마땅히 그래서는 안 되는 것입니다. 그래서 말하기를 (『서경』에서 보듯이) "순임금이 하늘의 노래를 명하여 지었고, 위대한 우왕〔大禹〕의 썩은 밧줄
<sub>대우</sub>
의 교훈과 성탕의 관형(官刑)의 제도는 비록 문장으로 지은 것은 아니지만 그 뜻이 밝디밝고 맑디맑아 오래오래 광채를 드리우고 있다"고 하였으니 이것은 임금이라면 마땅히 본받아야 합니다. 만일 태풍의 한복판에서도 위험이나 위기를 잊지 않는다면 오히려 영명한 군주의 멀리 생각함〔遠慮〕을 볼 수 있을 것이고, 중요한 자리에는 현능한 인재
<sub>원려</sub>
를 쓰고 불초한 자를 제거한다면 이는 진실로 자손들의 앞날을 밝혀줄 수 있습니다. 오히려 이것들은 (문장으로 표현되지는 않았지만) 행위를 통해 이미 이룬 바가 있기 때문에 제왕의 계책으로서는 그 다음가는 것이라 하겠습니다. 만일 (반대로) 글자나 파고 시문(詩文)을 짜기 위해 문사들과 하루종일 다퉈가며 씨름한다면 진실로 부끄러워해야 할 일인데 하물며 진나라와 수나라의 임금처럼 조잡한 기예나 비루한 것들을 가까이 한다면 어떻게 되겠습니까?

그렇기 때문에 이를 드러내어 임금 자리에 있는 사람이 시 짓기나 기예에 탐닉하는 마음을 갖게 될까 봐 경계하는 것입니다.

이상은 한나라, 위나라, 진나라, 수나라, 당나라의 여러 임금들의 배움을 서술한 것입니다.

1) 남북조시대 진(陳) 선제(宣帝)의 맏아들로 진나라의 마지막 임금이다.

2) 학문에 열중해 문채가 있었고, 양(梁) 무제(武帝)의 총애를 받아 시랑(侍郞)에 발탁됐다. 진(陳) 문제(文帝) 천가(天嘉) 4년(563년) 중서시랑(中書侍郞)으로 다시 부름을 받았다. 진 후주(後主)가 즉위하자 상서령(尙書令)이 됐지만 정무는 돌보지 않고 후주와 함께 후원에서 연회만 즐기고 술을 마시며 시를 읊었다. 수나라 때 상개부(上開府) 직에 있다가 강도(江都)에서 죽었다.

3) 재상급으로 태자를 보필하는 첨사(詹事)를 말한다.

4) 시문을 잘 지어 당대에 이름을 떨쳤다. 북제(北齊) 때 벼슬을 시작하여 수나라에서 양주총관(襄州總管), 파주자사(播州刺史) 등을 역임했다. 그러나 수 양제 양광(楊廣)이 설도형의 재능을 시기하여 결국에는 양제의 명으로 피살됐다.

5) 설도형이 양제의 제안에 따라 진흙(泥)을 압운으로 해서 이런 멋진 시구를 짓자 자존심이 상한 양제의 미움을 샀다. 평소 양제는 문제를 극찬하는 설도형을 꺼렸다.

6) 진(陳)나라 관리의 아들로 태어났고, 진나라가 멸망하자 당시 진왕(晉王)이었던 양제의 부름을 받았다. 시문에 뛰어난 재능을 보

였고, 양제의 명을 받고 낙양에서 장안으로 돌아갈 때마다 열었던 연회를 소재로 오언시를 지었다. 고구려 원정에 참여하기도 했으나, 양현감(楊玄感)의 반란에 연루되어 유배당했다가 처형됐다.

제3장

# 격물치지의
# 요체

1

도리를
밝힘

## 하늘의 본성과 사람의 마음의 좋음

(『서경』) '탕고(湯誥)'[1]에 이르기를 "저 하늘의 상제(上帝)께서는 아래 백성들에게까지 정성스러운 마음〔衷〕을 내려주신다. 따라서 늘 그처럼 한결같이 오래가는 본성〔恒性〕을 유지할 수 있는 자라야 능히 임금이 될 수 있는 길을 열어주신다"고 했습니다.

1 「상서」의 편 이름이며 성탕이 이를 지어 만방에 고했다.

신이 가만히 살펴보겠습니다. 성탕(成湯) 임금의 이 말씀은 참으로 임금이자 스승〔君師〕의 직분이 무엇인지를 잘 알고 있는 것이라 하겠습니다. 대체로 하늘은 사람들에게 지극히 좋은 본성〔至善之性〕을 부여할 수는 있지만 사람들에게 그 본성을 온전히 발휘토록 할 수는 없습니다. 그 본성을 능히 사람들에게 발휘하여 그 본성을 온전하게 실현하는 것은 (하늘이 아니라) 임금이 맡은 바입니다. 한나라의 유학자들은 지극정성을 다하는 마음〔衷〕을 좋은 것〔善〕이라 여겼는데, 신(진덕수)은 지극정성을 다하는 마음이 곧 적중하는 것〔中=執中=中庸〕이라고 했습니다. 하늘이 백성을 낳은 것은 인의예지(仁義禮智)의 다움〔德〕으로 각각에게 부여하지 않은 바가 없어 적중함〔中〕에서 혼연일체를 이루고 조금도 지나치거나 모자라는 바가 없으니 이를 일러 지극정성을 다하는 마음이라고 했습니다. 하늘이 내려준 것을 말로 표현하자면 지극정성을 다하는 마음〔衷〕이고 사람들이 (하늘

로부터) 받은 것을 말로 표현하자면 본성〔性〕이니 지극정성을 다하는
마음과 본성은 둘이 아닙니다. 그러나 하늘이 사람에게 내려줄 때 처
음에는 지혜롭거나 어리석은 분간이 없었고 사람이 하늘로부터 받을
때에는 맑거나 흐린 것, 깨끗하거나 얼룩진 것의 여부는 그것이 부여
받은 바를 따르는 것이니 똑같을 수가 없어 반드시 그때그때 임금이
어떻게 하느냐에 따라서 그 일정한 본성을 따르며 그것을 열어 밝혀
줍니다.

　순임금의 신중한 가르침을 담은 오전(五典)[1]과 주나라의 가르침을
압축한 여섯 가지 다움과 행실〔六德六行〕[2]은 모두 다 임금이 어떻게
하느냐 하는 문제입니다. 사람의 본성은 원래부터 지극히 좋은 것이
라 그것을 기반으로 가르치는 것이니 이를 일러 '고분고분하다〔順〕'고
하는 것입니다. 만일 그 본성이 나쁜 것이라 억지로〔强〕 좋은 것을 갖
고서 가르쳐야 하는 것이라면 이는 (사람의 본성에) 역행하는 것이며
고분고분한 것이 아닙니다. (그래서) 한마디 말을 보아도 사람의 본성
이 좋은지를 알 수 있습니다. (사람이) 꾀하는 것〔猷者〕이 곧 길/도리
〔道〕이고 길이 곧 본성〔性〕입니다. 이를 본체〔體〕로써 말하면 그것이
곧 본성이요 쓰임〔用〕으로써 말하면 그것이 곧 길이니 사실 그 둘은
하나입니다.

　본성을 고분고분 따르면서 그 도리를 편안케 하면 임금이 할 수 없
는 것이 없으니 어찌 편안치 않을 것이고, 아버지가 자애로움을 본심
에서 우러나〔安〕 하고 자식이 효도를 본심에서 우러나 하여 그 자연
스러움을 잘 알고 그 당연한 바를 바꾸려 하지 않고 억지를 용납하지
않은 연후에야 진정으로 본심에서 우러나 편안하니〔安〕 성탕이 천하
를 장악한 초기에 이를 자임했던 것입니다. 또 그랬기 때문에 임금이자

스승[君師]으로서의 직분을 잘 알고 있다고 말할 수 있었던 것입니다.

그 후로부터 인간의 마땅한 바[秉彝]가 중도에 적중한 말들[中之言]이 서로 이어져 내려왔고 마침내 (학설로 정립되고) 발현되어 공자와 맹자에 이르러 인간 본성이 좋다[性善]는 이치는 더욱 명확해졌습니다. (돌이켜보면) 그 후 만세 동안 이어지는 본성에 관한 학문[性學]의 근원은 절로 성탕에서 시작됐으니 아! 얼마나 대단한 것입니까?

1) 순임금의 다섯 가지 가르침으로 아버지는 위엄이 있고[父義], 어머니는 자애로우며[母慈], 형은 우애 넘치고[兄友], 동생은 공손하며[弟恭], 자식은 효심을 갖춰야 한다[子孝]는 것이다.
2) 육덕은 육원덕(六元德)이라고도 하는데 사람으로서 갖추어야 할 여섯 가지 다움[德], 즉 지(知), 인(仁), 성(聖), 의(義), 충(忠), 화(和)이며 육행은 효(孝), 우(友), 목(睦-화목), 인(姻-결혼), 임(任), 휼(恤)이다. 둘 다 『주례(周禮)』에 나온다.

❧

『시경』 '증민(蒸民)'에 이르기를 "하늘이 수많은 백성을 내시니 / 일과 사물이 있고 그에 걸맞는 법도가 있도다 / 백성들이 한결같은 이치를 쥐고 있으니 / 이 아름다운 다움[德]을 좋아하노라"라고 했다.

1 이 시는 윤길보(尹吉甫)[1]가 선왕(宣王)을 찬미한 것이다.

신이 가만히 살펴보겠습니다. 『주역』에서 말하기를 형체 보다 위에 (혹은 먼저) 있는 것[形而上]을 도리[道]라 일컬었고 형체보 다 아래에 (혹은 뒤에) 있는 것[形而下]을 그릇[器]이라 일컬었습니다. 도리라는 것은 이치[理]요 그릇이라는 것은 일과 사물[物]입니다. 일 과 사물이 정밀한 것과 거친 것을 분별하는 일은 정말로 같을 수가 없 습니다.

그러나 이치는 일찍이 일과 사물의 핵심 혹은 적중함[物之中]과 분 리된 적이 없습니다. 이런 사실을 안다면 그것은 곧 일과 사물이 있고 그에 걸맞은 법도가 있다[有物有則]는 것을 아는 것과 같습니다. 대개 하늘과 땅 사이에 가득 차 있는 것은 일과 사물이 아닌 것이 없고 사 람 또한 물(物)이며 물은 곧 일[事]입니다.[2] 이런 일과 사물이 있으면 그에 맞는 이런 이치가 있습니다. 이것이 소위 법도 혹은 법칙[則]입니 다. 그래서 사람들이 말하는, 눈으로 보는 것과 귀로 듣는 것이 바로 일과 사물[物]입니다. 볼 때의 눈 밝음[明]과 들을 때의 귀 밝음[聰]이 바로 법도, 즉 법칙인 것입니다.

임금과 신하[君臣], 아버지와 자식[父子], 지아비와 지어미[夫婦], 어 른과 아이[長幼]는 물(物)이고 임금의 어짊[仁], 신하의 삼감[敬], 자식 의 효행[孝], 아버지의 자애로움[慈], 부부간의 차이[別], 어른과 아이 의 차례[序]는 곧 법칙입니다. 법칙이 법칙으로 불리게 되는 까닭은 일 정함이 있고 바꿀 수가 없기 때문이다. 옛 사람들이 원을 그리는 자 [規], 사각형을 그리는 자[矩], 수준기[準], 먹줄[繩], 저울대[衡]를 일 러 오칙(五則)이라고 했던 것은 그것으로 원과 네모, 평평함과 곧음, 가 볍고 무거움 등을 모두 다 일정하게 그리고 잴 수 있었기 때문입니다. 무릇 일과 사물이 존재할 수 있는 이유는 이 법칙이 있어서입니다. 하늘이 법칙을 만들어주었고 사람은 한갓 그것을 따라 움직일 뿐입니다.

이처럼 본다는 것[視]은 본래 밝게 보는 것[明視]이고 밝지가 못하면 본다는 것의 법칙을 잃은 것입니다. (마찬가지로) 듣는다는 것[聽]은 밝게 듣는 것[聰聽]이고 밝지가 못하면 듣는다는 것의 법칙을 잃은 것입니다.

(이 점은 인간사에도 그대로 적용됩니다.) 임금은 마땅히 어진 임금[仁君]이어야 하니 어질지 못하면 그 법칙을 잃은 것이요, 신하는 마땅히 삼가는 신하[敬臣]이어야 하니 삼가지 않으면 그 법칙을 잃은 것입니다.

그래서 이것은 한 가지 일[事]의 법칙도 됩니다. 사람됨[爲人]에 있어 그것이 사람됨의 이치에 온전히 부합될 수 없으면 이는 사람됨의 법칙을 잃어버린 것이기 때문에 사람이라고 할 수 없습니다.

변치 않는 이치[彝]라고 하면서 그것을 꽉 쥐라[秉]고 말하는 것은 무슨 뜻이겠습니까? 하나의 이치가 혼연일체로 나의 마음에 깊이 파고들어[具=全] 그것을 내가 꽉 붙들어 매어 벗어나지 못하듯 하게 해야 나의 아름다운 다움[美德]이 됩니다. 즉 인의충효(仁義忠孝)를 좋아할 줄 아는 것만이 아름다운 다움이라 할 수 있습니다.

사람이 똑똑하고 어리석고를 떠나 어질지 못한 짓[不仁], 의롭지 못한 짓[不義], 충성스럽지 못한 짓[不忠], 효성스럽지 못한 짓[不孝]을 좋아하지 않음이 없을 때 이를 일러 나쁜 다움[惡德]이라고 합니다. 사람이 똑똑하고 어리석고를 떠나 그런 짓들을 지켜보는 것을 싫어하지 않음이 없을 때 이를 일러 본성이 좋다[性之善]는 것을 알고 있다고 합니다. 이는 마땅히 뒤에 나오는 맹자의 말과 다시 합해서 그때 잘 살피도록 하겠습니다.

1) 윤길보는 주나라의 고위 관리이자 선비이며 선왕은 훌륭한 인재에게 정사를 맡기고 유능한 인재들을 잘 부려서 주나라 왕실의 중흥을 이루었다.

2) 여기서 보듯 진덕수는 物을 사물에 한정시키지 않고 사람과 일에까지 확대해서 사용하기 때문에 그 문맥에 따라 그냥 (사)물이라고도 하고 일과 사물이라고도 옮긴다.

~~~~~~

(『춘추좌씨전(春秋左氏傳)』 노나라 성공(成公) 13년(기원전 578년))

유강공(劉康公)이 말하였다.

"(내가 듣기에) 사람은 하늘과 땅의 적중함[中]을 받아서 태어났는데 이를 일러 명(命)이라고 한다."

신이 가만히 살펴보겠습니다. 유자(劉子)[1]가 말하는 적중함[中]이란 앞서 성탕(탕왕)이 말한 지극정성을 다하는 마음[衷]입니다. 대개 하늘과 땅은 자연의 이치이고 사람이 그 이치를 얻어 살게 되는 것이 이른바 하늘이 내려준 명(命)의 본성입니다.

1) 주나라 간왕(簡王) 때의 사람이다.

『주역』에 이런 말이 나온다.

"하나의 음과 하나의 양을 일러 도리[道]라고 한다. 그것을 이어받는 것은 좋은 것[善]이고 그것을 이루는 것은 본성[性]이다."

신이 가만히 살펴보겠습니다. 정이(程頤)[1]는 "음양(陰陽)은 기운[氣]이요 이른바 음양이라는 것을 가능하게 해주는 것은 도리[道]이다"라고 했습니다. 주희도 이렇게 말했습니다.

"음과 양이 번갈아가면서[迭] 돌아가는 것이 기운[氣]이고 그 (돌아가는) 이치[理]가 이른바 도리[道]이다."

대개 음과 양, 두 기운은 하늘과 땅 사이에서 흘러 다니고[流行], 오고 가고 순환하며 영원토록[終古] 쉬지 않는[不息] 것이니 이는 누가 시켜서 그리하겠습니까? 바로 이치[理]입니다. 이치가 기운과 더불어 가는 것이 일찍이 서로 끊어지지 않고, 그 둘이 끝없이 이어져[繼繼] 나타나는 것이 지극히 좋음[至善]이 아닌 것이 없습니다. 그리고 그것이 사람에게서 이루어지는 것[成]이 본성[性]입니다. (따라서) 이치는 좋지 않은 것[不善]이 없으니 본성에 어찌 좋지 않음이 있겠습니까? 본성이 좋다는 이치[性善之理=性善說]는 비록 맹자에 이르러서야 더욱 분명해지긴 했지만 그 원천은 실로 이로부터 나온 것입니다.

1) 형 정호(程顥)와 함께 이정(二程)으로 불리며 주희에게 큰 영향을 준 송나라의 성리학자다. 우리에게는 정이천(程伊川)이라는 이름으로 더 알려져 있다.

(『주역』) 건(乾) 괘에 관한 문언(文言)¹에서 이렇게 말하고 있다.

"크다〔元=大〕는 것은 좋음의 으뜸〔善之長〕이요, 통한다〔亨=通〕는 것
은 아름다움의 모임〔嘉之會〕이요, 마땅하다〔利=宜〕는 것은 의리의 화합
함〔義之和〕이요, 굳세다〔貞=正固〕는 것은 일의 줄기〔事之幹〕이다.

군자는 어짊을 몸에 체화하여〔體仁〕 사람들의 으뜸〔長人〕이 될 수 있
으며, 모임을 아름답게 하여〔嘉會〕 예를 합당하게 하고, 일을 마땅하게
하여〔利物〕 의리를 합당하게 하며, 굳세어〔貞固〕 일을 주관할 수 있다.

군자란 이 네 가지 다움〔四德〕을 행하는 자이다. 그러므로 건(乾=하
늘) 괘를 일러 원형이정(元亨利貞)이라 한다."

1 공자가 지은 괘 풀이다.

주희가 말했습니다.

"크다〔元〕는 것은 모든 살아 있는 것의 시작이다. 하늘과 땅의 다움〔德〕
들 중에서 이것보다 앞서는 것은 없다. 그러므로 시간상으로는 봄〔春〕이
되고 사람에게 적용할 경우 어짊〔仁〕이 되어 수많은 좋음 중에서도 으뜸
이다. 통한다〔亨〕는 것은 모든 살아 있는 것들끼리 통하는 것이다. 세상
의 모든 일과 사물〔物〕들 중에서 이보다 더 아름다운 것은 없다. 그러므
로 시간상으로는 여름〔夏〕이 되고 사람에게 적용할 경우 예(禮)가 되어
수많은 아름다운 것들이 모인다. 마땅하다〔利〕는 것은 모든 살아 있는 것
들이 각자 행할 바를 수행함에 있어 각각의 마땅함을 얻어 서로 방해를
하지 않는다. 그러므로 시간상으로는 가을〔秋〕이 되고 사람에게 적용할

경우 의리(義)가 되어 각자 자신이 해야 할 바(分)의 화합을 이룬다. 군세다(貞)는 것은 모든 살아 있는 것들이 이루어지는 것(成)이다. 열매와 그 이치(實理)가 고루 갖추어짐으로써 그 있는 곳마다 각각 꽉 차 있다. 그러므로 시간상으로는 겨울(冬)이 되고 사람에게 적용할 경우 지혜(智)가 되어 모든 일들의 줄기가 된다. 줄기(幹)란 나무의 몸통으로서 가지와 잎들이 의지해서 자기 자리를 지킬 수 있게 해주는 것이다."

전반적으로 지금 말한 것들이 하늘이 내려준 다움(天德)의 자연스러움이라고 하겠습니다. 또 주희는 말했습니다.

"어짊을 우리 몸에 체화하면 어느 하나의 일이나 사물(物)도 사랑하는 가운데 있지 않는 것이 없어 사람들의 으뜸 혹은 우두머리(長)가 될 수 있다. 그 모이는 바를 아름답게 해주면 예에 합당하지 않은 것이 없고, 일이나 사람으로 하여금 각각 마땅히 행해야 할 바를 알게 해주면 의롭게 되어 불화하는 바가 없고, 군세면 각각 바른 곳이 어디임을 알아서 그곳을 굳게 지키는 것이니 이른바 (맹자가 말한) '알아서 버리지 않는다'는 것이 그 뜻이다. 그렇기 때문에 (이런 사람은) 일의 줄기가 될 수 있다."

전반적으로 지금 말한 것들이 사람의 일(人事)의 당연한 것들입니다.

또 주희는 말했습니다.

"건괘의 네 가지 다움 중에서 원(元)이 가장 중요하고 (나머지 형(亨)이나 이(利)가 아닌 맨 마지막의) 정(貞=正)이 그다음으로 중요하니 원이 없으면 (아무것도) 생겨날 수 없고 정이 없으면 (아무것도) 끝날 수 없다. 또 끝이 없으면 시작을 할 수 없고 시작하지 않으면 끝낼 수 없는 것이니 이처럼 끝없이 순환하는 것을 일러 크게 밝은(大明) 끝과 시작(終始)이라고 한다."

주희는 또 말했습니다.

"군자의 지극한 강건함(健)이 아니고서는 이를 행할 수 없다. 그래서 건(乾=하늘) 괘를 일러 원형이정(元亨利貞)이라 하는 것이다."

🌥 　　　신이 가만히 살펴보겠습니다. 네 가지 다움(四德)을 주희가 다 풀어냈으니 이치에 어두운 세상 사람들이 하늘과 사람(을 나누어) 두 가지라고 말하는 것도 이런 맥락에서 잘 살펴보면 일찍이 하나가 아닌 것이 없습니다. 대개 하늘의 측면에서는 원형이정(元亨利貞)이고 사람의 측면에서는 인의예지(仁義禮智)입니다.

원형이정은 이치(理)이고, 나고 자라고 거두고 간직하는 것(生長收藏)은 기운(氣)입니다. 이런 이치가 있으면 이런 기운이 있는 것입니다. 인의예지는 본성(性)입니다. 측은해하는 것, 나쁜 짓을 싫어하는 것, 사양하고 겸손해하는 것, 옳고 그름을 가리려는 것은 마음의 실상(情)입니다. 이런 본성이 있으면 이런 마음의 실상이 있는 것입니다.

하늘과 사람의 도리는 이같이 문과 문짝처럼 딱 맞아떨어지는 것이니 또 어찌 그것이 둘일 수 있겠습니까? (다만) 하늘은 마음을 갖고 있지 않은데 사람은 욕심을 갖고 있으니 하늘만이 오로지 마음이 없다(無心) 하겠습니다. 그래서 원(元)이면서 형(亨)이고 형이면서 이(利)이며, 이이면서 정(貞)이고 정은 다시 원(元)이 되어 서로 통하고(通) 반복하며(復)[1] 순환하여 일찍이 중단됨이 없었으니 목왕(穆王)[1])의 '명(命)'[2])에 '영원토록(終古) 늘 새롭다(常新)'고 했던 것입니다.

(그런데) 사람만이 욕심을 갖고 있습니다. 그래서 측은함이 발현되면 잔인함이 그것을 빼앗고, 사양함이 발현되면 탐하고 시샘하는 마음이 그것을 흐려놓고, 염치가 발현되면 구차함이 그것을 훼방하고, 옳고 그름을 가리는 마음이 발현되면 혼미함이 그것을 망쳐놓습니다.

이 점에서 사람은 하늘과는 서로 비슷한 것이 없습니다.

(그러나) 배운 사람은 마땅히 하늘이 이와 같은 다움[德]을 갖고 있다는 것을 알고 나도 역시 이런 다움을 (잠재적으로) 갖고 있으니 그같은 사사로운 욕심을 제거하고 바른 본성[正性]을 잘 지켜 기른다면, 내 한 몸은 통째로 다 어질게 되어 닿는 것에 따라 그에 응하고 불쌍히 여기지 않는 바가 없게 되니 이는 곧 하늘의 봄[天之春]이라 생명의 뜻[生意]이 흘러넘쳐 세상 만물이 모두 다 흔쾌히 기뻐합니다. (또 그렇게 되면) 나의 행동과 주선하는 바가 예에 적중하지 않는 것이 하나도 없게 되어 삼천 삼백 가지 예의가 찬연하게 훤히 갖춰지니 이는 곧 하늘의 여름[天之夏]이라 생명의 뜻이 널리 퍼져 세상 만물이 모두 다 아름다워집니다. (또 그렇게 되면) 내가 일과 사물들을 이용하는 바가 다 의리에 합치되니 이는 곧 하늘의 가을[天之秋]이라 생명의 뜻이 열매를 맺고 만 가지 보물들이 드디어 그 자신의 본성을 얻게 됩니다. (또 그렇게 되면) 내가 굳세게 지키고자 하는 바가 만사의 뿌리가 될 수 있으니 이는 곧 하늘의 겨울[天之冬]이라 생명의 뜻이 밑으로 잠기어 숨게 되면서[潛藏] 새로운 변화를 위한 씨앗이 되는 것입니다.

사람이 하늘과 더불어 가는 것이 과연 둘이겠습니까마는 하물며 (사람들 중에서도 특히) 임금이 하늘의 다움을 갖고 있고 또한 하늘의 지위에 머물러 있게 되면 좋은 단서가 싹을 틔우는 것이 원(元)이요, 좋은 단서가 잘 커가는 것이 형(亨)이요, 미루어 헤아려 사물이 윤택해져서 각각이 거둬들이는 것이 이(利)요, 마음이 이미 사물을 떠나 적막함으로 돌아오는 것이 정(貞)입니다. 그래서 비록 하루 중의 잠깐이나 한 가지 생각 속의 작은 사소함에도 이 네 가지가 없는 순간과 장소가 없지만, 그럼에도 불구하고 다움은 아무리 고유하다고 해도 강건함이 없다면 행해질 수 없습니다. 무릇 오로지 스스로 굳건하고 쉼이 없어야〔自强不息〕 하늘과 조화를 이뤄 나아갈 수 있고 (좋지 않은 것들이) 그 사이에 끼어들 수 없을 것입니다. 그런 연후에야 처음부터 끝까지 만물은 하늘과 더불어 똑같은 공효〔功〕를 이룰 수 있습니다. 의리의 뿌리로 이런 생각보다 더 훌륭한 것은 없을 것입니다.

빼어나고 밝으신 폐하〔聖明〕께서는 부디 마음을 잘 다스리소서!

1 원형(元亨)은 발출(發出)이라 통(通)이라 하고, 이정(利貞)은 수렴(收斂)이라 반복〔復〕이라 한다.

1) 주나라의 제5대 임금으로 이름은 희만(姬滿)이다.
2) 목왕이 주나라의 쇠퇴를 걱정하여 지은 '경명(囧命)'을 가리킨다.

『중용』에서 말했다.

"하늘이 명한 것을 본성〔性〕이라 하고, 본성을 따르는 것〔率〕을 도리〔道〕라 하며, 도리를 닦는 것〔修〕을 가르침〔敎〕이라 한다."

주희가 말했습니다.

"명(命)은 명령〔令〕과 같고 본성은 곧 이치〔理〕다. 하늘이 음양(陰陽)과 오행(五行)으로 만물을 변화시키고 만들어낼 때 기운〔氣〕으로 형태를 이루어내고 이치 또한 부여했으니 이는 마치 (하늘이) 명령한 것과도 같다. 이에 사람과 사물(혹은 일)[人物]이 태어날 때 각자가 부여받은 이치를 얻음으로 인해 강건하고[健] 순조로운[順] 오상(五常)의 다움이 되니 그것이 이른바 (사람이나 사물의) 본성[性]이다.

率은 따르는 것이고 道는 길[路]이다. 사람과 사물이 각자 그 본성의 자연스러움을 따른다면 하루하루 생활을 하는 사이에 각자 마땅히 가야 할 길이 없을 리 없으니 이것이 말하자면 도리[道=路]다. 修는 좋고 나쁨을 가려서 맺고 끊어주는 것[品節]이다. 본성과 이치가 비록 같기는 해도 그 타고난 기질[氣稟]은 다를 수 있기 때문에 지나치거나 모자란 차이가 없을 수 없다. 그래서 성인(聖人-공자)은 사람과 사물이 마땅히 행해야 하는 바를 잣대로 삼아서 그것의 좋고 나쁨을 가려 맺고 끊어줌으로써 온 세상에 모범[法]이 되게 하셨으니 이를 일러 가르침[敎]이라고 하는데 예를 들면 예악(禮樂)이나 형정(刑政)이 바로 그것이다.

무릇 사람이 사람다워지는 까닭과 도리가 도리가 되는 까닭과 성인(聖人)이 가르침을 행하는 까닭은 원래 각각 그 자체로부터 나오는 것이라 어느 하나도 하늘에 근본을 두지 않고서 나에게 갖춰지는 것은 없다. (그래서) 배우는 자가 이것을 안다면 그 배움에 있어 힘을 쏟아야 할 것이 무엇인지를 알게 될 것이다. 이는 (힘을 쏟지 않고서) 절로 이뤄질 수는 없다."

신이 가만히 살펴보겠습니다. 사람의 오상(五常-인의예지신)은 하늘의 오행에 뿌리를 두고 있고 오행은 하늘에서 운행하는 것이니 사람은 그것을 얻어 자신의 본성으로 삼는 것입니다. 목인(木·仁), 화예(火·禮), 금의(金·義), 수지(水·智), 토신(土·信)은 각각 자신의 고유한 뿌리를 갖고 있습니다. 그래서 예로부터 본성을 말하는 사람은 오상을 말할 뿐이었습니다.

번성한다[熹]는 것은 곧 강건함[健]과 순조로움[順]으로써 그것을
더해가는 것이니 이는 무엇이겠습니까? 대개 양(陽)의 본성은 강건함
이라 목(木)과 화(火)가 거기에 속하고 사람의 경우에는 인(仁)과 예
(禮)가 (거기에) 해당됩니다. 음(陰)의 본성은 순조로움이라 금(金)과
수(水)가 거기에 속하고 사람의 경우에는 의(義)와 지(智)가 거기에 해
당됩니다. 그리고 토(土)는 양과 음, 두 기운의 융합된 조화[冲和]이고
(따라서) 신(信) 또한 강건함과 순조로움이 융합되어 조화를 이루고
있습니다. 그래서 주돈이는 말하기를 "오행은 음양과 하나이기 때문에
음양은 오행의 외부에 존재할 수 없으니 (따라서) 강건함과 순조로움
역시 어찌 오상의 외부에 있을 수 있겠는가"라고 했던 것입니다.


(『중용혹문』) 어떤 사람이 『중용』 첫 장의 뜻을 묻자, 주희는 말했습니다.
"말하자면 하늘이 세상 만물을 부여할 때 자기 스스로는 그칠[已] 수
없는 것이 명(命)이요, 내가 이 명을 얻어 태어나게 될 때 온전한 틀[全體]
이 아닌 바가 없는 것이 본성[性]이다. 그래서 명으로 말을 하자면 원형이
정(元亨利貞)이라 하고 사시(四時), 오행(五行), 온갖 종류의 것들[庶類]과
오만 가지 변화[萬化] 등이 다 이로 말미암아 나오지 않는 것은 하나도
없다. 본성으로 말을 하자면 인의예지(仁義禮智)라 하고 사단(四端), 오전
(五典), 온갖 사물들과 일들[萬物萬事]이 다 그 사이에서 통제받지 않는
것은 하나도 없다.
대체로 하늘에 있느냐 사람에게 있느냐에 따라 비록 본성과 명의 구
분이 있기는 하지만 그 이치[理]는 애당초 하나가 아니었던 적이 없으며
또 사람에 있어서와 일과 사물에 있어서 비록 그 타고난 기질[氣稟]의 차

이가 있기는 하지만 애당초 그 이치는 같지 않았던 적이 없다."

주희는 또 말했습니다.

"하늘이 명하여 준 (사람의) 본성은 인의예지(仁義禮智)뿐이다. 어짊〔仁〕이라는 본성을 따르게 되면 부자간의 가까움〔親〕으로부터 백성을 사랑하고 일과 사물을 아끼는 것〔仁民愛物〕에 이르기까지 모든 것이 다 도리〔道〕이다. 의리〔義〕라는 본성을 따르게 되면 임금과 신하의 구분〔分〕으로부터 윗사람을 공경하고 훌륭한 사람을 높이는 것〔敬長尊賢〕에 이르기까지 (모든 것이) 또한 도리이다. 예의〔禮〕라는 본성을 따르게 되면 공경하고 사양하는 각종 예절은 모두 다 도리이며, 지혜〔智〕라는 본성을 따르게 되면 옳고 그름과 바르고 잘못됨〔是非邪正〕의 분별 또한 도리이다. 그래서 무릇 본성이라고 말하는 것은 단 하나의 이치라도 갖춰져 있지 않은 바가 없기 때문에 소위 도리라는 것은 (나의) 밖에서 구하기를 기다릴 필요가 없고 (내 안에) 갖춰져 있지 않은 바가 하나도 없다. (마찬가지로) 본성이라고 하는 것은 하나의 사물이라도 얻을 수 없는 바가 없기 때문에 소위 도리라는 것은 사람의 힘을 빌리지 않고서는 두루 통하지 않는 바가 없는 것이다."

주희는 또 말했습니다.

"하늘이 명한 바 본성과, 그런 본성을 따르는 도리는 다 자연스러운 이치로서 사람과 사물(혹은 일)이 같이 갖고 있는 것이다. (그중) 사람의 경우 비록 그 형체와 기운〔形氣〕을 바르게〔正〕 얻었다 하더라도 그것의 맑거나 탁함〔淸濁〕, 두텁거나 박함〔厚薄〕의 타고남〔稟〕에는 역시 차이가 없을 수 없는 것이다. 이 때문에 현명한 지혜〔智〕를 가진 사람은 간혹 도리를 잃고서 지나치게〔過〕 되고 (반대로) 우매하여 불초한 사람은 간혹 도리를 잃고서 제대로 미치지 못하게〔不及〕 되니, 이것에서 얻은 자는 또한

간혹 저것에서 잃지 않을 수·없게 되는 것이다. 오직 빼어난 이[聖人]의
마음이라야 맑고 밝고 깨끗하고 뒤섞임이 없어[淸明純粹] (성인에게서는)
하늘의 이치가 더없이 순수하여[渾然] (현명한 사람이나 불초한 사람에게
서 나타나는 바와 같은) 모자란 바가 하나도 없는 것이다. 따라서 빼어난
이의 도리를 표준으로 삼아 저들의 지나치고 모자란 것을 덜어주고 채워
주며[品節] 막아주고 모범을 제시해[防範] 세상에 가르침[敎]을 세워주
면 무릇 지나치거나 모자란 사람은 마침내 적중함[中]을 얻게 된다.

모름지기 친하고 소원함[親疎]의 등급[殺]¹¹을 정확히 판별하여 그에
맞도록 각각의 정을 다하도록 해준다면 사람을 사랑하는[仁=愛人] 가르
침이 설 수 있다. 또 (벼슬의) 높고 낮음[貴賤]의 등급[等]을 정확히 구분
지어 그에 맞도록 각각의 분수를 다하게 한다면 의리를 행하는[義] 가
르침이 행해질 수 있다. 그런 사람들을 위해 제도와 법도를 제정하여 그
들로 하여금 그것을 지키도록 하고 몸에서 잃지 않게 한다면 예를 행
하는[禮] 가르침을 얻을 수 있다. 또 그런 사람들을 위해 (한편으로는)
열어 밝혀 이끌어주고[開導] (다른 한편으로는) 금하고 막아서[禁止] 그
들로 하여금 구별은 하되 차별은 두지 않도록 한다면 지혜를 발휘하는
[智] 가르침이 밝아질 수 있다. 그러니 가르침은 또한 사람이 하늘로부
터 받은 것, 즉 본성으로부터 벗어나 사람의 힘으로 강제할 수 있는 것
이 아니다."

🌸　　신이 가만히 살펴보겠습니다. (『중용』에서) 자사가 말하
는 "하늘이 내려준 것, 즉 본성"은 (앞에서 본 바 있는) 탕왕이 말하는
"(하늘로부터) 내려받아[降] 지극정성을 다하는 마음[衷]"입니다. "본
성을 따른 것이 도리"라는 것과 "도리를 닦는 것이 가르침"이라는 말

은 곧 탕왕이 말한 "능히 임금이 될 수 있는 길을 열어주신다〔克綏闕猶惟后〕"는 것이니 옛 성인과 후대의 성현이 각각 밝혀낸 것이 마치 한 사람의 입에서 나온 것과 같습니다.

그리고 주희는 본성에 대해 말하기를 인의예지(仁義禮智)라고 했습니다. 주희는 또 따라야 할 도리〔道〕와 배워야 할 가르침〔教〕 역시 인의예지라고 했습니다. 주희의 이런 논의는 텅 비어 있음〔空寂〕을 본성〔性〕으로 보거나 비어서 아무것도 없는 것〔虛無〕을 도리〔道〕로 보는 불교나 노장의 학문, 그리고 형벌과 명예욕으로 공과 이익〔功利〕을 얻는 것을 가르침으로 삼는 관중(管仲)과 상앙(商鞅)의 무리들을 염두에 둔 것이라 하겠습니다. 누가 진짜이고 누가 가짜인지, 누가 맞고 누가 틀린지 명명백백하게 가릴 수 있지 않겠습니까?

1) 친척의 경우 부모, 삼촌, 사촌 식으로 친함의 거리가 점점 멀어져 가는 것을 말한다.

(『맹자』) 등(滕) 나라 문공(文公)이 세자 시절 초(楚) 나라로 가기 위해 송(宋) 나라를 지날 때 그곳에 머물고 있던 맹자를 찾아뵈었다. 이때 맹자는 세자에게 성선(性善), 즉 사람이 타고난 본성은 마땅히 좋다는 가르침을 주면서 말할 때마다 항상 요순(堯舜)을 사례로 들었다. 초나라에서 돌아오던 세자는 다시금 맹자를 찾아뵈었다. 이때 맹자는 말했다.

"세자께서는 내가 하는 말을 의심하십니까? 무릇 도리〔道〕란 하나일 뿐입니다. (옛날에) 성간(成覸)이라는 사람이 제(齊) 나라 경공(景公)에게 이르기를 '저도 장부이고 나도 장부이니 제가 어찌 그를 두려워하겠습니까'라고 했습니다. 또 (공자의 제자) 안연은 '순임금은 어떤 사람이고 나는 어떤 사람인가? 훌륭한 일(爲)을 하는 사람은 또한 얼마든지 순임금과 같을 수 있다'고 했습니다. (노(魯) 나라의 현인인) 공명의(公明儀)는 '(주공께서) '문왕(文王)은 나의 스승이다'라고 했으니 주공께서 어찌 나를 속였겠는가?'라고 했습니다. 지금의 등나라를 긴 곳은 자르고 짧은 곳은 보충하면 대략(將) 사방 50리 정도 되지만 (그렇게 작기 때문에 잘만 다스린다면) 오히려 (큰 나라들에 비해 훨씬 쉽게) 좋은 정치(善政)가 베풀어지는 나라가 될 수 있습니다. 『서경』에 이르기를 '만일 약을 먹었는데도 (낫는 과정에서 불가피한) 어지러움증(瞑眩)이 없으면 그 질병은 낫지 않는다'고 했습니다."[1]

1 『서경』 '열명'에 나오는 말이다. 독한 약은 질병에 효과가 있다. 따라서 어지러움이 있은 후에야 병은 치유될 수 있다.

정이가 말했습니다.
"본성은 곧 이치다. 천하의 이치는 그것이 비롯된 바의 근원으로 거슬러 올라가보면 좋지 않은 것(不善)은 하나도 없다. 기쁨, 성냄, 슬픔, 즐거움(喜怒哀樂)(과 같은 근본적인 감정들)이 (아직) 발현되지(發) 않았을 때에는 어찌 일찍이 좋지 않음이 있겠는가? 그리고 (그런 감정들이) 발현되어 절도(節)에 딱 적중하면(中)[1] 어딜 가건 좋지 않은 것이 없을 것이요, 발현되어 절도에 적중하지 않은 뒤에야 그것은 좋지 않음(不善)이 된다.

그러므로 무릇 좋고 나쁨[善惡]을 말할 때에는 언제나 좋음을 먼저 말한 이후에 나쁨을 말하고, 길흉(吉凶)을 말할 때에도 언제나 길한 것을 먼저 말한 이후에 흉한 것을 말하며 옳고 그름[是非]을 말할 때에도 언제나 옳음을 먼저 말한 이후에 그름을 말하는 것이다."

주희가 말했습니다.

"본성은 사람이 하늘로부터 살아가는 이치로서 받은 것이다. (이때는) 완전무결하게 지극한 좋음[至善]이기 때문에 애당초 거기에는 조금의 나쁨도 포함돼 있지 않다. 그래서 일반 사람들이나 요순이나 (그 본성의 측면에서) 처음에는 아주 작은 차이도 없다. 다만 일반 사람들은 사사로운 욕심에 빠져서 그 본성을 잃는 것이고, 요순은 사사로운 욕심에 의해 가려지는 바가 없기 때문에 능히 그 본성을 다할 수 있는 것이다. 따라서 맹자가 세자와 함께 이야기하면서 늘 본성의 좋음을 말할 때는 요순을 칭하여 그 실상을 보여준 것이다. 이는 곧 (맹자가 세자에게) 어짊과 의로움[仁義]은 자기 밖에서 구하려 해서는 안 되고 (맹자 자신 같은) 성인(聖人)도 (요순의 사례 등을) 배워서 거기에 도달할 수 있다는 것을 알게 하여 반드시 힘을 써야 할 곳에 게을리하지 않도록 일깨워주신 것이다."

주희는 또 말했습니다.

"당시 사람들은 본성의 근본이 좋다(혹은 선하다)는 것을 알지 못하여 성현(聖賢)을 따라 해봤자 거기에 미칠 수 없다고 생각했다. 그래서 세자도 (그들처럼) 맹자의 (처음 했던) 말씀에 대해 의심을 안 가질 수가 없어 다시 찾아와 만나고 싶어 했으니 이는 추정컨대 혹시라도 비근한 예로 쉽게 실천할 수 있는 이야기를 해주지 않을까 기대해서였다. 맹자는 이를 알고 계셨기에 이렇게 (상세한 예를 들어) 말씀하신 것이다."

주희는 또 말했습니다. "(맹자께서) '무릇 도리란 하나일 뿐이다'라는 말을 하신 것은, 옛날 사람이나 지금 사람이나, 아주 뛰어난 사람이나 어리석은 사람이나 본래 똑같은 하나의 본성을 갖고 있으니 앞서 이미 다 진술하여 더 이상 다른 이야기를 반복할 필요가 없다는 것을 명확히 하시기 위한 것이었다."

주희는 또 말했습니다.

"맹자께서는 이미 세자에게 도리는 두 가지가 될 수 없음을 말씀하셨고 이후에 다시 성간 등 세 사람의 말을 인용하여 그것을 명확히 해주신 것은 세자로 하여금 독실하게 믿고 힘써 행해야 하며 쓸데없이 다른 학설들을 구하지 못하게 하기 위함이었다."

또 주희는 말했습니다.

"등나라는 비록 작지만 오히려 (그렇기 때문에) 충분히 올바른 정치〔爲治〕를 할 수 있다. 다만 비근한 데 안주하여 스스로 이겨낼 수 없다면 나쁜 것들을 제거하고 좋은 것들을 행하지 못할까 봐 두려울 뿐이다. 맹자께서 본성을 말하는 것은 여기서 처음으로 등장하고 「고자장구(告子章句)」 편에 아주 소상하게 나온다. 그러나 (이 편만으로도) 묵묵히 익히고 두루 통하게 되면 (이미) 『맹자』 일곱 편 중에 이런 뜻을 담고 있지 않은 데는 한 곳도 없다. 예전의 성인들이 미처 드러내 밝히지 못한 것들을 넓혀주어 빼어난 이의 문으로 들어가는 데 공이 있으니 (위에서 보았던) 정자(程子-정이)의 말씀은 믿을 만하다."

신이 가만히 살펴보겠습니다. 본성은 좋은 것〔性善〕이라는 설은 정이와 주희〔程朱〕가 다 드러내어 밝혔습니다. 그들은 본성은 곧 이치〔性卽理〕라고 했습니다. 이에 대해서는 (그 이전의) 성현들이 아직 말하지 않았으니 이는 (정이와 주희 두 사람이) 만세에 걸친 본성의 표준[性之標準]을 말한 것입니다. 주희가 인의(仁義)를 말한 것은, 물론 그것이 가장 중요하기 때문이기는 하지만, 사실상 사단(四端) 전체를 말한 것이듯이 '일곱 편'(-『맹자』) 중에서 이런 뜻을 담지 않은 것은 아무것도 없습니다. (맹자가) 제왕이 소를 사랑하는 것을 끌어들여 그에게 왕도정치[王政]를 권했던 것 역시 '본성은 좋은 것[性善]'을 근거로 삼아 마땅한 도리를 끌어낸 것입니다. 이로써 저것을 미루어 헤아리는 것[推]은 다른 데서도 보시게 될 것입니다.

1) 이 말은 기뻐해야 할 때 기뻐하고, 성내야 할 때 성내고, 슬퍼해야 할 때 슬퍼하고, 즐거워해야 할 때 즐거워한다는 말이다.

(『맹자』) 맹자가 말했다. "사람은 누구나 남에게 차마 모질게 하지 못하는[不忍] 마음을 갖고 있다. (빼어난 선정을 베풀었던) 선왕들은 남에게 차마 모질게 하지 못하는 마음을 갖고서 이에 남에게 차마 모질게 하지 못하는 정사를 있게 하신 것이다. (따라서) 남에게 차마 모질게 하지 못하는 마음을 갖고서 남에게 차마 모질게 하지 못하는 정사를 행한다면 천하를 다스리는 일은 가히 손바닥 위에 놓고 움직이는 것과 같을 것이다.

(내가) 사람은 누구나 남에게 차마 모질게 하지 못하는 마음을 갖고 있다고 말한 이유는 (만약에) 지금 당장 어떤 사람이 갑자기 어린 아기

가 (뭘 모르고) 장차 우물로 들어가려는 것을 보았을 때 누구나 두려운 마음에 깜짝 놀라서 불쌍해하는 마음[惻隱之心]을 갖는다. (이런 마음을 갖는 이유는) 어린 아기의 부모와 (장차 반대급부를 기대하여) 가까운 친분[内交=納交]을 맺으려 해서도 아니고 주변 사람들이나 친구들로부터 명예를 얻기 위해서도 아니며 (피도 눈물도 없다는) 원성을 듣게 될까 봐 꺼려해서 그렇게 하는 것도 아니다.

이를 바탕으로 해서 살펴볼 때 불쌍해하는 마음이 없으면 사람이라 할 수 없고, (자신의 잘못을) 부끄러워하고 (남의 잘못을) 미워하는 마음[羞惡之心]이 없으면 사람이라 할 수 없고, 사양하고 남에게 넘겨주는 마음[辭讓之心]이 없으면 사람이라 할 수 없고, 옳고 그름을 제대로 가리는 마음[是非之心]이 없으면 사람이라 할 수 없다.

불쌍해하는 마음은 어짊[仁]의 실마리[端]요, (자신의 잘못을) 부끄러워하고 (남의 잘못을) 미워하는 마음은 의로움[義]의 실마리요, 사양하고 남에게 넘겨주는 마음은 예의나 예절[禮]의 실마리요, 옳고 그름을 제대로 가리는 마음은 사람과 일을 아는 것[知=智]의 실마리다.

사람이 이 네 가지 실마리를 갖고 있다는 것은 마치 사람이 사지를 갖고 있는 것과 같다고 할 수 있다. (그래서) 이 네 가지 실마리를 갖고 있으면서도 스스로 나는 (인의예지를 행하는 데) 능하지 않다고 말하는 자는 자기 자신을 해치는 사람이요, 자신의 군주가 (인의예지를 행하는 데) 능하지 않다고 말하는 자는 그 군주를 해치는 자이다.

무릇 네 가지 실마리가 나에게 있는 것을 모두 넓혀서 채워줄 줄 안다면 (이는) 마치 불이 처음 타오르는 것과 같고 또 샘이 처음에 솟아 나오는 것과 같다. 만일 능히 이 네 실마리를 잡아서 나를 채운다면 온 천하[四海]라 하더라도 감싸 안을 만큼 넓어질 것이고, 만일 (그것으로 나를) 제대로 채우지 못한다면 부모님도 제대로 섬기지 못할 것이다."


주희가 말했습니다.

"하늘은 만물을 낳으면서 각각에 하나씩의 본성〔一性〕을 부여했지만,
본성은 사물에 있는 것이 아니다. 이 말은 곧 하나의 이치가 나에게 있다
는 뜻일 뿐이다. 따라서 본성이 (용(用)이 아닌) 체(體)가 되는 까닭도 오직
인의예지신(仁義禮智信) 다섯 가지가 있어서이지 세상의 이치가 이로부터
나오기 때문은 아닌 것이다. 다섯 가지 중에서 이른바 믿음〔信〕은 속이 꽉
차고 거짓이 전혀 없는〔眞實無妄〕 이치다. 인의예지신 모두 속이 꽉 차고
거짓이 전혀 없다. 그래서 믿음〔信〕에 대해서는 따로 말할 필요가 없다.

인의예지(仁義禮智) 네 가지는 그 안에 각각 분별되는 바를 갖고 있어
판별해 낼 수 있다. 대개 어짊〔仁〕은 따스하고 화합하며 인자하고 사랑하
는〔溫和慈愛〕 이치이고, 의리〔義〕는 결단하고 제어하고 마름질하고 나누
는〔斷制裁割〕 이치이고, 예의〔禮〕는 공손하고 삼가며 눌러주고 마디마디
잡아주는〔恭敬撙節〕 이치이며, 지혜〔智〕는 나누어 구별하고 옳고 그름을
가리는〔分別是非〕 이치이다.

무릇 이 네 가지는 사람의 마음에 갖춰져 있어 본성의 타고난 틀〔體〕이
라 바야흐로 그것이 아직 발현되지 않았을 때〔未發〕에는 고요하여〔漠然〕
그 형태를 눈으로 볼 수 있는 것이 없지만 일단 그것이 발현되어 작용이
시작되면〔用〕 어짊은 측은이요, 의리는 수오요, 예의는 공경이요, 지혜는
시비가 되니 이것들이 이른바 사정〔情〕이다.

이른바 실마리〔端〕라고 하는 것은 어떤 것이 사물에 들어 있는데 눈
에는 안 보이지만 반드시 그것을 실마리로 해서 겉으로 발현이 된 후에

는 볼 수도 있고 찾을 수도 있다. (따라서) 본성의 이치란 (처음에는) 형태가 없다가 발현이 되면 체험을 할 수 있다. 그래서 그 측은을 단서로 거기에 어짊이 있다는 것을 반드시 알게 되고, 그 수오를 단서로 거기에 의리가 있다는 것을, 공경을 단서로 예의가 있다는 것을, 시비를 단서로 지혜가 있다는 것을 반드시 알게 된다. 마음 안에[內] 본래부터 옳음[是]이
내            시
들어 있지 않다면 무엇으로써 밖에 있는 것이 옳다는 것을 알 수 있겠는가? 밖에 있는 것이 옳다고 할 수 있는 이유는 반드시 그 옳다는 이치가 내 안에 있기 때문이니 결코 헷갈릴 필요가 없다.

　인의예지는 이미 각각의 경계를 명확히 갖고 있으니 그 네 가지 중에서 어짊과 의로움[仁義]이 서로 맞서면서도 앞자리를 차지하고 있다는 것
인의
을 반드시 알아야 한다. 대체로 어질면 어질고 예의란 어짊이 드러난 것이다. 의로움은 의롭고 지혜는 의로움을 간직하고 있는 것이다. 이는 마치 봄, 여름, 가을, 겨울이 (서로 경계가 명확한) 사계절을 이루지만 그 실상을 보면 하나의 음과 하나의 양[一陰一陽]에 지나지 않는 것과 같다. 봄과 여
일음 일양
름은 둘 다 양에 속하고 가을과 겨울은 둘 다 음에 속한다. 고로 말하기를 하늘의 도리를 세운다[立]는 것은 음과 양[陰陽]이요, 땅의 도리를 세
입                   음양
운다는 것은 부드러움과 굳셈[柔剛]이요, 사람의 도리를 세운다는 것은
유강
어짊과 의로움[仁義]을 뜻한다. 의로움은 비록 (어짊과) 대립하면서 둘 중
인의
하나를 이루고 있지만 어질면 생명의 뜻을 살아가게 하는 것이니 그것이 실은 네 가지의 속을 두루 관통하고 있다. 따라서 어짊이라는 것은 인
(仁)의 본체요, 예(禮)는 인의 끊어내고 빛냄[節文]이요, 의(義)는 인의 결
절문
단하고 제어함[斷制]이요, 지(智)는 인의 나누고 구별함[分別]이니 정확
단제                              분별
히 봄의 생기가 사계절을 관통하고 있는 것과 일치한다. 봄이란 봄의 생
겨남[生]이요, 여름은 봄의 자라남[長]이요, 가을은 봄의 거두어들임[收]
생                      장                        수

이요, 겨울은 봄의 간직해 둠〔藏〕이다. 그래서 정자는 말하기를 '사덕의 으뜸〔元〕은 오상(五常)의 인(仁)과 같아서 한 가지로만 말하면〔偏言〕 하나의 일이요, 오로지 하나로 말하자면〔專言〕 (원형이정) 네 가지를 다 포함한다'고 했으니 바로 이것을 말하는 것이다. 네 가지에서 둘이 되고 둘에서 하나가 되면 그것은 통합되어 근원〔宗〕을 갖게 되고 다 모여 으뜸〔元〕을 갖게 되니 하늘과 땅의 이치는 확고하도다."

　　　　신이 가만히 살펴보겠습니다. 주희의 사단(四端)에 관한 설은 대개 선유(先儒-맹자)가 미처 다 드러내지 못했던 것을 최대한 밀고 간 논의입니다. 남에게 차마 모질게 하지 못하는〔不忍〕 마음이라는 것은 하늘과 땅이 살아 있는 것들로 마음을 삼고 만물을 생겨나게 하며, 그 만물은 각각 천지 생물의 마음을 얻게 됨으로써 마음이 되는 것이니 그 때문에 사람은 누구나 남에게 차마 모질게 하지 못하는 마음을 갖고 있는 것이 지극하다고 말한 것입니다.

　무릇 하늘과 땅의 조화는 인간의 행동이 가해진 것 이외의 다른 것이 아닙니다. 바로 그 때문에 살아 있는 것〔生物〕이 곧 일〔事〕인 것입니다. 모름지기 봄, 여름, 가을, 겨울과 옛날은 가고 지금은 오는 것을 살펴볼 때 거기에는 생명을 향한 의지〔生意〕[1]가 흐르고 있으니 어찌 일찍이 어느 한순간이라도 끊어짐이 있겠습니까? 하늘과 땅의 마음은 이에서 볼 수 있으니 만물의 생명〔生〕은 이미 하늘과 땅의 생의(生意)를 따라서 그 안에서 나오는 것입니다. 그렇기 때문에 만물은 다 이런 이치를 그 안에 갖추고 있는데 어찌 하물며 사람이 최고의 영물인데 마땅히 남에게 차마 모질게 하지 못하는〔不忍〕 마음을 갖고 있지 못하다고 하겠습니까?

그런데 사람은 이런 마음을 갖고 있음과 동시에 그 사이에 종종 사사로운 욕심(私欲)을 갖게 되어 그 마음을 제대로 쓰는 데(用) 이를 수가 없는 것입니다. 오직 빼어난 사람(聖人)만이 온전하게 본심을 유지하면서 거기에 사사로운 욕심이 조금도 끼어들지 못하게 할 수 있습니다. 그래서 이것을 갖고 있는 것이 어진 마음(仁心)이고 이것을 널리 펴면 어진 정치(仁政)가 되는 것입니다. 자연스럽게 흘러나와서 한쪽으로 쏠리지 않고 지나침은 막으니 천하가 비록 크다고는 하지만 이런 마음으로써 운행하니 여유가 있는 것입니다.

　맹자는 사람들이 스스로 믿지 못하는 것을 걱정하여 쉽게 알 수 있도록 하기 위해 아주 생생한 주변의 사례를 들어 풀이하고 있습니다. 어린 아기가 뭘 모르고서 장차 우물로 들어가려는 것을 갑자기 보게 된 사람은 그가 똑똑하건 어리석건 관계없이 모두 다 찢어지는 듯하게 아픈 마음을 갖게 되는 것이니 바야흐로 이런 마음이 돌연 생겨난 그 순간에는 (어린 아기의 부모로부터 장차 반대급부를 기대하여) 가까운 친분(內交=納交)을 맺으려 해서도 아니고 명예를 얻기 위해서도 아니며 어질지 못하다는 비난을 피하려고 그렇게 하는 것도 아닙니다. 창졸지간이라 이리저리 안배할 수도 없고 겉모양만 꾸며낼 수도 없이 하늘이 준 본성이 명하는 대로 절로 움직일 뿐이니 이것이 이른바 참된 마음(眞心)입니다. (하늘이) 사람의 모양을 빚어내면서 어찌 이런 마음을 심어주지 않았겠습니까? 만일 이런 마음이 없다면 그건 사람이라고 할 수 없을 것입니다. 그런데 이른바 아무것도 없는 것이 어찌 진실로 그러할 수 있겠습니까? 사욕이 그것을 가리고 막아서 그 본래의 진면목을 잃었을 뿐입니다. 맹자가 처음에 불쌍해하는 마음(惻隱之心)을 말하고 그에 이르러 곧장 (자신의 잘못을) 부끄러워하고

(남의 잘못을) 미워하는 것, 사양하고 남에게 넘겨주는 것, 옳고 그름을 제대로 가리는 것을 말한 것은 대개 어짊〔仁〕이 여러 가지 좋은 것들 중에서도 가장 중요하기 때문이요, 불쌍해하는 바가 있으면 나머지 세 가지는 절로 그것을 따르는 것이니 불쌍해하는 바가 없다면 나머지 세 가지 역시 어찌 있을 수 있겠습니까? 무릇 사지(四肢)는 사람에게 반드시 있어야 하는 것처럼 사단(四端) 역시 그러한 것인데 몽매한 사람은 이를 살피지 못하고서 스스로 할 수 없다고 여기니 이는 그 몸을 그르치는 것이요, 또 우리 임금은 그렇게 할 수 없다고 말하는 것은 그 임금을 그르치는 것입니다. 해치는 것 혹은 그르치는 것〔賊〕은 어짊을 그르친다, 의리를 그르친다고 할 때의 그 그르침이니 말이 재앙과 피해를 가져옴이 그만큼 심하다는 뜻입니다.

그런데 인의예지(仁義禮智)는 그 크기가 대단히 크고 그 실마리는 대단히 미미하여 만일 그 실마리를 미루어 헤아려 넓히지 못한다면 무엇으로써 그 큰 크기를 다 채울 수 있겠습니까? 반드시 그 미미한 단서〔微〕를 찾아내어 그것을 더욱 발전시키고 넓혀 사람의 욕심이 그것을 가로막지 못하게 해야만 하늘과도 같은 이치〔天理〕가 마침내 얻어져 세상에 퍼지게 됩니다. 이는 마치 처음에 당겨진 불이 점점 타올라 휘황찬란하게〔煌煌〕 빛나게 되고, 샘의 물이 흘러가면서 점점 늘어나 광활하게 흘러내려가는 것과도 같습니다.

인의예지(仁義禮智)가 그 본연의 크기를 거의 다 채우게 되면 이루 다 쓸 수가 없을 정도가 될 것입니다. 만일 그 크기를 채우지 못하여 하늘과도 같은 이치는 바야흐로 싹으로만 남아 있고 인욕이 그것을 가로막아 억누르게 되면 이 싹은 순식간에 사라지고 바야흐로 통달한 자도 즉시 막히게 되니 그러면 더욱 숨고 싶고 더욱 작아지고 싶어

집니다. 그래서 비록 남들에게 차마 모질게 못하는 마음이 있다 하더라도 반드시 남들에게 차마 모질게 못하는 정치가 있게 되는 것은 아닌 것입니다.

무릇 사단(四端)은 사람에게 있으니 하나입니다. 그것을 채우면 족히 사해(四海)를 지킬 수 있고 채우지 못하면 부모도 섬길 수 없습니다. 이로써 제왕의 통치란 천하에 빛을 드리워 (백성들이) 다움을 크게 입고 바다 귀퉁이까지도 다 따르게 하는 것인데 후세의 임금들 중에는 혹 천하가 크다는 이유로 자신의 부모의 마음을 기쁘게 하지 못했고, 혹 음악과 여색을 가까이 하고 참소를 믿어 배우자를 축출하고 자식을 죽이는 데까지 이르렀으니 모두 다 이 사단이 채워졌느냐 채워지지 않았느냐의 문제일 뿐입니다. 이 장의 말하고자 하는 핵심은 사람의 본래 마음의 바름〔正〕을 아는 데 있습니다. 그리고 그것을 미루어 헤아리고 실천의 범위를 넓혀 사해를 지키는 데 이르면 그것이 곧 자연스러운 효험입니다. 사단의 설(說)은 비록 맹자에게서 처음 나온 것이지만 조리 있게 계통을 정리한 것은 주희에 이르러 크게 밝혀진 것이라 하겠습니다.

폐하께서는 성명(聖明)이 아름다우시고 탐구하기를 좋아하시니 이에 힘쓰신다면 천하가 크게 다행스러울 것입니다.

1) 『한국민족문화대백과사전』의 설명에 따르면 "'생의'라는 개념은 정호에 의해서 만들어진 것이지만, 그 연원은 『주역』「계사(繫辭)」의 생철학적(生哲學的) 자연관에 소급된다. 「계사」에서는 '대자연의 큰 다움을 생(生)이라 한다〔天地之大德曰生〕'고 하여 부단한 생성이 대자연의 다움인 만큼, 임금이 된 자는 그 다움을 이어받

아 민생을 보위하는 인정(仁政)으로써 자신의 지위를 지켜 나아 가야 한다고 언명했다. 「계사」에 내포된 이 같은 생철학적 우주관과 그에 근거한 윤리설은 근세 성리학의 이론 체계를 구축하는 데 큰 영향력을 미쳤다"고 한다.

(『맹자』) 고자(告子)[1]가 말했다.

"사람의 본성(性)은 키버들나무(杞柳)와 같고 의리(義)는 그것을 휘어서 만든 술잔들(桮棬)과 같습니다. (그래서) 사람의 본성을 어짊과 의로움(仁義)을 행하도록 인도하는 것은 마치 키버들나무를 이용해 술잔들을 만드는 것과 같다고 할 수 있습니다."

이에 맹자가 말했다.

"그대는 키버들나무의 본성(혹은 성질)을 그대로 둔 채 (즉 나무를 살려둔 채) 술잔을 만드는가? 그렇지 않으면(將=牂) 키버들나무(의 본성)를 해친 뒤에야 술잔을 만드는가? 만일(如) 키버들나무(의 본성)를 해쳐서 술잔을 만든다면, 사람도 역시 죽이거나 해쳐서 어짊과 의로움(仁義)을 행하도록 인도할 것인가? 세상 모든 사람들을 끌고 다니면서 어짊과 의로움을 해치는 것이 있다면 그것은 반드시 그대의 이 말일 것이다."

신이 가만히 살펴보겠습니다. 고자의 설은 대체로 사람

의 본성에는 원래 어짊과 의로움이 없기 때문에 반드시 힘을 써서 억지로라도 하게 해야 하는 것이 마치 키버들나무가 본래부터 술잔에 적합하지는 않기 때문에 반드시 그것을 바로잡거나 휘어지게 한 이후에야 술잔을 만들 수 있는 것과 같다는 것이니, 아! 이치에 대한 그 몽매함이 얼마나 심하다고 (아니) 하겠습니까?

　무릇 어짊과 의로움〔仁義〕은 사람의 본성〔性〕인데 고자는 여기서 "사람의 본성을 어짊과 의로움을 행하도록 인도한다"고 말했습니다. 만일 (실상이 정말 고자의 말처럼) 이와 같다고 한다면 본성은 그 자체로 본성이요, 어짊과 의로움은 그 자체로 어짊과 의로움이라는 말이니 이게 무슨 뜻입니까?[2] 무릇 (고자의 논리에 입각해) 키버들나무로써 술잔을 만들려면 반드시 나무를 쳐내어 자르고 또 그것을 휘고 꺾어야만 겨우 완성할 수 있습니다.

　자, 사람이 어짊과 의로움을 행하는 것은 그 본성의 고유함 때문이니 겨우 걸음마를 뗀 어린아이라도 다 부모를 사랑하는 것을 알고 있는 것이 곧 이른바 어짊〔仁〕이요, 그 아이가 자라게 되면 다 형을 삼가 공경하게 되는 것이 곧 이른바 의리〔義〕입니다. 그런데 여기에 무슨 억지로 힘을 가하여 바로잡거나 휘게 하는 (외부의) 힘이 있겠습니까? 만일 고자의 말이 (옳다 하여) 행해지게 되면 세상 사람들은 반드시 "어짊과 의로움이란 장차 사람을 해치는 일〔物=事〕이고 장차 두려워하고 꺼려서 반드시 해서는 안 될 일이다"라고 할 것이니 이것이야말로 천하를 이끈다고 하면서 어짊과 의로움을 해치는 것이 될 것이고, 그것이 앞으로 가져올 재앙은 이루 다 헤아릴 수 없을 것입니다. 바로 이 점이 맹자가 고자의 말도 안 되는 설을 용납하지 않은 까닭입니다.

1) 중국 전국시대 제나라의 사상가로, 이름은 불해(不害)다. 한때 맹
   자에게 배웠으며, 인간의 본성에 관해 맹자와 논쟁을 벌였다.
2) 여기서는 본성과 인의를 분리해 보는 고자의 견해를 비판하고 있다.

(『맹자』) 고자가 말했다.

"인간의 본성은 물살이 거센 여울[湍水]과 같습니다. 그것을 동쪽으
로 터주면 동쪽으로 흐르고 서쪽으로 터주면 서쪽으로 흐릅니다. 사람
의 본성에 좋음[善]과 좋지 못함[不善]의 구분이 없는 것은 마치 흐르
는 물 자체에는 동쪽과 서쪽이 없는 것과 같습니다."

이에 맹자가 말했다.

"물은 진실로 동서의 구분이 없다. 그러나 위아래[上下]의 구분도 없
는가? 인간의 본성이 좋은 것은 마치 물이 아래로 흘러내려가는 것과
같다. (원래) 사람치고 선량하지 않은 사람은 없고, 물치고 아래로 흘러
내려가지 않는 물은 없다.

지금 (손바닥으로) 물을 내리쳐서 튀어 오르게 한다면 사람의 이마
위로도 넘어가게 할 수 있고, 물을 가로막아 역류케 하면 물을 산 위로
도 끌어올릴 수 있겠지만 이것이 어찌 물의 본성이라 하겠는가? 그 형세
(勢) 때문에 그렇게 되는 것이다. 사람도 (상황에 따라) 선하지 못한 짓
을 할 수 있겠지만 그 본성은 역시 물의 본성과 같다."

신이 가만히 살펴보겠습니다. 고자는 키버들나무의 비유가 맹자에 의해 논파되자 이번에는 그 설에 약간의 변화를 주어 거센 여울의 비유를 들고 나오는데, 대체적으로 이전의 설은 전적으로 사람의 본성이 나쁘다는 것이었고 이번에는 좋을 수도 있고 나쁠 수도 있다고 말합니다. 그러나 물을 끌어들여 자신의 주장을 내세우고는 있지만 고자는 물의 본성이 일찍이 아래로 흘러내려가지 않은 적이 없다는 것은 모르고 있습니다. 비록 물을 내리치면 사람의 이마 위로도 넘어가고 가로막으면 산 위로도 올라가서 잠시 동안은 물의 (아래로 향하는) 본성을 어길 수 있겠지만 최종적으로는 그 본성을 뒤집는 것은 불가능합니다. 사람이 좋지 못한 일〔不善〕을 하는 것은 얼마든지 있을
<sub>불선</sub>
수 있습니다. 그러나 그런 짓을 하는 까닭은 종종 물욕에 미혹되고 이해관계에 이끌린 때문이지 원래 타고난 본성 때문이 아닙니다.

따라서 아무리 어리석고 무지한 사람이라도 (본성을 지적하여) 악랄하다고 욕하거나 도둑놈이라고 배척한다면 얼굴빛이 변하지 않을 사람은 거의 없을 것이고, 어린아이가 우물로 기어들어가려는 것을 보았을 때 역시 놀라서 불쌍해하는 마음이 들어 그 아이를 구하려 하지 않는 사람은 없을 것입니다. 그래서 주희는 인간의 본성은 원래 좋은 것이니 그 본성을 따르면 좋지 않은 바가 없게 되고 원래 나쁜 것이 없으니 그것을 거스른 후에야 나쁜 짓도 하게 되는 것이라 했고, 또 이는 원래부터 아무것도 정해진 바가 없다는 것이 아니고 그 행하는 바에 못할 짓이 없다고 했습니다. 주희의 이 말은 사람의 본성에 관해 남김없이 다 풀어낸 것〔盡〕이라 하겠습니다.
<sub>진</sub>

(『맹자』) 공도자(公都子)가 말했다.

"고자는 '본성은 좋은 것[善]도 없고 좋지 않은 것[不善]도 없다'고 했습니다.

또 어떤 사람은 '본성은 좋을 수도 있고 좋지 않을 수도 있다. 그러므로 문왕(文王)과 무왕(武王)이 일어나면 백성들은 좋은 것을 좋아할 것이고, 유왕(幽王)과 여왕(厲王)이 일어나면 백성들은 포악함(즉, 좋지 않은 것)을 좋아할 것이다'라고 했습니다.

그리고 또 다른 어떤 사람은 '본성이 좋은 사람도 있고 본성이 좋지 않은 사람도 있다. 그러므로 요임금이 다스릴 때에도 (자기 형을 죽이려 했던) 상(象)과 같은 나쁜 동생과 고수(瞽瞍)와 같은 나쁜 아버지에게서 순임금이 있었고, 주왕(紂王)을 형의 아들로 두고서 또 그를 임금으로 모셨는데도 미자(微子) 계(啓)와 왕자(王子) 비간(比干)이 있었다'고 했습니다.

지금 (스승님께서는) 말씀하시기를 본성은 좋다고 하셨습니다. 그렇다면 저들은 모두 틀렸습니까?"

이에 맹자가 말했다.

"그 상황이나 사정[情]으로 보면 좋게 될 수 있다는 것으로, 이것이 내가 인간의 본성은 좋다고 하는 이유다. 어떤 사람이 좋지 못한 짓을 하게 되는 것은 그 사람의 타고난 근본 바탕[才]이 잘못[罪]돼서가 아니다. 불쌍해하는 마음[惻隱之心]은 모든 사람들이 다 갖고 있고, (자신의 잘못을) 부끄러워하고 (남의 잘못을) 미워하는 마음[羞惡之心]도 모든 사람들이 다 갖고 있고, 윗사람을 공경하는 마음[恭敬之心 = 辭讓之心], 사양하고 남에게 넘겨주는 마음도 모든 사람들이 다 갖고 있

고, 옳고 그름을 제대로 가리는 마음〔是非之心〕도 모든 사람들이 다 갖
고 있다. 불쌍해하는 마음은 어짊〔仁〕에 속하고, (자신의 잘못을) 부끄
러워하고 (남의 잘못을) 미워하는 마음은 의리〔義〕에 속하고, 윗사람을
공경하는 마음은 예의〔禮〕에 속하고, 옳고 그름을 제대로 가리는 마음
은 지혜〔智〕에 속한다. 인의예지(仁義禮智)는 외부에서 나에게 파고든
〔鑠=銷〕 것이 아니라 내가 원래 갖고 있는 것인데 (사람들이) 미처 생각
하지 못했을 뿐이다. 그렇기 때문에 '구하면 얻고 버리면 잃는다'고 말
하는 것이다. (구하는 사람과 버리는 사람) 이 들의 차이는 두 배, 다섯
배 또는 셀 수 없을 만큼 커지게 되는데 그 이유는 자신의 타고난 바탕
〔才=본성〕을 온전히 다 발휘〔盡〕하지 않기 때문이다.

『시경』에 이르기를 '하늘이 뭇 백성을 낳으셨으니 / 사물이 있으면 그
법도〔則〕가 있도다. / 백성들은 마음속에 변치 않는 도리를 갖고 있기에 /
이 아름다운 다움을 좋아하는도다'라고 했다.

공자는 말하기를 '이 시를 지은 사람은 아마도 도리〔道〕를 아는 사람이
었나 보다. 사물이 있으면 반드시 그 법도가 있고 백성들은 마음속에 변
치 않는 도리를 갖고 있으니 이 때문에 이 아름다운 다움을 좋아하게
된다'라고 했다."


주희가 말했습니다.

"그 사정〔情〕이라는 것은 본성이 움직인 것〔動〕이다. 사람의 사정은 본
래 다만 좋은 일을 행할 수 있고 나쁜 일은 행할 수 없으니 본성은 본래
부터 좋은 것이라는 것을 알 수 있다."

또 말했습니다.

"사람의 근본 바탕[才]이란 마치 나무의 재질과 같으니 사람의 능력이다. 사람이 이런 본성을 갖고 있으면 곧 이런 근본 바탕을 갖고 있는 것이니 본성이 이미 좋으면 근본 바탕 또한 좋다. 사람이 좋지 못한 일을 행하는 것은 바로 물욕에 빠져서 그러한 것이지 그 근본 바탕의 죄는 아니다."

또 말했습니다.

"사물이나 일이 있으면 반드시 도가 있는 것은 마치 귀와 눈이 있으면 귀 밝고 눈 밝은 다움[德]이 있고, 아버지와 아들이 있으면 자애로움과 효도의 마음이 있는 것과 같으니 이것은 사람들이 마땅히 잡고 있어야 하는 오래가는 본성[常性]이다. 따라서 사람의 사정이 이 아름다운 다움[懿德]을 좋아하지 않는 자가 없는 것이다. 이로써 본다면 사람의 본성이 좋다는 것을 볼 수가 있으니 공도자가 물어본 세 가지 설은 모두 다 (굳이) 변론하지 않더라도 자명한 것들이다."

신이 가만히 살펴보겠습니다. 공도자는 고자에게 배운 자입니다. 그래서 본성은 좋다는 것이라는 설을 틀렸다고 보고서 세 가지 설을 동원해 맹자를 반박하려 한 것입니다.

그러나 맹자는 그것에 대해 변론을 하지 않고 본성을 찾아내는 것만을 이야기했습니다. 무릇 이른바 본성이라는 것은 인의예지(仁義禮智)뿐인데 그것이 발현되기 전에는 아무런 조짐도 눈으로 볼 수 없습니다. 오직 외부와 느낌을 갖게 되어 움직이게 되면 불쌍해하게 되고[惻隱], 부끄러워하고 (남의 잘못을) 미워하게 되고[羞惡], 사양하고 남에게 넘겨주게 되고[辭讓], 옳고 그름을 제대로 가리게 되어[是非] 그런 연후에야 비로소 본성의 본모습을 인식할 수 있게 됩니다.

무릇 이 네 가지는 (드러난) 사정[情]이고 그 본모습은 본성[性]이니 그로 말미암아 본성은 좋은 것입니다. 따라서 본성이 발하여 사정이 되는 것 또한 좋은 것이니 사정이 좋고 본성이 좋다는 것을 알 수 있게 됩니다. 모름지기 좋은 것은 본성이고 좋은 일을 잘할 수 있는 것은 본바탕〔才〕이니 본성이라 하는 것은 본체〔體〕로써 말한 것이고 본바탕이라 하는 것은 쓰임〔用〕으로써 말한 것입니다. 본바탕이란 원래부터 좋은 일을 행할 수 있고 나쁜 일은 할 수 없는 것인데 지금 이에 좋지 못한 것을 행하는 데 이르게 된 것이 어찌 본바탕의 죄이겠습니까? 탐닉이 그렇게 만든 것입니다.

무릇 그 네 가지 마음이란 사람마다 모두 갖고 있는 것이니 그로 말미암아 인의예지(仁義禮智)의 본성이 갖춰지는 연유도 그런 것입니다. 녹이다, 파고들다〔鑠〕 하는 것은 불로 쇠를 녹이는 것〔銷〕을 말하는 것이니 불이 쇠를 녹이는 것은 외부로부터 내부로 들어오는 것입니다. 그런데 본성은 내가 고유하게 갖고 있는 것이지 외부로부터 오는 것이 아닙니다. 따라서 오로지 사람이 자기 안에서 생각지〔思〕 않고 구하려〔求〕 하지 않는 것을 걱정할 뿐입니다. 무릇 외물을 구하되 얻지 못하는 것은 그것이 외부에 있기 때문이지만 본성은 내 안에 있는 것에서 구하는 것이니 어찌 얻을 수 없는 것이 있겠습니까?

원래의 본바탕〔才〕은 그 크기가 무한하니 천하의 좋음이 극에 이르러 할 수 없는 것이 아무것도 없습니다. 지금 좋음과 나쁨이 서로 거리가 멀어진 것은 그 본바탕을 다하지〔盡〕 못했기 때문입니다. 생각하라〔思〕 하고 구하려 하라〔求〕 하고 다하려 하라〔盡〕고 했으니 이것이 바로 맹자가 사람들을 가르치려고 공력을 다한 요체입니다. 증민(蒸民)의 시는 그 설이 이미 저 앞 장에서 나왔고 그에 부합하는 내용을 지금 볼 수 있는 것입니다.

(『맹자』) 조교(曹交)[1]가 말했다.

"사람은 누구나 요순처럼 (성인이) 될 수 있다고 하는데 정말 그런 말이 있습니까?"

이에 맹자는 "그렇습니다"라고 답했다. 다시 조교가 말했다.

"제가 듣기로 문왕은 키가 열 자〔尺〕였고 탕왕은 아홉 자라고 했습니다. 지금 저는 키가 아홉 자 네 치〔寸〕나 되는데 양식〔粟〕만 축내고 있을 뿐이니 어떻게 하면 되겠습니까?"

맹자가 말했다.

"(요순처럼 되는 문제가) 어찌 거기에 달려 있겠습니까? 다만〔亦〕 (요순의 도리를) 힘써 행하기만 하면 됩니다. 여기에 어떤 사람이 있는데 그 사람이 (스스로) 힘으로 한 마리 오리새끼〔雛〕를 제압할 수 없다(고 생각한다)면 그는 무력한 사람이 되는 것입니다. (그런데) 이제 말하기를 삼천 근〔百鈞〕이라도 들겠다고 하면 그는 곧 힘센 사람이 됩니다. 그렇다면 (옛날 진(秦) 나라 무왕(武王) 때의 천하장사) 오확(烏獲)이 들었던 무게의 짐을 든다면 그 역시 오확이 될 수 있습니다. 무릇 사람들은 어찌 해낼 수 없음〔不勝〕을 걱정합니까? (진정 걱정해야 할 것은) 시도조차 하지 않으려는 것〔弗爲〕뿐입니다.

천천히 걸어서 어른보다 뒤에 가는 것을 공순〔弟〕하다 하고 빨리 걸어서 어른보다 앞서 가는 것을 공순치 못하다고 합니다. 그런데 천천히 걸어가는 것이 어찌 사람이 능히 할 수 없는 것이겠습니까? 하지 않는 것입니다. 요순의 도리는 효도와 공순〔孝弟〕일 뿐입니다.

당신께서 만일 요임금의 옷을 입고 요임금이 했던 말을 달달 외워서 하고 요임금이 했던 행실을 그대로 한다면 당신이 곧 요임금이요, 당신께서 걸왕의 옷을 입고 걸왕이 했던 말을 달달 외워서 하고 걸왕이 했던 행실을 그대로 한다면 당신이 곧 걸왕입니다."

조교가 맹자에게 말했다.

"제가 (맹자의 고국인) 추(鄒) 나라의 군주를 뵈올 수 있게 되면 숙소〔館〕를 빌릴 수 있을 것 같은데 (그리되면) 거기서 머물면서 선생의 문하에서 수업을 받고 싶습니다."

이에 맹자가 말했다.

"무릇 도리〔道〕는 큰길과 같으니 어찌 찾기가 어렵겠습니까? 사람들의 고질병은 도리〔道〕를 구하려 하지 않는 것뿐입니다. 당신이 돌아가서 구하려고만 한다면 스승은 얼마든지 있을 것입니다."

신이 가만히 살펴보겠습니다. 사람은 누구나 요순이 될 수 있다는 것은 혹 옛말에도 나오고 혹 맹자가 일찍이 말했던 것인데 조교가 의심을 품고서 묻자 맹자는 "그렇습니다"라고 답했습니다. 그것은 반드시 그렇기 때문이었습니다. 이에 조교는 외형상으로는 뛰어난데도 재능이 부족함을 들어 스스로를 낮췄습니다. 무릇 빼어난 이〔聖人〕가 빼어난 이인 이유가 어찌 외형을 지칭해서이겠습니까? 사람은 누구나 다 이런 본성을 갖고 있기 때문에 모두 다 요순이 될 수 있는데 그만이 홀로 그렇게 할 수 없음을 걱정했을 뿐입니다.

또 (맹자가) 무거운 것을 드는 비유를 들어 오확이 감당할 수 있는 것을 능히 해낼 수 있다면 얼마든지 오확이 될 수 있다고 했으니 만일 요순이 했던 일을 능히 할 수 있다면 어찌 요순이 될 수 없겠습니까? 힘의 강약은 유한하기 때문에 해낼 수 없음을 걱정하는 것은 있을 수 있는 일입니다만 만일 본성의 좋음에는 일찍이 한계가 없다고 한다면 어찌 해낼 수 없다는 것을 걱정으로 삼겠습니까?

또 (맹자는) 길을 갈 때 천천히 가는 것과 빨리 가는 것[徐疾]을 통해 이 점을 설명하고 있습니다. 어른과 아이[長幼]의 순서는 하늘이 실로 이렇게 만든 것이니[天實爲之][2] 어른의 뒤에서 천천히 가는 것은 이치의 당연함을 따르는 것입니다. 따라서 그렇게 하는 것을 공순하다[弟]고 하는 것이고, 어른에 앞서 빨리 가는 것은 이치를 어기는 것이니 공순하지 못하다[非弟]고 하는 것입니다.

무릇 천천히 가는 것은 지극히 쉬운 일이니 어찌 할 수 없는 것이어서 하지 않는 것이겠습니까? 그 때문에 공순치 못한 죄에 빠지게 되는 것입니다. 이로써 생각해 볼 때 어떤 일이건 이치의 마땅히 행해야 할 바는 할 수 없는 일이 아무것도 없으니 그것이 좋고 좋지 않고[善不善]의 구분은 오직 하려 하느냐 하려 하지 않느냐에 있을 뿐입니다.

세상 사람들이 말하기를 요순처럼 된다는 것은 때때로 지나치게 고상하여 도달할 수 없는 경지라고 하기 때문에 맹자는 곧장 단 한마디로 (요순의 도리는) 효도와 공순일 뿐이라고 했습니다. 요순처럼 된다는 것은 곧 효도와 공순에 오래 머무는 것이라는 뜻입니다. 무릇 어려서는 부모를 사랑하고 커서는 형을 공순하게 대하는 것은 사람의 본성상 똑같은 것이니 요순처럼 되려는 사람은 얼마든지 이런 본성을 다할 수 있을 따름입니다.

맹자는 조교가 끝내 그것이 어렵다고 의심할 것을 걱정하여 또 한 번 말하기를 "요임금의 옷을 입고 요임금이 했던 말을 달달 외워서 하고 요임금이 했던 행실을 그대로 한다면 당신이 곧 요임금이요"라고 했으니 참으로 (그 일러준 바가) 지극했다고 할 수 있습니다. 이에 조교가 (마침내 맹자에게) 배움을 받고 싶다고 청하자 맹자는 다시 일러주기를 도리라고 하는 것은 사람들이 함께 따르는 것이기 때문에 마치 아홉 수레바퀴 길[3]처럼 탄탄대로여서 다니기 쉬운데 우려스러운 바는 오직 사람들이 그 길을 가려고 애쓰지[求] 않는 것뿐이므로 돌아가서 만약에 부모를 섬기고 윗사람을 삼가는 마음으로 대하는 과정에서 그것을 구하려 한다면 원래 타고난 본성의 진면목은 그 어디에서건 드러나게 될 것이니 스승은 바로 거기에 있는 것이라고 했던 것입니다.

사람이란 어떤 존재인지를 깊이 있고 절실하게 보여주는 것이 이와 같은데도 세상 사람들은 오히려 본성이 좋지 않은 것[不善]이라면서 (구하기를) 포기하고 거기에 안주하니 어찌 심히 탄식하지 않을 수 있겠습니까?

1) 조나라 임금의 아우다. 임금은 아니기에 서로 경어를 쓰는 것으로 옮겼다.
2) 이 표현은 『시경』「북풍(北風)」의 '북문(北門)'이라는 시에 나온다.
3) 천자의 길이다. 참고로 제후의 수레는 일곱 수레바퀴 길로 다녀야 했다.

(『맹자』) 맹자가 말했다.

"사람이 배우지 않고서도 능히 할 수 있는 것은 훌륭한 능력[良能]이요, 깊이 사려하지 않고서도 알 수 있는 것은 훌륭한 지성[良知]이다. 두세 살짜리 어린아이라도 그 부모를 사랑할 줄 모르는 자가 없으며 커서는 그 형을 존경할 줄을 모르는 자는 없다. 부모를 내 몸같이 여기는 것(親親)은 어짊(仁)이요, 윗사람을 삼가며 대하는 것(敬長)은 의로움(義)이다. 이 둘은 다름 아닌 천하를 두루 통하는 것(진리)이다."

신이 가만히 살펴보겠습니다. 훌륭하다(良)는 것은 원래부터 좋다(善)는 뜻입니다. 그리고 좋음은 본성에서 나오기 때문에 원래부터 갖고 있는 능력(能)이란 배우기를 기다리지 않고서 이미 능한 것이요, 원래부터 갖고 있는 지성(知=앎)이란 사려함을 기다리지 않고서 이미 알고 있는 것이니 어떤 사람이 어려서는 부모를 사랑하고 커서는 형을 공순하게 대하는 것을 보면 (그 사람이 어떤 사람인지를) 알 수 있는 것입니다. 부모를 내 몸과 같이 여기는(親親) 마음이 천하로 확장되면 그것이 이른바 어짊(仁)이고, 윗사람을 삼가는 자세로 대하는 마음이 천하로 확장되면 그것이 이른바 의로움(義)이니 어찌 (그것들이) 효도와 공순(孝弟)의 밖에서 나오겠습니까? 이런 이치를 맹자는 참으로 수없이 말했으니 천하의 후세 사람들은 그것을 행하기 위해 절실하게 고심하고 노력해야 할 것입니다.

이상은 하늘의 본성과 사람의 마음의 좋음(善)을 논한 것입니다.

어떤 이는 이를 갖고서 임금이 앎에 이르게 되는(致知) 첫머리(首)는 무엇인가라고 묻습니다. 그러면서 말하기를 임금이 도리에 나아가는 것에는 마땅히 알아야 하는 것이 하나만이 아니니 (그것들 중에서) 본성이 좋은 것(性善)이 훨씬 더 중요하다고 합니다.

대개 자기의 본성이 좋은 것임을 알지 못하면 자신도 요순과 같은 사람이 될 수 있다는 것을 알지 못할 것입니다. 마찬가지로 남들의 본성이 좋은 것임을 알지 못하면 남들이 요순과 같은 사람이 될 수 있다는 것도 알지 못할 것입니다. 그래서 맹자는 등나라의 세자를 만났을 때나 조교가 질문을 던졌을 때 늘 이것을 갖고서 말해 주었던 것입니다.

만일 그 도리를 몸에 얻어 행하게 될 경우 임금은 얼마든지 요순과 같은 임금이 될 수 있고 백성은 얼마든지 요순의 백성처럼 될 수 있습니다. 불행하게도 이단잡설〔邪說〕이 어지러이 떠돌아다니는 바람에 바른 이치〔正理〕는 쇠퇴하고 사라져버려 당시의 임금들은 맹자의 말을 받들어 믿을 수가 없었습니다. 그로부터 얼마 안 가서 순경(荀卿, 기원전 298년경~238년경)[1]이 나와 본성은 나쁘다는 성악(性惡)설을 주창하자 (그의 제자인) 이사(李斯)가 그것을 바탕으로 삼아 진나라의 재상이 되어 선왕들의 예에 대한 가르침을 깡그리 없애버리고 엄격한 법률과 가혹한 형벌만을 내세워 천하에 큰 해악을 끼치니 그로 말미암아 사람의 본성이 나쁘게 된 것(처럼 보이게 된 것)이라 하겠습니다. 몇 마디 잘못된 말로 인해 재앙을 당한 것이 이 지경에 이르렀으니 어찌 슬프다 하지 않겠습니까?

또 어떤 이는 본성은 진실로 좋다고 하면서 정작 그것을 세상에서 구하려 할 때 좋은 일에 능한 사람이 얼마 안 되는 것은 왜 그런가라고 묻습니다. 그러면서 말하기를 그것은 기질의 차이 때문이지 본성의 잘못 때문은 아니라고 합니다.

선배 유학자 장재(張載, 1020~1077년)[2]가 일찍이 이런 말을 했습니다.

"형체가 있은 후에 기질의 본성〔氣質之性〕이 있으니 이를 잘 돌이켰을 때에야 (거기에) 하늘과 땅의 본성이 있을 수 있다."[3]

원칙적으로 볼 때 하늘이 사람에게 부여한 바는 순수하고 지극히 좋은 이치가 아닌 것이 없습니다. 그래서 하늘과 땅의 본성이라고 말한 것입니다. (그렇지만) 사람이 그 이치를 받아들이더라도 그에 해당하는 기운은 똑같지 않아서 때로는 맑고 순수한데 때로는 탁하고 뒤섞입니다. 그래서 사람의 본성 역시 상황에 따라 다르게 되니 이것이 이른바 기질의 본성입니다. 하늘과 땅의 본성은 좋지 않음이 전혀 없지만 기질의 본성에는 좋은 것도 있고 좋지 않은 것도 있습니다. 그렇지만 만일 그것을 잘 돌이킨다면 좋지 못한 사람이라 하더라도 되돌려서 좋아질 수 있으니 그렇다면 돌이키는 도리는 무엇입니까? 자신을 다스리는 것[治己]을 기준으로 말하면 배움이 있는 것이고, 남을 다스리는 것[治人]을 기준으로 말하면 가르침이 있는 것입니다.

그래서 사특함을 막고 열렬함을 보존하는 것[閉邪存誠]과 자신을 이겨 예로 돌아가는 것[克己復禮]은 자신을 다스리는 배움이니 이 같은 배움의 효과가 지극하게 되면 자신 안에 있던 좋음[善]은 되살아날 수 있습니다. 또 도리와 다움과 가지런한 예[道德齊禮] 그리고 밝은 윤리와 바른 풍속[明倫正俗]은 남을 다스리는 가르침이니 이 같은 가르침의 효과가 지극하게 되면 다른 사람들의 좋음을 되살릴 수 있습니다.

따라서 만약에 자신의 본성을 따르지 못해 좋지 못한 일을 저지르고 빼어난 이의 도리로써 자신의 몸을 다스리지 못한다면 이는 스스로를 포기한 자[自暴者]이고, 다른 사람들의 본성을 따르지 못해 좋지 못한 일을 저지르고 빼어난 이의 도리로써 남들을 다스리지 못한다면 이는 천하를 포기한 자[暴天下者]입니다. 따라서 그 설이 연계됨이 이와 같은 것입니다.

성명(聖明-황제)께서는 여기에 심히 힘써야 하실 것입니다.

1) 성악설의 주창자로 알려진 순자(荀子)를 말하며 경(卿)은 그의 자다.

2) 송나라 성리학의 기초를 다진 인물로 주희에게 큰 영향을 주었으며 우리에게는 장횡거(張橫渠)로 더 알려져 있다.

3) 이 다음에 "그래서 기질의 본성을 군자는 본성이 아니라고 했다"는 문장이 이어진다. 장재의 『정몽(正蒙)』에 나온다.

『대학』[1]에서 (증자는) 이렇게 말했다.

"임금이 되어서는 어젊[仁]에 오래 머물[止] 수 있어야 하고, 신하가
되어서는 삼감[敬]에 오래 머물 수 있어야 하고, 누구의 자식이 되어서
는 효도[孝]에 오래 머물 수 있어야 하고, 누구의 아비가 되어서는 자애
로움[慈]에 오래 머물 수 있어야 하고, 나라 사람들과 사귐에 있어서는
믿음[信]에 오래 머물러야 한다."

1 『예기』의 편 이름이다.

신이 가만히 살펴보겠습니다. 큰 배움[大學]의 도리는 지
극히 좋은 상태[至善]에 오래 머무르는 데[止] 있습니다. 임금이 되고
신하가 되는 것에서부터 나라 사람들[國人]과 사귐에 이르기까지 각
각은 다 마땅히 오래 머물러야 할 바가 있습니다. 오래 머문다[止]는
것은 반드시 이 상태에 이르러 거기서 (다른 데로) 옮겨가지 않는 것
을 말합니다. 임금의 도리[君道]를 예로 들어 말하자면 만일 털 한 오
라기만큼이라도 어젊[仁]에 다다르지 못했다면 '오래 머문다'고 말을
할 수 없고, (또) 어젊의 마땅한 바를 알기는 하지만 (오래 머물지 못하
고) 들락날락한다면 이 또한 '오래 머문다'고 말을 할 수 없습니다.

(그러면) 어젊이란 무엇입니까? 사사로운 자기를 넘어서 예로 돌아
가는 것[克己復禮]이 어젊의 본체[體]요, 사람을 사랑하고 일과 사물

을 이롭게 하는 것[愛人利物]이 어짊의 쓰임[用]입니다.

임금이 된다는 것은 내적으로는 반드시 개인의 사사로운 물욕을 제거하여 보고 듣고 말하고 행동함에 있어 예(禮)와 합치되지 않는 바가 하나도 없게 하는 것이며, 외적으로는 반드시 백성과 만물에 대한 사랑을 확장하여 늙은 홀아비나 과부 혹은 고아나 자식이 없는 늙은이 등이 삶을 살아가는 데 단 한 명이라도 삶을 포기하는 일이 없도록 하는 것입니다. 이것이 이른바 어질다[仁]는 것입니다.

이 본체가 있은 연후에야 그 쓰임이 행해지게 됩니다. 그래서 성인(聖人-공자)은 어짊을 논할 때 반드시 자기를 넘어서는 것[克己]보다 먼저 앞세우는 것은 없었습니다. 임금이란 천하 백성과 만물의 주재자이니 세상의 온갖 질병과 고통[痒痾疾痛]이 (자신과 무관한 일이 아니라 자신과) 똑같은 본체가 아닐 수 있겠습니까? 따라서 임금의 도리는 반드시 어짊을 주로 하는 것이며, 어짊을 행함[爲仁]은 반드시 지극히 좋은 상태[至善]에서 이른바 오래 머물러야 하는 바에 다다라야 하는 것입니다.

예로부터 제왕들 가운데 요순만이 지극한 어짊을 행했다고 칭송받은 것은 그 본체와 쓰임[體用]을 두루 온전하게 갖추었고 (두 임금이 행한 바와 어짊 사이에는) 아주 가는 눈썹만큼의 틈도 없었기 때문입니다. 만일 송나라 양공(襄公)이 반백의 늙은이는 사로잡지 않는 것으로 어짊을 행했고, 양나라 혜공(惠公)이 백성을 옮기고 곡식을 옮긴 것[1]으로 어짊을 행했다고 한다면 이는 너무나도 구차스러운 미미한 선행일 뿐이니 그것을 어짊에 이르렀다 말할 수 있겠습니까 아니면 그것을 어짊에 잠깐 머물렀다고 할 수 있겠습니까?

이로 미루어보건대 신하의 삼감, 자식의 효도, 아비의 자애로움, 나라 사람들과 사귐의 믿음은 모두 다 끝까지 다다름으로써만 마땅히 오래 머물러야 할 곳에 이르렀다고 할 것입니다. 만약에 겉모습만 공손한 척함으로써 삼감을 행하고, 명을 따르는 것으로써만 효도를 행하고, 나쁜 점을 (고쳐주기는커녕) 조장함으로써 자애로움을 행하고, 알량한 베풂으로써 믿음을 행하고 나서 마치 자신이 어짊에 오래 머물기라도 한 듯 말을 한다면 이에 대해 신은 감히 아는 바가 없다고 말씀드리겠습니다.

1) 흉년이 들었을 때 구휼을 위해 백성이나 곡식을 옮겼다는 뜻이다.

(『안자춘추(晏子春秋)』) 안자(晏子)[1]가 말했다.

"임금은 명하고 신하는 받들며, 아버지는 자애롭고 자식은 효도하며, 형은 아끼고 동생은 삼가며, 지아비는 화합하고 지어미는 유순하며, 시어머니는 자애롭고 며느리는 듣는 것이 예(禮)다. 임금이 명하되 공적인 이치를 어기지 않고〔不違〕 신하가 받들되 두 임금을 섬기려는 마음을 갖지 않으며〔不貳〕, 아버지는 자애롭되 가르치고 자식은 효도하되 늘 조심하며, 형은 아끼되 벗처럼 대하고 동생은 삼가되 공순하며, 지아비는 화합하되 의리를 존중하고 지어미는 유순하되 바르며, 시어머니는 자애롭되 (며느리의 뜻을) 따라줄 줄 알고 며느리는 듣되 정성을 다하는 것이 예의 좋은 일〔善物〕[2]이다.

1 안자의 이름은 영(嬰)이고 자는 평중(平仲)으로 (춘추시대) 제나라 경공 때의 대부다.

2 여기서 物은 事와 같은 뜻이다.
물  사

신이 가만히 살펴보겠습니다. 위에서 말한 "임금은 명하고 신하는 받들고" 이하는 모두 다 예의 마땅히 그러함(當然)을 이야기하는 것입니다. 그러나 임금은 밖으로 명을 내는 것을 직무로 삼되 결코 이치를 어겨서는 아니 됩니다. 그런 연후라야 사람들이 마음으로부터 복종하여 명은 반드시 행해집니다. 만일 그렇지 않다면 말은 어그러져 나가고 또한 어그러져 들어오니 제대로 명하는 것을 본 적이 없습니다. 신하가 임금을 섬김에는 공순함으로써 본분을 삼되 그런 연후라야 (벼슬이) 귀하게 될 수 있습니다. 만일 그렇지 않다면 겉으로는 임금을 모시는 예가 있어 보이지만 안으로는 임금을 깔보는 마음이 있는 것이니 그리하고서 제대로 공순한 것을 본 적이 없습니다. 아버지가 자애롭기만 하고 가르칠 줄 모른다면 그 자식을 망치는 것이고, 자식이 효도를 하기는 하되 조심하는 바가 없다면 부모를 불의의 함정에 빠트리는 것입니다.

형은 제대로 아우를 아끼되 반드시 뜻이 같은 벗들끼리 하는 것처럼 갈고닦아주어야 합니다. 그렇지 않을 경우 의리가 은혜에 가려지게 되어 본령을 잃게 되니 헛된 아낌이 됩니다. 아우는 제대로 형을 삼가는 마음으로 대하되 반드시 정감과 의리가 서로 하나가 되어 전혀 간극이 없는, 아름다운 화순(和順)이 있어야 합니다. 그렇지 않을 경우 예가 지나치게 되어 거리감을 느끼게 되니 헛된 삼감이 됩니다.

지아비가 지어미로부터 존중을 받는 것은 화협(和協) 때문입니다. 그런데 만일 (부부간의 지켜야 할) 의리를 모르게 되면 (지아비다운) 군셈〔剛〕을 잃게 되는 것이니 지아비의 도리가 아닙니다. 지어미가 지아비로부터 존중을 받는 것은 부드럽고 공손함〔柔巽〕 때문입니다. 그런데 만일 그것이 바름〔正〕에서 나오는 것이 아니게 되면 너무 함부로 하여 〔狃=狎〕 어지러운 지경〔淫〕에 이를 것이니 지어미의 도리가 아닙니다.

임금과 신하 이하는 다 두 가지 다움〔德〕으로써 서로를 가다듬어 〔相濟〕 주는 것이지만 시어머니가 며느리를 향해서는 오직 하나 자애롭되 따라주고 며느리는 시어머니를 향해 오직 하나 듣되 정성을 다 쏟아야 합니다. 무릇 며느리와 시어머니는 서로 화합과 부드러움에 전념해야 하고 굳세고 견고함〔剛勁〕을 취하지는 않습니다. 그래서 앞의 네 가지와는 차이가 없을 수 없는 것입니다.

예의 좋은 일〔禮之善物〕은 여덟 가지[1]의 예가 일을 함에 있어서 좋다는 뜻입니다. 그렇지 않을 경우 한쪽으로 쏠려 서로 가다듬어주는 아름다움이 없게 됩니다. 그래서 양쪽을 함께 얻는 것이 좋은 것입니다.

(이 같은) 안자의 말은 윗사람이나 아랫사람이나 고루 마땅히 알아야 하는 것이기에 기록해 두는 것입니다.

---

1) 姑婦관계를 제외한 나머지 여덟 경우를 말한다.

(『맹자』) 맹자가 말했다.

"사람에게는 마땅한 도리〔人之有道〕가 있다. 배불리 먹고 따뜻하게
입고 편안하게 거처하더라도 가르침이 없으면〔無敎〕(그런 사람은) 짐
승〔禽獸〕에 가까워진다. 이 때문에 성인(聖人)께서는 이를 근심하여 설
(契)로 하여금 (백성의 교육을 책임지는) 사도(司徒)로 삼아 사람들 사
이에 마땅히 지켜야 할 도리〔人倫〕를 가르치게 하시니 그것이 바로 '부
모와 자식 간에는 서로를 내 몸과 같이 여김이 있어야 한다〔父子有親〕',
'임금과 신하 사이에는 의리가 있어야 한다〔君臣有義〕', '남편과 아내 사
이에는 구별하는 바가 있어야 한다〔夫婦有別〕', '윗사람과 아랫사람 사
이에는 질서가 있어야 한다〔長幼有序〕', '벗들 간에는 서로 믿음이 있어
야 한다〔朋友有信〕'이다."


신이 가만히 살펴보겠습니다. (『서경』의) '순전'에서 순임
금은 설(契)에게 "백성들이 서로를 내 몸과 같이 여기지 않고 오품(五
品)[1]이 제대로 지켜지지 못하고 있으니 너를 사도(司徒)로 삼는다. 삼
가 다섯 가지 가르침을 펴고 늘 너그러움에 머물러 있으라"고 했습니
다. 『춘추좌씨전』에서도 말하기를 순임금은 8명의 빼어난 인재〔八元〕
를 들어 써서 사방에 다섯 가지 가르침〔五敎＝五品〕을 널리 퍼트리셨
다고 했습니다. 그 가르침이란 아버지는 의리를 지키고 어머니는 자애
롭고 형은 우애 있고 아우는 공순하고 자식은 효도하는 것입니다. 맹
자가 말하는 것도 바로 이 일입니다.

순임금의 시대가 됐을 때는 이미 후직에게 명하여 농사일〔稼穡〕을 가르치라는 명이 있었기 때문에 오곡이 잘 무르익어 그로써 백성들의 삶을 기를 수 있었습니다. (그런데) 기르기만[養] 하고 가르치지 않는다면 백성들은 의리를 알지 못할 테니 또 무엇으로써 짐승들[禽獸]과 구별하겠습니까?

사람이 도리[道]를 갖고 있다는 말은 사람들이 각각 날 때부터 변함없는 굳건한 본성[性]을 갖고 있다는 뜻입니다. 부자간의 친(親), 군신간의 의(義), 부부간의 별(別), 장유간의 서(序), 붕우간의 신(信), 이 다섯 가지는 모두 사람이 저절로 갖고 있는 본성입니다. 순임금이 사도라는 관리에게 (백성들을) 삼가 가르치도록 명한 것도 이런 자연스러움에 바탕을 두고서 인도하라는 것일 뿐 아무것도 없는 데서 억지로 백성들을 가르치라는 것은 아니었습니다.

경전(經傳)들이 인륜의 도리를 논한 것이 많지만 일목요연하게 각각을 한 가지 말로써 그 요체를 다 풀어낸 것 중에서 맹자가 했던 것만한 것이 없으니 참으로 대단하다고 하겠습니다.

1 오품은 다섯 가지 큰 윤리를 말한다.

후한 때의 『백호통의(白虎通義)』[1]에 나오는 말이다.

"삼강(三綱-세 가지 큰 벼리)이란 무엇을 말하는가? 임금과 신하, 부모와 자식, 지아비와 지어미의 관계를 말한다. 육기(六紀-여섯 가지 작은 벼리)란 무엇을 말하는가? 아버지 형제들과 자신의 형제들 그리고 친

족들이 셋이고 어머니 남형제들과 스승 및 윗사람[師長]과 뜻을 같이
하는 벗들이 셋이다.

임금은 신하에게 큰 벼리[綱]가 되고 아버지(부모)는 자식에게 큰 벼
리가 되고 지아비는 지어미에게 큰 벼리가 된다. (그러면) 큰 벼리와 작
은 벼리[綱紀]란 무엇을 말하는 것인가? 큰 벼리[綱]는 굵고[張] 작은 벼
리[紀]는 가늘다[理]. 큰 것이 강(綱)이고 작은 것이 기(紀)다. 굵고 가
는 것[張理], 위아래가 정돈되어 가지런한 것이 사람의 도리[人道]다.

사람은 누구나 다 다섯 가지 변함없는[五常] 본성을 품고 있고 (부모
를 비롯해 누군가를) 내 몸처럼 여기고 사랑하는[親愛] 마음을 갖고 있
다. 이 때문에 큰 벼리와 작은 벼리[綱紀]는 마치 그물이 큰 벼리와 작
은 벼리를 갖고 있듯이 만 가지로 변하여 만 가지 항목[萬目]으로 확장
되는 것이다."


신이 가만히 살펴보겠습니다. 삼강(三綱)이라는 용어는
여기에 처음 등장하지만 한나라(후한) 유학자들의 말은 아니고 옛날
부터 전해져 오던 말입니다. 무릇 세상 일이란 수없이 많은데 빼어난
이[聖人]가 그것들을 다스리는 이치는 그 핵심을 장악하는 것이니 이
는 무엇보다 먼저 그 근본을 바르게 하는 것뿐입니다.

근본이란 무엇이겠습니까? 인륜(人倫-사람의 질서)이 그것입니다.
고로 세 가지 큰 벼리[三綱]를 바르게 한다면 여섯 가지 작은 벼리는
바르게 될 것이고, 여섯 가지 작은 벼리[六紀][2]를 바르게 한다면 만사
가 다 바르게 될 것입니다. 이는 마치 큰 벼리를 들어 올리면 그 작은
벼리도 딸려오고, 또 이는 작은 벼리를 거쳐 마침내 만 가지 항목으로

까지 확장되는 것과 같습니다.

만약에 큰 벼리 작은 벼리(綱紀)가 바르지 못하면 이 일 저 일 온갖 것들에 관심을 갖게 되어 잘아질 것입니다. 이는 마치 마구 뒤엉킨 실타래를 푸는 것과 같으니 어떻게 제대로 다스릴 수 있겠습니까? 삼강에 이어 바로 이 말을 한 것은 임금이 신하에게 큰 벼리가 되어 그 임금이 바르면 신하 또한 (절로) 바르게 된다는 뜻일 것입니다. (이처럼) 아버지가 자식에게 큰 벼리가 되어 그 아버지가 바르면 자식 또한 바르게 되고, 지아비가 지어비에게 큰 벼리가 되어 그 지아비가 바르면 지어미도 바르게 됩니다.

따라서 임금의 자리에 있는 사람은 반드시 자신의 몸을 바르게 해서 그 신하들을 통솔해야 하고, 아버지가 된 사람은 반드시 자신의 몸을 바르게 해서 자식을 다스려야 하고, 지아비 된 자는 반드시 자신의 몸을 바르게 해서 지어미를 이끌어야 합니다. 이렇게 한다면 삼강은 바르게 될 것입니다.

예로부터 지금까지 위에서 삼강이 바른데 천하가 안정되지 않았던 적이 없었고, 또한 위에서 삼강이 문란한데 천하가 위태롭지 않았던 적이 없었습니다. 천하를 잘 되게 하려면 진실로 이 점을 깊이 살피는 것뿐이라 하겠습니다.

이상은 하늘의 이치와 사람의 도리의 바름 중에서 다섯 가지 큰 윤리를 논했습니다.


1) 후한의 장제(章帝)가 79년에 북궁 백호전에 유학자들을 모아서 유교 경전에 관해 학자들에 따라 해석이 서로 다른 점들을 토론케

하고 그때 나온 각종 의견을 절충해 『백호통덕론(白虎通德論)』을 편찬했는데 이를 바탕으로 반고(班固)가 칙령에 따라 편찬한 것이다. 모두 44편으로 돼 있다.

2) 이는 군신과 붕우를 제외한 부모, 형제, 부부에서 파생되어 나오는 인간관계들이다.

『효경』에서 (공자가) 말했다.

"부모를 사랑하는 사람은〔愛親者〕 감히 사람들에게 나쁜 짓을 하지 못할 것이고, 부모를 삼가는 마음으로 대하는 자〔敬親者〕는 감히 사람들에게 오만방자하지 못할 것이니 부모를 섬김에 사랑과 삼감〔愛敬〕을 다하면서 다음의 교화〔德敎＝德化〕가 백성들에게 가해지게 하고 온 천하에서 그것을 본받게 한다면 이것이야말로 천자가 행하는 효도이다."

신이 가만히 살펴보겠습니다. 효자가 효를 행한다는 것은 사랑과 삼감〔愛敬〕 두 가지에서 나오는 것이 아닙니다. 부모를 사랑하는 마음〔愛親之心〕으로부터 미루어 헤아려 다른 사람들을 사랑하고 미워하는 바는 없는 것이며, 부모를 삼가는 마음〔愛敬之心〕으로부터 미루어 헤아려 다른 사람들을 삼가는 마음으로 대하고 오만하고 쉽게 여기는 바는 없는 것입니다. 이렇게 되면 온 세상의 사람들은 다 내가 사랑하고 삼가는 상태에 있게 됩니다.

부모를 섬김에 있어 사랑〔愛〕과 내 몸과 같이 여김〔親〕을 다하는 것은 다른 사람을 규율하려고 그렇게 하는 것이 아니라 몸소 윗사람을 향해 행하고 다움과 가르침〔德敎〕이 자연스럽게 아랫사람들에게 이루어지도록 하는 것입니다. 그래서 세상 사람들은 다 그 부모를 사랑하지 않을 수 없게 됩니다. 이러한데 그것을 지키는 것을 어찌 제대로 다잡지〔約〕 않을 수 있으며 그것을 베푸는 것을 어찌 넓히지 않을 수 있겠습니까? 그 때문에 이를 일러 말하기를 천자가 행하는 효라고 하는 것입니다.

(『효경』) 공자가 말했다.

"옛날에 밝은 임금은 효로써 천하를 다스렸으니 감히 작은 나라의 신하라 하더라도 버리는 바가 없었는데 하물며 (그보다 가까운) 공후백자남(公侯伯子男)에 대해 어찌 했겠는가? 고로 자신의 선왕을 잘 섬김으로써[1] 만국의 환심을 얻어내 나라를 다스리는 자는 감히 홀아비나 과부도 업신여기지 않았는데 하물며 사민(士民)에 대해 어찌 했겠는가? 고로 자신의 임금을 잘 섬김으로써[2] 백성들의 환심을 얻어 집안을 다스리는 자는 감히 후궁도 내치지 않는데 하물며 본처와 자식에 대해 어찌 했겠는가? 고로 자신의 부모를 잘 섬김으로써[3] 사람들의 환심을 얻는 것이다. 무릇 바로 그렇기 때문에 (부모가) 살아계실 때는 내 몸처럼 편안히 모셔야 하고 (돌아가셔서) 제사를 지낼 때는 (부모의) 넋이 그것을 누리도록 해야 한다. 이렇게 되면 세상은 화평해지고 가뭄이나 기근과 같은 재앙은 생겨나지 않고 내외의 변란은 일어나지 않는다. 고로 밝은 임금이 효로써 천하를 다스리는 것이 이와 같았다. (그래서)『시경』에 이르기를 '깨달음이 있어 다움을 행하면 사방의 나라들이 다 순종한다'고 했다."

1 이는 천자가 행하는 효를 말한다.
2 이는 제후가 행하는 효를 말한다.
3 이는 대부가 행하는 효를 말한다.

신이 가만히 살펴보겠습니다. 이 장 또한 부모를 사랑하는 마음으로부터 미루어 헤아려(推) 다른 사람을 사랑하는 뜻을 갖고서 제대로 그 사람을 사랑하면 그 사람도 역시 사랑을 주게 된다는 것입니다. 따라서 천자라면 만국의 환심을 얻고 제후와 대부 또한 각각 그 신하와 백성들의 환심을 얻어 사람들의 마음이 기뻐하고 즐거워하면 그 사람들도 역시 천자나 제후와 대부에 대해 자기 몸과 같이 여기는 마음으로 대할 것입니다. 그리고 기쁘고 즐거운 마음으로 봉양하면 내 몸과 같이 편안히 여길 것이고, 또 그런 마음으로 제사를 지내면 넋은 그것을 누려 이승과 저승[幽明]이 구분 없이 하나가 될 것입니다. 그리고 그 효과가 천하에 퍼져서 화평하고 아무런 재난이나 재앙도 일어나지 않을 것입니다.

무릇 사람이 화합하면 하늘과 땅도 화합하고 그 반대도 마찬가지이니 그 처음에 부모를 사랑하는 마음을 (바탕으로 그것을) 미루어 헤아려[推] 그런 마음으로 다른 사람에게 미치고, 그 끝에는 남들에게 사랑받는 복을 누리게 해주고 그런 복이 부모에게도 미치게 하니 이것이 이른바 '효도가 천하를 다스린다'는 말의 뜻입니다. 후세의 임금들을 보면 대개 자기 백성들에게 폭정과 학정을 가하여 원한을 갖게 하고 화란의 불씨를 만들어 결국 부모까지 위험에 빠트리고 나아가 종묘사직까지 위험하게 된 뒤에야 빼어난 이[聖人]의 말씀이 진실로 백세(百世)의 지표와 표준[蓍龜]이라는 것을 알게 됩니다.

(『효경』) 공자가 말했다.

"옛날에 밝은 임금[明王]은 효로써 부모를 섬겼다. 그래서 하늘을 섬기는 것은 밝음[明]이고 부모를 섬기는 것은 효였다. 그리고 땅을 섬기는 것은 살펴서 분명하게 드러냄[察=著]이고 위아래[長幼]는 고분고분함[順]이다. 이리하여 상하가 다스려지니 하늘과 땅이 밝고 분명하게 드러나는 것이요 신명(神明)도 밝아지는 것이다.

따라서 천자(天子)라 하더라도 반드시 우러러 받듦[尊]이 있으니 아버지가 있다는 말이요 반드시 앞세움[先]이 있으니 형이 있다는 말이다. 종묘에 삼가는 마음을 드리는 것은 (부모를 비롯한 친족들을) 내 몸과 같이 여김[親]을 잊지 않기 위함이요, 몸을 닦고 행동을 삼가는 것은 앞사람을 욕되게 할 것을 두려워함이다. 종묘에 삼가는 마음을 드리면 귀신이 드러나게 된다. 그래서 효도와 공순[孝弟]의 지극함이 신명과 통하여 사해에 빛을 비추니 통하지 않는 곳이 없게 되는 것이다."

신이 가만히 살펴보겠습니다. 아버지와 어머니란 자식의 하늘과 땅이요, 하늘과 땅이란 사람의 아버지와 어머니이니 실제로는 그 둘이 하나입니다. 아버지 섬기기를 효로써 하면 하늘을 섬기는 이치가 밝은 것이고 어머니 섬기기를 효로써 하면 땅을 섬기는 이치가 살펴서 분명하게 드러내는 것입니다. 밝고 살펴서 분명하게 드러내는 것[明察]이라고 말하는 것은 아주 밝게 드러낸다는 뜻이니 마음을 곧장 꿰뚫는 것입니다.

(『시경』에서) "아버지는 나를 낳으셨고 어머니는 나를 기르셨도다"라고 한 것은 부모가 곧 자식의 하늘과 땅이라는 말이요, (『주역』에서) "위대하여라! 건(乾)의 으뜸이여! 만물이 비로소 시작하도다. 지극하여라! 곤(坤)의 으뜸이여! 만물이 비로소 생겨나도다"라고 한 것은 천지가 곧 사람의 부모라는 말입니다.

부모를 섬기는 도리는 다름 아니라 나에게 주신 바를 온전히 지키는 것뿐이니 그래서 (맹자의 제자인) 악정자(樂正子)는 말하기를 "하늘이 낳고 땅이 기르는 데 있어 오직 사람만이 위대할 수 있다"고 했으니 부모가 온전하게 자식을 살리고 자식은 온전하게 부모에게 돌아간다면 그것을 효라고 말할 수 있습니다. 자신의 신체를 조금도 손상시키지 않고[不虧] 자신의 몸을 조금도 욕되게 하지 않았다면 그것을 온전하게 했다[全]고 말할 수 있습니다.

그래서 다리 하나를 들어도 부모를 잊지 않고 말 한마디를 내어도 부모를 잊지 않는다면 사람의 자식으로서 할 수 있는 효도 중에 이보다 큰 것은 없습니다. 그렇다면 하늘과 땅의 도리를 섬기는 것 또한 어찌 이와 다르겠습니까?

무릇 사람이 이 같은 몸을 갖게 되면 이런 마음을 갖게 되는 것이고 이런 마음을 갖게 되면 이런 본성을 갖게 됩니다. 이것이 바로 하늘과 땅이 나에게 준 것이요, 오상(五常)과 오만 가지 좋은 것은 본래부터 다 갖춰져 있는 것이니 털끝만큼이라도 훼손을 하게 되면 이것은 하늘과 땅으로부터 받은 것을 더럽히는(嫚) 것이 됩니다.

그래서 맹자는 (『맹자』「진심장구(盡心章句)」에서) 말하기를 "그 마음을 잘 지키고(存) 그 본성을 잘 기르는 것(養)이 하늘을 섬기는 (事天) 이치다"라고 했던 것입니다. 성탕이 하늘이 밝게 명한 것을 돌아보고 살핀(顧諟) 까닭은 순식간이라도 그런 마음이 없는 순간 하늘을 섬기지 못할까 봐 두려워했기 때문이고,[1] 문왕이 하늘을 오르고 내려 상제의 좌우에 있은 이유는 반걸음이라도 혹시 어길 경우 하늘을 섬기지 못할까 봐 두려워했기 때문이니[2] 이는 곧 살펴보건대 부모를 섬기는 것과 하늘과 땅을 섬기는 것이 어찌 두 개의 길이겠습니까?

하늘과 땅의 도리가 오묘하여 도저히 헤아릴 수 없는 것을 일러 신(神)이라고 하고, 너무나도 밝게 드러나 조금도 속일 수 없는 것을 일러 명(明)이라고 합니다. 그래서 내가 하늘을 섬기는 것이 밝고(明) 땅을 섬기는 것이 살펴서 분명하게 드러낸다(察)면 천지신명(天地神明)이 위에 임하여서 (모든 것을) 밝게 드러내고 도저히 숨길 수가 없으니 이는 곧 아래의 애씀이 (저 위의) 신명의 의리와 통한다는 것입니다.

위아래(長幼)는 기본적으로 형제를 가리키는 것입니다. 공자는 이미 먼저 효도를 말하고 나서 이어 공순을 말했습니다. 따라서 이는 천자가 아무리 귀하다고 하더라도 우러러 받들어야 할 사람은 부모이고 자기보다 앞세워야 할 사람은 형이라는 뜻입니다.

그러나 '종묘에 삼가는 마음을 드리면' 이하의 글은 오직 효도만을 이야기할 뿐이요 아직은 공순함에 대해서는 언급하고 있지 않다고 할

수 있습니다. 왜냐하면 효도와 공순은 한 마음이기 때문입니다. 효도
가 지극하면 이미 공순도 지극할 것이요 하늘과 사람이 하나의 이치
가 될 것입니다. 그래서 신명과 두루 통하면 진실로 사해를 밝힐 수 있
는 것이니 이것은 대개 효도와 공순의 지극한 효과〔極功〕를 미루어 헤
아려 말로 한 것입니다. 따라서 임금 된 자라면 마땅히 이를 깊이 체
득해야 할 것입니다.

이상은 천자가 행하는 효에 대해 말씀드렸습니다.

   1) 『서경』에 나오는 내용이다.
   2) 『시경』에 나오는 내용이다.

『주역』고(蠱)[1]의 초륙(初六)[2]은 아버지의 일〔蠱=事〕을 주관하는 것
이니 (훌륭한) 아들이 있으면 아버지에게 허물이 없을 것이다. 위태롭게
여겨야〔厲〕끝내 길하다. '상전(象傳)'에서 말하기를 "아버지의 일을 주
관한다는 것은 아버지의 일을 잇는다는 뜻이다"라고 했다.

   1 괘의 이름이다.
   2 아래에서 첫 번째 효로 음획(--)이다.

신이 가만히 살펴보겠습니다. 정이천의 전(傳)[1]에 따르면 "아들이 아버지의 일을 주관하는 도리는 (아들이) 그 일을 능히 감당할 수 있으면 이는 (훌륭한) 아들을 두는 것이 되어 그 아버지가 허물이 없을 것이요, 그렇지 않으면 아버지에게 누가 된다. 그러므로 반드시 두려워하고 조심하면 끝내 길하게 된다"고 했습니다. 신이 볼 때 주역의 이 구절은 비록 사람의 아들 된 도리를 말하고 있지만 그것은 임금 된 자가 선대(先代)의 업적을 잇는 일이 그만큼 중대하다는 것을 말하는 것이라 할 수 있습니다. 만일 혹시라도 (선왕들에 대한) 경외하는 마음을 잊고서 그 업적을 어지럽히고 함부로 바꾸려는 마음이 싹튼다면 흉하다는 것을 알 수 있습니다. 당나라의 현종이나 헌종이 처음에는 맑고 밝아서[淸明] 황제의 과업을 중흥시키니 선왕들이 빛을 받았지만 그 후에 게으름으로 인해 뜻이 교만해지면서 제대로 끝을 마칠 수 없는 지경으로 빠져들어 길하지 못한 길을 걷더니 결국은 흉하게 된 것과 같습니다. (이처럼) 길하고 흉한 것의 나뉨[分]은 삼감이나[敬] 더럽힘이나[嫚]의 차이에서 비롯되는 것이니 그것을 (어찌) 소홀히 할 수 있겠습니까?

1) 정이천의 『역전(易傳)』을 가리킨다.

(『주역』) 고(蠱)의 구이(九二)[1]는 어머니의 일을 주관하는 것이니 (강하게) 하지 않으면 굳셀[貞] 것이다. '상전'에서 말하기를 "어머니의

일을 주관한다는 것은 중도(中道)를 얻는 것이다"라고 했다.


신이 가만히 살펴보겠습니다. 정이천의 전(傳)에 따르면 "아들은 어머니를 대함에 있어 마땅히 부드럽고 공손하게 돕고 인도 하여 의리에 맞도록 해야 한다. 만일 고분고분하지〔順〕못하여 일을 그 르치는 데 이른다면 그것은 아들의 죄다. 조용하게 받들어 순종하는 데 어찌 도리가 없겠는가? 부인(婦人)으로써 어머니를 말한다면 (어머 니도) 음유(陰柔)임을 알 수 있으니 만약에 아들이 자신의 굳센 양기 〔剛陽〕의 도리를 펴서 갑자기 강하게 (어머니의 뜻을) 어긴다면 (어머니 와 자식 간의) 은혜를 상하게 하여 해로운 바가 클 것이니 진실로 어떻 게 (자식의 뜻이) 제대로 들어갈 수 있겠는가? 몸을 굽히고 뜻을 낮추 며 공손하고 고분고분하게 받들어 마음가짐을 바르게 하고 일이 다스 려질 수 있도록 함에 있을 뿐이다. 그러므로 '(강하게) 하지 않으면 굳 셀 것이다'라고 한 것이니 이는 곧 하지 않는 바가 있을 때 굳세고 견 고하여 (아들이 가진) 굳세고 곧은 도리〔剛直之道〕를 다하게 된다는 뜻이다. 바로 이와 같이 하는 것이 곧 중도(中道)이다"라고 했습니다.

신이 말씀드리자면 임금이 모후를 섬길 때에 이 같은 뜻을 알지 못 하면 결코 안 될 것입니다.


1) 아래에서 두 번째 효로 양획이다.

(『논어』) 맹의자(孟懿子)가 효에 대해 묻자 공자는 말했다.

"어기지 않는 것〔無違〕이다."

번지가 공자가 타는 수레를 몰고 있을 때였다. 이때 공자는 문득 맹의자와의 문답이 떠올랐다. 그래서 공자가 일러 말하기를 맹의자가 자신에게 효를 물길래 답하기를 "어기지 않는 것"이라고 했노라고 한다.

번지가 다시 "어기지 않는다는 것은 무슨 뜻입니까"라고 묻자 공자는 말했다.

"아버지 살아 계실 적에는 예로써 섬기고, 돌아가시면 예로써 장사 지내고, 예로써 제사를 지내는 것을 말한다."

신이 가만히 살펴보겠습니다. 주희의 설에 따르면 살아 계셔서 모실 때와 돌아가셔서 장례나 제사를 지낼 때도 부모를 내 몸과 같이 여기기를 처음부터 끝까지 하나도 빠짐없이〔具〕해야 한다는 것입니다.

예(禮)는 이치〔理〕를 맺고 끊어〔節〕 드러내는 것〔文〕이니 사람이 부모를 섬기는 것은 처음부터 끝까지 예로써 일관해야 합니다. 그래서 사람으로서 해야 할 것과 해서는 안 될 것을 반드시 가려가며 그 부모를 존숭하는 것이 지극해야 합니다. 신은 일찍이 주희의 설을 미루어 헤아리고〔推〕 (그 뜻을) 풀어내어〔衍〕 밤늦게건 새벽녘이건 문안을 드렸고 겨울에는 따뜻하게 하고 여름에는 시원하게 해드렸으며, 집에서 나갈 때는 (반드시 가는 곳을) 알리고 들어와서는 얼굴을 뵙고 (부모 앞에서는) 숨소리를 낮추고 목소리를 밝게 하여 옷이 따뜻한지 차

가운지를 물었고 병으로 아프신 데가 없는지 가려워하시지는 않는지를 물었으며, (아픈 데는) 조심스레 짚어드리고 (가려운 데가 있으면) 그곳을 긁어드리며 출타하거나 들어오실 때면 어떤 때는 앞서고 어떤 때는 뒤서기도 하면서 삼가는 마음으로 부모님을 붙잡아드렸습니다. 또 식사를 하시려 하면 드시고 싶은 것이 무엇인지를 물어서 그것을 삼가는 마음으로 올렸으며, (근처에 계시면서) 명하는 바가 있으면 (그 즉시) "예" 하고 응답하고 삼가는 마음으로 대했고 나아가거나 물러날 때 혹은 (명을 받아 어떤 일을) 주선할 때에는 삼가 가지런히 했습니다.

또 (당을) 오르내리고 (집을) 나들면서 몸을 굽혀야 할 때는 굽혔고 펴야 할 때는 폈습니다. (그리고 어른들 앞에서는) 감히 구역질을 하거나 트림을 하거나 재채기를 하거나 기침을 하거나 하품을 하거나 기지개를 켜거나 짝다리를 짚거나 벽 같은 데 기대거나 곁눈질을 하거나 하지 않았고 (또) 감히 가래를 뱉거나 코를 풀지도 않았습니다.[1] 이것이 부모가 살아 계실 때 섬기는 예(禮)입니다.

상(喪)은 3일간 대렴(大斂-시신을 안치해 두는 것)하는 동안에는 아직 넋이 육신에 붙어 있다는 것을 반드시 진심을 다해 믿고, 3달간 장례를 치르는 동안에는 아직 넋이 관에 붙어 있다는 것을 반드시 진심을 다해 믿는 것이 돌아가신 부모를 장사 지내는 예입니다.

(돌아가신 후에) 때가 되어 장차 제사를 지내려 할 경우 군자는 이내 재계에 들어가 사특한 것들을 멀리하고 좋아하는 것이나 욕망을 억제하고 귀는 쾌락적인 것을 듣지 않음으로써 마음은 해야 할 것과 해서는 안 될 것을 반드시 가려야 하며 생각은 오로지 도리[道]에만 두며, 손과 발은 해야 할 것과 해서는 안 될 것을 반드시 가려야 하며 동작 하나하나도 오로지 예법[禮]에만 의거해야 합니다.

(산만했던 마음을 정돈하는) 산재(散齊)를 7일 동안 하여 그것으로써 마음을 안정시키고, (그 마음을 잘 유지하기 위한) 치재(致齊)를 3일 동안 하여 그것으로써 마음을 가지런하게 합니다. 재계란 (마음을) 지극히 맑고 밝게 해주는 것이니 그 연후에야 신명(神明)을 맞이할 수 있습니다. 이것이 제사의 예법입니다.

천자로부터 저 일반 백성들에 이르기까지 그 각각의 (예의의) 높임과 낮춤〔隆殺〕은 같지 않지만 예를 체득하여 행하는 사람이라면 털오라기 하나만큼이라도 예를 다하지 못함이 있는 것을 용납하지 못합니다.

『효경』에서는 이렇게 말합니다.

"군자가 부모님을 모신다는 것은 거처할 때는 그 삼감을 다하고〔致=盡〕, 봉양할 때는 그 즐거움을 다하고, 병이 드셨을 때는 그 근심을 다하고, 상을 당했을 때는 그 슬픔을 다하고, 제사를 지낼 때는 그 엄숙함을 다해야 한다. 이 다섯 가지가 다 갖춰진 후에야 제대로 부모를 모실 수 있다. 이 다섯 가지의 이름은 같지 않지만 예가 마땅히 행해야 하는 바의 측면에서는 하나다."

(따라서)『논어』와『효경』둘 다 성인(聖人-공자)의 육성을 담고 있습니다. 무릇 사람의 자식이 되어서 어릴 때부터 이런 말씀을 어긴다면 과연 하늘과 땅 사이에 제대로 설 수 있겠습니까? 그래서 둘을 합하여 이 점을 드러낸 것입니다.

1) 이 사례는 본인을 예로 들고 있지만 그 내용은 고스란히 『소학』에 나온다.

(『논어』) 맹무백(孟武伯)[1]이 효에 관해 묻자 공자는 말했다.

"부모는 오로지 '자식이 병들면 어떻게 하나'라는 것만을 걱정하신다."

신이 가만히 살펴보겠습니다. 선배 유학자의 설에 따르면 맹무백의 사람됨이 반드시 (부모로 하여금) 많은 걱정을 하게 하는 자입니다. 그래서 공자가 이로써 그에게 일러주었던 것입니다. 그 일러준 바가 부모의 마음임을 안다면 자신을 사랑해야 하는 이유도 알 수 있을 것입니다.

신이 볼 때 이것은 비록 부모가 모두 살아 계시는 것을 말하고 있지만 그러나 불행하게도 (부모가) 먼저 돌아가신 자식이라고 해서 이것을 잊어도 되겠습니까? 부모가 나를 낳으시고 나에게 바라는 것은 무엇이겠습니까? 과연 몸을 삼가고 자신을 사랑할 줄 몰라서 끝내 병에 걸린다면 아마도 그것이야말로 부모가 남겨주신 몸뚱이를 더럽히고 부모가 나에게 바라는 바를 잊는 것이 아니겠습니까? (벼슬이 없는) 선비와 일반 백성들로부터 그 이상은 다 마땅히 알고 있는 바와 같이 임금의 몸 하나에 종묘사직이 의탁하고 있으니 그 책임은 참으로 무겁고 그 혈기를 요동치게 하는 원천이 바로 그 몸 하나이기도 합니다. 사람의 수명을 갉아먹는 것은 비단 어느 하나의 이유만이 아닙니다. 그래서 한나라 문제(文帝)가 일찍이 말을 타고서 험준한 산비탈을 마구 내달리자 (황제가 스승처럼 받들던) 원앙(袁盎)이 간하여 말했습니다.

"폐하께서 멋대로 스스로를 가벼이 여기는 것 같은 일을 하게 되면 고묘(高廟-세상을 떠난 한 고조 유방)와 태후(太后-문제의 어머니 부

(簿)씨)께 어떻게 되겠습니까?"

이 말은 깊이 경계해야 할 것입니다. 임금 된 자가 혹시라도 공자의 훌륭한 말을 체득한다면 무릇 병에 걸리는 것도 (자신의 잘못인 양) 반드시 조심하고 경계하여야 불효의 책임에서 벗어날 수 있을 것입니다.

　1) 맹의자의 아들이다.

(『논어』) 자유(子游-공자의 제자)가 효에 관해 묻자 공자는 말했다.

"오늘날의 효라는 것은 물질적으로 잘하는 것에만 그치고 있다. 개나 말도 모두 그런 정도〔養=奉養〕는 챙길 줄 안다. 봉양하는 데만 힘쓰고 삼가는 마음이 없다면 무엇으로써 (개나 말과) 구별하겠는가?"


신이 가만히 살펴보겠습니다. 부모는 가장 중한 반면 개와 말은 지극히 가볍습니다. 공자는 지극히 가벼운 것을 통해 세상에서 가장 중요한 것을 일깨움으로써 세상 사람들이 흔히 봉양을 곧 효도라고 생각하는 것에 깊은 경계를 해주고 있습니다. 자유는 공자 문하에서도 이름이 높은 제자〔高弟〕임에도 마땅히 이런 경지에는 이르지 못했던 것입니다.

생각이 짧아 봉양하는 것으로써 효도를 다했다고 생각한다면 이는 이미 불효의 영역에 떨어지는 것입니다. 반드시 가벼이 하고 소홀히 하며

대충대충 하고 업신여기는 것〔輕忽簡慢〕만이 불경(不敬)을 말하는 것
은 아닌 것입니다. 그래서 『예기』에서도 "봉양은 (누구나) 능히 할 수 있
지만 (부모에 대해) 삼가는 것〔敬〕은 어려운 일이다"라고 한 것입니다.

(『논어』) 자하(子夏)가 효에 관해 묻자 공자는 이렇게 답했다.

"얼굴빛을 온화하게 갖도록 하는 것이 어렵다. 힘든 일이 생겼을 때는
아랫사람(자식)이 그 수고로움을 떠맡아 하고 술과 밥이 있으면 윗사람
(부모)에게 잡수시도록 하는 것은 (너무나도 당연한 것인데) 일찍이 그것
을 일러 효라고 할 수 있겠는가?"

신이 가만히 살펴보겠습니다. 이 말은 부모의 얼굴빛까
지 살피며 고분고분 잘 받드는 일은 대단히 어렵다는 것입니다. (앞서
보았던) 수고로움을 다하고 봉양을 하는 것은 다만 곁가지〔末〕일 뿐입
니다.

무릇 부모의 얼굴빛은 애처로울 때도 있고 활짝 펴질 때도 있으니
자식 된 자는 마땅히 몰래 보고 조용히 잘 살펴야 합니다〔潛觀嘿察〕.
그래서 얼굴빛이 부드러우면 부모의 마음이 즐거우신 것이니 진실로
스스로 위로할 수 있을 것이지만 만약에 얼굴빛에 조금이라도 평소와
다른 점이 있으면 조마조마해하고 두려워하면서 스스로를 반성하고
책하지 않을 수 있겠습니까?

아름다운 구름과 단비는 하늘의 기쁨이요 빠른 번개와 매서운 바람은 하늘의 노여움이라 했습니다. 하늘을 잘 섬기는 것도 이러한데 자신의 하늘과 땅인 부모를 살피는 데 어찌 부지런하지 않을 수 있겠습니까? 이것을 깨우치고 나야만 비로소 (부모로 하여금) 얼굴빛을 온화하게 갖도록 하는 것이 어렵다〔色難〕는 말의 깊은 의미를 알게 될 것입니다.

『예기』에서 말했다.

"사람의 자식 된 자는 아무런 소리가 나지 않는 데서도 들으려 해야 하고 아무런 형체가 없는 데서도 뭔가를 보려 해야 한다."

신이 가만히 살펴보겠습니다. 이는 (남들에게) 보이지 않는 순간에도 삼가 신중해야 하고 (남들에게) 들리지 않는 순간에도 두려워해야 한다는 뜻입니다. 대개 효자의 마음이란 검부러기 같은 차이나 순간적인 실수도 두려워하는 것입니다. 그래서 (부모의 얼굴빛을) 몰래 보고 조용히 잘 살펴야 하는 것〔潛觀嘿察〕이 이런 정도에까지 이르러야 하는 것입니다. 그런데 부모를 섬김에 열렬함〔誠〕이 없다면 그 사람이 어찌 이와 같이 될 수 있겠습니까?

　『예기』 (부모를 제대로 사랑할 줄 아는) 효자가 (누군가를) 깊이 사랑한다는 것은 반드시 화합하는 기운[和氣]이 있다는 것이고, 화합하는 기운이 있다는 것은 반드시 유쾌한 얼굴빛이 있다는 것이고, 유쾌한 얼굴빛이 있다는 것은 반드시 부드러운 용모가 있다는 것이다. (윗사람처럼) 위엄을 내세우고 (아랫사람처럼) 나긋나긋 조심만 하는 것은 부모를 모시는 도리가 아니다."

　　　　　　신이 가만히 살펴보겠습니다. 사랑한다는 것은 적중함[中]에 뿌리를 두고 있는 것입니다. 따라서 그것은 이처럼 깊어진 연후에야 기운으로 발현되고 안색으로 표출되며 용모로 드러나는 것이지 뭐뭐인 체하며 꾸밀 수 있는 것은 아닙니다. 위엄을 내세우거나 나긋나긋 조심하는 것은 윗자리에 있거나 아랫자리에 있을 때 드러내려 힘써야 할 용모입니다. 그렇기 때문에 그것은 부모를 모시는 도리가 아닌 것입니다.

　『예기』 어진 사람이 부모를 섬기는 태도는 하늘을 섬기는 것과 같고 하늘을 섬기는 것은 부모를 섬기는 것과 같다.

신이 가만히 살펴보겠습니다. 이 말은 『효경』이 명확하게 통찰한 바와 그 취지가 대략 같다고 하겠습니다. 선배 유학자 장재는 '서명(西銘)'[1]을 지었으니 부모를 잘 섬김으로써 하늘의 도리를 섬기는 것을 밝히는 내용입니다.[2]

"하늘을 아버지라 부르고 땅을 어머니라 부른다.

내 작은 몸은 천지 가운데에 섞여 존재하도다.

그러므로 하늘과 땅 사이의 가득한 기운이 내 몸을 이루고,

하늘과 땅이 주재하는 이치가 내 본성을 이룬다.

백성은 나와 태가 같은 사람이요,

만물은 나와 더불어 존재한다.

위대한 임금은 내 부모의 장자(長子)이고,

그분의 대신은 장자의 가신(家臣)이다.

연장자를 존대하는 것은 장로(長老)를 내 어른처럼 모심이고,

고아나 약자에 자비로운 것은 그들을 내 아이처럼 사랑하는 바다.

성인(聖人)은 그 다움이 천지의 다움과 부합하는 사람이고,

현인(賢人)은 그 다움이 다른 사람보다 뛰어난 사람이다.

무릇 천하의 병들어 노쇠한 사람, 불구자, 의지할 곳 없는 사람, 홀아비와 과부는

모두 내 형제임에도 하소연할 곳조차 없는 무리들이다.

이러한 때에 그들을 잘 보양하는 것은 자식으로서 공양함이요,

(이를) 즐겁게 여기고 근심하지 않는 것이야말로 순수한 효성이다.

도리를 어기는 것을 패덕, 인(仁)을 해치는 것을 적(賊)이라 한다.

악(惡)을 행함은 못난 짓이며, 도리를 행함이 마땅한 일이다.

천지조화를 알면 그 일을 잘 풀 수 있고,

신명(神明)을 궁구(窮究)하면 그 뜻을 잘 이을 수 있을 것이다.

아무도 보지 않는 방구석에서도 부끄러움이 없어야 욕됨이 없고,

마음을 보존하고 본성을 길러야만 나태(懶怠)하지 않을 것이다.

좋아하는 술을 끊음은 숭백(崇伯)의 아들〔禹〕이 부모를 돌보고 봉
양코자 함이었다.

영재 육성은 정(鄭) 영봉인(潁封人) 고숙(考叔)의 효심의 전파였다.

노력을 게을리하지 않아 부모를 기쁘게 한 것은 순(舜)의 공적이요,

참언으로 죽게 됐어도 도망가지 않고 팽살(烹殺)형을 기다린 것은
진(晉) 태자 신생(申生)의 공경함이다.

부모에게서 받은 몸을 온전히 되돌려 보낸 사람은 증자(曾子)이며,

부모 뜻을 따르는 데 용감하고 명령에 순종한 사람은 윤길보(尹吉
甫)의 아들 백기(伯奇)다.

부귀와 복택(福澤)은 하늘이 내 삶을 풍부하게 하려 함이요,

빈천과 근심 걱정은 그대를 옥처럼 절차탁마하여 완성시키려는 것이다.

나 살아서 하늘을 순리대로 섬기면 죽어서도 편안할 것이다."


장재의 이 말들은 그 뜻의 정교함과 미묘함이 극에 이르렀다고 할
수 있습니다. 신이 잠깐이나마 이처럼 보여드렸으니 (폐하께서는) 반드
시 그 뜻을 깊이 궁구하시어 몸소 실행하려 하시고 전문을 반복해서
숙달하시기 바랍니다.


1) 서재의 서쪽 창에 걸어두기 위해 지었다고 하며, 인(仁)의 기본 내용
에 대한 설명을 담았다. 조선에서는 이황이 선조에게 그림으로 그려

서 올린 것으로 유명하다.

2) 진덕수는 요약하여 싣고 있으나 그 내용이 길지 않기 때문에 여기서는 전문을 싣는다.

(『예기』) 공명의(公明儀)가 증자(曾子)에게 물었다.

"스승님은 효를 다 하셨다고 할 수 있습니까?"

증자가 말했다.

"군자가 행하는 이른바 효라는 것은 미리 (부모의) 생각하신 바(意)를 알아차리고서 그 뜻(志)을 받들어 도리에 입각해 부모를 깨우쳐드리는 것이다. 나는 그냥 봉양만 했을 뿐이니 어찌 제대로 효를 다 했다고 할 수 있겠는가?"

신이 가만히 살펴보겠습니다. 부모가 생각하시는 바는 아직 구체적인 모습을 갖추지 못했기 때문에 그에 앞서 미리 그것을 간파하지 않으면 안 됩니다. (반면) 부모의 뜻은 이미 형태를 갖췄으니 그 후에 제대로 그 뜻을 따르는 것은 효애(孝愛)보다 깊다고 할 수 없습니다. 부모의 생각하신 바를 미리 알아차리려면 부모의 마음을 자신의 마음처럼 하지 않고서는 불가능합니다.

깨우쳐드린다(諭)는 것은 말을 하여 일깨워주는 것을 이릅니다. 자식 된 자는 평소에 이치로써 그 부모를 잘 깨우쳐 허물이 없게끔 모시니 이는 마치 신하가 임금을 모실 적에 그릇된 마음을 미리 바로잡아 도리에 맞도록 인도하는 것과 같습니다. 이는 그 허물을 보고 난 다음에 간하는 것에 비해 그 공이 백 배나 되기 때문에 증자는 오히려 그렇게 하는 것을 더 어렵게 여겼던 것입니다.

(『예기』) "부모가 허물이 있거든 기운을 낮추고 안색을 기쁘게 하고 부드러운 목소리로 간해야 한다.

간했는데 만일 (부모가) 받아들이지 않거든 더욱 삼감을 일으키고 [起] 더욱 효심을 일으켜 (부모가) 기뻐하면 다시 간해야 한다.

(그렇게 해도 부모가) 기뻐하지 않더라도 (불쾌한 안색이나 목소리를 드러내어) 동네 사람들이나 지역 사회에 죄를 짓기보다는 차라리 계속 은근하게 [孰] 간해야 한다. (그리고 만일 그렇게 했다가) 부모가 화가 나서 불쾌해하며 자신을 매질하여 피가 나더라도 감히 미워하거나 원망해서는 안 되고 더욱더 삼가고 더욱더 효도해야 한다."

신이 가만히 살펴보겠습니다. 이때 일으킨다 [起]는 것은 소름이 끼칠 만큼 두려워하면서 [悚然] 불러일으킨다는 뜻이고, 계속 은근하게 [孰]라는 것은 반복해서 순수하게 꾸준히 하는 것을 뜻합니다. 따라서 간하지 않으면 이는 그 부모를 불의에 빠트리고 지역 사회 [州里]에 죄를 짓게 하는 것입니다. 마찬가지로 등급을 올려 살펴보면 제후이면서 (자신의 부모에게) 간하지 않으면 이는 부모로 하여금 나라 사람들에게 죄를 얻게 하는 것이고, 천자이면서 간하지 않으면 이는 부모로 하여금 천하에 죄를 얻게 하는 것입니다. 이 때문에 차라리 계속 은근하게 간해야 하는 것입니다. 화를 내고 매질을 하더라도 감히 원망해서는 안 되는데 하물며 이보다 못한 것에서야 어떻겠습니까? 간했는데 받아들이지 않거든 더욱 삼감을 일으키고 더욱 효심을 일으켜야 하고, 간했는데 화를 내더라도 역시 더욱 삼감을 일으키고 더욱 효심을 일으켜야 합니다. 삼감과 효심〔敬孝〕 이외에 어찌 다른 마음이 있을 수 있겠으며 어찌 한순간이라도 삼감과 효심을 잊을 수 있겠습니까?

이런 설은 성인(聖人-공자)이 이미 『논어』에서 드러내어 말해 놓았습니다.

"부모를 섬기되 (부모의 잘못이 있을 때) 은미하게 간해야 하니, 부모의 뜻이 내 말을 따르지 않음을 보더라도 더욱 공경하고 어기지 않으며, 수고로워도 원망하지 않아야 한다."

부모를 잘 섬기려면 마땅히 이 두 가지 책(『예기』와 『논어』)을 합하여 깊이 생각해야 할 것입니다.

(『예기』) 부모가 병이 있어 약을 들게 되면 자식이 먼저 그것을 맛보아야 한다. (약을 지은) 의원이 3대에 걸쳐 이어지지 않았다면 그 약을 먹어서는 안 된다.

신이 가만히 살펴보겠습니다. 『춘추』에는 "허(許) 나라 세자 지(止)가 그 임금 매(買)를 죽였다"고 적고 있습니다. 전(傳)[1]이 풀이하기를 "허나라 도공(悼公)이 학질에 걸려 세자 지가 올린 약을 먹고 죽었다"고 했습니다. 그리고 『춘추』는 "그 임금을 죽게 만든 것은 지가 먼저 약의 맛을 보지 않았기 때문이다"라고 적었습니다.

선배 유학자 호안국(胡安國)은 이 이야기를 들어 무릇 공자가 삼갔던 세 가지[2] 중에서 병 치료〔疾居〕를 그 첫째로 꼽았습니다. 실제로 공자는 계강자(季康子)가 약을 보내주자 "아직 약의 효능을 모르면 감히 맛볼 수 없다"[3]고 말했습니다. 자신의 몸을 이처럼 삼가고 조심했다면 임금인 아버지에게 소홀히 할 수 있었겠습니까? (그런데) 지는 최고의 의원을 고르지 않았고 그 약 쓰기를 가벼이 하여 그 약을 먼저 맛보지 않은 채 임금에게 잘못 올렸으니 그것이 바로 임금인 아버지를 소홀히 여기는 마음이요 조심성이 없었던 것입니다.

이것은 임금을 시해한 싹을 서술하고 있는 것으로 마치 얼음이 서서히 얼듯이 하여 끝내 큰 사고를 일으킬 수 있다는 것을 일깨워주는 것이며 『춘추』가 늘 조심하라고 가르치는 바입니다. 그러니 처음부터 크게 나쁜 마음을 갖고 시작한다면 어떻게 될지에 대해서는 표현할 길이 없습니다. 이것이 『춘추』가 아주 작은 뜻에서부터 나쁜 마음을 제거하려는 것입니다. 그렇기 때문에 부모의 질병을 시중드는 사람은 허나라 지를 반면교사로 삼아 늘 경계해야 할 것입니다.

1) 공자가 쓴 『춘추』를 보충하고 풀이한 『춘추좌씨전』을 가리킨다.
2) 이것은 『논어』 「술이(述而)」 12장에 나온다. "공자께서 늘 삼가고 조심하셨던 세 가지는 재계와 전쟁 그리고 질병이셨다."
3) 이는 『논어』 「팔일(八佾)」 11장에 나온다.

(『효경』) 공자가 말했다.

"효자가 부모의 상을 당하면 곡소리가 그치지 않고 예법에 어긋나는 행동을 하지 않으며, 말을 번잡스럽지 않게 하고 옷이 아름다워도 마음이 편치 않으며, 음악을 들어도 즐겁지 않고 맛있는 음식을 먹어도 달지 않으니 이는 슬프고 서러운 정 때문이다. 3일이 지나면 음식을 먹기 시작하는 것은 백성들에게 죽은 사람 때문에 산 사람을 다치게 하지 않게 하고 여타의 본성을 잃지 않도록 가르치기 위함이다. 이것이 빼어난 이〔聖人〕이 베푸는 정사〔政〕다.

상을 3년이 넘지 못하도록 한 것은 백성들에게 (슬픔에도) 끝이 있음을 보여주려는 것이다. 겉널과 속널 그리고 관 속에 넣을 옷가지들을 만들어 장례를 치르고 제기들을 진설하여 슬퍼하고 서러워한다. 곡하고 울며 가슴을 치고 발을 구르며 그 기간을 슬프게 보낸다. (그리고) 좋은 자리를 골라 편안하게 모시고 종묘를 만들어 귀신을 섬기며 봄, 가을에 제사를 지내어 때에 맞게 늘 그리워한다. 살아 계실 때는 사랑과 삼감으로 섬기고 돌아가시면 슬픔과 서러움으로 섬기는 것이니 이는 사람으로서의 근본 도리를 다하는 것이며 살아 계실 때나 돌아가셨을 때의 마땅한 도리가 다 갖춰지는 것이다.

(이렇게 한다면) 효자가 부모를 섬기는 일을 잘 마쳤다고 할 수 있다."

 신이 가만히 살펴보겠습니다. 경전들 중에서 부모의 상을 언급한 것들이 많지만 오직 이것만이 그 대략을 갖추고 있습니다. 따라서 상을 치르는 사람은 마땅히 이 내용을 깊이 체득해야 할 것입니다.


(『논어』) 공자가 말했다.

"자식은 태어난 지 3년이 지난 후에야 부모의 품에서 벗어난다. 그래서 대체로 삼년상은 천하에 두루 통하는 상례이다."


『중용』에서 (공자가) 말했다.

"일년상은 (서민부터 사를 거쳐) 대부에까지 이르고, 삼년상은 (제후로부터) 천자에까지 이르니 부모의 상은 귀천이 없이 똑같았다."


(『맹자』) 등나라 정공(定公)이 세상을 떠나자〔薨〕 당시 세자였던 문공(文公)이 자신의 사부〔傅〕인 연우(然友)에게 이렇게 말했다.

"지난번에 맹자가 일찍이 송나라에서 나와 더불어 말했던 것들을 늘 마음에 두고서 잊지 못했는데 이번에 불행하게도 아버지의 상[大故=大喪]을 당했다. 그래서 나는 그대를 시켜서 맹자에게 물어본 다음에 장례[事]를 행하려고 한다."

그래서 연우가 추(鄒) 나라에 가서 맹자에게 묻자 맹자는 이렇게 말했다.

"역시 좋으십니다. 부모의 상(喪)은 진실로 스스로 모든 정성을 다해야 하는 것입니다. 증자가 말하기를 '살아서는 섬기기를 예로써 하고 돌아가셨을 때는 장례 지내기를 예로써 하고 (그 후에) 제사를 지내기를 예로써 하면 효도를 다했다고 이를 수 있을 것'이라고 했습니다. 제후의 예는 내가 아직 배우지 않았지만 그러나 내 일찍이 들은 바가 있습니다. 삼년상에 거친 상복을 입고 미음과 죽을 먹는 것은 천자로부터 일반 백성에 이르기까지, 그리고 하은주 삼대(三代)가 공통이었습니다."

맹자를 만난 연우가 복명하여 삼년상을 정하기로 하자 아버지의 형제들, 즉 족친들과 백관이 모두 그래서는 안 된다고 반대했다.

"우리의 종주국[宗國]인 노나라의 선대 임금들이 삼년상을 행하지 않았고 우리나라의 선대 임금들도 삼년상을 행하지 않았습니다. (하필) 지금에 이르러 이것을 뒤집는 것은 불가합니다. 또 옛 기록에 이르기를 '상례(喪禮)와 제례(祭禮)는 선조의 법도를 따른다'고 했으니 이는 곧 '우리에게는 우리가 물려받은 법도가 있다'는 말입니다."

족친과 신하들의 반대가 거세지자 세자는 다시 연우를 부른다.

"내가 지난날에 미처 학문을 제대로 하지 않았고 말달리기와 검술만을 좋아했다. (그런데) 지금에 와서 족친들과 백관이 나를 못마땅하게 여기니 (나는) 아버님의 장례[大事]를 극진하게 치르지 못할까 두렵다. 그대는 나를 위하여 맹자에게 가서 (다시 한 번) 이 문제를 물어보도록 하라."

이에 연우가 다시 추나라에 가서 맹자에게 묻자 맹자가 말했다.

"그럴 수 있습니다. (그러나 내가 삼년상을 해야 한다고 말했던 이유는) 다른 데서 굳이 찾을 것이 없습니다. 공자께서 말씀하시기를 '임금이 돌아가시면 (세자는) 총재(冢宰＝宰相)에게 정사를 맡기고 죽을 마시면서 얼굴은 (슬픔으로) 짙은 흑색이 되어 상주의 자리에 나아가 곡을 하면 대소의 모든 관리들 중에 감히 슬퍼하지 않는 이가 없을 것이다. 이는 세자께서 솔선수범하기 때문이다. 윗사람이 (어떤 것을) 좋아함이 있으면 그 아랫사람들은 반드시 그것을 더 심하게 좋아하게 된다. 군주 [君子]의 다움은 바람이요, 백성[小人]의 다움은 풀이니, 풀 위로 바람이 불면 풀은 반드시 (그 방향으로) 기울기 마련이다'라고 하셨으니 이번 일은 세자께서 어떻게 하느냐에 달려 있습니다."

연우가 맹자를 만나고 와서 세자에게 복명하자 세자는 이렇게 말한다.

"그렇다. 그것은 진실로 나에게 달려 있다."

그러고 나서 세자는 5개월 동안 여막(廬幕)에 거처하면서 어명과 전교를 내리지 않았다. (총재들이 정사를 주관했다는 뜻이다.) 이에 백관과 종친들이 다 말하기를 "(세자께서는 예를) 아신다"고 했으며 장례식에 닥쳐서는 사방에서 사람들이 찾아와 구경을 했고 (이때) 세자의 안색에 드러나는 슬픔과 (세자가) 곡하고 울 때의 애통함으로 인해 조문 온 사람들은 (세자에 대해) 크게 흡족해했다.


🌺　　　신이 가만히 살펴보겠습니다. 삼년상은 당우(唐虞-요순) 삼대(-하, 은, 주) 이래 한 번도 바뀐 적이 없습니다. 춘추시대에 와서 이 예법은 폐기되어 무너져버렸습니다. 이에 재아(宰我-공자의 제자)

는 상을 1년으로 단축하려 했고 공자는 그를 어질지 못하다고 꾸짖었습니다. 자사가 지은 『중용』에서도 일년상은 귀천과 구별이 있다고 하면서도 부모의 상은 귀천 없이 하나일 뿐이라고 했습니다.[1]

바야흐로 (이때에) 등나라 문공이 맹자의 말을 채택하여 삼년상을 행하려 하자 족친들과 백관이 시끄럽게 쟁론을 벌이다가 결국 문공이 다수의 의견을 거슬러가면서 그 예를 행하자 이번에는 또 그들이 "예를 아신다"고 한다는 것은 무엇이겠습니까? 대개 이런 경우 (예를) 행하지 못하는 자는 옛것만을 융통성 없이 답습하는〔蹈常襲故〕 고루한
<small>도상습고</small>
견해에 빠져 있는 것이고 반면에 예를 알아 행하는 자는 마땅히 다움 (자식다움 혹은 임금다움=德)의 양심을 좋아하는 것입니다. 무릇 (부
<small>덕</small>
모의) 은혜에 보답하려 하나 그것이 하늘처럼 너무도 크고 넓어 다할 길이 없다고 했습니다. 그래서 제대로 보답하자면 평생 동안 상을 치러도 그 끝없는 슬픔을 다 풀어낼 수 없지만 3년으로 그치는 것은 특별히 성인(聖人-공자)이 절제하는 도리를 세워서 사람들로 하여금 (슬퍼하기를) 너무 지나치지 않게 해준 때문입니다. 그런데 이후 세상이 그릇되고 가르침은 사라져버려 동로(東魯)와 같은 옛 문헌의 나라에서도 제대로 행해지지 않았으니 등나라의 족친들에게서야 그 예의 이지러짐이 얼마나 심했겠습니까? 그런데도 문공은 오직 혼자의 몸으로 솔선수범하여 마음을 바꿔먹고서 하늘과도 같은 이치가 사람의 마음에 있다는 것은 결코 바뀌거나 사라질 수 없다는 것을 깨달았습니다.

한나라 문제 때부터 마음대로 옛 예법을 바꿔 역월(易月)의 제도[2]를 시행했지만 문제가 유언으로 내린 조칙〔遺詔〕을 꼼꼼히 검토해 보
<small>유조</small>
면 백성들로 하여금 생업을 이어가게 하면서 (아들인) 경제에게 순조롭게 황위를 물려주려 함이었습니다.[3] 이에 그 (본래 취지는 저버린

채) 문자만을 취해 삼년상의 제도를 단축했으니 어찌 만세의 죄인이라 하지 않을 수 있겠습니까?

그 후에 진(晉)나라 무제가 옛 제도를 되찾고자 여러 신하들의 각종 설들을 차단했고 후위(後魏)의 효문제가 홀로 결단을 내렸습니다. 효문제는 오랑캐[夷狄]의 임금이었지만 오히려 제대로 이 예법을 행했으니 중국(中國-한족의 나라들)이 비할 바가 못 됩니다.

따라서 여러 성현들의 말씀들을 잘 갖추어 후세로 하여금 상고할 수 있도록 해야 할 것입니다.

1) 진덕수는 자사조차도 일년상을 인정했다는 점을 비판하고 있다.

2) 상례(喪禮)를 빨리 끝내기 위하여 달수를 날수로 바꾸어 계산하여 상례를 치르던 제도다.

3) 그 조칙에는 이런 구절이 들어 있다. "오늘날 세상에서 모두가 살기를 즐겨하고 죽기를 싫어하며 후한 장례(-삼년상)를 치르느라고 생업을 파하며 복상(服喪)을 무겁게 하여 산 사람을 다치게 하지만 나는 아주 이런 일을 하지 않겠노라." 여기에는 애민사상과 태자에게 무사히 황위가 이어지기를 바라는 염원이 담겨 있다.

(『논어』) 공자가 말했다.

"그의 아버지가 살아 계실 때는 그 뜻을 살피고 아버지가 돌아가신 경우에는 그가 하는 행동을 주의 깊게 지켜보아 3년이 지나도록 아버지가 살아 있을 때 보여준 도리를 조금도 잊지 않고 따른다면 그것은 효라고 이를 만하다."


신이 가만히 살펴보겠습니다. 선배 유학자의 설에 따르면 아버지가 살아 계실 때는 능히 그 뜻을 살필 수 있어 그것을 잘 받들고, 아버지가 돌아가시면 능히 그 행동을 잘 살펴 계속 이어가고 또 반드시 3년 동안 아버지의 도리를 조금도 바꾸지 않은 연후에야 효가 된다고 했습니다.

모름지기 아버지의 도리 중에서 좋은 것은 마땅히 평생토록 지키더라도 좋지 못한 것은 마땅히 서둘러 고쳐야 하는 것이니 (여기에) 어떻게 3년이라는 기간을 꼭 지켜야 하겠습니까? 여기서 3년 동안 고치지 말라는 것은 반드시 고쳐서는 안 되는 좋은 것들에만 한정됩니다. 따라서 이 말은 (딱 3년이 아니라 설사 아버지의 도리 중에서 좋지 못한 것이라 하더라도) 너무 성급하게 고치는 것은 차마 하지 말라는 뜻으로 새겨야 합니다. 만약에 사리의 무겁고 가벼움〔重輕〕은 헤아리지 않고 슬픔을 가슴에 안은 채〔茹哀〕 매사를 조심해야 할 와중에 고치지 않아도 되는 것을 고친다면 삼가고 진중해야 하는 마음을 잃어 일에는 반드시 아무런 성취도 없을 것이고 효에는 큰 손상이 있게 됩니다.

공자의 말은 대개 반드시 행하여 드러내는 것이기 때문에 사람의 자식 된 자가 이런 상황에 놓였을 때는 그 상황에 맞춰 의리〔義〕로써 절제해 가면 될 것입니다. 임금의 사례로써 보자면 (주나라) 무왕은 (아버지) 문왕의 뜻을 이어받아 평생토록 그 뜻을 바꾸지 않은 임금이었는데 (같은 주나라의 11대 임금) 선왕은 여왕의 강렬함〔烈〕은 이어받았지만 3년을 기다리지 않고 그것을 바꿨습니다. 그러니 (아버지의 뜻을) 잇는다는 것은 비록 문왕과 다르고 여왕과도 다를 수 있는 것이 공자의 이른바 '3년 동안 바꿔서는 안 된다'는 것의 본뜻일 것입니다. 27개월[1]이라는 기간은 마치 번개처럼 빠르니 사람의 자식이 이에 오직 추모하는 정성을 다하고 (삼년상의 예가) 잠시 쇠했더라도 그 자취를 되찾는 것은 진실로 좋다 하지 않겠습니까?

따라서 그것을 미루어 헤아리고 잘 밝혀서 옛 성현들이 말씀하신 것 이외의 뜻으로까지 넓혀야 할 것입니다.


1) 당시 중국의 삼년상은 역법상 27개월이었다.

(『논어』) 증자가 말했다.

"부모님의 상을 삼가서 치르고 먼 조상까지도 잊지 않고 추모하면 백성의 다음이 두터운 데로 돌아갈 것이다."


신이 가만히 살펴보겠습니다. 선배 유학자가 "상을 삼가서 치른다〔慎終〕"고 한 것은 상을 치를 때 그 예를 다한다는 뜻이고, "먼 조상도 추모한다〔追遠〕"는 것은 제사를 치를 때 그 정성스러움을 다한다는 뜻입니다. 임금이 하는 바가 (이처럼) 이미 매사에 두터우면 백성들도 따라서 두터운 데로 돌아간다는 것입니다. 그래서 『대학』에서 말하기를 "한 집안[1]이 어질면 한 나라에 어짊이 흥하고 한 집안이 사양할 줄 알면 한 나라에 사양함이 흥한다"고 했는데 그 뜻은 지금 우리가 살펴본 것과 같습니다.

1) 여기서는 왕실 집안을 뜻한다.

『예기』에서 말했다.

"(가을이 되어) 서리나 이슬이 이미 내려 군자가 그것을 밟을 경우 반드시 서글프고 가슴이 아파지는데 이는 추워서 그런 것이 아니다. 봄에 비나 이슬이 내려 땅을 적신 후에 군자가 그것을 밟을 경우 반드시 근심과 걱정이 가득해지는데 이는 돌아가신 부모를 다시 만나는 것과 같아서다."

신이 가만히 살펴보겠습니다. 효자는 단 한순간도 부모를 생각하지 않음이 없습니다. 그래서 가을에 서리나 이슬이 내려도 (부모를 향해) 마음이 움직이고 봄에 비나 이슬이 내려도 마음이 움직이는 것입니다. 그래서 마치 돌아가신 부모를 눈앞에서 보는 듯이 하니 이것은 열렬함[誠]의 극치요 효도의 지극함입니다.
성

(『예기』) 안으로는 최대한 마음가짐을 가지런하게 하고 겉으로는 몸가짐을 가지런하게 해야 한다. 재계를 하는 날에는 부모가 생전에 평소생활하시던 것을 떠올리고 부모의 웃음과 말씀을 떠올리고 부모의 하고자 하시던 바와 뜻하셨던 바를 떠올리고 부모의 좋아하시던 바를 떠올리고 부모의 즐기시던 바를 떠올려야 한다. (이렇게 하면) 재계한 지 사흘이 될 때 곧 그 재계한 바의 그 사람을 눈앞에서 보게 된다.

(이처럼 재계를 잘 마쳤을 경우) 제삿날 제실에 들어서면 어렴풋하게나마 반드시 그 생전의 모습을 보게 되는 바가 있으며, (제실 안을) 두루 돌아 다시 문을 나서면 엄숙하게 반드시 용모와 소리를 듣게 되는 바가 있으며, 문 밖에 나와서 귀 기울여 들으면 한숨을 쉬듯이 반드시 탄식하는 소리를 듣게 되는 바가 있을 것이다.

이렇기 때문에 (효성이 지극했던) 옛 임금이 실천한 효란 부모의 얼굴이 자신의 눈에서 잊혀지지 않도록 하고 부모의 목소리가 자신의 귀에서 사라지지 않도록 하며, 부모의 마음과 뜻이 좋아했던 것이 자신의 마음에서 잊혀지지 않도록 하여 사랑이 지극해지면 (부모님이 앞에) 계신 듯하고, 정성이 지극해지면 (부모의 모습이) 나타나신 듯했다. 나타나신 듯하고 계신 듯하여 자신의 마음에서 잊혀지지 않도록 하니 그 어찌 공경하지 않을 수 있겠는가? 군자는 부모가 살아 계실 때는 삼가는 마음으로 봉양하고 돌아가시면 삼가는 마음으로 제사를 올리며 죽을 때까지 생각해야 욕되지 않는다.

신이 가만히 살펴보겠습니다. 이 장은 자식이 (돌아가신)

부모를 그리워하는 것을 서술함에 참으로 그 형용의 묘미를 다했다고 하겠습니다. 효의 지극함을 열렬하게 다하지 않고서야 어찌 능히 여기에 이를 수 있겠습니까? 그래서 정이(程頤)가 "부모가 생전에 평소 생활하시던 것을 떠올리고 부모의 웃음과 말씀을 떠올리는 것은 효자가 평소 부모를 그리워하는 마음이지 재계[齋]가 아니다"라고 했습니다. 재계란 몸과 마음을 편안히 하여 순전히 하나가 되는 것이라 바야흐로 귀신과 서로 접촉하는 것이니 무릇 재(齋)와 계(戒)는 서로 다른 것입니다. 그래서 7일 동안 계를 할 때는 의젓하게 삼가 두려워하니 그리워함이 있는 것을 받아들여주지만 재계한 지 사흘째 되는 날에는 몸과 마음을 편안히 하여 그리워하는 바가 없게 됩니다. 이것이 재와 계의 분간입니다. 지극한 사랑은 존속되고 지극한 아름다움은 결국 드러나게 되는데 이는 대개 사랑[愛]은 그리워함[慕]의 절정이어서 그 존속됨을 삼가고, 열렬함[誠]은 아름다움[懿]의 절정이어서 보여줌을 밝게 하기 때문입니다. 이것이 귀신(鬼神)에게 두루 통하는 이치[常理]이니 삼가지 않을 수 있겠습니까? 삼가면 (나타남이) 있게 되고 삼가지 않으면 없게 됩니다.

따라서 부모가 살아 계셔서 봉양을 할 때는 반드시 삼감[敬]으로써 하고 돌아가셔서 제사를 드릴 때에도 역시 반드시 삼감으로써 해야 합니다. 부모가 살아 계시고 돌아가신 것에 따라 차이는 있지만 그러나 효자가 부모를 삼감으로 대하는 것은 똑같습니다.

무릇 부모에 대해 이와 같이 한다면 평생토록 그 부모를 욕되게 하는 일은 결코 없을 것입니다.

(『예기』) 문왕이 제사를 지낼 때는 죽은 사람을 섬기는 것이 산 사람을 섬기는 것과 똑같았고 죽은 사람을 생각하는 것이 더 이상 살고 싶지 않은 듯이 했으니 기일(忌日)이 되면 반드시 슬퍼하고 이름을 부르는 것이 마치 눈 앞에서 부모를 보며 하는 듯한 충심이 있었다.

군자는 죽을 때까지 상(喪)이 있기 때문에 기일을 말한다. 그 때문에 기일에는 어떤 즐거운 일도 하지 않는다.

신이 가만히 살펴보겠습니다. 기일(忌日)이라는 말은 여기서 처음으로 보입니다. 부모의 상이 비록 오래됐다고 해도 기일이 되면 반드시 상을 치를 때의 예로 돌아가야 합니다. 이는 내 몸이 죽은 이후에야 마치는 것이니 옛 성군들 중에서 이러한 도리를 제대로 다한 임금은 아마도 문왕뿐일 것입니다.

(『예기』에서 증자가 말했다.) "부모가 사랑하는 바는 (자식도) 역시 그것을 사랑해야 하고 부모가 소중히 하는 바는 역시 그것을 소중히 해야 한다. 개나 말에 이르기까지도 온 힘을 다해 그렇게 하는데 하물며 사람의 경우에야 말할 것이 있겠는가."

 신이 가만히 살펴보겠습니다. 효자가 (부모를) 사랑하고 삼가 존중하는 마음은 닿지 않는 곳이 없습니다. 고로 무릇 부모가 사랑하고 삼가 존중하는 바는 그것이 개나 말과 같은 미천한 것이어도 당연히 사랑하고 삼가 존중해야 하는데 하물며 사람에 대해서야 말할 것이 있겠습니까? 잠깐 쉬운 예를 들어 말씀드리자면 형이나 동생이 바로 나의 부모가 사랑하는 사람입니다. 내가 그들을 사랑할 수 없다면 그것이 부모를 사랑하는 것이겠습니까? 이들에게 박하게 한다면 그것은 곧 나의 부모에게 박하게 하는 것입니다. 친족이나 현능한 신하들도 나의 부모가 삼가 존중했던 사람들인데 내가 그들을 삼가 존중할 수 없다면 그것이 부모를 삼가 존중하는 것이겠습니까? 이들을 업신여긴다면 그것은 곧 나의 부모를 업신여기는 것입니다. 친족과 윗사람들에게도 미루어 헤아려 모두 그렇게 하지 않으면 안 됩니다.

진(晉) 나라 무제(武帝)는 풍담(馮紞)의 참소에 현혹되어 태후 정녕(丁寧)의 말을 무시한 채 제왕(齊王) 유(攸)를 멀리했고, 당나라 고종(高宗)은 무씨(武氏)와의 사랑에 빠져 태종이 당부했던 명을 듣지 않고 장손을 죽이는 등 꺼리는 바가 없었습니다. 이 두 임금은 『예경(禮經-예기)』에 죄를 지은 것입니다.

(『예기』) 공자가 말했다.

"내 몸이라는 것은 부모의 나뭇가지와 같으니 감히 삼가지 않을 수 있겠는가? (따라서) 내 몸을 삼가지 못한다면 이는 자신의 부모를 해치는 것이다."

(증자가 말했다.) "내 몸이라는 것은 부모가 남겨주신 육체이니 (내가 내 몸을 움직인다는 것은 곧) 부모가 남겨주신 육체를 움직이는 것인데 감히 삼가지 않을 수 있겠는가?"

 신이 가만히 살펴보겠습니다. 공자와 증자의 이 말은 증자가 했던 "깊은 연못가에 있는 듯 조심하고 또 조심하여 살얼음을 밟는 듯"이라는 말과 정확히 그 뜻이 상통합니다.

『예기』에서 말했다.
"효자는 (부모를 대할 때) 마치 귀한 옥을 쥔 듯이 하고 찰랑찰랑 가득한 그릇을 받들 듯이 하며, 매우 공경하고 삼가며 조심스러운 모습으로 마치 (주어진 일을) 제대로 감당하지 못하면 어떻게 하나 하듯이 한다."

신이 가만히 살펴보겠습니다. 자식의 몸은 부모에게서 나왔으니 본래는 하나이던 신체가 나눠진 것입니다. 이는 마치 가지가 줄기에서 나오는 것과 같습니다. 따라서 가지가 상하면 줄기도 상하게 됩니다. 자기 몸을 삼가지 않고 막 굴린다면 이는 부모를 상하게 하는 것이 아니겠습니까? 그래서 증자는 전전긍긍하여 끝내 그 몸을 보전했던 것입니다. 무릇 물려받은 몸을 삼가 잘 받든다는 것은 감히 조금이라도 게으름이 없는 것입니다. 원래 사람의 자식이라면 마땅히 그래야 하는 것이고, 임금의 몸은 조종(朝宗)의 토대가 그 한 몸에 의탁하고 있고 묘석(廟祏-종묘에 위패를 모셔두는 감실)의 신령이 그 한 몸에 기대고 있으니 비할 바 없이 중요한 것입니다. 따라서 말 한마디, 행동 하나를 하는 것도 어찌 소홀히 할 수 있겠습니까? 증자는 "깊은 연못가에 있는 듯 살얼음을 밟는 듯"이라고 말한 바 있습니다. 『예기』에 나오는 옥을 쥐고 그릇을 받드는 비유는 마땅히 이 점을 깊이 체화하여 보여주는 것이라 하겠습니다.

(『맹자』) 맹자가 말했다.

"누구를 섬기는 것이 가장 중요하겠는가? 부모를 섬기는 것[事親]이 가장 중요하다. 무엇을 지키는 것이 가장 중요하겠는가? 자신의 몸을 지키는 것[守身]이 가장 중요하다. 부모를 섬기는 것이 모든 섬김의 근본이요, 자기 자신을 지키는 것이 모든 지킴의 근본이다. 자기 자신(몸)을 잃지 않으면서 제대로 그 부모를 섬기는 사람에 대해서는 내가 들어본 바 있지만 자기 자신을 잃고서 제대로 그 부모를 섬기는 사람에 대해서는 내가 들어본 바 없다."

(『예기』) 증자가 말했다.

"나무는 때에 맞게 잘려져야 하고 짐승도 때에 맞춰 죽여야 한다. 공자가 말씀하시기를 '때를 가리지 않고 한 그루 나무를 자르고 한 마리 짐승을 죽인다면 그것은 효가 아니다'라고 하셨다."


신이 가만히 살펴보겠습니다. 어짊[仁]과 효도[孝]는 그 근원이 똑같습니다. 그래서 효자는 반드시 어질고 어진 자는 반드시 효도를 다합니다. 나무라고 해서 마구 자르지 않고 짐승이라고 해서 함부로 죽이지 않는 것, 이것이 바로 어짊이며 또한 효입니다. 만일 때를 가리지 않고 마음대로 자르거나 죽인다면 이는 어진 마음[仁心]의 발로라고 할 수 없습니다. 어찌 어질지 못하면서 제대로 효를 행할 수 있겠습니까?

(『서경』에서) (주나라) 무왕은 (상나라 폭군) 주왕의 죄를 열거하며 이렇게 말했습니다. "하늘이 낸 만물을 마구잡이로 다 써버렸다[暴殄天物]"

임금은 천하가 받드는 것을 누립니다. 그런데 만일 임금이 사치한 마음에 빠져 재화를 무절제하게 쓰게 되면 이를 일러 '마구잡이로 다 쓴다[暴殄]'고 한 것입니다. 그리고 그것은 곧 (어짊을 잃은 것이니) 불효입니다. 재물의 경우에도 이러한데 하물며 골육지친이나 백성들의 민생의 경우 어떻겠습니까? 친족을 내 몸같이 여기고 백성들을 사랑하는 것은 또 얼마나 당연한 것입니까?

진(秦) 나라 2세 황제(-진시황의 아들)는 동성(同姓)의 7공자(公子-왕자)를 멀리하고 꺼려 두(杜)에서 살해했습니다. 한나라 무제는 한 마리 말 때문에 군대를 일으켜 만리 밖까지 시체들이 들판에 즐비하게 했으니 나무 한 그루, 짐승 한 마리야 개의치도 않았습니다. 따라서 이 또한 불효가 막심한 것입니다.

그래서 신은 증자가 말하지 않은 행간의 뜻을 확대하여 그의 설을 미루어 헤아리고 풀어냈습니다〔推衍〕.
<sub>추연</sub>

이상은 하늘의 이치와 사람의 윤리의 바름〔天理人倫之正〕 중에서
<sub>천리 인륜 지 정</sub>
사람의 자식들의 효도에 대해 서술한 것입니다.

(『서경』) '요전'에서 말했다.

"홀아비가 있는데 신분이 미천합니다. 이름은 우순(虞舜)입니다. 아버지는 앞뒤가 꽉 막혔고〔頑〕 계모는 간사하며〔囂〕 이복동생 상(象)은 오만했지만 (우순은) 능히 효로써 화합을 이루어내 점점 (집안을) 다스려서 (부모와 아우가) 간악함에 이르지 않게 했습니다."

신이 가만히 살펴보겠습니다. 순(舜)은 오직 자신의 한 몸으로 꽉 막힌 아버지와 간사한 어머니와 오만한 동생 사이에 있으면서 능히 효로써 화합을 이루어냈습니다. 이에 더하여 하루하루 좋은 일을 하고 하루하루 나쁜 일을 없애갔습니다. 그의 지극한 열렬함〔至誠〕이 쌓여감이 만약에 찌는 듯한 더위에 물방울 뿌리듯 했다면 어찌 이렇게 될 수 있었겠습니까? 선배 유학자 증공(曾鞏)[1]은 『시경』의 「대아」에 나오는 '증지부부(蒸之浮浮-푹 찌는 김이 뭉게뭉게 오르다)'라는 비유를 써서 그 뜻을 시루에서 올라오는 김이라고 했습니다. 불은 아래에서 올라오고 그 기운은 상하가 서로 연속되므로 능히 위에까지 통할 수 있다는 것입니다.

순임금이 열렬함을 쌓자 아버지도 오히려 감동했다는 것이 바로 이것입니다. 증공의 설은 핵심을 간파했다고 할 수 있겠습니다.

1) 송나라의 학자이며 당송팔대가의 한 사람이다.

『서경』 '대우모'에서 말했다.

"순임금께서 애초에 역산에 계실 때 밭에 가시어 날마다 하늘과 부모님께 울부짖으며 모든 죄를 자신이 떠안고 온갖 허물을 자신의 탓으로 돌리시면서 자식 된 도리를 잃지 않고 공경하는 마음으로 아버지 고수(瞽瞍)를 뵈었는데 그때마다 두려워하듯 공손하게 모시니 (포악하기 그지없던) 고수도 마침내 순임금을 믿고 따랐습니다."

 신이 가만히 살펴보겠습니다. 순은 부모의 사랑을 받지 못하자 하늘을 향해 울부짖었습니다. 스스로 그 죄를 떠안아 감히 부모의 잘못 탓으로 돌리지 않았고, 스스로 그 간특함(慝)을 떠안아 감히 부모의 간특함 탓으로 돌리지 않았습니다. 효도에 있어서 그 열렬함이 이와 같았기 때문에 결국 능히 (그 부모를) 감동시킬 수 있었던 것입니다.

(『맹자』) 맹자가 말했다.

"천하의 사람들이 크게 기뻐하며 장차 자신에게 돌아오려 하는데, 천하 사람들이 기뻐하여 자신에게 돌아오는 것을 마치 지푸라기(草芥)보듯 한 것은 오직 한 사람, 순임금만이 그러하셨다. (순임금은) 어버이(親)의 마음에 들지 못하면 사람이라고 할 수 없고 어버이의 뜻을 순종하여 따르지 못하면 자식이라고 할 수 없다(고 생각했다).

순임금이 어버이를 모시는 도리를 다하자 마침내 (아들 학대를 일삼
던) 고수도 기뻐하지 않을 수 없게 됐다. 고수도 마침내 (아들 순임금의
효도에 감복하여) 기뻐하게 되자 천하의 풍속도 좋은 쪽으로 바뀌었고,
고수도 마침내 기뻐하게 되자 천하에 부자간의 도리도 확립됐으니 이것
을 일러 큰 효도〔大孝〕라고 하는 것이다."

신이 가만히 살펴보겠습니다. 순임금이 (당시) 처했던 처
지는 부모를 섬기기에 지극히 어려운 상황이었다고 할 수 있습니다. 그
렇지만 (순임금은) 온 열성을 쌓음으로써 부모를 감동케 하여 오히려
부모 쪽에서 고분고분하게 만들었으니 하물며 고수보다 나은 사람들
이야 어떻겠습니까? 고로 고수조차 이렇게 바뀐 것을 보면서 세상에
자식 된 자들은 모두 다 부모를 섬기기에 불가능한 상황이란 있을 수
없다는 것을 알고서 각자 자신들의 효도를 행하기 위해 힘을 썼던 것
입니다. 이것이 이른바 세상이 교화됐다〔化〕고 하는 것입니다.

예전에 예장(豫章) 나종언(羅從彦, 1072~1135년)[1]이 이 점을 논하면
서 "지금 세상에 부모를 (교화시켜) 고분고분하게 만들지 못한다는 것
은 있을 수 없다"고 하자 간의(諫議) 진관(陳瓘, 1057~1124년)[2]이 이를
듣고서 좋다고 여기며 이렇게 말했습니다.

"반드시 이와 같이 된 이후에야 천하에 바람직한 부자 관계가 정해
지는 것이니 저 신하 된 자가 임금을 시해하고 저 자식 된 자가 부모
를 죽이는 것은 늘 자신에게 옳지 못한 처사가 있다는 것을 제대로 보
지 못하는 데서 시작된다."

오호라! 죄를 지어놓고도 그 부모를 탓하고 비난하지 않는 것이 어진 사람과 효자의 마음이요 (반대로) 부모를 원망하면서 스스로의 몸과 처신에 돌이켜 그 죄를 묻지 않는 것은 난신적자(亂臣賊子)의 뜻입니다. 훗날 부모를 섬기기가 어렵다고 하는 자는 반드시 순임금을 모범으로 삼아야 할 것입니다.

1) 송나라의 유학자다.
2) 송나라의 유학자이자 관리로 사마광의 사숙제자이기도 하다.

(『맹자』) 제자 만장(萬章)이 물었다.

"순임금이 밭에 가시어 하늘[昊天]을 향해 울부짖으며 우셨다고 했습니다. (성인으로 추앙받는 순임금 같은 분께서) 어찌 그처럼 울부짖으며 우신 것입니까?"

맹자가 답했다.

"원망과 그리움[怨慕] 때문이셨다."

만장이 다시 물었다.

"부모가 자식을 사랑하시면 기뻐하고 잊어서는 안 되며, 부모가 미워하시면 수고로워도 원망해서는 안 된다고 했습니다. 그러면 순임금은 원망하셨던 것입니까?"

맹자가 답했다.

"(제자) 장식(長息)이 (스승이자 증자의 제자인) 공명고(公明高)에게 묻기를 '순임금이 밭에 가신 것은 제가 이미 그 의미〔命〕를 들었지만 하늘을 향해 그리고 부모를 향해 울부짖었다는 것은 제가 알지 못합니다'라고 말했다. 이에 공명고는 '이는 네가 알 바가 아니다'라고 답했다. 무릇 공명고는 '효자의 마음이라면 이처럼 무관심할 수가 없다. 나는 온 힘을 다해 밭을 갈아 공경하는 마음으로 자식의 직분을 다할 뿐이니 부모께서 나를 사랑하지 않는 것은 나에게 무슨 문제가 있는 것인가'라고 순임금께서는 생각하셨을 것이라고 여겼던 것이다.

요임금은 자신의 9남 2녀 자식들로 하여금 백관(百官)과 우양(牛羊)과 창름(倉廩)을 갖추어 밭〔畎畝〕의 가운데에서 섬기게 하니 세상의 선비들 중에서 그의 앞으로 나아가는 자들이 많았다. 요임금이 장차 천하를 살펴보고서 제위(帝位)를 물려주려 하셨는데 순(임금)은 부모의 사랑을 받지 못하여 마치 의지할 데 없는 사람과도 같았다.

세상의 선비들이 (자신을) 좋아해주는 것은 사람들이 다 원하는 것이지만 (그러나) 그것은 근심을 풀어주기에는 충분치 않았고, 여색을 좋아하는 것도 사람들이 원하는 것이어서 요임금의 두 딸을 아내로 맞아들였지만 (그러나) 그것은 근심을 풀어주기에는 충분치 않았으며, 부유함은 사람들이 원하는 것이지만 순임금께서는 온 천하를 다 가지셨음에도 (그러나) 그것은 근심을 풀어주기에 충분치 않았고, 존귀하게 되는 것은 사람들이 원하는 것이지만 순임금께서는 천자에 오르실 만큼 귀해지셨음에도 (그러나) 그것은 근심을 풀어주기에 충분치 않았다. 세상 사람들이 자신을 좋아해주는 것도, 여색과 부귀를 좋아하는 것도 (순임금의) 근심을 없애주기에는 부족했으므로 오직 부모에게서 사랑을 받는 것만이 근심을 없애줄 수 있다.

(흔히) 사람들은 어릴 때는 부모를 그리워하다가도 여색을 좋아할 나

이가 되면 젊고 예쁜 여인을 그리워하고, 처자식을 두게 되면 처자식을 그리워하고, 벼슬길에 나서면 임금을 그리워하고, (벼슬길에 나서) 임금의 신임을 얻지 못하면 마음속에 조급증이 일어 속을 태운다. (그러나) 큰 효자는 평생토록 부모만을 그리워하니 나이 쉰이 되어서도 부모를 그리워한 사람을 나는 이 위대한 순임금에게서 보았다."

신이 가만히 살펴보겠습니다. 맹자는 위대한 순임금의 마음을 제대로 알고 있었다고 할 수 있을 것입니다. 대체로 천하에서 욕심이 나게 하는 것은 모두 다 나 자신의 밖에 있는 일이나 사물〔外物〕입니다. 성인(聖人-순임금)은 이런 외물을 뜬구름처럼 여겼기 때문에 얻거나 잃거나 가거나 오거나 전혀 뜻을 두지 않았습니다. 오직 부모와의 관계가 순조롭지 못한 것만을 자신의 큰 죄로 여겨 자신을 스스로 용납하지 않았으니 사람들은 순임금이 (내심) 부모를 원망했던 것으로 알고 있었습니다. 오직 맹자만이 그 원망은 실은 (사랑을 받고 싶은) 그리움〔慕〕 때문임을 알고 있었습니다. (맹자가) 그리움이라는 말을 쓴 것은 사랑이 깊고 생각함이 절절했다는 뜻입니다.

(사람의 나이) 쉰 살이면 심신이 쇠해지기 시작해 예(禮)도 최선을 다하기는커녕 오히려 그르칠 수 있는 때인데 위대한 순임금은 오히려 그리움을 갖고 있었으니 성인의 순수한 효심은 늙지도 않고 쇠하지도 않았습니다. 양웅(揚雄)은 "부모를 섬김에 스스로 부족함을 알고 있었던 사람은 아마도〔其〕 순임금이었을 것이다"라고 말했습니다.

전체적으로 볼 때 순임금은 이미 그 부모에게 고분고분하면서도 그 마음은 항상 부족하다고 여겼으니 그랬기 때문에 평생토록 그리워하는 마음[慕]을 간직할 수 있었던 것이라 하겠습니다.

『예기』[1]에서 공자는 말했다.

"순임금은 아마도 큰 효심을 가졌던 분이라 할 수 있을 것이다. 그 다음[德]은 성인(聖人)의 경지에 올랐고, 그 존귀함은 천자(天子)에 이르렀으며, 그 부는 사해(四海) 안의 모든 것을 소유하여 (죽은 뒤에는) 종묘의 제사를 받았고, 자손들도 그 제사를 대대로 이어갈 수 있었다.

바로 그렇기 때문에 (순임금처럼) 큰 다음[大德]을 닦으면 반드시 그에 어울리는 지위를 얻을 것이고 반드시 그에 어울리는 작록(爵祿)을 얻을 것이며, 반드시 그에 어울리는 이름을 얻고 반드시 그에 어울리는 수명을 얻는다. 또 바로 그렇기 때문에 하늘이 사물이나 사람을 낼 때는 반드시 그 바탕과 재질[材]에 맞춰 돈독하게 해준다. 그래서 (하늘은) 심은 것을 (잘 자라도록) 북돋워주고, 기울어진 것은 엎어버린다.

『시경』에 이르기를 '아름답고 화락한 군자여! 그 훌륭한 다움[令德]이 빛나게 드러나는도다! 백성들에게 화순하게 하고 관리들에게도 화순하게 하는구나. 작록은 하늘로부터 받거늘 하늘이 돕고 도와서 명(命)을 내리고 하늘로부터 거듭 돌봄을 받는구나!'라고 했다. 그래서 큰 다움을 쌓는 사람은 반드시 (하늘로부터) 명을 받게 된다."

 신이 가만히 살펴보겠습니다. (순임금이) 빼어난 이의 경지에 이른 다움으로 천자의 지위에 오르니 그 복록(福祿)이 위로는 종묘에까지 이르고 아래로는 자손들에게로 이어졌습니다. 이것이 바로 순임금이 큰 효심을 가졌던 분이라고 할 수 있는 까닭입니다.

그런데 순이 아는 것이라고는 효(孝)뿐이었습니다. 작록과 지위와 명예와 수명[祿位名壽]은 실로 하늘이 명하는 것이라 굳이 순이 아니어도 누구나 그것들을 얻고자 하는 마음이 있었을 것입니다. (하지만) 공자는 하늘이 순을 돌보아준 것이 이와 같았던 것은 하늘이 사물이나 사람을 낼 때는 반드시 그 바탕과 재질에 맞춰 돈독하게 해주기 때문이라고 말했던 것입니다. (그래서) 그 바탕이 좋은 것은 비와 이슬이 더 잘 자랄 수 있게 해주고 그 바탕이 기울어진 것은 바람과 서리가 그것을 엎어버린다고 했으니 그것을 잘 자라게 해준 것은 은혜를 베푼 때문이 아니요, 그것이 엎어진 것도 그것을 해치려 했기 때문이 아니요, 모두 다 스스로가 취한 결과일 뿐입니다. 또 『시경』을 인용하여 그것을 밝히기를 "큰 다움을 쌓는 사람은 반드시 명을 받게 된다"고 했으니 순임금을 보면 그 다움이 빼어난 이의 경지에 이르러 천자가 될 수 있었고 (죽은 뒤에는) 종묘의 제사를 받았으며 자손들이 그것을 대대로 지켜간 연후에야 큰 효심을 가진 분이라고 찬사를 받을 수 있었습니다. 반면 하나라와 상나라의 다른 왕들이 그 임금다움을 삼가지 못해 종묘가 엎어지고 제사가 끊어지는 지경에 이른 것은 그들이 불효를 행한 때문이라는 것을 알 수 있겠습니다.

1) 이 부분은 동시에 『중용』의 17장이기도 하다. 왜냐하면 『중용』은 『예기』에서 일부를 뽑아 만든 책이기 때문이다.

(『예기』[1]) 공자는 말했다.

"무왕은 태왕과 왕계와 문왕의 혈통을 이어, 한번 군복을 입자 천하를 다스리게 됐다. 몸은 천하에 드러난 이름을 잃지 않아 그 존귀함은 천자(天子)에 이르렀으며, 그 부는 사해(四海) 안의 모든 것을 소유하여 (죽은 뒤에는) 종묘의 제사를 받았고, 자손들도 그 제사를 대대로 이어갈 수 있었다. 말년에 명을 받으시니, 주공이 문왕, 무왕의 다음을 이루시어 태왕과 왕계를 왕(천자)으로 추존하셨고, 위로는 선공(先公)들을 천자의 예로써 제사 지냈다."

공자는 말했다.[2]

"무왕과 주공은 아마도 달효(達孝)를 보여주었다고 할 수 있으리라! 무릇 효라는 것은 아버지〔人〕의 뜻을 잘 계승하고 아버지의 일을 (후대에) 잘 전하는 것이다.

봄가을로 조상의 묘를 손보고 대대로 내려오는 소중한 기물〔寶器〕들을 진열하며 선대에 입었던 의상을 펴놓고 제철에 나오는 음식을 바친다. 그 자리에 올라 그 예를 행하고, 그 음악을 연주하며, 그 높이던 바를 공경하고, 그 친애하시던 바를 사랑하며, 죽은 이를 섬기기를 살아 있는 이를 섬기듯 하고, 없는 이를 섬기기를 있는 이를 섬기듯 하는 것이 효의 지극함이다."

　　　신이 가만히 살펴보겠습니다. 앞 장이 순임금을 칭송했던 것처럼 이 장은 무왕과 주공을 칭송하고 있습니다. 대체로 볼 때 임금에게는 조종(祖宗)을 빛내고 후사(後嗣)를 잘 물려주는 것으로도 효를 행했다고 할 수 있습니다. 주나라는 태왕(大王)이 처음으로 상나라에 맞서기 시작한 이래 문왕은 천하를 삼분하여 그중 둘을 소유하는 데 이르렀고 이어 무왕이 드디어 (천하통일을) 이루어냈으니 몸소 군복(戎服)을 입고서 (이미 임금다움을 잃어) 일개 필부(獨夫)에 불과한 주왕을 주살하고서 하늘의 명을 받아 천하를 소유하게 됐던 것입니다. 이는 무왕이 선왕들의 뜻을 이어받아 공업을 이룩한 것(繼志述事)을 말하고 있습니다.

주공은 태왕과 왕계를 왕으로 추존하고 (그 앞의) 조상들(先公)은 천자의 예로써 제사를 지냈고 또 예를 제정하고 음악을 지어(制禮作樂) 대대로 자손들이 종묘의 제사를 받들어 이어갈 수 있도록 했으니 죽은 이를 섬기기를 살아 있는 이를 섬기듯 했고 없는 이를 섬기기를 있는 이를 섬기듯 했다는 것은 그 뜻입니다. 이는 주공이 선왕들의 뜻을 이어받아 공업을 이룩한 것을 말하고 있습니다.

(앞서 보았던) 순임금의 효는 하늘도 이름을 붙일 수 없을 정도였기 때문에 (공자는) '크다/위대하다(大)'고 했던 것이고 (여기서) 무왕과 주공의 효는 하늘이 칭찬할 만한 다른 말을 찾을 수 없을 정도였기 때문에 (공자는) '대단하다(達)'고 했습니다. 따라서 후세의 임금들 중에서 효를 통한 통치(孝治)에 뜻이 있는 자라면 마땅히 위대한 순임금과 문왕, 무왕 그리고 주공의 행적(事)에 합치되도록 생각을 깊이 해야 할 것입니다.

크게 보면 위대한 순임금은 고수가 아버지였으니 인륜을 크게 바꾸는 처지에 놓였고 문왕은 왕계가 아버지였으니 인륜의 마땅함을 잘 지키는 처지에 놓였다고 할 수 있습니다. 그런데 순임금과 문왕은 처한 상황은 각각 달랐지만 그 마음은 하나였으니 만일 순임금으로 하여금 문왕의 시대에 놓이게 했다면 반드시 (문왕처럼) 인륜의 마땅함을 능히 끝까지 지켰을 것이요, 문왕으로 하여금 순임금의 시대에 놓이게 했다면 또한 반드시 (순임금처럼) 인륜을 크게 바꾸는 데 능히 최선을 다했을 것이니 이른바 입장을 바꾸면 다 똑같았을 것입니다.

뜻을 이어받아 공업을 이룩하는 것이란 지켜내야 하는 상황〔持守〕<sub>지수</sub>을 맞아서는 지켜내는 것이 진실로 이어받아 이룩하는 것〔繼述〕<sub>계술</sub>이 되고, 바꿔서 통하게 해야 하는 상황〔變通〕<sub>변통</sub>을 맞아서는 바꿔서 통하게 하는 것이 또한 이어받아 이룩하는 것이 됩니다. 이것들은 다 임금이라면 마땅히 알아야 할 것들입니다.

그래서 (신은) 그 설을 미루어 헤아려〔推〕<sub>추</sub> 풀어냄〔衍〕<sub>연</sub>으로써 『중용』(혹은 『예기』)이 말한 것 이외의 뜻으로까지 확대했습니다.


1) 이 부분은 동시에 『중용』의 18장이기도 하다.
2) 이 부분은 동시에 『중용』의 19장이기도 하다.

(『예기』에서 말했다.)

"(주나라) 문왕이 세자일 때 (아버지인) 왕계(王季)에게 하루에 세 번씩 문안을 드렸다. 닭이 처음 울면 옷을 입고서 침소의 문 밖에 이르러 내정(內庭)을 지키는 시자(侍者)에게 '오늘은 안부(安否)가 어떠신가'라고 물어 시자가 '편안하십니다'라고 말하면 문왕은 이내 기뻐하면서 돌아갔다. 한낮이 되면 또 아침과 같이 했고 저녁에도 역시 아침과 같이 했다.

만일 왕계가 평소 생활하는 데 편안치 않아서 시자가 이를 문왕에게 고하면 문왕은 얼굴빛에 근심이 가득했고 걸음을 제대로 걸을 수 없듯 이 했다. 왕계가 회복되어 음식을 드는 것이 평소처럼 돌아간 후에야 문 왕도 역시 원래대로 돌아갔다.

음식을 올릴 때는 반드시 차고 뜨거운 것이 적절한지를 살폈고 왕계 가 상을 물리면 어떤 음식을 얼마나 드셨는지를 살펴서 주방 책임자에 게 '드시다가 남은 것은 다시 올리지 말도록 하라'고 명한 후에 그로부 터 '그렇게 하겠습니다'라는 답을 듣고 난 후에야 물러났다.

무왕은 아버지 문왕이 했던 바를 그대로 따랐고 감히 거기에 뭘 더하 지는 않았다.

문왕이 병이 들자 무왕은 관과 허리띠를 벗지 않은 채 봉양했고 문왕 이 한 번 밥을 들면 무왕도 한 번 밥을 먹고, 문왕이 두 번 밥을 들면 무왕도 또한 두 번 밥을 먹었다. 이러기를 열이틀이 지난 후에 드디어 병 이 나았다."

신이 가만히 살펴보겠습니다. 문왕과 무왕 두 빼어난 이 [聖人]가 부모를 섬긴 효도가 이와 같았으니 참으로 영원토록 제왕의
성인
모범이라 할 것입니다. 그래서 예를 전하는 자는 세자일 때의 일에 주 목하여 서술하고 있는 것입니다.

한나라 문제가 대왕(代王)으로 있을 때 (어머니인) 태후가 병이 들자 옷을 벗지 않은 채 눈만 붙이기를 3년이었고 약은 자신이 입으로 맛 보기 전에는 올리지 않았으니 그 천성이 이처럼 훌륭했습니다. 그래서

문제의 행위는 거의 빼어난 임금들의 효에 가까웠으니 그 또한 어진 군주였다고 하겠습니다.

(『자치통감』) 한나라 고제는 조칙을 통해 말했다.

"사람의 가까운 친족 중에서 아버지와 아들만큼 내 몸과 같이 해야 하는 사이는 없다. 그래서 아버지가 천하를 소유하게 되면 아들에게 전해지는 것이고 아들이 천하를 소유하게 되면 그 존귀함이 아버지에게도 돌아가는 것이다. 이것은 사람의 도리의 지극함이다. 예전에 천하에 대란이 생겨 군사들이 나란히 일어나자 만백성이 재앙의 고통에 시달려 짐이 친히 명을 받아 예리한 창을 쥐고서 폭란을 평정하고 제후들을 세우니 전쟁은 끝나고 백성들은 쉴 수 있게 되어 천하가 크게 안정됐다. 이것은 다 태공(太公)[1]이 가르쳐주신 바다. 왕후와 경대부들이 이미 짐을 황제로 추대하니 태공께서는 그 전까지 아무런 칭호가 없었지만 이번에 높여져 태상황이 됐다."

9년에 회남왕(淮南王), 양왕(梁王), 조왕(趙王), 초왕(楚王)이 미앙궁(未央宮)[1]을 찾아 알현하고 전(殿) 앞에 귀한 술을 내놓자 황상이 태상황께 만수무강을 빌며 옥으로 만든 잔을 올리면서 말했다.

"애초에 대인(大人)[2]께서는 늘 저는 돈 버는 재주가 없어 생업을 꾸려가지도 못할 것으로 여기면서 형님 유중(劉仲)[3]의 부지런함을 따라가지 못한다고 걱정하셨습니다. 하지만 제가 이룬 업적을 형님과 비교하면 누가 더 큽니까?"

전에 있는 모든 신하들이 다 만세를 부르며 크게 웃고 즐겼다.

당나라 태종 정관(貞觀) 3년(629년)에 돌리 가한(突利可汗)이 들어와서 조현하자 황상이 시신(侍臣)들에게 말했다.

"예전에 태상황께서 백성들 때문에 돌궐에게 신하를 칭했는데 짐은 항상 마음이 아팠소. 지금 선우(單于)가 머리를 조아리니 예전에 태상황께서 당하셨던 치욕을 거의 씻을 수 있겠소."

정관 4년에 이정(李靖)이 힐리 가한(頡利可汗)을 사로잡아 올리자 상황은 탄식하여 말했다.

"한나라 고조는 백등(白登)에서 치욕을 당했지만 보복할 수 없었는데, 지금 나의 아들은 돌궐을 멸망시킬 수 있었으니 나의 부탁에 제대로 된 사람을 얻은 것인데 다시 무슨 걱정을 하겠는가?"

상황이 황상을 불러 능연각(凌煙閣)에 주연을 베풀고 술에 취하자 황상이 일어나 춤을 추니 공경들이 바꿔가며 일어나 (상황의) 만수무강을 빌었다.

1 태공은 한 고제(고조)의 아버지다.

신이 가만히 살펴보겠습니다. 한 고제는 존귀함이 아버지에게 돌아가게 했고 당 태종은 아버지의 치욕을 설욕했으니 효라고 할 만합니다. 그러나 애석하게도 고제는 미앙궁의 잔치에서 요란하게 자신의 성취와 업적은 자랑하면서 정작 아버지의 뜻은 신경도 쓰지 않았습니다. 또 당 태종이 초기에는 오랑캐에게 힘을 빌려 그들의 신

하가 됐다가 사납고 거만한 태도를 길러 마침내 아버지의 치욕을 씻어
낸 것은 예전의 잘못을 겨우 만회했을 뿐입니다. 하물며 그 부자 형제
지간에 임금이 저지른 허물이 많으니 공이 아무리 크다 하더라도 아
름다운 옥으로 결국 큰 허물들을 다 가릴 수는 없었습니다.

1) 아방궁 터에 건립된 한나라의 왕궁이다.
2) 아버지 태상황을 가리킨다.
3) 유방의 둘째 형이다.

(『정관정요』 정관 17년 12월) 당나라 태종은 일찍이 가까이서 모시는
신하들에게 이렇게 말했다.

"나에게 오늘은 생일이다. 세간의 사람들은 생일을 맞아 다 즐겁게 지
낸다. 하지만 짐의 마음은 부모님이 더욱 그리울 뿐이다. 지금 군왕으로
서 천하에 군림하고 온 천하의 부를 소유하고 있지만 부모님을 가까이
모셔오려 해도 영원히 불가능한 일이 되어버렸다. 이것이 바로 (공자의
제자인) 자로(子路)가 쌀을 짊어질 수 없어서 품어야 했던 한이다.[1] 『시
경』 「소아(小雅)」에서 '애닯구나 나의 부모님 / 날 낳으시느라 고생하셨
네'라고 했다. 어찌 부모가 고생한 날에 잔치를 열어 즐길 수 있겠는가."

그리고 태종이 한참을 우니 좌우의 신하들도 모두 슬퍼했다.

당 현종(명황제) 개원(開元) 17년(729년)에 황제의 탄신일이 되면 화
악루(花萼樓)에서 잔치를 열었다. 매년 8월 5일을 천추절(千秋節)로 삼

아 온 천하에 널리 알려서 모두 다 잔치를 즐기도록 명했다. 그리고 또 (토지신에게 제사를 지내던) 사(社)(의 날짜)를 옮겨서 천추절에 합쳤다.

신이 가만히 살펴보겠습니다. 범조우(范祖禹, 1041~1098년)[2]가 말했습니다.

"태종이 생일날 잔치를 열어 즐기지 않은 것은 그날이 부모가 자신을 낳느라 고생한 날이었기 때문이다. (당 현종 때는) 원건요(源乾曜) 등이 임금의 생일을 천추절(千秋節)로 삼고 심지어 사(社)의 날짜를 옮겨서 천추절에 합했다. 무릇 절(節)이라는 것은 음양(陰陽)의 기운이 지극한 때이기 때문에 작위적인 일을 해서는 안 되고 사라는 것은 나라의 큰 제사이기 때문에 (마음대로) 옮겨서는 안 된다. 명황(현종)이 황위에 있은 지 오래되자 교만한 마음이 점차 생겨났고 원건요와 장열(張說)은 의리로써 임금을 바로잡으려 하지 않고 매사에 아첨하여 황상의 뜻만 맞추려 했으니 그들이 명신(名臣)의 칭호를 얻을 수 있었겠는가?"

이제 신의 생각을 말씀드리겠습니다. 태종이 부모를 생각하는 마음은 참으로 진실됨에서 나온 것이라 지금도 그 글을 읽는 사람은 마치 자신이 참으로 서럽고 슬픈 듯합니다. 반면 명황제와 신하들의 경우 위는 교만하고 아래는 아첨을 일삼았고 (생일날) 잔치를 크게 열어 올리고 절(節)의 명칭을 사용했으니 후세도 그대로 따라하면서 결국 하나의 범례가 됐습니다. 신하가 이렇게 하게 될 경우 자신의 임금을 존숭하는 것은 진실로 이미 끝나버리는 것이요, 임금 또한 따라서 그 부모를 잊게 되니 이것이 (임금으로서 또 자식 된 도리로서) 할 일입니까?

최근에 와서는 사대부들까지 임금과 권세를 가진 대신들을 받들어 모시느라 각종 진귀한 물품들을 보내고 사치스럽게 잔치를 벌이는 것이 위태로울 정도로 지나치니 이 또한 무슨 의리입니까? 태종의 열렬함과 진실됨을 본받으시고 개원(開元)의 실덕(失德)을 경계하시어 신하 된 자들이 사사로이 결탁하여 부정한 수단으로 재물을 끌어들이는 원천을 차단하시는 데서 빼어난 임금[聖君]을 향한 첫걸음을 내딛으소서.

1) 자로는 부모님이 돌아가신 후에 초나라를 두루 다니며 부유해졌지만 그때는 이미 부모가 돌아가셔서 부모를 위해 더 이상 쌀을 짊어질 수 없는 것을 한으로 여겼다는 고사에서 나온 말이다.
2) 송나라의 학자로 사마광의 주재하에 당시의 유명 학자들과 함께 『자치통감』을 편수했다. 정호와 정이를 사사했고, 『중용』을 중시하여 성(誠)에 이르는 구체적인 방법인 충서(忠恕)를 강조했다.

(『자치통감』) 당나라 숙종(肅宗, 재위 756~762년) 상원(上元) 원년(760년)에 양경(兩京-장안과 서안)을 평정하고 상황(上皇-당 현종)을 촉(蜀-쓰촨성)으로부터 맞아들여 경사(京師-수도 장안)에 들어오자 흥경궁(興慶宮)에 거주했다. 황상은 당시 협성(夾城)에 가서 머물고 있었는데 상황도 종종 그곳의 대명궁(大明宮)을 찾았다.

내시 이보국(李輔國)은 본래 미천한 사람이어서 당시에는 비록 벼락출세를 해서 권세를 쥐고 있었지만 상황의 좌우에서는 모두 그를 가벼이 보았다. 이보국은 속으로 한을 품고 동시에 특별한 공을 세워 자신이 받고 있는 총애를 굳힐 속셈으로 마침내 황상에게 말했다.

"상황께서는 흥경궁에 거처하시면서 날마다 외부 사람들과 교통하고 있으며 진현례(陳玄禮)[1]와 고력사(高力士)[2]가 폐하께 이롭지 못한 일을 꾀하고 있습니다."

황상이 눈물을 흘리며 말했다.

"성황(聖皇-아버지 현종)께서는 자애롭고 어지신데 어찌 그 같은 일들을 받아들이시겠는가?"

이보국이 말했다.

"상황께서야 진실로 그 같은 마음이 없으시겠지만 주변의 여러 소인배들을 어찌하시겠습니까? 폐하께서는 마땅히 사직을 위한 큰 계책을 세우시어 아직 싹이 트지 않았을 때 난을 제거해야지 어찌 필부들의 효도만을 붙잡고 있을 수 있겠습니까? 또 흥경궁의 담은 얕고 다 드러나 있어 지존(-상황)께서 마땅히 머무실 곳은 아닙니다. 이곳 대궐은 깊고 경계도 삼엄하니 맞아들여서 이곳에 머물게 하신다면 지금 흥경궁에 계시는 것과 무슨 차이가 있겠습니까? 게다가 (그렇게 하시면) 소인배들이 상황의 성청(聖聽)을 헷갈리게 하는 것을 막고 끊어버릴 수도 있으니 만일 이렇게만 하신다면 상황께서는 만세의 평안함을 누리게 되고 폐하께도 삼조(三朝)[1]의 즐거움을 가질 수 있으니 무슨 해로울 일이 있겠습니까?"

황상은 받아들이지 않았다. 흥경궁에는 이전에 말 300필이 있었으나 이보국이 황제의 칙서를 마음대로 고쳐 가져가는 바람에 겨우 열 필만이 남아 있었다. 상황이 고력사에게 말했다. "내 아이(-숙종)가 보국이에게 현혹되어 끝까지 효도를 할 수 없게 됐구나!"

이보극은 또 육군(六軍-경호를 받은 금위군)의 장사들에게 명하기를 큰 소리를 내어 울고 머리를 조아리면서 상황께 서내(西內-태극궁을 말한다. 동내는 대명궁, 남내는 흥경궁이다)에 머물러주시기를 간청하라고 했다. 상황은 눈물을 흘리면서도 받아들이지 않았다. 드디어 이보극은 황명이라고 속이고서 상황을 맞이하여 서내에서 놀다가 상황이 현무문(玄武門)에 다다르는 순간 이보극은 사생수(射生手) 500기(騎)를 거느리고 칼날을 드러내어 길을 막고서 말했다.

"황제께서 흥경궁은 땅이 낮고 좁기 때문에 상황을 맞이하여 서내에 거주하도록 하라고 하셨습니다."

상황은 놀라 거의 말에서 떨어질 뻔했다. 결국 서내로 가야 했고 감로전(甘露殿)에 머물게 됐는데 이때 남아서 시위하는 병사는 겨우 허약하고 늙은 수십 명이 전부였고 진현례 등과 옛 궁인들은 모두 좌우에 남아 있을 수 없었다. 이보극은 육군 대장과 함께 상황을 알현하면서 죄를 달라고 청했지만 상황은 여러 장수들에게 압박을 당하니 마침내 그들을 위로하며 말했다.

"경들은 소인배들이 (나를) 미혹시키는 것을 두려워하여 처음에 조금씩 점점 스며드는 것을 (미리) 막아서 사직을 편안하게 하려는 것이었는데 무엇을 두려워하는가?"

고력사는 무주(巫州-후난성)로 유배됐고 진현례는 황명에 따라 벼슬에서 물러났다. 상황은 이후 하루하루가 즐겁지 않았고 그로 인해 고기를 들지 않고 곡기마저 끊으니 결국 병이 됐다. 황상은 처음에는 오히려 가서 문안을 드렸지만 황상 역시 병이 들게 되자 다만 사람을 보내어 문안을 드렸다. 그 후에 황상은 점차 깨닫고 후회하게 되자 이보극을 싫어하여 죽이려 했지만 그가 병권을 쥐고 있는 것이 두려워 마침내 미적거리다가 아무런 결정도 내리지 못했다.

상원 2년(761년) 5월, 애초에 이보국은 (숙종의 황후인) 장후(張后)와 함께 상황을 서내로 옮기려고 공모를 했다. 이 날은 단오(端午)여서 산에서 사는 사람 이당(李唐)이 황상을 알현했는데 황상이 바야흐로 어린 딸을 안고 있다가 이당에게 말했다.

"짐이 어떤 생각을 하고 있는데 경은 이상하게 생각하지 말기를 바라오."

이당이 답했다.

"태상황께서 폐하를 만나보려고 생각하시는 것은 제가 추측건대 지금 폐하께서 공주님을 생각하는 것과 같을 것입니다."

황상의 눈에 눈물이 맺히더니 눈물이 흘러내렸다. 그러나 장후를 두려워하여 오히려 감히 서내로 가지 못했다. 이듬해 연호를 상원에서 보응(寶應)으로 바꿨고 건사월(建巳月-4월)에 상황이 붕어했다.

1 상황을 지키는 시위대장이다.
2 오랫동안 현종을 모셨던 유명한 환관이다.

🌸　　　신이 가만히 살펴보겠습니다. 숙종이 장안을 평정하자 상황이 촉에서 환도하여 말했습니다. "짐은 천자가 된 지 50년이지만 아직 귀하게 되지 못했는데 지금 천자의 아버지가 되니 마침내 귀하게 됐구나!"

이것이 (당나라 시인) 원결(元結, 723~772년)의 송(頌)[2)]에 나오는 이른 바 "종묘는 다시 평안해지고 / 두 성군께서는 재회의 기쁨을 누리셨도다" 하는 것이니 어찌 성대하지 않겠습니까?

하지만 내시가 병권을 잡아 거짓이 행해지고 참소가 틈을 파고들어 상황이 겁박을 당해 궁을 옮기게 하는 모의가 나왔으니 일이 이렇게까지 된 것은 다름 아닌 숙종의 우유부단함 때문이었습니다. 그래서 장후와 이보국이 협박을 하자 (숙종은) 천자의 지위에 있으면서도 자신의 아버지를 지켜내지 못하고 억울하게도 편안케 모시지 못한 채 결국 병이 들게 만들었으니 숙종의 죄는 하늘을 찌르고도 남음이 있을 것입니다.

바야흐로 어려서 동궁에 있을 때 본래 효자로 명성이 자자했으니 능히 강건한 제왕다움을 기르는 데 힘쓰고 유약함을 끊어버렸다면 이보국이 거짓으로 글을 올리는 장난을 쳤을 때 분발하여 위엄 있는 결단을 내려 여러 장수들에게 명확히 일깨움으로써 아버지와 아들 사이를 이간질하는 죄를 물리치고 이들을 잡아들여 처단하고 서궁으로 어가가 가도록 명한 다음 (상황께) 엎드려 죄를 빌었다면 두 황제는 서로 기뻐했을 것입니다. 그러나 (부자간의) 화합하는 기운이 완전히 가로막히어 저 조아지사(爪牙之士)[3]는 이보국이 상황을 협박할 때 보조하는 역할에 불과했습니다. 사람이라면 누구나 부자간의 정이 없겠습니까? 만일 그런 신하들이 있어 절절하게 밝혀 일깨워주었다면 황상도 반드시 마음을 돌이켜 후회하고 크게 깨달았을 것이니 어찌 어질고 효심 깊은 천자의 길을 버리고 패역(悖逆)하는 내시를 따랐겠습니까? 그런데도 황제는 마침내 깨닫는 바가 없이 그냥 눈물만 떨굴 뿐이었습니다. 그러니 (이당이라는) 선비가 황제를 알현하여 에둘러서 그 실상을 이야기해 주었는데도 그 대책을 끝내 입으로 내놓지 못했습니다.

이것이 바로 이보국의 계책이 먹혀든 까닭입니다. 대체로 간신들은 다른 골육지친들을 서로 이간질하여 그들로 하여금 (친족의 의리를 버리고) 이해관계를 따르도록 만들고, 자신의 임금을 미혹시켜 의심을 품게 만들어 마음을 흔들어놓으니 (임금은) 어찌할 바를 모르고 자신을 지키기에만 급급해서 간신들이 파놓은 비밀스런 함정에 빠지게 됩니다. 숙종이 궁을 옮길 것을 겁박하는 청을 힘써 물리칠 수 없었던 것도 실은 이보국의 말로 인해 의심하는 마음이 생겨났기 때문입니다. 의심하는 마음이 싹트면 두려움이 생겨나고, 자신의 몸을 지키겠다는 마음이 더 커지면 부모를 사랑하는 마음은 쇠퇴하게 되는 것이니, 숙종의 죄는 바로 여기에 해당하는 것입니다. 아! 크게 경계해야 할 것입니다.

1) 하루 세 번 문안드린다는 뜻으로 주나라 문왕이 세자 시절 아버지 왕계에게 하루 세 번 문안드린 데서 나온 말이다. 지극한 효도를 의미한다.
2) 이는 원결이 지은 '대당중흥송(大唐中興頌)'을 가리킨다.
3) 발톱이나 어금니 같은 선비라는 뜻으로, 짐승에게는 발톱과 어금니가 적으로부터 제 몸을 보호할 때에 아주 긴요하듯이, 국가를 다스리는 데 꼭 필요하고 중요한 신하를 이른다.

## 하늘의 이치와 사람의 윤리의 바름-3

『맹자』에서 만장이 물었다.

"(전하는 바에 따르면) 아버지와 계모는 순으로 하여금 곳간을 손보도록 해놓고는 (순이 수리를 위해 곳간 지붕에 올라가자) 사다리를 치워버리고 아버지 고수가 곳간에 불을 질렀습니다. (이때 순은 미리 준비해 간 대삿갓을 이용해 안전하게 뛰어내려 목숨을 구했다.) (또 그 부모는) 순에게 우물을 파라고 하고는 (순이 일을 마치고) 나오려 할 때 (이미 순이 몰래 파놓은 다른 구멍으로) 벗어난〔從〕지도 모르고 흙으로 우물을 메워버렸습니다〔揜〕. (아버지와 계모 사이에서 난 이복동생) 상(象)은 이렇게 말했습니다. '형님〔都君〕을 우물에 생매장시키는 꾀는 온전히〔咸〕 나의 공로이니, (그동안 순이 길렀던) 소와 양 그리고 곳간은 부모님께 드리고 (순이 사용하던) 방패와 창, 거문고와 활은 모두 내 것이며 두 형수(-요임금의 두 딸)는 내가 데리고 살〔棲〕 것이다.' (그러고 나서) 상은 (자신이 말한 것들을 가지러) 순이 거처하던 집으로 갔는데 그때 순은 평상〔牀〕에 앉아 거문고를 타고 있었습니다. (죽은 줄 알았던 형이 버젓하게 살아 있으니 당연히 깜짝 놀란) 상은 '마음도 담담하고 울적해서〔鬱陶〕 형님 생각이 나길래'라며 둘러댔으나 자신도 모르게 부끄러워하는 모습〔忸怩〕이 역력했습니다. (그런데 정작) 순은 '나는 이 신하와 백성들〔臣庶〕을 (어떻게 하면 잘 다스릴 수 있는지를) 생각하고 있었다. 너는 나의 다스림에 기여하도록〔其=寄〕 해라'라고 말했습니다. 저는 잘 모르겠습니다. 당시 순임금은 상이 자신을 죽이려 했다는 것을 알지 못했습니까?"

이에 맹자가 답했다.

"어찌 알지 못했겠는가? (다만 상은 이복(異腹)이라 할지라도 아버지가 같은 자신의 동생이었기 때문에) 상이 근심하면 자신도 근심하셨고 상이 기뻐하면 자신도 기뻐하셨던 것이다."

만장이 다시 물었다.

"그렇다면 순은 거짓으로[僞] 기뻐한 것입니까?"
위

맹자가 답했다.

"그렇지 않다. 저 상이 형을 사랑하는 도리[愛兄之道]로써 찾아왔기
애형지도
때문에 순도 진실로 그런 줄 알고서 기뻐했던 것이지, 어찌 거짓으로 기뻐한 것이겠는가?

신이 가만히 살펴보겠습니다. 상이 순을 죽이려 했던 자취가 너무나도 명백한데 순은 어찌 그것을 몰랐겠습니까? 상에게서 근심하는 모습이 보이면 자신도 근심했고 상에게서 기뻐하는 모습이 보이면 자신도 기뻐했던 것이니 (순의) 그 진실된 마음[中=忠心=衷心]
중 충심 충심
에는 털끝만 한 사소한 응어리[芥蔕]도 없었던 것입니다. 그래서 후세
개체
의 골육지친들 사이에서 아주 작은 의심의 틈이 있으면 뒤에 가서 시기심이 만 가지 (좋은) 단서들을 가로막기 때문에 서둘러 일찍 그 의심의 틈을 제거하지 못하는 것을 두려워하는 것입니다. 이런 단계에 이른 연후에야 (우리는) 빼어난 사람[聖人]의 마음이 하늘과 똑같다
성인
는 것을 알 수 있습니다.

세속의 유자들은 요임금이 윗자리에 있으면서 두 딸을 빈으로 내려주었기 때문에 우상(虞象)이 순을 죽일 수 없었다고 말합니다. 그래서 이 때문에 맹자는 상의 마음을 제대로 알지 못했다는 의심을 받기도

했습니다. 그러나 맹자가 특히 저 위대한 순임금의 마음을 그런 식으로 논한 것은 (순임금과 상이 처한) 그때의 처지가 그러했기 때문이지 어찌 반드시 진실로 상의 마음을 몰라서였겠습니까?

(『맹자』) 만장이 물었다.

"상은 날마다〔日〕 순을 죽이는 것을 자신의 일로 삼았는데 (훗날 순이) 그 지위가 천자(天子)가 되어 (죽이지 않고) 유배〔放〕를 보낸 것은 어떤 이유 때문입니까?"

맹자가 말했다.

"(순임금께서는) 그〔之〕를 (지방의 제후로) 봉해주셨다. (그런데 사람들은 잘못 알고서) 어떤 사람들은 유배를 보낸 것이라고 하는 것이다."

다시 만장이 물었다.

"순임금께서 (요임금을 대신해 섭정을 하고 있을 때 각종 기물의 제작을 맡아보던) 공공(共工)을 북쪽의 유주(幽州)로 유배〔流〕 보내셨고 (그 공공과 가까웠던) 환도(驩兜)를 남쪽의 숭산(崇山)으로 추방하고, (오늘날 묘족의 뿌리인 남쪽의 부족국) 삼묘(三苗)의 임금은 서쪽 삼위(三危)에서 죽였고, (우왕의 아버지로 홍수 대책을 제대로 마련하지 못한) 곤은 동쪽 우산(羽山)에서 사형에 처함으로써 사흉〔四〕을 벌하자 천하 사람들이 다 복종하게 된 것은 바로 어질지 못한 자〔不仁＝不仁者〕를 처벌하셨기 때문입니다.

상이야말로 참으로〔至〕 어질지 못한데 (오히려 그를) 유비(有庳) 땅에 봉하여주셨으니 유비에 사는 사람들은 무슨 죄입니까? (순임금처럼) 어진 사람도 진실로 이와 같은 처사를 합니까? 남이라고 해서 가차없이 처벌하면서 동생에게는 (오히려) 봉해주는 것이 과연 어진 처사인지요?"

맹자가 말했다.

"어진 사람이 동생을 대함에 있어서는 노여움을 가슴속에 간직하지 않고 원망도 가슴속에 묻어두지 않고 그저 동생을[之] 내 몸처럼 사랑 [親愛]할 뿐이다. 동생을 내 몸과 같이 여긴다면 동생이 귀하게 되기를 바랄 것이요, 동생을 사랑한다면 동생이 부유하게 되기를 바랄 것이니, 동생 상에게 유비를 봉해주신 것은 그를 부유하고 귀하게 만들려 하신 것이다. 자신은 천자가 됐는데 아우는 일개 평민[匹夫]으로 남아 있다면 (그것을 두고서 진실로) 아우를 내 몸과 같이 사랑했다고 말할 수 있겠는가?"

만장이 또 물었다.

"감히 묻겠습니다. (그처럼 사정이 명백한데도) 일부 사람들이 '유배를 보냈다[放]'고 하는 것은 어째서입니까?"

맹자가 말했다.

"(순임금께서는) 상이 그 나라[有庳]를 직접 다스릴[有爲] 수 없도록 [不得] 조처를 취한 다음 천자(순임금)께서 직접 관리를 파견하여 그 나라를 다스리고 거기서 나오는 공물과 세금[貢稅]만 (상에게) 바치게 해주셨다. 그 때문에 '유배를 보냈다'고 하는 것이다. (이렇게 해놓았으니 상이) 어찌 그 백성들에게 포악한 짓을 할 수 있었겠는가? 그럼에도 불구하고[雖然] 항상 (형제간의 우애로써) 상을 만나보고 싶어 하여 수시로[源源] 들어오게 했다. (옛글에) '조공할 시기가 아직 아닌데도 정사

(政事)를 구실로 유비의 제후〔象〕를 접견했다'는 말은 바로 이것을 가리키는 것이다."


신이 가만히 살펴보겠습니다. 빼어난 사람은 공적인 의리〔公義〕 때문에 사적인 은혜〔私恩〕를 폐하지 않습니다. 순임금은 (대신) 상으로 하여금 악행을 저지를 수 없게 하고 부귀를 갖되 정사에는 참여할 수 없게 하여 사적인 은혜 때문에 공적인 의리를 폐하지 않았습니다.

고로 순임금은 상으로 하여금 그 나라 백성들을 폭정으로 다스리는 일을 원천적으로 차단했으니 (이것이 바로) 순임금은 (아우인) 상에게 어짊의 지극한 의리〔至義〕를 다하신 것입니다.

『시경』 '황의(皇矣)'[1] 3장이다.

"아! 이 왕계께서는 / 마음 씀씀이가 우애 깊어 / 그 형님[1]을 우애하시고 / 그 경사로움을 돈독히 하시어 / 빛나는 다음을 내려주시고 / 받은 녹(祿-여기서는 천명)을 잃지 않으시어 / 드디어 온 천하를 소유하게 됐다네."

1 형 태백이 나라를 동생 왕계에게 양보했다.

신이 가만히 살펴보겠습니다. 왕계가 (그 형인) 태백(泰伯)에 대해 우애를 다한 것은 그의 마음 씀씀이가 원래 그랬기 때문이지 태백이 왕위를 사양해 준 이후에 갑자기 그랬던 것은 아닙니다. 형제(昆弟)의 지극한 정은 천성에서 나온 것이지 어찌 인위적인 뭔가가 작용해서 그렇게 됐겠습니까?

(아무도) 태백으로 하여금 일찍이 나라를 양보하도록 한 적이 없었고 왕계가 형을 사랑했던 것도 천성에서 그렇게 했던 것뿐입니다. 무릇 왕계가 보여준 형에 대한 우애는 형을 모시는 (당연한) 도리를 다한 것에 불과할 뿐이지 어찌 복을 구하려는 마음이 있었겠습니까? 집안이 삼가고 순종하며 편안하고 넉넉한 것은 상서로움이 생겨나고 복을 받게 되는 기반입니다. 따라서 좋은 일을 했을 때 후하게 상을 내려주면 하늘의 복록을 받아 천하를 소유하게 되는 것이니 하늘이 보답하는 것이 이처럼 밝습니다.

후세에 한나라 현종(顯宗) 때 동해왕(東海王) 유강(劉彊)이 양보를 하여 우애를 보인 것이나 당나라 명황(-현종(玄宗)) 때 송왕(宋王) 이성기(李成器)가 양보를 하여 우애를 보인 것이나 그 우애는 (왕계와 태백의 우애와) 비록 같을지라도 그런 우애를 보인 까닭은 다릅니다. 무릇 왕계의 마음에는 억지로 그러함이 전혀 없이 자연스러운 상태에서 (태백이) 그렇게 한 것입니다. (반면) 현종과 명황의 마음은 인위적인 애씀이 있어서 그렇게 한 것입니다.

이것이 하늘과도 같은 이치(天理)와 사람의 욕심(人欲)이 나뉘는 것이고 한나라와 당나라의 다스림이 주나라의 흥성과 같지 못한 까닭입니다.


1) 「대아」의 편 이름이다.

(『시경』) '상체(常棣)'[1]는 형제를 노래한다. 관숙(管叔)과 채숙(蔡叔)이 도리를 잃은 것을 슬퍼하여 (주공이) 상체를 지었다.[2]

그 1장에서는 "산앵두〔常棣〕의 꽃이여 / 그 드러냄이 너무도 환하지
<sub>상체</sub>
않은가 / 무릇 지금 사람들 사이에 / 형제만 한 것은 없느니라"라고 했다.

2장에서는 "죽어 상을 치르는 것이야 다 두려워하지만 / 형제만이 심히 (내 일처럼) 마음 아파하느니라"라고 했다.

3장에서는 "물새 척령(脊令)[1)]이 언덕에 있으니 / 형제만이 어려움을 급히 구원하느니라"라고 했다.

4장에서는 "형제가 담 안에서는 싸우지만 / 밖을 향해서는 남들의 업신여김을 막아준다"고 했다.


　1 「소아」의 편 이름이다.
　2 관숙과 채숙은 주나라 문왕의 아들이다. 관숙은 주공의 형이고
　　채숙은 주공의 동생이다. 무왕은 두 사람을 은나라의 후계 국가
　　인 무경의 재상으로 봉해주었다. 무왕이 죽자 두 사람은 무경을
　　근거지로 반란을 일으켰고 주공이 성왕(成王-무왕의 아들이자
　　주공의 조카)을 도와 두 사람을 주륙했다.



　　　　신이 가만히 살펴보겠습니다. 주공이 이숙(二叔-관숙과 채숙)으로 하여금 (망한) 은나라를 보살피도록 했는데 이숙이 은나라(무경)를 근거지로 삼아 반란을 일으키자 주공은 이들을 천토(天討)했습니다. 누구라도 이런 처지였다면 설사 형제라 하더라도 반드시 미

위하며 이렇게 했겠지만 그러한 분노는 오래가지 않았고 주공은 이 시를 지어 형제를 마음속으로 다시 받아들였습니다.

바야흐로 '주무(綢繆-얽어 묶다는 뜻)'[2]가 반복해서 강조하는 바도 (이 시에서 말하는) 산앵두꽃의 드러남이 서로 의존하는 바와 같고 또 척령의 머리와 꼬리가 서로 상응하는 것과 같습니다. (형제들끼리는) 비록 분노가 집안 내에서는 터져 나올 수 있으나 밖에서 어려움이 있을 때는 힘을 합치는 것입니다. 측은함에 너무 마음 아파하며 형제간의 깊은 은혜를 독실하게 표현한 (주공의) 마음은 그 시어 너머에까지 흘러넘칩니다. 그 후에 주나라는 세상의 지지와 종실의 강력함에 힘입어 왕실 세력은 반석 위에 올랐고 간혹 변고가 있기는 했지만 그 근본은 동요하지 않을 수 있었습니다.

(주나라) 양왕의 경우 정나라[3]를 미워하여 오랑캐로 하여금 정나라를 치게 하자 그 대부인 부신(富辰)이 간언했습니다.

"형제지간에 작은 분노가 있다고 해서 아름다운 혈육의 정〔懿親〕을 끊어서는 안 됩니다. 지금 천자께서는 작은 분노를 참지 못해 정나라와의 가까움〔親〕을 버리시면 어떻게 되겠습니까?"

(그러나) 양왕은 간언을 따르지 않았고 결국 오랑캐의 난을 불러들였습니다.

아! 후세의 임금들이 형제간에 서로 마땅히 갖춰야 할 애절함을 알고자 한다면 이 시에서 그것을 깊이 음미할 수 있지 않겠습니까?

---

1) 새의 이름인데 날 때는 울고 걸을 때는 몸을 흔들어 위급함을 알린다고 한다. 鶺鴒이라고도 하고 이때는 할미새라고 옮긴다.
2) 『시경』「당풍(唐風)」의 편 이름이다.

3) 정나라의 선조는 정 환공인데 그는 주나라 여왕의 아들이고 선왕
의 동생이다.

(『시경』) '행위(行葦)'[1]는 진실하고 두터움〔忠厚〕을 노래한다. 그 1장
이다.

"수북한 저 길가의 갈대를 / 소나 양이 와서 밟지만 않는다면 / 바야
흐로 움이 터 올라 마침내 형체를 이루어 / 그 잎들이 부들부들 윤택해
지리라 / 내 몸과 같은 형제들 / 멀리 않고 모두 다 가까이 하리니."

1 「대아」의 편 이름이다.

신이 가만히 살펴보겠습니다. 선배 유학자 여조겸(呂祖
謙, 1137~1181년)[1]이 말했습니다.

"저 길가의 갈대들이 바야흐로 움이 터 올라 마침내 형체를 이루어
그 잎들이 부들부들 윤택해지면 소나 양으로 하여금 그것을 짓밟게
할 수 있겠는가? (이미) 내 몸과 같은 형제들을 서로 떼어 멀리하여 친
하지 않게 할 수 있겠는가? 이 시에서는 (형제간의) 충후함〔忠厚〕의 뜻
이 그 시어(詩語) 너머에까지 듬뿍 담겨 있다. 모씨(毛氏)[2]가 '척척(戚
戚)'을 '안으로 서로 친하다〔內相親〕'로 보았으니 이를 깊이 체화하는
자라야 그 뜻을 제대로 파악할 수 있을 것이다."

신이 볼 때 여조겸의 설은 좋습니다. 만약에 임금 된 자가 이 장의 뜻을 깊이 체화한다면 풀 하나 나무 하나도 감히 쉽게 꺾지 못할 것이니 하물며 골육지척을 다치게 할 수 있겠습니까?

　이 시의 2장 이하는 모두 다 형제가 잘 어울려 지내는 일을 노래한 것이니 반드시 이런 마음이 근본이 된 후에야 즐기고 노는 것이 헛되지 않을 것이고 만일 그렇게 하지 못할 것 같으면 애당초 (이런 시를) 알 필요도 없을 것입니다.

1) 송나라의 유명한 유학자로 주희와 함께 『근사록(近思錄)』을 펴냈다.
2) 『시경』의 해설자다.

　(『시경』) '각궁(角弓)'¹은 형제에 관한 내용으로 유왕(幽王)을 풍자한 것이다. 유왕은 구족(九族-친족)을 가까이 하지 않고 아첨하는 자들을 좋아하여 골육지친들로 하여금 서로 원망하게 했으니 (그를 풍자하기 위해) 이 시를 지은 것이다.

　"조화를 이룬 각궁이여 / 획 뒤집어져 있구나 / 형제와 인척들이여 / 서로 멀리하지 말지어다. / 네 멀리하면 / 백성들도 서로 그리하며 / 네 가르치면 / 백성들도 서로 본받으리라. / 이 훌륭한 형제들 / 너그러이 여유가 있거늘 / 그렇지 못한 형제들 / 서로 상처를 입히는구나. / 백성들 중에 선량치 못한 이들 / 서로 상대만을 원망하네. / 작위를 받고도 사양치 않으니 / 곧 망하게 되리라."

1 「소아」의 편 이름이다.

🌸　　　신이 가만히 살펴보겠습니다. 선배 유학자가 논하기를
활 만들기의 사물됨〔爲物〕이 그 본체를 좌우하는 것이니 활시위를 팽
　　　　위물
팽하게 당기면〔張〕 안쪽에서 소리를 내며 오고 활시위를 벗기면〔弛〕
　　　　　　장　　　　　　　　　　　　　　　　　　　　　　　　이
밖으로 뒤집어져서 서로 떨어지게 되는 것입니다. 골육지친을 내 몸같
이 여기는 바〔親〕가 두터울 때는 (형제들끼리) 서로 기대지만 서로 소
　　　　　　친
원할 때는 떨어지게 되는 것이 참으로 각궁이 획 하고서 뒤집어지는
것과 같습니다. 그러니 형제와 인척들이 떨어져서 멀리해서야〔疎遠〕
　　　　　　　　　　　　　　　　　　　　　　　　　　　　　소원
되겠습니까?

　무릇 임금이란 풍속을 교화하는 근본이기 때문에 임금이 친족들을
멀리하면 백성들도 (친족들과) 멀게 지내게 되고, 임금이 가르치면 마
찬가지로 백성들도 서로 본받으려 할 것입니다. 시에서 '네〔爾〕'는 (주
　　　　　　　　　　　　　　　　　　　　　　　　　　　　이
나라) 유왕을 가리켜 말하는 것입니다. 사람의 본성은 원래 좋은 일에
더 이끌리지만 계속 교화를 하지 않으면 (좋지 않은 쪽으로 다시) 바뀌
게 마련입니다. 바뀌지 않는 자는 적고 바뀌는 자는 많습니다. 그래서
반드시 형제 사이가 우애 있고 좋으면 그들은 능히 너그럽고 여유가
있지만 만일 사이가 좋지 못한 형제라면 원래부터 사람이 박하고 나
쁠 것이기 때문에 위에서 가르치더라도 서로에게 상처를 주는 일은 더
욱 심해질 것입니다.

　이에 백성들 중에서 양심을 잃어버린 자들은 비록 아주 사소한 이
유 때문이라고 하더라도 또한 서로를 원망하니 이들은 자기만 옳고 상
대방은 틀렸다 합니다. 그리고 이런 사람들은 이익만을 탐해 (부귀를)

얻고자 하여 작위라도 받게 되면 단 한 번도 사양하는 뜻을 보이지 않으니 서로 쟁탈전을 벌이다가 결국 다 망하게 됩니다.

이는 모두 다 임금의 교화로 말미암는 까닭입니다. 따라서 후세의 임금들이 진실로 '각궁'의 풍자를 경계로 삼는다면 형제를 가까이 함에 그 은혜를 두터이 하지 않을 수 있겠습니까?

(『시경』) '갈류(葛藟)'[1]는 왕족에 관한 내용으로 평왕(平王)[2]을 풍자한 것이다. 평왕은 주나라 왕실의 도가 쇠하자 구족을 내버렸다.

그 1장에서는 "끊이지 않고 이어지는 칡덩굴이여 / 하수(河水) 강변에 있구나[3] / 끝내 형제를 멀리했으니 / 다른 사람을 아버지라 하네 / 다른 사람을 아버지라 하네 / 게다가 나를 돌아보지도 않는구나"라고 했다.

2장은 "끝내 형제를 멀리했으니 / 다른 사람을 어머니라 하네 / 다른 사람을 어머니라 하네"라고 했다.

3장은 "끝내 형제를 멀리했으니 / 다른 사람을 형님이라 하네"라고 했다.

'체두(杕杜)'[4]는 한 시대[5]를 풍자한 시다. 임금이 그 종족(宗族)을 제 몸과 같이 여기지 않았고 골육은 뿔뿔이 흩어져 홀로 지내면서 형제도 없이 장차 곡옥(曲沃)에게 겸병(兼幷)당하게 되는 내용이다.

"우뚝 선 아가위나무여[1] / 그 잎 무성하고 무성하도다. / 홀로 가기를 쓸쓸해하니 / 어찌 다른 사람이 없겠냐마는 / 내 친형제만 못하리라! /

아! 길 가는 사람들은 / 어찌 도와주지 않는가? / 사람이 형제가 없는
데 / 어찌 도와주지 않는가?"

2장은 어찌 다른 사람이 내 형제보다 낫지 못한가를 노래했다.[6]


1 「왕풍(王風)」의 편 이름이다.

2 주나라 평왕은 동천(東遷)해야 했던 임금이다.

3 원래 칡덩굴은 산이나 계곡에 있어야 하는데 강가에 있다는 것
  은 제자리를 잃고 떠내려 왔다는 뜻이다.

4 시는 「진풍(晉風)」의 편 이름이다.

5 진(晉) 나라 소공(昭公) 시대를 말한다.

6 그 후에 진나라 소공은 과연 진나라 사람에 의해 시해됐고, 곡
  옥 무공(武公)이 진나라를 차지해 제후가 됐다.


  신이 가만히 살펴보겠습니다. '각궁'과 '갈류'와 '체두' 세
편의 시는 정확히 '상체' 및 '행위'와 내용상 정반대입니다.

주나라 유왕은 구족과 친하지 않았고 백성들도 그것을 심히 본받았
습니다. 이른바 위가 좋아하는 바가 있으면 아래는 반드시 그보다 심
하게 좋아하는 바가 있다고 한 것이 그것입니다. 그래서 시인은 이 점
을 풍자하여 말하기를 "네가 만일 이와 같다면 백성들은 장차 서로
다투어 난이 일어나고 망하는 지경에 이를 것이다"라고 한 것입니다.

평왕은 자신의 형제들은 멀리하면서 다른 사람을 아버지나 형제처
럼 여겼으니 이것이 이른바 그 친해야 할 사람들을 사랑하지 않는 것
이고 엉뚱하게도 다른 사람을 사랑한다는 것입니다. 그래서 시인은 이

점을 드러내어 노래하기를 "너는 친해야 할 바를 멀리하고 멀리해야 할 바를 친하게 한다. 그러니 장차 사람들이 너를 돌아보겠는가"라고 했던 것입니다.

진(晉) 나라 소공(昭公)은 평소 홀로 지내면서 형제가 없었습니다. 이른바 도움을 줄 수 있는 가까운 친족들이 없었던 것입니다. 그리하여 반란이 일어났습니다. 그래서 시인은 이 점을 풍자하여 "사람이 형제가 없는데 어찌 길 가는 사람과 더불어 서로 친하게 좇지 않는가? 어찌 다른 사람에게 구하여 서로 가까이 돕지 않는가?"라고 했던 것입니다.

시 '상체' 및 '행위'가 전성기 주나라의 흥한 까닭을 보여주는 것이라면 이 세 개의 시는 유왕 및 평왕이 가슴속에 품었던 바와 진나라 소왕이 멸망케 된 이유를 훤하게 볼 수 있도록 해주고 있습니다.


1) 이는 홀로 잘난 척하는 독불장군을 빗대고 있다.

『춘추전(春秋傳)』[1]

노나라 은공(隱公) 원년(元年, 기원전 722년), 애초에 정나라 무공(武公)이 신(申-작은 나라)에서 부인을 맞아들였는데 이름하여 무강(武姜)[2]이라 했다.

(두 사람은) 장공(莊公)과 공숙단(共叔段)을 낳았는데 장공을 낳을 때 역산(逆産-혹은 難産)을 하여〔寤産＝牾産〕 강씨가 많이 놀랐다. 그래

서 이름을 오생(寤生)이라 짓고 마침내 그를 미워했다. (대신 아우인) 공숙단을 아껴 태자로 세우고 싶어서 자주 무공에게 청했지만 무공은 허락하지 않았다. (훗날) 장공이 즉위하기에 이르러 (무강이 공숙단을 위해) 제(制) 읍을 (봉해줄 것을) 청하자 장공이 말했다.

"(그곳은) 지세가 험한 읍이어서 괵숙(虢叔)[3]도 그곳에서 죽었습니다. 다른 읍을 청하신다면 명대로 하겠습니다."

그래서 경성(京城)을 청하니 공숙단을 거기서 살게 하고 경성태숙(京城大叔)이라고 불렀다. (정나라 대부인) 제중(祭仲)이 말했다.

"도성이 (수도를 제외하고서) 백치(白雉)를 넘게 되면 장차 나라에 큰 해악을 입힐 수 있습니다. 옛 임금의 제도에 대도(大都)는 수도의 3분의 1, 중도(中都)는 5분의 1, 소도(小都)는 9분의 1을 넘지 못하도록 돼 있습니다. 지금 경성은 법도에 맞지 않으니 바른 제도를 따랐다고 할 수 없습니다. 임금께서는 장차 감당하실 수 없을 것입니다."

이에 장공이 말했다.

"강씨가 저리도 바라니 어찌 해악을 피하겠는가?"

제중이 대답했다.

"강씨는 어떻게 해도 만족하지 않을 것입니다. 초기에 조치를 취하여 더 이상 뻗어나지 못하게 하는 것만 못합니다. 일단 뻗어나가면 도모하기가 어려워집니다. 뻗어나면 풀도 제거하기가 힘든데 하물며 임금의 총애하는 아우야 어떻겠습니까?"

장공이 말했다.

"불의한 짓을 많이 저지르다 보면 반드시 절로 패망할 것이니 그대는 우선 그것을 지켜보도록 하라."

얼마 후 태숙이 정나라 서쪽 변방과 북쪽 변방에 명하기를 (정나라뿐만 아니라) 자신도 섬기라고 하자 (정나라 대부인) 공자려(公子呂)가 말했다.

"한 나라에 두 임금은 감당할 수 없습니다. 임금께서는 장차 이를 어쩌시렵니까? 만일 (이 나라를) 태숙에게 주실 뜻이 있으시다면 신은 그를 섬기겠다고 말씀드릴 수는 있지만 만일 주실 뜻이 없으시다면 그를 제거하여 백성들이 다른 마음을 품을 수 없도록 하기를 청합니다."

이에 장공이 말했다.

"그럴 것 없다. 장차 (화가) 절로 미칠 것이다."

얼마 후 태숙이 또 양쪽에 다 속해 있던 땅을 거두어들여 자기 읍으로 만들고, 자신의 영토를 늠연(廩延-정나라의 읍이다)까지 확장하자 자봉(子封-공자려)이 말했다. "이제는 가능한 때입니다. (그냥 둘 경우) 그의 영토가 넓어져서 많은 백성들까지 얻게 될 것입니다."

이에 장공이 말했다.

"임금에 대한 의리를 지키지 않고 형에 대한 친애하는 마음이 없으니 영토가 아무리 넓어진다 한들 절로 붕괴할 것이다."

태숙이 성곽을 튼튼히 쌓아 백성들을 모으고 갑옷과 무기를 손질하고 군사와 전차들을 갖추어 장차 정나라를 치려 했고 부인(夫人)이 (안에서) 성문을 열어주기로 돼 있었다. 장공은 그 소식을 듣고서 "이제 가능한 때가 됐다"며 자봉에게 명을 내려 군사와 전차 2백 승을 거느리고 경성을 치게 했다. 경성 사람들은 태숙 단을 배반했고 단은 달아나 언(鄢) 땅으로 들어갔다. 장공이 그 언 땅을 치니 (다시) 공(共) 땅으로 달아났다.

(공자가 편찬한) 『춘추』에 이르기를 "정백(鄭伯)이 언(鄢)에서 단(段)을 이겼다"고 기록했으니 이는 단이 아우답지 못했기 때문에 아우라고 말하지 않았고 (형제가 싸운 것이) 두 나라 임금이 싸우듯 했기에 이를

그냥 '이겼다〔克〕'고 썼다. (장공이라 하지 않고 그냥) 정백(鄭伯)이라 칭한 것도 동생을 잘못 가르친 것을 나무란 것이다. 『춘추곡량전(春秋穀梁傳)』에서 단(段)은 아우인데 아우라 이르지 않고 공자(公子)인데 공자라 이르지 않은 것은 폄하한 것이다. 단이 자제의 도리를 잃었으므로 단을 천하게 여기고 정나라 군주인 백(伯)의 행동을 너무 심하게 여긴 것이다. 무엇 때문에 정백의 행동을 너무 심하다고 여긴 것인가? 정백의 마음가짐이 죽이는 데만 뜻이 있었으므로 너무 심했다는 것이다.

신이 가만히 살펴보겠습니다. 선배 유학자 호안국(胡安國, 1074~1138년)[5]이 말했습니다.

"용병(用兵)은 큰일이라 반드시 임금과 신하가 함께 모의한 후에 발동한다면 마땅히 국(國)이라 칭하고, 공자려에게 명하여 군사권을 갖도록 하면 마땅히 장(將)이라 칭하고, 전차 200승을 거느리고 출전했으니 마땅히 사(師)라 칭한다. 그런데 이 세 가지를 다 칭하지 못하게 하고서 오로지 정백의 뜻대로 했으니 죄는 정백에게 있는 것이다. 무릇 임금의 부모는 군사력을 동원해 응징해서는 안 되는 것인데 공숙단은 장차 아우로서 형의 자리를 찬탈하고 신하로서 임금을 치려 했으니〔伐〕 반드시 그 죄를 물어야 할 것이요, 또 장공은 특히 어머니를 이길 수 없는데 어찌 공숙단을 응징하지 못하고 장공으로 옮겨 갔으니 법을 들어 쓰는 것이 이처럼 경중(輕重)을 잃었던 말인가?"

호안국은 또 말했습니다.

"강씨는 무공이 살아 있을 때부터 일찍이 공숙단을 후계 임금으로 세우고 싶어 했다. 무공이 세상을 떠났을 때 강씨는 나라의 임금의 적모(嫡母)로서 집안에만 신경을 쓰고 공숙단은 형의 사랑을 받는 유능한 동생으로 도성 밖에 머물렀으면 백성들도 다 기뻐했을 것이니 장차 갈등이 생겨나 후환이 있을 것을 두려워했겠는가? 그런데 큰 읍을 봉지로 받고서도 그곳에는 가지도 않은 채 연이어 도리를 잃는 짓을 계속했으니 반역은 마침내 토벌당했고 백성들은 공숙단을 따르지 않았으며 강씨는 아무것도 할 수 없었고 태숙은 형제간의 혈육이 끊어져 두 번 다시 부모의 나라에 돌아와 살 수 없었다. 이것이 바로 정백의 뜻이었다.

왕도정치〔王政〕란 사람들을 잘 기르고 그들로 하여금 백성들에게 나아가 어짊을 행하게 함으로써 백성들 사이에도 어짊이 퍼지고 서로 야박해지지 않도록 하는 것인데 하물며 천륜을 어기고서 죄에 빠지고 형제의 인연마저 끊어져버렸구나. 『춘추』가 은공의 시대를 서술하면서 첫머리에 이 이야기를 둔 까닭은 사람의 마음을 바로잡음으로써 천하에 사사로운 난을 통해 공(公)을 이룰 수는 없다는 것을 보여주려는 것이다. 그 후에도 임금이 죽고 나면 적자는 축출되고 서자가 왕위를 차지하고 왕자들끼리 다투고 무력 충돌이 그치지를 않았으니 비통할 뿐이다."

난(亂)이라는 것도 그것이 처음 생겨날 때는 좋지 않은 마음 그 하나에서 비롯되는 것이니 나라를 소유한 사람이 반드시 하늘과도 같은 이치〔天理〕를 따라야 하는 것은 그 때문입니다. 따라서 그 같은 이치를 결코 (임금 된 자의) 사사로운 욕심〔私欲=人欲〕으로 없애려 해서는 안 될 것입니다.


1) 좌구명이 지은 『춘추좌씨전』을 가리킨다.

2) 강씨(姜氏)는 신나라의 대표 성이다.

3) 주나라가 봉해준 동괵(東虢)의 임금이다. 괵숙은 그곳의 험난한
지형만 믿고 방자하게 굴다가 정나라로부터 토벌을 당했다.

4) 정벌했다고 쓸 수 없었다는 뜻이다.

5) 『춘추』를 연구하는 데 평생을 보냈고, 『춘추호씨전(春秋胡氏傳)』
30권을 저술했다.

(『자치통감』) 한나라 효문제가 즉위한 초에[1] 회남왕(淮南王) 유장(劉
長)[1]은 스스로 황제와 가장 가깝다며[2] 교만을 부리고 전횡하여 여러 차
례 법을 받들지 않았지만 황상은 너그럽게 용서해 주었다. 3년이 지난
이때 황상을 조현(朝見)하고서 황상을 따라 원유(苑囿)에 들어가 사냥
을 하는데 황상과 함께 수레를 타면서 늘 황상을 대형(大兄)이라고 불
렀다. 그리고 자기 나라로 돌아가서는 더욱 방자해져서 한나라 법을 쓰
지 않았다.[2]

전6년(기원전 174년)에는 모반이 발각되어 처음으로 사신을 보내 유
장을 소환했고 그가 장안에 이르자 (승상) 장창(張蒼) 등이 주문(奏文)
을 올려 불궤(不軌-역모나 반란)를 범했으니 그 죄는 기시(棄市)에 해당
한다며 법대로 처분할 것을 청했다.

이에 황상은 (조(詔)보다 등급이 높은) 제(制)[3]를 발하여 말했다.

"회남왕을 차마 법대로 처분할 수 없으니 열후(列侯)와 2천 석 관리들[4]
이 의논해 보도록 하라."

이에 열후와 2천 석 관리들이 의논한 결과 모두 다 "마땅히 법대로 해야 한다"고 의견을 모았다. 제를 발하여 말했다.

"유장의 죽을 죄를 사면하되 폐하여 왕위에서 내쫓도록 하라."

유사에서는 촉(蜀)의 엄도(嚴道)에 있는 공우(邛郵)로 유배 보낼 것을 청했다. 이에 역모에 가담했던 자들은 빠짐없이 주살하고 유장은 치거(輜車-수레)에 실어 여러 현들로 하여금 차례로 그를 이송토록 했다. 얼마 후 원앙(袁盎)이 간언을 올렸다.

"황상께서는 평소 회남왕을 교만하게 내버려두고 곁에 엄한 승상과 사부를 두지 않아서 그 때문에 이 지경에 이르게 됐습니다. 또 회남왕은 사람됨이 강한데 지금에 와서 갑자기 그를 꺾어버리면 신은 그가 안개와 이슬을 만나 길에서 죽을까 두려우니 폐하께서 아우를 죽였다는 이름을 얻게 되면 어떻게 되겠습니까?"

황상이 말했다.

"나는 다만 그를 좀 고생시키고자 할 뿐이었으니 이제 그를 회복시켜주려 한다."

한편 이때 유장은 그를 모시는 자들에게 말했다.

"내가 교만하여 허물을 막지 못하다가 이렇게 됐구나!"

그러고는 음식을 먹지 않다가 곧 죽었다. 현들에서 이송하는 자들은 감히 치거를 둘러친 포장을 걷지 못했는데 옹(雍)에 이르러서야 옹현의 현령이 포장을 걷어보니 그 안에 죽어 있었다. (이 소식을 들은) 황상은 슬프게 곡한 다음 원앙에게 말했다. "내가 공의 말을 듣지 않아 끝내 회남왕을 죽게 만들었소."

원앙이 말했다.

"폐하께서는 (죽이려 했던 것이 아니라) 고생을 하게 하여 그의 과오를 고치려 했을 뿐입니다. 그런데 유사가 숙위를 게을리하여 병으로 죽게 된 것입니다."

황상이 이내 표정이 나아지며 말했다.

"장차 어떻게 하면 되겠소?"

원앙이 말했다.

"승상과 어사를 참하여 천하에 용서를 비는 것이 좋을 것입니다."

황상은 즉각 승상과 어사에게 명을 내려 여러 현들에서 회남왕을 이송하면서 수레의 포장을 걷어 음식을 제공하지 않은 자들을 모두 잡아들여 기시하게 하고 회남왕을 (복위시켜) 열후(列侯)로써 옹에 장사를 지내고 무덤을 지키는 30호를 두었다. 그 후 유장의 아들 네 명을 후(侯)로 봉했다. 백성들은 이런 노래를 지어 불렀다고 한다.

"베 한 척이라도 꿰매 입을 수 있고 / 곡식 한 말이라도 찧어 나눌 수 있건만 / 형제 두 사람은 서로를 용납하지 못했네."

황상이 이를 전해 듣고는 한탄하듯 말했다.

"요순 두 임금도 골육을 내쫓았고 주공은 동생 관숙과 채숙을 죽였음에도 천하는 그들을 성인이라 부르는데 이는 사사로운 이유로 공(公)을 해친 것이 아니기 때문이다. 그런데 천하는 어찌 내가 회남왕의 땅을 탐냈다고 하는가?"

그러고는 즉시 죽은 회남왕에게 여왕(厲王)이라는 시호를 추존했고 능원을 조성해 제후의 위엄을 갖추도록 했으며, 전16년(기원전 164년)에 황상은 회남왕이 한나라 법을 폐하고 불궤를 저지르다가 나라를 잃고 일찍 세상을 떠난 것을 가슴 아파하여 그의 세 아들을 회남의 옛 땅에 (땅을 삼등분하여) 왕으로 세워주었다.

1 고조 유방의 아들이자 효문제의 동생이다.
2 당시 유방의 아들은 문제와 회남왕 둘뿐이었다.

신이 가만히 살펴보겠습니다. 회남왕 유장이 죽게 된 것은 문제의 본뜻이 아니었습니다. 애당초 승상과 어사가 주문을 올려 법대로 그 죄를 다스릴 것을 청했고 다시 열후와 2천 석 관리들이 의논하여 또한 법대로 논죄할 것을 청하자 비로소 (사형을 위해) 잡아들이지는 않고 다만 왕을 폐하여 촉으로 유배를 보냈으니 황상의 본래 생각이 (회남왕이) 스스로 고치기를 바랐던 것이지 어찌 그를 죽이려는 데 뜻이 있었겠습니까?

이미 회남왕이 죽었다는 소식이 전해지자 황상은 깊이 슬퍼하고 애도하여 즉시 수레의 포장을 걷어 제대로 회남왕을 모시지 않았던 관리들을 주살했고 또 그를 예로써 장사 지내고 무덤을 지키는 30호를 설치했으며 그의 아들들을 후(侯)로 봉해주었습니다. 그 후에 백성들의 베와 곡식의 노래를 들었을 때 천하에 부끄러움이 없다는 것을 스스로 알고 있으면서도 황상은 오히려 (죽은 회남왕을 위해) 능원을 조성해 제후의 위엄을 갖추도록 했으니 이로써 본다면 효문제는 친족을 내 몸같이 여기는 마땅한 도리(誼)를 얻었다고 할 수 있을 것입니다.

그렇지만 황제가 회남왕을 (살아 있을 때) 대한 것을 보자면 허물이 없었다고 할 수는 없습니다. 『주역』[5]에서 말하기를 "송아지(童牛)에 (뿔이 잘 자랄 수 있도록) 가로지르는 막대(牿)를 댔으니 으뜸으로 길하다"고 했습니다. 이는 곧 소가 아직 어릴 때는 제대로 뿔로 들이받지 못하기 때문에 그때 그것을 (막대로) 제어하면 힘들이지 않고 쉽게 뿔을 바로잡을 수 있다는 뜻입니다. 바야흐로 유장이 열후를 제멋대로 죽였을 때[1] 이미 그의 성정이 거칠고 사나워 제어하기 힘들었습니다. 황제가 이때에라도 마땅히 관리를 그의 나라에 보내 통치하게 하고 유장은 장안에 남도록 하여 뛰어난 유학자들 중에서도 경술에 능통하고 행실이 바른 자를 골라 아침저녁으로 보필케 하면서 선왕의 도리를 담은 책들을 통해 인도하고 황실의 엄정한 법도를 익히게 했어야 합니다. 그래서 다행히 깨닫는 바가 있다면 그 나라를 다스리게 하고 만일 그렇지 못할 경우 혹 더 작은 나라를 맡기거나 혹 통후(通侯-통치는 못하고 봉록만 받는 후)로 강등시켰다면 유장은 반드시 후회하여 깨달았을 것이고 생각이 바르게 돌아왔을 것입니다.

그런데 황제는 그때 사면하여 벌하지 않았고 선왕의 도리 또한 베풀지 않은 채 자기 나라로 돌아가게 해주었으니 이에 유장은 더 교만해지고 제멋대로 행동하게 됐던 것입니다. 따라서 이는 (사실상 황제가) 유장을 악(惡)에 빠트린 것이나 다름없습니다. 그 후에도 가생(賈生-賈誼)의 간언을 따르지 않고 왕의 자식들(-황제의 조카들)이 사치를 부릴 때도 그냥 내버려두었습니다.

전체적으로 보자면 유장은 죄가 없지 않은 상태에서 죽었으니 황제는 그에 대해 진실로 연민의 정은 갖되 (그에게 억울하게 희생된) 피양후의 아들도 역시 제사를 모실 수 있게 했어야 합니다.[2] 그런데도 회남의 땅을 나누어 유장의 세 아들에게 나누어 주었습니다.[3]

이것이 바로 가의가 말한 바 원수를 제멋대로 죽임으로써 한나라를 위험에 빠트린 것이니 결국 뒤에 가서 회남왕과 형산왕의 재앙으로까지 이어지게 된 것입니다. 이는 중도(中道)를 잃어도 크게 잃은 것입니다. 특히 순임금이 상을 대한 것을 보면 어짊과 의리 모두 지극했으니 어떻게 됐습니까?

신은 그래서 말씀 올립니다. 후세에 불행하게도 친척의 변란을 맞게 되는 자가 있다면 오로지 위대한 순임금을 모범으로 삼아 대처해야 할 것입니다.


1 문제 전3년에 조현하러 도성에 들어왔다가 피양후(辟陽侯) 심이기(審食其)를 철퇴로 쳐서 죽였다.

2 한나라의 열후는 그 조세만을 받아먹을 뿐 난을 일으킬 수 있는 아무런 힘도 갖고 있지 않았다.

3 왕은 열후와 달리 독자적으로 큰 땅과 백성을 거느리기 때문에 그 권세는 난을 일으킬 수 있다.


1) 문제 전3년으로 기원전 177년이다.

2) 진덕수는 에둘러 한나라 법을 쓰지 않았다고 표현했지만 사마광의 『자치통감』에는 보다 구체적으로 "스스로 황제라 칭하고 천자를 본떴다"고 표현하고 있다.

3) 진나라 때 명(命)은 제(制)로 높였고 령(令)은 조(詔)로 높였다.

4) 제후 이하 중앙에서 임명하는 내외 조정 관리들을 말한다.

5) 산천대축(山天大畜) 육사(六四-아래에서 네 번째 음효)에 대한 풀이다.

(『자치통감』) 당 태종 정관(貞觀) 10년(636년)에 형왕(荊王) 이원경(李元景) 등은 모두 태종의 아우들이라 번(藩)의 왕으로 봉했다. 태종이 그들과 이별하며 말했다.

"형제의 정이 어찌 항상 서로 함께하기를 원하지 않겠는가? 다만 천하를 맡은 책임이 중하여 가까이 할 수 없을 뿐이다. 자식들이야 또 낳을 수 있지만 형제가 있다는 것은 이미 정해져 있는 것이라!"

이어서 눈물을 흘리면서 오열하니 그치게 할 수가 없었다.

 신이 가만히 살펴보겠습니다. 태종의 이 말은 아마도 (집권 과정에서) 은(隱) 태자[1]와 아우인 이원길을 죽여야 했던 일에 대한 흔쾌하지 못한 감정이 담긴 것이라 할 수 있습니다. 형제의 지극한 정은, 비록 불행하게도 이해관계를 놓고 충돌하기도 하다가 종종 잊혀지기도 하지만, 하늘과도 같은 이치〔天理〕의 참됨은 끝내 가릴 수 없는 것입니다. 따라서 그로 인해 이런 마음이 작동하여 무릇 하늘과도 같은 이치가 어두울 수 없는 것이라면 그 일을 뚫어봄에 반드시 그 실상이 낱낱이 드러날 수밖에 없습니다. 그런데 애석하게도 태종은 그 점을 제대로 할 수 없었습니다.

맹자가 말하기를 네 가지 실마리〔四端〕를 갖고 있는 사람은 모두 다 그것을 넓히고 채워 넣을 수 있을 것이라고 했습니다. 그런데 태종이 여러 형제들을 그리워한 것은 이른바 불쌍히 여기는 마음〔惻隱之心〕이었을 뿐 그것을 채워 넣어야 하는 것임을 알지 못했으니 이것이야말로 참으로 유감스럽다고 하지 않을 수 없습니다.

1) 태종의 형 이건성으로 태종이 현무문의 변을 일으킬 때 살해했다.

(『자치통감』) 당 명황제(현종)는 평소 형제들에 대한 우애가 깊어 즉위 초에는 긴 베개와 큰 이불을 만들어 형제들과 함께 잠을 잤고 바쁜 정사의 와중에도 틈이 나면 여러 형제[諸王]와 더불어 놀았으며, 대궐에
<sub>제왕</sub>
있을 때는 절하고 끓어앉는 것을 집안 예절과 같이 했고 평소 먹고 마시고 생활하는 것을 이들과 똑같이 했다. 대전(大殿)에는 다섯 개의 큰 휘장을 설치하여 여러 형제들과 더불어 바꾸어 거기서 거처했으니 이를 일러 '다섯 휘장'이라 불렀다.

송왕(宋王) 이성기(李成器)는 심히 공손하고 삼갔으며 일찍이 시사와 정치에 대해서는 일절 언급하지 않았고 사람들과 은밀한 관계를 맺지 않아 황상은 그를 더욱 믿고 중히 여기니 이간질하는 말이 밖에서 들어올 수가 없었다.[1]

1 송왕 이성기는 원래 명황제의 형으로 일찍이 태자가 되고 명황제는 임치(臨淄)의 왕으로 정해져 있었으나 내란이 있어 이성기가 마침내 저위(儲位-태자의 자리)를 사양하자 예종(睿宗)은 그것을 허락하고 임치왕을 태자로 삼았다.

신이 가만히 살펴보겠습니다. 범조우가 말했습니다.

"문왕은 (아버지) 왕계에게 효도를 다했으니 그 때문에 형제들에게도 우애를 다했고, (어머니) 태사(大姒)에게 늘 온화함으로 대했으니 그 때문에 자손들에게도 자애를 다했다. 이로써 그 집안의 화목은 나라에까지 퍼졌고 짐승과 초목까지도 그 혜택을 입지 않은 바가 없었으니 미루어 헤아려보건대 이는 오직 마음[心] 하나에 달려 있는 것이다."

앞선 왕이 효도를 하지 않고 우애도 다하지 않았는데 혹은 우애는 있지만 자애를 다하지 않았는데 후대에 이르러 제왕이 혹 이것은 잘하면서도 저것은 잘하지 못하게 되는 것은 어쩐 일입니까? 이는 그 자질이 빼어나고 현능한 사람[聖賢]이 되기에 부족해서가 아니라 이 마음을 저쪽에 제대로 옮겨서 헤아리지 못하기 때문일 뿐입니다.

명황제가 번왕(藩王)으로 있으면서 큰 공을 세우자 이성기가 적장자(嫡長子)이면서도 기꺼이 태자의 자리를 넘겨주었기 때문에 명황제의 마음이 (그처럼) 형제들에게 돈독할 수 있었던 것입니다. 대개 이성기의 행위는 그의 형제를 우애하는 마음을 기른 데서 나온 것이니 이로써 자신의 천성을 능히 온전하게 할 수 있었고 이간질하는 말이 밖에서 들어올 수 없었던 것입니다.

아! 만일 이런 마음으로 가득 채운다면 어짊[仁]은 이루 다 쓸 수 없을 만큼 커질 것입니다. 이리 된다면 (현종처럼) 아버지가 되어 참소를 믿어 아들을 죽이고 지아비가 되어 지어미를 폐출하고 임금이 되어 죄가 안 되는 것을 이유로 신하들을 죽이는 등의 일은 애초부터 일어나지 않았을 것입니다. 이것들은 다 그런 마음으로 다른 일들까지 미루어 헤아려 채울 수 없었기 때문입니다. 이렇게 제대로 마음을 넓혀 채우지 못한 것이야말로 어찌 사사로운 이기심[利心]에서 나온 것이 아니겠습니까?

　이상은 하늘의 이치와 사람의 윤리의 바름〔天理人倫之正〕 중에서
　　　　　　　　　　　　　　　　　　　　천리　인륜　지정
세 번째로 윗사람과 아랫사람의 차례를 서술한 것입니다.

『예기』에서 공자가 애공(哀公)[1]을 모시고 앉아 있을 때 애공이 말했다.

"감히 묻겠다. 사람의 도리〔人道〕는 무엇을 크게 여기는가?"

공자가 답했다.

"옛날에 정치를 한다고 했을 때는 사람을 사랑하는 것을 크게 여겼습니다. 그리고 사람을 사랑함으로써 정치를 함에 있어서는 예(禮)를 크게 여겼고, 예를 행함에 있어서는 삼감〔敬〕을 크게 여겼으니 삼감이 지극한 것이라 하겠습니다. 국혼〔大婚＝國婚〕은 큰일이라 국혼은 이미 면복을 입고서 친히 맞이하는 것〔親迎〕이니 배우자를 내 몸같이 여기는 것〔親〕입니다. 배우자를 내 몸같이 여긴다는 것은 말 그대로 내 몸처럼 가까이 한다는 뜻입니다. 이 때문에 군자는 (사람을 사랑할 때는) 삼가는 마음을 일으켜서 (그 사람을) 내 몸처럼 여기는 것입니다. 삼가는 마음을 버린다는 것은 곧 내 몸처럼 여기는 마음을 버리는 것입니다. 사랑이 없으면 내 몸처럼 여기는 마음도 없고, 삼감이 없으면 바름〔正〕도 없습니다. 따라서 사랑과 삼감은 아마도 정치의 근본일 것입니다."

애공이 말했다.

"면복을 입고 친히 맞이하는 것을 너무 중하게 여기는 것 아닌가?"

공자는 걱정스러운 표정을 지으며 대답했다.

"(혼인이란) 서로 다른 두 성(姓)이 좋아함을 하나로 합하여 옛 성인들의 뒤를 이어 하늘과 땅, 종묘와 사직의 주인이 되는 것인데 임금께서는 어찌 너무 중하게 여긴다고 하십니까? 하늘과 땅이 하나로 합해지지 않으면 만물은 생겨날 수가 없습니다. 근본적으로 대혼은 만세의 뒤를 이어가는 것입니다. 그런데 임금께서는 어찌 너무 중하게 여긴다고 하십니까? 하늘과 땅이 하나로 합쳐진 다음에야 만물이 흥하게 되는 것이니 무릇 혼례란 만세의 시작입니다. 서로 다른 성(姓)에서 배우자를 취하는 이유는 혈족이 먼 사람을 가까이 함으로써 분별을 두터이 하기 위함입니다."

『주역』에서 말하기를 "그 근본을 바로잡아야 한다. 만물의 이치는 처음에 털끝만큼만 차이가 나도 (뒤에 가서) 그 이지러지는 결과는 천리나 차이가 나게 된다. 그래서 군자는 그 처음을 삼가야 한다. 그것이 춘추(春秋)의 시작이다"라 했다.

『시경』의 '관저(關雎-첫 번째 나오는 시)', 『예기』의 '관혼(冠婚)', 『주역』의 '건곤(乾坤)'은 모두 다 시작을 삼가고[愼始] 끝마침을 삼가는 것[敬終]을 말할 뿐이다.
신시
경종

신이 가만히 살펴보겠습니다. 『예기』의 여러 조항들은 다 결혼[昏姻=婚姻]의 예법에 관해 말하고 있습니다. 무릇 사람이라면 모두 마땅히 알아야 하는 것들입니다. 하물며 임금은 지존(至尊)의 자리에 있습니다. 임금에게 혼인이란 그 배우자를 택해 장차 옛 빼어난 임금들의 뒤를 이음으로써 하늘과 땅, 종묘와 사직의 주인이 되는 것이니 그것에 대해서는 굳이 별도의 말이 필요 없을 것입니다. 공자의 말은 삼가 음미해 볼 때 중대한 의미를 갖고 있다고 할 것입니다.
혼인   혼인

1) 노나라 군주다.

『주역』의 곤(坤) 괘(위도 ☷, 아래도 ☷)에 관한 문언(文言-공자의 풀이)에서 (공자는) 말했다.

"음(陰)은 비록 아름다움이 있으나 그것을 안으로 품고서 왕이 하는 일[王事]을 (묵묵히) 따름으로써 감히 (그 자신이 뭔가를) 이루려 해서는 안 된다. 이것이 땅의 도리[地道]이며 아내의 도리[妻道]이며 신하의 도리[臣道]이다. 땅의 도리는 이루는 바[成]는 없지만 그 대신 끝마침[終]이 있다."

신이 가만히 살펴보겠습니다. 양(陽)이라는 것은 하늘의 도리[天道]요, 지아비의 도리[夫道]이며 임금의 도리[君道]입니다. 음(陰)이라는 것은 땅의 도리요, 아내의 도리이며 신하의 도리입니다. 따라서 하늘의 도리에 있어서는 건(乾-하늘)이 그것을 시작하고 곤(坤-땅)이 그것을 낳습니다. 양이 해마다 이루어지는 일[歲功][1]을 주관하면 음은 그것이 이루어지도록 보좌합니다. 또 사람의 도리에 있어서는 지아비가 한 집안의 일을 주관하면 지어미는 그것을 보좌하고, 천자가 천하의 일을 주관하고 또 제후들이 한 나라의 일을 주관하면 후부인(后夫人)이 그것을 보좌합니다.

임금과 신하의 관계도 그와 같으니 처와 마찬가지로 신하도 비록 (임금보다) 뛰어난 점이 있다 해도 그것을 안으로 품고서 숨긴 채 임금의 일을 따름으로써 감히 자신의 공을 주장해서는 안 됩니다. 이는 마치 땅의 도리가 하늘을 대신해 일[物=事]을 끝맺고 공을 이루면 하늘로 그 공을 돌려주는 것과 같다고 하겠습니다. 이 뜻을 깊이 음미해

보면 어떤 사람의 지어미가 된 사람은 집안의 손잡이〔家之柄〕를 장악
함으로써 그렇게 할 수 있고, 어떤 임금의 신하 된 사람은 나라의 손
잡이〔國之柄〕를 장악함으로써 그렇게 할 수 있을 것입니다.

『서경』 '목서(牧誓)'에서 말하기를 "암탉이 새벽에 울면 집안이 삭막
해진다"고 했고, 또 '홍범'에서 말하기를 "오로지 임금만이 복을 내릴
수 있고 임금만이 위엄을 부릴 수 있으며 임금만이 귀한 음식을 드실
수 있다"고 했습니다. 그래서 만일 지어미와 신하가 각각 (지아비처럼
그리고 임금처럼) 그렇게 한다면 집안에 해가 되고 나라에 흉한 일이
있게 된다는 것이니 결국 그 뜻은 한 가지입니다.

오호라! 경계하지 않을 수 있겠습니까?


1) 대표적인 것이 농사다.

(『주역』) 소축(小畜) 괘(위는 ☴, 아래는 ☰) 구삼(九三-아래에서 세 번
째 양효)은 수레의 바퀴살 통〔輻〕이 빠지며〔説=脱〕 부부가 반목한다. 소
축괘의 구삼에 대한 상(象-풀이)에 따르면 "부부의 반목은 집안〔室〕을
바로잡지 못했기 때문"이다.


신이 가만히 살펴보겠습니다. 정이는 말했습니다.
"구삼은 양효이며 평소에 적중함〔中〕을 얻지 못했고 육사〔四〕와 아

주 가까이 있다. 음과 양의 상태[情]가 서로 구하고 또 서로 가까이 있
정
으면서도 적중하지 못하니 이는 음에게 제재당하는 것이다. 그래서 앞
으로 나아가지 못해 마치 수레에서 바퀴살 통이 빠져 수레가 갈 수 없
는 것과 같다. (부부의 반목이란) 음이 양에게 제재당하는 것인데 도리
어 양을 제재하니 부부의 반목하는 것과 같은 것이다. 반목(反目)이란
눈을 부릅뜬 채 서로를 보는 것이니 지어미가 지아비에게 순종하지
않고 도리어 제재하는 것이다. 지아비가 지아비로서의 도리를 잃지 않
았는데 지어미가 지아비를 제재하는 경우는 없다."

정이는 또 말했습니다.

"구삼은 스스로 그런 처지에 놓이는 것이지 도리에 따라서 그렇게
되는 것이 아니다. 그래서 육사(六四-아래에서 네 번째 음효)가 제재하
여 나오지 못하게 하니 이는 마치 남편이 집안을 바로잡지 못했기 때
문에 반목이 생겨나는 것과 같다."

신이 잘 살펴보니 예로부터 당나라 고종처럼 너무 부드럽고 어두운
사람은 무씨에게 제재를 받았으니 (그가 역사에서 세운 업적을 감안할
때) 괴상하다는 말이 부족할 정도였습니다. 수(隋) 문제(文帝)는 창업
군주이면서도 또한 독고(獨孤-수 문제의 황후의 성이다)로부터 제재를
받은 것은 어떻게 된 일입니까? 스스로 그런 처지에 놓여 집안을 바
로잡지 못한 때문일 것입니다. 스스로 그런 처지에 놓여 집안을 바로
잡지 못한 이후에야 지어미가 지아비를 제재할 수 있는 것이니 정이의
말은 두고두고 거울로 삼을 수 있을 것입니다.

(『주역』) 귀매(歸妹) 괘(위는 ☳〔震〕진, 아래는 ☱〔兌〕태)[1]에 대한 공자의 주석〔象〕단이다.

"소녀를 시집보내는 일〔歸妹〕귀매은 하늘과 땅의 큰 의리이다. 하늘과 땅이 서로 사귀지 못하면 만물은 흥할 수가 없다. (그래서) 소녀를 시집보내는 일은 사람(다움)의 끝과 시작이다. 기쁨〔說〕열으로 마음이 움직여서〔動〕동 시집을 가는 것이 소녀이니, 갔는데 흉하면 그것은 (혼인한 남녀의) 자리(혹은 지위)가 마땅치 않기 때문이요, (혼인을 했는데) 유익한 바가 없으면 그것은 부드러움〔柔-여성〕유이 굳셈〔剛-남성〕강을 올라탔기〔乘〕승 때문이다."

    1 괘 이름에서 妹매는 소녀를 칭하고 歸귀는 시집가는 것〔嫁〕가이다. 이 괘는 震진이 위에 있고 兌태가 아래에 있다. 震진은 장성한 남자〔長男〕장남이고 兌태는 소녀다. 그래서 이름하여 歸妹귀매라 한 것이다.

    신이 가만히 살펴보겠습니다. 귀매괘의 모양은 장성한 남자가 위에 있고 소녀가 아래에 있으니 만일 그것이 제대로 되려면 진괘〔震〕진가 마음을 움직여야 하고〔動〕동 태괘〔兌〕태는 기뻐해야 합니다〔說〕열. 그래서 정이는 말했습니다.

"(그런데 거꾸로) 기뻐하면서 마음이 움직이게 되면 바름을 잃지 않을 수가 없다."

또 말했습니다.

"남자와 여자에게는 높고 낮은 차례〔尊卑之序〕존비 지 서가 있고 부부에게는

남자가 먼저 부르면 여자가 따라 부르는 예〔唱隨之禮〕¹⁾가 있으니 이것
은 변함없는 도리이다. 만일 변함없고 바른 이 도리를 따르지 않고 사
사로운 정을 따라서 욕심이 생기는 대로 마구 해대면서 오로지 기쁘
다고 해서 마음이 움직이게 되면 부부 사이가 문란해져서 남자는 욕
심에 이끌려 그 굳셈〔剛〕을 잃게 되고 여자는 기쁨에 빠져들어 그 고
분고분함〔順=柔〕을 잊어버릴 것이니 귀매에서 '굳셈을 올라탔다〔乘
剛〕'고 하는 것이 바로 그런 뜻이다. 이 때문에 흉한 것이니, 가는 곳마
다 유익한 바가 있을 수 없다.

　무릇 음양(陰陽)의 배합(配合)과 남녀의 (성적인) 만남〔交遇=交媾〕
은 변함없는 이치이지만 욕심을 따라서 방탕한 데로 흘러 의로운 이
치를 따르지 않는다면 음란과 사특함〔陰邪〕이 이르지 않는 바가 없게
되어 몸을 상하고 사람다움〔德〕을 잃게 될 것이니 어찌 그것이 사람
의 도리이겠는가? 귀매괘가 흉한 것은 그 때문이다."

　신이 말씀드리겠습니다. 올라탄다〔乘〕는 말은 언덕을 타고 넘어간다
〔陵跨〕는 뜻입니다. 부드러움이 굳셈을 타고 넘어가고 지어미가 지아비
를 타고 넘어가는 것이 그것이니 이는 이치에 반하고 변해서는 안 되
는 도리를 어지럽히는 일입니다. 따라서 성인(聖人-공자)께서는 후대
사람들에게 깊이 경계로 삼으라는 뜻에서 이 말씀을 하신 것입니다.


　1) 여기서 부창부수(夫唱婦隨)라는 말이 나왔다.

『예기』「교특생(郊特牲)」에서 말했다.

"부인은 남자〔夫〕를 따르는 자이다. 어려서는 아버지와 오빠를 따르
고 시집가서는 남편을 따르며 남편이 죽으면 아들을 따른다. 부(夫)라
고 하는 것은 장부(丈夫)이니 장부란 지혜로써 남을 거느릴 줄 아는 사
람을 뜻한다."

『공자가어(孔子家語)』에서 말했다.

"여자는 남자의 가르침에 고분고분하고 그 이치로 나아가야 한다. 그
래서 제 마음대로 하는〔專制〕 의리 같은 것은 없고, 세 가지 반드시 따
라야 하는 도리〔三從之道〕만이 있는 것이다."

신이 가만히 살펴보겠습니다. 지어미〔婦〕란 땅의 도리
〔坤道〕(를 따르는 것)이니 부드럽고 고분고분함〔柔順〕을 귀하게 여겨
제 마음대로 하는 의리 같은 것은 있어서는 안 됩니다. 지아비〔夫〕란
하늘의 도리〔乾道〕(를 따르는 것)이니 굳세고 튼튼함〔剛健〕을 귀하게
여겨 남을 거느릴 줄 아는 지혜가 있어야 하는 것입니다.

사람을 거느린다〔帥人〕는 것은 굳세고 밝고 과감하고 결단력이 있어
〔剛明果斷〕 남들을 통어(統御)할 수 있다는 말입니다. 사대부라면 한
집안을 통제하고 제후라면 한 나라를 통어하고 천자라면 천하를 통
어하는 것이니 여기에는 두 가지 도리가 있을 수 없습니다. (따라서)
지어미가 되어 굳세고 강하면〔剛彊〕 지어미가 더 이상 지어미가 아닌
것이고, 지아비가 되어 부드럽고 약하면〔柔弱〕 지아비가 더 이상 지아

비가 아닌 것입니다. 지아비라는 것은 마땅히 장부의 도리를 다하는 사람을 말합니다.

맹자는 말했습니다.

"남편의 뜻을 어기지 않도록 하여라. 이처럼 고분고분하게 따르는 것〔順從〕을 바른 길로 삼는 것이 부녀자〔婦婦〕의 도리다. 천하에서 가장 넓은 집〔廣居=仁〕에서 살고 천하에서 가장 바른 자리〔正位=禮〕에 서며 천하에서 가장 큰 길〔大道=義〕을 가면서 뜻을 펼 수 있을 때는 백성들과 더불어 그 길을 가고 뜻을 펼 수 없을 때는 홀로 그 길을 가야 한다. 부와 높은 지위〔富貴〕는 (그 마음을) 어지럽히지 못하고 가난과 낮은 지위〔貧賤〕는 지조를 바꾸지 못하며 위압과 무력〔威武〕도 그 뜻을 꺾을 수 없다. 이런 마음을 가진 사람을 일러 대장부(大丈夫)라 하는 것이다."

여기서 지아비와 지어미의 나눠짐〔分〕을 볼 수 있습니다.


이상은 하늘의 이치와 사람의 윤리의 바름 중에서 부부의 구별을 논했습니다.

(『서경』) '대우모'에서 (우가) 말했다.

"임금〔后〕이 그 임금 됨을 진실로〔克〕 어렵게 여기고〔艱〕 신하는 그 신하 됨을 진실로 어렵게 여겨야 정사〔政〕가 그나마 겨우 잘 다스려져서 백성들이 속히 (덕으로) 교화될〔德=德化=敎化〕 것입니다."

(『논어』「자로(子路)」) 정공(定公)이 물었다.

"한마디 말로써 나라를 흥하게 할 수 있다고 했는데 그런 일이 있을 수 있는가?"

공자가 말했다.

"말은 이와 같이 기약[幾]할 수 없거니와 사람들의 말 중에는 '임금 노릇 하기가 어렵고 신하 노릇 하기가 쉽지 않다'고 했으니 만일 임금 노릇 하기의 어려움을 안다면 한마디 말로 나라를 흥하게 하는 것을 기약할 수 없겠습니까?"

다시 정공이 물었다.

"한마디 말로써 나라를 망하게 할 수 있다 하니 그런 일이 있을 수 있는가?"

이에 공자는 말했다.

"말은 이와 같이 기약할 수 없거니와 사람들의 말 중에는 '나는 군주 된 것은 즐거울 것이 없고, 오로지 내가 말을 하면 어기지 않는 것이 즐겁다'는 것이 있습니다. 만일 군주의 말이 선한데 어기는 이가 없다면 이 또한 좋지 않겠습니까? 만일 군주의 말이 선하지 못한데 어기는[違=逆=忤] 이가 없다면 한마디 말로 나라를 망하게 함을 기약할 수 없겠습니까?"

🐟　　신이 가만히 살펴보겠습니다. 위대한 우왕은 임금과 신하의 도리를 '진실로[克] 어렵게 여김[艱=難]' 한마디로 표현했으니 참으로 지극하다고 하겠습니다.

대개 어렵게 여기게 되면 삼가고 두려워하는 마음[敬畏之心]을 보

존하게 되는데 반해 쉽게 여기면 교만하고 안일한 마음[驕逸之心]이
교일지심
퍼져 나오게 됩니다. 이는 치세와 난세, 안정과 위태로움이 나누어지
는 분기점입니다.

공자가 정공에게 고한 말은 위대한 우왕의 그것과 마치 하나의 잣
대[揆]에서 나온 것과도 같아서 만세에 걸쳐 임금과 신하의 도리에 관
규
한 지침[藥石]이 된다 하겠습니다. (공자가) 말은 이와 같이 기약할 수
약석
없다고 한 것은 만일 이렇게 하더라도 반드시 효과가 있으리라고는 할
수 없다는 것입니다만, 그러나 임금 노릇 하기의 어려움을 안다면 나
라는 반드시 흥할 것이요, 임금이 말을 했다고 해서 (그것이 옳지 않은
데도) 감히 어기려 하는 사람이 없다면 나라는 반드시 망할 것이니 이
또한 반드시 그러한 것이어서 기약할 수 있다는 말입니다.

자사가 위나라 후(侯)에게 말했습니다.

"임금의 나랏일[國事]은 장차 날로 잘못되어 갈 것입니다. 임금이
국사
말을 하면서 스스로 옳다 하고 경대부가 아무도 나서서 감히 그 잘못
을 바로잡아주려 하지 않고, 경대부가 말을 하면서 스스로 옳다 하고
선비와 일반 백성들이 아무도 나서서 감히 그 잘못을 의논하려 하지
않기 때문입니다."

이것이 이른바 윗사람이 말을 하면 아무도 어기지 않는다는 것입니
다. 만일 이같이 한다면 망하지 않을 수가 없을 것이니, 아! 경계하지
않을 수 있겠습니까?

(『서경』) '익직'[1]에서 순임금이 몸소 가사(歌詞)를 짓고 나서 이렇게 말한다.

"하늘의 명을 삼가 경계할지어다. 때에 맞는지를 조심해 살피고 조짐을 조심해 살펴야 한다."

그리고 곧장 노래한다.

"고굉(股肱)[1])과도 같은 대신들이 기뻐하면 임금(元首)의 다스림이 일어나게 되어 백공(百工-모든 장인들)의 업적도 빛나게 되리라."

이에 고요가 손 모아 절하고 머리를 조아리며 소리 높여 말했다.

"늘 유념하시면서 백관들을 거느리고 일을 추진하소서. 늘 공경하시면서 삼가 법도를 따르소서. 늘 공경하시면서 일이 제대로 이루어지는지를 살피고 또 살피소서."

그러고 나서 고요는 노래의 뒷부분을 이어 불렀다.

"임금이 공명정대하시면 고굉 같은 대신들도 선량해져서 모든 일이 잘될 것입니다."

또 고요는 노래했다.

"임금이 좀스럽고 자질구레한 데 신경을 쓰면 고굉 같은 대신들도 태만해져서 만사가 엉망진창이 될 것입니다."


1 「우서」의 편 이름이다.


신이 가만히 살펴보겠습니다. 이 장은 기(夔)에게 명하여 음악을 제정하도록 한 다음에 이어지는 내용입니다.[2] 무릇 이때에 이르러 다스림이 안정되어 공효(功)가 이루어지고 국가 전례와 음악(禮樂)을 크게 갖추었으며 상하좌우가 서로 화합하는 기운(和氣)이 하늘과 땅 사이에 두루 퍼지게 되니 봉황이 춤추며 날고 짐승들도 춤을 추며 부르지 않았는데도 저절로 찾아오자 순임금은 말하기를 "하늘이 명하는 바(天命)란 늘 일정한 것은 아니니(靡常) 더욱 조심해야 할 일이지 자랑스러워할 일은 아니다"라고 했습니다. 순임금의 이런 진정한 마음은 노래 가사를 짓고 나서 했던 말에서 볼 수가 있습니다.

'때에 맞는지를 조심해 살피라(惟時)'는 것은 어느 때고 조심하여 경계(戒)하지 않으면 안 된다는 뜻입니다. '조짐을 조심해 살피라(惟幾)'는 것은 아무리 작은 일이라도 조심하여 경계하지 않으면 안 된다는 것입니다. 하늘과도 같은 도리(天道=天理)는 (늘 일정한 것은 아니어서) 믿기(諶) 어려운 것이라, 다스려짐과 어지러워짐, 안정과 위태로움이 서로 원인이 되어 일어나고 가라앉고 하니(倚伏) 이런 때에 조심하고 두려워하는 마음을 갖지 않으면 게으름으로 일을 그르치는 일(怠荒)이 절로 일어나고 털끝만큼의 작은 조짐(幾微)이라도 제대로 살피지 않으면 재앙과 난리(禍亂)가 절로 생겨나는 것입니다. 그래서 순임금은 장차 노래를 짓기에 앞서 그 노래의 취지(意)를 미리 말씀하신 것입니다.

순임금의 취지란 신하들에게 (공효를) 이루도록(成) 독려하는 것입니다. 그래서 고굉(股肱)과도 같은 대신들이 기뻐한 다음에 임금(元首)의 다스림이 일어나게 되어 백공(百工)의 업적도 빛나게 되리라고 말씀한 것입니다. 기뻐한다(喜)는 것은 일을 이룸(有爲)에 대해 즐거워하는 것이고 (다스림이) 일어나게 된다(起)는 것은 뜻을 흥기시키는 바가 있다는 것입니다.

고요의 취지는 임금에게 중함[重]을 돌려드리는 것입니다. 그래서 일은 비록 백관에게서 시작되지만 이를 통솔하여 흥하게 하는 것은 (백관이 아니라) 임금이라는 것입니다. 법도를 정하는 자는 그것을 삼가며 지키지 않을 수 없고 일의 공효[事功]를 이루는 자는 그것을 여러 차례 살피지 않을 수 없으니 그것을 지키는 데 삼가지 않으면 어지러워지고 그것을 여러 차례 살피지 않으면 이루려는 자는 이지러져 제대로 도달하지 못하니 삼가고 또 삼가야 하며 현혹되어서는 안 되는 것입니다. 이 또한 먼저 노래의 취지를 말하고 싶었던 것이라 하겠습니다.

그 노래는 이어서 말하기를 "임금이 공명정대하시면 고굉 같은 대신들도 선량해져서 모든 일들이 잘 될 것"이라고 했고, 또 노래하여 말하기를 "임금이 좀스럽고 자질구레한 데 신경을 쓰면 고굉 같은 대신들도 태만해져서 만사가 엉망진창이 될 것"이라고 했습니다.

범조우가 일찍이 이에 대해 말하기를 "임금이 사람을 보는 데 밝으면 신하는 자리에 임하는 데 바르게 된다. 임금이 신하를 볼 줄 알면 뛰어난 자들이 배운 바를 행할 수 있게 되고 바른 신하가 (조정의) 자리를 맡아서 하게 되면 불초한 자가 조정에서 비굴하게 아첨해 가며 자리를 얻을 수가 없다"고 했으니 이것이 바로 모든 일이 잘되는[康] 까닭입니다.

만약에 임금이 신하가 해야 할 일을 행한다면 이는 번잡하고 좀스러운 것이고 신하가 임금의 일을 떠맡지 않는다면 게으른 것입니다. 이는 만사가 태만해지는 까닭입니다. 이 말이 옳다 해도 순임금의 노래 가사는 원래 하늘이 명한 바를 본받아 지어낸 것이니 임금과 신하가 서로 화답을 주고받아[唱和] 마침내 한마디 말도 없이 하늘에 이르는 것입니다. 사람의 일을 닦는 것은 하늘이 명한 바입니다. 후세의 임금들은 마땅히 깊이 체득해야 할 것입니다.

(위대한 우왕의) '진실로〔克〕 어렵게 여김〔艱〕' 이하는 모두 임금과 신하의 도리에 관해 말한 것입니다.

1) 다리와 팔. 곧 임금이 믿고 의지할 수 있는 신하라는 뜻이다.
2) 앞에서 순임금은 기에게 "너로 하여금 음악을 관장하게 하니 천자와 경대부의 장자(長子)들을 가르쳐라"라고 명했다.

(『서경』) '홍범'에서 말했다.

"오직 임금만이 복을 내릴 수 있고 오직 임금만이 위엄을 지니며 오직 임금만이 진귀한 음식을 먹을 수 있습니다. 신하가 복을 내리고 위엄을 지니고 진귀한 음식을 먹는 일은 있을 수 없습니다. 신하가 복을 내리고 위엄을 지니며 진귀한 음식을 먹게 되면 자신의 집안에는 해를 끼치고 나라는 흉하게 됩니다. 관리들이 기울어지고 비뚤어지고 치우친다면 백성들이 분수에 넘치고 못된 짓을 하게 됩니다."

신이 가만히 살펴보겠습니다. 이것은 기자(箕子)가 무왕을 위해 만세에 이어질 임금과 신하의 큰 법도에 관해 진술한 것입니다. 복과 위엄은 위에서 아래로 내려주는 것이고 진귀한 음식은 아래

에서 위로 받드는 것입니다. '오직 임금만이〔惟辟=惟君〕'라고 한 것은
그 권력을 아래로 옮겨서는 안 된다는 것을 경계한 것이고, (신하는)
'있을 수 없습니다〔無有〕'라고 한 것은 신하가 위를 넘보아서는 안 된
다는 것을 경계한 것입니다.

무릇 임금과 신하, 위와 아래의 나뉨은 머리에 쓴 모자와 발에 신은
신발처럼 서로 바꿀 수 없는 것이니 신하이면서 복을 내리고 위엄을
지니려 하면 위의 칼자루〔柄=權柄〕를 도적질하는 것이고 신하이면서
진귀한 음식을 먹으려 하면 이는 위를 받드는 일을 감히 흉내 내는 것
입니다.

대부(大夫)가 이렇게 하면 집안을 해치고 제후가 이렇게 하면 나라
를 해치고 그 신하와 백성들이 그것을 원망하면서도 본받게 되면 장
차 사특한 쪽으로 마음이 기울어 요망한 짓을 하고 윗사람을 넘보아
분수를 뛰어넘으려 하게 됩니다. 그래서 맹자가 말한 "빼앗지 않고서
는〔不奪〕 결코 다 먹었다고 하지 않을 것〔不饜〕"이라는 이치는 확고한
것입니다.

누군가가 말하기를 오나라와 초나라는 일찍이 주제넘게 천자를 넘
보았고〔僭=僭濫〕 노나라의 세 집안은 일찍이 제후를 넘보면서도 그
해악과 흉함을 돌아보지 않았으니 얼마나 사악합니까? (『서경』 '대우
모'에서 위대한 우왕은) 말하기를 "바른 길〔惠〕을 가면〔迪〕 좋을 것이고
〔吉〕 거스르는 길〔逆〕을 따르면〔從〕 나쁠 것이다〔凶〕"라고 했습니다. 도
리를 따르면 좋고 도리를 거스르면 나쁘다는 것이니 신하이면서 위를
넘보는 것이 바로 이른바 해악을 행하는 것이고 또 바로 이른바 흉함
을 행하는 것입니다. 하물며 오나라와 초나라가 천자를 찬탈하여 시
해한 것은 얼마나 심한 짓이고, 또 (노나라의) 계씨(季氏)와 맹씨(孟氏)

집안이 연이어 반역을 했으니 이 또한 흉함과 해악이 아니면 무엇이겠습니까?

아! '홍범구주'를 기자가 위대한 우왕으로부터 전수받았고 우왕은 하늘로부터 그것을 전수받은 것이라 한마디 말이라도〔片言隻辭〕 하늘과도 같은 이치〔天理〕가 아닌 것이 없으니 (어찌) 어길 수 있겠습니까?

이것으로써 백성들을 잘 기르고 단속했다면 과연 제나라의 전씨(田氏)처럼 위엄과 복을 도둑질하여 농간을 부리는 일〔竊弄〕이 있었을 것이며, (또 그렇게 했다면) 과연 한나라의 동현(董賢)[1]이라는 자처럼 대궐 내 진귀한 물건들 중에서도 최고 등급을 골라 모두 자기 집에 갖다 놓는 일이 있었겠습니까?

1) 한나라 애제(哀帝)의 총애를 받았던 폐신(嬖臣)이다.

~~~~~~~~~~~

『시경』 '탁혜(蘀兮)'[1]는 홀(忽)[2]을 풍자한 것이다. 임금은 약하고 신하는 강해 (임금이) 선창을 해도 (신하가) 화답하지 않는다.

"마른 잎이여, 마른 잎이여 / 바람이 불어 너를 떨어뜨리려 하는구나 / 숙(叔)이여 백(伯)이여 / 나를 부르면 내 너희들에게 화답하리라.

마른 잎이여, 마른 잎이여 / 바람이 불어 너를 날려보내려 하는구나 / 숙(叔)이여 백(伯)이여 / 나를 부르면 내 너희의 뜻을 이루어주리라〔要=成〕."[1]

1 이 시는 정나라 시다.

2 소공(昭公)의 이름이다.


신이 가만히 살펴보겠습니다.『춘추좌씨전』에 따르면 정나라의 소공(昭公)을 왕위에 추대한 채중(祭仲, 기원전 743~682년)²⁾은 모든 일을 좌지우지〔用事〕했습니다. 이른바 신하가 강하다〔臣强〕는 것은 채중을 가리킨다고 하겠습니다. 말하자면 임금은 높고 신하는 낮은 것〔君尊臣卑〕이 천하의 정해진 분수〔定分〕이니 낮은 자는 마땅히 약해야 하는데 반대로 강한 자였습니다. 또 높은 자는 마땅히 강해야 하는데 반대로 약한 자였습니다.

높은 자〔尊者〕가 어찌하여 (이처럼) 약하고 힘없고 여려서〔弱柔懦〕 스스로 설 수 없고 게으르며 스스로는 떨칠 수 없는 것이겠습니까? 이는 아마도〔其〕 약하기 때문일 것입니다. 임금이 이미 약하게 되면 위엄과 복〔威福〕을 주관할 수 있는 권세는 반드시 다른 곳으로 돌아가게 되는데 이것이 바로 신하가 강한 까닭입니다.

임금이 선창을 하면 신하가 화답을 하는 것〔君倡臣和〕은 천하의 변함없는 이치〔常理〕입니다만 일단 임금이 약하면 명령을 내릴 수 있는 권한을 장악하지 못하고 그의 신하들이 자기들끼리 선창하고 화답하지 임금으로부터 (명령을) 받지 않습니다〔不稟〕.

그래서 "마른 잎이여, 마른 잎이여 / 바람이 불어 너를 떨어뜨리려 하는구나"라는 구절은 여러 대부(大夫)들이 강한 신하의 위치에 있기 때문에 것이 마치 (임금이) 나뭇가지에 겨우 붙어서 떨어질락 말락 하면서도 스스로를 지키지 못하는 것을 풍자하고 있습니다. 이에 강한 신하들[叔伯]이 자기들끼리 의논하며 스스로 선창하고 화답하고 자기들끼리 당파[黨與]를 만들어가면서 재앙을 피해볼 계책으로 삼으니 이는 대개 그들이 임금을 제대로 신뢰할 수 없다는 것을 잘 알고 있기 때문입니다.

나라의 위세[國勢]가 이 지경에 이르면 이른바 난들 어찌하랴 할 뿐이니 임금 된 자는 하늘과도 같은 도리의 강건함[乾健]으로 스스로를 채찍질하지[自勵] 않을 수 있겠습니까?

1) 진덕수는 要를 본받다[法]로 푸는데 여기서는 전통적인 풀이를 따랐다. 그리고 숙(叔)이나 백(伯)은 그냥 이런저런 신하를 의미하는 것으로 보면 될 듯하다.

2) 정나라의 대부로 자신의 필요에 따라 여러 임금을 세웠다가 내쫓았다가 했다.


(『시경』) '교동(狡童)'¹도 홀을 풍자한 것이다. 현능한 신하들[賢人]과 더불어 나랏일을 도모하지 못하니 권세를 잡은 신하[權臣]들이 제 마음대로 명령을 내는 것이다.

"저 교활한 아이 / 나하고는 말도 하지 않는도다 / 아! 그대가 그런다고 / 내 밥을 먹지 못하겠는가?

저 교활한 아이 / 나하고는 밥도 먹지 않는도다 / 아! 그대가 그런다고 / 내 편히 쉬지 못하겠는가?"

1 이 시는 정나라 시다.

　　신이 가만히 살펴보겠습니다. 앞 장의 시 '마른 잎이여
[蘀兮]'가 풍자한 것은 신하가 강한 것뿐이었고, 이 장에서는 한 나라
의 권세가 채중에게 다 돌아와 생사여탈권을 채중이 마음대로 할 수
있게 되니 신하의 강함이 더욱 심해진 것입니다.

　무릇 천하에 일찍이 현능한 자가 없었던 적은 없으니 아무리 권신
이 제 마음대로 일을 좌지우지할 때라고 해도 반드시 권신에게 아부
하지 않으려는 신하도 있었을 것입니다. 따라서 임금이 능히 이런 사
태를 파악하여 일을 도모한다면 그 상황[勢]은 오히려 도리를 회복할
수 있는 쪽으로 바뀔 수 있는 것입니다.

　예를 들면 제나라의 권세가 전씨(田氏)에게 있었지만 안영(晏嬰)이
라는 인물이 있었으니 경공(景公)이 능히 안영을 자신이 도모하는 바
에 참여시킴으로써 전씨는 결국에 가서 나라를 찬탈하려는 뜻을 수
행할 수 없었던 것입니다. 또 노나라의 권세가 계씨(季氏)에게 있었지
만 자가기(子家羈)라는 인물이 있었으니 소공이 능히 자가기를 자신이
도모하는 바에 참여시킴으로써 계씨는 결국 임금을 축출하려는 뜻을
이룰 수 없었던 것입니다. 그러니 두 나라가 (그 전에) 권력이 바로 될
수 없었던 것은 그 두 신하의 말이 채용되지 못했기 때문입니다.

　이 시는 아마 당시의 현자(賢者)가 지었을 것이니 현자는 임금으로
부터 인정을 받지 못했다고 해서 스스로 자신이 먼저 의리를 끊지는
않습니다. 그래서 비록 더불어 말하지 않고 더불어 먹지 않아도 (나라
가 잘못된 방향으로 가는 것을) 숨어서 걱정하고 분해하며 밥도 제대

로 먹을 수 없고 편히 쉴 수도 없는 지경에 이르렀으니 그 마음의 충후함이 어떠한 것이겠습니까?

만일 소공으로 하여금 이 같은 사람을 그가 도모하는 바에 참여시키도록 했다면 반드시 장차 제나라나 노나라처럼이라도 됐을 터이지만 소공은 그럴 능력이 없었습니다. 그리하여 얼마 안 가서 채중이 임금의 자리를 몰래 도적질한 다음에 마침내 홀(忽)을 내쫓아버리고 돌(突)[1]을 내세웠으니 임금 바꾸기를 마치 바둑돌 놓듯 쉽게 했습니다. 이를 보면 그 점점 이루어지는 바〔漸〕가 단 하루가 아니었습니다. 그래서 선배 유학자들은 '교동(狡童)'이라는 시는 예(禮)가 아니라고 보았습니다.

이런 맥락에서 신이 이 시를 살펴보니 분노와 성냄이 담긴 시어를 쓰고 있는데 그 말은 비록 불손해 보이지만 그 마음은 지극히 삼가고 정성을 다하고 있으니〔惓惓〕 이 시를 읽는 사람은 그 말에 얽매여서 본래 하고자 하는 뜻을 해쳐서는 안 될 것입니다.

1 여공(厲公)이다.

(『논어』 「계씨(季氏)」) 공자는 말했다.

"천하에 도리가 (살아) 있다면 예악 시행과 대외 정벌(의 주도권)은 천자(황제)로부터 나오고 도리가 없다면 천자가 아닌, 그 아래의 제후로부터 나온다. 제후로부터 명이 나오게 되면 10대 안에 정권을 잃지 않는 경우가 드물고, 그 아래 대부로부터 나오면 5대 안에, 그리고 가신이 나라의 명을 잡으면 3대 안에 잃지 않는 경우가 드물다. 천하에 도리가 살아 있다면 정사(의 주도권)는 대부에게 있지 않고, 천하에 도리가 살아 있다면 (정사가 제대로 될 것이므로) 아랫사람들이 함부로 정사에 대해 의논하지 않는다."

🐚　신이 가만히 살펴보겠습니다. 이 당시 계씨는 일개 대부이면서 노나라의 정사를 제 마음대로 주물렀고, 양호(陽虎)는 일개 가신이면서 계씨의 정사를 제 마음대로 주물렀으니 공자의 이 말은 대체로 그것을 마음 아파한 것입니다.

하늘에 두 개의 태양이 있을 수 없고 나라에 두 명의 왕이 있을 수 없는 것이니 오직 한 임금만을 받들어야 하고 천하의 일은 오직 천자만이 전적으로 다룰 수 있어야 합니다. 그래서 천하에 도리가 있다면 예악과 정벌은 천자로부터 나오며 제후는 감히 이에 끼어들 수 없고, 천하에 도리가 없다면 천자는 권력의 칼자루를 쥘 수가 없으며 제후는 그것을 도적질할 수 있게 됩니다.

(이처럼) 제후도 오히려 제 마음대로 해서는 안 되는 것인데 하물며 (계씨와 같은) 대부야 말할 필요가 있겠습니까? 또 대부도 오히려 제 마음대로 해서는 안 되는 것인데 하물며 (양호와 같은) 가신이야 말할 필요가 있겠습니까?

춘추시대 때 제(齊), 진(晉), 진(秦), 초(楚) 네 나라가 번갈아가면서 하맹(夏盟-천자의 권위를 대신하는 연맹체)을 주도하여 예악과 정벌(이라는 천자의 고유 권한)이 천자에서 나오지를 못하니 세상이 퇴락하여 이 지경에 이른 것을 어찌 마음 아파하지 않겠습니까? 그리고 얼마 안 가서 여러 나라의 대부들이 권력을 제 마음대로 하면서 꺼리는 바가 없었으니 예악과 정벌도 또한 제후로부터 나오지 못했고 설상가상으로 가신이 권세를 도적질하여 정령(政令)은 두 번 다시 대부에서 나올 수가 없게 됐습니다.

이리하여 이름과 분수〔名分〕가 점점 퇴락의 길로 접어들어〔陵夷〕 서로 어긋나고 뒤집히는 것〔舛逆〕이 날로 심해졌으니 그것을 마음 아파하는 것도 그만큼 심해질 수밖에 없었습니다.

그러나 도리가 아닌 방법으로 얻은 것은 진실로 반드시 도리가 아닌 방법으로 잃게 마련이니 뒤집힌 이치〔逆理〕가 점점 더 심해지면 그것을 잃는 속도도 점점 더 빨라지는 것입니다.

그래서 (공자가) 제후가 천자의 권력을 도적질하게 되면 10대(代) 안에 권력을 잃지 않는 경우가 드물고 그 아래로 더 가면 5대나 3대 안에 권력을 잃지 않는 경우가 드물게 된다고 했으니 세상 이치에 입각해서 말씀하신 것이 대개 이와 같습니다.

따라서 삼대(三代-하, 은, 주 삼대)의 번영기처럼 천자로부터 가신에 이르기까지 각각이 다 자신의 분수를 지킨다면 수백 년이 지난들 무슨 재앙이 있겠습니까? 이미 또 말하기를 "천하에 도리가 살아 있으면 정사는 대부에게 있지 않고, 천하에 도리가 살아 있으면 아랫사람들〔庶人〕이 함부로 정사에 대해 의논하지 않는다"고 했으니 대개 이때에 제후의 정사가 대부분 노나라의 삼가(三家)나 진나라의 육경(六卿), 제나라의 전씨(田氏)처럼 대부에게 있어 신하 된 자가 나라를 제 마음대로 했고, 이에 일반 백성들〔國人=庶人〕까지 다 함부로 정사에 대해 의논하지 않는 바가 없었습니다. 그래서 (공자께서는) 그것을 다시 말씀함으로써 정사가 대부에게 있음을 보여주시어 그것이 결코 오래 지속될 수 있는 도리가 아님을 강조하신 것입니다.

(진시황의) 진나라가 들어선 이후 후(侯) 제도가 혁파되고 (군현제에 따라) 태수(守) 제도가 실시됨으로 인해 제후가 더 이상 천자의 일을 제 마음대로 하는 것(擅=專)이 불가능해지니 마땅히 중화(海內)의 세력은 한 명의 지존(一尊=天子)에게 모이게 됐습니다. 하지만 안으로 힘이 집중되자 이번에는 일을 좌지우지하는(用事) 신하가 등장해 권세의 칼자루를 도적질하니 한나라의 왕망(王莽)이나 조조(曹操), 위나라의 사마사(司馬師)와 사마소(司馬昭)가 나라를 찬탈하는 지경에 이르게 됐습니다.

왕망의 화(禍)는 그 몸에까지 미쳤고, 조조는 3대를 이어갔으며, 사마씨는 국권을 도적질하여 2대를 이어가다가 여러 왕과 다섯 오랑캐[五胡]의 병란[1]이 심해지면서 곧바로 망하고 말았습니다.

옛 성인(-공자)의 말씀을 잘 음미해 보건대 현실과 딱 맞아떨어지는 것(殆)이 마치 부절(符契=符節)과도 같으니, 아! 반드시 경계해야 할 것입니다.

---

1) 5호16국의 시대가 열린 것을 말한다.

(『논어』「계씨」) 공자는 말했다.

"녹(祿)이 공실(公室-왕실)에서 떠난 것이 5대이고 정사가 대부에게로 넘어간 지 4대이다. 그러므로 저 삼환(三桓)의 자손이 미미한 것이다."

신이 가만히 살펴보겠습니다. 이 장은 오로지 노나라만을 이야기하고 있습니다. 노나라는 문공(文公)이 세상을 떠나자 공자 수(遂)가 자적(子赤)을 살해하고 선공(宣公)을 세워 군주가 정사를 잃은 뒤로부터 성공(成公), 양공(襄公), 소공(昭公), 정공(定公)을 거쳐 모두 다섯 공입니다.[1]

계손숙(季孫宿, ?~기원전 535년)[1]이 국정을 장악한 이래 4대에 걸쳐 계환자(季桓子)에 이르러 (다시 계씨 집안의 가신인) 양호(陽虎)가 권력을 쥐게 됐습니다.[2]

무릇 녹(祿-나라의 명)이 공실을 떠나 정사가 대부에게로 넘어가니 대부의 위세는 마땅히 더욱 강해졌습니다. 하지만 삼가(三家)의 자손들이 마침내 반대로 미약해져서 더 이상 힘을 떨칠 수 없게 되면 어떻게 되겠습니까? 대개 신하가 임금을 넘본다는 것은 뒤집힌 이치[逆理]이자 마땅한 도리를 어지럽힌 것이니 그것이 제대로 오래 지속될 수 있겠습니까?

마침 선배 유학자 소식(蘇軾)이 이 점을 잘 말하고 있습니다.

"강함[强]은 자연스러움[安]에서 생겨나고 자연스러움은 상하의 분수가 정해지는 데[分定]서 생겨나는 것이니 지금의 제후와 대부들이 모두 다 그 위로 올라가려[陵] 한다면 그 아래에게 (떳떳하게) 명을 내릴 수 없다. 따라서 대체로 (그렇게 할 경우) 오래 지속되지 못하고 (지금의 자리마저) 잃게 되는 것이다."

아! 이것은 진실로 후세의 신하들 중에서 나라를 제 마음대로 하려는〔顓=專=擅〕 자라면 경계로 삼아야 할 것입니다.
　　전　전　천

1 자적이 적자이고 선공은 서자다.

1) 노나라의 대부(大夫) 계손행보(季孫行父)의 아들로 아버지의 뒤를 이어 문공, 선공, 성공, 양공 4대를 섬겼다.

2) 여기서 대부(大夫)란 공, 경, 대부의 대부가 아니라 공 바로 다음인 경(卿)을 뜻한다. 따라서 삼가(三家)는 삼대부라기보다는 삼경(三卿)이라고 봐야 한다.

(『논어』「팔일(八佾)」) (노나라) 정공(定公)이 물었다.

"임금은 신하를 어떻게 부려야〔使〕 하고 신하는 임금을 어떻게 섬겨
　　　　　　　　　　　　　　　　사
야〔事〕 하는가?"
　　사

공자가 대답했다.

"임금은 신하를 예로써 부리고 신하는 임금을 충으로 섬겨야 합니다."

신이 가만히 살펴보겠습니다. 임금이 삼가는 마음〔敬〕으
　　　　　　　　　　　　　　　　　　　　　　경

로써 신하를 대하는 것을 예(禮)라 하고, 신하가 열렬함(혹은 진실함)〔誠〕으로 임금을 섬기는 것을 충(忠)이라 합니다. 예와 충, 이 두 가지는 서로 맡은 바가 마땅히 그러하기 때문에 서로 뒤섞여서는 아니 됩니다.

그러나 임금이 신하를 예로써 대하면 신하는 임금을 충으로써 섬기는 것은 이치상으로도 반드시 그러한 것입니다.

공자의 말이 뜻하는 바는 정공이 신하를 대함에 예를 미처 다하지 못함이 있다는 것입니다. 그래서 공자는 이렇게 말해 줌으로써 그 말 뜻은 제대로 전하되 구체적으로는 정공의 허물은 (정면으로) 지적하지 않은 것이니 바로 이것이야말로 성인(聖人)이 말하는 방식이라 하겠습니다.

(『맹자』「이루장구(離婁章句)」) 맹자가 제나라 선왕(宣王, 재위 기원전 319~301년)에게 아뢰었다.

"임금이 신하를 손과 발〔手足〕처럼 여기면 신하는 임금을 배와 심장〔腹心〕처럼 여길 것이고, 임금이 신하를 개나 말처럼 여기면 신하는 임금을 길거리에서 오다가다 만난 사람〔國人=路人〕처럼 여길 것이고, 임금이 신하를 (마구 짓밟을 수 있는) 흙이나 지푸라기처럼 여기면 신하는 임금을 원수〔寇讐〕처럼 여길 것입니다."

이에 제나라 선왕은 맹자에게 물었다.

"예법〔禮〕에 따르면 죽은 임금을 위해 (관직을 떠난 신하들까지도) 상복을 입는다고 했다. (내가) 어떻게 해야 (관직을 떠난) 신하들이 이런 상복을 입겠는가?"

이에 맹자는 다음과 같이 답했다.

"(첫째) 어떤 신하가 간언(諫)하면 그것이 행해지고 좋은 말을 하면 임금이 그것을 듣고 받아들여 그 은혜와 혜택(膏澤)이 저 아래 백성들에게까지 미치고, (둘째) 무슨 문제가 생겨 그 나라를 떠나게 되면 임금이 사람을 시켜 그가 국경 밖으로 잘 나갈 수 있도록 인도하고 또한 (잘 정착할 수 있도록) 그가 가는 곳에 먼저 기별하며, (셋째) 나라를 떠난 지 3년이 되어도 돌아오지 않은 후에야 그에게 내려주었던 땅과 집을 회수한다고 했습니다. 이를 일러 (임금이 신하를 대하는) 세 가지 예법이 있다고 하는 것입니다. 신하에게 이렇게 대한다면 그 신하는 옛 임금을 위해 상복을 입을 것입니다.

지금은 (첫째, 당신의) 신하가 되어 간언해도 그것이 행해지지 않고 좋은 말을 해도 그것을 듣고 받아들여주지 않아 백성들에게는 아무런 은택이 미치지 못하고, (둘째) 무슨 문제가 생겨 그 나라를 떠나려 하면 임금은 그를 잡아 가두고 (혹시라도 어렵사리 국경을 빠져나가더라도) 그가 간 곳까지 따라가서 못살게 굴고, (셋째) 그가 떠나는 날 그 즉시 땅과 집을 환수하니 이를 일러 원수라고 하는 것입니다. (그 사람이) 원수를 위해 어떻게 상복을 입는 일이 있겠습니까?"

 

🐚      신이 가만히 살펴보겠습니다. (맹자가 살았던) 전국시대의 임금은 관작과 봉록(爵祿)으로 사대부를 쥐었다 놓았다(奔走) 했지 예로써 신하를 대우하지 않았고, 신하도 역시 이익에만 마음을 두고서 따랐을 뿐 충으로써 임금을 섬기지 않았습니다. 그래서 맹자는

여기서 제나라 임금을 심하게 일깨워주고 있는 것입니다.

옛날에 노나라 목공(穆公)이 (공자의 제자) 자사에게 물었습니다.[1]

"옛 임금들이 (상하 질서를) 거슬러 굽히는 것[反服]이 오래된 것입니까?"

자사가 말했습니다.

"옛날의 임금[君子]은 신하를 예로써 나아오게 했고 예로써 물러가게 했습니다. 그러니 옛 임금들은 거슬러 굽히는 예가 있었는데 지금의 임금은 신하를 나아오게 할 때는 마치 앞으로 뭐든지 다 내어 줄듯이 하다가 물러가게 할 때는 당장 깊은 연못에 빠트릴 듯이 하니 이렇게 하지 않는 것을 최고의 경계로 삼는다면 그 또한 좋지 않겠습니까? 또한 거슬러 굽히는 예가 있다면 어떻겠습니까?"

맹자가 제나라 임금에게 고했던 것은 곧 자사가 목공에게 고한 것과 같은 것입니다만 그 표현은 맹자의 것이 훨씬 더 엄하면서도 절절합니다.

저 앞 장에 나온 공자의 말과 비교해 보면 빼어나거나 뛰어난 이[聖賢]들이 하는 말의 기상(氣象)에도 차이가 있음을 볼 수 있습니다. 그렇지만 맹자가 제나라 임금에게 말로 한 부분만 본다면 분명 그러하나 그 본래의 뜻으로 본다면 큰 차이가 있는 것은 아닐 것입니다.

(맹자는) 왕을 만나기 위해 천 리를 왔으나 만나지 못했고 그래서 (제나라 수도를) 떠나서 주(晝)라는 외곽 읍에서 3일을 머물다가 마침내 떠났으니 일찍이 이렇게 크게 서운한 마음[悻悻之心]을 가졌던 적이 없었습니다. 그런데도 왕은 (사람을 보내어) 쫓아와 만류하지 않았으니 (서운함이 커서 그런 것이지) 어찌 정말로 임금을 원수처럼 보아서였겠습니까?

맹자가 제나라 임금에게 말로 한 부분만 본다면 분명 그렇지만 그 본래의 뜻으로 본다면 큰 차이가 있는 것은 아닌 까닭입니다.

이상은 임금과 신하가 서로 잘 어우러지는〔交際〕 예를 총괄해서 말한 것입니다.
<sub>교제</sub>

1) 자사는 목공의 스승이기에 둘 다 경어체로 옮긴다.


(『시경』) '녹명(鹿鳴)'¹은 여러 신하들과 귀한 빈객들을 위해 잔치를 베풀어주는 것이다. 이미 다 먹고 마셨으며 또한 귀한 선물들을 광주리에 담아 올리니 임금의 두터운 뜻이 담긴 것이다. 그런 연후에 충성스러운 신하들과 귀한 빈객들은 (임금을 향한) 자신의 마음을 다할 것이다. 그 시의 1장이다.

"미잉미잉〔呦呦〕² 저 사슴 울음소리〔鹿鳴〕 / 들판의 대쑥을 뜯는구나 / 난 귀한 손님들 맞아 / 비파 타며 피리를 부노라 / 광주리에 그득 담아 폐백 올리려 하니 / 날 좋아하는 사람들아 / 나에게 큰 길〔周行-大道〕 보여주시라."

1 이 시는 「소아」의 편 이름으로 주나라 문왕과 무왕 때의 시다.
2 이는 사슴의 조화로운 울음소리다.

신이 가만히 살펴보겠습니다. 시에서 말하는 이른바 귀한 빈객(嘉賓)이란 잔치에 참여한 여러 신하들을 가리키는 것입니다. 조정에 있을 때는 임금과 신하(君臣)이고 잔치에서는 손님과 주인(賓主)이 되는 것이니 옛 임금들이 예로써 신하를 부리는 두터움이 이와 같았던 것입니다.

사슴이 대쑥을 뜯고서 서로 울어대며 미잉미잉 하는 것은 즐거워서 그런 것이요, 임금과 신하, 손님과 주인이 서로 즐거운 것도 마치 이와 같다고 할 것입니다. 임금이 신하를 믿어주는(資) 것과 주인이 손님을 믿어주는 것이 과연 무엇을 위해서이겠습니까? 도리와 의리(道義)를 듣고자 할 뿐입니다.

그래서 먹으며 누리고 비파를 타며 즐기고 귀한 선물로 두터이 하는 것이야말로 나를 좋아하게 하는 것이고 나에게 큰 길을 보여달라는 것입니다. 그러니 뛰어난 이(賢者)라면 어찌 선물과 음식에 기뻐하겠습니까? 혼인의 예가 다 갖춰지기 전이라면 곧은 여성은 행하지 않듯이 예악이 갖춰지기 전이라면 뛰어난 이는 반드시 그런 곳에 있지 않을 것입니다. 따라서 반드시 이와 같이 예를 갖춘 다음이라야 자신이 가진 도리와 의리를 보여줄 것입니다.

이 시는 모두 3장으로 되어 있는데 모두 다 잔치에서 귀한 빈객들과 즐기는 내용입니다. 그런데 이 장을 첫머리로 올린 것은 옛 임금들이 자신의 신하를 예우하는 것이 이와 같았으니 선비는 죽음으로써 맡은 바를 다하는 것이 마땅하다는 것을 보여주기 위함입니다.

『중용』에서 말하기를 "여러 신하들을 마음으로써 보살피면 선비들이 임금에게 보답하려는 예(禮)가 무겁게 된다(體群臣則士之報禮重)"고 했습니다. 어찌 이 말을 믿지 않을 수 있겠습니까?

『예기』에서 말했다.

"임금이라도〔君子〕¹ 머리가 다 센 노인〔黃髮〕과 마주치면 예를 표하고
〔式〕 경(卿)의 벼슬자리에 있는 사람과 마주쳤을 때는 일단 수레에서 내
린다."

1 여기서 군자란 임금이다.

      신이 가만히 살펴보겠습니다. 머리카락이 다 센 노인에
게 예를 표한다는 것은 노인을 공경하는 것이고, 경의 벼슬자리에 있
는 사람과 마주쳤을 때는 일단 수레에서 내린다는 것은 뛰어난 이를
존귀하게 여기기〔尊賢〕 때문입니다. 옛날에는 신하라고 해서 낮추보지
않았던 것〔不卑〕이 이와 같았습니다.

한나라 때에는 재상을 대우하여 (재상이 나타나면) 어좌에서 일어
나거나 수레에 있을 때는 내렸으니 아마도 그 전통이 남아 있었기 때
문일 것입니다.

(『예기』에서 말했다.) "나라의 임금이라도〔國君〕 연로한 경〔卿老=
上卿〕과 후궁〔世婦〕의 이름은 부르지 않는다."

신이 가만히 살펴보겠습니다. 나라의 임금이라도 상경과 후궁은 다 임금이 귀하게 여기는 신하이자 첩이니 이름을 부르지 않는 것은 삼감〔敬〕을 보이려는 것입니다.

한나라 때에는 대신들 중에서 공훈이 크거나 덕이 있는 자에 대해서는 높이 받들어 이름을 부르지 않았으니 그 취지는 기본적으로 이와 같은 것이라 하겠습니다.


~~~~~

(『예기』에서 말했다.) "다섯 관직의 우두머리를 백(伯)[1]이라 한다. 그가 천자를 모시게 될 때는 (스스로를) 천자의 관리〔天子之吏〕라 하고, 천자와 같은 성씨일 때는 (다른 사람들이) 그를 일러 백부(伯父)라 하고 다른 성씨일 때는 그를 일러 백구(伯舅)라고 한다.[2]

아홉 주의 우두머리가 천자의 나라에 들어오면 목(牧)[3]이라 일컫고, 천자와 같은 성씨일 때는 (다른 사람들이) 그를 일러 숙부(叔父)라 하고 다른 성씨일 때는 그를 일러 숙구(叔舅)라고 한다."


1 이를 일러 삼공(三公)이라 한다.
2 여기서 父나 舅라는 용어를 쓴 이유는 친족을 제 몸처럼 여기려는〔親親〕 뜻에서 나온 것이다.
3 각 주마다 천자가 제후들 중에서 어진 이를 골라 이를 목으로 삼았다.

 신이 가만히 살펴보겠습니다. 옛날에 천자는 공(公)과 후(侯)를 예우하기를 이처럼 내 몸처럼 하고 지극히 존대했습니다. 그것은 후세에도 드문드문 보입니다.

『예기』(에서 말했다.)

"경대부에게 병이 났을 때 임금은 그 병에 관해 수없이 묻고 선비의 경우에는 한 번만 묻는다. 임금이 경대부에 대해서는 장사를 지낼 때까지 육식을 하지 않고 졸곡(卒哭) 때까지 음악을 멀리한다. 선비를 위해서는 빈(殯-염하다) 때까지 음악을 멀리한다."

『의례(儀禮)』(에서 말했다.)

"(신하의 상을 당했을 때) 임금은 신하의 상가에 임하여 앉아서 시신을 쓰다듬으며 마음 아파하면서 말을 하는 듯 마는 듯 조심한 다음 일어선다."

『춘추전』

진(晉)나라 대부 순영(荀盈)이 (기원전 533년에) 죽었으나 아직 장례를 치르지 않고 있었다. 그때 진나라 후[1]가 술을 마시고 음악을 듣고 있었다. 이때 선재(膳宰-술과 음식을 담당하는 관리)를 맡고 있던 도괴(屠蒯)가 달려 들어가 말했다.

"임금의 경이나 보좌를 고굉(股肱)이라 합니다. 고굉이 혹시라도 상하면 이보다 더한 아픔이 어디 있겠습니까?"[2]

신이 가만히 살펴보겠습니다. 옛날에는 임금이 신하를 (자신의) 손과 발처럼 보았기에 신하가 병이 나면 그 걱정하는 바가 지극했고, 그가 죽으면 그 슬퍼하는 바 또한 지극했던 것입니다.

『예기』 이하 세 책에서 그와 관련된 내용을 간략하게 볼 수 있고, 『논어』 「향당(鄕黨)」 편에서도 임금이 신하(-여기서는 공자)를 병문안하는 장면을 볼 수 있습니다.

"병이 들어 임금이 문병을 오면 동쪽으로 머리를 둔 다음에 조복을 몸 위에 살짝 걸친 후 관복용 큰 띠를 그 위에 걸쳐놓았다."

즉 신하가 병이 들면 와서 병문안하는 것이 임금의 예인 것입니다. 위(衛) 나라의 태사(太史) 유장(柳莊)은 사직을 떠받친 신하라 할 것입니다. 그래서 헌공(獻公)은 그가 죽었다는 소식을 듣고 석제(釋祭) 때 조문을 했습니다.

순영의 장례가 치러지지 못하고 있는데 평공이 술을 마시고 음악을 즐기자 도괴가 기지를 발휘하여 풍속이 쇠퇴하던 춘추시대에도 (중요 신하에 대한) 사랑과 공경함을 보여준 것이 이와 같았으니 삼대의 번영하던 시대에는 어떠했는지를 자연스레 알 수 있을 것입니다.

옛날의 도리는 이미 쇠미해지고 예도 사라졌으나 당나라 태종이 (명재상들이었던) 방현령(房玄齡), 두여회(杜如晦), 위징(魏徵) 세 신하가 병들었을 때 그들을 진심으로 걱정했고, 그들이 죽었을 때 참으로 비통하게 애도한 것은 임금과 신하가 참으로 잘 만난 경우라 할 것이며, 또 장공근(張公謹)이 죽었을 때는 전쟁 중인데도 친히 교외로 나아가 조문을 했으니 이는 옛날에도 보기 힘든 일이었습니다. 태종의 어질고 현명함이여!


1) 평공(平公)이다.
2) 이 말을 듣고 평공은 당장 술상을 치우라고 했다.

(『자치통감』) 한나라 문제 때 가의가 상소를 올려 말했다.

"임금의 존귀함을 큰 집〔堂〕에 비유할 때 여러 신하들은 (당으로 오르는) 섬돌〔陛〕과 같고 여러 백성들은 땅바닥이라 할 수 있습니다. 그래서 섬돌의 아홉 단계 위는 땅바닥에서는 멀고 큰 집은 여전히 높아 섬돌에 등급이 없을 경우 곧바로 땅바닥은 가깝고 큰 집도 낮아집니다.

높은 곳은 오르기가 어렵고 낮은 곳은 쉽게 짓밟히는 것은 이치와 형세상 그러할 수밖에 없습니다. 그래서 옛날 성왕이 마련하신 제도를 보면 등급을 두어 늘어놓았으니 안으로는 공(公), 경(卿), 대부(大夫), 사(士)가 있고 밖으로는 공(公), 후(侯), 백(伯), 자(子), 남(男)이 있으며 그런 연후에 관사(官師-해당 관청의 우두머리)와 낮은 관리〔小吏〕가 있고 이어서 일반 백성들에게까지 미치니 등급은 분명하며 천자는 그보다 더 위에 있게 되어 그 존귀한 바에 미칠 수가 없게 되는 것입니다.

속담에 '쥐를 잡으려 하면서 그릇이 깨질까 봐 걱정한다'는 말이 있는데 이는 훌륭한 비유입니다. 쥐가 그릇 가까이에 있으니 오히려 꺼려서 돌을 던지지 못하는 것은 그 그릇이 깨질까 걱정하는 것인데 하물며 쥐한 신하가 임금 가까이에 있는 것에서야 어떻겠습니까? 염치와 예절로 군자를 다스려야 하는 것이니 따라서 죽음을 내릴지언정 육욕(戮辱)을 당하는 일은 없도록 해야 할 것입니다.

이리하여 경(黥-문신을 새기는 형벌)과 의(劓-코를 베는 형벌)에 해당하는 죄는 대부에게는 해당시켜서는 안 될 것입니다. 왜냐하면 그들은 주상으로부터 떨어진 것이 멀지 않아서입니다. 『예기』에 '임금의 노마(路馬)에 대해서는 감히 치아를 검사하지 아니하며 그 꼴을 밟는 사람도 벌을 받는다'고 했고, '임금의 궤장을 보면 일어나고 임금의 수레와 마주치면 내리고, 대궐에 들어와서는 총총걸음을 하고 임금의 총애를 받는 신하는 허물이 있더라도 형륙이 그 몸에 미치지 않는다'고 했는데 이는 다 임금을 존귀하게 여긴 때문입니다. 이는 다 주상을 위해서 미리 불경스러움을 저지르지 않도록 하기 위함이었으니 그래서 대신의 체면을 존중해 주고 대신의 절개를 권면하는 것입니다.

지금은 왕(王), 후(侯), 삼공(三公)의 귀한 사람들까지 다 천자께서 용안을 바꾸시는 바에 따라 예가 좌우됩니다. 옛날에는 천자가 바로 그들을 백부(伯父)나 백구(伯舅)라 했건만 지금은 서민들이나 다름 없이 경, 의, 곤(髡-머리를 깎는 형벌), 월(刖-발꿈치를 베는 형벌), 태(笞-매질하는 형벌), 마(傌-욕하는 형벌), 기시(棄市-목을 잘라 저자에 내버리는 형벌)의 법에 똑같이 걸리니 이렇다면 이 큰 집에는 섬돌이 없는 것이 아니겠습니까?

염치가 행해지지 않으면 대신은 비록 중한 권력과 큰 관직을 맡고 있다 하더라도 노예들처럼 수치심을 모르는 것이 아니겠습니까?"

가의는 또 말했다.

"주상께서 자신의 대신들을 대우하기를 마치 개나 말처럼 하게 되면 그들은 장차 스스로를 개나 말로 여기게 될 것이며, 만일 관리 나부랭이 정도로 대우한다면 그들은 장차 스스로를 관리 나부랭이라고 여기게 될 것입니다. 이리 되면 그들은 완악스러워지고 수치심을 내던진 채 아무런 뜻이나 명분도 가지려 하지 않으며 절개를 내팽개치게 될 것이니 염치는 설 수가 없고 자중하는 바 또한 없어질 것이니 과연 어떻게 되겠습니까?

그러니 이익을 보면 바로 꺾일 것이고 좋다 싶은 것이 있으면 빼앗으려 들며 주상이 어려움에 처하면 그 즉시 혼자 몸을 뺄 것이요, 주상이 근심이 있어도 나만 괜찮다 하여 멍하니 서서 지켜볼 뿐이요, 나에게 좋은 것이 있다면 어떻게 해서든 그것을 구하려 할 것이니 (이런 신하들을 데리고) 임금은 장차 어떻게 제대로 정치를 할 수 있겠습니까?"

가의는 또 말했다.

"옛날에는 대신이 부정한 짓〔不廉〕을 하다가 걸려서 그만두더라도 청렴하지 않다고 하지 않고 보궤불식(簠簋不飾)[1]이라 했고, 음란하여 남녀를 가리지 않고 음행을 저지른 자에 대해서는 더럽다〔汚穢〕고 하지 않고 유박불수(帷薄不修)[2]라 했으며, 무능하고 나약해서 주어진 책임을 감당하지 못하는 자에게도 한심하다〔罷軟〕고 하지 않고 하관불직(下官不職)[3]이라 했습니다.

그러니 대신이 그 지은 죄가 확정됐다고 하더라도 오히려 아직은 그것을 혐의만 두고서 바로 그 죄명을 부르지 않고 말을 바꾸어서 다른 표현을 썼던 것이니 대신을 대우함에 있어 예가 있었다고 하겠습니다. 이렇게 하니 여러 신하들이 스스로 기뻐하고 염치까지 더해주니 사람들은 오히려 절의 있는 행실을 보이게 됩니다.

황상께서 염치와 예의를 정하고 길러 그 신하들을 대우하는데 만일 신하들이 절의 있는 행실로 황상께 보답하지 않는다면 그것은 사람의 무리라고 할 수 없을 것입니다.

따라서 교화가 이루어지고 풍속이 안정되면 신하 된 자들은 임금에게 귀 기울이느라 자신을 잊을 것이고 나라에 귀 기울이느라 가족을 잊을 것이며 공에 귀 기울이느라 사를 잊을 것이고 이익은 돌아보지도 않고 해롭다 하여 내칠 것이니 오직 의리가 있는 곳에만 마음을 다하여 황상의 교화가 마침내 이루어지는 것입니다.

이리하여 아버지나 형제 같은 신하들은 종묘를 위하여 죽을 것이고 법도를 갖춘 신하는 진실로 사직을 위하여 죽을 것이며 황제를 보필하여 돕는 신하는 진실로 폐하를 위해 죽을 것이고 대궐과 변경을 지키는 신하는 진실로 성곽과 영토를 위해 죽을 것입니다.

그래서 성인이나 임금이 완전무결한 성〔金城〕을 갖고 있다는 말이 바로 그런 뜻입니다. 신하가 임금을 위해 죽을 수 있다는 것은 고로 임금이 신하와 더불어 온전히 살 수 있다는 것이고 신하가 임금을 위해 망할 수 있다는 것은 고로 임금이 신하와 더불어 온전히 존속될 수 있다는 것입니다. 따라서 임금이 그와 더불어 모든 것을 안정시켜 주면 신하는 자신의 행동을 돌아보고 자신의 이익을 잊고 절의를 지키며 의리를 따를 것입니다. 이리 된다면 임금의 손이 다 닿지 않는 권력을 믿고 맡길 수 있으며 (훗날) 6척 고아(孤兒-어린 나이에 즉위하는 황제나 임금)도 부탁할 수 있으니 바로 그런 이유들 때문에 염치를 격려하고 예의를 행하기를 지극히 해야 하는 것입니다."


신이 가만히 살펴보겠습니다. (『서경』에 나오듯이 요임금에서 시작한 가르침을) 고요가 이어〔賡〕 순임금이 받들고〔拜〕, 익이 창언(昌言)을 지어 올리자 우왕이 그것을 받들고, 주공이 거북점의 점괘를 지어 바치자〔獻卜〕성왕이 그것을 받든 것은 옛날에 빼어난 황제와 밝은 임금들이 예로써 그 신하를 대우한 것이었습니다. 그런데 진나라 이후로 임금은 높고 신하는 낮다〔尊君卑臣〕는 풍조가 날로 더욱 심해 졌으며, 이에 임금이 신하를 대하는 것은 솔직히 말씀드리자면 이름 과 자리로 총애를 구걸케 하고 봉록과 이익으로써 고무시킬 뿐이니 신하들은 자기 자신 안에서 뭔가를 찾아내려 할 수가 없게 되고 그런 나는 신하라는 것에 대해 정체성을 느낄 수 없게 됩니다. 그리 되면 임금은 홀로 고매한 듯이〔尤然〕마치 도달할 수 없는 천지신명처럼 저 위에서 자만에 빠지게 되고, 신하는 반대로 공포에 떨며 노예처럼 종 종걸음이나 걸으며 저 아래에서 자기비하에 빠지게 될 것입니다. 결국 위아래의 사정이 날로 멀어지게 되면서 난으로 인해 망하는 재앙이 이르게 될 것이고, 이른바 위아래가 서로 정을 나누지 않으니 결국 천 하에 나라는 없게 될 것입니다. 그 때문에 공자는 신하를 예로써 부려 야 한다고 말했던 것입니다. 위에서 인용했던 주나라 시와 가의의 상 소를 볼 때 임금이 신하를 예로써 대우하지 않으면 안 될 것입니다.

이상은 하늘의 이치와 사람의 윤리의 바름 중에서 임금이 신하를 부리는 예에 관해 논했습니다.

1) '제기가 깨끗하게 닦이지 않았구나'라는 뜻이다.
2) '침실의 장막을 깨끗이 하지 않았구나'라는 뜻이다.
3) '낮은 직책을 맡겨도 감당을 못하는구나'라는 뜻이다.

(『예기』) 공자가 말했다.

"군자가 임금을 모실 때는 (벼슬에) 나아가서는〔進〕남김없이 충성을
다하는 것만 생각하고 물러나와서는〔退〕(임금의) 허물을 보완하는 것
만 생각하고, 그 좋은 점은 이어받아 잘 받들고 그 나쁜 점은 바로잡아
구제해야 한다. 이렇게 하면 임금과 신하〔上下〕는 능히 서로를 제 몸과
같이 여길 수 있다."

신이 가만히 살펴보겠습니다. 나아간다〔進〕는 것은 (대궐
에) 들어가 임금을 뵙고 자신의 모든 것을 다해 충성할 것만 생각하
는 것이고, 물러나온다〔退〕는 것은 자신의 집으로 물러나 임금의 허
물을 보완하는 것만 생각하는 것이니 한순간 한 가지 생각에도 임금
이 떠나질 않는 것입니다. 그래서 좋은 것이 있으면 그것을 이어받아
잘 받들어서 임금으로 하여금 더욱더 좋은 쪽으로 나아가게 만들어
야 하고, 나쁜 것이 있으면 그것을 바로잡아 구제하여서 임금으로 하
여금 그 나쁜 것들을 가라앉혀 사라지게〔潛銷〕만들어야 합니다. 이렇
게 하는 것이야말로 임금을 사랑하는 바가 지극한 것입니다.

신하 된 자는 충심으로 자신의 임금을 사랑하여 자신의 몸같이 여
겨야 하고 임금도 그런 충심을 잘 헤아려 신하를 사랑하고 자신의 몸
같이 여겨야 합니다. 옛날뿐 아니라 도의가 융성했던 때에는 임금과
신하 양쪽 모두 현능하여 그 기상이 비할 데가 없었지만 후세에 와서

는 신하가 그 충성을 다하고 사랑해도 임금은 반대로 신하를 원수로 여기는 일들이 있었으니, 아! 얼마나 탄식할 일입니까?

(『논어』에서 공자의 제자) 자로가 임금을 섬김〔事君〕에 대해 묻자 공
자가 말했다.

"결코 (임금을) 속여서는 안 되며 (바른 말을 해야 할 때는 충성스러운 간언〔忠諫〕을 두려워 말고) 임금의 안색을 범해야 한다."

신이 가만히 살펴보겠습니다. 거짓으로 곧지 못한 것을 말하는 것을 속인다〔欺〕고 했고, 곧게 아무것도 숨김없이 말하는 것을 범한다〔犯〕고 했습니다. 따라서 속이는 것〔欺〕과 바른 것〔正〕은 정확히 서로 반대가 됩니다.

그래서 공자는 자로에게 "결코 속여서는 안 되며 임금의 안색을 범해야 한다"고 일러줌으로써 임금을 섬김에 곧음을 온전하게 해주고 임금을 속이는 거짓을 경계토록 한 것입니다. 『예기』에 이르기를 "임금을 섬길 때는 범하는 것은 있어도 숨기는 것이 있어서는 안 된다〔事君有犯而無隱〕"고 한 것은 그 뜻이 이와 대략 같다고 할 수 있습니다.

(『논어』) 공자가 말했다.

"대신은 도리〔道〕로써 임금을 섬기다가 그것이 불가능하면 그만둔다."

신이 가만히 살펴보겠습니다. 도리〔道〕라는 것은 바른 이치〔正理〕를 뜻하니 대신은 바른 이치에 입각해 임금을 섬겨야 합니다. 그래서 임금이 행하는 바에 만일 바른 이치와 부합하지 않는 바가 있을 때는 그것을 규제하여 바로잡아주어야 하며 구차스럽게 그것을 추종해서는 안 되고, 도리가 잘못됐을 때는 그것을 제거해야 하며 구차스럽게 그것에 머물러 있어서는 안 됩니다. 누가 말하기를 (그런 식으로) 부합하지 않는다고 해서 그냥 떠나고 마는 것은 임금을 사랑하지 않는 뜻이라 할 수 없다고 했습니다. 그것은 임금을 (진심으로) 사랑하는 까닭입니다.

임금과 신하의 사귐〔交〕은 무릇 도리로써 합하는 것이지 이해관계〔利〕 때문이 아닙니다. 도리가 합하지 않는데도 떠나지 않는다면 구차함이 있을 뿐이고 (그것은 결국) 이익을 좇겠다는 뜻입니다. 이로 인해 임금은 자신의 신하를 가벼이 보게 되니 말하자면 이익을 빌미 삼아 신하를 농락하게 되는 것입니다. 임금으로서 신하를 가벼이 여기게 되면 어딘들 이르지 못하겠습니까? 대신의 자리에 있는 사람은 도리에 입각해 나오고 들어갈〔去就〕 때 자신의 임금에게 경외의 마음가짐을 불러일으킬 수 있으니 이런 마음가짐이 생겨난 후에야 능히 도리로 나아갈 수 있게 됩니다. 따라서 신하가 도리에 맞지 않아 물러가는 것도 임금을 위하는 방법이 되는 것입니다.

(『맹자』) 맹자가 장차 임금[1]을 만나보려 했는데, 때마침 임금이 사람을 보내어 이렇게 말했다.

"과인이 마땅히 나아가 (그대를 만나) 보아야 하는 것이 옳은데 감기 기운이 있어 바람을 쐴 수 없다. 아침에 장차 조회를 볼 것이니 (거기서 혹시 볼 수 있을지) 모르겠다."

이에 맹자는 (심부름 온 사람을 통해) 답했다.

"불행하게도 (저 역시) 병이 있어 조회에 나아갈 수가 없습니다."

다음 날 맹자가 집을 나서 (제나라 대부) 동곽(東郭)의 집에 조문하려 하자 공손추(公孫丑)가 물었다.

"어제는 병이 있다 하여 (임금의 조회 요청을) 사양하시고 오늘은 (이렇게) 조문을 가시려 하는데, 잘은 몰라도 그렇게 해서는 안 될 것 같은데요?"

이에 맹자가 답했다.

"어제는 병이 있었고 오늘은 다 나았다. 어찌 조문을 할 수 없겠는가?"

왕이 사람을 보내 병에 대해 물은 다음 의원을 보냈다. 이에 맹자의 사촌동생이자 제자이기도 한 맹중자(孟仲子)가 나서 대답을 했다.

"어제 (조정으로 나오라는) 왕명이 있었지만 땔나무도 할 수 없을 만큼 심한 병이 있어 나아가지 못했습니다. 오늘은 병이 조금 나아 서둘러 조정에 나아가신다고 했는데, (나아가셨는지는) 저는 알지 못합니다. 잘 도착하지 않았습니까?"

맹중자는 (비밀리에) 몇몇 사람을 시켜 길목을 지키고 있다가 (맹자에게) "반드시 집으로 돌아오지 말고 조정으로 나아가소서"라고 전하도록 했다.

(이 말을 전해 들은) 맹자는 어쩔 수 없이 (제나라 대부) 경추(景丑)의 집에 가서 묵었다. (전후 사정을 전해 들은) 경추[景子]는 이렇게 말했다.

"집 안에 들어오면 아버지와 아들, 집 밖을 나서면 임금과 신하(의 관계)가 사람들 사이에서 가장 큰 윤리[倫]입니다. 부자(父子)는 은혜[恩]를 주로 하고 군신(君臣)은 삼감[敬]을 주로 한다고 했는데, 저는 왕께서 선생을 삼감으로 대하는 것은 보았지만 선생께서 왕을 삼감으로 대하는 모습은 보지 못했습니다."

이에 맹자가 놀라며 답했다.

"아니, 이게 무슨 말입니까? 제나라 사람들 중에 어짊과 의리[仁義]로써 왕께 말씀을 올리는 사람은 아무도 없습니다. 어찌 (제나라 사람들이라고 해서) 인의예지의 도리로 (왕께) 말씀을 올리는 것을 좋지 않게 여기기 때문이겠습니까? 그들의 마음속에서는 '이 임금과 더불어 어찌 족히 인의예지의 도리를 말할 수 있겠는가'라고 여겨서일 것입니다. 그렇다면 삼가지 못함[不敬]이 이보다 더 클 수 없습니다. 저는 요순의 도리[堯舜之道]가 아니면 감히 임금 앞에 진언드릴 수 없습니다. 따라서 제나라 사람들이 저만큼 임금을 삼감으로 대하고 있다고 할 수 없습니다."

1 제나라 선왕이다.


신이 가만히 살펴보겠습니다. 맹자는 이때 빈사(賓師)의 지위에 있었기 때문에 그 임금이 맹자에게 나아오는 예(禮)가 있었던 것입니다. (그런데) 선왕은 병을 핑계로 조회 석상에서 보려 했으니 뛰어난 이를 존경하는 마음이 독실하지 못했습니다. 그래서 맹자도 병을 핑계로 나아가지 않았던 것입니다. 경자(景子)는 단지 임금의 명을 들으면 부지런히 달려가는 것〔奔走〕이 자신의 임금을 삼감으로 대하는 것이라는 것만 알았을 뿐 요순의 도리로써 임금에게 고하는 것이 가장 큰 삼감임을 알지 못했습니다. 종이나 노예 같은 신하는 "예! 예!" 하며 명을 받들면서 겉으로는 마치 그 임금을 삼감으로 대하는 것 같지만 사실 그 마음은 임금을 가벼이 여기는 것이니 이것이 어찌 어짊과 의로움〔仁義〕과 어깨를 나란히 할 수 있겠습니까? 오히려 그것은 가장 큰 불경(不敬)이라 할 것입니다. 제나라 사람들이 임금을 삼감으로 대하는 것이 겉모양〔貌〕으로 하는 것이라면 맹자가 임금을 삼감으로 대하는 것은 마음으로 하는 것입니다.

그렇기 때문에 맹자는 "제나라 사람들이 저만큼 임금을 삼감으로 대하고 있다고 할 수 없습니다"라고 말했던 것입니다.

(『맹자』) 맹자가 말했다.

"임금에게 어려운 일〔難〕을 하도록 만드는 것은 직분을 다한다는 의미에서 공(恭)이라 하고, 바른 길〔善〕을 보여주고 그릇된 길〔邪〕을 막는 것은 (임금을) 정중하게 일깨워준다는 의미에서 경(敬)이라 이르고, 자기 임금은 (옆에서 아무리 일깨워줘도 왕도정치나 선정(善政)을) 행할 능력이 없다고 하(고서는 나서서 아무 말도 하지 않)는 것은 (임금과 도리 모두를) 해친다는 의미에서 적(賊)이라고 한다."

범조우가 말했습니다.

"신하 된 자가 자신의 임금이 어려운 일을 하도록 만들어 요순과 같은 임금이 되게 하는 것은 임금을 받드는 것〔尊君〕 중에서도 가장 중대한 일이다. 임금의 그릇된 마음을 막아서 바른 길을 열어 보여주고 오직 임금이 혹시라도 잘못을 저지르지나 않을까만 두려워한다면 이는 임금을 삼감으로 대하는 최고의 자세다.

반면 자신의 임금은 바른 길을 갈 수 있는 능력이 없다고 말하면서 아예 일러주지도 않는 신하가 있다면 이런 사람은 자신의 임금을 해치는 자다."

(『맹자』) 맹자가 말했다.

"(인재 등용을 잘못해서 등용된) 사람들을 (임금과) 더불어 잘못됐다고 충분히 지적할 수 없고 정사가 잘못됐다고 충분히 흠잡을 수 없다.

오직 대인(大人)만이 임금의 잘못된 마음을 제대로 바로잡아줄〔格〕 수 있다. (이렇게 해서) 임금이 어진 마음을 갖게 되면 (나라 안의 모든 사람이) 어질지 않을 수가 없고, 임금이 의로운 마음을 갖게 되면 (나라 안의 모든 사람이) 의롭지 않을 수가 없으며, 임금이 바른 마음을 갖게 되면 (나라 안의 모든 사람이) 바른 마음을 갖지 않을 수가 없다.

일단 임금을 바로잡게〔正=格〕되면 (나라 안의 모든 사람이 바른 마음을 갖게 됨으로써) 나라도 안정된다."

신이 가만히 살펴보겠습니다. 정이가 말했습니다.

"온 세상이 다스려지느냐 혼란하게 되느냐는 임금이 어진지 어질지 못한지에 달려 있을 뿐이다. 마음이 그릇되면 곧장 정사에 해악을 끼치니 그것이 밖으로 표출될 것을 기다릴 필요도 없다. 옛날에 맹자께서 제나라 임금을 세 번 만나 보시고 정사에 관해서는 아무런 언급도 하지 않으시며 말씀하셨다. '나는 먼저 그 사특한 마음부터 다스려야겠다.' 마음이 이미 바로잡힌 다음에야 천하의 일이라는 것을 다스릴 수 있는 것이다. 정사의 잘못과 사람 쓰는 것의 잘못은 사람을 볼 줄 아는 자〔知者〕라면 능히 고칠 수 있고 곧은 자〔直者〕라면 능히 간언할 수 있다.

그렇지만 군주에게 그릇된 마음이 계속 남아 있으면 일마다 고치더라도 뒤에 다시 그러한 일이 있어 장차 이루 다 고치지 못할 것이요, 사람마다 제거하더라도 뒤에 다시 그러한 인물을 등용하여 장차 이루 다 제거하지 못할 것이다.

이 때문에 보필하는 대신의 직책은 반드시 군주의 그릇된 마음을 바로잡는 것에 있는 것이니 이렇게 한 뒤에는 바르지 않음이 없을 것이요, 군주의 그릇된 마음을 바로잡고자 하는 자는 대인(大人-혹은 군자)의 다움〔德〕이 있지 않으면 또한 이것을 할 수 없는 것이다."

그래서 대강(待講) 장식(張栻, 1133~1180년)[1]도 "군주의 마음을 바로잡는 것〔格〕을 좀 더 풀자면 임금이 마음으로 느끼어 통하게 되는 것〔感通〕이 지극한 데까지 이른 것"이라고 했습니다. 『서경』에서 말하기를 "상제에게 다다른다〔格于上帝〕"라고 했는데 이는 대개 임금의 마음 중에서 그릇된 것들은 단순히 기력만으로 이겨낼 수 없으니 반드시 마음으로 느끼어 통하게 하여 지극한 데까지 이르게 해야만 임금 스스로 그런 부분들을 깎아낼 수가 있게 됩니다.

이른바 '군주의 마음을 바로잡는 것[格]'에 관해서는 신이 볼 때 정이와 장식이 말한 바가 맹자의 본래 뜻을 깊이 있게 파악했습니다. 그래서 여기서 간략하게나마 드러내 말씀드렸습니다.

1) 호굉에게 학문을 익혔고 이정(二程)의 학통을 이어받아 송나라 호상학파(湖湘學派)를 이끌었다. 주희와 경(敬)에 관한 논쟁을 벌이며 서로 학문적인 영향을 주고받았다.

(『맹자』) 맹자가 말했다.

"군자가 임금을 (올바르게) 섬긴다는 것은 다름 아니라 자신의 임금을 힘써 이끌어 도리[道]에 합당하도록 하여 (그 임금이 매사를 행함에 있어) 어짊[仁]에 뜻을 두도록 하는 것일 뿐이다."

신이 가만히 살펴보겠습니다. 맹자의 이 말을 대체적으로 볼 때 임금을 (제대로) 섬긴다는 것은 병사를 부리고 땅을 넓히는 데 있는 것이 아니라 임금의 몸과 마음을 좋은 쪽으로 이끌어 도리에 합당하게 하는 데 있는 것이니 이를 일러 임금의 몸가짐[動] 하나하나가 이치에 맞아떨어진다고 하는 것입니다. 그리고 어짊에 뜻을 두도록 한다는 것은 마음이 항상 어짊에 머물러 있다는 뜻입니다.

(이처럼) 임금이 행하는 바가 모두 이치에 맞아떨어지고 그 마음은 항상 어짊에 머물러 있다면 비록 (처음 소유한) 땅이 좁다 해도 그것이 나라와 백성을 흥기하는 데 아무런 해가 되지 않습니다. 이것이 바로 탕왕과 문왕이 70리나 100리의 땅을 기반으로 해서 천하를 소유하게 되고 임금다운 임금이 될 수 있었던 이유입니다.

(반면) 임금이 행하는 바가 이치에 맞아떨어지지 않고 그 마음 또한 어짊에 머물러 있지 않는다면 비록 (처음 소유한) 땅이 아무리 넓다 해도 그것을 능히 보전할 수가 없습니다. 이것이 초나라가 6천 리를 갖고서도 원수들의 부림[役]을 당하게 된 이유입니다.

그렇지만 도리[道]와 어짊[仁]은 둘이 아닙니다. 일의 이치의 측면에서 말하면 그것이 도리이고, 마음의 다움[德]의 측면에서 말하면 그것이 어짊입니다.

맹자가 제나라 임금과 양나라(위나라) 임금에게 첫째도 어짊이요, 둘째도 어짊이라고 했던 것은 바로 여기에 뜻을 두게 하려고 했던 것입니다. 마음이 어짊에 머물러 있는다면 그 사람의 행동은 도리에 부합하지 않을 리가 없기 때문입니다.

그러니 임금을 섬기는 자라면 이것을 몰라서는 안 될 것입니다.

『춘추전』

제나라 경공이 사냥에서 돌아와 안자[1]가 모시고 있을 때 자유(子猶)[2]가 급히 말을 몰아 달려왔다.[1)]

경공이 말했다. "오직 구거만이 나와 중화[和]를 이루는구나."

이에 안자가 말했다. "구거는 진실로 동화[同]될 뿐이지 어찌 중화를 이룰 수 있겠습니까?"

경공이 물었다. "중화와 동화에 차이가 있는가?"

안자가 대답했다.

"다릅니다. 중화는 국을 끓이는 것과 같습니다. 물과 불, 식초와 간장과 소금 그리고 매실을 어육(魚肉)에 넣어 함께 삶을 때 섶(-연료)으로 불을 때고 재부(宰夫-춘추시대의 유명한 요리사)가 그것을 조화[和=調理]시켜 각각의 (맛이) 지나친 것들은 없애 군자가 이 요리를 먹음으로써 그 마음은 편안해집니다.

임금과 신하의 관계도 역시 그러합니다. 임금이 옳다고 하는 것에 옳지 못한 것이 있으면 신하는 그 옳지 못한 것을 잘 말씀드려 그 옳은 것을 이룰 수 있게 해야 하고, 임금이 그르다고 하는 것에 바른 것이 있으면 신하는 그 바른 것을 잘 말씀드려 그 그른 것을 제거할 수 있게 해야 합니다. 이렇게 해야 정치가 평화로워져 서로 충돌이 없고 백성들끼리도 다투는 마음이 없어집니다.

『시경』 '열조(烈祖)'[2]에 이르기를 '잘 조화를 이룬 국이 / 이미 잘 준비되고 이미 고르니 / 연주함에 조상께서도 아무 말씀 없어 / 그 때에 아무런 다툼도 없구나!'라고 했습니다.

그런데 지금 구거는 그렇지 못하여 임금이 좋다고 말하면 구거도 역시 좋다고 하고 임금이 그르다고 하면 구거도 역시 그르다고 합니다. 이는 물에 물 탄 것처럼 되니 누가 맛있게 먹을 수 있을 것이며[3] 또 거문고와 비파가 오직 서로 똑같은 소리만을 낸다면 누가 그것을 흥겹게 들을 수 있겠습니까?[4]

동화〔同〕가 잘못된 것은 이를 통해 알 수 있습니다."

1 이름은 영(嬰)이고 자는 평중(平仲)이며 제나라의 현명한 대부이다.
2 이름은 양구거(梁丘據)이며 총애를 받던 신하〔嬖臣〕로 자유는 자다.
3 만약에 음식을 만들면서 물만 쓰고 식초와 간장, 소금, 매실 등을 쓰지 않는다면 아무 맛도 나지 않을 것이다.
4 거문고와 비파는 다 악기이기 때문에 반드시 5음 12율이 있어야 소리가 조화를 이루고 제대로 들을 수 있다. 만일 오직 하나의 음, 하나의 율만 이용한다면 제대로 음악을 들을 수 없다.


신이 가만히 살펴보겠습니다. 옛날 도리가 번성했던 시대에는 (임금과 신하가) 서로 밝고 맑은 관계〔明良會聚〕를 갖고 있었기 때문에 칭찬과 긍정〔都兪〕만 있었던 것이 아니라 탄식과 부정〔吁咈〕도 있었습니다. '좋도다〔都〕'라고 말하고 '예〔兪〕'라고 말하는 것은 서로 옳다고 하는 것이고, '아!〔吁〕'라고 탄식하고 '아니다〔咈〕'라고 말하는 것은 서로 그르다고 하는 것입니다.[3] 오직 옳고 그름이 서로 교차할 수 있었던 것만이 요순이 이룬 치세를 설명할 수 있는 이유가 되는 것이고, 위후(衛侯)처럼 어떤 일에 대해 말을 하고서 자기 스스로 그것을 옳다고 여겨 여러 신하들이 (어쩔 수 없이) 거기에 동조한다면 이는 하나의 입에서만 정사(政事)가 나오게 되어 나라가 어지러워지고 망하는 지경에 이르는 이유가 됩니다.

후대의 임금들은 자신과 다른 의견을 막고자 하여 이렇게 말할 것입니다.

"나의 일을 막으려 하는데 그렇게 반대한다고 해서 내 일이 이루어질 수 있을지 알 수가 없는데 어찌 그것을 막으려 하는가?"

가능한지 불가능한지를 깊이 헤아려보는 일은 조화를 잘 이룬 국과도 같습니다. (임금이) 자기 입에 딱 맞기만을 기대할 뿐이면 그 다름[異]은 없어져 모두 똑같아지는[同] 것이요, 임금의 입맛에 거스르는 것[忤]이야말로 제대로 조화된 국의 맛을 만들어낼 것입니다.

아! 마땅히 임금은 안자의 말을 깊이 음미해 보아야 할 것입니다.

1) 당시 경공이 말을 급히 모는 습관이 있었는데 자유도 마찬가지로 급히 말을 몰아 오니 경공이 그 점을 염두에 두며 이야기를 시작한다.
2) 「상송(商頌)」의 편 이름이다.
3) 이런 감탄사들은 대부분 『서경』에 나오는 것들이다.

---

(『사기』) 한나라 (무제) 때 급암(汲黯)이 주작도위(主爵都尉)[1]가 되어 구경(九卿)의 반열에 올랐다. 그의 간언은 황상의 안색을 범할 만큼 직간이었는데 한번은 황상이 글 하는 유학자들을 초빙하려 하면서 말했다.

"나는 이러이러하고자 한다."[1]

이에 급암이 대답했다.

"폐하께서는 속으로는 욕심이 많으시면서 겉으로는 어짊과 의로움을 베푸시겠다고 하십니다. 그렇게 해서야 어찌 요임금과 순임금의 다스림을 본받을 수 있겠습니까?"

황상은 화가 나서 낯빛까지 바뀌더니 서둘러 조회를 끝내버렸다. 공경(公卿)들은 모두 급암을 걱정했다. 황상은 조정을 나서면서 이렇게 말했다.

"너무도 심하구나, 급암의 꽉 막힌 우매함[戇]이여!"

여러 신하들이 급암을 책하자[數=責] 급암이 말했다.

"천자께서는 삼공(三公)과 구경을 두어 보필하는 신하로 삼으셨는데 어찌 아첨하여 천자의 뜻만 따라 하면서 폐하를 옳지 못한 곳에 빠지게 하겠습니까? 또 그런 지위에 있는 이상 자기 몸을 희생시키더라도 조정을 욕되게 해서야 되겠습니까?"

급암이 병에 걸리자 엄조(嚴助)가 급암에게 휴가를 내려줄 것을 청했다. 이에 황상이 말했다.

"급암은 어떤 사람인가?"

엄조가 말했다.

"급암에게 어떤 책임이나 자리[任職]를 맡기더라도 다른 사람보다 더 나을 것은 없을지 모릅니다. 그러나 나이 어린 군주[少主]²⁾를 보필할 경우 수성(守成)해 낼 것이며 옛날의 맹분(孟賁)이나 하육(夏育)² 같은 자라도 그의 마음을 빼앗을 수는 없을 것입니다."

황상이 말했다.

"그렇다. 옛날에 사직을 지켜내는 신하[社稷之臣]들이 있었는데 급암이 바로 그에 가까울 것이다."


1 이 말은 어짊과 의로움[仁義]의 정치를 행하고 싶다는 뜻이다.
2 맹분과 하육 둘 다 옛날의 힘센 자였다.

신이 가만히 살펴보겠습니다. 신하 된 자의 의리는 충직(忠直)을 그 근본으로 삼습니다. 따라서 위로는 공맹(孔孟)의 말을 취하고 아래로는 급암의 일을 잘 끌어들여 임금으로 하여금 할 말을 다하고 극론(極論)을 펼친 자의 취지를 잘 알게 한다면 아랫사람은 임금을 높이 받들 것이고 임금은 아랫사람을 내 몸처럼 여길 것입니다. 따라서 그런 자는 용납하기 힘들지라도 그런 사람이라면 마땅히 써야 할 것입니다. 반대로 아첨하여 임금의 뜻에 맞춰 따르기만 하는 자는 마침내 임금을 속이고 위를 업신여길 것이니 반드시 잘 살펴내 마땅히 멀리해야 할 것입니다.

급암의 곧음[直]을 무제는 사직을 지켜내는 신하에 가깝다고 보았으면서도 결국은 제대로 쓰지 못한 반면 공손홍(公孫弘, 기원전 200~121년)[3]의 무리는 끝까지 총애하며 일을 맡겼습니다.

대체로 무제의 마음은 아첨하고 간사한 자[佞邪]를 자신에게 어울린다고 여겼을 뿐 그들이 결국은 황제의 병을 더 심하게 만든다는 것을 알지 못했고, (반대로) 충성스럽고 곧은 자[忠直]는 자신을 배척한다고 여겼을 뿐 그들이 결국은 황제의 황제다움[德]을 이루어준다는 것을 알지 못했습니다. 그래서 신은 이 점을 드러내어 뒤에 오는 임금들의 경계로 삼으려 했습니다.

이상은 하늘의 이치와 사람의 윤리의 바름 중에서 신하가 임금을 섬기는 충성에 관해 논했습니다.

1) 왕실에서 순임금의 제사를 주관하고 그 후손들에게 작위를 내리는 일을 맡았던 고위직이다.

2) 무제는 즉위 당시 열여섯 살이었다.

3) 한 무제 때의 재상으로 최초의 승상봉후(丞相封侯)였다. 한미한
집안에서 태어나 40세가 되어서야 『춘추공양전』을 익혔다. 무제
건원(建元) 원년(기원전 140년)에 현량(賢良)으로 추천되어 박사
(博士)에 임관되었다가 관직에서 물러났다. 원광(元光) 5년(기원전
130년)에 현량대책(賢良對策)으로 뽑혀 다시 박사가 되고, 내사
(內史)와 어사대부(御史大夫)를 역임하며 무제의 신임을 받았다.
황제에게 직언하기보다는 황제의 의중을 파악해 대처했다.

(『시경』) '벌목(伐木)'1)에서 말했다.

"뜻이 같은 벗과 오랜 친구를 노래한 것이다. 천자로부터 일반 백성에
이르기까지 벗 삼음으로써 이루지 않는 자가 없으니 친족을 내 몸같이
대하여 화목하고1 현능한 이를 벗 삼아 버리지 않고 오랜 친구를 내팽개
치지 않는다면 백성들의 다음이 두터운 데로 돌아갈 것이다."2)

그 1장에서 이렇게 노래한다.

"나무 베는 소리 쩍쩍2 나고 / 새 우는 소리 짹짹3 하다 / 그윽한 골
짜기 빠져나와 / 높디 높은 나무에 올라가니 / 짹짹 그 새 우는 소리 /
벗을 찾는 소리로다 / 저 새를 보아하니 / 오히려 벗을 찾는 소리를 내
는데 / 하물며 사람이 되어가지고서 / 벗을 찾지 않는단 말인가 / 벗을
내 몸같이 여기면 귀신도 그 뜻을 들어서 / 마침내 화평함을 내려줄 것
이다."

1 이 말은 앞에 나온 시 '상체'를 풀이하는 내용이다.

2 서로 조화를 이루며 나는 소리다.

3 서로 화합하여 울어대는 소리다.


신이 가만히 살펴보겠습니다. 앞에서 '녹명'[3]은 잔치에서 임금이 여러 신하들을 빈객(賓客)처럼 대하는 것을 노래했습니다. 이를 통해 신하를 (외국에서 온) 빈객처럼 예우한 것입니다.

'벌목'은 뜻이 같은 벗과 오랜 친구를 노래하고 있습니다. 이를 통해 신하를 벗으로 예우하라는 뜻입니다. 신하를 빈객으로 대한다는 것은 삼가는 데 그칠 뿐이겠지만 신하를 벗으로 대한다는 것은 삼감〔敬〕그 이상의 뭔가가 있어야 합니다. 그래서 (『시경』의 해설자인) 모형은 말하기를 천자라 하더라도 반드시 올바른 벗 사귐을 통해서만 그 뜻을 이룰 수 있을 것이라고 한 것입니다. 벌목은 혼자 힘으로써 이룰 수 있는 것이 아닙니다. 그래서 말하기를 '쩍쩍〔丁丁〕'은 그 소리가 서로 조화를 이루며 상응한다고 한 것입니다. 새는 혼자 울어서는 조화로운 소리를 낼 수 없습니다. 그래서 '쩍쩍〔嚶嚶〕'은 그 소리가 서로 화합됨을 구한다고 한 것입니다.

벌목하는 것은 작은 일에 불과하지만 오히려 서로 상응하는데, 사람이 어찌 벗이 없을 수 있겠습니까? 울어대는 새도 미물에 불과하지만 오히려 서로 화합됨을 구하는데, 사람이 어찌 벗이 없을 수 있겠습니까? 벗이 서로를 필요로 한다는 점〔須〕은 이처럼 중요한 것입니다.

따라서 신명(神明)에게 빌어 (벗 사이에) 화평(和平)만이 있고 조금의 어긋남이나 어그러짐도 없기를 바라고 있습니다. 이 시를 잘 음미해 보면 일반 사람들이 벗을 구하는 것만 노래하는데 그치고 임금이 신하를 구하는 것은 보이지 않습니다. 이는 대개 옛 성군들이 도리를 즐기고 세력을 잊었던 것〔樂道忘勢〕은 뜻이 같은 벗이 있어 서로 의리를 갖추어주는 것만 알고 임금과 신하 사이에 분별이 있다는 것은 돌아보지 않았기 때문입니다. '벌목'에 담긴 시 3장은 모두 잔치에서 서로 즐기는 것의 의미를 담고 있습니다. 2장에서는 이렇게 노래합니다.

"이미 살진 양을 마련해 / 제부(諸父)들을 속히 오라 부른다."

또 2장입니다.

"이미 살진 짐승을 마련해 / 제구(諸舅)들을 속히 오라 부른다."

여기서 제부(諸父)는 벗들 중에서 성이 같은 존귀한 자들이고 제구(諸舅)는 벗들 중에서 성이 다른 존귀한 자들입니다.

이번에는 3장입니다.

"대그릇들이 가지런하게 놓여 있으니 / 형제(兄弟)가 멀다 않고 다 왔도다."

여기서 형제란 벗이나 동료와 같은 뜻입니다. 천자의 존귀함과 더불어 천자가 벗들을 귀하게 대우해야 함을 가리켜 부(父)라 하고 구(舅)라 한 것이며, 천자가 그 벗들을 내 몸같이 여겨야 함을 가리켜 형(兄)이라 하고 제(弟)라고 한 것입니다.

이것이 바로 다움을 높이고〔尊德〕 도리를 즐기는 것이 지극한 모습입니다. 무릇 이것이 바로 주나라가 성대해질 수 있었던 까닭입니다.

1) 「소아」의 편 이름이다. 주나라 문왕 때의 시로 뜻이 같은 벗과 오랜 친구를 노래하여 지은 것이다.

2) 여기까지는 한나라의 모형(毛亨)이 이 시를 풀이한 대목에 나오는
   말이다.

3) 「소아」의 편 이름이다.

(『맹자』) 만장이 물었다.

"감히 묻겠습니다. 벗을 사귀는 자세나 도리에 대해 말씀해 주시겠습
니까?"

맹자가 말했다.

"(사귀려는 사람의) 나이가 많고 적음을 따지지 말고 귀천을 따지지
말며 그 사람의 형제(가 부귀한지)를 따지지 말고 벗 삼아야 한다. 벗한
다고 하는 것은 그 사람의 다움[德]을 벗하는 것이니 (사귀기에 앞서 이
것저것) 따지는 마음이 있어서는 안 된다.

(노나라의 어진 대부) 맹헌자(孟獻子)는 경대부(卿大夫) 집안이었다.
그에게는 벗이 다섯 명이 있었는데 그중 두 사람은 악정구(樂正裘)와
목중(牧仲)이고 나머지 세 사람의 이름은 내가 잊어버렸다. 맹헌자가 이
들 다섯 친구와 벗 삼음에 있어 그 자신은 자신의 집안이 경대부 집안
이라는 점을 전혀 의식하지 않았다. 만약에 이 다섯 친구들이 맹헌자의
집안을 (조금이라도) 의식했다면 그는 이들과 더불어 벗 삼지 않았을 것
이다.

(맹헌자처럼) 경대부 집안의 사람만 이러했던 것이 아니다. 작은 나라
의 군주라 하더라도 또한 그처럼 했다. 비(費) 나라의 혜공(惠公)이 말
했다. '나는 자사에 대해서는 스승으로 대하고 안반(顔般)에 대해서는

벗으로 대한다. (하지만) 왕순(王順)과 장식(長息)은 나를 섬기는 자일 뿐이다.'

　(비나라 혜공처럼) 작은 나라의 군주만 이러했던 것이 아니다. 큰 나라의 군주라 하더라도 또한 그처럼 했다. 진(晉) 나라 평공(平公)은 (그 나라의 현인이었던) 해당(亥唐)의 (누추한) 집에 찾아갔을 때 해당이 들어오라고 해야 들어갔고 앉으라고 해야 앉았으며 먹으라고 해야 먹었는데 (식단이라 해봐야) 거친 밥과 나물국뿐이었지만 한 번도 배불리 먹지 않은 적이 없으니 이는 감히 배불리 먹지 않을 수 없어서 그랬던 것이다. 그렇지만 (평공이 해당을 벗으로 사귀는 것은) 이것으로 끝일 뿐이었다. 그와 더불어 임금의 자리를 함께하지 않았고 그와 더불어 신하들을 다스리지 않았으며 그에게 국가의 녹봉을 주지 않았다. 이는 (평공이 일개 선비의 자격으로서) 현자(賢者)를 높인 것이지 임금의 자격으로 현자를 높인 것은 아니다. 순이 (요임금의 사위가 되어 처음으로) 위로 올라가 요임금을 알현했을 때 요임금은 자신의 사위를 별궁에 머무르게 하고는 (순에게 음식과 술을 대접하고) 또한 순에게 음식과 술을 대접받음으로써 서로 번갈아[迭]가며 손님과 주인이 됐다. 이는 천자(天子)로서 필부(匹夫)와 진정으로 벗하는 도리다.

　아랫사람이 윗사람을 공경하는 것은 귀한 사람을 존귀하게 여기는 것이라 하고 윗사람이 아랫사람을 공경하는 것은 현자를 존중하는 것이라 하는데 귀한 사람을 존귀하게 여기는 것이나 현자를 존중하는 것이나 그 의리는 똑같은 것이다."


　　　　　신이 가만히 살펴보겠습니다. 맹자는 천자로부터 대부에

이르기까지 모두 다 현능한 (혹은 뛰어난) 사람을 벗 삼는 의리가 있다고 말하고 있습니다. 그렇지만 현능한 사람을 벗 삼는 것만 알고 그런 사람을 쓰는 것(用)은 알지 못한다면 이는 안 될 일입니다.

자리(位)란 하늘이 자리를 만든 것(天位)이기 때문에 그 자리에는 현능한 이(賢者)가 앉아야 하고, 할 일(職)이란 하늘이 일을 하도록 하는 것(天職)이기 때문에 현능한 이에게 (그 일을 맡도록) 명해야 하고, 녹봉(祿)이란 하늘이 녹을 주는 것(天祿)이기 때문에 현능한 이를 기르라는 것입니다.[1] 이 세 가지는 다 하늘이 현능한 이를 우대하여 온 백성들(天民)을 다스리도록 하는 이치입니다. 그런데 진나라 평공이 해당을 찾아갔을 때는 다만 그를 헛되이 (일개 선비의 자격으로) 높였을 뿐이지 자리를 주어 앉도록 하지 않았고 일로써 명하지 않았고 녹을 주어 먹고사는 문제를 해결해 주지 않았습니다. 이것이 어찌 임금(王公)이 현능한 이를 높이는 도리이겠습니까? 반드시 요임금이 순(임금)에게 했던 것처럼 한 이후에야 현능한 사람을 벗 삼는 도리를 다했다고 할 수 있을 것입니다.

무릇 귀한 사람을 귀하게 여기고(貴貴) 현능한 사람을 높이는 것(尊賢)은 그 이치상 근본적으로 하나인데 전국시대 사람들은 단지 귀한 사람을 귀하게 여기는 것만 알았을 뿐 현능한 사람을 높이는 것은 몰랐던 것입니다. 그래서 맹자는 현능한 이를 벗 삼은 일화를 자세히 서술하여 마침내 요임금을 모범으로 삼도록 하고 싶었던 것입니다.

벗에 기대어 자신의 다움을 닦고 벗을 존중하기를 이처럼 한다면 '벌목'이란 시에서 벗을 구하려 했던 뜻은 비록 천자라 하더라도 잊어서는 안 될 것입니다.

1) 그래서 범조우는 이 자리와 일 그리고 녹봉은 하늘이 주는 것이
지 임금이 주는 것은 아니라고 말했다.

(『맹자』) 만장이 물었다.

"(그러면) 일반 백성들은 (임금이) 명하여 부역을 시키면 가서 부역을
해야 하는데, 임금이 (일반 백성인) 선비를 보고 싶어서 명했는데 찾아
가 뵙지 않는 것은 무슨 까닭입니까?"

맹자가 말했다. "가서 부역하는 것은 당연한 의무이고 가서 만나보는
것은 군주에 대한 예의가 아니기 때문이다. (아까 말한 것 중에) 임금이
선비를 보고 싶어 한다고 했는데 어째서 그런다는 말인가?"

만장이 말했다. "(만나고 싶어 하는 선비가) 견문이 많고 덕행이 뛰어
나기 때문입니다."

맹자가 말했다. "(그 사람이 정말로) 견문이 많다면 천자도 그런 스승
과 같은 인물은 (자신이 직접 찾아가지) 부르지 않는다. 하물며 제후는
말할 것도 없다. 덕행이 뛰어난 경우라면, 나는 아직 임금이 덕행이 뛰
어난 자가 보고 싶어서 불렀다는 말을 들어보지 못했다. (노나라) 목공
이 자주 자사를 불러서 말하기를 '옛날에는 제후의 나라 임금이면서도
선비와 벗 삼았다고 하는데 어떻게 생각하는가'라고 묻자 자사는 불쾌
한 기분으로 이렇게 답했다고 한다. '옛사람들이 했던 말 중에 '섬겼다
고 해야지 어찌 벗 삼았다고 하는가'라는 게 있습니다.' 자사께서 불쾌
했던 이유는 '지위[位]로 보자면 당신[子]은 임금이고 나는 신하인데 어

찌 감히 임금과 벗 삼을 수 있으며, 다움[德]으로 보자면 당신은 나를
(스승으로) 섬겨야 할 자인데 어찌 나와 벗이 될 수 있겠는가'라고 생각
하신 때문일 것이다. 제후도 자사와 더불어 벗이 되고자 했으나 그렇게
하지 못했는데 하물며 함부로 부를 수 있겠는가?”

　　　신이 가만히 살펴보겠습니다. 맹자는 이 장에서도 현능
한 사람은 도리로써 스스로를 중히 여기고 제후도 어쩔 수 없이 그 도
리를 따라야 한다는 의리를 밝혀 말하고 있습니다.

　(『맹자』에서 맹자가 말했다.) “천하에 모두가 인정하는 귀함[達尊]이
세 가지가 있으니 벼슬자리[爵]가 그 하나요, 연로함[齒]이 또 하나요,
다움[德]이 또 하나입니다. 조정에서는 벼슬자리만 한 것이 없고, 고향
마을에서는 연로함이 가장 귀하고, 세상을 돕고 백성을 기르는 데는
다움만 한 것이 없습니다. 어찌 (임금이) 그 하나(인 지위)를 갖고 있다
고 해서 (내가 가진) 나머지 둘(연로함과 다움)을 우습게 여길 수 있겠
습니까?

　그러므로 장차 큰일을 하게 될 임금은 반드시 앉아서 불러서는 안 되
는 신하가 있게 마련이니, 뭔가를 (크게) 도모하려는 바가 있으면 (그
신하를 직접) 찾아가야 합니다. 다움이 있는 사람을 높이고 도리를 행
하는 것을 즐기기를 이와 같이 하지 않으면 (그런 사람과) 함께 훌륭한

일을 할 수가 없는 것입니다.

그렇기 때문에 탕왕은 이윤에게 가서 배운 뒤에야 그를 신하로 삼았습니다. 그래서 힘들이지 않고 천하를 통일한 임금이 될 수 있었던 것입니다. (제나라) 환공(桓公)은 관중(管仲)에게 가서 배운 뒤에야 그를 신하로 삼았습니다. 그래서 힘들이지 않고 천하의 패권자가 될 수 있었던 것입니다.

지금의 천하를 보면 (크다는 나라들도) 영토가 다 고만고만하고 임금들의 임금다움도 엇비슷해서 어느 한 나라가 특히 뛰어나다고 할 수 없는데 이는 다른 이유 때문이 아니라 (이들 나라의 임금들이) 자신이 가르칠 수 있는 사람을 신하로 삼기를 좋아하고, 자신이 가르침을 받을 수 있는 사람을 신하로 삼기를 좋아하지 않기 때문입니다.

탕왕이 이윤에게 가고 환공이 관중에게 감에 있어서도 감히 불러들이지 못했습니다. (특히) 관중도 오히려 불러들일 수 없었는데 하물며 관중을 하찮게 여기는 자(=맹자 자신)를 어떻게 불러들일 수 있단 말입니까?"


(『예기(禮記)』) 「학기(學記)」에서 말했다.

"임금이 그 신하에 대해 신하로 여기지 않는 경우가 둘 있다. (하나는) 선조의 제사에 시동(尸童)을 맡는 사람은 신하로 대하지 않는다. (또 하나는) 임금의 스승이 됐을 때는 신하로 대하지 않는다. 대학(大學)[1]에서 예를 행할 때 천자에게 고할 때에도 북면(北面)[2]하지 않는 것은 스승을 존중하기 때문이다."

신이 가만히 살펴보겠습니다. 이 두 가지는 임금다운 임금[王者]에게는 스승인 신하[師臣]를 대하는 의리가 있으니 단순히 벗 삼으려고 하는 것과는 다르다는 것을 분명하게 보여주고 있습니다.

이미 탕왕이 이윤에 대해, 문왕과 무왕이 태공망에 대해, 성왕이 주공에 대해 (신하가 아니라) 스승으로서 대했습니다. 그래서 『서경』'중훼지고'에서 말하기를 "능히 스스로 스승을 얻는 자는 (임금다운) 임금[王者]이 될 수 있다"고 했고 전하는 바에서도 스승 같은 신하[師臣], 친구 같은 신하[友臣], 종 같은 신하[僕臣]를 나누고 있습니다.[3]

후세의 임금들 중에서 신하를 벗 삼았던 사람들은 많지 않습니다. 다만 한나라 고제가 장자방(張子房)을 대할 때나 광무제가 엄자(嚴子)를 대할 때나 능소열(陵昭烈)이 공명(孔明)을 대할 때 거의 그것에 가까웠습니다. 또 한나라의 명제와 장제는 비록 스승의 예로써 신하들을 대우하기는 했지만 그들이 황제에게 전해준 것은 단지 글의 피상적인 뜻에 그쳤고 삼왕사대(三王四代)의 이른바 진정한 스승[師]이 어떤 것인지는 제대로 가르치지 못했습니다. 그러다 보니 종 같은 신하들이 "예! 예!" 거리면서 아무것도 일깨워주는 바가 없으니 임금은 날로 교만해지고 신하는 날로 알랑거리게 됐습니다. 바로 이것이 역사에서 난세가 많고 치세가 드문 까닭입니다.

이상은 하늘의 이치와 사람의 윤리의 바름 중에서 뜻이 같은 벗과의 사귐에 관해 논했습니다.

1) 여기서는 성균관 등을 뜻한다.

2) 모든 신하들은 북쪽을 향해 서야 하는 예다.

3) 다음으로 천하를 가지고자 하는 임금은 스승 같은 신하를 가까이 하고, 힘으로 천하를 가지고자 하는 임금은 친구 같은 신하를 가까이 하고, 임금이 한마디를 하면 무조건 옳다 하여 조금도 어김이 없는 신하를 종 같은 신하라고 한다.

(『논어』) 요임금이 말했다.

"아! 너 순아. 하늘의 뜻〔曆數〕이 마침내 너에게 있으니, (너는 왕위에 올라) 진실로〔允〕 그〔厥＝其〕 중화(中和)〔中〕를 잡도록〔執〕 하라〔允執厥中〕."

순임금도 이 말씀으로 우왕을 일깨웠다.


(『서경』) 탕왕은 백성들에게서 중화〔中和＝中＝中道〕를 세우셨다.


(『맹자』) 맹자가 말했다. "탕왕은 중도를 잡았다〔執中〕."



신이 가만히 살펴보겠습니다. 요임금, 순임금, 우왕, 탕왕이 하늘의 뜻을 서로 전수해 준 것은 오로지 중도(中道) 하나입니다. 중(中)이라는 것은 무엇입니까? 그 명(命)이 하늘과 땅에서 나와 백성들이 그것으로 인해 살아가게 되는 것이고 그 이치가 온갖 일마다, 사물마다 그 사이에 퍼져 마땅히 그러한 것이 하나도 없지 않은 것의 법칙이니 지나쳐서도〔過〕 안 되는 것이고 못 미쳐서도〔不及〕 안 되는 것, 이것이 바로 적중함〔中＝中和＝中道〕입니다.

빼어난 인물들이 서로 이어가며 바로 이 적중함을 통치의 표준과 목표〔準的〕로 삼았으니 잡는다〔執〕고 하는 것은 그것을 잡아 쥐고서〔操〕 일을 해가는 잣대로 삼는다는 것이고, 세운다〔建〕고 하는 것은

그것을 세움〔立〕으로써 백성들이 모범으로 삼을 수 있게 해준다는 것
입니다.

그것의 본체〔體〕는 하늘과도 같은 이치의 바름〔天理之正〕을 극대화
하는 것〔極〕이니 이를 이름하여 크게 적중함〔大中〕이라 하고, 그것의
쓰임〔用〕은 그때의 상황에 맞는 마땅함〔時措之宜〕을 딱 잡아내는 것
〔酌〕이니 이를 이름하여 때에 적중함〔時中〕이라 합니다. 그렇기 때문
에 빼어나고 뛰어난 이〔聖賢〕들이 서로 전해 주고 전해 받은 도리의
큰 줄기〔道統〕는 각각의 경전마다에서 강조되고 있는 것입니다. 그렇
지만 반드시 '(사람의 마음이란) 오직 위태위태한 반면 도리는 오직 잘
드러나지 않으니 (그 도리를 다하려면) 정밀하게 살피고 한결같음〔一〕
을 잃지 않아서〔危微精一〕[1)] 그 공력을 다 쓴 연후에야 비로소 적중함
의 근본〔中之本〕을 잡을 수 있는 것입니다. 따라서 빼어나고 밝은 이
〔聖明〕만이 그것을 이룩해낼 수 있을 것입니다.[1] 이 장은 적중함〔中〕에
관해 쓰고 말한 것입니다.

1 이와 관련된 내용은 앞의 제5권에서 살펴본 바 있다.

1) 『서경』 '대우모'에 나오는 말로 앞에서 살펴본 바 있다.

(『서경』) '홍범'[1] 다섯째[2]다.

"황극(皇極)이란 임금〔皇=君〕이 그 지극한 표준〔極=至〕을 세우는 것

이니 이 다섯 가지 복[五福]³을 때에 맞게 거두어들여 자신의 만백성에게 (그 복을) 널리 베풀게 되면 오직 이에 저 만백성도 너의 표준에 대하여 너에게 그 표준을 보존함을 줄 것이다.

(이렇게 되면) 무릇 저 만백성은 사특한 벗과 함께 사사로이 붕당을 맺지 않고 지위에 있는 자들은 아부함이 없어 오직 임금만이 지극한 표준을 세우게 된다.

무릇 저 만백성이 꾀함[猷=計略]이 있고 구체적인 행함[爲]이 있고 지조[守]가 있으니 너는 그들을 생각하며 표준에 맞지 않더라도 허물에 걸리지 않거든 임금으로서 그것을 받아주어라. 편안한 얼굴빛을 하고서 말하기를 '내가 좋아하는 바는 다움[德]이다'라고 하면서 네가 그들에게 복록(福祿)을 내려준다면 이 사람들은 이에 임금의 표준에 (스스로를) 맞추려 할 것이다.

(백성들 중에서) 미천하다 하여 학대하지 말고, 높고 드러났다 하여 두려워하지 말라. 사람들 중에서 능력이 있고 구체적인 행함이 있는 자로 하여금 (정치 등을) 행하는 데 나아가게 하면 나라는 번창할 것이다. 무릇 저 벼슬아치들을 먼저 부유하게 해주어야 비로소 만사가 자리 잡히게 될 것이니 네가 저들로 하여금 집에서 좋아함이 있게 하지 못하면 그 사람은 죄를 짓는 꼴이 될 것이다. 또 다움을 좋아하지 않는 사람에게 네가 비록 복록(福祿)을 주더라도 이는 결국 네가 허물 있는 자를 쓰는 꼴이 될 것이다.

한쪽으로 쏠리거나 기울어짐이 없도록 하며 왕의 의리를 따르고, 사사로이 좋아함을 갖지 않아 왕의 도리를 따르며, 사사로이 미워함을 갖지 않아 왕의 길을 따라야 한다. 쏠리지 않고 당파를 짓지 않으면 왕의 도리가 굴곡 없이 널리[蕩蕩] 펴질 것이고, 당파를 짓지 않고 쏠리지 않

으면 왕의 도리가 아무런 차별 없이 두루두루〔平平〕 펴질 것이며, 도리
에 위배되지 않고 기울어지지 않는다면 왕의 도리는 바르고 곧을 것이
니 그 표준에 모여들고 모두 그 표준으로 돌아올 것이다.

말하기를 임금이 표준을 들어 부연 설명한 이 말이 바로 마땅함이자
가르침이니 이는 상제(上帝)가 가르쳐주신 것이다.

무릇 저 만백성이 (임금이) 표준을 들어 부연 설명한 이 말을 가르침으
로 삼아 이를 행한다면 천자의 빛을 가까이 하게 되어 말하기를 '천자가
우리 백성들의 부모가 되시어 천하의 임금이 되셨도다'라고 할 것이다."

1 『서경』「주서」의 편 이름이다.

2 '홍범' 아홉 개 범주 중에서 다섯 번째다.

3 장수, 부유함, 건강함, 너그러움을 베풂, 모든 것을 누린 뒤 제 명
에 죽음.


주희가 말했습니다.[1]

"낙서(洛書)는 구수(九數)이면서 다섯〔五〕이 그 안에 있고 '홍범'은 구
주(九疇)이면서 황극이 다섯〔五〕에 있다. 한나라 공안국(孔安國) 이래 황
극을 대중(大中)으로 풀이해 왔으며 여러 유학자들도 다 이 설을 따랐으
나 나 홀로 일찍이 경전의 연구를 통해 음미를 거듭한 결과 그것이 반드시
그렇지는 않다는 것을 알게 됐다.

(내가 볼 때) 황(皇)이라는 것은 임금〔君〕을 가리키는 것이요, 극(極)이
라는 것은 지극한 의리이자 표준을 가리키는 것이다. 따라서 극이라는
것은 항상 사물의 깊은 속〔中央〕에 있으면서도 외적으로는 온 사방〔四外〕

을 바라보면서 잘못된 것을 바로잡는 것〔正〕이다. 그래서 극을 이처럼 '깊은 속에 있는 표준〔在中之準〕'으로 풀이할 경우 (공안국처럼) 극을 중으로 풀이하는 것은 불가능해진다.

만약에 북극성〔北辰〕이 하늘의 표준〔天極〕이라면 (사람의) 척추〔脊〕와 (집의) 기둥〔棟〕은 (사람과) 집의 표준〔屋極〕이며 그 뜻은 다 그러한 것이다. 또 예(禮-『예기』)는 이른바 백성의 표준〔民極〕이고 시(詩-『시경』)는 이른바 사방(四方)의 표준이 되는 것이니 이는 황극이라는 것의 뜻에 더욱 가깝다. 따라서 (공안국에서 비롯된 옛 학설을 따르는) 기존의 학설들은 이것만 보더라도 이미 잘못이고 그 핵심을 놓치고 있다고 할 수 있다. 이리하여 공안국의 학설도 역시 더 이상 물어볼 것 없이 잘못됐다고 할 수 있다.

결국 경문(經文)[2]에 입각해서 볼 때 황(皇)을 대(大)로 읽고 극(極)을 중(中)으로 읽는다면 대(大)는 중(中)이 되어 또다시 대가 중을 포함하게 되니 그게 무슨 말이 되겠는가?

(그러나) 나 주희의 학설로 미루어 본다면 임금은 자기 한 몸으로 지극한 존엄〔至尊〕의 자리에 있게 됨으로 인해 사방이 수레의 바퀴살이 바퀴축으로 모이듯이 한 지점을 향해 다 모여드니 빙 돌아가면서 그것들을 다 보게 될 것이다. 그래서 동쪽에서 보는 사람은 서쪽을 볼 뿐이고 남쪽에서 보는 사람은 북쪽만을 보게 될 것이니 이것이 바로 천하의 지극한 적중함〔至中〕이다.

이미 천하의 지극한 적중함에 머물러 있게 되면 반드시 천하의 지극한 다움〔絶德=至德〕을 갖게 되어 그 후에는 지극한 표준을 세울 수 있게 되는 것이니 반드시 오행(五行)을 따르고 오사(五事)를 삼가 받들어 그 몸을 닦고 팔정(八政)을 두터이 하며 오기(五紀)를 화합함으로써 그 정사를 가지런히 한 후에 천하의 지극한 적중함에 지극한 표준이 우뚝 서게 된다.

만일 수레의 바퀴살이 바퀴 축으로 모이듯이 한 지점을 향해 다 모여들어 빙 돌아가면서 그것들을 다 보게 된다면 이에 불가능한 것은 없으니 어짊[仁]을 이야기한다면 그것은 곧 천하의 어짊의 표준이면서 동시에 천하의 어짊을 행하는 것이고, 효도를 이야기한다면 그것은 곧 천하의 효도의 표준이면서 동시에 천하의 효도를 행하는 것이다. 이것이 이른바 황극이다.

따라서 이를 바탕으로 해서 삼덕(三德)에 비추어 그것을 저울에 재보고 복서(卜筮)에 맞추어 그것을 자세히 살피고 하늘에 비추어 그 좋은 것과 나쁜 것[休咎]을 가리고 사람에 비추어 그 화와 복[禍福]을 가리면 마치 가죽옷을 손에 쥔 듯하여 어찌 털 한 오라기라도 어김이 있을 수 있겠는가?

이것이 바로 낙서(洛書)의 수(數)가 비록 하나에서 시작해 아홉에서 끝이 나면서도 반드시 다섯에서 그 적중함을 얻게 되는 까닭이며 동시에 '홍범'의 주(疇)가 비록 오행에 뿌리를 두고 복극(福極)을 향해 나아가면서도 반드시 황극을 중심[主]으로 삼는 까닭이다.

기자의 말 중에 '황(皇)이 그 표준[極]을 세운다'는 것은 곧 임금이 자신의 한 몸으로써 천하에 지극한 표준을 세운다는 뜻이다.

또 그의 말 중에 '다섯 가지 복[五福]을 때에 맞게 거둬들여 자신의 만백성들에게 (그 복을) 널리 베푼다'는 것은 곧 임금이 능히 그 표준을 세우게 되면 오복이 다 모이게 되고 또 그것으로 백성들에게 감화를 보이게 되니 이것은 결국 오복을 널리 퍼트려 백성들에게 나눠주는 것이 된다는 뜻이다.

또 그의 말 중에 '오직 이에 저 만백성도 너의 표준에 대하여 너에게 그 표준을 보존함을 줄 것이다'고 한 것은 백성들이 임금 보기를 지극한 표준으로 바라보기에 임금의 교화[化]를 고분고분 따를 것이며 이는 다시 자신들이 받은 복을 임금에게 되돌려주어 그 표준을 오래도록 지킬 수 있게 해준다는 뜻이다.

또 그의 말 중에 '무릇 저 만백성은 사특한 벗들과 함께 사사로이 붕당을 맺지 않고 지위에 있는 자들은 아부함이 없어 오직 임금만이 지극한 표준을 세우게 된다'라고 한 것은 일반 백성[民]이나 관리[人]들이 능히 이처럼 각자의 다움을 지킬 수 있는 것이 모두 다 임금의 임금다움[德]이 지극한 표준을 행하기 때문이라는 뜻이다.

또 그의 말 중에 '무릇 저 만백성이 꾀함[猷]이 있고 구체적인 행함[爲]이 있고 지조[守]가 있으니 너는 그들을 생각하며 표준에 맞지 않더라도 허물에 걸리지 않거든 임금으로서 받아주어라'고 한 것은 임금이 이미 위에서 표준을 세웠는데 아래에서 따르고 감화 받는 것이 혹 사람마다 얕을 수 있고 깊을 수 있으며 느릴 수 있고 빠를 수 있는 것이니 다 같을 수가 없다는 것이다. 그리고 계책이 있는 사람, 재주가 있는 사람, 다움이 있는 사람은 진실로 마땅히 기억해 두고 잊어서는 안 되며 혹시 조금 모자라거나 크게 어그러지지 않는 자라면 이들 또한 받아들이고 야멸차게 내쳐서는 안 된다는 뜻이다.

또 그의 말 중에 '편안한 얼굴빛을 하고서 말하기를 '내가 좋아하는 바는 다움[德]이다'라고 하면서 네가 그들에게 복록을 내려준다면 이 사람들은 이에 임금의 표준에 (스스로를) 맞추려 할 것이다'라고 한 것은 사람이 속은 그대로 둔 채 겉만 고치는 척하여[革面] 임금을 따르면서 스스로 다움을 좋아한다고 말을 할 경우 비록 그것이 마음 속의 실상과는 맞아떨어지지 않겠지만 임금이 그 자체로서 받아들여 그에게 좋은 일을 베풀어준다면 이 사람도 임금을 표준으로 삼게 되어 그 실상을 갖추려고 힘쓰게 될 것이라는 뜻이다.

또 그의 말 중에 '(백성들 중에서) 미천하다 하여 학대하지 말고, 높고 드러났다 하여 두려워하지 말라. 사람들 중에서 능력이 있고, 구체적인 행함이 있는 자로 하여금 (정치 등을) 행하는 데 나아가게 하면 나라는 번창할 것이다'라고 한 것은 임금이 백성들을 대할 때 한결같이 어짊으로써 한다면 무릇 재주와 능력을 가진 사람들이 다 나아와 각자의 좋은 점을 발휘하려 할 테니 인재가 많아져 나라는 그로써 흥하게 된다는 뜻이다.

또 그의 말 중에 '무릇 저 벼슬아치들을 먼저 부유하게 해주어야 비로소 만사가 자리 잡히게 될 것이니 네가 저들로 하여금 집에서 좋아함이 있게 하지 못하면 그 사람은 죄를 짓는 꼴이 될 것이다. 또 다음을 좋아하지 않는 사람에게 네가 비록 복록(福祿)을 주더라도 이는 결국 네가 허물 있는 자를 쓰는 꼴이 될 것이다'라고 한 것은 무릇 관리들이 반드시 먼저 부유해진 다음에야 좋은 일을 기꺼이 받아들일 수 있다는 것이고, 만일 그 집안부터 편안하게 다스릴 수 없다면 이런 사람은 장차 불의에 빠져들 것이니 공적인 책임을 즐겨 다하려는 마음이 없는데도 수신(修身)을 통해 그들을 가르치려 하거나 복록을 주어 그들을 권면시키려 할 경우 아무런 일도 이루어지지 않게 되어 그 결과는 결국 임금에게 돌아와서 해만 될 뿐 좋은 것은 전혀 없다는 뜻이다.

대체로 사람의 기품이란 어떤 때는 맑고 어떤 때는 흐리며 또 어떤 때는 순수하고〔純〕어떤 때는 뒤섞이어〔駁〕어느 하나로 일정하게 가지런히 할 수 없으니 바로 이 때문에 빼어난 이께서는 위에 표준〔極〕을 세우기를 지극히 엄정하고 지극히 치밀하게 해주셨고, 아랫사람들을 가까이 끌어당기기를 지극히 너그럽고 지극히 넓게 해주셨다. 그러니 아랫사람이 윗사람으로부터 감화되는 바가 사람마다 얕을 수 있고 깊을 수 있으며 느릴 수 있고 빠를 수 있어 그 효험 또한 일정하지는 않겠지만 임금 된 바가 백성의 그 같은 각기 다름에 맞춰 오랫동안 그들의 마음을 길러내는 것은 일찍이 한결같지 않았던 적이 없었던 것이다.

또 그의 말 중에 '한쪽으로 쏠리거나 기울어짐이 없도록 하며 왕의 의리를 따른다'라고 한 것은 천하의 사람들이 다 감히 자신의 사사로움을 버린다고 할 수는 없으니 위로부터의 감화를 따름으로써 마침내 지극한 표준으로 돌아가게 된다는 뜻이다.

대체로 치우치거나 그릇되어 나쁜 것을 좋아하는 자는 자신의 사사로움을 마음속에 마구 풀어내는 자이고, 어느 한쪽으로 기울어 마음이 일정하지 않은 자는 자신의 사사로움을 일에서 마구 드러내 보이는 자다. 왕의 의리, 왕의 도리, 왕의 길은 윗사람이 아랫사람을 감화시키는 것이니 말하자면 황극(皇極)이다. 그래서 의리를 받들고 도리를 받들고 길을 받드는 것은 바야흐로 그 표준에 맞추는 것이요, 평탄하고 평온하여 바르고 곧은 것(蕩蕩平平正直)은 자신의 몸이 표준으로 돌아가는 것이다.
<small>탕탕평평    정직</small>

또 그의 말 중에 '말하기를 임금이 표준을 들어 부연 설명한 이 말이 바로 마땅함이자 가르침이니 이는 상제(上帝)가 가르쳐주신 것이다'라고 한 것은 임금이 자신의 한 몸에 표준을 세워 백성들에게 법령을 선포하면 백성들로서는 그것을 마땅히 따라야 하고 마땅히 배워야 하는 이유가 된다는 뜻이다. 그리고 이는 다 하늘과도 같은 이치이며 상제가 충심으로 내려준 바와 다르지 않다는 것이다.

또 그의 말 중에 '무릇 저 만백성이 (임금이) 표준을 들어 부연 설명한 이 말을 가르침으로 삼아 이를 행한다면 천자의 빛을 가까이 하게 된다'고 한 것은 천하의 사람들이 임금의 명을 받아 모두 다 그 가르침을 따라서 삼가 그것을 행할 경우 결코 그 가르침으로부터 멀어지거나 배제되지 않아 도리와 다움〔道德〕의 빛나는 은택을 입게 된다는 뜻이다.

또 그의 말 중에 '천자가 우리 백성들의 부모가 되시어 천하의 임금이 되셨도다'라고 한 것은 임금이 능히 지극한 표준을 세울 수 있게 되면 만백성〔億兆〕의 부모가 되고 천하의 왕이 되는 것이며, 만일 그렇지 못하면 그 자리는 있을지 몰라도 그에 해당하는 (임금다운) 다움〔德〕은 없게 되어 여러 사람들 중에서 홀로 두드러져 천하의 표준을 세우고 이끌 수는 없게 되는 것이다.

원래 이 '홍범구주'는 하늘이 우왕에게 내려준 것이어서 아득히 어두우며 그윽히 가려져 있어 그 뜻을 알기가 힘들었는데 기자가 무왕에게 고하면서 (충분한 풀이를 통해) 내용을 두루 갖추었다. 그래서 그 말의 심오한 바를 고찰해 보면 처음에는 도무지 이해가 안 될 듯하지만 지속적으로 텅 빈 마음과 평온한 기운〔虛心平氣〕으로 두 번 세 번 반복해서 읽다 보면 정말 너무나도 쉽고 명백하여 단 한 자도 의심할 바가 없게 된다.

그런데 선배 유학자[3]는 임금이 몸을 닦고 도리를 세우는 근본을 제대로 통찰하지 못하여 황극을 대중(大中)이라고 잘못 뜻풀이를 했는데, 또 이렇게 풀이할 경우 여러 가지 다양한 뜻을 그냥 용인하게 되어 중(中)의 정확한 의미를 놓치게 되고 이렇게 되면 선악의 뜻도 불분명해지고 극(極)의 의미도 알 수 없게 된다.

그래서 중(中)에 머물러 있더라도 중의 뜻을 취할 수가 없으며 또 중을 행할 수도 없어 지극히 정밀하고 지극히 마땅한 것〔至精至當〕을 지나치거나 (거기에) 이르지 못하는 일〔過不及〕 자체가 불가능해져 서로 간에 털끝만 한 차이도 없게 될 것이니 이는 중(中)이라는 것이 가리키는 것과 전혀 무관하게 된다.

마침내 이렇게 중을 잘못 생각해서 극(極)을 중(中)으로 풀게 되면 우리가 앞서 본 것과 같은 극(極)은 표준이라는 의미에 이르지 못하게 되어 임금의 몸에 지극히 엄정하고 지극히 치밀하게 표준을 세우는 것이 불가능해지고 나아가 지극히 너그러우며 지극히 넓은 도량을 갖기 위해 힘쓰는 것도 불가능해져서 장차 임금으로 하여금 몸을 닦음으로써 정치를 세우는 것 자체를 폐기하게 만든다.

결국 한나라 원제의 우유부단함과 당나라 대종(代宗)의 고지식함이 옳고 그름이 뒤집어지고 현능하고 무능함이 뒤섞여 구분이 안 되는 지경에 빠진 것도 다 표준을 바로 세우지 못한 데서 비롯된 것이니 어찌 복을 때에 맞게 거둬들여 백성들에게 나눠주기를 기대할 수 있겠는가?"

신이 가만히 살펴보겠습니다. '홍범'이라는 책은 한나라 유학자들이 황극을 대중(大中-크게 적중하다)으로 본 이래 후세의 학자들은 그로 인해 감히 제대로 논의조차 할 수 없었고, 이에 대한 기자의 본래 취지는 사라져버린 지 수천 년입니다. 주희는 이 문제에 대한 깊은 조예를 갖고서 혼자 힘으로 공부해 비로소 황극의 의미를 임금이 바로 섬으로써 지극한 표준에 이르는 것이라고 해석했습니다. 그리하여 주희는 이런 해석을 통해 천하를 소유한 자로 하여금 자신의 몸이 백성들 위에 있다는 것을 알게 해주었습니다.

무릇 자신의 몸을 닦고 정치를 바로 세우는 것은 반드시 표준을 (자기 몸에) 지극하게 한 연후에야 지존이라고 칭함으로써 표준의 지위에 이르게 되는 것입니다. 비록 기자가 다시 살아난다고 해도 이 말은 바꾸지 못할 것이라고 했습니다. 그렇기 때문에 성학(聖學-유학)은 임금의 도리의 대체를 바르게 전하는 데 있어 중요합니다. 따라서 그 (유학의) 문장들을 고루 갖추고서 감히 줄여서는 아니 되며 차근차근 읽어 몸에 체득하셔야 할 것입니다.

이 장은 황극에 관해 쓰고 말한 것입니다.

1) 이하의 내용은 주희가 지은 '황극변(皇極辨)'에 실려 있다.
2) 여기서는 '홍범구주'가 실려 있는 『서경』을 가리킨다.
3) 한나라의 공안국을 가리킨다.

(『논어』) 제자 안연이 어짊[仁]에 관해 묻자 공자는 말했다.

"자기(의 사사로운 바)를[己] 이겨내고[克=勝] 예로[禮] 돌아가는 것[復=反]이 곧 어짊(을 행하는 것)이니, 단 하루라도 극기복례(克己復禮)를 행한다면 천하도 그런 사람을 어질다고 인정해 줄 것이다. 인을 행하는 것은 자기 자신에서 비롯되는 것이지 어찌 남에게서 비롯되겠는가?"

안연은 이 점에 대해 보다 구체적인 사항들을 쉽게 설명해 줄 것을 정중하게 청한다. 이에 공자는 다음과 같이 말했다.

"예가 아니면 '절대' 보지도[視] 말고 듣지도[聽] 말며 말하지도[言] 말고 움직여서도[動] 안 된다."

이에 안연이 말했다.

"회(回=안연)가 비록 불민하지만 청컨대 그 말씀을 따르도록 하겠습니다."

정이가 말했습니다.

"예가 아닌 곳에 사사로운 뜻(私意)이 있으니, 이미 그것이 사사로운 뜻이라면 어떻게 어짊을 얻을 수 있는가? 모름지기 자신의 사사로움을 이겨내고 다 없애서 모두 예로 돌아가도록 해야 바야흐로 어질어지기 시작한다."

또 말했습니다.

"극기복례를 하면 모든 일들이 다 어질게 된다. 그래서 천하가 어짊으로 돌아가게(歸) 된다."

사량좌(謝良佐)가 말했습니다.

"자기(의 사사로운 바)를 이겨내는 것(克己)은 마땅히 타고난 본성을 따라서 공적인 것(難=公)에 기대어 능히 공에 머무르며 사사로움을 차근차근 제거해 가는 것이다."

주희가 말했습니다.

"어짊(仁)이라는 것은 본 마음의 온전한 다움(德)이다. 자기(己)란 일신상의 사사로운 욕심이다. 예(禮)라는 것은 하늘과도 같은 이치(天理)를 그 서열에 맞도록 나누어 잘 드러낸 것(節文)이다. 어질다 혹은 어짊을 행한다는 것은 그 마음의 다움을 온전하게 하는 것이다. 무릇 마음의 온전한 다움은 하늘과도 같은 이치가 아닌 것이 없지만 사람의 욕심에 의해 파괴되지 않는 것도 있을 수 없다. 그래서 어짊을 행한다는 것은 반드시 사사로운 욕심을 이겨내고 예로 돌아가는 것이며, 이렇게 되면 하는 일마다 모두 하늘과도 같은 이치에 맞게 되어 본 마음의 다움이 다시 나에게서 온전하게 된다."

또 주희는 말했습니다.

"안연은 공자님의 말씀을 듣고서 하늘과도 같은 이치[天理]와 사람의 욕심[人欲]의 경계에 대해 확연히 알게 됐다. 그래서 더 이상 의심하거나 물어볼 바가 없었기 때문에 곧장 그 상세한 조목(條目)을 (듣고 싶다고) 청했던 것이다. 비례(非禮)란 자기의 사사로운 욕심[己之欲]이다. 물(勿)이란 금지를 뜻하는 말이다. 이것은 사람의 마음[心]을 위주로 해서 사사로움을 이겨내고 예로 돌아가는 기틀이다. (이렇게 해서) 사사로움을 이겨낼 경우 동작과 모습 그리고 주선하는 바가 하나같이 예(禮)에 적중[中]하지 않는 바가 없어 하루하루 생활하는 가운데에도 하늘과도 같은 이치가 널리 퍼지지 않는 것이 없다. 사(事)는 일에 종사한다고 할 때의 그 사(事)와 같은 뜻이니 (안연의) '청컨대 그 말씀을 따르도록 하겠습니다[請事斯語]'라는 말은 안자가 그 이치를 마음속에 깊이 새기고[默識] 나아가 자신이 사욕을 이겨낼 힘을 갖고 있다는 것을 스스로 알고 있었다는 뜻이다. 따라서 곧장 그것을 자신의 임무로 삼으면서 더 이상 의심을 품지 않았던 것이다."


정이가 말했습니다.

"안연이 극기복례의 세세한 조목을 묻자 공자는 '예가 아니면 '절대' 보지도[視] 말고 듣지도[聽] 말며 말하지도[言] 말고 움직여서도[動] 안 된다'고 말했다. 이 네 가지는 사람의 몸의 쓰임[用]인데 속[中=心]을 근거로 삼아 밖[外]에 응하는 것이니 밖에 제어를 가하는 것은 그 속을 기르는 까닭이 된다. 안연이 그 말씀을 따르겠다고 한 것은 빼어난 사람[聖人]으로 나아가기 위함이었다. 배우는 사람이라면 마땅히 이를 가슴속에 묻어두고서 잃어버려서는 안 된다. 그래서 이를 바탕으로 잠(箴-송

곳이나 바늘 같은 경계의 말)을 지어 스스로 경계하고자 한다.

먼저 시잠(視箴)이다. '마음이여! 원래는 텅 비어 있으니 일과 사물〔物〕
에 응하여도 자취가 없다. 마음을 잡아 부리는 데〔操〕는 반드시 필요한
것들이 있는데 우선 보는 것〔視〕이 모범이 된다. 눈앞에서 가려지면 그
속마음은 (다른 데로) 옮겨가게 되니 밖에 제어를 가함으로써 그 안을 편
안하게〔安〕해야 한다. 그래서 극기복례를 오래 하면〔久=長〕 열렬해〔誠〕
지는 것이다.'

청잠(聽箴)이다. '사람은 마땅히 쥐고 놓아서는 안 되는 바〔秉彝=良心〕¹⁾
를 갖고 있는데 그런 마음은 원래 하늘이 내려준 본성〔天性〕에 뿌리를 두
고 있다. 하지만 (사람의) 앎은 유혹에 이끌려 그 일이나 사물〔物〕에 동화
되어 마침내 그 (마음의) 바름〔正〕을 망치게 된다. 그러나 저 탁월한 선각
자들은 (마음이 오래) 머물러야 할 데〔止〕를 알아서 가야 할 방향을 정함
〔定〕으로써 사사로움을 막고 열렬함을 보존하여〔閉邪存誠〕 예가 아니면
결코 귀 기울여 듣지 않았도다〔非禮勿聽〕.'

언잠(言箴)이다. '사람의 마음이 움직이는 것은 말로 인해 밖으로 표현
되는 것이니 말을 할 때에는 조급함〔躁〕과 망녕됨〔妄-거짓과 허위〕을 막
아야 안〔內=心〕이 고요하고 한결같게 된다. 하물며〔矧=況〕 말은 모든 일
의 중추〔樞機〕여서 전쟁을 일으키고 우호를 만들어내며 길흉영욕(吉凶榮
辱)이 오직 이 말로 인해 생겨난다. 그래서 말을 지나치게 쉽게 하면 (행
실이) 엉성해지고 지나치게 (복잡하다 못해) 번잡하면 지리멸렬해진다. 또
말을 도리에 어긋나게 하면 돌아오는 말도 어그러진다. 도리〔法=理〕가 아
니면 말을 하지 말아서 삼가 그 가르침을 공경해야 할 것이다.'

끝으로 동잠(動箴)이다. '지혜로운 사람〔哲人〕은 조짐〔幾〕을 알기에 생
각을 함에 있어 열렬하고, 뜻이 있는 사람〔志士〕은 힘써 행하고 그 행함

에 있어 뜻을 지켜낸다. 이치를 고분고분 따르면(順) 부드러워지고 사람의 욕심을 그냥 따르면(從) 위험에 빠질 뿐이니 급박할 때(造次)에도 능히 깊이 생각하고 두려울 때에도 자신을 잘 지켜내야 한다. 이를 몸에 익혀 본성처럼 되게 한다면 성현과 같이 될 수 있으리라!'

이 장의 문답은 곧 마음을 다스리는 법(心法)을 절절하게 핵심만을 담아 전해주는 말씀이라 지극히 눈 밝은(明) 사람이 아니면 그 조짐을 살필 수 없고 (마음이) 지극히 굳센(健) 사람이 아니면 결단을 할 수 없다. 그래서 (여러 제자들 중에서도) 안자(-안연=안회)만이 그것을 제대로 들을 수 있었고 무릇 배우는 자들도 역시 이에 힘쓰지 않으면 안 될 것이다."

정이의 잠은 들추어내고 밝힌 것(發明)이 극히 친절하기 때문에 배우는 자들은 더욱 깊이 음미해야 할 것입니다.


어떤 이가 "안연이 어짊(仁)에 관해 묻고 공자께서 그렇게 일러주신 것은 무슨 의미입니까"라고 묻자 주희는 이렇게 답했습니다.

"사람은 하늘과 땅의 적중함(中)을 받아 이로써 생명을 얻어 살아가고 인의예지(仁義禮智)라는 본성이 그 마음에 갖춰지게 된다. 어짊(仁)은 비록 사랑함(愛=愛人)과 주로 연결돼 있지만 내용적으로 보면 본 마음의 온전한 다움(全德)이 되고, 예의(禮)는 삼감(敬)과 주로 연결돼 있지만 내용적으로 보면 하늘과도 같은 이치(天理)를 차례를 나눠 드러낸 것(節文)이다. 그런데 사람은 이 신체, 즉 귀나 눈이나 입 그리고 몸을 갖고 있어 사사로운 욕심들의 굴레(累)에서 벗어나는 것이 불가능하기 때문에 예를 어기고 인을 해친다. 사람으로서 어질지 못하면 그 한 몸으로부터 (인을 펴가는) 단서를 찾지 못하고 외부의 사물들 사이에서 뒤집어지고 뒤섞이는 것이 그 끝을 알 수 없을 정도가 된다."

바로 이 때문에 성문(聖門)[2)]의 배움은 어짊(仁)을 구하는 데 온 힘을 다하는 것이고, 또 안자가 물었을 때 공자가 특별히 극기복례(克己復禮)를 들어 (어짊을) 이야기했던 것입니다. 무릇 자기 몸의 사사로운 욕심을 제거하여 하늘과도 같은 이치(天理)의 본래 모습으로 돌아가려 한다면 본 마음의 온전한 다움은 앞으로도 이와 분리되지 않고 그것을 다하지 않음이 없을 것입니다.

(주희는) 또 말했습니다.

"자기 몸(己)이라는 것은 사람의 욕심의 사사로움(私)이요, 예라는 것은 하늘과도 같은 이치의 공변됨(公)이다. 따라서 한 마음 안에서 이 둘은 병립하는 것을 용납지 않고 서로 조금도 겹치지 않기 때문에 이것이 들어가면 저것이 나가고 저것이 들어가면 이것이 나간다. 이것을 이길(克) 수 있는가 이길(克) 수 없는가 혹은 돌아갈(復) 수 있는가 돌아갈(復) 수 없는가는 마치 손바닥을 뒤집는 것과 같고 또 팔을 굽혔다 폈다 하는 것과 같다. 따라서 진실로 그것을 하려고만 한다면 그 관건(機)은 이미 나 자신에게 있을 뿐이다. 무릇 어찌 그것을 다른 사람에게서 구할 수 있겠는가?

또 (주희가) 말했습니다.

"예가 아니면 보지도 듣지도 말라는 것은 밖으로부터 들어와 안으로 움직이는 것을 막는 것이고, 예가 아니면 말하지도 움직이지도 말라는 것은 안에서 나가 밖과의 접촉을 시도하는 것을 삼가는 것이니 안팎이 나란히 가면서 어짊을 행하는 공은 여력을 남기지 않고 다 쓰는 것이다.

그렇지만 성인의 말을 깊이 음미하고 안자가 힘을 쏟는 바를 잘 살펴보면 그 관건〔機〕은 오로지 (예가 아니면) 결코 안 하느냐〔勿〕와 결코 안 하지 않느냐〔不勿〕의 사이에 있을 뿐이다.

이로부터 돌이켜 찾는다면 하늘과도 같은 이치〔天理〕가 되고 이로부터 (돌이키지 않고) 흘려버린다면 사람의 욕심〔人欲〕이 된다.

또 이로부터 제대로 생각하면 빼어난 사람〔聖人〕이 되고 이로부터 생각하지 않으면 아무 짝에 쓸모없는 사람〔狂人〕이 되는 것이니 이 둘은 다만 털끝만 한 데서 차이가 날 뿐이다.

배우는 사람이 그 택하는 바를 삼가지 않을 수 있겠는가?"


또 (주희가) 말했습니다.

"본성의 다움과 사정의 다움〔性情之德〕은 갖추어지지 않은 바가 전혀 없으나 그 오묘함을 단 한마디로 다 나타낼 수 있으니, 즉 어짊〔仁〕뿐이다. 또 어짊을 구하는 방법은 대개 여러 가지가 있겠지만 그 요체를 단 한마디로 말할 수 있으니, 즉 극기복례뿐이다.

무릇 어짊이라는 것은 하늘과 땅이 만물을 살게 해주는 마음이며 사람은 그것을 통해 마음을 가질 수 있는 것이니 오직 어짊만이 하늘과 땅과 만물의 마음이자 그로써 사람의 마음이 되는 것이다. 그렇기 때문에 아직 발현〔發〕되기 전에도 사덕(四德)은 온전히 갖춰져 있는 것이다. 그래서 인의예지(仁義禮智)라고 말하지만 인(仁)이 나머지 셋과 두루 통하지 않는 바가 없고 일단 인이 발현되면 사단은 다 드러나게 된다. 즉 측은(惻隱), 수오(羞惡), 사양(辭讓), 시비(是非)라고 말하지만 측은의 마음〔惻隱之心=仁〕이 나머지 셋과 두루 통하지 않는 바가 없다. 바로 이것이 인(仁)의 본체와 쓰임〔體用〕은 다른 것을 길러주고〔涵育〕 모두가 하나 되게 해주며〔渾全〕 두루두루 흘러 관철하며 하나의 마음의 미묘함에 전념

케 하여 여러 가지 좋은 것들(衆善-예를 들면 의, 예, 지 등을 가리킨다)
중에서도 최고가 되게 해주는 까닭이다.

그러나 사람은 동시에 몸을 갖고 있으니 귀와 눈과 코와 입을 갖고 있
고 사지의 욕망을 갖고 있어 그 어짊(仁)을 해치지 않는다는 것은 불가능
하다. 그래서 사람이면서 어질지 못하면 하늘과도 같은 이치(天理)는 사
라지게 되고 결국 사람의 욕망은 장차 닿지 않는 바가 없게 된다. 이 때문
에 군자의 배움은 어짊을 구하는 데 급급한 것인데 어짊을 구하는 요체
는 이런 어짊을 해칠 수 있는 것을 제거하는 것뿐이다.

무릇 예가 아닌데 보게 되면 사람의 욕심은 어짊을 해치게 되고, 예가
아닌데 듣게 되면 사람의 욕심은 어짊을 해치게 되고, 예가 아닌데 말하
고 행동하게 되면 사람의 욕심은 어짊을 해치게 된다. 따라서 사람의 욕
심이 어짊을 해치게 되는 바를 아는 것은 바로 여기에 있으니 이로부터
그 뿌리를 뽑아내고 원천을 틀어막아 이겨내고 또 이겨내어 한순간에 모
든 것이 확 트일 때까지 애를 써서 이치가 맑아지는 데 이르게 된다면 그
가슴속에 지켜내는 바가 어찌 순수하지 않을 수 있겠는가? 그리고 하늘
과 땅이 만물을 살게 해주는 마음도 마치 봄볕의 따스함을 맞이한 듯 무
성하게 우거질(藹) 것이다.

(옛 도리를 배워) 마음속에 간직하고 내세우지 않으면(黙而識之)[3] 진실
로 하나의 이치라도 갖춰지지 않는 바가 없고 하나의 사물이나 일이라도
해당되지 않는 바가 없을 것이며, 느껴서 통하게 된다면(感而通) 얻지 못
할 이치가 없고 그 사랑과 은혜(愛)를 입지 않을 사물이나 일이 없을 것
이다."

 신이 가만히 살펴보겠습니다. 주희가 이 장에서 들추어

내고 밝히고 쪼개고 나누기〔發明剖析〕를 더 이상 해볼 수 없을 만큼 남김없이 해놓았기에 위에서 보신 바와 같이 그 글⁴⁾의 뜻하는 바를 온전히 갖추고 있다고 하겠습니다.

무릇 이른바 귀, 눈, 입, 코〔耳目口鼻〕와 사지(四肢)가 원하는 바를 보면 눈은 빛깔〔色〕을, 귀는 소리〔聲〕를, 입은 맛〔味〕을, 코는 냄새〔臭〕를 욕구하고 사지는 편안함〔安佚〕을 추구한다는 것이⁵⁾ 이것입니다. 귀, 눈, 입, 코, 넷의 욕구를 이겨내지 못해 욕망이 이기게 되면 이치〔理〕는 지리멸렬해질 것이니 어찌 어짊〔仁〕이 있을 수 있겠습니까? 이 때문에 (유가에서는) 이기는 것〔克〕을 대단히 중요하게 생각하는 것입니다.

이긴다는 것은 전쟁에서 이기기 위해 (상대방을) 공격하고 빼앗는 것을 말합니다. 사사로운 욕심〔私欲〕이 사람을 해치는 것은 도적의 무리보다 훨씬 심합니다. 그래서 반드시 (이기려면) 용기를 발휘하고 힘을 써서 이겨내고 물리치는 것입니다. (『논어』「헌문」2장에서) 원헌(原憲)⁶⁾이 "남을 이기려는 것〔克〕,⁷⁾ 자랑하는 것〔伐〕, 원망하는 것〔怨〕, 욕심내는 것〔欲〕, 이 네 가지를 행하지 않는다면 이런 사람을 어질다〔仁〕고 할 수 있습니까?"라고 묻자 공자는 이렇게 답합니다. "그렇게 하는 것만도 쉬운 일은 아니지만 (그렇다고 해서) 그렇게 하는 사람이 어진 사람(仁者)인지는 내 알지 못하겠다."

남을 이기려는 것, 자랑하는 것, 원망하는 것, 욕심내는 것, 이 네 가지는 사사로운 뜻〔私意〕입니다.

원헌은 일단 그것들을 억제하여 행하지 않는 것만으로도 자기 마음대로 어질다 할 수 있다고 보았습니다. 그러나 공자는 그것을 인정하지 않았습니다. 왜냐하면 자신을 이긴다는 것〔克己〕은 단번에 결정적으로 그것을 제거한다는 뜻이지 (그때그때) 그것을 누르고 막아서

[抑遏] 행하지 않는 것이라면 이는 마치 잘못 자란 나무를 제거할 때 일단 나뭇가지만 잘라내고 그 뿌리는 뽑아버리지 않는 것과 같기 때문입니다. 그래서 안회와 같은 큰 용기를 가진 사람[大勇]이 아니라면 공자가 쉽게 그것을 (어질다고) 허락해 주지 않았던 것입니다.

인(仁)이라는 글자 한 자가 경전에 등장한 것은 '중훼지고'[8]에서 "능히 너그럽고 능히 어질어 백성들로부터 큰 믿음을 받으셨습니다[克寬克仁 彰信兆民]"라고 한 데서부터이며 이윤이 그것을 이어 "백성들은 오래도록 그리워할 사람이 없었기에 어짊이 있는 사람을 그리워한다[民罔常懷 懷于有仁]"[9]고 했습니다. 이 둘에 (시기적으로) 앞서 (『서경』)「우서」의 이른바 "(죽이기보다는) 살리기를 좋아하는 다움[好生之德]", "백성을 편안케 해주면 (그것이 바로) 은혜를 베푸는 것이다[安民則惠]"가 다름 아닌 어짊[仁]을 말하는 것인데 다만 그때는 인(仁)이라는 명칭이 없었을 뿐이고 「상서」에 이르러서야 명칭이 비로소 드러나게 됐지만 「우서」에서 말하려는 내용은 대체적으로 다 어짊[仁]의 쓰임[用]이라 할 수 있습니다.[10]

안자(顔子-안회)의 질문이나 공자의 답은 바로 어짊[仁]의 본체[體]입니다. 이제 삼왕(二帝三王)이 비록 (더 이상) 이겨내야 할 사욕(私欲)이 없었지만[無己之可克] 순임금이 말한 "사람의 마음이란 오직 위태위태한 반면 도리는 오직 잘 드러나지 않으니 (그 도리를 다하려면) 정밀하게 살피고 한결같음을 잃지 않아야 한다[人心惟危 道心惟微 惟精惟一]"는 것과 성탕이 말한 "(임금은) 음탕한 음악과 여색을 가까이해서는 안 되고 재물을 늘리려 해서도 안 되며 예제(禮制)를 통해 늘 그 마음을 처음과 같이 써야 한다"는 것은 안자의 말과 다를 바가 없습니다.

무릇 반드시 안자의 어짊이 있은 다음에야 이제 삼왕의 어짊도 있는 것이니 이것이 자신을 완성하고 외부의 일이나 사물도 완성시켜 주는 시작과 끝입니다.

천하를 소유한 자라고 해서 어찌 일찍이 어짊을 좋아하는 마음을 갖지 않았을 것이며 어짊의 어려움을 겪지 않았겠습니까만 도리어 배우는 사람〔學者〕보다 물욕에 의해 휘둘리기 쉬운 것이 대부분입니다.
학자

시인이 마침내 이걸 갖고서 부(賦)를 지었는데 한나라(후한) 광무제를 인정하여 말하기를 극기복례했으니 진실로 한나라(전한) 효문제보다 공경해야 할 것이라고 했고, 이렇게 볼 때 광무제는 진실로 뛰어나다〔賢〕고 노래했습니다. 그러나 본부인을 폐하고 태자를 바꾼 것은 다
현
사사로운 욕심에서 나온 것이니 과연 이런 칭송이 합당하다고 할 수 있겠습니까?

당나라 태종이 세상을 가지런히 하고 백성들을 안정시킨 것〔濟世安民〕
제세안민
은 어짊을 잘 쓴〔用〕 덕택이라고 아니할 수는 없지만 원래 그 뿌리를
용
들여다보면 그것은 신하들의 간언을 잘 따라서 지난 잘못을 고쳤기 때문에 그런 것이지 스스로를 이겨내는 법〔自克〕을 잘 알아서 그렇게
자극
한 것은 아닙니다. 물론 그가 이룩한 공효는 다 가릴 수 없을 만큼 큽니다만 스스로를 이겨낸 공은 적고 스스로 방만해져서〔自縱〕 저지른
자종
잘못은 많습니다.

그래서 (우리 같은 사람들은) 겨우〔僅〕 당 태종의 어짊은 그런대로
근
따라 할 수 있지만 이제 삼왕(二帝三王)의 어짊을 따라하기는 매우 힘든 것입니다. 그러니 오직 빼어나게 밝은 임금이라야 뜻을 세우고 힘써 배우는 것을 제왕의 목표로 삼아서 한나라와 당나라의 황제처럼 스스로 안주하지 않고 공자와 그 제자가 말한 극기복례에 자신의 모든 힘을 다 한다면 반드시 하늘과도 같은 이치에 온전히 이르고 사람

의 욕심은 사라져 천하가 다 어짊으로 돌아가는 날이 있을 것이니 신이 보건대 임금은 이루 다 삼가고 또 삼가지 않을 수 없습니다.

이 장은 어짊[仁]에 관해 쓰고 말한 것입니다.

1) 병이라는 말은 원래 『시경』 「대아」의 '증민(蒸民)' 편에 나오는 말인데 『맹자』 「고자장구(告子章句)」에도 병이라는 표현으로 등장한다.

2) 공자, 맹자, 주희로 이어지는 학맥과 학풍을 높여서 부르는 말로 넓게는 유학, 좁게는 성리학 혹은 도학의 전통이라 할 수 있다.

3) 이는 『논어』 「술이」 2장에서 공자가 한 말이다.

4) 공자의 말이다.

5) 이 말은 맹자가 했다.

6) 공자의 제자이며 고지식할 만큼 절개와 청빈을 지킨 인물이라고 한다. 일부에서는 공자의 손자인 자사로 보기도 한다.

7) 이때의 극은 자신의 욕망을 이긴다는 의미의 이기다[克]와는 다르다.

8) 『서경』 「상서」의 편(篇) 이름이다.

9) 이 말은 이윤이 『서경』 「상서」의 '태갑' 하편에서 한 것이다.

10) 진덕수는 체(體)와 용(用)의 이분법을 통해 어짊의 개념과 실제 용례를 나누지만 결과적으로는 둘 다 어짊과 직접 관련됨을 보여준다.

(『논어』) 공자가 말했다.

"삼(參)아! 나의 도는 하나로 모든 것을 꿰었다."

증자는 말했다.

"네!"

공자가 나가자 다른 제자들이 무슨 뜻이냐고 증자에게 물었다. 증자는 말했다.

"스승님의 도는 충(忠)과 서(恕)뿐이다."


주희가 말했습니다.

"성인(聖人-공자)의 마음은 모든 차이나 차별을 뛰어넘어 하나의 이치〔理〕이지만 널리 응하고 구석구석 마땅하여 그 쓰임〔用〕은 각각 다르다. 증자는 그 쓰임에 있어서는 대개 이미 그 일에 따라서 정밀하게 살피고 힘써 행했으나 다만 그 본체〔體〕가 하나일 뿐이라는 것은 아직 알지 못했다. 공자께서는 그가 진실로 공력을 오랫동안 쌓아 장차 터득함이 있으리라는 것을 알았기 때문에 이로써 그의 이름을 부르고 그처럼 일러주었는데 증자는 과연 그 뜻하는 바를 묵묵히 알아차리고서 즉각 응하여 아무런 의심도 품지 않았다."

주희가 또 말했습니다.

"자신의 온 마음을 남김없이 다하는 것을 일러 충(忠)이라 하고, 자기 자신으로부터 시작해 (남을) 미루어 헤아리는 것〔推〕을 서(恕)라 한다. 공자의 하나의 이치가 모든 차이나 차별을 뛰어넘어 널리 응하고 구석구석 마땅한 것은, 비유하자면 하늘과 땅의 지극한 열렬함〔至誠〕은 조금도 쉼이 없고〔無息〕만물이 각각 마땅히 있어야 할 자리를 차지하고 있는 것과 같다. 여기서 비롯하는 것 이외에는 진실로 남는 방법들이 없고 또한 미루어 헤아림도 기다릴 필요가 없다. 증자는 이를 보긴 했으나 말로 표현하기는 어려웠다. 그래서 배우는 사람들이 자신의 온 마음을 남김없이 다하고 자기 자신으로부터 시작해 미루어 헤아리는 것을 빌려서 그것을 드러내어 밝혔으니 이는 사람들이 그 이치를 쉽게 알도록 해주고 싶어서였다.

무릇 지극한 열렬함〔至誠〕은 조금도 쉼이 없다〔無息〕는 것은 도리〔道〕의 본체〔體〕여서 만 가지 일의 유일한 뿌리이고, 만물이 각각 마땅히 있어야 할 자리를 차지하고 있는 것은 도리의 쓰임〔用〕이어서 하나의 뿌리에서 만 가지 일들이 나오게 되는 것이다. 이런 관점에서 볼 때 (비로소) 하나로 모든 것을 꿰었다〔一以貫之〕는 말의 실상을 제대로 볼 수 있게 된다. 누가 말하기를 '중심(中心-속마음)이 충(忠)이고 여심(如心-내 마음처럼)이 서(恕)다'라고 했는데 그 뜻도 역시 통한다."

정이가 말했습니다.

"자기 자신으로써 (직접) 남 혹은 외부에 미치는 것이 어짊〔仁〕이라면 자기 자신으로부터 (간접적으로) 미루어 헤아려서 남 혹은 외부에 미치는 것은 서(恕)다. (『중용』에서 말한) '(충과 서는) 도리와의 거리가 멀지 않다〔違道不遠〕'고 하는 것이 바로 이것이다. 충과 서는 하나로 모든 것을 꿰었으니 충(忠)이란 하늘과도 같은 도리요 서(恕)란 사람의 도리이며, 충이란 조금의 거짓도 없는 것이요 서란 그 충을 진실되게 행동으로 옮기는 것이다. 충이라는 것은 본체요 서라는 것은 그 쓰임이니 둘 다 큰 근본이요 경지에 이른 도리〔達道〕이다. 이것이 (『중용』에서 말한) '(충과 서는) 도리와의 거리가 멀지 않다'는 말과 차이가 있다면 그것은 이것이 하늘(혹은 자연)에 의해 움직이게 되기 때문이다."

정이가 또 말했습니다.

"아! 하늘의 명은 모두 화합하기를 그치지 않는도다'[1]가 충이고, '하늘의 도리[乾道]가 변화하여 각각은 자신들의 본성과 명[性命]을 바로하고 있다'[2]는 서다."
<sub>건도</sub> <sub>성명</sub>

정이가 또 말했습니다.

"성인은 사람들을 가르칠 때 각각의 재능에 맞게 하셨다. '나의 도는 하나로 모든 것을 꿰었다[吾道一以貫之]'는 말은 오직 증자만이 도달할 수 있는 것이었다. 그래서 공자께서는 이를 증자에게 말씀하신 것이다. 증자가 문인들에게 이르기를 '스승님의 도는 충과 서뿐이다'라고 한 것 또한 공자가 증자에게 말씀하신 것과 같은 것이다. 『중용』에서 말한 '(충과 서는) 도리와의 거리가 멀지 않다'는 것은 곧 아래로는 (사람의 일을) 배우면서 위로는 (하늘과도 같은 이치를) 통달한다는 뜻이다."

정이가 또 말했습니다.

"『중용』에서 말한 '충과 서는 도리[道]와의 거리가 멀지 않으니 자기에게 베풀어보아 자신이 원치 않는 것을 또한 남에게 베풀어서는 안 된다'는 것 또한 평이한 사례를 끌어서 사람들을 가르치는 것이다."


주희가 또 말했습니다.

"충은 근본이고 서는 가지와 잎이니 하나[一]는 충이요 그것으로써 꿰뚫는 것이 서다. 충은 서를 통해 드러나고 서는 충에서 나온다."

주희가 또 말했습니다.

"하늘과 땅은 곧 아무런 사사로움이 없는 마음[無心]의 충서(忠恕)요,
<sub>무심</sub>

(공자처럼) 빼어난 이는 행함이 없는〔無爲〕 충서요, 배우는 자는 행함이 있는〔有爲〕 충서이다. 그래서 어떤 사람이 빼어난 이의 충은 곧 이 같은 열렬함〔誠〕이 아닌가라고 묻자 그렇다고 답했고, 또 빼어난 이의 서는 곧 이 같은 어짊〔仁〕이 아닌가라고 묻자 그렇다고 답했던 것이다. 배우는 사람이 말하기를 충은 열렬함에 가깝고 서는 어짊에 가깝다고 했다.”

주희가 또 말했습니다.

“충은 하나의 뿌리〔一根〕이고 서는 수많은 가지〔萬殊〕이니 하나의 뿌리는 그 모든 것들을 하나로 엮어주고 수많은 가지는 그 뿌리에서 퍼져 나온다.”

주희가 또 말했습니다.

“충과 서는 본문과 각주의 관계다.”


신이 가만히 살펴보겠습니다. ‘하나로 모든 것을 꿰었다〔一以貫之〕’를 주희는 ‘남김없이 다하다〔盡之〕’라고 풀었습니다. 이것이 어찌 비단 배우는 사람들만 마땅히 알아야 할 것이겠습니까? 무릇 ‘하늘은 수많은 형상에 대해 사물마다 조각하여 만들지 않았다’[3]고 했습니다.

아, 하늘의 명은 모두를 화합하는 데 그치지 않고 넓고 가는 것, 작고 큰 것들 각각의 본성과 명을 바로잡아주었습니다.

임금은 오직 자기 한 몸으로써 천하의 일들에 대응하여야 하니 만일 도리의 큰 원천을 모른 채 그때그때 일과 사안에 따라서 응한다면 각각은 자신의 도리에 마땅함을 얻기 어려울 것입니다. 그래서 충서라는 것은 임금이 만 가지 업무에 대응하는 근본입니다.

빼어나고 밝으신 폐하께서 윗자리에 계시면서 진실로 선배 유학자의 설을 가까이 하여 그 뜻을 깊이 궁구하고 힘써 행한다면 한 가지 마음으로도 만물을 주재할 수 있고 한 가지 이치로도 만사를 꿰어 성문(聖門-유학 혹은 공자의 가르침)의 효과와 쓰임이 자신에게 있게 될 것입니다.

1) 『시경』 「주송」에 실린 '청묘지십(淸廟之什)'의 한 구절이다.
2) 『주역』 건괘에 대한 풀이에 나오는 구절이다.
3) 이 말은 『논어』 「위령공」 2장에 대한 사량좌의 풀이에 나온다.

『중용』<sup>1</sup>

1 공자의 손자 자사가 쓴 책이다.

정이가 말했습니다.
"어느 한쪽으로도 치우치지 않는 것을 중(中)이라 하고, 쉽게 바뀌지 않는 것〔不易〕을 용(庸)이라 한다."
불역

주희가 말했습니다.
"중이란 어느 한쪽으로도 치우치지 않고 기대지도 않으며〔不偏不倚〕
불편 불의
지나침〔過〕과 이르지 못함〔不及〕이 없는 것을 이르는 것이고, 용이란 평
과 불급
소와 같이 늘 그러한 것〔平常〕이다."
평상

(『중용혹문』에서) 어떤 사람이 물었다.

"중용이라는 편 이름의 의미에 대해 정자(程子-정이)는 오로지 '어느 한쪽으로도 치우치지 않는 것[不偏]'이라 했고, 여씨(呂氏-여대림)는 오로지 '지나침과 이르지 못함이 없는 것[無過不及]'이라고 말해 두 사람의 설이 같지 않은데 선생께서는 이 두 가지를 합하여 하나로 말한 이유가 무엇입니까?"

(주회가) 답했다.

"중이란 하나의 이름으로 두 가지 뜻을 갖고 있는데 정자는 확고하게 이에 관해 이야기한 바가 있다. 지금 와서 그가 했던 말로 미루어 헤아려 보면 '어느 한쪽으로도 치우치지 않고 기대지도 않는다는 것은 정자가 말했던 '속에 있다[在中]'는 뜻으로 감정이 발현되기 이전에[未發] 어느 한쪽으로 기대는 바가 없음을 가리키며, '지나침과 이르지 못함이 없는 것[無過不及]'은 정자가 말했던 적중[中]의 도리[道]이니 모든 일을 행함에 있어 각각 적중함의 이름[名]이다.

다시 말해 어느 한쪽으로도 치우치지 않고 기대지도 않는 것[不偏不倚]이란 마치 어디에 서 있으면서 사방 어느 쪽으로도 쏠리지 않는 것과 같으니 마음의 중심이요 공간[地]에서의 중앙이고, 지나침과 이르지 못함이 없는 것[無過不及]은 마치 길을 걸어가면서 앞서지도 뒤처지지도 않는 것과 같으니 이치의 마땅함[理之當]이요 일의 적중함[事之中]이다.

따라서 아직 발현되기 이전의 큰 바탕[大本]에 있어서는 어느 한쪽으로도 치우치지 않고 기대지도 않는 것[不偏不倚]이라는 명칭을 취했고, 지나침과 이르지 못함이 없게[無過不及] 만들어주는 본체는 실로 여기에 있다.

그리고 그것이 발현되어 적중함[中]을 얻는 데 있어서는 비록 그 마음

두는 바[所主]가 어떤 한 가지 일에 치우치는 것이 없을 수 없지만 지나침과 이르지 못함이 없게 되는 것은 어느 한쪽으로도 치우치지 않고 기대지도 않는 것이 있기에 가능하다. 또 하나의 일에 있어서도 또한 일찍이 치우치거나 기대는 바가 없다.

이 때문에 정자는 또 말하기를 '화(和)를 말하면 중은 (이미) 그 안에 있고 중을 말하면 희로애락은 그 안에 있다'고 했고, 여씨도 '그것이 아직 발현되지 않았을 때에는 이 마음은 텅 비어 있어 치우치거나 기대는 바가 없다. 그래서 그것을 일러 속[中]이라 하고 이런 마음으로써 만 가지 일의 변화에 대응하게 되면 그 어디서건 적중함이 아닌 것이 없다'고 했다.

이를 보면 두 사람의 말하는 뜻은 각기 다르지만 그 실상을 보면 서로 본체와 쓰임[體用]이 된다.

딱 맞아떨어지는 풀이가 됐는지는 모르겠지만 이상이 중용이라는 편 이름의 의미에 대한 이 어리석은 사람의 풀이다."

어떤 사람이 물었다.

"용(庸)이라는 글자의 뜻에 대해 정자는 '쉽게 바뀌지 않는 것[不易]'이라고 했는데 선생께서는 '평소와 같이 늘 그러한 것[平常]'이라고 하셨는데 이유가 무엇입니까?"

(주희가) 답했다.

"오직 평소와 같이 늘 그러하기 때문에 그것은 오래갈 수 있고[可常＝可久] 바뀔 수가 없는 것이다. 세상을 깜짝 놀라게 하는 일이란 잠깐[暫] 그럴 수는 있어도 지속적으로 그러할 수는 없다. 그래서 두 설이 달라 보이지만 그 귀결점은 같다."

(『중용』에서 (공자가) 말했다.) "기뻐하고 화내고 슬퍼하고 즐거워하는〔喜怒哀樂〕 사정〔情〕이 (아직) 발(發)하지 않은 것을 중(中)이라 이르고, 그것들이 발하여 모두 절도(節度)에 맞는 것을 화(和)라 이르니, 중이란 것은 천하의 큰 바탕〔大本〕이요, 화란 것은 천하의 달성해야 할 도리〔達道〕이다. 중화(中和)에 이른다〔致〕는 것은 (비유하자면) 천지(天地)가 제자리를 지키고, 만물(萬物)이 잘 길러지는 것과 같다."

주희가 말했습니다.

"희로애락은 정(情)이요, 그것이 아직 발현되지 않은 것은 본성〔性〕이다. (그런데) 그것이 치우치거나 기대는 바가 없기 때문에 중이라 이르고, 발현될 경우에는 모두 절도에 적중하는 것(딱 맞는 것)〔中節〕은 사정〔情〕의 올바름〔正〕이니 어그러진 바가 없기 때문에 (동시에 그것을) 화라고 부른다. 큰 바탕〔大本〕이라는 것은 하늘이 명한 본성〔性〕으로 천하의 이치가 다 이로부터 나오니 도리〔道〕의 본체〔體〕이고, 천하의 달성해야 할 (혹은 두루 통하는) 도리〔達道〕란 본성을 따르는 것을 이르는 것으로 천하와 고금이 다 행해야 하는 것이니 도리〔道〕의 쓰임〔用〕이다."

주희가 또 말했습니다.

"이른다〔致〕는 것은 미루어 헤아려 그것을 정점까지 밀고 올라가는 것〔推而極之〕이다. 자리〔位〕는 그 있는 곳을 편안케 하는 것이요, 길러지는 것〔育〕은 그 삶을 이루어가는 것이다.

경계하고 두려워함〔戒懼〕에서 시작해 자기 자신을 잘 다잡아서〔約=自約〕 지극히 고요한〔靜〕 가운데에서 치우치거나 기대는 바가 없어 그

(마음을) 지킴(守)을 조금도 잃지 않는다면 그 적중함을 정점까지 밀고 올라가서 하늘과 땅이 제자리를 잡을 것이다.

(또) 홀로 있음에도 삼가는 태도(謹獨=愼獨)에서 시작해 자기 자신을 빈틈없게 다스려(精) 사물이나 일에 대응함에 조금도 잘못이 없어 가는 곳마다 그렇지 않음이 없는 데에 이르게 되면 그 화(和)를 정점까지 밀고 올라가서 세상 만물이 잘 길러지게 될 것이다.

천지와 만물은 본래부터 나와 한 몸이니 나의 마음이 바르면 천지의 마음도 바르고 나의 기운이 순하면 천지의 기운도 역시 순하게 된다. 그러므로 그 효험이 이와 같은 데에 이르는 것이다.

이는 배우고 묻는 바(學問)의 지극한 효과요 빼어난 이라면 능히 잘 할 수 있는 일(能事)이니 애당초 외부의 일이나 사물에서 그것을 기대할 것이 없다."[1]


(『중용혹문』에서) 어떤 사람이 물었습니다.

"중(中)과 화(和)의 뜻이 무엇입니까?"[2]

주희가 말했습니다.

"하늘이 명한 본성(性)이란 모든 이치가 다 갖춰져(具) 있으며 희로애락은 각각 그 마땅한 바가 있으니 바야흐로 아직 발현되지 않았을 때에는 혼연히 그 속에 있어(在中) 치우치거나 기대는 바가 없으니 중(中)이라 하고, 발현하여 모두 그 마땅한 바를 얻어 어긋나는 바가 없으니 화(和)라고 한다.

중이란 본성의 다움(性之德), 도리의 본체(道之體)이니 그로써 천지만물의 이치가 모두 해당되지 않는 바가 없다. 그래서 이를 천하의 큰 바탕이라고 한다. 화란 사정의 올바름(情之正), 도리의 쓰임(道之用)이니 그로써 고금의 인물이 모두 생겨난 것이다. 그래서 이를 천하의 달성해야 할 도리라고 한다.

무릇 하늘이 명한 본성이란 순수하고 지극히 좋아 사람의 마음에 갖춰져 있는 것은 그 본체와 쓰임의 온전함이 본래 모두 이와 같기에 빼어난 사람〔聖人〕과 어리석은 사람〔愚人〕 간에도 더하고 덜함이 없다. 그러나 고요함〔靜〕에 머물며 이를 잘 보존할 줄 모르면 하늘과도 같은 이치가 흐려져서 큰 바탕은 제대로 설 수 없게 될 것이고, 움직임〔動〕에 있어 이를 제대로 절제할 줄 모르면 사람의 욕심이 마구 횡행하게 되어 천하의 달성해야 할 도리는 제대로 행해질 수 없게 될 것이다.

오로지 군자라야 남들이 보지도 않고 내 말이 남들에게 들리지도 않는 혼자만의 시공간에서부터 경계하고 삼가며 두려워하기를 더욱 엄하게 하고 더욱 조심하여 한 터럭만큼이라도 치우친 바 없이 이를 잘 지켜 항상 잃지 않는 데 이르면 그 중(中)에 이르게 되어 큰 바탕을 세우는 것이 날로 더욱 견고하게 될 것이다. 그리고 여기에 더하여 더욱 은미하고 그윽한 즈음에 그 선악의 기미를 삼가고 더욱 정밀하게 하여 한 터럭만큼이라도 어긋나거나 잘못됨이 없어 행함에 항상 어김이 없다면 이는 그 화(和)를 다하여 천하의 달성해야 할 도리의 행함이 날로 더욱 넓어질 것이다.

이르다〔致〕라는 것은 힘을 써서 미루어 헤아려 그것을 정점까지 밀고 올라가는 것〔推而極之〕을 말하니 그 정점까지 지극함을 다하여 고요함에 이르되 어느 한 순간이라도 적중함〔中〕에 맞지 않은 바가 없는 데에 이르게 되면 나의 마음이 바르게 되고 천지의 마음 또한 바르게 된다. 그러면 음양(陰陽)과 동정(動靜)이 각각 제자리를 찾게 되며 천지(天地)도 따라서 제자리를 얻게 된다.

움직이게 될 때 어떤 일이라도 화(和)하지 않은 바가 없는 데에 이르게 되면 나의 기운이 온순해지고 하늘과 땅의 기운 또한 온순해지므로 서로 충만하여 빈틈이 없게 되고 기쁨이 서로 통하여 하나가 되니 만물은 이에서 잘 길러지게 된다."

어떤 사람이 물었습니다.

"그렇다면 중화(中和)란 과연 (중과 화) 두 가지 별개의 것입니까?"

(주희가) 말했습니다.

"하나의 본체와 하나의 쓰임〔一體一用〕이라는 이름만 보게 되면 어찌 두 가지라고 아니할 수 있겠는가? 그러나 하나의 본체와 하나의 쓰임의 실상을 살펴보면 이것은 저것의 본체가 되고 저것은 이것의 쓰임이 되니 이는 마치 귀와 눈이 듣고 볼 수 있으며, 보고 들음이 눈과 귀에서 비롯되는 것과 같으니 애초부터도 두 가지 별개의 것은 아니다."


신이 가만히 살펴보겠습니다. 중화에 이르러〔致中和〕 하늘과 땅이 제자리를 찾고 만물이 길러지는 것, 이것이 (사람이) 하늘과 땅에 참여하여 교화와 길러짐〔化育〕을 돕는 일이니 참으로 어렵다고 하겠습니다. 그렇지만 거기에 힘을 쏟는 방법을 묻는다면 "삼감〔敬〕뿐이다"라고 말하는 것, 그 이상은 없습니다.

무릇 아무도 보지 않고 아무것도 들리지 않는 때에 (홀로) 경계하고 두려워하는 것이 삼감이요, 자신만이 알고 남들은 아무도 모를 때에 스스로 조심함에 이르는 것 역시 삼감입니다. 고요한 때에〔靜時〕 삼가지 않는 바가 없는 것이 곧 중(中)에 이르는 것이요, 움직일 때에〔動時〕 삼가지 않는 바가 없는 것이 곧 화(和)에 이르는 것이니 임금 된 자는 오직 삼감〔敬〕 하나만 삼가〔恪〕 굳게 지키며 고요한 때에는 그것으로써 자신을 함양하고 움직일 때에는 그것으로써 성찰하며, 그것으로써 하늘과도 같은 이치를 보존하고 그것으로써 사람의 욕심을 눌러서 그 애쓰고 힘씀(工夫)이 정점에 이르게 되면 이를 일러 '중화에 이르다(致中和)'라고 하는 것이니 자연스럽게 하늘과 땅이 제자리를 찾고 만물이 길러지는 것입니다.

기자가 '홍범'에서 말한 바 "천자가 엄숙하면(肅) 때에 맞는 비가 내리고(雨), 천자가 잘 다스리면(乂=治) 때맞춰 날씨가 따뜻해지고(暘), 천자가 지혜로우면(哲) 때맞춰 더워지고(燠), 천자가 계책을 잘 세우면(謀) 때맞춰 추위가 찾아오고(寒), 천자가 빼어나면(聖) 때맞춰 바람이 불어(風) 만물의 변화에 응하게 된다"고 한 것이나 동중서가 말한 바 "임금이 마음을 바로 하면 조정이 바로 되고 이어 백관이 바로 되고 이어 만백성이 바로 되어 음양이 조화를 이루고 비바람이 때에 맞아 온갖 복이 끊임없이 찾아오게 된다"고 한 것은 모두 다 그런 이치를 말하는 것입니다.

폐하께서 이를 깊이 체득하시어 그것을 힘써 행하시고 그 어려움이나 그것이 행해지지 않는 바를 꺼리지 않으신다면 천하가 다행할 것입니다.

1) 즉 그것은 내 안에서 나를 닦음으로써 가능하다는 말이다.
2) 보다 정확하게는 "중과 화를 정점까지 밀고 올라가서 하늘과 땅이 제자리를 잡고 세상 만물이 잘 길러지게 될 것이라고 하는 말은 무엇입니까"이다.

(『중용』) 공자가 말했다.

"군자는 중용하고, 소인은 중용하는 것에 반(反)한다.[1] 군자가 중용한다는 것은 군자라면 때에 맞게 적중하기 때문이요, 소인이 중용한다는 것은 소인이라면 거리낌 없이 적중하려 하기 때문이다."

1 왕숙(王肅)의 판본에 반(反) 자가 있는데 주희는 그것을 따른다.

주희가 말했습니다.

"중하고 용한다[中庸]는 것은 치우치지 않고 기대지 않아 지나침과 이르지 못함이 없어[無過不及] 평소와 같이 늘 그러한 것[平常]의 이치이니 바로 하늘의 명이 마땅히 그러하게 만든 바이며 정미(精微)함의 극치다. 오직 군자만이 이를 체현하여 행할 수 있고 소인은 그와 반대로 한다."

주희가 또 말했습니다.

"군자가 중하고 용하는 까닭은 군자의 다움[德]이 있고 또 능히 때에 따라 중(中)에 처하기 때문이요, 소인이 이와 반대로 중하고 용하는 까닭은 소인의 마음이 있고 또 꺼리는 바가 없기 때문이다.

무릇 적중한다[中]는 것은 정해진 몸체가 없고 때에 따라 있는 것이니 이것이 바로 평소와 같이 늘 그러한 것[平常]의 이치다. 군자는 이것이 자기 안에 있음을 안다. 이 때문에 남들이 보지 않을 때에도 경계하고 삼가며[戒愼] 내 말이 남들에게 들리지 않을 때에도 삼가 두려워하여[恐懼] 그때마다 적중하지[中] 않음이 없고 소인은 이것이 자기 안에 있음을 몰라 욕심을 부리고 거짓되게 행동하여 꺼리는 바가 없는 것이다."

(『근사록(近思錄)』) 정이가 말했습니다.

"(『춘추』는 무엇으로 표준을 삼아야 하는가? 중용만 한 것이 없다.) 중용을 알고자 한다면 권도〔權〕[1]만한 것이 없으니 모름지기 때에 맞아야 적중함〔中〕이 이루어진다. 만약 손발에 못이 박이는 것과 문을 닫고 나가지 않는 것 두 가지 사이에서 적중함을 취하려 한다면 이는 적중함이 아니다. (반면) 만약 손발에 못이 박이도록 수고로워야 할 때를 당하면 곧 이것이 적중함이 되고, 문을 닫고 나가지 않아야 할 때를 당하면 곧 이것이 적중함이 되는 것이다.

권도라는 말은 저울과 저울추〔秤錘〕라는 뜻이니 무슨 물건으로 저울질을 하는가? 의리〔義〕요 때〔時〕다."

정이가 또 말했습니다.

"중(中)이라는 글자를 가장 알기 어려우니 모름지기 묵묵히 깨달아서 마음으로 통달해야 한다. 우선 시험 삼아 한 대청〔廳〕으로 말하면 중앙이 중이 되고, 한 집〔一家〕은 대청의 가운데가 중이 아니고 당(堂)이 중이 되며, 한 나라로 말하면 당이 중이 아니고 수도의 중앙이 중이 되니 이처럼 미루어 헤아리면 알 수 있을 것이다. 또 추위가 막 시작됐을 때 얇은 가죽옷을 입는다면 그것은 중(하는 것)이지만 맹추위 때도 추위가 시작됐을 때의 가죽옷을 입는다면 그것은 중(하는 것)이 아니다. 예를 들어 세 번이나 자기 집 문 앞을 지나가면서도 들어가지 않은 것이 우직(禹稷)의 시대에는 중(하는 것)이 되지만 만일 누추한 골목에 산다면 그것은 중(하는 것)이 아니다. (반대로) 누추한 골목에 사는 것이 안회가 살던 때에는 중(하는 것)이 되는 것이지만 만일 일반 사람이 세 번이나 자기 집 문 앞을 지나가면서도 들어가지 않는다면 그것은 중(하는 것)이 아니다.

어떤 사람이 말하기를 '남자와 여자가 서로 가까이 하지 않는 것은 옳기 때문에 남녀가 가까이 하지 않는 것이 중(하는 것)이다. 그러나 상례와 제례 때는 이렇게 해서는 안 된다'고 했다."

양시(楊時, 1053~1135년)[2]가 말했습니다.

"중해야 할 때를 안다는 것은 권도를 아는 것이니 권도를 모르면 중(하는 것)을 알 수가 없다. 1척짜리 물건을 알고 있다고 했을 때 (1척의 절반인) 5촌만큼을 덜어내어 그것을 쥐면 그것은 중(中=가운데 혹은 절반)이지만 같은 1척이기는 한데 두껍고 얇거나 작고 큰 몸체가 균일하지 않으면[殊] 그 쥐어지는 것의 가볍고 무거움도 일정하지 않을 것이니 오히려 5촌을 쥠으로써 중이 되면 이는 저울추[權=권도]가 없는 것이나 마찬가지다.

무릇 5촌을 쥐는 것은 길고 짧거나 많고 적은 것의 중이지만 두껍고 얇거나 작고 큰 것의 중은 아니기 때문에 두껍고 얇거나 작고 큰 것의 중을 구하려면 5촌을 덜어내고서 그 가볍고 무거움을 알 때에야 그 중을 얻는 것이다.

따라서 권도는 중으로써 행하고 중은 권도에 입각해서 세워진다. 『중용』이란 책에 권도에 대한 언급은 없으니 (그 이유는) 거기서 말하는 군자나 시중(時中)이 이미 대개 권도를 행하는 것과 관련돼 있기 때문이다."

신이 가만히 살펴보겠습니다. 정이가 시중(時中)을 논한 것이 지극합니다. 양시는 정이의 설에 입각해서 미루어 헤아려 밝히고 보충하는 바가 있습니다. 『주역』의 도리는 때와 의리[時義]를 주로 삼습니다. 그래서 건괘의 육효(六爻)는 잠겨 있을 때[潛]를 당하여 잠겨 있는 것이 중(하는 것)이니 드러나면[見] 중(하는 것)이 아닌 것이고, 날아야 할 때[飛]를 당하여 나는 것이 중(하는 것)이니 (그때도) 잠겨 있다면 중(하는 것)이 아닌 것입니다. 다른 괘들도 다 그러합니다.

'홍범'의 삼덕(三德)에서도 굳셀 때[剛]를 당하여 굳센 것은 중(하는 것)이지만 굳셀 때를 당하여 부드러운 것은 중(하는 것)이 아닌 것이고, 바르고 곧아야 할 때[正直]를 당하여 바르고 곧은 것은 중(하는 것)이지만 바르고 곧아야 할 때 굳세거나 부드러운 것은 둘 다 중(하는 것)이 아닌 것입니다.

이에 미루어 헤아려보면 일마다 사물마다 그렇지 아니한 것이 없으니 이는 임금이 세상을 어루만지고 만사를 제대로 다룰 수 있게 해주는 큰 권도[大權]입니다. 따라서 (폐하께서는) 반드시 이러한 앎에 이르는 것을 근본으로 삼아야 할 것입니다.

이상은 우리의 도리[吾道=儒學]의 원류의 바름[正]에 대해 논했습니다.

1) 저울의 추처럼 때에 맞추는 것이다.
2) 북송 말의 유학자로 정호·정이 형제에게 사사했다.

(『중용』) 열렬함[誠]이라는 것 자체는 하늘의 도리[道]요, 열렬함에 이르려는 것은 사람의 도리[道]다. 열렬함이라는 것은 굳이 애쓰지 않아도 중도(中道)에 맞고 힘써 생각하지 않아도 얻게 되어 조용히 도리에 적중하니 이를 갖춘 사람은 빼어난 사람[聖人]이고, 열렬함에 이르려는 것은 좋은 것[善]을 잘 가려내어 그것을 굳게 잡는 것이다. 그것을 널리 배우고[博學], 그것을 따져가며 깊이 묻고[審問], 그것을 신중하게 생각하고[愼思], 그것을 밝게 가려내며[明辨], 그것을 독실하게 행해야 한다[篤行].

배우지 않는 것이 있을지언정 일단 배우기 시작하면 능해지지 않고는 그만두지 않는다. 묻지 않음이 있을지언정 일단 묻기 시작하면 알지 않고는 그만두지 않는다. 생각하지 않음이 있을지언정 일단 생각하기 시작하면 도를 얻는 차원에 이르지 않고는 그만두지 않는다. 가려내지 않음이 있을지언정 일단 가려내기 시작하면 밝히지 않고서는 그만두지 않는다. 행하지 아니함이 있을지언정 일단 행하게 되면 독실해지지 않고서는 그만두지 않는다. 남이 한 번에 능하거든 자신은 백 번을 하고, 남이 열 번에 능하거든 자기는 천 번을 할 일이다. 과감히 (노력하여) 이 도리에 능해진다면 그 사람이 비록 머리가 나쁘다 해도 반드시 밝아질 것이며, 비록 마음이 유약하다 해도 반드시 강해질 것이다.


주희가 말했습니다.

"열렬함이라는 것은 진실하고 거짓됨이 없는 것을 이르니 하늘과도 같은 이치[天理]의 본래 그러한 모습[本然]이며, 열렬함에 이르려는 것은 제대로 진실하지 못하거나 거짓됨이 없지 못하여 진실하고 거짓됨이 없는 것에 이르려 하니 사람이 하는 일[人事]의 마땅히 그러해야 하는 모습[當然]이다. 성인의 (성인)다움[德]은 하늘과도 같은 이치와 혼연히 하나가 되어 진실하고 거짓됨이 없어 별도의 생각이나 억지로 노력함을 기다리지 않고서도 조용히 도리에 적중[中道]하니 그렇다면 이 또한 하늘의 도리이다.

성인의 경지에 이르지 못하면 사람의 욕심[人欲] 특유의 사사로움이 없지 않아 그의 다움이 온전히 진실할 수가 없다. 그러므로 별도로 깊이 생각하지 않고서는 얻을 수 없기에 반드시 좋은 것[善]을 택한 뒤에야 좋음을 밝게 알 수 있고, 애써 노력하지 않고서는 도리에 적중할 수가 없기에 반드시 굳게 잡은 뒤에야 자신의 몸을 열렬하게 할 수 있으니 이것이 이른바 사람의 도리라는 것이다.

별도로 깊이 생각하지 않아도 얻게 된다면 그것은 날 때부터 (사람의 일을) 볼 줄 아는 것[生知=生而知之]이요, 애써 노력하지 않고서도 도리에 적중한다면 그것은 억지가 아니라 마음에서 우러나 편안하게 행하는 것[安行=安而行之]이다.

좋은 것을 택하는 것은 배워서 (사람의 일을) 볼 줄 아는 것[學而知之] 이하의 일이요, 굳게 잡는 것은 (마음에서 우러나는 것은 아니고) 이롭게 여겨 (억지로라도) 행하는 것[利而行之] 이하의 일이다.

널리 배우고[博學], 따져가며 깊이 묻고[審問], 신중하게 생각하고[愼思], 밝게 가려내며[明辨], 독실하게 행하는 것[篤行]은 열렬함에 이르는 조목[目]이다. 그중 배우고 묻고 생각하고 가려내는 것[學問思辨]은 좋은 것을 택하는 것으로써 앎[知]이 되니 배워서 아는 것이고, 독실하게 행하는 것[篤行]은 굳게 잡는 것으로써 어짊[仁]이 되니 이롭게 여겨 행하는 것이고, '배우지 않는 것이 있을지언정 일단 배우기 시작하면 능해지지 않고는 그만두지 않는다' 이하는 용기와 관련된 일이다. 군자의 배움은 하지 않으면 그만이지만 일단 시작하면 반드시 이루려고 해야 한다. 그렇기 때문에 항상 공력 쏟기를 100배로 하는 것이다. (이렇게 할 경우) 어리석더라도 밝아져 좋음을 골라낼 수 있게 되고 유약하더라도 굳세어져 (무엇이든) 강하게 붙잡을 수 있게 된다."

여대림이 말했습니다.

"군자가 배우는 까닭은 기질을 (좋은 쪽으로) 바꾸기 위해서일 뿐이다. 다움[德]이 기질을 이기면 어리석은 자가 밝음[明]에 나아갈 수 있고 유약한 자가 강함에 나아갈 수 있으며, 이기지 못하면 비록 배움에 뜻을 두더라도 어리석은 자는 밝아지지 못하고 유약한 자는 설 수가 없을 뿐이다.

무릇 좋은 것이나 나쁜 것 어느 쪽도 없는 것이 본성[性]이니 사람은 다 같으며, 어둡고 밝고 강하고 약한 것을 (하늘로부터) 받은 것이 같지 않은 것이 재주[才]이니 사람마다 다 다르다.

열렬함에 이르려 하는 것은 그 같음을 회복하고 그 다름을 (좋은 쪽으로) 바꾸는 것이다. 말하자면 아름답지 못한 자질[質=才=氣質]로써 변화하여 아름다워지기를 구하려 하면서 공력을 (남들보다) 백 배로 하지 않는다면 결코 그것에 이를 수 없다.

그런데 오늘날 (많은 사람들은) 거칠고 소략하며 지리멸렬한 배움을 어쩌다 하기도 하고 혹은 중단하기도 하면서 아름답지 못한 자질을 바꾸려다가 바뀌지 않게 되면 '타고난 자질이 아름답지 못한 것은 배운다고 해서 바뀔 수 있는 것이 아니다'라고 말을 한다. 이는 스스로를 버리는 데 있어〔自棄〕 과감한 것이니 그것은 어질지 못함〔不仁〕이 심한 것이라고 하겠다."

(『중용혹문』) 어떤 사람이 물었다.

"열렬함〔誠〕의 뜻에 대해서 자세하게 들려주실 수 있겠습니까?"

주회는 말했다.

"그것을 말로 하기란 어렵다. 여기서 잠시 그것의 명의(名義)로 말한다면 그것은 진실하고 거짓됨이 없음〔眞實無妄〕을 말하고 있는 것이다. 만일 일이나 사물의 이치〔事理〕에서 얻어진 이름으로 말한다면 또한 그것이 가리키는 바의 크고 작기에 따라 다르겠지만 모두가 진실하고 거짓됨이 없음이라는 뜻을 취했을 뿐이며, 자연의 이치로 말한다면 하늘과 땅 사이에는 오직 하늘과도 같은 이치〔天理〕만이 지극히 진실하고 거짓됨이 없는 까닭에 하늘과도 같은 이치에 열렬함이라는 이름을 붙인 것이다.

예를 들면 '하늘의 도리'나 '귀신의 다움〔鬼神之德〕'이 바로 그런 것이며, 다움으로 말하면 생명이 있는 부류 가운데 오직 빼어난 이의 마음만이 지극히 진실하고 거짓됨이 없는 까닭에 빼어난 이는 열렬함이라는 이름을 얻게 되는 것이다. 예컨대 '애써 노력하지 않고서도 도리에 적중하고 별도로 깊이 생각하지 않고서도 도리를 얻는다'는 것이 바로 그것이다.

하나의 일을 갖고서 말하면 하나의 생각의 진실 또한 열렬함이며, 한마디 말의 진실 또한 열렬함이며 하나의 행동의 진실 또한 열렬함이다. 크고 작은 차이가 없지 않겠지만 그 뜻의 핵심은 꽉 채움〔實〕에 있다."

어떤 사람이 또 물었다.

"그렇다면 하늘과도 같은 이치와 빼어난 이가 그처럼 꽉 채울 수 있는 까닭은 무엇입니까?"

주희는 말했다.

"하나이면 순수하고 둘이면 잡스럽고, 순수하면 열렬하고 잡스러우면 거짓되는 것, 이것은 모든 일과 사물〔常物〕의 큰 실정〔大情〕이다. 무릇 하늘을 하늘이게 해주는 것은 텅 비어 있고 광막하여 아무런 조짐도 없는 것〔沖漠無朕〕으로서 모든 이치와 다 맞아떨어져 갖춰지지 않은 바가 없기 때문이다. 그렇지만 그 본체〔體〕는 하나일 뿐이기 때문에 처음에는 어떤 사물도 뒤섞여 있지 않다. 그래서 여기에는 소리도 없고 냄새도 없으며 생각함도 없고 작위(作爲)도 없는데 하나의 으뜸가는〔一元〕 기운으로서 봄, 여름, 가을, 겨울과 낮과 밤, 밝고 어두움과 백년 만년에 이르기까지 일찍이 한순간의 오차도 없고 천하 만물의 넓고 가는 것, 크고 작은 것, 나는 새와 헤엄치는 물고기, 그 밖의 모든 동식물들이 제각기 바른 본성과 명〔性命〕을 얻어 태어나 일찍이 한 털오라기만큼의 착오도 없다. 이것이 바로 하늘과도 같은 이치가 진실하고 거짓됨이 없는 것이라 할 수 있다.

사람과 만물 만사가 태어날 때 본성과 명〔性命〕의 올바름〔正〕은 진정으로 하늘과도 같은 이치의 실상이 아닌 것이 없다. 다만 기질의 치우침이나 눈, 귀, 코, 입과 사지(四肢)의 욕망에 가려서 사사로운 욕심이 나오게 된다. 이 때문에 측은한 마음이 발현되어야 할 때에 남을 해치려는 마음이 뒤섞여 나오는 것은 어짊〔仁〕을 행함에 있어 그 실상이 다 이뤄지지 않는 것이며, 부끄러워하는 마음이 발현되어야 할 때에 탐욕스러움과 우매함이 뒤섞여 나오는 것은 의리〔義〕를 행함에 있어 그 실상이 다 이뤄지지 않는 것이다.

이는 평범한 사람〔常人〕의 마음으로서 애써 좋은 행위를 하려고 노력하지만 안과 밖〔內外〕, 숨어 있는 것과 드러난 것〔微顯〕에 항상 이중의 차이가 생기는 것을 면하지 못한 때문이며 그보다 더 심하여 사기, 위선, 속임수로써 마침내 소인의 길로 떨어지기까지 하는 것은 바로 위의 두 감정이 잡스럽게 뒤섞이기 때문이다.

오직 빼어난 이만이 그 기질이 맑고 순수하여〔淸純〕혼연하게 하늘과도 같은 이치를 갖추고 있어 처음부터 사람의 욕심의 사사로움에 의해서 혼탁된 바가 없기 때문에 어짊을 행하면 안팎이 모두 어질어서 한 털오라기만큼이라도 어질지 못한 점이 없으며, 의리를 행하면 안팎이 모두 의로워서 한 털오라기만큼이라도 의롭지 못한 점이 없다.

(그래서) 빼어난 이의 다움〔德〕은 참으로 천하의 모든 좋은 것〔善〕을 다 갖추어 그 어느 것 하나도 빠트림이 없으며 그의 좋음〔善〕 또한 천하의 진실을 다하여 조금의 불만족스러움도 없다. 이 점이 바로 애써 노력하지 않고서도 도리에 적중하고 별도로 깊이 생각하지 않고서도 아는 것이며, 자연스럽게 도리와 한 몸이 되어 움직이고 용모를 취할 때〔動容〕 그리고 일을 주선할 때 예에 들어맞지 않음이 없게 된다.”

어떤 사람이 또 물었다.

“그렇다면 평범한 사람들이 사사로운 욕심을 버리지 못하고 그 다움의 내실〔實〕을 제대로 채우지 못하게 되는 것은 무엇 때문입니까?”

주희는 말했다.

“빼어난 이는 이미 그것을 제대로 언급한 바 있다. ‘좋은 것을 택하여 굳게 잡는 것〔擇善固執〕’이 그것이다. 천하의 모든 일을 함에 있어 이렇게 하는 것이 좋은 것으로 알고서 독실하게 행하고, 이렇게 하는 것이 나쁜 것으로 알고서 그것을 내친다면 좋은 것을 향하고 나쁜 것을 버리려는 마음이 이미 독실한 것이다. 여기에다 또다시 굳게 잡는 노력을 더한층 가하여 남들이 아무도 내 목소리를 듣지 못하는 곳에 있으면서도 또한 반드시 경계하고 삼가서 가히 게으름을 부리지 않는다면 이른바 사사로운 욕심이 밖으로는 행해질 것이 없고 안으로는 발붙일 데가 없게 됨으로써 자연스럽게 그 욕심은 사라지고 나의 마음과 몸에 폐단이 되지 않을 것이다. 그렇게 된다면 어떻게 나의 다움이 진실하지 못할까 봐 걱정할 필요가 있겠는가? 이것이 바로 열렬함에 이르려는 것〔誠之〕이다."

주희가 또 말했습니다.

"스스로 그러하면서 꽉 채워진 것이 하늘이요, 또 반드시 사람이 꽉 채워지기를 기대하는 것이 하늘이다."

(『중용』) 열렬함을 통해 밝아지게 되는 것을 일러 본성〔性〕이라 하고, 밝힘을 통해 열렬해지는 것을 일러 가르침〔敎〕이라고 한다. 그래서 열렬하면 밝아지고 밝아지면 열렬해진다.

주희가 말했습니다.

"다움〔德〕이 채워지지 않음〔不實〕이 없고 밝음이 비추지 않음이 없는 것은 성인의 다움을 본성처럼 갖고 있는 것이니 그것은 하늘의 도리요, 먼저 좋은 것을 밝힌 다음에 능히 그 좋은 것을 채우는 것은 뛰어난 이〔賢人〕의 배움을 단서로 삼아 가르침에 들어가는 것이니 그것은 사람의 도리다. 열렬해지면 밝지 않음이 없고 밝아지면 열렬함에 이를 수 있다."

(『중용』) 오직 천하의 지극한 열렬함이 있어야 그 본성을 다할 수 있다. 그 본성을 능히 다할 수 있어야 사람의 본성을 다할 수 있다. 사람의 본성을 다할 수 있어야 세상 만물(사)의 본성을 다할 수 있다. 세상 만물(사)의 본성을 다할 수 있으면 하늘과 땅의 화육(化育)을 도울[贊] 수 있게 될 것이고, 하늘과 땅의 화육을 도울 수 있으면 하늘과 땅에 더불어 참여할 수 있게 될 것이다.

그다음은[其次] (구석구석까지) 곡진함에 이르는 것[致曲]이니 구석구석 모두 살피는 곡진함에 이르러야 능히 열렬함이 (생겨날 수) 있게 된다. (이처럼 구석구석까지) 열렬하게 다가갈 때 사물의 (비로소) 진정한 모습(혹은 내적인 원리)을 알 수 있고[形], 그렇게 되면 (비로소) 진정한 모습은 겉으로도 드러나고[著], 겉으로 드러나면 밝아지고[明], 밝아지면 움직이고[動], 움직이면 바뀌고[變], 바뀌면 이루어지니[化], 오직 천하의 지극한 열렬함으로 다가가야만 능히 이루어질 수가 있다.


주희가 말했습니다.

"천하의 지극한 열렬함은 성인의 다움이 꽉 채워져 천하가 거기에 더할 바가 없는 것을 이른다. 그 본성을 다한다는 것은 다움이 채워지지 않음이 없는 것이기 때문에 사람의 욕심 특유의 사사로움이 없어 나에게 있는 하늘이 명한 바[天命]를 살피고 행하여 크고 작음과 정밀하고 거친 것이 털끝만큼도 다하지 않음이 없는 것이다. 사람과 사물(혹은 일)의 본성 또한 나의 본성인데, 다만 부여받은 형체와 기질[形氣]이 같지 않기 때문에 다름이 있을 뿐이다. (그래서) 능히 그 본성을 다한다는 것은 앎

〔知〕이 밝지 않음이 없고 행하는 바〔處〕가 마땅하지 않음이 없는 데 이른다. 찬(贊)은 돕는다〔助〕는 뜻이다. 하늘과 땅에 더불어 참여한다는 것은 하늘과 땅과 나란히 서서 셋〔三〕이 된다는 뜻이다.

그다음〔其次〕이란 위대한 현인〔大賢〕 이하로 무릇 열렬함에 아직 도달하지 못한 자를 통틀어 말한 것이다. 이르다〔致〕라는 것은 미루어 헤아려 지극히 한다〔推致〕는 뜻이고, 곡진함〔曲〕은 한쪽으로 기운 것〔一偏〕이다. 또 모습을 알 수 있다〔形〕는 것은 속에 쌓여 밖에 나타나는 것이고, 드러나다〔著〕는 드러남〔顯〕이 더 심해지는 것이고, 밝아지다〔明〕는 빛의 발산이 성대한 것이고, 움직이다〔動〕는 열렬함이 남을 감동시키는 것이고, 바뀌다〔變〕라는 것은 남도 따라서 변하는 것이고, 이루어지다〔化〕는 그렇게 된 까닭〔所以然〕을 아직 모르는 것이 있다는 것이다. 대체로 사람의 본성은 같지 않음이 없지만 기질은 다름이 있다. 그러므로 오직 빼어난 사람만이 그 본성의 전체를 들어서〔擧〕 끝까지 다하는 것이다.

그다음〔其次〕은 반드시 그 좋은 단서가 발견되는 한쪽으로부터 다른 모든 것을 미루어 헤아리며 지극히 하여〔推致〕 각각 그 정점〔極〕에 나아가는 것이다. 이리하여 곡진함에 이르지 못함이 없으면 다움도 채워지지 않음이 없어 모습을 알 수 있고, 드러나고 움직이고 바뀌는〔形著動變〕 공(功)이 절로 그치지 않을 것이니 이것이 쌓여 능히 이루어짐〔化〕에 다다르면 지극한 열렬함의 오묘함〔妙〕이 성인의 그것과 처음부터 다르지 않을 것이다.”


(『주자어류(朱子語類)』) 주희가 또 말했습니다.

“자기의 본성을 다한다는 것은 아버지와 아들 사이에는 제 몸과 같이 함〔親〕이 있고 임금과 신하 사이에는 의리〔義〕가 있고 형제 사이에는 우애

[愛]가 있는 것처럼 어느 하나라도 다하지 않음이 없는 것이고, 사람의 본성을 다한다는 것은 '백성들이 아! 모두 바뀌어 크게 화목해지는 것[黎民於變時雍]'[1]이고, 사물이나 일의 본성을 다한다는 것은 '날짐승과 길짐승, 물고기와 자라 등이 다 편안해지는 것[鳥獸魚鼈咸若]'[2]이니 이와 같이 된다면 하늘과 땅의 이루어내 길러냄[化育]을 도와 모든 것이 다 그 실상에 맞게 된다. 따라서 사사로운 마음의 헛된 생각[倣像]은 없어지게 된다."

주희가 또 말했습니다.

"사람이 하늘과 땅 사이에 있는 것은 비록 한 가지 이치에 따른 것이지만 하늘과 사람이 하는 일은 각각 나눠져 있다. (그래서) 사람이 능히 할 수 있는 것을 하늘은 능히 못하는 것이 있다. 예를 들면 하늘은 능히 만물을 낳아주지만 밭 갈고 씨 뿌리는 것은 반드시 사람을 써야 하며, 물은 능히 만물을 적셔주지만 논밭에 물 대는 일은 반드시 사람을 써야 하며, 불은 능히 만물을 태우지만 아궁이에 불을 때는 일은 반드시 사람을 써야 하는 것이니 지나침은 눌러주고 모자람은 도와주는 데[財成輔相] 반드시 사람의 행위[人爲]를 필요로 하는 것이야말로 돕는 것[贊]이 아니고 무엇이겠는가?"

여대림이 말했습니다.

"요임금이 희화(羲和)에게 명하여 저 광대한 하늘을 공경하며 받들어[3] 백성들이 밭에 나가[析] 옷을 벗고 일하며[因] 기뻐하여[夷] 집으로 돌아가게 했고[隩], 짐승들이 교미하고 털갈이를 하고 털이 다시 나고 솜털이 무성해지는 것을 다 알고 있었으니 그 돕는 바[所贊]를 알 수 있다.[4] 돕는다는 것은 아무 탈 없이 이루어지도록 하는 것이고 순리대로 함으로써 그것을 기르는 것일 뿐이다. 하늘과 땅의 변화에는 오히려 다 미치지 못하는 바〔不及〕가 있으니 반드시 사람이 그것을 도운 다음에야 다 갖춰지는 것이다. 따라서 하늘과 땅은 사람이 없으면 설 수가 없다. 그래서 사람은 하늘, 땅과 더불어 3대 축을 이룬다.”

　　　　신이 가만히 살펴보겠습니다. 화육(化育)을 돕고 하늘과 땅에 더불어 참여한다는 것은 곧 지극한 열렬함이 정점에 이르렀을 때의 공효〔功〕이니 그 근본은 자신의 본성을 다하는 것일 뿐입니다. 이렇기 때문에 빼어난 이〔聖人〕라는 것은 (얼마든지) 배워서 도달할 수 있는 경지입니다.

　그다음으로 곡진함에 이르는 것〔致曲〕은 배우는 일입니다. 신이 말씀드리자면 곡진함 〔曲〕이란 (『예기』의 장(章)인) ‘곡례(曲禮-예를 극진히 다한다는 뜻이다)’에서의 곡(曲)과 같은 뜻입니다.

　무릇 빼어난 이란 날 때부터 알고 마음에서 우러나서 행하기〔生知安行〕 때문에 곡진함에 이르는 것을 기다릴 필요도 없이 스스로 그 본성을 능히 다할 수 있습니다.

　(다만) 위대한 현인〔大賢〕 이하부터는 반드시 아주 가늘고 작거나〔纖微〕 자세하고 소상한 데〔委曲〕에 이르기까지 최선의 노력을 다해야 합니다. 앞 장에서 말했던 ‘널리 배우고〔博學〕, 따져가며 깊이 묻고〔審問〕, 신중하게 생각하고〔愼思〕, 밝게 가려내며〔明辨〕, 독실하게 행하는 것〔篤行〕’이 바로 그 뜻이며 안회의 사물(四勿)이나 증자의 삼성(三省)도 다 곡진함에 이르는 일입니다.

　1) 이 말은 『서경』 ‘요전’에 나온다.

2) 이 말은 『서경』 「상서」에 나온다.

3) 천문의 이치를 밝혀 역법을 세웠다는 뜻이다.

4) 이 문장은 『서경』 '요전'에 나오는 것을 풀어낸 것이다.

(『중용』) 열렬함이라는 것은 사물(혹은 일)의 끝과 처음이니, 열렬함이 아니면 사물(혹은 일)은 없다. 이 때문에 군자는 열렬하게 하는 것을 귀하게 여긴다.

주희가 말했습니다.

"열렬함이라는 것은 채움[實]일 뿐이다. 그러나 『중용』에서는 이에 대하여 이치의 실상[實]으로 말한 바 있으니 예를 들면 '열렬함은 가릴 수 없다[誠之不可揜]'는 식이며, 또 마음의 실상으로 말한 바 있으니 예를 들면 '제 몸에 돌이켜 열렬함이 없다[反諸身不誠]'는 식이다. 그래서 이를 읽는 이들은 각각 그 문장이 가리키는 바를 따라서 글의 뜻을 찾아간다면 각각 그 뜻하는 바를 알 수 있을 것이다.

이른바 '열렬함이라는 것은 사물(혹은 일)의 끝과 처음이니 열렬함이 아니면 사물(혹은 일)은 없다'는 것도 이치의 실상으로 말하면 천하의 이치는 지극히 채워져 있어 한순간이라도 거짓이 없으므로 예로부터 지금에 이르기까지 어느 한 사물이든 채워지지 않은 것이 없으며, 한 사물 안에서도 처음부터 끝까지 모두 실상의 이치[實理]에 의한 것이 된다. 또 마음의 실상으로 말하면 성인의 마음 또한 지극히 채워져 있어 털 한 오라기의 거짓도 없으므로 태어날 때부터 죽을 때까지 어떤 일이든 채워지지 않은 것이 없고 하나의 일 안에서도 처음부터 끝까지 모두 채워진 마음에 의한 것이 된다. 이 점이 바로 '열렬함이라는 것은 사물(혹은 일)의 끝과 처음이니 열렬함이 아니면 사물(혹은 일)은 없다'는 것이다.

만일 빼어난 이에 이르지 못하여 그 본래의 마음에 사이사이 끊어지는 일〔間斷〕이 생기는 것을 면하지 못하게 되면 애초에 실제로 이러한 마음을 소유한 그때부터 사이사이 끊어지는 일이 생기기 이전까지의 일은 모두 채워지지 않음이 없지만, 사이사이 끊어지는 일이 있게 되면 그런 일이 생긴 이후부터 또 다른 일을 하기 이전까지의 모든 말과 행동은 모두 채워져 있는 것〔實〕이라고 말할 수 없기에 비록 그 일이 있다 할지라도 실은 없는 것과 다를 바 없다.

그래서 예를 들면 (안연이) '3개월 동안 (어짊〔仁〕을) 어기지 않았다'는 (『논어』의) 구절에서 그 3개월 동안에 했던 일은 모두 채워져 있었지만 그 3개월 이후는 채워지지 못함〔無實〕을 면하지 못한다. 말하자면 어기지 않았던 처음과 끝이 곧 일의 처음과 끝이 되는 것이다. '하루에 한 번, 한 달에 한 번 (어짊에) 이른다'는 경우 그 순간에 이르러서 하는 일은 모두 채워져 있다고 하겠지만 그 순간이 지난 이후에는 채워지지 못함을 면하지 못한다. 이는 어짊에 이르러가는 처음과 끝이 그 일의 처음과 끝이 되는 것이다. 이것이 곧 '열렬함이 아니면 사물(혹은 일)은 없다〔不誠無物〕'이다.

이로써 말하면 하늘에는 본래부터 채워지지 못한 이치는 없기 때문에 이치에 의해 생겨나는 모든 사물이나 일은 반드시 이러한 이치를 갖추었을 때 비로소 이런 사물이나 이런 일로 존재할 수 있게 되고, 그러한 이치가 없고서는 한갓 채워지지 못한〔不實〕 사물이나 일이 생겨나는 일은 애초에 없다.

　사람에게는 간혹 채워지지 못한 마음[不實之心]이 있다. 그러므로 마음에서 일어나는 모든 사물이나 일은 반드시 이런 마음의 채워짐이 있어야만 이런 사물이나 일이 있으며, 마음에 그런 채워짐이 없으면 그 사물이나 일의 채워짐 또한 있을 수 없다. 정자가 말한 '철두철미(徹頭徹尾)'란 바로 이를 두고 한 말이다."

　🐦　　　신이 가만히 살펴보겠습니다. 이 장의 취지는 상하가 모두 마땅히 알아야 하겠습니다. 임금이 어떤 말을 할 때는 반드시 다움을 닦는[修德] 채워진 마음[實心]이 있어야 하고 그런 연후에 다움을 닦은 채워진 일[實事]이 있어야 합니다. 또 백성을 사랑하는 채워진 마음이 있은 연후에 백성을 사랑하는 일이 있을 수 있습니다.

　이처럼 마음의 채워짐이 있을 때 일의 채워짐도 있을 수 있습니다. 이것을 가지고 다른 일에도 미루어 헤아린다면 해당되지 않는 것이 없을 것입니다. 그래서 군자는 채움 혹은 채워짐[實]을 귀하게 여기는 것입니다.

　(『중용』) 천하에 두루 지켜져야 하는 도리[達道]가 다섯이고, 그 도리를 행할 수 있게 해주는 것은 셋이다. 곧 군신과 부자와 부부와 형제와 친구의 관계가 다섯으로 천하의 두루 지켜져야 하는 도리이고, (그 다섯 가지 도를 행할 수 있게 해주는) 지(知), 인(仁), 용(勇) 셋은 천하

의 두루 닦아야 하는 다움〔達德〕이니, 지, 인, 용 셋을 행하게 해주는 것
〔所以行〕은 (결국) 하나(한결같음)〔一〕이다.


신이 가만히 살펴보겠습니다. 임금과 신하, 아버지와 아들부터 벗들의 사귐에 이르기까지 이 다섯 가지는 천하가 함께 가야 하는 길입니다. 그래서 말하기를 두루 지켜져야 하는 도리는 지, 인, 용 세 가지를 알아야 하는 것이니 이 세 가지는 똑같이 얻을 수 있는 것〔所同得〕입니다. 그래서 말하기를 두루 닦아야 하는 다움〔達德〕이라고 한 것입니다.

도리는 사람이라면 누구나 그로부터 말미암는 것〔所由〕이어서 그 도리를 알아서 충분히 적정 단계에 이르게 되면 임금이 어짊〔仁〕을 행해야 하는 것과 신하가 삼감〔敬〕을 행해야 하는 것과 자식이 효도〔孝〕를 행해야 하는 것과 아버지가 자애로움〔慈〕을 행해야 하는 것의 이치를 남김없이 훤하게 알 수 있는 것입니다. 하지만 그런 앎에 이르렀다 하더라도 어짊〔仁〕이 그것을 지켜줄 수 없고, 또 어짊이 그것을 지켜준다 하더라도 용기〔勇〕가 그릇됨을 단호히 끊어줄 수 없다면 그것들을 행하는 이치에 당면해서는 어떤 때는 사사로운 욕심〔私欲〕에 꺾이고 어떤 때는 이해관계〔利害〕에 가려져서 하늘과도 같은 이치〔天常＝天理〕를 다 없어지게 하고 사람이라면 반드시 지켜야 할 원칙〔人紀＝人倫〕을 저버리는 일이 많게 됩니다. 그래서 말하기를 그것을 행하게 해주는 것은 세 가지이며 다움〔德〕은 비록 사람이라면 똑같이 얻을 수 있는 것이라고 했지만, 어떤 때는 제대로 힘써 키워가지만〔勉强〕 어떤 때는 겉으로만 애쓰는 듯 꾸며서〔矯飾〕 그 앎이 일정치 않아 어짊

이 편벽고루[姑息]로 흐르기도 하고 용기가 너무 지나쳐 강포해지기도 하니 이렇게 되면 다움은 제대로 된 다움이 아닙니다.

그래서 다움을 제대로 행하는 것은 반드시 열렬함[誠]에 바탕을 두어야 하는 것이니 한결같음[一]이라는 것은 곧 열렬함을 뜻합니다. 지, 인, 용 셋이 모두 진실하고 거짓됨이 없다는 것은 열렬함을 이르는 것입니다. 따라서 다움이 열렬함에 이르게 되면 임금의 경우에는 임금의 도리[君道]를 반드시 남김없이 다하게 되고, 신하의 경우에는 신하의 도리[臣道]를 반드시 남김없이 다하게 되고, 부부와 형제 그리고 친구 사이에도 그 주어진 도리를 다하지 않음이 없게 되는 것입니다.

한나라 고제가 아첨하는 무리에 빠져 인간돼지[人彘]의 화(禍)를 빚어낸 것은 사사로운 욕심으로 인해 그 앎이 가려진 때문이고, 진나라 무제가 아버지의 명을 어기고 이복동생[介弟]의 은혜를 잊어버린 것은 중상모략을 믿어 어짊을 해친 때문이며, 당 태종이 황위를 계승할 자식을 정하는 문제를 두고서 제대로 결단을 내리지 못한 것은 사랑함이 너무 심해 용기를 발휘하지 못한 때문입니다.

따라서 임금이 세 가지 다움을 행함에 있어 그 한결같음[一]이 없이 어떻게 가능하겠습니까? 또 그 한결같음이 열렬함에서 나오지 않는다면 어디에서 나오겠습니까?

지금까지는 다 열렬함[誠]에 대해 말씀드린 것입니다.

(『중용』) 공자는 말했다.

"배우기를 좋아하는 것은 지(知)에 가깝고, 행하기를 힘쓰는 것은 인(仁)에 가깝고, 부끄러움을 아는 것은 용(勇)에 가깝다. (따라서) 이 세 가지를 알면 곧 몸을 닦는 길을 알게 될 것이요, 몸을 닦는 길을 알게 되면 사람을 다스리는 길을 알게 되고, 사람을 다스리는 길을 알게 되면 곧 천하와 국가를 다스리는 길을 알게 될 것이다."

신이 가만히 살펴보겠습니다. 앞 장에서는 이미 두루 닦아야 하는 세 가지 다움〔達德〕을 말씀드렸고, 이 장도 사람을 가르침
달덕
으로써 다움의 길로 들어가게 하는 내용입니다.

여기서 지란 반드시 최고의 앎〔上智〕이요, 인이란 반드시 지극한 어
상지
짊〔至仁〕이요, 용이란 반드시 큰 용기〔大勇〕인 이후에야 지극하게 되는
지인                              대용
것이니 어찌 단번에 쉽게 거기에 다다를〔及〕 수 있겠습니까?
급

만일 배움을 능히 좋아할 수 있고 조금도 게으름을 피우지 않는다면 그 또한 최고의 앎에 가까울 것이요, 힘써 행하기를 그치지 않는다면 그 또한 지극한 어짊에 가까울 것이요, 부끄러운 짓을 결코 하지 않는다면 그 또한 큰 용기에 가깝다고 할 것입니다.

대개 배움을 좋아하는 것〔好學〕은 이치를 밝히는 까닭이요, 힘써
호학
행하는 것〔力行〕은 도리를 진척시키는 까닭이요, 부끄러움을 아는 것
역행
〔知恥〕은 뜻을 세우게 해주는 까닭입니다. 그래서 이 세 가지에서 그
지치
공력을 다한다면 이른바 세 가지 두루 닦아야 하는 다움은 점차 도달하는 데 거의 이르게 될 것입니다. 이 셋을 안다면 몸을 닦고〔修身〕 사
수신

람을 다스리는[治人] 도리를 다른 데서 찾을 필요가 없는 것이니 집안
과 나라, 나라와 천하를 다스리는 데도 그것을 미루어 헤아리기만 하
면 될 뿐입니다.

이 장은 지, 인, 용에 대해 말씀드렸습니다.

(『맹자』) 맹자가 위(魏) 나라 혜왕(惠王, 기원전 369~319년)[1]을 만나
뵈었다[見]. 왕이 말하기를 "노인[叟]께서 천리를 멀다 않고[不遠] 이렇
게 왔으니 가령[亦] 앞으로[將] 내 나라에 이득[利]이 될[以] 일이 있겠는
가?"라고 했다. 맹자는 답했다.

"왕께서는 하필이면[何必] 이득을 말씀하십니까? 단지[亦] 어짊[仁]
과 의로움[義] 두 가지뿐입니다."

신이 가만히 살펴보겠습니다. 『맹자』라는 책 일곱 편은
어짊과 의로움[仁義]을 첫머리로 삼고 있습니다. 이 둘은 실마리를 만
들어주고 의지할 수 있는 기반을 제공한다는 점에서 깊은 뜻을 갖고 있
습니다.

정이는 이렇게 말했습니다. "공자가 어짊을 이야기할 때 의리를 함께
이야기하지 않은 적이 없고, 『주역』만 보더라도 '사람의 도리를 세워주
는 것을 일러 어짊과 의로움이라고 한다[立人之道曰仁與義]'(-설괘전)
고 했고, 맹자가 어짊을 이야기할 때는 반드시 의로움이 뒤따랐으니

(어짊과 의로움을 나란히 세운 맹자의 사상은) 공자의 학맥[聖門]에 큰 공을 세운 것이라고 할 수 있다."

이 양혜왕 한 장을 신은 의리와 이익[義利] 편이라 하여 다시 살펴 볼 것입니다. 그래서 그 장을 다 싣지 않고 일부만 실었습니다.

1) 흔히 양혜왕이라고 하는데 양(梁)은 위나라의 수도이며 종종 위 나라를 칭할 때 양이라고 해서 양혜왕이라 한 것이다.

(『맹자』) 맹자가 말했다.

"어짊[仁]은 사람이 살아야 하는 편안한 집이요, 의로움[義]은 사람 이 가야 하는 바른 길이다. (그런데) 편안한 집은 비워두고 살지 않으며 바른 길은 버려두고 가지 않으니, 애달프구나!"

신이 가만히 살펴보겠습니다. 어짊이라는 것은 마음의 다 움이니 마음이 어짊에 의해 지켜지면 편안하고 그렇지 못하면 위태롭 습니다. 의로움 혹은 의리라는 것은 마음의 제어자[制]이니 몸가짐 하 나하나가 의로움에서 비롯되면 바르고 그렇지 못하면 사특해집니다.

어짊과 의로움은 둘 다 내가 스스로 갖고 있는 것이지만 스스로 그 것을 버리려는 유혹 또한 강합니다. 이렇게 되면 편안한 집은 비워둔 채 허허벌판에 자신을 내맡기는 것이고, 지극히 바른 길은 내버려둔 채 가시밭길을 내달리는 것이니 맹자가 심히 애석하게 여긴 것입니다.

(『맹자』) 맹자가 말했다.

"사람이 짐승과 구별되는 점은 참으로 몇 가지 안 되는데〔幾希〕 보통
기희
사람들〔庶民〕은 그것들을 버리는 반면 군자는 그것을 지켜 보존한다.
서민

(예를 들면 군자 중의 군자라 할 수 있는) 순임금은 두루 사리〔物〕에 밝
물
았고 인륜(人倫)을 깊이 살펴서 정통했으니〔察〕 (너무도 자연스럽게) 인
찰
의(仁義)(의 도리)를 따라서〔由〕 행했을 뿐이요, (생각하고 계산해서 억
유
지로) 인의를 행한 것은 아니다."

신이 가만히 살펴보겠습니다. 사람이 동물〔物〕과 서로 두
물
고 있는 거리는 참으로 멉니다만 (여기서) 맹자가 (구별되는 점은) 몇
가지 안 된다고 한 것은 대체로 사람과 동물은 다 같이 하나의 마음
〔一心〕을 갖고 있기 때문입니다. 하지만 사람은 그 마음을 잘 지켜낼
일심
수〔存〕 있는 반면 동물은 그렇지 못하니 (사람과 동물이) 똑같지 아니
존
한 점은 바로 이것 하나뿐이라고 하겠습니다.

사람의 무리 중에서도 대부분의 사람들〔民〕은 역시 이런 마음을 갖
민
고 있지만 능히 그것을 잘 지켜내지 못하니 이는 짐승과 다를 바 없다
고 하겠습니다. 오직 군자만이 그 마음을 잘 지켜내니 짐승과는 구별
되는 까닭일 뿐입니다.

예를 들면 위대한 순임금 같은 빼어난 사람이라면 동물을 동물이게 해주는 이치에 밝고 사람을 사람이게 해주는 이치를 잘 살피니 굳이 억지로 그런 마음을 잘 지키려 애쓰지 않아도 절로 그것을 지켜냈습니다. 원래 그런 마음을 잘 지키려면 오히려 힘을 써야 하는 것이지만 순임금은 몸이 곧 이치이고 이치가 곧 몸이어서 둘이 하나가 되어 어떤 틈도 없었기에 힘을 쓰기를 기다릴 필요가 없었으니 이른바 '날 때부터 알고 마음에서 우러나서 행하는 것〔生知安行〕'이 조용히 도리에 적중하는 것〔中道〕은 바로 순임금을 두고 하는 말입니다.

어짊과 의로움을 따라서 행하면 몸은 이치와 하나가 되고 (억지로) 어짊과 의로움을 행하면 몸과 이치는 따로 둘이 되는 것이라 했습니다. 그러나 순임금의 경지에 이르지 못하더라도 (억지로라도) 어짊과 의로움을 행하는 것은 제대로 마땅히 힘써야 하는 바이니 행하되 꾸준히 하고〔行而久〕 꾸준히 하되 (몸에) 익도록 하고〔久而熟＝習〕 익도록 하되 편안한 마음으로 할 때까지〔熟而安〕 한다면 길을 따라서〔由〕 행하는 것과 어찌 진실로 차이가 있겠습니까? 탕왕과 무왕이 바로 이렇게 했던 인물이니 빼어난 사람을 배우는 데 뜻을 둔 사람이라면 애써 힘쓰지 않으면 안 될 것입니다.

(『맹자』) (제나라) 왕자 접(墊)이 물었다.

"선비〔士〕는 무슨 일을 하는 사람들이오?"

맹자는 답했다.

"뜻을 숭상합니다."

다시 왕자 점이 물었다.

"뜻을 숭상한다(尙志)는 게 도대체 무슨 말이오?"

맹자가 답했다.

"어짊(仁)과 의리(義)를 숭상할 뿐입니다. (아무리 임금이라고 해도) 죄 없는 사람 단 한 명이라도 죽이면 어짊(仁)이 아니요, (아무리 임금이라고 해도) 자신의 것이 아닌 것을 빼앗으면 의리(義)가 아닙니다.

자, 그러면 어디에(居) 머물러야 할까요? 어짊에 머물러야지요. 어떤 길로 가야 할까요? 의리의 길을 가야지요. 어짊에 머물고 의리를 따라 간다면 큰 사람(大人)의 일은 갖춰지는 것입니다."

신이 가만히 살펴보겠습니다. 점은 분명히 당시 임금의 아들이었을 것이니 천자와 제후의 아들이 아직 명을 받지 않았을 때는 다 선비(士)라 일컬었습니다. 그가 묻고 맹자가 고한 바를 잘 살펴보면 점은 분명 뜻을 가진 자입니다.

죄 없는 사람을 단 한 명이라도 죽이면 어짊(仁)이 아니요, (아무리 임금이라고 해도) 자신의 것이 아닌 것을 빼앗으면 의리(義)가 아닌 것이라 했습니다. 바야흐로 이때에는 천하의 싸우는 나라(戰國)가 일곱이라 땅을 빼앗느라 서로 싸워 사람을 죽여 들판에 시체가 가득했고, 성을 빼앗느라 서로 싸워 사람을 죽여 성 안을 가득 채웠으니 그 와중에 아무런 죄도 없이 죽어야 했던 사람들이 많았습니다. 이것이야말로 어질지 못함(不仁)이 극심한 것입니다. 또 남들의 땅에 침입하여 재물을 빼앗으니 자신의 것이 아닌데도 취하는 자들이 많았습니다.

이것이야말로 의롭지 못함[不義]이 극심한 것입니다.

당시의 임금들은 이런 짓을 일삼으면서도 그것이 어질지 못하고 의롭지 못하다는 것을 알지 못했습니다. 그래서 맹자는 바로 그 점을 지적하여 말하기를, 어질지 못함을 경계토록 하면서 머물 때는 항상 어짊에 머물러야 하고 의롭지 못함을 경계토록 하면서 길을 갈 때는 항상 의리의 길을 가야 한다고 한 것이니, 이렇게 한다면 큰 사람[大人]의 일은 다 갖춰진다는 것입니다.

맹자의 이 말은 마구잡이로 흘러가는[橫流] 재앙으로부터 백성들을 구하고 백성들의 생명과 삶[命]을 온전하게 해주는 이치이니 그 공이 어찌 적다고 하겠습니까?

임금 된 자는 마땅히 이 말을 잘 새김으로써 스스로를 경계해야 할 것입니다.

(『맹자』) 맹자는 말했다.

"사람은 누구나 다 차마 못하는 바[所不忍]를 갖고 있으니 (거기서 출발해) 얼마든지 할 수 있는 바[所忍]에까지 도달하면 그것이 곧 인(仁)이다.

사람은 누구나 다 하지 않는 바[所不爲]를 갖고 있으니 (거기서 출발해) 반드시 해야 하는 바[所爲]에까지 도달하면 그것이 곧 의로움[義]이다.

사람이 남을 해치고 싶어 하지 않는 마음[無欲害人之心]으로 자신을 꽉 채워간다면 (어진 마음이 커져서) 그 어진 마음은 이루 다 쓸 수가 없을 것이며, 사람이 담을 뚫거나 넘어서 도둑질하고 싶어 하지 않는 마음〔無欲穿踰之心〕으로 자신을 꽉 채워간다면 (의로운 뜻이 커져서) 그 의로운 마음은 이루 다 쓸 수 없을 것이다. 즉 사람이 천대(賤待-사람들이 그냥 너나 자네〔爾, 汝〕라고 부르는 것)를 당하지 않을 만한 자세로 자신을 꽉 채워간다면 어디를 가더라도〔所往〕 의로움〔義〕에서 벗어나는 일은 없을 것이다."

신이 가만히 살펴보겠습니다. 맹자는 이 장에서 그 행하는 바를 미루어 헤아려〔推〕 사람들에게 좋음〔善〕을 가르치고 있습니다. 차마 하지 못하는 바가 있다는 것은 하지 않는 바〔所不爲=所不行〕가 있다는 것이요, 이것이 마음의 바름〔正〕입니다. 능히 이런 마음을 가질 수 있고 또 이로부터 미루어 헤아릴 줄 안다면 비록 잔인할 수 있는 자도 차마 못하는 것이니 어질다고 할 수 있고, 무슨 짓이든 할 수 있는 사람도 하지 않는 바가 있는 것이니 의롭다고 할 수 있습니다.

만일 다른 사람들에게 해를 끼치려는 마음이 없다면 이것이 이른바 차마 못하는 것입니다. 따라서 사사로운 욕심에서 움직이게 되면 차마 못하는 것에 한정된 때가 있다 하더라도 잔인한 것〔忍〕이 됩니다.

또 만일 담을 뚫거나 넘어서 도둑질하고 싶어 하는 마음이 없다면 이것이 이른바 하지 않는 바입니다. 따라서 사사로운 욕심에서 움직이게 되면 차마 하지 않는 바에 한정된 때가 있다 하더라도 하는 것이 됩니다.

오직 이런 마음을 능히 잃지 않고 그것으로 자신을 꽉 채워야만 사람을 해치는 일은 진실로 하고 싶지 않게 됩니다. 그리고 사람을 해치는 데까지 이르지 않는 것 또한 다 하려고 하지 않게 되니 어짊을 이루 다 쓸 수 있겠습니까? 또 담을 뚫거나 넘어서 도둑질하는 일을 하지 않게 되고 담을 뚫거나 넘어서 도둑질하는 데까지 이르지 않는 것 또한 다 하지 않을 것이니 의로움을 이루 다 쓸 수 있겠습니까?

사람들이 그냥 너나 자네(爾, 汝)라고 부르는 것은 가벼이 취급당하는 칭호이니 부끄러움을 아는 자라면 당연히 받아들이기 힘들 것입니다. 이것이 바로 (자신의 잘못을) 부끄러워하고 (남의 잘못을) 미워하는 마음(羞惡之心)입니다. 따라서 여기서부터 자신의 마음을 다 채워나간다면 어디를 가더라도 의롭지 않은 바가 없게 될 것입니다.

대체로 사람의 본마음은 좋지 않은 바가 없지만 그로 말미암아서 이해관계와 욕심이 마음을 쥐게 되면서 그 본마음을 잃게 되는 것입니다. 그래서 점점 앞으로 나아갈수록 자꾸 헛발을 디뎌 넘어지게 되고 결국은 좋지 않은 일에 휩쓸리게 되는 것인데 사람들은 백 보를 가면 부끄러움을 알지만 오십 보만 가면 부끄럽지 않다고 하니 어찌 오십 보만 갔다고 해서 부끄럽지 않다고 하겠습니까? 또 한 달에 닭 한 마리씩만 훔칠 때는 부끄러움을 알지만 1년에 한 번씩만 훔치면 부끄럽지 않다고 하니 어찌 1년에 한 번 훔쳤다고 해서 (도둑질을) 하지 않는 것이라고 하겠습니까?

이 점을 제대로 이해해야만 맹자가 말한 '자신을 꽉 채우는(充之)' 문제를 정확히 이해했다고 할 것입니다.

이상은 어짊과 의로움(仁義)을 겸해서 말씀드렸습니다.

(『맹자』) 맹자가 말했다.

"인(仁)의 핵심은 어버이를 섬기는 것, 이것이요, 의(義)의 핵심은 형
(이나 윗사람)을 순종하여 따르는 것, 이것이요, 지(智=知)의 핵심은 어
버이를 섬기는 것[事親]과 윗사람을 따르는 것[從兄] 두 가지를 잘 알
아서 거기서 벗어나지 않는 것, 이것이요, 예(禮)의 핵심은 그 두 가지
를 절도에 맞게[節] 애써가며[文] 행하는 것, 이것이요, 음악(樂)의 핵심
은 이 두 가지를 편안히 즐기는[樂=安] 것이다. 즐거워하면 (절로 그런
마음이) 생겨날 것이니, 생겨난다면 어찌[惡] (그런 행실을) 그만두겠는
가? 그만둘 수 없는 지경에까지 이르게 된다면 자신도 모르게[不知] 발
을 구르고 손을 휘저으며 춤을 추게 될 것이다."

신이 가만히 살펴보겠습니다. 이것은 맹자가 인의지예악
(仁義知禮樂)의 구체적인 실상을 보여줌으로써 사람들로 하여금 힘을
쏟아야 할 곳이 어딘지를 알게 한 것입니다. 어짊과 의로움[仁義]은
큰 도리이지만 그것이 가장 절실하게 힘을 쏟아야 하는 것은 부모를
섬기는 것과 형(이나 윗사람)을 공순하게 따르는 것입니다.

대개 이 두 가지는 사람이 잘 알고[良知] 잘 할 수 있는 것[良能]이
어서 하늘이 준 본성의 참모습[眞]이 얼마든지 드러날 수 있기 때문
에 어짊과 의로움[仁義]을 행하려고만 한다면 거기에 힘을 쏟으면 그
뿐입니다. 그렇게 하지 않으면 아무 하는 일도 없이 멍하게 되어 근거
로 삼을 만한 실질[實]이 없게 됩니다. 참모습[眞]과 앎[知] 이 두 가지
는 어짊과 의로움을 지켜주고 또 그렇게 하는 것이 앎의 실질을 이룸

니다. 절도에 맞음〔節〕과 애씀〔文〕 이 두 가지는 마땅함의 높이고 줄임을 적절하게 해주어 예의 실질을 이룹니다. 그래서 그 두 가지를 행하여 음악이 조용하면서도 편안해지는 뜻을 얻게 되면 억지로 힘쓰지 않아도 마음이 바로잡히니 이것이 음악의 실질을 이룹니다.

온 세상의 좋다는 것〔善〕은 부모를 섬기고 형이나 윗사람을 공순하게 따르는 것 이외에서는 생겨날 수가 없으니 음악이 즐거움에 이르게 되면 마음〔方寸〕의 어느 한순간도 다 태연하게 되어 저절로 뜻이 생겨나게 되고 그것이 널리널리 퍼져서 스스로는 그만둘 수가 없습니다. 이렇게 되니 발이 굴러지고 손이 춤을 추게 되는 것은 자신도 모르게 그렇게 되는 것입니다.

그렇지만 이를 깊이 음미하고 그 실상을 제대로 알려고 하지 않는다면 어찌 능히 이 맛을 알게 되겠습니까?

이 장은 인의지예악을 겸해서 말씀드렸습니다.

(『맹자』) 맹자가 말했다.

"무릇 어짊〔仁〕은 하늘이 내린 귀한 벼슬〔尊爵〕이요, 사람이 내린 편안한 집〔安宅〕과 같은 것이다. (그러나) 이것(인을 행하는 것)을 막는 이가 없는데도 어질지 못하니 이는 사람을 아는 지혜〔智〕라고 할 수 없다."

주희가 말했습니다.

"어짊이라는 것은 하늘과 땅이 만물을 생겨나게 한 마음이니 가장 먼저 얻은 것이며 (인, 의, 예, 지) 네 가지를 겸하여 이끄니 이른바 '원(元)은 좋음의 으뜸[善之長]'이다. 그래서 귀한 벼슬[尊爵]이라 말하는 것이다. 그것이 사람에게 있게 되면 본래 마음[本心] 전체의 다움[德]이 되어 하늘과도 같은 이치의 자연스러운 편안함[安]이 있고 사람의 욕심에 빠지는 위태로움이 없으니 사람들은 마땅히 늘 그 속에 있어야 하고 잠시라도 거기서 떠나서는 안 되는 것이다. 그래서 편안한 집[安宅]이라고 말한 것이다."

 신이 가만히 살펴보겠습니다. 어짊이라는 것은 내가 내 안에 갖고 있는 것이기 때문에 만일 그것을 행하려고만 한다면 누가 그것을 막겠습니까? 그런데도 어질지 못한 일에 빠져든다면 (그런 사람을) 어찌 지혜롭지 못하다고 하지 않겠습니까? 따라서 어짊과 지혜[仁智] 둘은 항상 서로를 필요로 하며 맞물려 있습니다. 어질지 못하면 지혜로울 수 없고 지혜롭지 못하면 어질 수가 없는 것입니다.

(『맹자』) 맹자가 말했다.

"군자가 외부의 사물이나 일[物]을 대하는 태도를 보면 아껴주기만[愛] 하지 사랑하지는[仁] 않는다. 백성(혹은 사람)을 대함에 있어서는 사랑하기만 하지 내 몸과 같이 여기지는[親] 않는다. (결국 군자가 내 몸과 같이 여기는 것은 부모형제와 친족이다.) 부모형제와 친족을 내 몸과

같이 여긴[親親] 후라야 백성을 사랑할 수 있고, 백성을 사랑한 후라야
사물을 아껴줄 수 있다."


신이 가만히 살펴보겠습니다. 천하의 이치[理]는 하나이
고 그것이 나눠지면 여럿[殊]입니다. 하늘과 땅 사이에 살고 있는 모든
것들 중에 하늘과 땅의 자식이 아닌 것이 없으며, 나와 같은 기운
[同氣]을 가진 것이란 바로 이치가 하나임을 말하는 것입니다. 부모는
나와 같은 몸체[同體]이고 백성은 나와 같은 부류[同類]이며 외부의
일이나 사물[物]은 나와 다른 부류가 되니 이를 일러 나뉘어 여럿임
[分殊]이라고 합니다.

이로써 이치는 하나[理一]이기 때문에 어짊(사랑)과 아낌[仁愛]을
베풀면 두루두루 이르지 않는 것이 없고, 이로써 나뉘면 여럿[分殊]
이기 때문에 어짊(사랑)과 아낌[仁愛]을 베풀면 차이가 있게 되는 것
입니다. (그렇지 않고 차이를 무시한 채) 부모를 내 몸과 같이 여기는
[親親] 도리를 백성에게 베풀 경우 가깝고 먼[親疎] 차이가 없어집니
다. 이러면 내 몸과 같이 여김[親]을 박하게 하는 꼴이 됩니다. 또 백성
들에게 어질게 하는 도리를 (백성이 아니라) 외부의 일과 사물에 베풀
경우 귀하고 천한[貴賤] 차이가 사라집니다. 이러면 그 백성에게 박하
게 하는 꼴이 됩니다.

따라서 부모에 대하여 백성보다 더 내 몸같이 여기면 어짊(사랑)을
행하는 것이고, 외부의 일이나 사물보다 더 내 몸과 같이 여기면 아낌
을 행하는 것이니 이를 종합하여 말로 하면 어짊이 나눠지는 것이고,
그것을 나누어 말로 하면 차례가 있는 것입니다.

이것이 바로 이제 삼왕(二帝三王)의 도리가 양자와 묵가[楊墨]의 도리와 다른 까닭입니다.

이 장은 어짊을 베푸는 것에 대해 말했습니다.

(『맹자』) 맹자가 말했다.

"어질면[仁] 영예롭고[榮] 어질지 못하면 치욕을 당한다[辱]. 오늘날 (사람들은) 치욕 당하는 것[辱]은 싫어하[惡]면서도[而] 어질지 못함에 머물러 있는데 이는[是] 마치[猶] 습한 것은 싫어하면서도 (물가 근처) 낮은 곳에 머물러 있는 것과 같다."

장식이 말했습니다.

"어진 사람은 영예에 뜻을 두지 않지만 진실로 영예롭다. 그래서 어짊[仁]이 몸에 있으면 마음은 화합하고 기운은 평온하며 다움과 본성〔德性〕은 존중받고 난폭함과 거만함[暴慢]은 멀리하게 된다. 어짊이 집에 깃들면 아버지와 아들은 서로를 제 몸처럼 여기고 형과 동생은 화목하며 부부는 의롭고 어른과 아이는 차례를 지킨다. 이를 미루어 헤아려[推] 나라에 적용하면 나라가 다스려지고 다시 그것을 천하에 베풀면 천하가 평화로워져 가는 곳마다 영예롭지 않은 곳이 없게 된다.

저 어질지 못한 사람은 이치를 내팽개치고 일신상의 욕망만을 찾다가 자신을 지키지 못하는데 하물며 그 밖의 경우야 어떻게 되겠는가?

사람의 정리(情)로 볼 때 누군들 치욕당하는 것을 참으로 싫어하지 않겠는가? 그런데도 스스로 어질지 못한 데 처한다면 사사로운 욕심으로 그런 싫어함을 덮어버려서 어두워지는 것이니 영예와 치욕(榮辱)은 서로 멀리 떨어져 있는 것이 아니다."

(『맹자』) 맹자가 말했다.

"하은주(夏殷周) 삼대(三代)가 천하를 얻은 것은 인(仁)을 통해서였고 천하를 잃은 것은 불인(不仁)을 통해서였다. 제후국(國)이 망하고 흥하는 이유(者)도 역시 그러하다. 천자가 어질지 못하면 온 세상(四海)을 보존할 수 없고, 제후가 어질지 못하면 사직(社稷)을 보존할 수 없고, 경(卿) 및 대부(大夫)가 어질지 못하면 종묘(宗廟)를 보존할 수 없고, 선비(士)와 백성(庶人)이 어질지 못하면 자기 한 몸(四體=四肢)도 보존할 수 없다.

오늘날에는(今) 죽고 망하는 것은 싫어하면서도 불인(不仁)은 즐기니 이는 마치 취하는 것은 싫어하면서 기어코(强) 술을 퍼마시는 것과 같다."

신이 가만히 살펴보겠습니다. 『맹자』의 이 장은 명백하면서도 준엄하고 통렬하기 때문에 천자로부터 백성에 이르기까지 모두 다 마땅히 (그 내용을) 허리춤에 차고 다님으로써 스스로를 경계해야 할 것입니다. 그러나 이른바 어질지 못한 자들은 사람의 욕심을 따르다가 하늘과도 같은 이치를 멸할 뿐이니 사람의 욕심을 따르고 하늘과도 같은 이치를 멸하면 그 재앙이 이와 같은 지경에까지 이르게 되는데 두려워하지 않을 수 있겠습니까?

(『맹자』) 맹자가 말했다.

"『시경』에 이르기를 '상(은)나라 왕실의 자손들 / 그 수〔麗=數〕가 십만〔億〕을 넘었어도 / 하늘〔上帝〕이 이미 (주나라에) 명을 내리시니 / 주나라의 신하가 됐네. / (그들이) 주나라의 신하가 된 것은 / 천명이 무상함을 보여주노라. / 은나라 선비들 멋지고 총명하나 / 주나라 서울을 찾아 / 주나라 강신제에서 술 따르는 일을 돕는구나'라고 했다. 공자께서도 '어짊〔仁〕은 다수의 무리를 짓는다고 해서 이룰 수 있는 것이 아니다. 무릇 임금이 어짊을 진실로 좋아한다면 천하에 대적할 자가 없게 된다'고 하셨다.

오늘날에는 임금들이 천하무적이 되기를 바라면서도 어진 정치〔仁政〕를 행하지〔以〕 않으니, 이는 마치 뜨거운 물건을 손에 쥐려 하면서 그에 앞서 손을 찬물에 적시지 않는 것과 같다. 『시경』에 '아! 도대체 누가 뜨거운 것을 쥐려 하면서 / 먼저 손을 찬물에 적시지 않는가'라고 했던 것이 바로 그것이다."

 신이 가만히 살펴보겠습니다. 이것은 『시경』「대아」에 실린 문왕의 시입니다. 상나라의 자손이면서 주나라의 제후가 되고 은나라(상나라)의 멋진 선비들이면서 주나라의 종묘 제사에 열심히 달려갔으니 하늘의 명이 어찌 변하지 않는다 하겠습니까? (상나라를 세운) 성탕은 어질었기 때문에 (그 후손인) 하늘의 명이 상나라에게 돌아갔지만 (상나라의 마지막 임금) 주왕(紂王)은 어질지 못했기 때문에 하늘의 명이 바뀌어 주나라로 가고, 상나라의 자손은 그 수가 십만을 넘었으니 많다고 할 수 있는데도 상나라는 존속할 수가 없었으니 주나라의 어짊은 다수의 무리가 이룩한 것은 아니었습니다.

(그래서) 맹자는 이를 들어 나라의 임금이 어짊을 좋아하면[好仁] 천하에 대적할 자가 없다는 것을 밝히고 또한 당시의 임금들은 그러하지 못함을 한탄한 것입니다. 앞에서부터 이어진 세 개의 장에 나오는 세 개의 비유가 말하려는 바는 (첫째) 마치 습한 것은 싫어하면서도 (물가 근처) 낮은 곳에 머물러 있는 것과 같다는 것이고, (둘째) 마치 취하는 것은 싫어하면서 기어코[强] 술을 퍼마시는 것과 같다는 것이고, (셋째) 뜨거운 것을 쥐려 하면서 먼저 손을 찬물에 적시지 않는 것과 같다는 것입니다. 세상의 임금들에게 경계하는 바가 참으로 깊다 하겠습니다.

(『맹자』) 맹자가 말했다.

"어질지 못한 자와는 진실로 함께[與] 말을 할 수가 없다. 그들은 위태로운 것[危]을 편안히 여기고[安] 재앙이 될 것[災]을 이롭게 여겨[利]

(장차 나라와 집안과 자기 자신을) 망하게 만들 일들만 좋아한다. 만약에 어질지 못한 자이기는 하지만 함께 말을 할 수 있다면, 즉 위에 거슬리는 말을 하더라도 참고 들어줄 줄 아는 그릇만 있다면 어찌 나라가 망하고 집안이 내려앉는 일이 있겠는가?"

신이 가만히 살펴보겠습니다. 예로부터 위태로운 난세 때에 충언(忠言)이 없었던 적이 없습니다. 조이(祖伊)[1]는 주왕에게 간했고, 소목공(召穆公)은 여왕(厲王)에게 간했고, 이사(李斯)는 2세 황제[2]에 간했으나 이들 세 임금이 듣지 않았던 것은 대개 그들의 마음이 이미 어질지 못했기 때문입니다. 따라서 (그들은) 뒤집어지고 그릇되어 위태로움을 편안히 여기고 재앙을 이로움으로 삼아 망하는 길로 가는 것을 즐거움으로 삼았다고 할 수 있을 것입니다.

무릇 임금이 된 자라면 그 누가 (제 몸과 나라를) 편안히 보존하고 싶어 하고 위태로움과 멸망을 싫어하지 않겠습니까마는 그들이 정반대로 이런 지경에 이르게 된 것은 사사로운 욕심이 (하늘과도 같은 이치를 따르는 길을) 가리고 막아서 결국은 본래의 마음을 잃어버렸기 때문일 뿐입니다. 무제도 나이 들어 혼미했으나 능히 전천추(田千秋)의 말을 들었기 때문에 한나라는 어지러움에 빠지지 않을 수 있었고, 덕종이 파천을 하면서도 능히 육지(陸贄)의 말을 들었기 때문에 당나라는 망하지 않을 수 있었습니다. 그러니 어질지는 못해도 (훌륭한 신하와 더불어) 함께 말을 할 수 있다면 오히려 얼마든지 그 나라를 보존할 수 있을 것입니다. 그렇지만 이는 나라가 망하는 지경을 겨우 면하는 데 불과합니다.

만일 어진 인물이 임금 자리에 있다면 설사 잘 다스려지고 있는 세상이라 하더라도 위태로움과 어지러움〔危亂〕(을 미리 걱정하는)에 관한 말을 듣기를 좋아할 것이니 이 때문에 치세는 오래가고 평안함은 장구하여 아무런 뒷걱정〔後患〕도 없을 것입니다. 아! 이 경지가 어찌 무제나 덕종이 도달할 수 있는 것이겠습니까?.

1) 상나라 사람으로 문왕이 군사를 일으켰을 때 주왕에게 충간을 올린 인물이다.
2) 진시황의 아들이다.

(『맹자』) 맹자가 말했다.

"(하나라의 마지막 임금) 걸(桀)과 (은나라의 마지막 임금) 주(紂)가 천하를 잃은 까닭은 그 백성을 잃었기 때문이고, 그 백성을 잃은 까닭은 백성들의 마음을 잃었기 때문이다.

천하를 얻는 데는 (일정하게 정해진) 길〔道〕이 있다. 백성을 얻으면 천하를 얻게 되는 것이다. 백성을 얻는 데도 길이 있다. 백성의 마음을 얻는 것이 곧 백성을 얻는 것이다. 백성의 마음을 얻는 데도 길이 있다. 백성들이 원하는 바를 (알아서) 백성들을 위해〔與=爲〕 모아주는 것이고, 또한 백성들이 싫어하는 바〔爾=그것=之〕를 (알아서 백성들에게) 베풀지 않으면 된다.

(이렇게 하면) 백성들이 어진 정치를 따르고 스스로도 어질어지려 노

력할 것이다. 이는 마치 물이 아래로 내려가고 짐승들이 넓은 들판〔壙〕
으로 달려가는 것과 같다.

그러므로 연못을 위해 물고기를 몰아주는〔敺=驅〕 것이 수달〔獺〕이
고, 무성한 숲〔叢〕을 위해 참새들을 몰아주는 것이 새매〔鸇〕라면 탕왕
과 무왕을 위해 백성들을 몰아준 것은 걸과 주였다.

오늘날 천하의 군주들 중에 어짊〔仁〕을 좋아하는 자가 있다면 제후들
은 모두 그를 위해 (백성들을) 몰아줄 것이다. 이렇게 되면 비록 그가 천
자(天子)가 되고 싶어 하지 않더라도 아니 될 수 없을 것이다."


신이 가만히 살펴보겠습니다. 이 장의 핵심은 "백성들이
원하는 바를 (알아서) 백성들을 위해〔與=爲〕 모아주는 것이고, 또한
백성들이 싫어하는 바〔爾=그것=之〕를 (알아서 백성들에게) 베풀지 않
으면 된다"는 두 가지 말에 있습니다. 『대학』에 이르기를 "백성이 좋아
하는 것을 (임금도 함께) 좋아하고 백성이 싫어하는 것을 (임금도 함께)
싫어하는 것을 일러 백성의 부모〔民之父母〕[1]라고 했다"고 했습니다.

부모가 자식을 대하는 마음은 열렬하게 자식을 위하기 때문에 자
식이 원하는 바라면 주지 않는 것이 없고 자식이 싫어하는 것이라면
없애지 않는 것이 없습니다. 그런데 임금이 백성을 대하는 마음이라고
해서 어찌 홀로 그렇지 않을 수 있겠습니까? 전국시대를 맞아 백성들
이 짐승 취급을 당하며 그 싫어하는 것에 의해 이리저리 내몰리자 맹
자가 격렬하고 절실하게 그 점을 지적한 것입니다.

무릇 어짊이라는 것이 어찌 천하를 얻는 데 마음이 있겠습니까? 물
이 아래로 내려가고 짐승들이 넓은 들판을 달리는 것은 이치의 자연

스러움이니 별다른 작위[有爲] 없이 그렇게 하는 것입니다.

그래서 장식이 말하기를 "하늘과도 같은 이치를 고분고분 따르고 천하의 마음을 이용하려 하지 않고 천하가 가는 대로 따라간 것이 바로 삼왕을 임금다운 임금으로 만들어준 까닭이다"라고 했습니다. 그리고 또한 바로 이런 길을 따라가서 천하를 얻은 것이 한나라와 당나라입니다.

그러므로 진나라가 한나라를 위해 (백성들을) 몰아주었고 수나라가 당나라를 위해 몰아주었으니 백성들의 임금 된 자가 이것을 거울삼지 않을 수 있겠습니까?

1) 원래 이 말은 『시경』에 나온다.

(『맹자』) 맹자가 말했다.

"어질지 못하구나, 위나라 혜왕이여! 어진 이[仁者]는 자신이 사랑하는 바[所愛]로 인해[以] 사랑하지 않는 바[所不愛]에까지 그 사랑이 미치게 하는 반면에, 어질지 못한 자[不仁者]는 자신이 사랑하지 않는 바로 인해 사랑하는 것에까지 그 사랑하지 않는 마음이 미치게 한다."

공손추가 물었다.

"그게 무슨 말씀이신지요?"

맹자가 답했다.

"위나라 혜왕은 땅을 (더 차지하겠다는) 이유로 백성들을 살이 문드

러지고 피가 터지도록〔糜爛〕 전란으로 내몰아 대패하자 장차 다시 싸우
려 했는데 (이번에도) 이기지 못할까 봐 두려워서 그 사랑하는 바〔所愛〕
자식과 동생을 전쟁터로 내몰아 죽음에 이르게 했다. 이를 일러〔是之謂〕
'자신이 사랑하지 않는 바로 인해 사랑하는 것에까지 그 사랑하지 않
는 마음이 미치게 한다'고 하는 것이다."


신이 가만히 살펴보겠습니다. 사람이 가진 정(情)으로 볼
때 누가 자신이 자기 몸처럼 여기는 바를 사랑하지 않겠습니까만 위
나라 혜왕은 정확히 이를 거꾸로 뒤집어 마치 이것으로써 탐욕의 마
음이 이긴 듯이 통치를 행했습니다. 그래서 하늘과도 같은 이치는 완
전히 사라지고 사람의 욕심은 마구 흘러 다녀 이처럼 극에 이르렀습
니다. 주희가 말하기를 어진 사람의 은혜는 안에서 시작해 밖에 미치
는 데 반해 어질지 못한 사람의 재앙은 (혈육상으로) 먼〔疎〕 데서 시작
해 부모〔親〕에게까지 미친다고 했는데 이 말이야말로 하늘과도 같은
이치를 남김없이 보여주고 있다고 하겠습니다.

아! 혜왕은 땅을 이유로 자식과 동생을 내몰아 죽게 했습니다. 그래
서 맹자는 그의 어질지 못함을 이토록 질타했으나 후세의 임금들 중
에 또 한나라 무제나 당나라 명황제처럼 참소를 믿어 자식을 죽이는
일이 있었으니 그들의 마음은 비록 혜왕과 달랐겠지만 결과적으로는
같은 일입니다. 대개 혜왕은 이득을 탐하여 자식을 전쟁터로 몰아넣
었으니 가엾게 여길 필요가 없지만 무제와 명황제 두 임금은 임금 자
리를 잃을까 걱정하여〔患失〕 참소로 말미암아 자식을 죽게 했으니 세
사람 모두 다 사사로운 욕심이 본마음을 가려 그 마음을 상하게 했기

때문입니다. 맹자가 임금의 도리에 있어 어짊을 말한 것은 참으로 절절하기에 신은 (어짊에 관한) 이 편을 마무리하면서 갖추어 드러낸 것입니다.

이상은 우리 도리의 원류의 바름[正]에 대해 논했습니다.

## 이단적인 학술의 다름

(『논어』) 공자는 말했다.

"이단(異端)에 빠지면〔攻〕¹ 그것은 해로울 뿐이다."
      공

  1 攻이라는 것은 전문적으로 다스린다〔專治〕는 뜻으로 금속을 다
    공                          전치
    스리거나 나무를 다스린다고 할 때의 그 다스림〔攻〕이다.
                                      공


신이 가만히 살펴보겠습니다. 이단(異端)이라는 용어는
여기에서 처음 보이는데 그것은 빼어난 이〔聖人〕의 도리가 아닌 별개
                                    성인
의〔異〕 한 끄트머리〔端〕를 말합니다.
  이                 단
  요순과 우탕, 문왕과 무왕 그리고 주공의 배움은 군자라면 마땅히
그 마음을 다해 배워야 하는 것입니다. 만일 이런 배움을 저버리고서 이
단만 전문적으로 다스린다면 어찌 해로움이 없겠습니까?
  어떤 사람은 의심하여 말하기를 이 당시에는 아직 이단이 일어나지
않았고 공자의 가르침 또한 (널리) 알려지지 않았는데 (이단이라고 한
다면) 누구를 가리키는 것이겠는가라고 했습니다. 하지만 신이 볼 때
노담(老聃-노자)과 양주(楊朱)와 묵적(墨翟)은 모두 다 공자와 동시대
사람이었고 그중에서 공자의 가르침이 바야흐로 빼어나게 밝았습니
다. 따라서 공자의 학설이 다 완성되지 않았을 뿐이지 공자의 말은 (이
미) 반드시 행해지고 퍼졌다고 봐야 합니다.

(『맹자』) 제자인 공도자가 질문을 던졌다.

"외부 사람들은 하나같이 선생님께서는 논변[辯]을 좋아한다고 말합니다. 어째서 (그들이) 그러는지를 감히 묻겠습니다."

이에 맹자가 답했다.

"(공자 이후 지금에 이르기까지) 빼어난 임금[聖王]이 나타나지 않아 (그 아래에 있는) 제후들이 오만 방자해져서 못하는 짓이 없고, 초야에 있는 선비[處士]라는 사람들은 제멋대로 온갖 주의 주장을 떠들어대고 있다. (그중에서도 특히) 양주와 묵적의 주장이 세상에 차고 넘쳐 세상의 주장들은 모두 양주를 따르지 않으면 묵적을 따르고 있다. (도가의) 양주의 주장은 자기 자신[我]을 위주로 하니 이는 임금의 존재를 부정하는 것[無君]이요, 묵적의 주장은 천하의 모든 사람들을 다 똑같이 사랑한다[兼愛]고 하니 이는 부모의 특별한 존재를 인정치 않는 것[無父]이다. (자신의 존재를 가능케 해준) 부모의 특별한 존재를 인정치 않고 (국가와 사회의 근간이 되는) 임금의 존재를 부정하는 것은 곧 짐승과 다를 바 없다. (노나라의 현자) 공명의는 '(대궐에 있는) 푸줏간에는 살진 고기가 (가득) 있고 마구간에는 살진 말들이 있는데 (정작) 백성들 사이에는 굶주린 기색이 역력하고 들판에는 굶어 죽은 시체가 (뒹굴고) 있다면 이는 짐승들을 몰아서 사람을 잡아먹게 하는 것이다'라고 말했다. 양주와 묵적의 학설이 없어지지 않는다면 공자의 도리[道]는 세상에 드러나지 못할 것이다. 이는 그릇된 주장이나 학설[邪說]이 백성들을 속여 백성들 사이에 사람을 사랑하고 의리를 지키는 도리[仁義]가 퍼질 수 있는 길을 꽉 틀어막는 것이다. 사람을 사랑하고 의리를 지키는 도리가 꽉 막히면 짐승들을 몰아서 사람을 잡아먹게 하고 추후에는 결국 사람들끼리 서로 잡아먹는 일까지 생길 것이다.

나는 바로 이 때문에 (양묵(楊墨)의 학설이 만연돼 있는 현 상황을) 염려하여 옛 성현(聖賢-요순이나 주공 그리고 공자)의 도리를 보호하여 지키고[閑] 양묵의 학설의 그릇됨을 논파하며[距] 황당한 주장들을 추방함으로써 그릇된 주장을 하는 자들이 나올 수 없게 하려는 것이다. (그릇된 주장이) 어떤 사람의 마음[心]에서 생겨나면 그 사람이 하는 일[事]에 해를 끼치게 되고, 또 하는 일에서 그런 주장이 일어나면 정치에 까지도 해를 끼치게 된다. 성인(聖人)이 되살아나신다 해도 (그릇된 주장이 마음에서 일어나 개개인의 일을 거쳐 나라의 정사에까지 악영향을 끼칠 수 있다는) 나의 이 말은 바꾸지 못하실 것이다.

아주 옛날 우가 홍수를 다스리자[抑] 천하는 평온해졌고, 주공이 동쪽과 북쪽의 오랑캐[夷狄]들을 두루 흡수하여 통합하고[兼] 맹수들을 몰아내자 백성들은 안녕을 얻었고, 공자께서『춘추』를 완성하자 반란을 일으킨 신하[亂臣]와 부모를 죽인 패륜아[賊子]들이 비로소 두려워하게 됐다.

『시경』에 이르기를 '서쪽 북쪽 오랑캐를 응징하고 / 남쪽의 오랑캐를 무찔러 / 우리에게 감히 대적할 자가 없어졌도다'라고 했으니 (양묵처럼) 임금도 없고 아비도 없는 자들은 주공께서도 응징하셨던 것이다. (그래서) 나도 (그릇된 주장이나 학설에 물든) 사람의 마음[人心]을 바로 잡아 그릇된 학설[邪說]을 사라지게 하고 한쪽으로 쏠린 행실을 막으며 허황한 말들을 추방해서 세 성인(의 뜻)을 계승하려는 것이다. 어찌 내가 논변 자체를 좋아해서이겠는가? 내 어쩔 수 없어서 그렇게 하는 것일 뿐이다. (나만 그런 것이 아니라) 양주와 묵적[楊墨]의 설을 막아내야 한다고 당당하게 말을 하는 사람이 있다면 그 사람도 (나나 우리처럼) 성인의 도리를 따르는 무리라 할 수 있을 것이다."

신이 가만히 살펴보겠습니다. 공자가 세상을 떠나자 이단이 드디어 일어나기 시작해서 맹자가 살던 때에 이르러 번성하게 됐습니다. 사마천이 기록하기를 추연(鄒衍), 순우곤(淳于髡), 전병(田駢)의 무리들이 각각 책을 지어 세상의 임금들에게 치란의 일을 말하면서부터 이루 다 셀 수 없을 만큼 각종 설들이 생겨났는데 그중에서도 신불해(申不害)와 상앙(商鞅)의 해악이 심했다고 합니다. 그런데 맹자는 그중에서도 특히 양주와 묵적 두 사람에 대해 크게 거리를 두려 했으니 어째서이겠습니까?

정이가 일찍이 이 문제를 논하면서 말했습니다.

"양묵의 해악은 신불해와 한비자〔申韓〕보다 심하다. 양주는 나를 위한다면서 의리〔義〕를 의심하고 묵적은 모두를 사랑한다〔兼愛〕면서 어짊〔仁〕을 의심했다. 그에 비해 신불해와 한비자는 논의가 (천박하고) 비루하여 (그 문제점을) 쉽게 알아볼 수 있다. 그래서 맹자가 오직 양묵을 차단하고 물리치려 한 것은 그것이 세상을 미혹시키는 것이 심했기 때문이다."

무릇 (양주처럼) 나를 중시하고 의리를 의심한다는 것은 무엇이겠습니까? 의로운 자〔義者〕는 이치를 임무로 삼고 사사로움을 없게 하는 데 반해 양주는 자신의 몸 외에는 모든 것을 절연하고 아무런 관심도 기울이지 않습니다. 그래서 그 행적은 얼핏 의리와 유사합니다. (또) 겸애하게 되면 어짊을 의심하게 된다는 것은 무엇이겠습니까? 어진 자〔仁者〕는 (부모의) 은혜를 높이 받들고 사랑을 위주로 하는 데 반해 묵적은 (혈연상으로) 가깝건 멀건 간에 누구나 (똑같이) 사랑하지 않음이 없습니다. 그래서 그 행적은 얼핏 어짊과 유사합니다. 그러나 이는 천하의 이치는 그 뿌리는 하나이지만 나눠지면 여럿이 된다는 것을 전혀 모르고서 하는 주장입니다.

그래서 군자가 부모를 내 몸과 같이 여기는 것〔親親〕과 백성을 사랑하는 것〔仁民〕, 백성을 사랑하는 것과 외부의 일이나 사물을 아끼는 것〔愛物〕은 각기 그 마음에 (대상별로) 박하지 않음이 없는 것이고 거기에 차례를 매기게 되는 것입니다. 이때 그 마음에 박하지 않음이 없으면 (양주가 주창하는) 나를 위하는 것〔爲我〕이 될 수 없고, 거기에 차례를 매기게 되면 (묵적이 주창하는) 모두를 사랑하는 것〔兼愛〕이 될 수 없습니다. 양주처럼 나를 위하는 것에만 전념하게 되면 이치가 하나임〔理一〕에 어두워지고, 묵적처럼 모두를 사랑하는 것에만 전념하게 되면 나눠져서 여럿임〔分殊〕에 어둡게 됩니다.

이렇게 되면 "어짊과 의로움〔仁義〕이 다름 아닌 어짊과 의로움을 해치는 까닭이 된다"고 말할 수 있습니다. 무릇 임금을 섬긴다는 것은 그 몸과 마음을 다하는 것인데 양주는 오직 자기 몸을 사랑하는 것만 알고 몸과 마음을 다하는 것은 알지 못하니 결국 임금이 없게 되는 것〔無君〕이고, 사랑한다는 것은 반드시 부모를 사랑하는 데서 시작하는 것인데 묵적은 아무런 차등을 두지 않고 사랑을 하여 자신의 가장 가까운 부모〔至親〕와 무리 속의 사람들을 전혀 구분하지 않으니 결국 아버지가 없게 되는 것〔無父〕입니다. 이처럼 아버지가 없게 되고 임금이 없게 되면 사람의 도리〔人道〕는 사라지고 끊어지니 이는 정말 짐승일 뿐입니다.

크게 보면 바른 도리와 이단은 서로 한쪽이 성하면 한쪽이 쇠하는 관계라 양묵의 도리가 계속 번성할 경우 공자의 도리는 흐려지고, 공자의 도리가 흐려지면 간사스러운 말과 사특한 설들이 힘을 얻어 백성들의 귀를 헛되이 속이고 바른 도리를 꽉 막아 끊어놓게 될 것입니다. 바른 도리가 끊어지고 사라지게 되면 짐승을 몰아서 사람을 잡아 먹게 하고 또한 장차 사람들끼리 서로 잡아먹게 되지 않겠습니까? 바로 이 점을 맹자가 두려워하여 (이단에 대해) 논변을 하지 않을 수 없었던 것입니다. 지킨다는 것〔閑〕은 대비하여 막는다는 뜻입니다. 양묵의 황당무계한 사설들을 논파하는 것이 곧 옛 성인의 도리를 지키는 것이 됩니다.

천하가 다스려지고 혼란에 빠지고 하는 것〔治亂〕은 그 원천이 실은 사람의 마음에서 나오는 것이어서 그 마음속에 사설(邪說)이 끼어들면 마음이 그쪽으로 움직이게 되어 일에도 해를 끼치고, 일에 (그 같은) 움직임을 주게 되면 정치에도 해를 끼치게 되어 결국은 큰 세(勢)를 이루게 됩니다. 일〔事〕이라는 것은 정치의 세목〔目〕이요 정치라는 것은 일의 벼리〔綱〕여서 작은 생각의 차이가 생겨도 하나의 일을 망치고 하나의 세목이 무너지면 큰 벼리〔大綱〕 또한 따라서 무너지게 됩니다. 이것이 바로 사설을 물리치지 않으면 안 되는 이유이며 또한 사람의 마음이 바르지 않으면 안 되는 이유입니다. 우가 홍수를 다스리고, 주공이 동쪽과 북쪽의 오랑캐들을 두루 통합하고 맹수들을 몰아내고, 공자께서 『춘추』를 저술한 그 일〔事〕은 각기 다르지만 세상의 큰 근심 걱정을 구원하여 백성들이 살아갈 수 있는 표준〔極〕을 세워준 면에서는 다 같습니다. 맹자가 여기서 보여주는 마음 또한 세 성인들의 마음과 같다고 하겠습니다.

맹자는 하고자 하는 말이 끝났지만 다시 한 번 "양주와 묵적〔楊墨〕의 설을 막아내야 한다고 당당하게 말을 하는 사람이 있다면 그 사람도 (나나 우리처럼) 성인(聖人)의 도리를 따르는 무리"라고 말하고 있습니다. 무릇 세상의 뛰어난 학자들이 힘을 써야 하는 이유는 이단을 막고 바른 도리를 지탱하여 사람의 마음이 사람을 사람답게 함으로써 짐승의 수준으로 전락하는 것을 막는 데 있다고 하겠습니다.

　바로 이것 때문에 맹자가 선왕의 도리를 세우는 데 기여한 공이 우왕보다 아래가 아닌 까닭이라고 하겠습니다.

　(『사기』) 한나라 무제 건원(建元) 원년(기원전 140년)에 동중서가 대책(對策)을 올려 말했다.

　"『춘추』의 대일통(大一統)[1,1)]이라는 것은 하늘과 땅의 변하지 않는 날줄[常經]이며 옛날부터 지금에 이르기까지 관통하는 올바름입니다. 지금의 스승들은 도리를 달리하고 사람들은 의논을 달리하고 백가(百家)는 각기 방향을 달리하여 지향하는 뜻이 같지 아니하니 이렇게 해서는 위에서 일통을 유지할 수가 없어 법과 제도가 수시로 바뀌고 아래에서는 지켜야 할 바를 알지 못합니다. 신이 비록 어리석지만 육예(六藝)의 과목에 들지 않거나 공자의 가르침에 속하지 않는 것들은 모두 그 도리를 끊어서 함께 나아가지 못하게 해야만 그릇되거나 한쪽에 치우친 학설들이 없어질 것이고, 그런 뒤에라야 통치의 기강이 하나가 될 수 있고 법과 제도 또한 밝아질 수 있어 백성들이 따라야 할 바를 알게 될 것입니다."

　1 이는 『춘추공양전』 은나라 원년 봄 정월(正月)에 나오는 말이다.
　　동중서는 이 말을 통해 천하의 도술은 하나로 통일되어야 함을
　　말하고 있다.

신이 가만히 살펴보겠습니다. 이때는 무제가 즉위한 초창기였습니다. 이 해에 승상 위관(衛綰)이 글을 올려 말했습니다.

"천거된 현량(賢良) 가운데 혹시라도 신불해(申不害)나 한비자(韓非子), 소진(蘇秦), 장의(張儀)의 학설을 공부한 자들은 국정을 어지럽힐 수 있는 사람들이니 청컨대 모두 파직해 주십시오."

이에 대해 무제도 옳다고 했습니다. 하지만 실질적인 내용을 전달하는 점에서는 동중서가 말했던 것이 정확합니다. 신불해와 한비자 두 사람은 다 형명(刑名)의 학을 했고 소진과 장의는 종횡(縱橫)을 공부한 학자입니다. 그리고 상앙(商鞅)이 진나라를 도운 것을 보면 정전제(井田制)를 폐기해 천맥(阡陌)[2]으로 고쳤으며, 이런 술책으로 주변 나라를 기만하고 그들의 군사를 깨트렸으며, 칼과 톱, 각종 도끼 등을 이용한 형벌이 죄 없는 사람에게까지 마구잡이로 가해져 위수(渭水) 가에서 (하루에 700명씩) 죄수들을 처형해 강물이 붉게 물들 만큼 조금의 동정심도 없었으니 그 참상을 알 만하지 않습니까?

신불해의 술책은 상앙과 비슷한 종류였고, 장의와 소진은 장황한 변설(辯舌)로써 당시의 군주들에 영합하면서 나라와 백성을 기울게 하고 혼란에 빠트렸으니 이들 다섯 사람은 다 백성들을 괴롭히는 좀벌레〔蠹〕요, 바른 도리를 해치는 적(賊)입니다.

이런 식으로 해서 한 줌도 안 되는 무리들이 종종 일시에 부귀를 얻는 일들이 일어나자 뒤에 오는 선비들도 (그들을 본따서) 비슷한 일을 꾸미고 그들을 흠모했습니다. 그래서 한나라 초에는 유세하는 선비들 중에서 괴통(蒯通)이나 주건(朱建) 등의 무리는 대체로 장의와 소진을 따랐고, 가의나 조조(晁錯) 같은 유학자들도 다 신불해와 한비자의 술책에 밝았으니 선왕의 도리(-유학)는 암울하여 세상에 널리 쓰일 일이 없게 됐습니다. 그리고 설사 유학에 통달한 선비가 있다고 해도 선왕의 도리와는 전혀 무관한 이상한 학문에 빠져드는 일에서 벗어나지를 못했습니다.

만일 이때 동중서가 없었고 (유학의) 좋은 말들[昌言]이 배제됐다면 도리의 학문[道術]은 어디서 나와 하나가 될 수 있었겠습니까? 따라서 선배 유학자가 동중서의 공을 미루어 헤아리고 논함으로써 맹자의 아래에 둘 수 없다고 했으니 어찌 믿지 않을 수 있겠습니까? 그러나 애석하게도 무제는 개략적으로는 동중서의 말을 행하기는 했지만 결국은 통치의 모든 면에서 그것을 받아들이지 못했습니다. 그래서 기강(紀綱)을 통치의 주된 가르침으로 삼아 주매신(朱買臣)의 무리들에게 힘을 실어주어 종횡가(縱橫家)의 무리들이 조정에 많이 진출했고, 장탕(張湯)과 두주(杜周)의 무리들을 끌어들여 형명(刑名)의 학설을 채용했으니 만년에 무고의 재앙 때 부자간에 서로를 능히 지켜주지 못할 만큼 거리가 멀어지자 한 명의 강충(江充)이 모든 일을 제 마음대로 할 수 있었던 것입니다. 강충의 사람됨은 대개 문무에 능하고 구변이 좋았던 자입니다.

아! 천하를 소유한 사람은 이런 점을 깊이 살펴보지 않을 수 없을 것입니다.


1) 이는 곧 봉건국들이 모두 중앙의 천자국의 통치를 받아야 하고 독자적인 행동을 해서는 안 된다는 원칙이다.
2) 두렁을 경계로 삼는 토지제도로 농사와 전투를 결합시킨 것이다.

(『사기』) 사마천이 말했다.[1]

"세상에서 노자를 배운 자들은 유학을 배척하고, 유학도 역시 노자의 도리는 자신들과 같지 않다 하여 서로 도모하지 않습니다."

1 한 무제 때 『사기』를 지었다.

신이 가만히 살펴보겠습니다. 백가의 학설 중에서 노씨(老氏-노자)가 영향을 준 말들이 많습니다. 지금 그중에서 몇 가지를 골라보겠습니다.

(노자는) 자애로움[慈]을 말했고 검소함[儉]을 말했으며 감히 천하보다 앞서지 않는 겸손[不敢爲天下先]을 말했습니다.[1)] 또 내가 (인위적으로) 아무것도 하지 않으니 백성은 절로 교화가 된다[無爲民自化], (나는) 고요함을 좋아하니 백성들이 절로 바로 된다[好靜民自正], (나는) 아무 일도 만들지 않으니 백성들이 절로 부유해진다[無事民自富], (나는) 아무것도 욕심을 내지 않으니 백성들이 절로 소박해진다[無欲民自樸]고 했습니다.[2)]

이것들은 (비록 노자의 말이긴 해도) 이치에 가까운[近理] 말이라 하겠습니다. 조참(曹參)은 이런 학설을 바탕으로 한나라의 개국을 도와 일등 가는 안녕을 이루어냈고, 한나라 문제는 그 학설로 나라를 다스려 부강한 나라를 일궜으니 (그런 장점들은) 비록 (공맹의 도리를 따르는) 군자라 하더라도 받아들여야 할 것입니다.

노자는 또 말했습니다.

"심오한 모성의 문, 이를 천지의 근원이라 한다. 끊이지 않고 존재하는 듯하니 그것을 씀에 다함이 없다〔玄牝之門 是謂天地根 綿綿若存 用之不勤〕."3)

이것은 양생술(養生術)과 관련된 말로서 술사들〔方士〕이 받드는 말입니다. 노자는 또 말했습니다.

"장차 그것을 움츠러들게 하려면 먼저 반드시 그것을 펼쳐줘야 하고, 장차 그것을 빼앗으려 한다면 먼저 반드시 그것을 주어야 한다〔將欲翕之必固張之 將欲奪之必固與之〕."4)

이것은 음모술과 관련된 말로서 범려(范蠡)5)가 이 술책으로 오나라를 멸망으로 이끌었고 장량(張良)은 그것을 근본으로 삼아 항우를 멸망시켰기에 군사를 이야기하는 사람들이 숭상하는 것입니다. 노자는 또 말했습니다.

"큰 도리가 없어지고 나면 어짊과 의로움이 생겨난다〔大道廢有仁義〕."6)

"도리를 잃은 이후에야 다움이 있고 다움을 잃은 이후에야 어짊이 있고, 어짊을 잃은 이후에야 의로움이 있고 의로움을 잃은 이후에야 예가 있다. 무릇 예라는 것은 충성스러움과 믿음〔忠信〕이 엷은 것이고 난이 일어나는 발단〔首〕이 된다〔失道而後德 失德而後仁 失仁而後義 失義而後禮 夫禮者忠信之薄而亂之首也〕."7)

이것은 세속의 폐단을 바로잡는〔矯弊〕 말인데 자유분방한〔放蕩〕 자들이 자신들의 종지(宗旨)로 삼는 것입니다. 그래서 이들은 그런 이치를 끌어들여 온갖 사물을 다 피상적인 현상으로 보고서 오히려 공허(空虛)로 묘용(妙用)을 행하니8) 장자(莊子)가 주로 이 설을 바탕으로 하고 있습니다.

(노자의 설은) 황당하면서도 그윽한 듯이 보이는 말로써 세상을 떠들썩하게 만들어[譁] 맑은 이야기를 하는[淸談] 사람들이 그것을 본받으니 스스로 이치에 가깝다고 하는 사람들도 거기서 취하는 바가 있습니다. 그러나 그런 내용들은 이미 다 우리 성인께서 갖고 있거나 그보다 훨씬 못한 것들이어서 하나하나가 다 치우치거나 구부러진 배움일 뿐입니다.

그 폐단은 이루 다 말할 수 없습니다. 양생술의 경우 신선과 묘약에 관한 것이 거기서 비롯됐고, 음모술의 경우 신불해와 상앙과 한비자가 거기에 뿌리를 두고 있으며, 자유분방함의 해악은 진(晉) 나라의 유영(劉伶)과 완적(阮籍)[9]이 특히 심했고, 맑은 이야기를 일삼은 재앙은 위나라의 왕필(王弼)과 진나라의 하안(何晏)에 이르러 극에 달했으니 이들은 모두 다 세상과 임금을 혹하게 하고 어지럽게 만들었으며 백성들을 해치고 큰 고통에 빠트렸습니다.

비록 노장(老莊)의 배움이 처음부터 이런 지경은 아니었겠지만 그 뿌리의 작은 차이가 계속 흘러오면서 이처럼 심하게 된 것이니 어쩌면 그것은 필연이라고 하겠습니다.

물론 이렇게 말한다고 해서 요순과 주공 및 공자의 도리가 아무런 폐단도 없다고 하겠습니까?

어떤 사람은 말하기를 "한나라 이래로 황로(黃老)의 학설이 있었는데 황제도 역시 성인이 아닌가, 그리고 그의 도리는 노자와 같지 않은가"라고 했습니다. 그리고 또 "의원[醫師]들이 신농을 종주로 삼고 무당들이 위대한 우임금[大禹]을 뿌리로 생각하고 있는데 이것이 아니라는 말인가"라고 묻습니다.

어떤 사람은 또 말하기를 "한나라 문제가 황로의 학설을 쓰면서 천

하가 안정됐고 무제는 유술(儒術-유학)을 써서 나라를 일궜지만 유술
은 결국 황로에 미치지 못하지 않았는가"라고 했습니다.

그러나 이는 그렇지 않습니다. 맑고 고요하고 자애롭고 검소한 것
〔淸靜慈儉〕은 분명 노씨 학설의 장점이며 문제가 그것을 써서 효과를
본 것이 그러했습니다. 그렇지만 백성을 부유하게만〔富〕 했지 (사람답
게) 가르치는 데는〔敎〕 이르지 못했습니다.[10] 만일 공자의 도리를 썼다
면 어찌 그 공효〔功〕를 이루는 것이 여기에만 그쳤겠습니까? 무제가
유술을 썼다고는 하지만 그것은 그 이름만 높였을 뿐이지 정작 백성
들을 다룬 것은 신선 사상과 형명 그리고 병가의 죄악이었으니 유술
이 어디에 관여했다는 것입니까? 그것을 잘 분별하지 않으면 안 될 것
입니다.


1) 『노자』 제64장이다.

2) 『노자』 제57장이다.

3) 『노자』 제6장이다.

4) 『노자』 제36장이다.

5) 춘추시대 월나라의 천재적인 전략가다.

6) 『노자』 제18장이다.

7) 『노자』 제38장이다.

8) 눈에 보이는 사물은 헛것이라 하고 오히려 눈에 보이지 않는 공허
　가 세상의 작용을 일으키는 이치라고 본다는 뜻이다.

9) 두 사람 다 위진(魏晉)의 대표적인 도가 사상가이자 죽림칠현이다.

10) 이 말은 『논어』 「자로」 9장에 나오는 공자의 말을 근거로 한 비판이
　　다. 공자가 위나라에 갈 때 염유가 수레를 몰았다. 공자가 "인민이

많구나!"라고 하자 염유는 "이미 인민이 많으면 또 무엇을 더해야 합니까?"라고 물었다. 공자는 "그들을 부유하게〔富〕해주어야 한다"고 답했다. 또 염유가 "이미 부유해지면 또 무엇을 더해야 합니까?"라고 묻자 공자는 "(예의와 염치를) 가르쳐야〔敎〕한다"고 답했다.

(『자치통감』) 한나라 『교사지(郊祀志)』[1]에 따르면 제나라 위왕(威王)과 선왕(宣王) 및 연(燕) 나라 소왕(昭王) 때부터 사람들을 (동쪽) 바다 쪽으로 보내 봉래(蓬萊), 방장(方丈), 영주(瀛洲)를 찾게 했으니 이 세 개의 신령스러운 산은 전하는 바에 따르면 발해(渤海) 안에 있어 여러 신선들과 불사약(不死藥)이 다 거기에 있다고 했다.

진시황이 바다에 이르자 방사(方士-도교의 술사)들이 다투어 그것을 말했고, 시황은 마치 자신이 그곳에 다다르지 못할 듯이 두려워하면서 사람들을 시켜 재계하고 남녀 아이들로 하여금 바다로 가서 그것을 구하도록 했다. (그런데) 배들이 (나아가지 못하고) 바다 위에서 그냥 왔다 갔다 하기만 하자 방사들은 둘러대기를 "아직 도달할 수는 없지만 그것을 멀리서는 바라보았습니다"라고 말했다.

그 다음 해(시황제 29년, 기원전 218년)에 시황은 다시 동쪽 바다로 유람을 떠났고, 그로부터 3년 후(시황제 32년)에는 갈석(碣石-허베이성 창리현)으로 유람을 가서 사람을 시켜 바다로 가서 신선들을 찾아보게 했고, 다시 그로부터 5년 후(시황제 37년)에 시황은 남쪽으로 순행을 떠나 상산(湘山)에 이르렀다. (배를 띄워 강을 건너다가) 회계(會稽-저장성 사오싱현)에서 육지에 올라 바다를 나란히 하면서 위(-북쪽)로 올라가 삼신산의 신령스러운 약을 구하려 했으나 결국 얻지 못했고, 돌아오던 길에 사구평대(沙丘平臺-허베이성 핑샹현)에서 붕어했다.

한나라 무제가 즉위하여 귀신에게 제사 지내는 것을 깊이 신봉했는데 (원광 2년, 기원전 133년) 이소군(李少君)이 부엌신〔竈〕조에게 제사를 지내면 늙는 것을 막을 수 있다는 방술(方術)로 알려져 황상을 알현하게 되자 황상도 그를 귀하게 대접했다. 소군은 스스로는 일흔 살이라고 하면서 능히 여러 물건들을 부려서 늙는 것을 막을 수 있다고 했고 교묘하게 말을 하여 (앞일을) 맞히기를 잘했다.

소군이 황상에게 말했다.

"부엌신에게 제사를 올리면 사물〔物〕물[1]을 마음대로 다룰 수 있습니다. 그래서 붉은 빛 모래〔丹沙〕단사는 황금으로 바꿀 수 있고, 그것으로 그릇을 만들면 수명도 늘어나고 봉래산 신선도 볼 수 있으며, 이 신선을 본 다음에 봉선(封禪)을 올리면 결코 죽지 않으니 황제(黃帝)가 바로 이런 분이십니다."

이리하여 천자가 드디어 부엌신에게 제사를 지내고 방사를 파견하여 바다로 나아가 봉래산 신선을 찾아 붉은 빛 모래와 여러 약물을 변화시켜 황금을 만드는 일에 종사토록 했다. 오랜 시간이 흘러 소군이 병들어 죽었는데 천자는 그가 변화해서 떠난 것이지 죽은 것이라고 여기지 않았고 (오히려) 사람을 시켜 그 비방을 받아오도록 명하기도 했다. 그리고 해안의 (전국시대의 옛날) 연나라와 제나라 땅에 사는 기이한 방사들이 대거 장안에 들어와 귀신의 일을 이야기했다.

이듬해에는 제나라 땅 출신의 소옹(少翁)이 방술로써 이름을 날려 황상을 알현하자 황상은 그를 문성(文成) 장군에 제배하고 객례(客禮)로써 예우했다. 이에 소옹은 황상에게 말했다.

"폐하께서 신선들과 교류하시고 싶어도 궁실과 의복이 신선들과 같지 아니하면 신선들은 다다르지 않을 것입니다."

이에 서둘러 구름 무늬를 그려 넣은 수레를 만들고 또 감천궁(甘泉宮)을 지어서 그 안에 대실(臺室)을 만들고 거기에 천신, 지신, 태일신(泰一神-도교의 신이다) 등 여러 신들을 그려 넣은 후 각종 제사 도구들을 설치하고서 천신을 불러들였다. 한 해 남짓이 지나자 그의 방술은 점점 쇠하여졌고 신선은 다다르지 않았다. 이에 그는 비단에 글을 써서 소에게 먹인 후 모른 체하고 "이 소의 뱃속에 기이한 글이 있다"고 말했다. 소를 죽여 뒤져본 결과 글을 얻었는데 천자는 그 글의 필적을 알아보았다. 이에 문성을 주살하고 그 일은 은폐했다. (천자는) 그 후에 또 백량대(栢梁臺)와 동주(銅柱) 그리고 승로선인장(承露仙人掌) 등을 만들었다.

그래서 난대(欒大)라는 자는 문성장군(-소옹)과 같은 스승에게서 배웠는데 천자를 알현하여 자신의 방술을 직접 말씀드리려고 했다. 그때 천자는 이미 문성장군을 주살하고 나서 그의 방술을 다 써보지 못해 후회하고 있었기에 난대를 보자 크게 기뻐했다. 난대는 사람됨이 수많은 방술과 지략을 갖고 있었고 말도 과감하게 했다.

"신의 스승께서 말씀하시기를 '황금을 만들 수 있고 불사약도 얻을 수 있으며 신선도 다다르게 할 수 있다'고 했습니다."

이에 난대는 오리(五利) 장군에 제배됐고 한 달여가 지난 후에는 네 개의 인장(印章)[2]을 얻어 위장(衛將) 공주와 결혼까지 했다. 난대가 황상을 알현한 지 불과 수 개월 만에 부귀를 천하에 떨치게 되자 바닷가 연나라 땅과 제나라 땅의 방사들은 자신들도 극비의 방술을 갖고 있어 얼마든지 신선을 불러올 수 있다며 온갖 손짓 발짓을 하지 않음이 없었다.

(그들 중에서 특히) 제나라 땅의 공손경(公孫卿)은 말했다. "황제는 형산(荊山)에서 정(鼎-큰 솥)을 주조하여 그것이 완성되자 긴 수염을 늘어트린 용이 내려와서 황제를 맞이했다. 후세 사람들은 그 때문에 그곳을 일러 '정호(鼎湖)'라고 했다."

(이 말을 접한) 천자는 말했다.

"아! 짐이 진실로 황제와 같을 수만 있다면 나는 처자식도 짚신 보듯 하여 떠나버리리라!"

한편 오리장군의 사자(使者)는 감히 바다로 나아가지 못하고 태산에서 제사를 지냈는데 황상이 사람을 시켜 (몰래) 따라가서 조사해 보도록 하니 실제로는 신선이라고는 전혀 보이지 않았다. (그럼에도) 오리장군은 자신의 (신선인) 스승을 보았다고 거짓말을 했고 자신의 방술들을 다 써보았지만 아무런 효험이 없었다. 이에 황상은 오리장군을 주살했다.

그해 겨울 공손경이 하남(河南)에서 신선을 찾아다니다가 구지성(緱氏城) 위에서 신선의 흔적을 발견했다고 하자 천자가 친히 구지성에 행차하여 그 흔적을 살펴본 다음 공손경에게 물었다.

"문성과 오리를 흉내 내는 것은 아니겠지?"

공손경이 답했다.

"신선이 인간 세상의 군주를 찾아오는 것이 아니니 군주가 신선을 찾아야 하옵니다. 그렇게 함에 있어 충분한 겨를을 주지 않는다면 신선은 찾아오지 않을 것입니다. 신선의 일에 관해 말씀 올리자면 이 일은 아주 멀고 허망한 듯이 보이지만 여러 해 동안 공적을 쌓아야 가능한 일입니다."

이에 각 군(郡)과 제후국들은 도로를 정비하고 궁전의 누대(樓臺)와 명산의 신사(神祀)를 손보아 고치고서 신선이 오기를 갈망했다.

그 후에 황상이 동쪽으로 순행(巡行)에 나서 바닷가를 따라 팔신(八神)에게 제사를 지냈는데 제나라 땅 사람이 상소를 올려 '신기하고 괴이한 방술을 이야기하는 자가 만 명이 넘는 판입니다'라며 (방술은 허망한 짓이라는) 상소를 올리자 이에 황상은 배를 더 많이 띄워 보낸 다음 바다에 신선이 사는 산이 있다고 말하는 자 수천 명으로 하여금 봉래산의 신선을 찾아내라고 명했다.

(4월) 봉고현(奉高縣-태산이 있는 곳)으로 돌아온 황상이 태산에서 봉선(封禪)을 올린 후 폭풍우가 그치자 방사들은 다시 봉래산처럼 여러 신선들이 사는 산을 찾을 수 있을 것처럼 떠들어댔다. 이에 황상은 너무도 기뻐하면서 이번에는 거의 신선을 만나볼 수 있으리라 기대하여 다시 동쪽 바닷가로 가서 멀리 쳐다보았다. 그리고 다시 방사들을 보내 신선을 찾고 불사약을 캐오라고 했는데 그 수가 천여 명이었다. 이때 공손경이 말했다.

"신선은 얼마든지 만나볼 수 있는데 폐하께서 늘 허둥거리고 재촉하시니 바로 그 때문에 만나보지 못하고 있습니다. 지금 당장 폐하께서는 별관(別館)을 지으시어 구지성에서 하셨던 것처럼 건어물과 대추를 차려놓으시면 신선은 마땅히 다다르게 될 것입니다. 또한 신선들은 누대에 머물기를 좋아합니다."

이에 황상은 장안에 명하여 비렴(飛廉)과 계관(桂館) 두 개의 별관을 짓고 감천궁에는 익수(益壽)와 연수(延壽) 두 개의 별관을 짓도록 한 다음 공손경을 시켜 부절(符節)을 갖고 제사 도구들을 진설한 다음 신선을 기다리게 했다. 이어 통천대(通天臺)를 짓고 그 아래에 제사 도구들을 진설하고서 여러 신선들을 불러오려 했다.

그 후부터는 5년에 한 번씩 태산에 제사를 지내고 그로부터 13년째 되면 오악(五嶽)과 사독(四瀆)에 두루 제사를 지내게 됐다. 그리고 방사들이 신선을 찾아서 바다로 들어가 봉래를 찾아보았지만 끝내 아무런 효험이 없었다. 공손경은 거인의 발자국을 갖고서 (마치 신선의 것인 양) 해명을 했고, 천자는 끝내 미련을 갖고서 그것을 끊지 못하고 진심으로 만나보고자 했다.

한 무제 태시(太始) 4년(기원전 93년)[3]에 황상이 거정(鉅定-산둥성 광라오현)에서 밭을 갈고 돌아와서 태산에 행차하여 봉선을 행하고 이어 명당에서 제사를 지낸 다음 여러 신하들을 접견하고서 말했다.

"짐이 즉위한 이래로 행한 일들은 광패(狂悖)하여 천하로 하여금 근심과 고통을 겪게 하여 쫓아가서 후회할 수 없을 정도였다. 지금부터는 일을 하면서 백성들에게 해악을 끼치거나 천하의 재물을 낭비하는 것들은 모두 다 없애버린다."

이에 전천추(田千秋)가 말했다.

"방사들 가운데 신선을 이야기하는 자들이 참으로 많지만 아무도 실제적으로 드러난 공적이 없으니 청컨대 이들을 모두 다 내쫓아버리셔야 합니다."

황상이 말했다.

"대홍려(大鴻臚)의 말이 옳다."

이에 신선을 기다리는 여러 방사들을 모두 철폐하고 이후로부터 황상은 여러 신하들을 대할 때마다 스스로 탄식하며 말했다.

"과거에는 어리석고 미혹되어 방사들로 하여금 속이도록 방치하다시피 했었다. 천하에 어찌 신선이나 선인이 있겠는가? 모두 다 요망할 뿐이다. 먹기를 덜 하고 약을 먹으면 병이 덜 들게 할 수 있을 뿐이거늘."

# 1 物은 신령스러운 물건〔鬼物〕이다.
물　　　　　　　　　　　　귀물

🍃　　　신이 가만히 살펴보겠습니다. 신선의 설은 전국시대 초부터 연나라와 제나라의 임금들이 일찍이 구하려 애썼으나 효험을 보지 못했습니다만 진시황이 또 그것을 구하려 했고 한나라 효무제가 그것을 다시 구하려 했으나 효험을 보지 못했습니다. 그런데 효무제처럼 뛰어나게 밝고 걸출한 황제가 오래 살아 죽지 않으려는〔長生不死〕 욕심
　　　　　　　　　　　　　　　　　　　　　　　　　　장생불사
을 갖는 바람에 마침내 방사에게 현혹되어 어리석은 짓을 얼마든지 해대고 그들의 손바닥에서 어린아이처럼 놀아나니 어찌 이상한 일이라고 하지 않겠습니까?

만년에는 또 무고의 변이 일어나 굳셌던 마음은 꺾이고 쇠락했으나 뒤에 후회하는 마음이 싹트자 그때서야 자신이 평소에 했던 짓이 광패(狂悖)하지 않은 것이 없었다는 것을 알게 됐습니다. 그래서 방사들을 요망하게 여기고서 남김없이 내쫓아버렸으니 이때 무제의 나이 70세였고 나라 안〔海內〕은 이미 황폐화된 후였습니다. 그때서야 자신의 잘
　　　　　　해내
못을 스스로 책망했으니 진실로 늦었다 아니하겠습니까?

그렇지만 현혹되기는 했어도 다시 제대로 돌아올 수 있었으니 그 점에서는 끝까지 깨닫지 못한 진시황보다는 현명했다고 하겠습니다.

1) 이는 교외에서 제사를 지내는 의식에 관한 책으로 '봉선서(封禪書)'가 유명하다. 봉(封)은 황제가 태산에 올라 제단을 쌓고 하늘에 제사를 올리는 것이고, 선(禪)은 태산 아래의 작은 언덕을 없애고 땅에 오곡의 풍성함을 기원하는 것이다.

2) 천사(天士) 장군, 지사(地士) 장군, 대통(大通) 장군, 천도(天道)
　　장군을 겸했다는 뜻이다.

3) 『자치통감』에는 정화(征和) 4년(기원전 89년) 3월의 일로 나온다.


(『자치통감』) 한나라 성제(成帝, 재위 기원전 52~7년) 말년[1]에 황상
이 자못 귀신을 좋아하니 (여러 사람들이) 편지를 올려 방술(方術)에 관
한 것을 말함으로써 모두 다 대조(待詔-황제와 가까이에서 일하는 요직)
를 얻었다. 곡영(谷永)이 황상에게 상소하여 말했다.

"신이 듣건대 하늘과 땅의 본성을 훤히 알게 되면 신령스럽고 괴이한
것[神怪]에 결코 혹할 수 없고, 만사의 사정을 알게 되면 비슷하지 않은
것으로써 결코 옭아맬 수가 없습니다. 인의(仁義)의 여러 가지 올바른
길을 배반하고 오경(五經)에 나오는 본받을 말들을 존중하지 아니하면
서 기이하고 괴상한 귀신들은 높이 칭찬하고, 여기저기 마구 지내는 제
사를 높이고 복 없는 제사로 보답받기를 구하고 세상에 신선이 있다고
하면서 불사약을 복용하는 따위의 것들은 하나같이 간사한 사람들이
많은 대중을 혹하게 하고 사특한 도리를 끼고서 속일 생각을 품고 세상
의 군주를 속이는 것이니 그들의 말을 듣고 있으면 너무나도 아름다운
것들이 위에 가득 차고 장차 만날 수 있을 것 같지만 정작 그것들을 찾
아 나서면 허황되기 그지없어 바람으로 경치를 잡으려는 것만큼이나 끝
내는 손으로 잡을 수 없습니다. 이래서 밝은 임금들은 거절하고 듣지 않
았던 것이고 성인(聖人)들은 끊어버리고서 말을 하지 않았던 것입니다.

바라건대 진실로 폐하께서는 이런 부류의 것들을 끊으시고 간사한 자들이 조정을 엿볼 수 없게 하소서."

황상은 그의 말을 좋게 받아들였다.


🪨　　신이 가만히 살펴보겠습니다. 곡영의 이 상소는 방사들이 (임금을) 속이고 궤변을 늘어놓는 정상(情狀)을 충분히 다 드러냈다고 할 수 있습니다. 만일 한 무제 때에 이런 말이 있었다면 혹시 황제의 뜻이 현혹됐던 것을 제대로 잡아서 열어주었을까요? 그렇다면 곡영이 말한 바 하늘과 땅의 본성이나 만사의 사정(萬物之情)이라는 것은 무엇이겠습니까?

옛말에 이르기를 하늘과 땅이 아무리 크고 만물이나 만사가 아무리 많아도 그것들이 결코 어길 수 없는 것이 있으니 그것은 음과 양(陰陽)의 이치입니다. 그래서 봄과 여름은 늘 봄과 여름일 수 없고 가을과 겨울이 있게 되는 것이고, 아침과 낮(朝晝)은 늘 아침과 낮일 수 없고 밤도 있게 되는 것입니다. 늘 순환하며 가고 오는 교체가 바로 하늘과 땅의 본성이고, 활짝 피면(榮) 반드시 시들해지고(悴) 번성하면(盛) 반드시 쇠함(衰)이 뒤따르며 끝이 있으면 시작이 있고 죽임(殺)이 있으면 살림(生)이 있는 것은 만사의 사정입니다.

하늘과 땅은 본체(體)로써 말한 것이니 본성(性)이라 한 것이고, 만물이나 만사는 쓰임(用)으로써 말한 것이니 사정(情=事情)이라고 한 것입니다. 사람이 하늘과 땅 사이에 있다는 것 역시 하나의 일이거늘 신선(神僊=神仙)이 되는 것을 배운다는 것은 내가 얼마든지 오래 살아 죽지 않는다는 것입니다. 그런데 이런 이치가 있을 수 있는 것이겠습니까?

　양웅의 설[2]에 따르면 어떤 사람이 묻기를 "사람들 중에 자기가 선인
(仙人)이라고들 하는데 그런 일이 있을 수 있습니까?"라고 하자 양웅
은 이렇게 답했습니다.

　"내가 듣기로 복희와 신농은 몰(歿-죽다)하셨고, 황제와 요순도 조
락(殂落)하여 사(死)하셨고, 문왕은 필(畢) 땅에 묻히셨고, 공자는 노
성(魯城)의 북쪽에 묻히셨는데 오직 그대 혼자서 안 죽으려고 바둥거
리는가? 그것은 사람이 미칠 수 있는 바가 아니다."

　곡영과 양웅의 설이 서로 합치하는 것을 볼 때 이 사람들은 죽지 않
고 오래 사는 것이 허무맹랑[虛誕]하다는 것을 알고 있었음이 분명합
　　　　　　　　　　　　　 허탄
니다. 그런데 그 후에 오는 사람들이 오히려 달콤한 말에 넘어가서 그
점을 제대로 깨닫지 못했으니 애석할 따름입니다.


　1) 영시 3년, 기원전 14년의 일이다.
　2) 이 이야기는 양웅의 책 『법언』에 나온다.




　(『자치통감』) 후한 광무제가 도참(圖讖)을 믿어 많은 경우 그것에 입
각해 혐의가 있는 문제를 판결하자 의랑(議郞) 환담(桓譚)이 상소를 올
렸다.

　"무릇 사람의 정(情)이란 눈에 보이는 익숙한 일은 소홀히 하면서 기
이한 소문은 중하게 여기게 됩니다. 선왕들께서 서술해 놓으신 것들을

보면 그분들께서는 하나같이 어짊과 의리〔仁義〕를 바른 도리〔正道〕로 삼
았고 기이하고 비정상적이며 허무맹랑한 일은 취하지 않으셨습니다. 지
금 온갖 기괴한 지혜와 작은 재주를 가진 자들이 각종 그림과 책〔圖書〕[1]
을 늘리고 더하여 참기(讖記)라고 고쳐 부르면서 (사람들을) 기만하고
현혹하며 탐욕에 물들어 임금을 그릇된 일로 인도하니 어찌 그것을 억
제하고 멀리하지 않을 수 있겠습니까? 폐하께서는 구부러진 것을 바로
잡으시고 밝게 들으시어 성스러운 뜻을 드러내시고 각종 구부러진 학설
들을 막으시고 오경의 올바른 뜻〔正義〕을 서술하셔야 합니다."

황제는 (이 상소가 올라오자) 기뻐하지 아니했다. 그 후에 영대(靈
臺)를 어디에 지을 것인지를 의논하는 회의를 소집했는데 이때 황제가[1]
"내가 도참으로 그것을 결정하려고 하는데 어떻게 생각하는가"라고 묻
자 환담은 한참 동안 잠자코 있다가 말했다.

"신은 도참서는 읽지 않습니다."

황제가 그 이유를 묻자 환담은 다시 "도참서는 경서(經書)가 아닙니
다"라고 극언을 했다. 황제는 크게 화가 나서 말했다.

"환담은 성인(聖人-도교의 성인들)을 비방하고 법을 무시했으니 그
목을 쳐라."

황제의 화는 한참 지나서야 겨우 풀렸다.[2]


1 이는 곧 참위(讖緯)와 부명(符命)에 관한 그림과 책들을 말한다.


신이 가만히 살펴보겠습니다. 후한의 광무제는 중흥(中
興)을 이룬 군주입니다. 광무제는 그에 앞서 적복부(赤伏符)[3] 덕에 황

위에 오를 수 있었습니다. 그래서 황제는 그것을 독실하게 믿으면서 처음에는 삼공(三公)에게 명을 내릴 때도 그것으로 했고, 이어 수도 외곽에서 지내는 나라의 제사(郊祀)를 정할 때도 그것으로 했으며, 마침내 봉선(封禪)을 결단할 때도 그것으로 했습니다.

(훌륭한 임금이 되는데 반드시) 육경(六經-유가의 경전)을 알 필요는 없다는 것이 아무리 선왕의 격언이었다 하더라도 참위(讖緯)라는 것은 말세의 사특한 학설일 뿐입니다. 장형(張衡, 78~139년)은 그것이 애제와 평제의 시대 때 생겨난 것으로 보았는데 크게 틀리지 않습니다.[4]

당시 (신나라를 세우게 되는) 왕망이 대리청정으로 정사를 좌우할 때 부명(符命)을 거짓으로 칭탁하여 많은 사람들을 현혹시켰고, 또 그것으로 황위를 찬탈할 음모를 꾸미자 광무제가 신나라의 왕망을 주살하고 한나라를 되살렸으니 마땅히 그 책들을 없애 화의 근원을 끊어버렸어야 좋았을 텐데 그렇게 하질 못했습니다.

(광무제 자신이) 마침내 적복(赤伏)의 효험을 보게 되자 (스스로) 그것을 숭배하여 믿고 그것을 표창했으니 무릇 이단과 소수라 하더라도 어찌 조금이라도 효험이 없겠습니까? (그러다 보니) 요약건대 그런 효험은 육경의 법언(法言) 덕도 아니고 선왕의 바른 도리 때문도 아닌 것이 됐습니다.

고로 유흠(劉歆-광무제)이 그것을 보고서 이름을 바꾸고, 공손술(公孫述, ?~36년)[5]은 그것 때문에 참람되게도 반란을 일으켰으니 이 무리로 하여금 난신적자(亂臣賊子)의 마음을 열어놓았습니다. 그러니 그것이 과연 세상을 가르치는 데 무슨 이익이 됐겠습니까?

광무제 때부터 그것을 좋아했고 동도(東都-후한)의 유학자들은 드물지 않게 그것을 전하고 익혀 그것을 끌어서 경서를 해석하니 오류와 허무맹랑한 것이 너무 심했습니다. 그래서 뒤에 뜻을 바로잡는 일이 다시 시작됐던 것입니다. 그리하여 앞 시대의 명신 구양수(歐陽脩)는 유학 하는 신하들을 불러들일 것을 청하여 구경(九經)의 주석서들은 다 취하고 참위의 글들은 깎아내 없앴습니다. 그런 글들은 도리를 해치기 때문입니다.

한없이 밝은[聖明] 폐하께서 바른 도리를 지키겠다는 뜻을 갖고서 진실로 제대로 된 말을 취해 그것을 시행한다면 도움이 되는 바가 많을 것입니다.

1) 그 자리에 환담도 있었다.

2) 환담은 그 후 지방의 한직으로 좌천당해 임지로 가던 도중 길에서 죽었다.

3) 광무제가 즉위할 때에 하늘로부터 내려 받았다는 적색(赤色)의 부절(符節)이다.

4) 후한 효순제 양가 3년(134년)에 태사령 장형은 도참설을 비판하는 상소에서 이렇게 말하고 있다. "도참은 (전한의) 애제와 평제 연간에 성행한 것으로 모두 허망되고 거짓말하는 사람들이 세상 사람들에게 재물을 뺏으려 했던 것임을 알 수 있으며 기망함을 비교하면 이와 같으나 이를 살펴서 금지시키지 않았습니다." 장형은 문장에 뛰어나고 육예(六藝)에 통달했으며 천문과 음양, 역법, 산술을 깊이 연구했고, 기계에도 능통해 혼천의를 제작한 인물이다.

5) 처음에는 왕망을 섬기다가 혼란기 때 반란을 일으켜 황제를 자칭하기도 했으나 광무제의 내버려두기 전략에 휘말려 힘을 잃고 패퇴했다. 그 전략이 바로 치지도외(置之度外)다.

(『자치통감』) 후한 명제가 즉위 초에 서역에 불(佛)이라고 불리는 신이 있다는 말을 듣고서 사람을 천축(天竺)으로 보내 그 도리를 구하여 얻어오도록 하니 관련 책들과 사문(沙門-불교의 뛰어난 수행자)을 얻어 돌아왔다. 그 책들이라는 것은 대부분 허무(虛無)를 주요 내용으로 하고 자비(慈悲)를 베풀어 살생을 금하는 것〔不殺〕을 중시하면서 사람이 죽어도 정신은 불멸이라 뒤에 가서 다시 형체인 몸을 얻게 된다고 했다. 또 생전에 행한 선악은 모두 그에 맞는 보응(報應)을 받게 된다고 했다. 따라서 불교에서 중요한 것은 정신을 수련함으로써 부처〔佛〕가 될 수 있다는 것이라고 하면서 넓고〔宏闊〕 큰 말씀〔大之言〕으로 어리석은 속인들을 권유했다. 그리고 그 도에 정통한 자들을 사문이라 불렀다. 이에 중국은 비로소 그 도술을 전수받아 각종 형상들을 그림으로 그렸고, 왕족이나 귀족들 중에서는 오직 초왕(楚王-명제의 이복동생) 유영(劉英)만이 비로소 불교를 좋아했다.

신이 가만히 살펴보겠습니다. 이것은 불법(佛法)이 중국에 들어온 시초입니다. 이때에 얻어온 것은 불경(佛經) 42장인데 난대(蘭臺) 석실(石室)에 감추어두었을 뿐이었고, 얻어온 불상(佛像)은 청량대(淸凉臺)와 현절릉(顯節陵)에 그림으로 그렸을 뿐이었습니다.

초왕 영(英)이 비록 불교를 좋아했으나 재계를 정결하게 하여 제사를 지내는 데 불과할 뿐이었습니다. 그런데도 영은 이내 죄에 걸려 목 잘려 죽었고, 복리의 보답을 받았다는 말은 듣지 못했습니다.

그 후에 한나라의 영제가 처음으로 궁중(宮中)에 사당(祠堂)을 세웠고, 위진(魏晉) 이후로 그 법이 점점 성하여 오호(五胡)의 임금으로서, 이를테면 석륵(石勒)이 불도징(佛圖澄)에게, 부견(符堅)이 도안(道安)에게, 요흥(姚興)이 구마라습(鳩摩羅什)에게 이따금 스승의 예를 받들어 올렸으며, 원위(元魏)의 효문제(孝文帝)는 현명한 임금이라고 칭하지만, 역시 절에 나아가 재(齋)를 올리고 설법을 들었으니, 이때부터 소량(蕭梁)에 이르기까지는 그 성(盛)함이 극도에 달했습니다. 그러나 근원은 영평(永平-후한 명제의 연호) 연간으로부터 시작됐으니, 명제를 책(責)하지 않고 누구를 책하겠습니까?

(『자치통감』) 위(魏) 나라 정시(正始-소릉여공의 연호)[1] 때 중상서(中尚書) 하안(何晏, 193년경~249년)[2]은 노장(老莊)의 책을 좋아하여 하후현(夏侯玄)과 순찬(荀粲) 그리고 왕필의 무리들과 서로 다투어 청담(淸談-속세로부터의 초탈)을 논했고 허무를 숭상하면서 육경(六經)을 성인의 찌꺼기[糟粕]라고 폄하했다. 이로 말미암아 천하의 사대부들은 흠모하며 본받으려 했고, 마침내 그 풍습이 유행하여 다시는 통제할 수 없었다.

위나라 경원(景元-원제의 연호) 연간 중에[3] 중산대부(中散大夫) 혜강(嵇康)은 노장에 관해 말하기를 좋아해 완적, 완적의 형님의 아들인 완함(阮咸), 산도(山濤), 향수(向秀), 왕융(王戎), 유영 등과 더불어 서로 벗하며 잘 지내니 (사람들은) 죽림칠현(竹林七賢)이라고 불렀다. 이들은 하나같이 허무를 숭상하고 예법을 경멸했으며 멋대로 술 마시고 취했고 세상사에 대해서는 관심을 끊어버렸다. 완적은 상(喪) 중에도 술을 마시는 것이 평소와 다르지 않았다. 당시 사대부들은 흠모하며 본받으려 했고, 이것을 일러 '방달(放達-거리끼는 바 없이 달통한 경지)'이라고 불렀다.

진(晉) 나라 무제(武帝, 재위 265~290년) 태강(太康) 연간 중에[4] 왕융은 사도(司徒)였고 왕연(王衍)은 상서령(尚書令), 낙광(樂廣)은 하남윤(河南尹)이었는데 모두 다 청담을 잘하여 마음을 일의 밖에다 두었다. 조야(朝野)의 사람들이 다투어 그들을 흠모하며 본받으려 했다. 왕연과 그의 동생 왕징(王澄)은 사람들의 인물됨을 품평하기를 좋아했다.

왕징과 완함, 사곤(謝鯤), 필탁(畢卓) 등은 모두 다 자신들을 자연에 내맡겨두는 것에 달통했으며 술에 취해 미친 듯이 벌거벗더라도 잘못이라고 여기지 않았다. 처음에 하안 등은 노장의 이론을 조술(祖述)하고 논리를 세워 말했다. "천지 만물은 모두 무(無)를 근본으로 삼는다. 무라는 것은 사물을 존재하게 하고 일을 완성하는 것[開物成務][5]이니 무는 어디를 가도 없는 곳이 없다. 왕연 등은 이 설을 아끼고 중하게 여겼다. 이로 말미암아 사대부들이 모두 다 붕 뜨고 이상한 것을 좋다고 하면서 해야 할 본래의 업무를 내팽개치자 배위(裴頠-배왜, 배외라고도 한다)가 '숭유론(崇有論)'[6]을 지어 그 폐단을 조목조목 풀어냈다. 하지만 습속은 이미 널리 자리 잡아 배위의 그것으로도 능히 구제할 수 없었다.

진나라 원제(元帝, 재위 317~322년)가 (황제에 오르기 전인 311년) 장강을 도강(渡江)한 초기 왕도(王導)가 정권을 맡고 있을 때 진군(陳頵)이 왕도에게 편지를 보내 이렇게 말했다. "중화(中華)가 이렇게 기울어버린 것은 다름 아닌 노장의 습속이 조정을 기울게 하고 현혹한 때문입니다. 앞으로 크게 될 자질이 있는 사람은 도량이 넓고 우아한 사람이라 하여 길러주면서도 (정작) 정치에 참여하는 사람은 속된 사람이라고 비하했습니다. 지금이라도 마땅히 고쳐야만 중흥시키는 일도 바라볼 수 있을 것입니다."

왕도는 이 말을 따르지 않았다.


(진나라 성제(成帝, 재위 325~342년) 함화(咸和) 9년(334년)) 유량(庾亮-원제의 처남)에게 무창(武昌)을 진수(鎭守)토록 했고 유량은 은호(殷浩)를 벽소하여 기실(記室) 참군으로 삼았다. 은호와 저부(褚裒)[7] 그리고 두예(杜乂)[8]는 모두 맑고 고원한 것을 잘 알았고 『노자』와 『주역』에 대해 논하기를 좋아하여 강동에서 이름이 났는데 은호는 특히 풍류에서 으뜸이었다.


(진나라) 효무제(孝武帝, 재위 372~395년) 때[9] 예장(豫章-장시성 난창시) 태수 범녕(范寧)이 일찍이 "왕필과 하안의 죄는 걸(桀)이나 주(紂)보다 심하다"고 말했다. 일부 사람들이 (범녕이) 왕필과 하안을 폄훼하는 것이 너무 심하다고 하자 범녕은 이렇게 말했다.

"왕필과 하안은 전적(典籍)에 나오는 글들을 멸시하여 폐기했고 어짊과 의로움[仁義]을 그윽하게 가라앉혀 버렸으며, 허튼 말과 들뜬 학설을 후생들에게 퍼트려 진신(縉紳)의 무리들로 하여금 돌아서서 갈 길을 바꾸게 함으로써 예악을 붕괴시켰고 중원이 기울게 만들었으며, 그 남겨놓은 풍습은 지금에 이르러 우환거리가 됐습니다. 걸(桀)과 주(紂)는 그 포학함이 일시적이었고 즉시 자기 몸을 죽여 나라를 뒤집어놓은 것이 (오히려) 후세에 경계가 됐으니 어찌 백성들이 보고 듣는 것까지 능히 다른 방향으로 틀 수 있었겠습니까? 그래서 저는 한 시대〔一世〕의 재앙은 가볍지만 역대에 걸친 우환은 무겁다고 생각합니다. 스스로를 죽이는 악은 작지만 대중을 현혹하는 죄는 큰 것입니다."

양(梁) 나라 간문제(簡文帝, 재위 549~551년)가 태자로 있을 때[10] 화림원(華林園)에서 직접 노자를 강의하자 첨사(詹事) 하경용(何敬容)이 한탄하여 말했다.

"서진(西晉) 때는 청허(淸虛-노장사상)를 숭상하여 중원이 (오랑캐인) 호족(胡族)과 갈족(羯族)에게 함락되게 만들었는데 지금은 동궁이 다시 그러하니 강남(江南-양나라) 역시 아마도 융족(戎族)이 되고 말겠구나!"

신이 가만히 살펴보겠습니다. 청담의 폐단은 조위(曹魏-조조를 시조로 하는 위나라)에서 시작됐고 소량(蕭梁-소연(蕭衍)이 세운 양나라)에서 마치게 되는데 그 시작은 대체로 노장(老莊)을 기본으로 했고 그 끝은 노장처럼 되는 것이었으나 결국은 얻을 수 없는 것을 바라고 있었던 것입니다.

그 무리들은 노자가 무(無) 가운데에 생(生)이 있다고 말한 것으로 보았습니다. 고로 하안과 왕필의 무리는 그윽하고 텅 빈 이치〔玄虛〕의 이론을 설파하며 만물이 형태를 갖고 있는 것은 다 짚으로 만든 개〔芻狗〕[11]에 불과하다고 했습니다. 그 바람에 옳고 그름〔是非〕, 이루어짐과 허물어짐〔成壞〕은 전혀 개의할 바가 없는 것이 되어버렸습니다.

이렇게 되니 신하들은 반드시 충성할 필요가 없게 되고 자식은 반드시 효도할 필요가 없게 되어 예법을 반드시 따라야 할 필요도 없고 위엄과 의례〔威儀〕를 반드시 갖춰야 할 필요도 없어져버리고 오직 텅 비어 아주 넓어서 아무것도 없는 마음〔空曠無心〕만이 있어 사물을 번뇌에 빠지게 하는〔染着〕일은 일절 하지 않아서 마침내 도(道)[12]를 알게 된다는 것입니다.

그러나 이것은 진실로 (유학의 정신을 실천한) 선왕의 가르침이 허락해 준 것도 아니고 심지어 노씨(老氏-노자)의 본래 뜻〔本指〕과도 무관한 것입니다. 무릇 노씨는 천하 만물은 유(有)에서 생겨나고 유는 무(無)에서 생겨난다고 했습니다. 이는 무에서 시작했지만 지금은 유인 것입니다. 그런데도 하안의 무리들은 모든 것이 다 무로 돌아간다고 했으니 이것이 어찌 노씨의 본래 뜻이겠습니까? 우리 유학자들이 쓰는 말로 하자면 형태에 앞서 있는 것〔形而上〕은 이치〔理〕요, 형태에 뒤쳐져 있는 것〔形而下〕은 사물〔物〕입니다. 이런 이치가 있기 때문에 이런 사물이 있는 것이고 이런 사물이 있기 때문에 이런 이치가 있는 것이니 이치와 사물은 일찍이 서로 떨어져 있은 적이 없습니다.

바야흐로 아직 사물이 있지 않을 때 그것을 혹 무라 할 수 있겠지만 실은 이치는 이미 갖춰져 있는 것이니 과연 그것을 무라고 하는 것이 맞는 말이겠습니까? 그 점에서는 노씨의 이론도 이 점을 놓쳤고 청담을 한다는 자들도 역시 이 점을 놓쳤는데 그 잘못은 노씨보다 훨씬 심한 것입니다.

하지만 우리 유학의 도리에서는 그렇지 않으니 하늘이 만물을 낳을 때 채워지지 않은 것〔非實〕은 하나도 없고, 이치가 사람에게 있을 때에도 채워지지 않은 것〔非實〕은 하나도 없습니다. 그래서 마음을 세울 때는〔立心〕 꽉 채워진 뜻〔實意〕을 가장 중시하고, 몸을 닦을 때는 〔修身〕 꽉 채워 밟아나감〔實踐〕을 가장 귀하게 여기고, 익히고 배울 때는〔講學〕 꽉 채워서 보는 것〔實見〕을 옳음〔是〕으로 삼고, 일을 행할 때는〔行事〕 꽉 채워 쓰는 것〔實用〕을 공효〔功〕로 삼습니다. 이것이 바로 요순과 주공 그리고 공자가 서로 전수하여 온 바른 법입니다.

하안과 왕융, 왕연으로부터 은호에 이르기까지 이들은 다 (겉으로는) 고담준론을 즐기고 마음을 비운 오묘한 이치를 논했지만 정작 속세의 명예와 총애, 권력과 이익을 챙기는 데에는 일찍이 그들만큼 심한 자들은 없었다고 할 수 있습니다. 예를 들면 하안은 삼정승〔台鼎〕을 좌지우지했고, 왕융은 상아 주판〔牙籌〕을 끼고 앉아 계산에 여념이 없었고, 왕연은 삼굴(三屈)을 도모했고[13], 은호는 (마침내) 빈 편지 봉투〔空函〕를 보냈습니다.[14]

(이처럼 그 실상을 보면 그들은) 비루하고 추잡스럽고 탐욕스럽고 인색하기가 다시 없이 심하고 용렬한 자들이었으니 하안의 무리들이 명예와 총애, 권력과 이익을 얻으려고 행위를 한 것인지 아니 한 것인지를 모르겠습니까? 무릇 그들은 이미 그것을 지독하게 좋아했고 심하게 추구했으니 이는 분명 (무위가 아니라) 유위(有爲)라고 해야 할 것입니다. 그리고 어떻게 세상 만물이 일체가 다 무(無)이고 오로지 이것만이 진정한 유(有)이겠습니까? 그들은 노씨의 무위(無爲)를 아무런 욕심 없이 세상 일들의 겉을 뛰어넘는 것〔超然〕으로 보았고 장자가 부자의 자리나 삼공의 지위에 있는 것을 더렵혀진 것으로 여긴다고 해놓고 정작 자신들은 어떠했습니까? 이것이 이른바 '노장처럼 되는 것이었으나 결국 얻을 수 없는 것을 바라고 있었던 것'입니다.

처음에는 그 자신을 이롭게 할 욕심에서 시작했지만 끝에 가서는 나라에 큰 해를 끼치게 했습니다. 그래서 (진나라 때) 환온(桓溫)은 (북벌을 하던 도중 황하 가를 지나며) "마침내 신주(神州)를 침몰당하게 하여 (중국 땅이) 백 년 동안 폐허가 됐으니 왕이보(王夷甫)[15] 같은 여러 사람들에게 책임을 묻지 않을 수 없구나"라고 한탄했고 (양나라의 은거 시인) 도홍경(陶弘景)은 시에서 "평숙(平叔-하안의 자)은 허망했고 이보(夷甫)는 공리공담을 일삼았네, 소양전(昭陽殿-도교를 상징) 위험을 깨닫지 못해 선우궁(單于宮-오랑캐 궁전) 발 아래 놓였구나"라고 했으며, (양나라의 명신) 하경용(何敬容)은 (태자가 노자와 장자를 좋아한다는 말에) "강남 역시 아마도 융(戎) 족이 되고 말겠구나"라고 걱정했습니다.

대체로 진나라에서 시작해 양나라에 이르러 그 어지럽고 망하는 것이 하나의 행적에서 나왔으니 노장의 가르침을 배워 그렇게 된 것입니다. 그렇기 때문에 그 뿌리를 거슬러 올라가 헤아린다면 이 모든 것은 역시 노자와 장자의 죄라고 해야 할 것입니다.

그러니 천하를 소유하신 폐하께서 위나라와 진나라 그리고 양나라가 당한 재앙을 경계로 삼으려 하신다면 그 어찌 요순과 주공 그리고 공자의 도리를 스승으로 삼지 않을 수 있겠습니까?

1) 『자치통감』에는 정시의 연호가 248년에 끝나고 지금 나오는 이야기는 이듬해인 가평(嘉平) 원년(249년)에 실려 있다.

2) 위나라의 관료 겸 사상가로 위진시대 현학(玄學-노장학)의 시조로 받들어진다.

3) 경원 3년(262년)이다.

4) 『자치통감』에는 지금 나오는 이야기가 '혜제 원강 7년(297년)'에

실려 있다.

5) 이 말은 『주역』 「계사전」에 나오는 말이다.

6) 없음이 아니라 있음을 숭상해야 한다는 이론이다.

7) 예장 태수다.

8) 단양 군승이다.

9) 『자치통감』에는 지금 나오는 이야기가 '목제 승평 5년(361년)'에 실려 있다.

10) 『자치통감』에는 지금 나오는 이야기가 '양 무제 태청 2년(548년)'에 실려 있다.

11) 『노자』에 나오는 말이다. 짚으로 만든 개는 제사가 끝나면 쓸모가 없기 때문에 버려지므로, 소용이 있을 때에는 사용되다가 소용이 없어지면 버려지는 물건, 또는 천한 물건을 비유한 말이다.

12) 유학의 도리와 구분하기 위해 도교나 불교 등의 도는 그냥 도라고 옮겼다.

13) 진(晉) 나라 사람으로 왕융의 사촌동생이었다. 현묘한 말을 하기를 좋아하여 종일토록 노장(老莊)에 대해서만 말했는데, 의리(義理)를 논하면서는 수시로 변경했으므로 세상에서는 그를 '구중자황(口中雌黃-입 안에 글자를 고치는 누런 물감이 있다는 뜻으로 얼마든지 말을 번복했다는 뜻)'이라고 불렀다. 당시에 시국이 어수선했으므로 왕연은 자신을 보호할 계책을 세워 그의 동생인 왕징(王澄)을 형주 자사(荊州刺史)로, 족제(族弟)인 왕돈(王敦)을 청주 자사(靑州刺史)로 보내고는 "삼굴(三窟)의 계책이 이루어졌다"고 했다.

14) 은호의 경쟁자인 환온이 유배지에 있던 그에게 편지를 보내 상서

령으로 삼으려 한다는 소식을 전했더니 은호는 기뻐하여 허락하는 답장을 쓰려 했다. 그러나 혹시 환온의 심기를 건드리는 내용이 들어갈까 노심초사하며 편지를 열었다 닫았다 하기를 수십 차례 하다가 결국 환온에게 빈 봉투를 보냈다. 이로 인해 환온과의 관계는 끊어졌고 유배지에서 삶을 마감하게 된다.

15) 왕연을 가리킨다. 이는 청담을 숭상했던 여러 사람들 중 대표적 인물로 왕연을 꼽은 것이다.

(『자치통감』) 후위 세조(世祖, 재위 423~452년) 때[1] 도사(道士) 구겸지(寇謙之)는 스스로 말하기를 "일찍이 노자를 만났더니 벽곡경신(辟穀輕身)[2]의 술법을 전해주었고, 또 신인(神人) 이보문(李譜文)을 만났더니 『도록진경(圖籙眞經)』을 주고 나로 하여금 북방태평진군(北方太平眞軍)을 보좌토록 했다"고 했다. 그리고 구겸지는 『천궁정륜(天宮静輪)』[3]이라는 법술책을 냈는데 그중의 여러 편은 이보문이 손으로 직접 쓴 것들이다.

구겸지는 이 책을 후위의 임금에게 바쳤다. 조정과 재야의 대부분 사람들은 그것을 믿지 않았으나 (후위의 대신인) 최호(崔浩)만이 홀로 그것을 사사했고 글을 올려 그 일을 명시적으로 밝혔다.

"성스러운 주상께서는 천명을 받으셨으니 반드시 하늘이 응함이 있을 것이며, 하도(河圖)와 낙서(洛書)는 모두 벌레와 짐승의 무늬로 언어를 대신했기 때문에 아직은 지금처럼 사람과 신이 서로 마주 대하여 직접

손으로 쓰는 것만큼 분명하지는 않았으나 그 글의 뜻이 깊고 오묘한 것
은 예로부터 비할 바가 없었습니다."

후위의 임금은 드디어 그것을 믿게 되어 새로운 법을 드러내어 떨쳤으
며 천하에 선포했다.

구겸지는 정륜궁(靜輪宮)을 세워야 한다고 주청했다.[4] 그리고 반드시
그 높이는 닭과 개의 소리가 들리지 않도록 크게 높여 하늘의 신과 접하
게 해야 한다고 했다. 최호가 임금으로 하여금 구겸지의 말을 따르도록
권했는데 공사비가 1만 전을 헤아려 1년이 지나도 완성되지 못했다. 이
에 태자 탁발황(拓跋晃)이 (임금에게) 말했다.

"하늘의 도리와 사람의 도리는 각기 다르며 낮고 높은 분수는 이미
정해져 있어 서로 만날 수 없습니다. 이치란 반드시 그렇게 되어 있기 마
련입니다. 지금 백성들의 힘을 엉뚱한 데 써서 피폐하게 하면 장차 (필
요할 때는) 백성을 어찌 쓰시려는 것입니까? 반드시 어쩔 수 없어 지으셔
야 한다면 청천대 동산(東山-평성의 동쪽에 있는 산)의 1만 길이나 되는
높은 곳을 활용하신다면 공사가 조금 더 쉽게 될 것입니다."

후위의 임금은 따르지 않았다.[1]

1 얼마 안 가서 최호는 어떤 일에 연루되어 주살됐고, 후위의 임금
또한 신하에 의해 시해됐다.

신이 가만히 살펴보겠습니다. 위나라의 도(燾)는 이적(夷
狄-오랑캐)의 임금입니다. 따라서 그가 이상한 가르침(異敎)에 현혹된
<small>이교</small>

것은 굳이 따질 필요도 없습니다. 최호는 유학의 경술을 연마하여 정통하다는 이름이 있었고 노장과 불교[老佛]를 좋아하지 않았으나 마침내 일개 도사의 말에 속아 넘어가 궤변과 거짓을 늘어놓음으로써 임금으로 하여금 믿게 만들었으니 이 또한 노장과 불교 밑에서 나온 것입니다. 선배 유학자 호인은 일찍이 최호에 대해 이렇게 논한 바 있습니다.

"최호는 말하기를 '하도와 낙서는 모두 벌레와 짐승의 무늬로 언어를 대신했다[寄言]'고 했다. 이는 하도와 낙서[圖書]가 출현한 것이 드디어 하늘과 땅의 이치가 자연스럽게 그 모습을 드러낸 것이어서 마치 하늘에 별자리가 드리워진 것[垂象]과 같으니 대신하고 어쩌고 할 별도의 언어가 필요 없다.

최호는 또 '사람과 신이 서로 마주 대하여 직접 손으로 쓰는 것만큼 분명하지는 않았으나 그 글의 뜻이 깊고 오묘한 것은 예로부터 비할 바가 없었다'고 했는데 이것도 이치상으로 전혀 필요 없는 말이다. 신이라는 것이 소리도 없고 빛도 없고 모양이나 형체도 없는데 어찌 뭔가를 쓸[書] 수 있단 말인가? 그리고 구겸지의 설을 믿기에 이르러서는 임금이 천신과 접했다고 하고 더 나아가 어리석고 황당한[愚誕] 말로 임금의 비위를 맞췄다.

무릇 하늘은 땅처럼 형태를 갖고 있지 않다. 땅에서부터 그 위로 하늘이 아닌 것이 없으니 해와 달과 별들이 하늘에 걸려 있는 것은 풀과 나무와 산천들이 땅에 붙어 있는 것과 같지 않다. (하늘은) 밝게 빛나고 (별들이) 빼곡하며[著明森列], 천체운행[躔度]이 가고 멈추는 것은 다 기운의 활동[氣機]에 따라 스스로 움직이는 것이지 누가 그렇게 하라고 해서 그렇게 운행하는 것이 아니기 때문에 다른 어디에 의탁하는 바가 없다.

만약에 의탁하는 바가 있다면 이는 형태를 갖고서 서로에게 속하는 것이니 하나가 형태에 붙어 있게 되면 그것은 결국은 무너져 내리지 않겠는가? 신명(神)이라는 것은 만물을 부리는 것이니 말로 하자면 조화(造化)의 발자취가 생겨났다 없어졌다 하면서 도무지 재려야 잴 수 없는 것이다. 그래서 어떤 사람은 황당하고 허깨비 같은〔荒幻〕 말에 현혹되어 마침내 말하기를 누가 그 소리를 들었다고도 하고 누가 그 의관을 보았다고도 하고 누가 임금의 명을 받았다고도 하니 어찌 이럴 수 있는가?"

신이 말씀드리겠습니다. 호인의 이 같은 논의는 좋긴 합니다만 그러면 임금이 하늘을 섬기는 일은 과연 어떻게 되는 것입니까?

『시경』에 이르기를 "상제가 너에게 임했으니 / 너는 두 마음을 품어서는 안 된다"고 했습니다. 또 이르기를 "두 마음을 품지 말고 염려하지 말라 / 상제가 너에게 임하여 계신다"고 했습니다.

무릇 두 마음을 품지 말라〔無貳〕는 것은 한 가지 마음을 가지라〔一〕는 것이니 오직 한 가지만을 주인으로 삼으라〔主一〕는 것은 삼가라〔敬〕는 것이고, 능히 한 가지만을 주인으로 삼을 수 있다〔能一〕는 것은 열렬히 하라〔誠〕는 것입니다.

탕왕이 하늘을 섬긴 까닭을 말씀하시기를 "이 하늘의 밝은 명〔明命〕에 눈을 두었을 뿐"이라고 했고, 문왕이 하늘을 섬긴 까닭을 말씀하시기를 "삼가며〔翼翼〕 조심할 뿐"이라 했으니 어찌 그것을 밖에서 구하겠습니까?

백성의 주인인 임금이 이를 잘 알아서 토목 공사를 숭상하지 아니하고 의례와 물품〔儀物〕을 사치하지 아니하고, 늠름하게 자신의 임금다움을 지키면서 늘 천지신명께 제사를 지내는〔對越〕 듯이 하여 일에

임했을 때 조금도 지체함이 없이〔不待〕 소리 하나라도 집중해서 듣고
거동 하나라도 세심하게 살피며 신하들과 합심하여 국사를 잘 돌본다
면 천지신명과 맞아떨어지지 않는 것이 없을 것입니다.

1) 『자치통감』에는 지금 나오는 이야기가 '송기(宋紀) 영양왕(營陽王)
   경평(景平) 원년(423년)'에 실려 있다.

2) 화식(火食)을 멀리하고 생식을 하는 것과 몸을 허공에 뜨게 하는
   것을 말한다.

3) 기공 수련을 통해 장생불사를 추구하는 비법을 담은 책이다.

4) 『자치통감』에는 지금 나오는 이야기가 '송기 문제(文帝) 원가(元嘉)
   19년(442년)'에 실려 있다.

(『자치통감』) 양나라 무제(武帝, 재위 502~549년) 중대통(中大通) 원
년(529년) 9월에 (황제는 본인이 세운) 동태사(同泰寺)에 행차하여 사부
무차대회(四部無遮大會)[1]를 열었다. 황제는 어복(御服)을 벗고 법의(法
衣)를 입었으며 마음을 깨끗이 하고 번뇌와 사욕을 버렸다. 여러 신하들
도 1억만 전을 내고서 삼보(三寶-불보, 법보, 승보)에 기도하고 황제 보
살을 받들어 속죄하니 승려들은 잠자코 허락했고 마침내 환궁했다.

황상(-무제)은 천감(天監, 502년~519년) 연간부터 석씨(釋氏-불교)
의 법을 채용하면서 오랫동안 재계하며 고기를 끊었고 하루에 단 한 끼

를 먹으면서도 채소국과 현미밥만을 먹을 뿐이었다. 수많은 탑을 만드느라 공사(公私)의 비용이 많이 들어갔다.

당시 왕후(王侯)와 그 자제들은 대부분 교만하고 음란했으며 불법을 일삼았다. 황상은 연로하여 국정[萬機]에 싫증을 내고 있었다.[2] 또 오로지 불교의 계율에만 정성을 쏟아 매번 무거운 죄를 판결할 때마다 하루 종일 즐거워하지 않았다. 어떤 사람이 반역을 모의하다가 일이 발각됐는데도 눈물을 흘리면서 그를 용서해 주었다. 이로 말미암아 왕후들은 더욱 횡포를 부려 어떤 때는 대낮에 도시의 길거리에서 사람을 죽이는가 하면 어떤 때는 한밤중에 공공연하게 약탈을 했다. 또 죄를 짓고 도망친 사람이 왕후들의 집에 숨으면 유사(有司-해당 관청)가 감히 집을 뒤져 체포할 수 없었다. 황상은 이런 폐단을 잘 알고 있었지만 자애로움에 깊이 빠져 금지시킬 수가 없었다.

중대동(中大同) 원년(546년) 3월 경술일에 황상(-이때 나이 83세였다)이 동태사에 행차했다가 드디어 사성(寺省-절에 마련한 천자용 임시 숙소)에 머물면서 『삼혜경(三慧經)』을 친히 강론했다. 여름 4월 병술일에 강론을 해산했는데 이날 밤에 동태사의 부도(浮屠)에 화재가 나자 황상은 말했다. "이는 마귀의 짓이다. 마땅히 크게 법사(法事-절의 신축)를 일으켜야 한다." 그리고 곧장 조서(詔書)를 내려 말했다. "도가 높으면 마귀가 성하고 선을 행하면 장애가 생기니 마땅히 힘을 다하여 더욱 토목 사업을 일으켜 지난날보다 두 배로 늘리도록 하라!" 이리하여 12층짜리 부도를 짓기 시작했고 거의 완성되려는 시점에 후경(侯景)의 난(-548년에 일어났다)이 일어나는 바람에 중단됐다.

신이 가만히 살펴보겠습니다. 위진 이후의 임금 가운데에 부처 섬기기를 양 무제만큼 성하게 한 사람은 없었습니다. 대저 만승(萬乘-천자)의 존귀(尊貴)함으로서 스스로 그 몸을 버려 부처의 시역(廝役) 노릇을 했으니 그 비열하고 아첨함이 극심하다 할 것입니다. 채소와 면식(麵食)으로 종묘의 제사를 지내는 생뢰(牲牢)와 바꾸었으니 그것은 아마도 명도(冥道)에 누(累)가 됨이 있을까 두려워함이요, 직관(織官)이 비단에 무늬를 놓는데, 사람이나 금수(禽獸)의 형상을 놓는 것까지 금했으니 그것은 가위로 재단할 때에 인(仁)과 서(恕)에 어그러짐이 있을까 두려워함이며, 신하가 반역을 꾀하여도 용서하여 죽이지 않고, 백주에 도둑질을 자행하여도 차마 금하지 못했으니 이 모두가 부처의 계율을 미루어 헤아려 넓히려고 했기 때문이라 하겠습니다.

무릇 일찍이 논하기를 신선(神仙)을 구할 수 있었다면 한나라 무제가 얻었을 것이요, 부처를 구할 수 있었다면 양나라 무제가 얻었을 것이라 했는데 두 임금이 얻지 못했음을 볼 때 그것은 구한다고 해서 얻을 수 없는 것이 명백한 사실임을 알 수 있습니다.

비록 구하여 얻는다 하더라도 오랑캐의 허황한 가르침[敎]으로는 중국을 다스릴 수 없을 것이고, 산림(山林)에 도피해 사는 행동으로는 국가를 다스릴 수 없는 것이거늘 하물며 구할 수 없는 것이야 어떻겠습니까? 한 무제는 신선을 탐하다가 마침내 국고(國庫)가 텅 비도록 소모하는 화(禍)를 입었고, 양 무제는 부처에게 아첨하다가 마침내 위망(危亡)의 액(厄)을 초래했은즉, 탐하고 아첨하여도 도움됨이 없는 것이 또한 명백한 사실입니다.

또 그 몸을 버려가면서 부처를 섬기는 것이 어찌 진세(塵世)의 시끄러움이 싫어 공적(空寂)함을 즐기는 것이 아니겠습니까? 그들이 과연 저 가유(迦維-가비라위(迦毗羅衛), 석가가 탄생한 땅)의 맏아들처럼 임금 자리를 헌신짝같이 보고 옷을 걷어붙이고 갈 수 있었다면 거의 참으로 부처를 배우는 사람이라 하겠지만, 특히 양 무제는 이미 찬탈(簒奪)하고 시역(弑逆)하여 남의 나라를 빼앗았고, 또 공벌(攻伐)로써 남의 땅을 침범했으며, 급기야 늘그막에 그의 태자 소통(蕭統) 같은 자효(慈孝)한 아들을 끝내 의심하고 못마땅하게 여겨, 죽을 때까지 탐심에 연연하기가 이러했으니, 또 어찌 참으로 그 몸을 버릴 수 있는 사람이라 하겠습니까? 옷을 바꿔 입고 수도에 들어가는 것은 이미 부도(浮屠)의 복을 맞이할 수 있다 하겠으나, 돈을 바쳐 속죄하고 돌아와서는 천자(天子)의 귀함을 잃지 않았으니, 이것이야말로 부처에게 아첨한다기보다 사실은 부처를 속이는 것이라 하겠습니다.

또 그 비단의 무늬는 실물이 아닌데도, 오히려 차마 해치지 못하면서, 저 어리석은 백성의 목숨을 어찌 조수(鳥獸)에 비교할 수 있단 말입니까? 그런데도 해마다 정벌하여 죽인 사람의 수가 헤아릴 수 없이 많고, 산을 만들고 둑을 쌓아 적의 지경(地境)으로 물을 대어 수십만 명의 적군을 물고기로 만들면서도 조금도 불쌍히 여기지 않았으니, 이것은 비록 조그마한 인(仁)의 이름은 있으나 실은 크게 불인(不仁)한 것이라 하겠습니다.

또 나라가 존립(存立)할 수 있는 것은 오직 강(綱)과 상(常)인데 무제는 여러 아들에게 변방을 다 맡기면서 예의(禮儀)를 가르침이 없었으므로, 정덕(正德)은 올빼미나 (마비를 잡아먹는다는 맹수) 경(獍)의 성품을 갖고서 처음에는 아버지를 버리고 적국으로 달아났다가 마침내는 적병을 이끌고 들어와 국가를 전복시켰으며, 윤(綸-무제의 여섯째 아들)이나 역(繹-무제의 일곱째 아들, 양 원제)은 혹은 큰 군사를 거느리고 있었거나 혹은 상유(上游)에 진(陣)을 치고 있었는데, 임금인 아버지가 난을 당하고 있었건만 '피를 뿌리고 분연히 싸울 뜻이 있었다'는 말을 듣지 못했으며, 또한 형제끼리 서로 원수가 되고 숙질 사이에 서로 싸워 인륜의 악이 극에 이르렀으니, 이것은 다름 아니라 무제의 배운 바가 석씨였기 때문입니다. 천륜(天倫)을 가합(假合-거짓으로 하나 됨)이라고 하기 때문에 신하는 그 임금을 임금으로 여기지 않고, 아들은 그 아버지를 아버지로 여기지 않아, 30~40년 동안에 풍속은 모두 무너지고 강상(綱常)은 땅에 떨어졌으니 이같이 극에 이르게 된 것은 당연하다 하겠습니다.

그로 하여금 요, 순, 삼왕을 스승으로 삼아 방외(方外-이만)의 가르침[教]을 섞지 않음은 물론, 반드시 인의(仁義)를 근본으로 삼고, 반드시 예법을 숭상하고, 반드시 형정(刑政)을 밝히게 했다면 어찌 이와 같을 수 있었겠습니까?

1) 승려와 비구니 그리고 일반 남녀 신도 등이 아무런 차별 없이 참여하는 법회를 말한다.
2) 『자치통감』에는 지금 나오는 이야기가 '양기 무제 대통(大統) 11년(545년)'에 실려 있다.

(『자치통감』) 당나라 대종(代宗-현종의 손자, 재위 762~779년)은 처음에는 불교를 크게 중시하지 않았다. 재상 원재(元載), 왕진(王縉)은

다 불교를 좋아했는데 왕진이 특히 심했다.[1]

황상이 일찍이 물었다.

"부처는 인과응보를 말하는데 과연 실제로 그것이 있는 것인가?"

원재 등이 답했다.

"나라의 운수와 복이 신령스럽게 오래 가는 것이 예전에 복업(福業)을 심지 않았다면 무엇으로써 그리될 수 있겠습니까? 복업이 이미 정해져 있는 것이라면 소소한 데서는 이런저런 일들이 일어나겠지만 결국은 정해진 대로 이루어질 것입니다. 안녹산(安祿山)과 사사명(史思明)이 (한때 난을 일으켜 전국을 휩쓸다시피 했지만) 모두 자식들로부터 화가 있었으며,[2] 복고회은(僕固懷恩)이 (병을 핑계로 집안에 남아 있다가) 문을 나서자마자 병으로 죽었고, 두 오랑캐[3]는 싸우지 않고 물러났으니 이는 모두 다 사람의 힘이 미칠 수 있는 바가 아닙니다. 따라서 어찌 인과응보가 없다고 말할 수 있겠습니까?"

황상은 이로 말미암아 불교를 깊이 신앙했다. 항상 대궐 안에서 승려 100여 명에게 밥을 먹이면서 도적이라도 들어오기만 하면 곧바로 승려들로 하여금 『인왕경(仁王經)』을 강하여 그들을 물리치도록 했고 도적이 물러가고 나면 후하게 상을 내렸다. (이리하여) 도성 근처의 좋은 논과 각종 이권들은 대부분 승려들의 절로 돌아가게 됐다. 원재 등은 황상을 모시고서 수시로 불교에 관한 일을 이야기하다 보니 정치와 형벌[政刑]<sub>정형</sub>은 날로 문란해져 갔다.

🌿　　　신이 가만히 살펴보겠습니다. 대종이 보응에 대하여 물었는데, 이때에 유자(儒者)를 정승의 자리에 두었더라면 반드시 '선하

면 복을 받고 악하면 화(禍)를 받으며, 차면〔盈〕이지러지고 겸손하면〔謙〕더함을 받는다'는 그런 이치를 되풀이해 아뢰어 임금으로 하여금 늠연(凜然)히 하늘과도 같은 도리〔天道〕는 속일 수 없는 것임을 알아 다움을 닦는 데 스스로 힘쓰게 했을 것입니다. 그런데 원재 등은 일찍이 한마디도 이에 대해 언급한 바 없고 당초부터 복업을 심는 것으로 말하여, 국가의 운수가 장구(長久)한 것은 모두 부처의 힘이라고 했으니, 이것은 너무나 심하게 하늘과도 같은 도리〔天道〕를 속인 것이 아니겠습니까?

저 당나라가 오랜 연대를 지나온 것은 태종이 세상을 구제하고 백성을 편안하게 한 공임은 숨길 수 없는 것이요, 환란이 많았던 이유는 천하를 얻을 때 인의(仁義)와 강상(綱常)에 순수(純粹)하지 못했고 예법(禮法)으로 보아서 부끄러워할 만한 일이 있었으며, 뒤를 이은 임금들 중에는 사욕을 이겨내고 선에 힘쓴 자가 적은 반면, 정(情)대로 방자하여 이치〔理〕에 어긋난〔悖〕자가 많았기 때문입니다. "하늘에는 밝은 도리〔顯道〕가 있어 그 도리를 따르는 부류가 더욱 빛난다"[4]는 말은 이것을 이르는 것입니다.

원재 등이 하늘과도 같은 도리를 버리고 부처의 인과설을 말하여 재앙(災殃)이나 상서(祥瑞)를 내리는 것은 하늘에 있지 않고 부처에 있으며, 다스리는 도리〔道〕는 다움〔德〕을 닦는 데 있지 않고 부처를 받드는 데 있다고 했으니, 대종이 오직 배우지 못했으므로 원재 등이 미혹시킬 수 있었던 것입니다.

또 저 안녹산과 사사명의 난은 양태진(楊太眞-양귀비)이 안에서 좀먹고, 양국충(楊國忠)과 이임보(李林甫)가 밖에서 화를 빚어서 일어난 것이요, 그 난을 능히 평정한 것은 곽자의(郭子儀), 이광필(李光弼) 등 여러 사람이 황실에 충성을 다하여 물리쳤기 때문이요, 그들이 다 자식에게 화를 당했다고 하는 것은 안녹산·사사명 자신이 신하로서 임금에게 반역했기에 그의 아들인 안경서(安慶緖)와 사조의(史朝義)가 그의 아버지들을 시역한 것이니, 이것은 하늘과도 같은 도리가 그 유(類)에 따라서 응(應)한 까닭입니다.

또 회흘(回紇)과 토번(吐蕃)이 싸우지 않고 스스로 물러간 것은 또한 곽자의가 몸소 오랑캐의 앞에 나아가서 꾀를 부려 반간(反間)한 덕택이니, 그 본말(本末)을 미루어 보면 모두 사람의 일로 말미암은 것인데, 원재 등은 "이것은 사람의 힘으로 미칠 바가 아니다"라고 했으니 그 속이고 또 속임이 너무도 심하지 않습니까?

바야흐로 이때 곽자의가 여러 차례 큰 공을 세우자 환관 어조은(魚朝恩)이 곽자의를 꺼리게 됐고 원재 등은 그 틈을 타서 적들이 스스로 되돌아간 것은 불력(佛力) 때문이라고 했으니 이는 이미 곽자의를 배척한 것이고 또 동시에 어조은에게 아첨한 것입니다. 그러니 간사스러운 정황이 어찌 싹터오지 않았겠습니까? 그런데도 대종은 이런 점을 전혀 살피지 못한 채 외적이나 도적이 쳐들어오면 승려들에게 밥이나 먹이고 불경이나 강하면서 물리치려 했고, 외적이나 도적이 물러가고 나면 후하게 상을 내리면서도 곽자의처럼 나라를 지켜낸 신하들은 제쳐둔 채 승려 무리들에게만 주었으니 장군과 병사들의 분노는 커져갔고 나라가 망하는 재앙도 곧장 달려오고 있었습니다.

그 후에 우리 송나라가 군대를 일으켜 남쪽을 정벌해 우매한 군주〔屠王〕이욱(李煜)[5] 역시 당 대종과 같은 길을 걸었으니 범패(梵唄) 소리는 그치지 않았고 성곽은 제대로 지키지도 않았던 것입니다.

아! 이것이야말로 천 년을 두고서라도 경계하지 않으면 안 될 것입니다.

1) 『자치통감』에는 지금 나오는 이야기가 '대종 대력(大曆) 2년(767년)' 에 실려 있다.

2) 두 사람 다 아들들에 의해 살해됐다.

3) 회흘과 토번이 당나라를 침략했던 일을 말한다.

4) 『서경』 '태서'에 나오는 말이다.

5) 남당의 마지막 임금이다.

(『자치통감』) 당나라 헌종이 재상들과 더불어 이야기하다 말이 신선 (神仙)에 미치자 이번(李藩)이 답했다.[1]

"진나라 시황제와 한나라 무제가 선인(仙人)의 효험을 익힌 것은 과거 역사에 잘 갖춰 실려 있고, (당나라) 태종께서도 천축 승려의 불로장생약을 드셨다가 병에 이르렀으니 이는 예나 지금이나 명확한 경계로 삼아야 할 것입니다. 폐하께서는 지금 춘추가 한창이시고 바야흐로 태평에 힘을 쓰기로 뜻을 두셨으니 마땅히 방사(方士)들의 요설은 물리치고 끊으셔야 합니다. 만일 도리가 왕성해지고 제왕다움[德]이 가득해지며 백성들이 편안하고 나라가 잘 다스려진다면 어찌 요임금이나 순임금[2] 만큼 오래 살지 못할까 봐 걱정할 일이 있겠습니까?"

당나라 헌종은 (원화(元和) 13년(818년)) 산인(山人-일종의 방사(方士)다) 유필(柳泌)을 태주 자사(台州刺史)로 삼았다. 황상은 (만년에) 신선을 좋아해 천하에 조서를 내려 방사를 찾도록 했다. 황보박(皇甫鎛)

은 유필을 천거하면서 "이 사람은 능히 불로장생약을 만들어낼 수 있을 것"이라고 했다. 유필이 황상에게 말했다.

"천태산(天台山-저장성 톈타이현)에는 신령스러운 약초들이 많으니 신이 그곳의 장리(長吏)가 되기만 한다면 거의 그런 약초들을 구한 것이나 다름없습니다."

이로써 황상은 유필을 태주 자사에 임명했던 것이다. 간관들이 쟁론하여 글을 올렸다.

"임금이 방사를 좋아한다 하여 그들로 하여금 백성들을 다스리게 한 일은 지금까지 없었습니다."

황상이 말했다.

"단 한 개 주(州)의 힘을 번거롭게 하여 임금을 위해 장생(長生)할 수 있게 하자는 것인데 신하 된 자로서 어찌 걱정을 한단 말인가?"

이로 말미암아 여러 신하들은 더 이상 이에 대해서는 감히 말을 할 수 없었다.

(이듬해) 유필이 태주(-저장성 린하이시)에 이르러 관리와 백성들을 내몰다시피 하여 약초를 캐게 했으나 1년이 넘도록 아무런 소득이 없자 도망하여 산속으로 들어갔는데 절동(浙東) 관찰사가 붙잡아서 경사(京師-수도)로 압송했다. 황보박 등이 그를 보호하니 황상은 다시 유필에게 대조한림(待詔翰林-분야별로 황제의 고문에 대비하는 학술 전문 기관)의 일을 맡겼는데 유필이 제조한 약을 먹고서는 날로 조갈증이 심해졌다.

기거사인(起居舍人-사관) 배린(裴潾)이 말씀을 올렸다.

"약이라는 것은 질병을 낫게 하는 것이지 아침저녁으로 늘 먹는 것이 아닙니다. 하물며 금석(金石)은 혹독하게 맵고 독성이 있는 데다가 화기(火氣)를 북돋아 거의 사람의 오장(五臟)은 견딜 수 없을 것입니다. 옛날에는 군주가 약을 먹을 때 신하가 먼저 그것을 맛보았습니다. 빌건대 약을 바치는 사람으로 하여금 먼저 스스로 1년을 먹게 하신다면 진위(眞僞)는 절로 가려질 것입니다."

황상이 화가 나서 배린의 관직을 깎아 강릉 현령으로 좌천시켰다.

황상은 금단(金丹)을 복용하자 조급해져서 화내는 일이 잦았고, 좌우에 있던 환관들이 왕왕 죄를 얻어 죽는 사람들도 있게 되자 사람들마다 각자 위태로움을 느꼈는데, 원화 15년 정월에 갑자기 붕어했다. 사람들은 내상시 진홍지(陳弘志)가 시역(弑逆)했다고 말했다.

🌿　　　신이 가만히 살펴보겠습니다. 이번의 대답과 배린의 간언은 둘 다 충성스러운 말이 지극한 의논이었습니다. 그런데도 헌종은 어느 하나도 살피지 않고서 결국 금단을 복용했고 그 목숨까지 잃었으니 예로부터 임금들이 약을 잘못 쓰는 경우들이 많기는 했지만 신이 굳이 헌종만을 들어서 이야기한 것은 그 지혜롭고 밝은 군주가 신하들의 청과 간언을 받아들이지 않은 채 현혹됐다는 사실 때문에 깊이 안타까워서였습니다.

그 이후로도 약초 등으로 인해 큰 병을 앓게 된 임금이 세 명 있는데 경종(敬宗)은 몽매한 자라 비판할 필요도 없지만 무종(武宗)과 선종(宣宗)은 둘 다 뛰어난 군주였는데도 현혹되어 과거의 그릇된 전철을 밟으며 그것을 제대로 거울에 비춰보질 못했습니다. 아마도 그들만큼 약에 혹해 큰 폐단을 불러일으킨 임금도 없을 것입니다.

1)『자치통감』에는 지금 나오는 이야기가 '헌종 원화 5년(810년)' 8월

에 실려 있다.

2) 요임금은 119세, 순임금은 100세를 살았다고 전해진다. 이때 헌종
은 33세였다.

(『자치통감』) 당나라 헌종 원화 14년(819년)에 불골(佛骨)을 맞아 경
사(京師)에 들여왔는데, 이보다 먼저 공덕사(功德使)가 아뢰었다.

"봉상사(鳳翔寺) 탑에 부처의 지골(指骨)이 있어 전하여 오는데, 30년
만에 한 번씩 탑문(塔門)을 열며, 탑문을 열면 그해에는 풍년이 들어 백
성들이 편안해진다고 합니다. 내년에 응당 탑문을 열 것이니 청컨대 (불
골을) 맞이하여 오소서."

이에 임금이 그 말을 따랐다. 이 불골이 경사에 이르렀을 때 대궐 안에
3일 동안을 두었다가 여러 절을 거쳐가는데 왕공(王公)과 사민(士民)들이
쳐다보며 받들어 시주하기를 혹시라도 손이 닿지 못할까 봐 두려워할 정
도였다. 형부시랑(刑部侍郎) 한유가 표(表)를 올려 간(諫)했다.

"부처라는 것은 이적(夷狄)의 한 법일 뿐입니다. 황제로부터 우, 탕,
문무에 이르기까지 모두 장수(長壽)했고, 백성들도 안락(安樂)하게 지
냈는데, 그때에는 부처가 없었습니다. 한나라 명제 때 비로소 불법(佛
法)이 들어왔는데, 그 후부터 어지럽고 망함이 서로 계속되어 나라의
운수(運數)가 길지 못하여, 송(宋), 제(齊), 양(梁), 진(陳), 원(元), 위
(魏) 등의 나라 이후에는 부처 섬기기를 점점 정성스럽게 했는데, 나라
의 연대(年代)는 더욱 짧아졌습니다.

오직 양 무제만이 48년 동안 제위(帝位)에 있으면서 전후 세 차례나 몸을 부처에게 희사(喜捨)했으나, 마침내는 후경(侯景)의 핍박을 받아 대성(臺城)에서 굶어 죽었으니, 부처를 섬겨 복을 구하다가 도리어 화를 얻었습니다. 이로써 미루어 본다면 부처를 믿을 수 없다는 것을 알 수 있습니다. 부처는 본시 이적(夷狄)의 사람이어서, 중국과는 언어도 통하지 않고, 의복 제도도 다르며, 군신(君臣)의 의리와 부자(父子)의 정을 알지 못하니, 가령 그의 몸이 아직 살아 있어서 경사(京師)에 들어와 조현(朝見)을 한다 할지라도 폐하께서는 그를 받아들이되 그저 선정전(宣政殿)에서 한 번 보고 손님[賓]으로 대접하는 예를 한 번 베풀고, 옷이나 한 벌 주어서 호위해 보내면 충분할 것이며, 여러 사람들을 미혹(迷惑)되게 해서는 안 될 것인데, 하물며 그의 몸이 죽은 지 이미 오래됐거늘 말라빠진 뼈를 어찌 대궐 안에 들어오게 할 수 있겠습니까? 빌건대 그것은 유사(有司)에게 맡기시어 물에나 불에 던져버려 화(禍)의 근본을 영원히 끊어버리소서.”

이에 임금(당 헌종)이 크게 노하여 장차 극형을 가하려고 했으나 재상(宰相)인 배도(裵度)와 최군(崔群) 등이 말하기를 “한유가 비록 지나치긴 했으나 충성에서 나온 말이니 마땅히 너그럽게 용서하셔서 언로(言路)를 열어주시옵소서”라고 하니 이에 조주 자사(潮州刺史)로 좌천시켰다.


🐚　　신이 가만히 살펴보겠습니다. 후세의 임금들이 부처를 섬긴 것은 대체로 복전(福田-부처의 법력(法力))에 대한 이익을 구하는 것이니, 이를테면 이익 되고자 하는 마음을 가지고 하는 것입니다. 그러므로 한유가 간언하여 “옛날 제왕(帝王) 때에는 부처가 있지 않아도

장수했는데 후세의 임금들은 부처를 섬기는데도 일찍 죽는다"고 진술했으니, 깊고도 간절하게 나타낸 말이라 하겠거늘, 그런데도 헌종은 깨닫지 못한 채 바야흐로 이때 금단약을 먹고 또 불골을 맞이했습니다. 신선을 구하고 부처에게 아첨하는 두 가지를 다 했으나 1년이 못 되어 효과가 그러했으니, 복전의 보응이 과연 어디에 있다 하겠습니까? 신은 이 때문에 이상의 사실들을 모두 아울러서 나라의 임금 된 자는 신선이나 부처에 빠져드는 것을 경계해야 한다고 생각합니다.

한유는 또 일찍이 「원도(原道)」를 지었는데 다음은 그 대략이다.[1]

"무릇 내가 도리나 다움이라고 말하는 것은〔凡吾謂道德云者〕 어짊과 의로움에 입각해서 말한 것이고〔合仁與義言之也〕 천하의 공적인 말이다〔天下之公言也〕. 노자가 도나 덕이라 한 것은〔老子之所謂道德云者〕 어짊과 의로움을 떠나서 말한 것이고〔去仁與義言之也〕 한 사람의 사사로운 말이다〔一人之私言也〕."

또 말했다.

"옛날의 백성 된 자들은 네 부류였는데〔古之爲民者四〕 오늘날의 백성 된 자들은 여섯 부류이다〔今之爲民者六〕. 옛날의 가르치는 자는〔古之敎者〕 한 가지만 했는데〔處其一〕 오늘날의 가르치는 자는〔今之敎者〕 세 가지를 한다〔處其三〕. 농사짓는 집은 하나인데 곡식을 먹는 자는 여섯이고〔農之家一而食粟之家六〕, 물건 만드는 집은 하나인데 물건을 쓰는 집은 여섯이며〔工之家一而用器之家六〕, 장사하는 집은 하나인데 가져다 쓰는 집은 여섯이니〔貧之家一而資焉之家六〕 어찌 백성들이 곤궁하지 않고 도둑질하지 않겠는가〔奈之何民不窮且盜也〕?"

또 말했다.

"그래서 옛날의 이른바 마음을 바르게 하고 뜻을 열렬하게 한 사람은〔然則古之所謂正心而誠意者〕 장차 하고자 하는 바가 있었기 때문이리라〔將以有爲也〕. 지금은 그의 마음을 다스리고자 하면서도 천하와 국가라는 것은 도외시하고〔今也欲治其心而外天下國家者〕 하늘과도 같은 이치를 없애어〔滅其天常〕 자식이면서 아버지를 아버지로 섬기지 않고〔子焉而不父其父〕, 신하이면서 임금을 임금으로 섬기지 않으며〔臣焉而不君其君〕, 백성이면서 백성이 마땅히 해야 할 일을 하지 않는다〔民焉而不事其事〕."

또 말했다.

"공자가 『춘추』를 지었을 때〔孔子之作春秋也〕 제후가 오랑캐의 예법을 쓰면 오랑캐로 대우하고〔諸侯用夷禮則夷之〕, 오랑캐라도 중국의 예법으로 나아오면 중국인으로 대우했다〔夷而進於中國則中國之〕. 지금은 오랑캐의 법을 들어 선왕의 가르침 위에 두니〔今也擧夷狄之法而加之先王之敎之上〕 얼마 지나지 않아서 모두 오랑캐가 되지 않겠는가〔幾何其不胥而爲夷也〕?"

또 말했다.

"무릇 이른바 선왕의 가르침이란 무엇인가〔夫所謂先王之敎者何也〕? 널리 (인간을) 사랑하는 것을 인(仁)이라 하고〔博愛之謂仁〕, 행하여 마땅하게 하는 것을 의(義)라 하며〔行而宣之之謂義〕, (사람이) 이를 따라서 가야만 하는 것을 도(道)라 하고〔由是而之焉之謂道〕, 자신에게 충족되어 있어 밖에 기대하지 않는 것을 다움이라 한다〔足乎已無待於外之謂德〕. 그 애쓴 기록들이〔其文〕『시경』『서경』『역경』『춘추』이며〔詩書易

春秋] 그 법도가[其法] 예악과 형정이며[禮樂刑政] 그 백성이[其民] 선비
와 농민과 공인과 상인이며[士農工賈] 그 지위가[其位] 임금과 신하, 아
버지와 자식, 스승과 벗, 손님과 주인, 형과 동생, 지아비와 지어미이며
[君臣父子師友賓主昆弟夫婦] 그 옷이[其服] 명주와 베이며[絲麻] 그 거처
하는 곳이[其居] 집과 방이며[宮室] 그 음식이[其食] 조와 쌀, 채소와 과
일, 어류와 육류다[粟米蔬果魚肉]. 그 도리는 쉽게 밝힐 수 있고 그 가
르침은 쉽게 행할 수 있다[其爲道易明而爲教易行也]. 이런 까닭에[是故]
그것으로 자신을 다스리면 순조로워서 상서롭고[以之爲己則順而祥], 그
것으로 남을 다스리면 그들을 사랑하여 공정하게 되고[以之爲人則愛而
公], 그것으로 마음을 다스리면 조화로워 평안하게 되고[以之爲心則和
而平], 그것으로 천하와 나라를 다스리면 어떤 경우에도 마땅하지 않
은 일이 없게 된다[以之爲天下國家無所處而不當]. (또) 이런 까닭에[是故]
살아 있을 때는 그에 맞는 적실성을 얻고 죽으면 그 이치를 다하게 되고
[生則得其情死則盡其常], 교제를 지내면 천신이 이르고 종묘 제사를 지
내면 조상이 흠향한다[郊焉而天神假廟焉而人鬼饗]. 이 도리라고 하는 것
은 무슨 도리인가[曰斯道也何道也]? 그것은 내가 말하는 도리를 이르는
데[曰斯吾所謂道也] 그것은 이른바 도가나 불가의 도는 아니다[非向所謂
老與佛之道也]. 요임금은 이것을 순임금에게 전했고[堯以是傳之舜] 순임
금은 이것을 우왕에게 전했으며[舜以是傳之禹] 우왕은 이것을 탕왕에
게 전했고[禹以是傳之湯] 탕왕은 이것을 문왕, 무왕, 주공에게 전했으며
[湯以是傳之文武周公] 문왕, 무왕, 주공은 그것을 공자에게 전했고[文武
周公以是傳之孔子] 공자는 이것을 맹자에게 전했으며[孔子以是傳之孟軻]
맹자가 죽자 그 전승은 끊어지게 됐다[軻之死不得其傳焉]. 순자와 양웅
은 (유학을) 선택은 잘했으나 정교하지 못했고 (유학의 도리에 대해) 말

을 하기는 했으나 상세하지 못했다〔荀與揚也擇焉而不精語焉而不詳〕."
순 여 양 야 택 언 이 부정 어 언 이 불상

신이 가만히 살펴보겠습니다. 한유의 이 글은 석씨와 노씨를 깊이 배척하고 있으니 (유학의) 도리를 지키는 데 공이 있다고 하겠습니다. 무엇보다 아주 압축하여 요점을 잘 드러내 보여주고 있습니다. 그렇지만 한유가 말한, 요임금이 순임금에게 전하고, 순임금이 우왕에게 전하고 하여 맹자가 죽을 때까지 전해졌다고 하는 것은 정작 (그가 순자와 양웅을 비판할 때 말한 것처럼) 그 얼개만을 이야기했을 뿐 서로 전해진 내용 자체는 상세하지 못합니다.

그렇다면 (성인들끼리) 전하고 전해진 것은 과연 어떤 도리이겠습니까? 말하자면 요, 순, 우, 탕의 적중함〔中〕과 공자와 안자(안회)의 어짊〔仁〕, 증자의 충과 서〔忠恕〕, 자사의 적중하기 위한 열렬함〔中之誠〕, 맹자의 어짊과 의로움〔仁義〕이 이른바 서로 전하고 전해진 도리입니다. 우리 성현들이 서로 전하고 전해진 것이 바르다면 저 이단의 잘못이야 말할 필요도 없이 명백하다고 하겠습니다.

그런데 위에서 말하기를 그 도리가 '적중함〔中〕이다, 어짊〔仁〕이다, 열렬함〔誠〕이다'라고 했는데 그것들은 다 도리의 전체를 이루지만 이 세 가지는 과연 하나이겠습니까, 둘이겠습니까? (아니면 각각 셋이겠습니까?)

신이 일찍이 그것을 논한 바 있습니다만 적중함이라는 것은 하늘과도 같은 이치의 바름〔天理之正〕이어서 쏠리거나 기대는 바가 전혀 없는 것입니다. 어짊이라는 것은 하늘과도 같은 이치의 공명정대함〔天理之公〕이어서 사사로운 욕심에 가리움을 당하지 않는 것〔不蔽〕입니다. 열렬함이라는 것은 하늘과도 같은 이치의 꽉 채움〔天理之實〕이어서 거짓됨이 섞이지 않은 것입니다. 따라서 말하는 사람은 같지 않을지라도 그 도리는 하나일 뿐입니다.

(『서경』의) 「우서」에서 "말이 (사안의 핵심에) 적중하면 어짊에 이르지 않겠는가?"라고 했고, 『논어』에서는 "말이 어질면 열렬함에 이르지 않겠는가?"라고 했으니 어찌 어느 하나에만 쏠릴 수 있겠습니까? 적중하면〔中〕<sub>중</sub> 어질지 않음〔不仁〕<sub>불인</sub>이 없고 어질면 열렬하지 않음〔不誠〕<sub>불성</sub>이 없는 것입니다.

저 높이 올라가겠다고 하다가 텅 빈 허무〔空虛〕<sub>공허</sub>에서 허우적거리고 저 아래로 내려가 자랑과 이익〔功利〕<sub>공리</sub>에 빠지는 것이 어찌 이른바 적중함〔中〕<sub>중</sub>이겠습니까? 또 엄혹하고 각박한 것〔慘覈刻薄〕<sub>참핵 각박</sub>이 어찌 이른바 어짊〔仁〕<sub>인</sub>이겠습니까? 거짓과 궤변, 속임수와 허망한 짓거리〔欺詭譎誕〕<sub>기궤 휼탄</sub>가 어찌 열렬함〔誠〕<sub>성</sub>이겠습니까?

이 도리로써 저 이단들을 헤아리는 것〔揆〕<sub>규</sub>은 말하자면 오랑캐와 중국〔夷夏〕<sub>이하</sub>을 구분하는 것이요, 하늘과 땅의 격차입니다.

그러니 임금이라면 이 두 가지를 분변해 냄에 있어 명확지 않음이 있어서야 되겠습니까?

이상은 이단적인 학술의 다름을 논했습니다.

1) 진덕수는 일부 내용을 생략했는데 옮긴이가 빠진 부분을 모두 보충해 넣었다.

## 왕도와 패술의 다름

(『맹자』) 제나라 선왕이 (맹자에게) 물었다.

"(저 춘추시대) 제나라 환공과 진(晉)나라 문공(文公)의 일을 들어볼 수 있겠는가?"

맹자가 답했다.

"중니(仲尼-공자)의 제자들은 제나라 환공과 진나라 문공의 일을 말하지 않는 자들입니다. 이로 인해 후세(後世)에 아무것도 전해지지 않아 신(臣)도 들은 바가 없습니다. 굳이 말하라 하신다면 제대로 된 임금의 길에 대해 말씀드릴까요?"

선왕이 물었다.

"(임금의) 임금다움이 어떠할 때 제대로 된 임금이 될 수 있는가?"

이에 맹자가 답했다.

"백성을 돌보면서 왕 노릇을 한다면〔保民而王〕 제대로 된 임금의 길로
  <sub>보민 이 왕</sub>
가는 것을 막을 수 있는 것은 아무것도 없습니다."

다시 선왕이 물었다.

"그렇다면 과인과 같은 사람도 백성을 위하고 아낄 수 있는가?"

맹자가 답했다.

"가능합니다."

또다시 선왕이 물었다.

"어떤 연유로 (그대는) 내가 가능하다는 것을 아는가?"

맹자는 이렇게 답했다.

"신이 호흘(胡齕)이라는 자로부터 다음과 같은 이야기를 들었기 때문

입니다. 왕께서 당(堂) 위에 좌정하고 계시는데 소를 끌고서 당 아래로 지나가는 자가 있었다고 했습니다. 그때 왕께서 이를 보시고는 '소가 어디로 가느냐'고 물으셨고, 그 사람은 '종(鍾)의 틈을 막는 데 쓰려 함입니다'라고 답했습니다. 이에 왕께서는 '놓아주라'고 말씀하시며 '두려움에 떨면서 아무 죄도 없이 사지(死地)로 끌려가는 것을 내 차마 보지 못하겠노라'고 하셨다고 했습니다. 이에 그 사람이 '그렇다면 종의 틈에 피를 바르는 일을 폐지할까요'라고 되묻자 왕께서는 '어찌 폐할 수 있겠는가? 양(羊)으로 바꿔서 하라'고 하셨다고 들었습니다. 혹시 이런 일이 있었습니까?"

선왕이 "그런 일이 있었다"고 말하자 맹자는 이렇게 말했다.

"(왕께서) 이런 마음이 계시니 얼마든지 제대로 임금 노릇을 하실 수 있는 것입니다. 백성들은 모두 왕께서 (소를) 아까워하여 그렇게 하신 것이라 생각하겠지만 신은 진실로 왕께서 차마 할 수 없어서 그렇게 하셨음을 잘 알고 있습니다."

이에 선왕이 말했다.

"그러하다. 진정 그런 백성들이 있을 것이다. (허나) 제나라가 비록 좁고 작다고 해서 내 어찌 소 한 마리를 아까워하겠는가? 다만 두려움에 떨면서 아무 죄도 없이 사지로 끌려가는 것을 내 차마 보지 못하는 것이다. 그래서 양으로 (그것을) 바꿔서 하라고 했던 것이다."

이에 맹자가 물었다.

"백성들이 왕께서 (소를) 아까워하여 그렇게 하셨다고 생각하는 데 대해 이상하게 여기지 마십시오. 작은 것으로 큰 것을 바꾼 것의 깊은 뜻을 저들이 어찌 알겠습니까? (하지만) 왕께서는 아무 죄 없이 사지에 나아가는 것을 측은하게 여기셨다면 소와 양은 어찌 (측은함에 있어)

구별을 두셨습니까?"

선왕은 웃으면서 이렇게 답했다.

"그것은 진실로 어떤 마음에서였을까? 나는 재물을 아까워하여 소를 양으로 바꾼 것이 아니지만 백성들이 나를 보고 (소가) 아까워서 그랬다고 말하는 것도 당연하겠구나!"

이에 맹자는 다음과 같이 말했다.

"개의치 마십시오. 이것이 바로 인을 행하는 방법[仁術]입니다. 다만 소에서는 그것을 보셨고 양에서는 보지 못하셨을 뿐입니다. 군자가 동물을 대함에 있어서는 그 살아 있는 것을 보면 차마 그 죽음을 보지 못하며, 그 (죽어가면서 울부짖는) 소리를 들으면 차마 그 고기를 먹지 못하니, 그래서 군자는 푸줏간을 멀리하는 것입니다."

이에 선왕이 기뻐하며 말했다.

"『시경』에 이르기를 '다른 사람의 마음을 내가 헤아린다[他人有心 予忖度之]'더니 그대를 두고 하는 말이다. 내가 바로 그것을 행하고서도 (나에게서) 돌이켜 찾았으나 결국 내 맘을 (나도) 알 수 없었는데 그대가 그것을 말해 주니 나의 마음에 뭉클함이 밀려온다. 이런 마음이 왕자의 도리에 부합되는 까닭은 무엇인가?"

맹자가 말했다.

"왕께 아뢰는 자가 있어 그 사람이 '내 힘은 족히 300근은 들 수 있으나 깃털 하나를 들기에는 충분치 못하고, 눈이 밝아서 가는 털의 끝도 족히 살필 수 있으나 수레에 가득 실은 섶은 볼 수가 없다'고 말한다면 왕께서는 받아들이겠습니까?"

선왕이 말했다.

"받아들일 수 없다."

그러자 맹자는 이렇게 말했다.

"(그렇다면) 지금 은혜가 금수에게는 미치면서도 (통치의) 효험이 백성에게는 이르지 못하는 것은 정녕 어째서일까요? 결국 하나의 깃털을 들지 못하는 것은 힘을 쓰려 하지 않음 때문이고, 수레에 가득 실은 섶을 보지 못함은 시력을 쓰려 하지 않음 때문이며, 백성들이 보살핌을 받지 못함은 (왕께서) 은혜를 쓰려 하지 않음 때문입니다. 그렇기 때문에 왕이 왕 노릇을 하지 못함은 하지 않아서이지, 할 수 없어서가 아닙니다.

내 노인을 노인으로서 공경하여 섬김으로써 타인의 노인에게까지 미치며, 내 아이를 아이로서 사랑함으로써 남의 아이에게까지 미친다면 천하를 손바닥에 올려놓고 움직일 수 있습니다. 『시경』에 이르기를 '자신의 부인에게 모범이 되어 형제에게까지 이르면 그로써 집안과 나라를 다스린다'고 했습니다. 이는 이 마음을 들어서 다른 사람들에게 가할 뿐임을 말하는 것입니다. 따라서 은혜를 미루어 생각해 보면 얼마든지 사해(四海)를 보호할 수 있고, (반대로) 은혜를 미루어 생각지 못하면 처자식도 지킬 수 없습니다. 옛 사람들이 지금 사람들보다 크게 뛰어났던 까닭은 다른 게 아니라 그 행하는 바를 잘 미루어 생각했을 뿐입니다.

지금(이라도) 왕께서 정치를 함에 있어 인(仁)을 베풀어, 천하에 벼슬하는 자들이 모두 왕의 조정에 참여하고 싶어 하고, (천하의) 농민들은 모두 왕의 땅에서 경작을 하고 싶어 하며, 상인들도 모두 왕의 시장에서 물건을 쌓아두고 장사를 하고 싶어 하고, 길 떠난 이들마저 하나같이 왕의 길을 따라 여행하려 한다면, 천하에 자신의 임금을 미워하는 자들은 모두 왕께 달려와 하소연을 할 것입니다. 만일 이렇게만 된다면 누가 그런 큰 흐름을 막을 수 있겠습니까?"

신이 가만히 살펴보겠습니다. 춘추시대 다섯 패자〔五覇〕
중에서는 제나라 환공과 진나라 문공이 번성했습니다. 그래서 선왕은
그 행적에 관한 이야기를 듣고 싶었을 것입니다.

맹자가 곧장 공자의 제자들을 언급한 다음에 그들이 (제나라 환공
과 진나라 문공의 일을) 말하지 않았다고 단정적으로 이야기한 것은
선왕이 환공이나 문공 같은 패왕의 공적〔覇功〕에 뜻을 두고서 그들을
선망할 것을 깊이 차단하려 하면서 동시에 임금다운 길〔王道〕로 나아
가기를 바라서였습니다.

임금다운 도리로 세상을 다스리는 것은 그 목표가 대단히 높은 것
이고 행하기에도 심히 어려운데 맹자가 단 한마디로 잘라서 "백성
을 돌보면서 왕 노릇을 하십시오〔保民而王〕"라고 한 이유는 무엇이겠
습니까? 돌보다〔保〕라는 것은 아껴서 지켜주고〔愛護〕 키워서 기른다
〔育養〕는 뜻이니 『서경』에서 "(백성을 돌보기를) 마치 갓난아기를 돌보
듯이 한다〔若保赤子〕"고 했을 때의 그 '돌보다'입니다. 임금다운 도리란
백성을 돌보는 것 이외에 아무것도 아니며 백성을 돌본다는 것도 이
런 마음을 갖는 것 이외에 아무것도 아닙니다. 즉 선왕이 소가 안타까
워〔愛〕 차마 죽이지 못한 것도 바로 그런 마음이며, 그런 마음을 갖고
있다면 백성을 돌보는 것이 결코 어려운 일이 아닐 것입니다.

(백성들 중에) 어떤 사람들은 선왕이 소를 양으로 바꾼 것은 인색
한 마음에서 나온 것이라고 했지만 맹자는 홀로 "(왕께서) 이런 마음
이 계시니 얼마든지 제대로 임금 노릇을 하실 수 있는 것입니다"라고
말했습니다. 이는 선왕에게 경각심을 불러일으켜서 그 같은 마음 하
나만 제대로 지켜도 얼마든지 천하를 임금답게 잘 다스릴 수 있다〔王
天下〕는 것을 알도록 해주기 위함이었던 것입니다. 그래서 그 설명도

정성스럽고 간절했던 것이며, 혹시라도 선왕이 자신의 본래 마음에 있는 그 같은 좋은 면을 깨닫지 못하면 어떡할까 걱정하는 뜻이 깊었습니다.

이에 맹자는 다시 한 번 "개의치 마십시오. 이것이 바로 인을 행하는 방법〔仁術〕입니다"라고 말했습니다. 이 또한 선왕에게 경각심을 불러일으켜서 그 전에 소를 양으로 바꾼 것이 바로 어짊을 행하는 방법〔行仁之術〕임을 알도록 해주기 위함이었으니 이때 방법〔術〕이란 어떤 법을 행하는 정교함을 말하는 것입니다.

무릇 일을 처리할 때에는 방법이 없이는 불가능한 것이니 그런 마음만 있다고 해서 아무런 방법도 없이 일을 하겠다고 나선다면 그것이야말로 착하기만 한 무능함〔徒善〕일 뿐입니다.

주희가 말했습니다.

"사람은 짐승과 살아 있다는 점에서는 같다〔同生〕. 그러나 종류가 다르다〔異類〕. 그래서 예(禮)를 쓰는 것이고 차마 못하는 마음〔不忍之心〕이 (우리가) 보고 듣는 것들에 베풀어지는 것이다. 우리가 반드시 푸줏간을 멀리하는 까닭도 미리 이런 마음을 길러서 어짊을 행하는 방법을 넓히려고 해서다."

선왕이 맹자의 말을 듣고서 마침내 맹자가 자신의 마음을 알아주는 것을 기뻐했지만 그러나 여전히 임금다운 길이 다름 아닌 그 마음에 있다는 것은 알지 못했습니다. 그래서 맹자는 다시 깃털 하나와 수레에 가득 실은 섶〔一羽輿薪〕의 비유를 들어 물건이나 동물을 아끼는 것〔愛物〕의 어려움과 백성을 어질게 대함〔仁民〕의 쉬움을 보여줍니다. 그런데 선왕은 이미 그 어려운 것은 능히 하면서 마침내 그 쉬운 것은 제대로 하지를 못했으니 이는 어째서입니까?

장식의 설에 따르면 "(끌려가는) 소를 보고서 차마 못하는 마음을 갖는 사람은 그것을 가릴 수 없으니 사물을 아끼는 마음의 단서가 드러난 것인 반면 그 마음에서 미루어 헤아려 백성들에게 은혜를 베풀지 못하는 자는 마음이 가려져서 백성을 어질게 대해야 하는 이치〔仁民之理〕가 드러나지 않는다"고 했습니다. 이 말이야말로 선왕이 가진 병폐를 적확하게 지적하고 있습니다.

"내 노인을 노인으로서 공경하여 섬김으로써 타인의 노인에게까지 미치며, 내 아이를 아이로서 사랑함으로써 남의 아이에게까지 미친다〔老老幼幼〕"는 말 이하는 다 선왕에게 어짊을 행하는 차례를 고하는 내용입니다. 성인(聖人)이 천하를 살펴보는 것은 다 나 한 개인의 어짊으로 돌아가고자 하지 않는 바가 없으니 어짊을 행할 때는 반드시 내 가까이에서부터〔自近〕 시작하는 것입니다. 따라서 내 혈육을 내 몸같이 여겨야〔親親〕 (그다음에) 백성을 어질게 대할 수 있고〔仁民〕, 백성을 어질게 대할 수 있어야 사물도 아낄 수 있는 것〔愛物〕이니 이 차례를 어지럽혀서는 안 됩니다. 나의 부모 형제를 공경하고 내 자식들을 사랑하는 것이 내 혈육을 내 몸같이 여기는 것〔親親〕입니다. 이것을 미루어 헤아려서 다른 사람들의 부모와 형제들을 대한다면 그것이 바로 백성을 어질게 대하는 것〔仁民〕이니 이로 말미암아서 그런 사랑이 천하에 이르게 한다면 곤충, 초목조차도 은혜를 입지 않는 것이 없게 될 것입니다. 결국 이는 이 마음을 들어〔舉〕 저기에 가한 것일 뿐입니다. 은혜를 미루어 헤아려〔推〕 베풀 경우 온 세상이 은택을 입게 되는 것은 이런 마음이 흐르게 되어 아무리 먼 곳일지라도 반드시 거기에 까지 도달하기 때문이요, 은혜를 미루어 헤아리지 않을 경우 처자식조차 돌볼 수 없게 되는 것은 이런 마음이 막히게 되어 아무리 가까운 곳일지라도 나아갈 수 없기 때문입니다.

혈육에서 시작해 백성에 이르고 다시 백성에서 사물에 이르는 것은 옛 사람들이 잘 미루어 헤아린 것[善推]이고, 능히 사물에는 이르면서 백성에는 이르지 못하는 것은 선왕이 잘 미루어 헤아리지 못하는 것 [不善推]입니다.

"지금(이라도) 왕께서 정치를 함에 있어 인을 베풀어" 이하는 백성을 잘 보살폈을 때의 좋은 결과들[實]을 선왕에게 고하고 있습니다.

현능한 이를 썼을 뿐인데 "천하에 벼슬하는 자들이 모두 왕의 조정에 참여하고 싶어 하고", 세금을 박하게 했을 뿐인데 "(천하의) 농민들은 모두 왕의 땅에서 경작을 하고 싶어 하며", 세금을 너그럽게 거뒀을 뿐인데 "상인들도 모두 왕의 시장에서 물건을 쌓아두고 장사를 하고 싶어 하고, 길 떠난 이들마저 하나같이 왕의 길을 따라 여행하려" 하게 되는 것이니 이것이 바로 임금다운 도리[王道]를 말하는 것입니다.

대체로 이와 같이 한다면 어찌 (임금다운 정치[王政=王道]라는 것이) 그 목표가 대단히 높은 것이고 행하기에도 심히 어려운 것이겠습니까? 그렇지만 애석하게도 선왕은 끝내 그것을 깨닫지 못했습니다.

(『맹자』) (맹자의 제자인) 공손추가 물었다.

"스승님께서 제나라(처럼 큰 나라)에서 요직을 맡으신다면 관중이나 안자와 같은 공적을 다시 (이룰 수 있을 것으로) 기대할 수 있겠습니까?"

이에 맹자는 답했다.

"그대는 참으로 어쩔 수 없이 제나라 사람이다. 관중과 안자만을 알 뿐이구나. 어떤 사람이 (증자의 손자인) 증서(曾西)에게 묻기를 '그대는 (공자의 제자인) 자로와 비교해서 누가 더 뛰어난가?'라고 하니 증서는 조심스러운 듯 '(자로는) 나의 조부께서 어려워하신 분이다'라고 말했다.

어떤 사람이 (이번에는) '그렇다면 그대는 관중과 비교해서 누가 더 뛰어난가'라고 하니 증서는 발끈하면서 불쾌한 표정으로 '네 어찌 곧 나를 관중과 비교하는가? 관중이 군주의 신임을 얻은 것이 저와 같이 전폭적이었고 국정을 펼친 것이 저와 같이 오래됐는데도 그에 대한 후세의 평가는 저와 같이 낮은데 네 어찌 곧 나를 이런 사람〔是=관중〕과 비교하는가?'라고 말했다.

관중(과 비교하는 일)은 증서도 하지 않은 바이다. 그런데〔而〕 그대는 (스승인) 나에게 그것을 원하는 것인가?"

공손추가 다시 물었다.

"관중은 자신의 군주로 하여금 천하의 패권을 쥐게 해주었고, 안자는 자신의 군주로 하여금 이름을 널리 드러나게 해주었습니다. 관중이나 안자(처럼 해보는 것)도 오히려 행하기에 부족하지 않을까요?"

이에 대해 맹자는 이렇게 말했다.

"제나라에서는 (재상은 말할 것도 없고 그 위의) 임금 노릇하는 것도 오히려 손바닥 뒤집듯 쉽다."


🐟 　　　신이 가만히 살펴보겠습니다. 제나라 선왕은 앞서 본 대로 제나라 환공과 진나라 문공을 흠모했고, 여기서는 공손추가 또 관중과 안자를 흠모하고 있습니다.

대체로 패권(霸權)이라는 것은 공리(功利)의 설이 사람의 마음속 깊이 들어와서 오래도록 받들게 된 것입니다. 그래서 그 당시 임금만 그것을 흠모한 것이 아니라 (공손추 같은) 배우는 사람도 그것을 흠모했던 것입니다.

맹자가 증서의 말을 인용하며 공손추의 그 같은 마음을 꺾으려 했으니 이는 대개 자로가 비록 상당한 수준에 못 미쳤고[不及], 또 성현불급
의 큰 배움을 제대로 체화하지 못하기는 했지만 그럼에도 불구하고 환공 치하에서 40여 년간 재상으로 있었던 관중이 이룩한 것이라고는 나라를 부유하게 하고 군대를 강하게 한 것[國富兵彊=富國强兵]뿐이국부 병강    부국강병
었으니 이는 공자의 제자라면 오히려 그것을 입에 담는 것[稱]조차 수칭
치스럽게 생각했기 때문입니다. 그러니 (성인의 반열에 들지 못하는) 증서조차도 그리 말했는데 3대 성인[三聖]을 잇는다고 자임했던 맹자가삼성
그것을 받아들일 수는 없었던 것입니다.

선배 유학자 양시는 이렇게 말했습니다.

"공자께서는 자로의 재주에 대해 '천승의 나라(=제후의 나라)에서 군대의 책임을 맡길 만하다'고 하셨으니 설사 자로가 기회를 얻는다 하더라도 이 정도일 뿐이었다. 따라서 제후들을 규합하여 한 번 천하를 바로잡음에는 진실로 미치지 못하는[不逮=不及] 바가 있는 것이다.불체    불급

그렇다면 증서가 (공자로부터 비교적 높은 평가를 받지 못한) 자로를 이처럼 높이면서 관중과 비교하는 것 자체를 부끄럽게 여긴 것은 어째서인가? 이를 말 모는 자에 비유하자면 자로는 자신의 말 모는 것을 법도대로 하기는 했지만 짐승을 잡지 못한 것이요, 관중의 공은 변칙을 써서 짐승을 마주치게 한 다음에 그것을 잡았을 뿐이다."

만약에 맹자로 하여금 제나라에서 (정사를) 맡게 한다면 반드시 왕

도정치〔王者之道〕를 행할 것이니 이때 제나라 임금이 맹자를 신임해
준다면 그것을 행하는 일은 손바닥 뒤집듯 쉬울 것입니다. 그런데 어
떤 사람은 안자는 제나라에서 비할 바 없는 큰 공을 세웠다 하고 또
관중에 대해서는 공자도 대개 일찍이 '어질다〔仁〕'고 칭찬했으니 맹자
는 공자에게 배웠다고 하면서 어찌 그 말이 이렇게 다를 수 있는 것이
겠습니까?

주희는 (『논어』「헌문」17장의 풀이에서) 이렇게 말했습니다.

"공자가 관중을 칭찬한 것은 그가 오랑캐〔夷狄〕를 물리치고 중국 왕
실〔中夏=諸夏=中華=中國〕을 높였기 때문이다〔尊王攘夷〕."

맹자는 관중을 비판했는데 비판한 이유는 관중이 바른 길을 버리
고 패도의 술책〔覇術〕을 썼기 때문입니다. 따라서 공자와 맹자가 뜻했
던 바는 진실로 똑같지 않았습니다.

그렇지만 공자가 관중의 공을 칭찬하면서도 그의 그릇이 작다고 비
판하고, 예를 모른다고 책망하는 것을 일찍이 생략한 적이 없었습니
다.[1] 하물며 세상에 변고가 여러 차례 있었는데 맹자로 하여금 왕도
를 버리고 패도를 쓰는 죄를 두 번 다시 논하지 못하게 한다면 사람들
은 장차 순순히 패도를 따를 것이니 물결의 흐름이 도도한 것을 누가
따르고 누가 어기겠습니까?[2]

이런 식으로 백성들을 잡도리했으니 상앙과 신불해 같은 무리가 오
히려 사술을 써서 나라를 강하게 하고 패도보다도 훨씬 못한 처지에
즐거이 처했던 것입니다.


1) 먼저 『논어』「팔일」22장을 보자.
공자는 말했다. "관중의 그릇은 작았도다!" 이에 어떤 사람이 물었

다. "관중은 검박했습니까?" 공자는 말했다. "관중은 삼귀를 두었고 가신의 일을 통합하여 겸직시키지 않았으니 어찌 검박했다고 하겠는가?" 그 사람이 또 물었다. "그러면 예는 잘 알았습니까?" 공자는 말했다. "나라의 임금만이 병풍으로 문을 가릴 수 있는데 관중도 그렇게 했고, 또 나라의 임금이라야 두 임금이 만났을 때 술잔을 되돌려놓는 자리를 만들어놓을 수 있는데 관중도 그렇게 했으니 만일 관중이 예를 안다고 하면 누가 예를 모르겠는가?"

그러나 『논어』 「헌문」에서는 다르게 말하고 있다.

자로가 말했다. "환공이 공자 규를 죽이자 소홀은 죽었고 관중은 죽지 않았으니 관중은 어질지 못합니다." 공자는 말했다. "환공이 제후들을 규합함에 있어 무력을 사용하지 않은 것은 관중이 힘쓴 덕분이었으니 누가 그의 어짊(仁)만 하겠는가? 누가 그의 어짊만 하겠는가?"

2) 진덕수는 세상의 변고 혹은 공자와 맹자의 시대 차이를 통해 두 사람 사이의 태도 차이를 풀어내고 있다.

(『맹자』) 맹자는 말했다.

"힘으로써 어짊을 가장하는 자는 패자이니 패자는 반드시 큰 나라를 가지려 하지만, 임금다움으로써 어짊을 행하는 자는 왕자이니 임금다운 임금은 큰 나라가 되기를 기대하지 않는다. 탕왕은 사방 70리(를 기반으)로 (새 나라를) 이루셨고, 문왕은 사방 100리(를 기반으)로 (새 나라를) 이루셨다.

　힘으로써 상대방을 복종시키는 것은 상대방이 마음으로부터 복종하는 것이 아니고 힘이 부족해서다. 다움으로써 상대방을 복종시키는 것은 마음속 깊은 곳에서 기뻐하여 진정으로 복종하는 것이니 70인의 제자가 공자에게 복종한 것이 바로 그와 같은 것이다. 『시경』에 '서쪽으로부터 동쪽으로부터 / 남쪽으로부터 북쪽으로부터 / 복종하지 않는 자가 없구나'라고 한 것은 바로 이것을 말하는 것이다."


　　　　　신이 가만히 살펴보겠습니다. 선배 유학자[1]는 말하기를 "예로부터 왕도와 패도〔王覇〕를 논한 사람은 많았지만 이 장처럼 깊이 있고 간절하게 그리고 분명하게 드러내어 밝힌 것은 없었다"고 했습니다. 대체로 왕도와 패도를 판별할 때는 다움〔德〕과 힘〔力〕을 언급할 뿐이었습니다. 힘이라는 것은 나라를 부유하게 하고 군사를 강하게 하는 것이기 때문에 애초부터 어짊〔仁〕을 행하는 데는 아무런 마음이 없고 그 이름만 빌려서 일을 이루려 할 뿐입니다. 반면에 다움이라는 것은 몸소 행하여 마음이 그것을 체득하는 것이기 때문에 그 어짊은 평소 마음속에 갖춰져 있어 그것을 미루어 헤아려 외부의 사람이나 사물에까지도 그 사랑이 미치는 것입니다.

　패자(覇者-패권을 추구하는 임금)는 힘으로 하기 때문에 반드시 큰 나라여야 그것이 가능하겠지만 왕자(王者-왕도를 추구하는 임금)는 힘이 아니라 다움으로써 하기 때문에 어찌 큰 나라가 되기를 기다리겠습니까? (추호는 또) 힘으로써 백성들을 복종시키려는 자는 사람을 복종시키는 것에 뜻을 두고 있기 때문에 사람들은 감히 복종하지 않을 수 없지만 다움으로써 백성들을 복종시키려는 자는 사람을 복종시키는 것 자체에 뜻을 두지 않기 때문에 사람들은 (마음속으로) 복종하지 않을 수 없다고 했습니다. 이것이 바로 하늘과도 같은 이치[天理]와 사람들의 욕심[人欲]의 구분이며 왕도와 패도가 다른 까닭입니다.

무릇 공자는 필부(匹夫)로서 지위를 얻지 못하여도 칠십 제자[七十子]가 종신토록 따랐는데, 이것은 누가 억지로 그렇게 만든 것이겠습니까? 진심으로 기뻐서 진정으로 복종한 것이니 왕자(王者)가 사람을 복종시키는 것도 이와 같은 것입니다.

『춘추』를 통해 이것들을 고찰해 볼까 합니다. 제(齊) 나라가 힘으로써 위(衛) 나라를 친 것은 마치 주나라 임금을 받들기 위해서[尊王]인 것처럼 보이지만 그 본마음은 사례를 받는 것[取賂]에 있었습니다.[1] (제나라 중손추(仲孫湫)가) 노나라에 와서 환난을 살펴본 것은 마치 이웃 나라를 불쌍하게 여겨서 그런 것처럼 보이지만 그 본마음은 노나라를 엿보는 데[覘國] 있었습니다.[2]

(제나라 환공은) 형(邢) 나라를 구원해 주고 위나라를 봉해주어서 명분과 의리를 다 취했고[3] 수지(首止)와 규구(葵丘)에서 제후들의 회맹이 있었습니다.[4] 그러나 그 본마음은 제후들을 굴복시켜 패권을 쥐려는 것이었으니 이런 부류가 이른바 (맹자가 말한) 힘으로써 어짊을 가장하는 자입니다.

그래서 작은 나라의 입장에서 보자면 담(譚) 나라가 망했고,[5] 수(遂) 나라가 망했고,[6] 장(鄣) 나라가 항복했고,[7] 양(陽) 나라 사람들을 이주시켰습니다.[8] 이것들은 하나같이 힘으로 복속시켰습니다.

그러나 수나라는 이미 망했지만 그 유민(遺民)들은 오히려 제나라 군대를 섬멸했습니다.[9] 이것을 보면 수나라 사람들이 마음으로는 복종하지 않았다는 것을 알 수 있습니다.

큰 나라의 경우에 이르러서도 초(楚) 나라를 보면 (처음에는) 제후들의 무리에게 굴복했지만 왕실 제사라는 명분을 쥐었기 때문에 능히 소릉(召陵)에서 동맹을 맺을 수 있었습니다.[10]

이에 몇 년 안 가서 초나라가 황나라를 쳐서 굴복시킨 후에 멸망시켰고 제나라는 결국 구원해 주지 못했습니다. 그리고 이미 또 초나라가 서나라를 치자 제나라가 비록 구원했지만 결국 서나라의 패배를 막지 못했습니다.[11]

진(晉) 나라에서는 일찍이 제대로 단 한 번이라도 회맹에 참여하지 못하고 대개 먼저 곽(虢) 나라와 우(虞) 나라를 취했으니 같은 성(姓)의 나라를 멸망시켰다는 이야기는 들어보지 못했고, 또 진나라 후는 태자 신생(申生)을 죽였으니 그런 식으로 적자를 바꿨다는 이야기는 들어보지 못했습니다.[12] 그리고 규구에서 회맹이 맺어졌을 때 진나라 헌공은 잠깐 왔다가 그냥 자기 나라로 돌아갔으니 그런 식으로 처신했다는 것은 들어보지 못했습니다.[13]

무릇 그 힘이 미치면 상대를 굴복시킬 수 있고 그렇지 못하면 굴복시킬 수 없는 것입니다. 말년에 이르러서 연릉(緣陵)에 성을 쌓았으나 흐지부지됐습니다.[14] 증(鄫) 나라에 성을 쌓았으나 결국 다 쌓지 못했습니다.[15] 오랑캐〔狄〕가 위나라를 침범하고 또 정(鄭) 나라를 침범했으나[16] 노나라가 항(項) 나라를 멸망시키는 것을 막지 못했고, 또 그 죄를 성토하기는 했으나 제대로 끝마무리를 하지 못했으니 이는 쉽게 굴복시킬 수 있는 나라인데도 굴복시키지 못한 것입니다.[17] 또 너무 심하게도 얼마 안 가서 몸을 상하고 조(趙) 나라와 위나라와 주나라가 이미 제나라를 치는 것을 보았습니다.[18]

진나라 문공이 속였다〔譎〕[2]고 하는 것은 (그나마) 제나라 환공의 정직함〔正〕에 미처 따를 수가 없다는 것입니다. 본래 의로움이 없다고 하자 한 가지 일을 하는 척하여 의로움을 보여주었고, 본래 (백성들 사이에 임금에 대한) 믿음이 없다고 하자 한 가지 일을 하는 척하여 믿음을 보여주었고, 본래 예를 모른다고 하자 한 가지 일을 하는 척하여 예를 보여주었습니다.[19]

모름지기 보여주기를 좋아하는 자는 겉으로 그것을 드러내어 많은 사람들에게 자랑하고 싶어 합니다. 그래서 한 번 왕을 도와줬다고 곧장 수도(隧道-천자의 길)를 청했던 것입니다.[20] 이것이 바로 명분상으로는 천자께 충성을 다한다〔勤王〕면서 실제로는 큰 이득을 노리는 짓입니다. 그리고 양번의 사람들이 자신들에게 복종을 하지 않는다고 포위를 해버린 적도 있습니다.[21] 원 땅의 사람들도 복종하지 않자 또 포위를 했습니다. 결국 명분으로는 천자로부터 땅을 받는다고 했지만 실은 힘으로써 취한 것입니다. 오패 중에 제나라 환공과 진나라 문공보다 성대한 자는 없었지만 이 두 임금 모두 힘으로써 어짊을 가장한 것이지 다움〔德〕에 뿌리를 둔 것은 아니었습니다.

그래서 힘으로 다른 사람을 굴복시킬 수는 있지만 그 사람의 마음을 복종케 할 수는 없다고 했습니다. 옛날에 성탕이 일어날 때 동쪽을 정벌하면 서쪽의 백성들이 (자기들 쪽을 먼저 정벌해 주지 않는다고) 원망했고, 문왕이 일어났을 때에도 백성들의 마음은 그때와 비슷했으니 어째서이겠습니까?

그래서 옛일을 간략히 서술하여 맹자의 설에 신뢰성을 부여코자 했습니다.

1 노나라 장공(莊公) 27년에 왕(-주나라 천자 혜왕(惠王))이 소백(召伯) 요(廖)로 하여금 제나라 후(侯)를 제후의 우두머리로 삼도록 명하고 아울러 위나라를 치도록 한 것은 이전에 위나라가 왕자 퇴(頹)를 천자로 옹립하려 했기 때문이다. 장공 28년에 제나라 후가 위나라와 전쟁을 벌여 위나라 군사를 패배시키고 사례를 받은 다음 자기 나라로 돌아갔다.

2 노나라 민공(閔公) 원년에 제나라의 중손추가 노나라에 와서 환난을 살펴보고 돌아가자 제나라 환공은 "우리가 노나라를 취할 수 있겠는가?"라고 물었고 중손은 "안 됩니다"라고 답했다. 하지만 일찍이 제 환공과 중손추는 계략의 탐지자가 되어 노나라의 허실을 살펴보고 그 환란을 올라타 노나라를 취하려는 마음을 갖고 있었던 것이다.

3 노나라 민공 원년에 제나라는 형나라를 구원해 주었고, 희공(僖公) 2년에는 초구(楚丘)에 성을 쌓아주었다.

4 희공 5년에 수지에서 (주나라의) 왕세자를 옹립하는 문제로 회맹이 있었고, 9년에는 제후들이 규구에서 회맹을 가졌다.

5 노나라 장공 10년의 일이다.

6 노나라 장공 13년의 일이다.

7 노나라 장공 30년에 장나라는 부용국(附庸國-속국)이 됐다.

8 노나라 민공 2년의 일이다.

9 제나라가 수나라를 멸한 이후인 장공 17년에 제나라 군대는 옛 수나라 땅에서 섬멸을 당했다. 전하는 바에 따르면 그해 여름 수인씨(遂因氏), 합씨(頜氏), 공루씨(工婁氏), 수수씨(須遂氏)가 제나라 수비병들에게 잔치를 베풀어 술에 취하게 한 다음 모두 죽

여버렸다.

10 노나라 희공 4년에 희공이 제후(齊侯), 송공(宋公), 진후(陳侯), 위후(衛侯), 정백(鄭伯), 허남(許男), 조백(曹伯)과 함께 채나라를 쳤다. 채나라 군사가 궤멸하자 마침내 초나라 정벌에 나서 형(陘-초나라 변방의 산)에 군사를 주둔시켰다. 이에 초나라 굴완(屈完)이 군이 주둔하고 있는 곳에 와서 제후들을 만나고 소릉에서 동맹을 맺었다. 『춘추좌씨전』에서는 그 책임을 초나라 사신의 말때문으로 본다. 먼저 제나라 관중이 (동맹을 대표해서) 말했다. "그대의 나라에서 포모(苞茅-풀의 종류)를 바치지 않으니 왕실 제사〔王祭〕에 올릴 술을 짤 수가 없소." 이에 초나라 사신은 답했다. "공물을 바치지 않은 것은 우리 임금의 죄입니다. 감히 바치지 않을 수 있단 말입니까?"

11 희공 11년에 초나라가 황(黃) 나라를 쳤고, 12년에 황나라를 멸망시켰다. 15년에 초나라가 서(徐) 나라를 치자 제후들이 서나라를 구원했으나 초나라가 서나라를 누림(婁林)에서 패배시켰다.

12 노나라 희공 5년의 일이다.

13 노나라 희공 9년의 일이다.

14 노나라 희공 13년에 제후들이 연릉에 성을 쌓았다. 『춘추좌씨전』에서는 흐지부지됐다는 것을 환공의 덕이 희미해진 것으로 본다.

15 노나라 희공 16년에 증나라에 성을 쌓고 있었는데 일꾼들이 지쳐 있자 밤에 어떤 자가 언덕에 올라가 큰 소리로 외쳤다. "제나라에 난리가 났다." 그래서 결국 성을 다 쌓지 못한 채 다 집으로 돌아갔다.

16 노나라 희공 13년에 위나라를 침범했고, 14년에 정나라를 침범했다.

17 노나라 희공 17년에 노나라가 항나라를 멸망시키자 제나라는 그
   죄를 성토하면서 노나라 희공을 억지로 잡아두었다. 부인 성강
   (聲姜)이 희공에 관한 일로 (남편인) 제나라 환공을 변(卞)에서
   만났다. 그리고 환공은 회맹에서 돌아왔다.

18 노나라 희공 17년 12월에 제나라 후 소백(小白)이 죽었다. 18년
   정월에 송공, 조백, 위인(衛人), 주인(邾人)이 제나라를 쳤고, 5월
   에 송나라 군대가 제나라 군사와 언(甗)에서 싸웠다. 제나라 군
   사가 크게 패했다.

19 (노나라 희공 27년) 진나라 후(侯-문공)가 비로소 나라로 들어가
   왕위에 올라 그 백성들을 2년간 가르친 후에 그들을 (전쟁에) 쓰
   려 했다. 이에 자범(子犯)이 말했다. "백성들이 아직 의로움을 모
   를 뿐만 아니라 그 생활도 안정되지 못했습니다." 이에 진 문공
   은 밖으로는 주나라 양왕(襄王)을 도와 보위를 안정시키고 안으
   로는 백성들에게 이익이 되는 일에 힘을 쏟았다. 백성들 생활이 나
   아지자 문공은 다시 백성을 (전쟁에) 쓰려 했다. 또 자범이 말했다.
   "백성이 아직 믿음〔信〕을 알지 못하니 지금은 그런 명을 내려 부
                        신
   릴 단계가 마땅히 아닙니다." 이에 문공이 원(原) 땅을 치는 일로
   써 신의가 무엇인지를 보여주자 백성들은 물자를 교역하면서 자
   신만의 풍부한 이득을 취하려 하지 않게 됐고 약속한 말은 반
   드시 지켜냈다. 문공이 말했다. "이제는 됐는가?" 자범이 말했다.
   "백성이 아직 예를 알지 못하니 함께 하려는 마음〔共〕이 우러나
                                      공
   오지 않습니다." 이에 (문공은) 큰 열병식을 열어 예를 보여주었다.

20 노나라 희공 14년에 (주나라) 왕자 대(帶)가 난을 일으키자 천자
   (주나라 임금)는 나라 밖으로 몽진했다. 25년에 호언(狐偃)이 진

나라 문공에게 말했다. "제후들이 따르기를 바라신다면 천자께 충성을 다하느니만 못합니다." 드디어 태숙(大叔)을 죽여 양왕을 안정시켰다. 그러고 나서 양왕에게 수도(隧道-천자의 길)를 청했으나 양왕은 허락하지 않았다.

21 노나라 희공 25년에 천자(양왕)가 양번(陽樊), 온(溫), 원(原), 찬모(欑茅)의 땅을 봉토로 하사했다. 그러나 양번의 사람들이 (진나라에) 복종하지 않아 양번을 포위하자 양번의 창갈(蒼葛)이 말했다. "여기 누가 천자의 친인척이 아니기에 포로로 한다는 것이오?"

1) 북송의 유학자 추호(鄒浩, 1060~1111년)를 가리킨다.

2) 이는 『논어』 「헌문」에 나오는 공자의 말을 염두에 둔 것이다. "진문공은 속이고 바르지 않았다. 제 환공은 바르고 속이지 않았다〔晉文公 譎而不正 齊桓公 正而不譎〕."
진 문공 휼 이 부정 제 환공 정 이 불휼

(『순자』) 순자가 말했다.

"맑으면 왕도의 임금이 되고, 뒤섞이면 패도의 임금이 된다〔粹而王駁
수 이 왕   박
而霸〕."
이 패

신이 가만히 살펴보겠습니다. 순경(荀卿)이 맑음〔粹〕과
수
뒤섞임〔駁〕 단 두 글자로 왕도와 패도를 구분했으니 그 역시 말을 아
박

는 사람〔知言者〕이라고 하겠습니다. 대개 순수하게 어짊과 의리〔仁義〕에서 나오는 것은 왕도요, 어질기는 한데 의롭지 못한 것이 뒤섞여 있거나 의롭기는 한데 어질지 못한 것이 뒤섞여 있는 것은 패도이니 왕다운 왕〔王者〕은 도리와 다움〔道德〕 모든 면에서 순수한 반면 패권 추구의 왕〔覇者〕은 공과 이익〔功利〕을 추구하는 마음에 의해 뒤섞여 있습니다. 그래서 둘은 차이가 날 수밖에 없는 것입니다.

순경이 왕도와 패도에 대해 논한 것이 비단 이것 하나만은 아니지만 오직 이것만이 이치에 맞다고 할 수 있고 그 밖에 예를 높이고〔隆禮〕, 현능한 이를 존중하고〔尊賢〕, 법을 중시하고〔重法〕, 백성을 사랑하는 것〔愛民〕 등의 잣대와 더불어 왕자는 하루하루를 삼가고〔敬日〕 패자는 그때그때만 삼간다〔敬時〕는 식의 구분법은 옳지 않습니다. 그래서 취하지 않았습니다.

(『한서』) 동중서가 말했다.

"어진〔仁〕 이는 그 마땅함〔誼〕을 바르게 하면서도 이익〔利〕을 꾀하지 않으며, 그 도리〔道〕를 밝히면서도 공효〔功〕는 계산하지 않는다. 이 때문에 중니의 문하에는 오척 동자(五尺童子)라도 오패〔五伯＝五覇〕를 일컫기를 부끄러워했는데 왜냐하면 그들은 속이는 힘〔詐力〕을 우선시하고 어짊과 의리〔仁義〕를 뒤에 두었기 때문이다."

신이 가만히 살펴보겠습니다. 맹자 이후에 오패를 물리칠 수 있었던 이는 오직 동중서뿐이었습니다. 대개 어진 이는 의리를 바르게 할 줄을 알 뿐이요 이익이 있고 없음은 논하지 않고, 도리를 밝힐 줄 알 뿐이요 자기 공효의 성공 여부는 계산하지 않습니다. 의리는 마땅한 이치에 맞아떨어지는 것을 말하고, 도리는 통행(通行)하는 길을 말하지만 실은 이 둘은 하나입니다. 패자(霸者)는 오직 이익만을 꾀하느라 의리를 돌아볼 겨를이 없고, 오직 공효만을 꾀하느라 도리를 돌아볼 겨를이 없으니 바로 이것이 (패도가) 공자의 문하에서 내쳐진 까닭입니다.

우리 송나라에 와서 정이는 또 말했습니다.

"천리(天理)의 바른 것을 얻고, 인륜(人倫)의 지극한 것을 극진히 한 것은 요순의 도리요, 사사로운 마음을 써서 인의(仁義)의 어느 한 편만을 치우치게 따르는 일은 패자의 이치다. 왕도는 숫돌과 같아서 사람의 본마음〔人情〕에 근거하여 예의에서 나오기 때문에 큰길을 걸어갈 때처럼 다시 구부러지는 일이 없지만, 패도는 구부러진 길 가운데서 곤경을 겪고 뒤척이다가 끝내 요순의 도에 들어가지 못하게 된다."

정이의 말은 맹자나 동중서와 더불어 사실상 서로 겉과 속〔表裏〕을 이루고 있습니다. 그래서 기록해 둡니다.


이상은 왕도와 패술의 다름〔異〕을 논한 것입니다.

2

인재를
가려냄

## 성현들이 사람을 살피는 법

(『서경』) '요전'에서 요임금이 말했다.

"아! 때〔時-시대의 일〕를 순하게 할 수 있는 사람을 두루 물어 찾아내어 그런 사람을 제대로 뽑아 쓸 수 있는 사람은 누구인가?"

이에 방제(放齊)가 "(폐하의) 장남인 단주(丹朱)가 똑똑합니다〔啓明〕"라고 답하자 요임금은 이렇게 말했다.

"어찌 그런 말을 하는가! 말에 진실성이 없는 데다가 다투기까지 하니 그 자리를 맡을 수 있겠는가?"

요임금이 말했다.

"누가 나의 과업을 제대로 계승할 수 있는가?"

이에 환두(驩兜)가 "아! 훌륭하십니다. 공공(共工)이 바야흐로 공적이 쌓여서 드러나고 있습니다"라고 답하자 요임금은 이렇게 말했다.

"어찌 그런 말을 하는가! (관직에서 물러나) 조용하게 있을 때는 말을 잘하지만 등용하면 (도리에) 위배되는 짓을 하고 용모만 공손할 뿐이다."

요임금이 말했다.

"아! 사악(四嶽)아, 세차게 흘러넘치는 홍수가 두루 산하를 갈기갈기 찢어놓아 널리 광범위하게 산을 에워싸고 언덕을 덮쳐서 넓고 크게 하늘까지 넘쳐흘렀으니 저 아래 백성들이 한탄을 하고 있다. 이에 뛰어난 자가 있으면 그로 하여금 다스리도록 하라."

여러 사람이 말하기를 "아! 곤(鯀)이 적임자입니다"라고 하자 요임금은 "아! 곤란하다. (곤은) 명령을 거역하며 친족들을 무너뜨릴 인물이다"라고 말했다.

(그러나) 사악이 "그만두더라도 (치수 대책을 세우는 것이) 가능한지를 시험해 보고서 이에 (불가능하다는 것이 판명될 경우 그때 가서) 그만 두어야 합니다"라고 하자 요임금은 (곤에게) "가서 삼가는 마음으로 일을 하라"고 명했다. (하지만 요임금의 지적대로) 9년이 되어도 가시적인 성과가 이루어지지 못했다.

요임금이 말했다.

"아! 사악아, 짐(朕)이 재위한 지 70년이다. 네가 나의 명을 잘 따르니 짐의 자리를 넘겨주겠노라."

이에 사악이 "저는 다움〔德〕이 모자라 황제의 자리를 욕되게 할 것입니다"라고 하자 요임금은 "(그렇다면) 공덕(公德)이 밝은 자를 찾아내고 지금은 미천하더라도 (자질이) 뛰어난 자를 천거하라"고 말했다.

이에 여러 사람이 요임금에게 말하기를 "홀아비가 있는데 신분이 미천합니다. 이름은 우순(虞舜)입니다"라고 하자 요임금은 "그래, 나도 들었다. 어떤 인물인가?"라고 말했다.

사악이 말하기를 "소경〔瞽〕의 자식인데 아버지는 앞뒤가 꽉 막혔고〔頑〕 계모는 간사하며〔嚚〕 이복동생 상(象)은 오만했지만 (그 홀아비는) 능히 효로써 화합을 이루어내 점점 (집안을) 다스려서 (부모와 아우들이) 간악함에 이르지 않게 했습니다"라고 하자 요임금은 "내 직접 시험해 보리라. 그 사람에게 딸들을 시집보내어 두 딸을 어떻게 다루는지를 잘 살펴보겠노라"라고 한 후 두 딸을 잘 꾸며서 규예(嬀汭-순이 머물던 곳)로 보내어 우순의 아내가 되게 하고는 (두 딸에게) "삼가야〔欽=敬=愼〕 한다"고 당부했다.

 신이 가만히 살펴보겠습니다. 요임금이 처음에 뽑아서

쓸 사람을 묻자 방제는 (요임금의) 장남인 단주라고 답했고, 또 (자신의 사업을) 계승할 사람을 묻자 환두는 공공이라고 답했고, 또 홍수를 다스릴 수 있는 사람을 묻자 사악은 곤이라고 답했습니다. 단주는 게으르고 놀기 좋아하는 데다가 오만 잔학했고, 공공이나 곤은 마음이 음흉한 자들이었습니다. 이는 마땅히 천거해서는 안 되는 자를 천거한 것이라 하겠습니다. 뒤에 요임금은 제위를 넘겨받을 사람을 물었고 사악은 순(舜)이라고 답했습니다. 이는 마땅히 천거해야 할 자를 천거한 것입니다.

요임금은 천거해서는 안 되는 자들에 대해서는 그 즉시 한탄했으니 단주에 대해서는 말에 진실성이 없는 데다가 다투기까지 한다는 것〔嚚訟〕을 알았고, 공공에 대해서는 (관직에서 물러나) 조용하게 있을 때는 말을 잘하지만 등용하면 (도리에) 위배되는 짓을 하리라는 것〔靜言庸違〕을 알았고, 곤에 대해서는 명령을 거역하며 친족들을 무너트릴 인물이라는 것〔方命圮族〕을 알고 있었습니다.

동시에 천거해야 할 자에 대해서는 곧바로 "알았다"고 하면서 그 사람됨을 묻고 나아가 두 딸을 아내로 삼게 했습니다.

이렇게 볼 때 방제와 환두의 천거는 얼마나 잘못된 것입니까? 후세에 용렬하고 아둔한 조정에서 간사한 소인들이 자기들끼리 끌어주고 밀어주는 것과 무엇이 다르겠습니까? 오직 저 하늘 한가운데에 떠 있는 해가 세상 만물을 남김없이 다 비추는 것과도 같은 요임금의 밝은 다움〔明德〕으로 살펴서 한마디 말만 해도 그 안에 숨은 작은 뜻까지 밝혀내어 아무것도 숨기는 것이 없게 해야 합니다. 이것이 바로 (요임금께서) 그 빼어남〔聖〕으로 단주와 공공에 대해서는 쓰지 않으셨고, 곤에 대해서는 일단 쓰기는 하셨던 까닭입니다. 앞의 두 사람이 맡아야 할 자리에서 중요한 것은 다움〔德〕이고, 곤이 맡아야 할 자리는 물을 다스려야 하는 것이기 때문에 능력〔才〕을 기준으로 사람을 고른 것입니다. 곤의 경우 마음 쏨쏨이가 비뚤어지고 고약했지만〔狠愎=狠戾〕 스스로 의욕을 나타내고 또 물을 다스리는 일에 관한 한 아직 잘못이 없었습니다. 때문에 결국 여러 의견을 따라서 그를 임명하셨습니다. 여기서도 또한 우리는 성인(聖人-요임금)께서는 비록 세상 제반 일들을 두루 다 알고 있으면서도 그런 앎을 본인 마음대로 하지 않으셨음을 볼 수 있습니다.

순과 관련해서는 그가 보잘것없고〔側微=寒微〕 덕행도 아직 드러나지 않아 정작 조정의 제일 윗자리에서 어떻게 통치를 할 것인지는 아직 몰랐습니다. 그러나 사악이 한마디 하자 요임금께서는 곧바로 좋다고 하고서 "나도 들었다"고 말씀하시면서도 반드시 그 됨됨이〔德〕에 대해 보다 상세히 물은 다음 두 딸을 시험 삼아 시집보냈으니 여기서도 또한 우리는 성인께서는 비록 충분하게 알면서도 오히려 숙고하고 여러 사람으로 하여금 말을 하게 하고 공적으로 시험을 해본 다음에 일을 실행하는 실상을 보이셨으니 우리는 성인의 밝음〔明〕을 볼 수 있습니다.

따라서 (요임금의 처사에는) 후세에 이름을 남기겠다는 폐단은 전혀 없고 천하를 위한 사람을 얻겠다는 행위만이 있었다고 할 수 있습니다. 그렇다면 후대의 임금들이 요임금을 모범으로 삼고자 할 때 장차 어디에 힘을 쏟아야겠습니까? 답하자면 "자신의 다움〔德〕을 밝히는 것〔明〕뿐이다"라고 하겠습니다.

대체로 요임금의 사람 보는 능력은 결코 배울 수 없는 바이지만 요임금의 밝은 다움은 배울 수 있으니 (첫째) 일과 사물을 파악하여 앎에 도달함〔格物致知〕으로써 천하의 이치가 의심스러운 바가 없게 되

고, (둘째) 사사로움을 이겨내고[勝私=克己] 사람의 욕심이나 욕망을
잘 제어하여 천하의 일과 사물들이 가려지는 바가 없게 되는 것, 이것
이 바로 그 다움을 밝히는 것입니다. 그처럼 다움을 밝히는 것이 바로
사람을 아는 것[知人]의 근본입니다.

　천하를 소유한 자가 사람을 아는 일[知人]에 힘쓰지 않을 수 있겠습
니까?

(『서경』 '고요모') 고요가 말했다.

"훌륭하십니다. (임금다움을 제대로 실천하는 것은) 사람을 제대로 볼
줄 아는 것[知人]과 백성들을 편안케 해주는 것[安民]에 달려 있습니다."
이에 우임금이 말했다.

"아! 네 말이 옳다. 그러나 요임금조차도 아마 그 두 가지를 제대로
실천한다는 것을 어렵다고 여기신 듯하다. 사람을 제대로 볼 줄 알면 명
철하여[哲] 사람들에게 그 능력에 맞는 적절한 관직을 주고, 백성을 편
안케 해주면 (그것은 곧 백성들에게) 은혜를 베푸는 것이니 백성들이 모
두 임금을 존경할 것이다. (이처럼) 임금이 아주 명철하고 은혜로우면
어찌 환두(驩兜) 같은 (악한) 자를 걱정할 것이고, 어찌 유묘(有苗) 같
은 (어리석은) 자를 유배보낼 것이며, 어찌 교언영색(巧言令色)한 공임
(孔壬) 같은 (간사스러운) 자를 두려워하겠는가?"

　고요가 말했다.

"훌륭하십니다. 행실에는 모두 아홉 가지 다움[九德]이 있습니다. 어떤 사람이 가진 다움을 총괄해서 말할 때 이는 곧 그 사람이 구체적으로 어떤 어떤 일을 행했다고 말하는 것입니다."

우임금이 물었다.

"그 아홉 가지라는 게 무엇이냐?"

이에 고요가 답했다.

"너그러우면서 엄정하고[寬而栗], 부드러우면서 꼿꼿하고[柔而立], 삼가면서 공손히 하고[愿而恭], 다스리는 능력이 뛰어나면서 삼가는 마음을 잃지 않고[亂而敬], 순하면서 과단성이 있고[擾而毅], 곧으면서 온화하고[直而溫], 털털하면서 예리하고[簡而廉], 굳세면서 독실하고[剛而塞], 힘이 세면서도 의리에 맞게 행동하는 것[彊而義]입니다. 이 같은 다움이 오랫동안 이어지는 사람을 드러내어 쓴다면 길할 것입니다.

날마다 세 가지 다움을 펴서 밤낮없이 자기 집안을 밝게 다스리시고, 날마다 여섯 가지 다움을 삼가 빈틈없이 공경하고 받들어 자기 나라를 공정하게 다스리셔야 합니다. 그리고 여러 분야에서 널리 인재를 구하여 받아들이시고 적재적소에 그에 맞는 인재들을 나누어 배치하여 백성을 향한 올바른 정책을 베풀도록 하셔야 합니다. 이렇게 하면 아홉 가지 다움 중에서 한두 가지라도 갖춘 사람들이 모두 공직에 종사하게 되어 재주와 지혜가 빼어난 인물들이 자리에 있게 되고, 모든 관리들이 서로를 스승으로 삼을 것이며, 모든 장인들이 때에 맞춰 세상의 순리를 따르니 모든 공업(功業)이 마침내 이루어지게 될 것입니다."

 신이 가만히 살펴보겠습니다. 고요는 순임금께서 사람을

볼 줄 알고〔知人〕백성을 편안케 해주는 것〔安民〕을 요체로 하는 대책을 말했습니다. 이에 우임금께서는 이 두 가지는 요임금께서도 오히려 제대로 실천하는 게 어렵다고 하신 점을 언급했습니다.

무릇 사람을 안다는 것은 앎의 일〔智之事〕이고, 백성을 편안케 해주는 것은 어짊의 일〔仁之事〕입니다. (임금이) 사람을 제대로 볼 줄 알면 관리들은 마땅한 자리를 얻게 되고, 백성을 편안케 해주면 백성들은 그 은혜를 입게 됩니다. 만일 사람을 볼 줄 알고 백성을 편안게 하는 이 두 가지를 겸비하여 극진히 하게 되면 비록 (조정에) 간사한 소인들이 있더라도 두려워할 것이 전혀 없습니다.

일반적으로 간사함이 일에 해악을 끼치게 되는 것은 임금 된 자가 그 사람이 간사하다는 것을 알지 못하기 때문입니다. 만일 진실로 그것을 잘 안다면 비록 환두가 추방되지 않고, 유묘가 달아나지 않고, 공공이 유배되지 않았다 하더라도, 그들이 어찌 그 악함을 마음대로 행사할 수 있었겠습니까? 그래서 요임금도 그 (두 가지의) 어려움을 깊이 탄식했던 것이고 감히 쉽게 여기지 못했던 것입니다.

고요는 말하기를 사람을 아는 것이 진실로 쉬운 일은 아니지만 그럼에도 그것은 다움〔德〕으로써 그것을 추구하는 것일 뿐이라고 했습니다. 다움이 있으면〔有德〕군자가 되고, 다움이 갖춰지지 못하면 소인이 되는 것입니다. 이것이 바로 사람을 아는 것의 핵심 요체입니다.

(또) 사람의 행실에는 모두 아홉 가지 다움〔德〕이 있다고 합니다. 우리가 어떤 사람이 다움을 갖고 있다고 말할 때 이는 반드시 그 사람이 일을 행하는 것〔行事〕이 어떠한지를 살피는 것입니다. 무릇 다움이라는 것은 일의 근본이고 일이라는 것은 다움이 베풀어진 것일 뿐입니다. 그래서 많은 사람들은 "다움은 있는데 일은 제대로 하지를 못한

다"고 말하지만 그렇게 되면 그 다움이라는 것은 실은 허망한 말일 뿐입니다. 이 또한 바로 사람을 아는 것의 핵심 요체입니다.

'너그러우면서 엄정함〔寬而栗〕'부터 그 이하 아홉 가지 다움〔九德〕
이 어떤 때는 굳셈〔剛〕으로 부드러움〔柔〕을 보완하고 어떤 때는 부드러움으로 굳셈을 보완하는 식으로 혼연일체가 되어 어느 하나 버릴 것이 없게 된 연후에야 다움이 이루어지고, 또 그러한 다움이 이루어졌는지 여부와 그 사람의 능력의 우열을 판단할 수 있습니다. 이 또한 바로 사람을 아는 것의 핵심 요체입니다.

선배 유학자는 말하기를 너그러움부터 강함까지 앞쪽의 것은 모두 (하늘로부터) 부여받은 성품이고, 엄정함에서 의리에 맞춤까지 뒤쪽의 것은 곧 배우고 묻는〔學問〕 공력이라고 했습니다.[1] 이 설이 맞다면 다움을 갖춘 사람은 또 오래 지속함〔常=久=恒=長〕과 변하지 않음〔不變〕을 귀하게 여겨야 합니다. 만약에 잠시 동안만 힘쓰고 오랫동안 그것을 유지하지 못한다면 이는 진실로 다움이 있다고 말하기에 부족할 것입니다.

그래서 공자도 "사람으로서 오래가는 마음〔恒=恒心〕이 없으면 점이나 의술로도 고칠 수 없다"(『논어』 「자로」)고 말한 것이니 만일 임금이 제대로 오래 지속하는 마음을 가진 선비를 드러내어 쓴다면〔顯用〕이는 나라에 큰 복이 될 것입니다. 그래서 고요는 말하기를 "이 같은 다움이 오랫동안 이어지는 사람을 드러내어 쓴다면 길할 것입니다〔彰厥有常吉哉〕"라고 했던 것입니다. 오래 지속함〔常=恒=久〕이 있는지 없는지를 사람 보는 척도로 삼을 경우, 오래 지속하는 자는 군자요, 오래 지속할 수 없는 자는 소인이 되는 것이니 이 또한 바로 사람을 아는 것의 핵심 요체입니다.

그렇지만 사람이 아홉 가지 다움을 갖추려 나아가더라도 그 아홉 가지를 모두 갖출 수는 없고, 혹 그중 세 개를 혹 그중 여섯 개를 가진 사람이 있을 수 있습니다. 그래서 오직 임금만이 사람을 잘 씀으로써 세 개의 다움을 가진 자를 날마다 더욱 펴주어서 침체함이 없게 해준다면 그 사람은 아침저녁으로 엄히 자기와 남을 다스리게 되어 대부(大夫)의 직책을 맡아서 빛나고 밝게〔光明〕 해낼 수 있을 것입니다. 또 여섯 개의 다움을 가진 자를 날마다 더욱 엄정하고 삼가게 만들어서 매사를 소홀히 하거나 거만하게 처리하지 않도록 해준다면 그 사람은 매사 엄밀하고 밝아져서 제후의 직책을 맡아서 두루 막힘이 없이 해낼 수 있을 것입니다.

세상에 아무런 재주도 타고나지 않은 사람은 없으니 윗사람이 담금질하고 갈아줌으로써〔淬礪=淬勵〕 그를 일으켜준다면 아랫사람 역시 정신을 깨끗이 씻어냄으로써〔澡雪〕 그에 응할 것입니다. 만일 아랫사람이 그리하지 않는다면 그의 정신은 퇴락하고 혼탁해질 것이니 어찌 빼어나고 밝으며 맑고 깨끗한 기상을 가질 수 있겠습니까?

그리고 세 개의 다움을 가진 사람은 대부가 될 수 있고, 여섯 개의 다움을 가진 사람은 제후가 될 수 있다고 한 것은 대체적으로 그러하다는 말이지 반드시 그 숫자에 구애된다는 것은 아닙니다. 천자야말로 한 시대에 인재를 길러내는 최고의 책임자〔宗主〕입니다. 아홉 가지 다움 중에서 만일 한 개만 가졌다 하더라도 본인이 (내용과 성질이 다른 것들을) 전부를 받아들여 아울러 보존하고〔兼收竝蓄〕 잘 나눠서 넓게 펴고 사람들이 가진 각각의 장점을 잘 따르면서 일에 적합하게 그것을 베푼다면 백관은 모두 현능해질 것이고 이 점을 서로 보고 배우며 백공은 모두 잘 다스려져서 그 일마다의 마땅한 때〔時〕를 잃는 일이 없을 것입니다.

무릇 오신(五辰)[2]은 하늘에 있다고 했는데 이 말은 곧 하늘과 사람이 하나의 근본을 갖고 있다는 뜻입니다. 그래서 사람의 일[人事]이 순조로우면 하늘의 도리[天道]도 순조롭습니다.

엉겨 굳음[凝]이라는 것은 덩어리를 이루어 단단하게 오래 가는 것[凝定堅久]을 말합니다. 공을 이루는 것[成功]이 어려운 것이 아니라 단단하게 오래가는 것[堅久]이 어렵습니다. 그래서 수많은 현능한 인재들을 다 써서 수많은 자리가 다 제대로 갖춰졌을 때라야 그 공이 단단하게 오래 갈 수 있는 것입니다.

아홉 가지 원칙[九經=九德]이라는 말은 고요로부터 처음 시작됐고, 그 후에 주공이 성왕에게 고한 것도 성왕이 그 취지를 정확히 알고서 아홉 가지 다움의 행실을 성심성의를 다해 따르기를 바랐기 때문입니다.

대개 옛날에 사람을 논했던 경우에는 반드시 다움이 있는지[有德] 여부를 귀하게 여겼는데 후세의 임금들은 혹 재능(만)으로 사람을 취하고 여러 가지 다움과 행실[德行]은 중요하게 생각지 않습니다. 그러다 보니 재주만 있고 다움은 없는 소인들이 자기를 팔아서[自售] 자리를 차지하니 일을 망치지 않는 것이 거의 없게 되는 것입니다.

(그렇기 때문에) 고요의 말은 진실로 만세에 이어져야 할 사람 보는 법[知人之法]이라 하겠습니다.

1) 앞뒤란 구덕을 이루는 ○而○의 앞뒤 글자를 말한다.
2) 봄, 여름, 가을, 겨울의 사시(四時)와 그때마다의 땅의 쓰임[所用]을 가리킨다.

(『논어』「위정(爲政)」) 공자는 말했다.

"(사람을 알고 싶을 경우) 먼저 그 사람이 행하는 바[所以=所爲=所行]를 잘 보고[視], 이어 그렇게 하는 까닭이나 이유[所由=所從]를 잘 살피며[觀], 그 사람이 편안해하는 것[所安=所存]을 꼼꼼히 들여다본다면[察] 사람들이 어찌 그 자신을 숨기겠는가?"

신이 가만히 살펴보겠습니다. 이것은 성인(-공자)의 문하[聖門]에서 사람을 살펴보는 법[觀人之法]입니다.

대개 사람이 행하는 바는 다 뜻하지 않게[偶] 좋은 것[善者]과 맞아떨어지는 경우가 있으니 반드시 그 사람이 의리를 위해 그렇게 한 것인지 이익을 위해 그렇게 한 것인지를 잘 살펴보아야[觀] 합니다. 만약 그 본마음이 실제로 의리에 있었다면 그 좋음은 열렬함[誠]에서 나온 것이니 좋다[善]고 할 수 있습니다. (그러나) 만약 그 본마음이 실제로 이익에 있었다면 그 (뜻하지 않은) 좋음은 열렬함에서 나온 것이 아니니 어찌 좋다고 할 수 있겠습니까?

그런데 그 따르는 바[所從=所由]가 좋다고 해도 그 마음이 편안해하는 바[所安]가 아니라면 진실로 아직은 능히 편안해한다고 할 수 없을 것입니다.

왜냐하면 (지금은 안 그런 것 같지만) 부귀를 갖게 될 경우 황음(荒淫)에 빠질 수 있고 빈천해질 경우 나쁜 마음을 품을 수 있고 (당당한 듯해 보이지만) 위압과 무력 앞에서 굴종할 수도 있으니 늘 변하지 않는 마음을 계속 지켜내지 못할 수도 있기 때문입니다.

그러면 어떻게 해야 '편안해한다〔安〕'고 말할 수 있겠습니까? (그것
은) 물의 차가움이나 불의 뜨거움처럼 스스로 그러해서〔自然〕 바꿀 수
없어야 하며 음식(을 안 먹었을 때)의 배고픔이나 물(을 안 마셨을 때)
의 갈증처럼 반드시 그러해서 내버릴 수 없어야 합니다. 모름지기 그
런 연후라야 그것을 일러 '편안해한다〔安〕'고 할 수 있을 것입니다.

무릇 공자의 빼어남〔聖〕으로 사람을 볼 때에도 잘 보는 것〔視〕만으
로 모자라면 다시 잘 살폈고, 잘 살피는 것〔觀〕으로 모자라면 다시 꼼
꼼히 들여다보았습니다〔察〕. 그런 다음에도 사람의 진실됨과 거짓됨은
여전히 다 드러나지 않을 수 있는데 하물며 그 빼어남이 공자에 미치
지 못하는 사람들이 사람을 안다는 것〔知人〕이 쉬울 수 있겠습니까?

그럼에도 불구하고 잘 보는 것〔視〕, 잘 살피는 것〔觀〕, 꼼꼼히 들여다
보는 것〔察〕은 다 나에게서 시작되어 나오는 것입니다. 만약에 나의 마
음이 공적이고 사사로움이 없는 데〔公而無私〕에 다다르지 못하고, 또
밝고 혹하지 않는 데〔明而不惑〕 이르지 못한다면 다른 사람의 마음이
그릇된 것인지를 어찌 볼 수 있겠습니까? 특히 임금의 경우에는 그 한
몸으로 백관을 비추며 다스리고 있어 거기에는 바름과 사특함〔正邪〕,
진실함과 거짓됨〔忠佞〕이 본인 앞에서 뒤섞여 있을 테니 어찌 쉽게 판
별할 수 있겠습니까?

반드시 임금이 깨끗한 거울이나 고요한 물처럼 맑아져서 아랫사람
이나 일들에 임할 때에도 그 밑바탕을 꿰뚫어 볼 수 있게 된 이후에야
사람들이 어디에 기대어 행동하는지를 훤히 알 수 있게 될 것입니다.

이 또한 임금이 마땅히 알아야 할 것이라고 하겠습니다.

(『논어』「이인(里仁)」) 공자는 말했다.

"사람의 허물은 각기 그 유형대로 드러나니, 그 사람의 허물을 잘 들여다보면 그 사람이 어진지 아닌지를 알 수 있다."

신이 가만히 살펴보겠습니다. 이 또한 성인의 문하[聖門]에서 사람을 살펴보는 법[觀人之法]입니다. 선배 유학자는 사람됨의 허물[過]은 그 유형에 따라 다르다고 말합니다. 군자는 늘 두터이 하다가[厚] 잘못을 저지르고[失] 소인은 늘 엷어서[薄] 잘못을 저지릅니다. 군자는 사람을 사랑하다가 허물을 짓고 소인은 쌀쌀맞게 하다가[忍] 허물을 짓습니다. 이를 바탕으로 잘 살펴보면 어떤 사람이 어진지 어질지 못한지를 알 수 있습니다.

만약에 임금 된 자가 특히 신하의 허물을 보게 됐을 때 그 마음을 살펴보니 임금을 아끼는 마음에서 지극한 간언[極諫]을 하느라 그 말에 다소 지나치게 들추어낸 바[狂訐]가 없지 않다 하더라도 그 마음 씀[用心]이 어질지 않아서이겠습니까? 이럴 경우에는 그 어진 부분만 받아들이시고 허물 부분은 눈감아주시는 것[略]이 좋을 것입니다. 또 그 마음을 살펴보았을 때 백성을 사랑하는 마음에서 임금의 명을 어길 경우 곧고자 하는 욕심에 자신을 내세우려는 바[矯拂]가 없지 않다 하더라도 그 마음 씀[用心]이 어질지 않아서이겠습니까? 이럴 경우에는 그 어진 부분만 받아들이시고 허물 부분은 눈감아주시는 것[略]이 좋을 것입니다.

(반면에) 간교하고 사특한 신하는 덮어서 가리는 기술이 정교하

니 반드시 아직 허물을 짓지 않았다 하더라도 그 마음이야 어떻겠습니까?

이것은 다 사람을 살피는 하나의 단서이니 이처럼 유형에 따라 잘 살펴보면 그렇지 않은 것이 없을 것입니다.

(『논어』「공야장(公冶長)」) 공자는 말했다.

"내가 원래는 사람에 대하여 그의 말을 듣고 나서 그의 행실을 믿었는데, 지금 나는 사람에 대하여 그의 말을 듣고 다시 그의 행실을 살펴보게 됐으니, 나는 재여(宰予)로 인해 이렇게 고치게 됐다."

신이 가만히 살펴보겠습니다. 이 일은 재여의 낮잠으로 인해 (화가 나서) 말씀하신 것입니다.

대개 재여의 사람됨은 말을 잘하고 행실은 뒤따르지 않았습니다. 그래서 공자께서 말씀하시기를 원래는 사람들의 말을 듣게 되면 곧바로 (의심 없이) 그 사람의 행실을 믿었는데 지금은 사람들이 하는 말을 들으면 반드시 그 사람의 행실부터 살펴보게 됐다는 것입니다. 무릇 재여로 인해 공자께서 이런 허물을 고치게 됐다는 것입니다. 『공자가어』에서도 공자는 말합니다.

"말로써 사람을 취했다가 재여를 잃었다."

무릇 공자는 문하의 뛰어난 제자들〔高弟〕과 아침저녁으로 늘 함께
고제

있었기 때문에 그들이 바른지 그른지〔正邪〕, 현능한지 그렇지 못한지
〔賢否〕 등을 어찌 능히 꿰뚫어 보지 못했겠습니까? 그런데도 반드시
그 행실을 본 이후에야 그 사람이 진실된지 거짓된지를 알 수 있었습
니다. 하물며 임금은 존귀해서 신하와 접한다는 게 정해진 시간이 있
기 때문에 한 번의 응대만으로 그 신하의 마음 씀씀이〔心術〕를 살펴
알아낸다는 것이 진실로 어렵지 않겠습니까?

그래서 "(제후들이) 낱낱이 아뢰기를 (반드시) 말로써 하게 하고 공
정하게 평가하기를 (반드시) 공적으로써 하라〔敷奏(必)以言 明試(必)
以功〕"[1]는 것은 요순 이래 바뀌지 않는 법이었던 것입니다.

(『시경』「소아」에 실린 시 '교언(巧言)'에서) '생황〔簧〕과 같은 정교한
말〔巧言〕'이라고 한 것은 시인이 말의 그 같은 점을 풍자한 것이고, '말
잘하는 입이 나라를 뒤집는 것〔利口覆邦〕'은 공자가 미워했던 것이니[2]
말 잘하는 사람〔有言者〕이 반드시 (그에 걸맞은) 다움을 갖고 있는 것
은 아닙니다. (오히려 말을 할 때마다) 거짓을 일삼는 사람은 한마디로
어짊〔仁〕을 모르는 사람이라 하겠습니다.

그래서 한나라 문제는 호랑이 기르는 곳인 호권의 색부(嗇夫-관리인)
가 자신의 고유 업무에 대해 기다렸다는 듯이 소상하게 말하자 그를
상림령(上林令)으로 삼았던 적이 있습니다. 이에 장석지(張釋之)가 간
언을 올렸습니다.

"강후(絳侯-주발)와 동양후(東陽侯-장상여)는 어른〔長者〕으로 불리
는 사람인데[3] 이 두 사람은 일을 말하면서 일찍이 입에서 말을 꺼내
지를 못했는데 어찌 이 색부가 입에 발린 말〔利口〕을 재빨리 했다고
해서 그것을 본받으라고 하십니까? 지금 그것은 말재주를 갖고서 서
열을 뛰어넘어 올려주려고 하신 것입니다. (신은) 이리된다면 천하가

풍문만을 좇을까 봐 걱정입니다."

문제는 마침내 색부를 특진시키려던 계획을 중지시켰습니다. 이런
때를 당하여 장상과 대신들은 하나같이 꾸미기보다는 내실을 중시했
고[少文多質], 국사를 의논할 때는 진실하고 두터이 하는 데[忠厚] 힘
<small>소문　다질</small>　　　　　　　　　　　　　　　　　　　　　　　　　<small>충후</small>
썼고, 남들의 과실을 입에 담는 것을 부끄럽게 여겼으니 곧 세상의 풍
속도 돈후하게 바뀌었습니다.

반면 그 후에 한나라 무제는 강충(江充)을, 당나라 문종은 이훈(李
訓)을 둘 다 (말로) 응대하는 것이 민첩하다는 이유로 총애를 하는
바람에 각각 무고와 감로의 화를 입어 거의 나라를 망하게 할 뻔했습
니다.

따라서 재여의 일을 언급하여 말을 듣게 되면 반드시 행실을 살피
게 되는 교훈은 결코 바뀌어서는 안 될 것입니다.


1) 『서경』 '순전'에 나오는 순임금의 말이다. 괄호 안의 반드시[必] 부
<small>필</small>
분은 진덕수가 인용하면서 추가한 것이다.

2) 『논어』 「양화(陽貨)」 17장에 나오는 공자의 말이다. "자색이 붉은
색을 빼앗는 것을 미워하고, 정나라 음악이 아악을 어지럽히는
것을 미워하며, 말만 잘하는 입이 나라를 뒤집는 것을 미워한다."

3) 이 말을 하기 직전에 장석지가 문제에게 강후와 동양후는 어떤 사
람이냐고 묻자 문제가 각각 어른이라고 답한 바 있다.

(『논어』「옹야(雍也)」) (제자) 자유가 노나라의 무성이라는 읍을 다스리는 읍재가 됐다. 이에 공자는 자유에게 너는 사람을 얻었느냐고 묻는다. 자유는 이렇게 답한다.

"담대멸명(澹臺滅明)이라는 자가 있는데 길을 다닐 때 지름길로 다니지 않고, 또 공무¹가 아니면 한 번도 우리 집에 온 적이 없습니다."

1 향음(鄕飮), 향사(鄕射), 독법(讀法) 유의 일을 가리킨다.

신이 가만히 살펴보겠습니다. 자유는 지름길로 다니지 않고 공무가 아니면 자신의 집에 오지 않는다는 점을 들어 담대가 현능하다〔賢〕는 것을 알아차렸습니다.

대체로 이 두 가지는 아주 작은 행실〔細行〕이기는 하지만 그것으로 미루어 헤아려보아서 첫째, 길을 다닐 때는 지름길로 다니지 않았으니 이는 굽은 길을 피하고 빨리 하려 욕심을 내지 않는 것을 살펴낸 것이고, 둘째, 공무가 아니면 한 번도 사사로이 윗사람의 집에 오질 않았으니 이는 윗사람을 섬기는 데 아첨으로 기쁘게 하려는 마음이 없었다는 것을 살펴낸 것입니다.

자유는 일개 읍재일 뿐이었는데도 그 사람을 취하는 것을 이처럼 (최선을 다해) 했습니다. 따라서 그 이상의 지위에 있는 경우 재상은 천자를 위해 백료(百僚)를 고르며 임금은 천하를 위해 재상을 고를 때 반드시 이처럼 잘 살펴야 할 것입니다. 그래서 (송나라의 명신) 왕소(王素)는 재상을 임명하는 문제를 논하면서 환관이나 궁첩은 후보자들의 이름을 알아서는 안 된다고 강조했고, 『자치통감』을 쓴 사마광은 간관(諫官)을 쓸 때에는 권간들과 밑으로 통교하지 않는 자를 써야 한다고 했으니 반드시 이와 같이 한 이후에야 강직하고 바르며 공명정대한 인사가 관직에 진출하게 되고 반면에 인사청탁을 다투어 하고 아첨을 일삼는 풍조는 사라지게 될 것입니다.

(『논어』「자로」) 자공(子貢)이 "마을 사람들이 모두 (어떤 이를) 좋아하는 것은 어떻습니까?"라고 묻자 공자는 "안 된다"고 말했다. 다시 자공이 "마을 사람들이 모두 (그를) 싫어하는 것은 어떻습니까?"라고 묻자 공자는 말했다.

"안 된다. (모두 좋아하거나 모두 싫어하는 것은) 마을 사람 중에 선한 자가 좋아하고 선하지 않은 자가 미워하는 것만 못하다."

신이 가만히 살펴보겠습니다. 이것은 (작은) 마을에서 사람을 살필 때에도 마땅히 이래야 한다는 것입니다. 그것을 그대로 국가나 천하에도 미루어 헤아릴 경우에도 역시 그렇지 않은 바가 없으니, 무릇 어떤 사람이 좋은가 그렇지 못한가 하는 것은 같지가 않고 또 좋아하고 싫어하는 것도 다릅니다.

그래서 좋은 것은 좋지 못한 자들이 극도로 싫어하는 것이고, 좋지 못한 것은 좋은 사람들이 관여하기를 꺼리는 것입니다. (그런데) 만일 어떤 사람이 좋고 나쁘고를 가리지 않고서 다 좋아한다면 이는 부화뇌동하며 명예를 구하려는 짓이니 맹자가 말한 향원(鄕原)이 그것이고, (반대로) 만일 어떤 사람이 좋고 나쁘고를 가리지 않고서 다 미워한다면 비록 그렇게 된 이유나 원인은 알 수 없더라도 그 사람의 사람됨은 얼마든지 알 수 있을 것입니다. 그렇기 때문에 반드시 좋은 사람은 좋은 것을 좋아하고 좋지 못한 사람은 그것을 미워하는 것입니다.

이처럼 행동에 제약을 가하는 좋음[善]은 군자에 대한 믿음에서 생겨나며 마음을 세울 때의 곧음[直] 또한 결코 소인과 같지 않으니 그 행동은 반드시 뛰어나게[賢] 되는 것입니다. (후한 때) 진번(陳蕃) 이응(李膺)의 무리들을 세상 사람들이 뛰어나다고 칭찬했지만 중상시(中常侍-환관)들은 그들을 보고서 말하기를 "당파의 패거리[鉤黨]"라 했고, (당나라 때의 정승) 배도(裴度)의 인물됨에 대해 세상 사람들이 그 공훈과 다움[勳德]을 우러러보았으나 정작 이봉길과 결탁했던 팔관십육자(八關十六子)의 무리들은 그를 깎아내리려고 백방의 노력을 다했으니, 이것이 이른바 좋은 사람은 좋은 것을 좋아하고 좋지 못한 사람은 그것을 미워하는 것입니다. 그렇지만 좋음을 좋아하는 사람이 비록 많다고 해도 그 말이 반드시 위에 닿는 것은 아니며, 좋음을 싫어하는 사람이 비록 적다고 해도 그의 논의는 항상 시끄러워 임금 앞에 다다르니 그것이 바로 좋은 말을 무고하는 것은 쉽게 행해지고 충심과 사특함이 늘 자리가 바뀌게 되는 까닭입니다.

임금 된 자가 장차 "사방을 훤히 보고 사방의 일들을 다 훤히 들어[明四目達四聰]"[1] 천하의 공론이 다 위에 들리게 하고, 간사한 자들은 막고 가린다면 옳고 그름과 좋고 싫음의 실상이 거의 잘못이 없는 데 이르게 될 것입니다.

1) 『서경』 '순전'에 나오는 말이다.

---

(『논어』 「위령공(衛靈公)」) 공자는 말했다.

"여러 사람들이 그것을 미워하더라도 반드시 살펴보며, 여러 사람들이 그것을 좋아하더라도 반드시 살펴보아야 한다."

　　　　신이 가만히 살펴보겠습니다. 좋음을 좋아하고 나쁨을 싫어하는 것이 비록 사람의 본성의 근본이기는 하지만 명예로운 도리를 어기고 온전함을 훼손하는 것 또한 세상에 널리 존재하는 바입니다. 그래서 면밀하게 살피지〔察〕 않을 수 없는 것입니다.
　　　　　　　　　　　　　　　　　　　　찰

광장(匡章)의 불효에 대해서는 사람이라면 누구나 지적하는 바이지만 맹자는 이렇게 말했습니다. "이는 아버지와 아들 사이에 잘못을 책하다가 생긴 허물일 뿐이지 불효는 아니다." 중자(仲子)의 청렴함〔廉〕에 대해서도 사람이라면 누구나 칭찬하는 바이지만 맹자는 이렇게 말  염
했습니다. "이는 형을 피하고 어머니를 떠난〔避兄離母〕 죄를 책해야 한
　　　　　　　　　　　　　　　　　　피 형 이 모
다." 그리고 말하기를 "중자를 (어찌) 청렴하다 하겠는가?"라고 했습니다.[1]

옳은 것은 옳고 그른 것은 그를 경우〔是是非非〕 이는 마치 흑백의
　　　　　　　　　　　　　　　　시시비비
차이처럼 분명하지만 비슷하게 옳은 것 같은데 (실은) 아니거나〔似是
　　　　　　　　　　　　　　　　　　　　　　　　　　사 시
而非〕 비슷하지 않은 것 같은데 (실은) 옳은 것〔似非而是〕은 늘 사람들
이 비　　　　　　　　　　　　　　　　　　사 비 이 시
이 쉽게 헷갈리게 됩니다. (이럴 때) 빼어나거나 뛰어난 이가 없어 원래

의 실상〔原情〕이 의심스럽고 비슷한 가운데 있으며 실상을 살피는 것
또한 애매하기 그지 없다면 어찌 능히 그 진짜를 찾아낼 수 있겠습니
까? 왕의 사례를 들어서 말하자면 (춘추시대) 제나라 위왕(威王)이 아
(阿) 땅의 대부를 삶아 죽이고〔烹〕 즉묵(卽墨) 땅의 대부를 봉한 이후
에야 능히 옳고 그름의 실상을 살필 수 있었던 것이니 만일 그렇게 안 했
다면 시시비비를 가리지 못했거나 진짜와 가짜를 헷갈리는 일은 계속됐
을 것입니다.

1) 광장의 경우 세상 사람들은 다 불효자라고 비판하지만 효도의 원
   칙을 어긴 것이 없으니 불효자는 아니라는 것이고, 중자의 경우
   세상 사람들은 다 청렴하다고 칭찬하지만 청렴의 원칙에 들어맞
   는 것이 없으니 청렴하다고 할 수 없다는 말이다.

(『논어』「위령공」) 공자는 말했다.

"말을 아주 정교하게 남이 듣기 좋도록 하고 얼굴빛도 곱게 하는 사
람〔巧言令色〕에게는 어진 모습이 드물다."[1]

(『논어』「자로」) 공자는 말했다.

"강직하고 굳세고 질박하고 어눌한 것〔剛毅木訥〕이 인(仁)에 가깝다."

1 巧는 好이고 令은 善이다.

신이 가만히 살펴보겠습니다. 말을 아주 정교하게 남이 듣기 좋도록 하고 얼굴빛도 곱게 하는〔巧言令色〕 사람은 빈말과 거짓〔虛僞〕이 두드러지기 때문에 어진 모습이 드물다고 한 것이고, 강직하고 굳세고 질박하고 어눌한〔剛毅木訥〕 사람은 바탕과 진실함〔質實〕이 두드러지기 때문에 어짊〔仁〕에 가깝다고 한 것입니다.

어짊이란 것은 본래 마음의 온전한 다움〔全德〕이라 반드시 그에 관한 앎에 이르러야 하고 반드시 그것을 행하기에 힘쓴 이후에야 능히 땅에 두 발을 딛고 설 수 있을 터인데 강직하고 과감하며〔剛果〕 질박하고 어눌한〔樸鈍=木訥〕 것이 어찌 갑자기 생겨날 수 있는 것이겠습니까? 하지만 진실하되 거짓이 없고 질박하되 화려하지 않으면 그 본래의 마음은 잃지 않는 것이니 어짊에서 멀지 않습니다. 그래서 어짊에 가깝다고 한 것입니다.

만일 그 말하는 바를 좋게 하고 낯빛을 잘해서 겉으로 잘 꾸며 다른 사람을 기쁘게 한다면 그것은 거짓이며 진실하지 못하고 화려한 듯하지만 실상은 없어 본래 마음에서 떨어진 것이니 어짊에서 멀어진 것입니다.

진실로 어짊을 잘 행할 수 있는 사람은 거의 드물기 때문에 이 두 장은 사실상 서로 안팎을 이루고 있다고 할 수 있습니다. 그래서 후세에 한나라 황족인 유씨를 안정시킨 것은 마침내 순박하고 무디며 질박하고 굳센〔椎鈍木強〕 주발이었고 낯빛을 아름답게 하고 아첨을 일삼은〔令色諛言〕 동현은 마침내 한나라 황실을 재앙에 빠트렸습니다. 주발은 어질다고는 할 수 없을지 모르지만 충성스러움과 나라를 위하는 마음은 유일무이했다고 할 수 있습니다. 그런 점에서 주발의 바탕〔質〕은 어짊에 가까웠다고 하겠습니다. 다만 애석하게도 그는 배운 사람은 아니었기에 여기에서 그쳤습니다. 만일 그가 뛰어났다면〔賢〕 어질지 못함이 심했다는 평도 가능합니다.

그러나 질박하고 충성스러운 신하는 화합하는 데 능하지 못한 반면 교묘하고 거짓을 일삼는 신하는 쉽게 친해집니다. 그리하여 어질지 못한 자가 종종 세상에서 자기 뜻을 이루는 경우가 있으니 치세와 난세〔治亂〕, 존속과 멸망〔存亡〕은 늘 반드시 이로부터 말미암는 것입니다.

아! 임금은 진실로 사람을 고름에 있어 신중하고 삼가야 할 것입니다.

(『논어』「요왈(堯曰)」) 공자는 말했다.

"말을 알지 못하면 사람을 알 수 없다."

신이 가만히 살펴보겠습니다. 『주역』의 「대전(大傳)」[1]에서 말했습니다.

"장차 배반할 사람은 그 말에 (이미) 부끄러워함〔慙〕이 있고, 마음속에 의심을 품은 사람은 그 말이 산만하고〔枝〕, 멋진 사람(처럼 보이는 자)〔吉人〕은 말수가 적고, 초조해하는 사람〔躁人〕은 말이 많고, 좋은 것을 무고하는〔誣善〕 사람은 그 말이 둥둥 떠다니며〔游〕, 지켜야 할 바를 잃은〔失其守〕 사람은 그 말이 (곧지 못하고) 굽었다〔詘=屈=枉〕."

이는 말에 근거해서 사람을 살피는 법〔觀人之法〕입니다. 백성의 임금이 된 자는 마땅히 이를 깊이 알아야 합니다.

무릇 사람이 앞으로 악한 일을 저지르려 하면 반드시 마음속에 창피한 마음[愧]이 듭니다. 그래서 그 사람의 말에도 부끄러워함[慙]이 드러나고 논리는 분명하지 못하며 마음은 현혹되어 그 말이 이리저리 왔다갔다하게 되니 이를 일러 지리멸렬[支離]하고 복잡다단[多端]하다고 하는 것입니다. 마음이 바르고 선량하며[端良] 평온하고 곧은[易直] 사람은 말이 구차스럽지 않아서 간명하면서도 말수가 적은 반면 허황하거나 거짓을 일삼고[狂妄] 안달복달하는[躁急] 사람은 말이 항상 쉽게 나와서 번잡하면서도 말수가 많습니다.

선량한 사람을 근거 없이 비방하게 되면 마음속에 부끄러운 겸연쩍음[羞惡]이 생겨나게 되니 그런 상태에서 하는 말은 둥둥 떠다니고 확실한 것이 없습니다. 그리고 이런 사람은 지키는 바가 굳건하지 못하고 이해관계[利害]에 마음을 빼앗겨 그 말이 굴욕적이고 쉽게 궁해져서 마음속에 뭔가가 있게 되면 반드시 그것이 겉으로 드러나 숨길 수가 없습니다. 그렇기 때문에 말을 모르면 사람을 알 수 없다고 한 것입니다.

그럼에도 불구하고 입을 딱 봉한 채 말을 하지 않는 사람은 말수가 적은 사람과 비슷하고 반대로 온갖 이야기를 다해서 숨기는 게 없는 사람은 말수가 많은 사람과 비슷해 보입니다. 그래서 말을 듣는 사람이 만약에 잘 살피지 않는다면 속으로 간사함을 품은 자가 멋진 선비[吉士]라는 명예를 얻을 수 있고, 반대로 충심을 다하는 자가 말만 많은 사람의 부류에 들어갈 수 있으니 어찌 실수를 하지 않을 수 있겠습니까? 이런 상황에서 무엇보다 임금이 잘 알아야 하는 것은 멋진 선비(처럼 보이는 자)의 말은 간명하면서 이치에 맞되 입을 딱 봉한 채 말을 하지 않는 것은 아니라는 것과, (조급해서) 말만 많은 사람의 말은 번잡하고 이치에 맞지 않되 온갖 이야기를 다해서 숨기는 게 없는 것은 아니라는 것입니다.

이처럼 서로 비슷해 보이지만 그것들이 결코 같지 않다는 것을 꿰뚫어 본 이후에야 진정으로 말을 아는〔知言〕 사람이 될 수 있습니다.
<sub>지언</sub>
「대전」의 말과 이 장은 둘 다 공자가 했던 말이어서 함께 논했습니다.


1) 주역에 대한 공자의 풀이를 말하는 것으로 「계사전」을 가리킨다.

(『논어』「위정」) 공자는 말했다.

"군자는 마음으로 친밀하되 세력을 이루지 않으며, 소인은 세력을 이루되 마음으로 친밀히 하지 않는다〔君子周而不比 小人比而不周〕."
<sub>군자 주 이 불비  소인 비 이 부주</sub>


신이 가만히 살펴보겠습니다. 군자의 마음은 사물과 더불어 공변되기 때문에 친밀하되 세력을 이루지 않고, 소인의 마음은 자신만 생각하고 사사로움을 옳게 여기기 때문에 세력을 이루되 친밀히 하지 않는 것입니다.

(『논어』「이인」) 공자는 말했다.

"군자는 다움〔德〕을 생각하고 소인은 처하는 곳의 편안함〔土〕을 생각
하며, 군자는 법〔刑〕을 생각하고 소인은 은혜〔惠〕를 생각한다"


신이 가만히 살펴보겠습니다. 군자가 좋아하는 것은 좋
은 것〔善〕입니다. 그래서 다움을 마음속에 품고 있습니다. 반면 소인이
뜻을 두는 것은 이익〔利〕입니다. 그래서 자신이 처하는 곳의 편안함만
을 염두에 둡니다.

군자가 두려워하는 것은 법입니다. 그래서 형벌을 생각하는 것입니다.
소인이 관심을 두는 것은 이익입니다. 그래서 은혜만을 마음에 품습니
다. 마음에 품는다〔懷〕는 말은 마음속에 늘 있다〔常存〕는 뜻입니다.

(『논어』「술이(述而)」) 공자는 말했다.

"군자는 항상 펴져 있어 넓고 태연하고, 소인은 늘 근심으로 가득
하다."


신이 가만히 살펴보겠습니다. 군자는 의리에 편안하기
때문에 항상 너그러워 스스로 깨우치는 보람을 갖는 반면 소인은 물

욕에 빠져 있기 때문에 항상 걱정스런 표정을 하며 만족하지 못하는 마음을 품고 있습니다.

(『논어』「안연(顔淵)」) 공자는 말했다.

"군자는 사람들의 좋은 점을 완성시켜 주고 사람들의 나쁜 점은 이루어주지 않는데 소인은 이와 정반대로 한다."

신이 가만히 살펴보겠습니다. 군자의 마음은 선한 것, 좋은 것〔善〕을 좋아합니다. 그래서 (군자가) 오직 두려워하는 것은 사람들이 좋은 일을 하지 않는 것이요, 좋은 것이면 장려하여 그 일을 이루어 줍니다. (반면에) 소인의 마음은 좋은 일을 싫어합니다. 그래서 (소인이) 오직 두려워하는 것은 사람들이 좋은 일을 하는 것이요, 좋은 것이면 한사코 막아서 그 일을 망칩니다. (군자가) 사람들의 좋은 점을 이루어 준다는 것은 곧 사람들의 나쁜 점을 이루어주지 않는 것이요, (소인이) 사람들의 나쁜 점을 완성시켜 준다는 것은 곧 사람들의 좋은 점을 이루어주지 않는 것입니다.

(『논어』「자로」) 공자는 말했다.

"군자라면 중화(中和=中道)를 지키되 동화(同化)되지 아니하고〔和而不同〕, 소인은 동화될 뿐 중화를 지키지 못한다〔同而不和〕."

신이 가만히 살펴보겠습니다. 군자가 사람을 대할 때는 옳고 그름〔可否=是非〕으로써 서로를 가지런히 길러주니 중화를 지키되 서로 동화되지 아니하는 것이고, 소인이 사람을 대할 때는 사사로이 패거리를 지음〔朋比〕으로써 서로 친해지니 서로 동화될 뿐 중화를 지키지는 못하는 것입니다.

(『논어』「자로」) 공자는 말했다.

"군자는 섬기기는 쉬워도 기쁘게 하기는 어려우니, 기쁘게 하기를 도리〔道〕로써 하지 않으면 기뻐하지 아니하고, 사람을 부리면서도 그 그릇에 맞게 부린다. 소인은 섬기기는 어려워도 기쁘게 하기는 쉬우니, 기쁘게 하기를 비록 도로써 하지 않아도 기뻐하고, 사람을 부리면서도 (여러 종류의) 능력이 완비되기를 요구한다."

신이 가만히 살펴보겠습니다. 군자의 마음은 평온하면서

도 인자하니〔平恕〕 섬기기가 쉬운 것이고, 그 태도가 바르고 크니
〔正大〕 기쁘게 하기는 어려운 것입니다. 오직 평온하고 인자함으로 일
관하니 사람을 부림에 있어서도 각각이 가진 장점을 취합니다. 반면
소인의 마음은 각박하여 꼬치꼬치 따지니〔刻覈〕 섬기기가 어려운 것
이고 그 태도가 치우치고 사사로우니〔偏私〕 기쁘게 하기는 쉬운 것입
니다. 오직 각박하여 꼬치꼬치 캐물음으로 일관하니 사람을 씀에 있
어 반드시 그에게 모든 것이 갖춰져 있기를 요구합니다.

(『논어』「자로」) 공자는 말했다.
"군자는 큰 마음을 갖되 교만하지 않고〔泰而不驕〕, 소인은 교만하기
만 하고 큰 마음이 없다〔驕而不泰〕."

신이 가만히 살펴보겠습니다. 군자는 이치를 따르기 때
문에 마음이 편안하게 펼쳐져 있고 잘난 척 제멋대로 하지 않는데 소
인은 욕심이 왕성하기 때문에 잘난 척 제멋대로 하면서 마음이 편안
치 못하고 늘 찌들어 있습니다. 큰 마음을 가진 사람은 마음이 넓고
몸도 평안한데 교만한 사람은 뜻〔意〕[1]은 흘러넘치고 기운〔氣〕만 왕성
합니다.

1) 이때의 뜻은 좋은 의미〔志〕가 아니라 사사로운 욕심이 들어간 뜻이다.

(『논어』 「헌문」) 공자는 말했다.

"군자는 위로 올라가고〔上達〕, 소인은 아래로 내려간다〔下達〕."

신이 가만히 살펴보겠습니다. 군자는 이치를 추구함으로써 일을 하기 때문에 나날이 고명한 차원을 향해 나아갑니다. 소인은 욕심을 드러냄으로써 일을 하기 때문에 하루하루 웅덩이에서 헤맵니다.

(『논어』 「위령공」) 공자는 말했다.

"군자는 자신에게서 찾고〔求諸己〕, 소인은 남에게서 찾는다〔求諸人〕."

신이 가만히 살펴보겠습니다. 군자는 자신을 탓하지 남 탓을 하지 않습니다. 그래서 (문제가 있으면 그 이유나 원인을) '자신에게서 찾는다'고 한 것입니다. (반면) 소인은 남 탓을 하지 자신을 탓하지 않습니다. 그래서 '남에게서 찾는다'고 한 것입니다.

(『논어』 「위령공」) 공자는 말했다.

"군자는 작은 일로써는 (그가 군자인지를) 알 수 없고 큰일로써 그가 군자임을 받아들이게 되는 반면, 소인은 큰일로써 받아들일 수 없고 작은 일로써만 그가 소인임을 알 수 있다."

 신이 가만히 살펴보겠습니다. 군자가 마음속에 편안하게 간직하는 것[所存=所安]은 큽니다. 그래서 시시껄렁한 일[小事]로는
<sub>소존  소안</sub>  <sub>소사</sub>
그가 군자인지 여부를 알 수가 없고 큰일을 당해야 그가 군자인지 여부를 알 수 있습니다. 반면 소인은 사소한 데 시야가 한정되어 작은 일의 장점은 쉽게 보면서도 큰일을 당하게 되면 감당을 할 수 없기 때문에 그가 소인임을 알 수 있는 것입니다.

(『논어』 「이인」) 공자는 말했다.

"군자는 의리에서 깨닫고, 소인은 이익에서 깨닫는다."

 신이 가만히 살펴보겠습니다. 의리[義]란 하늘과도 같은
<sub>의</sub>
이치[天理]의 공적인 것[公]이요, 이익[利]이란 사람의 욕심에서 나오
<sub>천리</sub>  <sub>공</sub>  <sub>이</sub>
는 사사로움[私]이니 군자의 마음은 오직 의리가 있음을 아는 것입니
<sub>사</sub>

다. 그렇기 때문에 의리에서 분명한 것을 얻게 되는 것입니다. 반면 소인의 마음은 오직 이익이 있음을 아는 것입니다. 그렇기 때문에 이익에서 훤하게 두루 통하지 않는 바가 없는 것입니다. 그 이하 전체 11개 장[1]은 모두 다 군자와 소인이 서로 상반되는 것들을 말하며 크게 보면 공과 사, 의리와 이익은 서로 뛰어넘을 수 없음을 말하고 있을 뿐입니다.

공자가 말하려는 바는 배우는 사람이라면 군자와 소인의 각기 다른 분수를 명확히 알아야 하며 그 취하고 버리는 기미를 잘 살펴야 한다는 것입니다. 신이 여기서 바라는 바는 임금이라면 군자와 소인을 분별할 줄 알아야 하며 그 쓰고 버릴 때에 지극히 삼가야 한다는 것입니다. 성인(聖人)의 말씀은 대개 어느 하나만을 무조건 고집하지도 않고〔無適〕 정확히 그때에 맞도록 합니다.

아! 옛날부터 간사한 소인이 세상에 재앙을 불러오는 것이 비록 하나의 단서 때문만은 아니었지만 사사로움과 이익만큼 중대한 것은 없었습니다. 사사로움이 곧 이익이요, 이익이 곧 사사로움입니다. 이익을 탐하는 마음이 한 사람을 지배하게 되면 임금이나 아버지의 안위도 돌아보지 않을 것이고, 이익을 탐하는 마음이 한 집안을 지배하게 되면 사직의 존망도 안중에 없을 것입니다.

따라서 임금이 평소에 사람을 쓰고 버림에 있어 이런 점들을 깊이 살피지 않을 수 있겠습니까?

1)『논어』「이인」16장부터 26장까지를 말한다.

(『맹자』) 맹자는 말했다.

"조정에서 중요 벼슬을 하고 있는 신하의 사람됨을 살필 때는 그의 집에 거처하면서 그를 주인으로 모시는 사람들이 누구인지를 척도로 삼고, 멀리서 와서 벼슬을 하는 신하의 사람됨을 살필 때는 그가 거처하면서 주인으로 모시는 사람이 누구인지를 척도로 삼는다."

　신이 가만히 살펴보겠습니다. 군자와 소인은 각각 자신과 같은 부류를 따르게 됩니다. 따라서 조정에서 중요 벼슬을 하고 있는 신하[近臣]이면서 뛰어난 사람이라면 반드시 멀리서 와서 벼슬을 하는 신하들 중에서 뛰어난 자를 천거할 것이고, 멀리서 와서 벼슬을 하는 신하[遠臣]이면서 뛰어난 사람이라면 그 또한 반드시 조정에서 중요 벼슬을 하고 있는 신하들 중에서 뛰어난 자가 천거한 것일 것입니다. 따라서 그에 의해 천거받은 사람이 뛰어난지 여부만 살피면 조정에서 중요 벼슬을 하고 있는 신하의 사람됨을 알 수 있고, 그를 천거한 사람이 뛰어난지 여부만 살피면 멀리서 와서 벼슬하는 신하의 사람됨을 알 수 있습니다.

(『맹자』) 맹자는 말했다.

"사람을 살펴보는 것 중에 눈동자(를 보는 것)만큼 좋은 것은 없다.

눈동자는 그 사람의 나쁜 점을 숨기지 못한다. 마음이 바르면 눈동자는 밝고, 마음이 바르지 못하면 눈동자는 흐리다. 그 사람이 하는 말을 가려서 듣고 그 사람의 눈동자를 제대로 본다면 그 사람은 어찌 (자신의 본마음을) 숨기겠는가?"

 

신이 가만히 살펴보겠습니다. 사람의 눈이라는 것은 정신이 발현되는 곳이고, 말이라는 것은 마음가짐이 형태를 드러내는 것입니다. 따라서 그 사람의 말의 그릇됨과 올바름을 제대로 보는 것은 그 눈이 밝은지 흐린지를 징험하는 것이며, 이렇게 하면 그 사람의 현능한지 여부는 숨길 수가 없습니다. 따라서 이것은 사람을 살피는 법 중의 하나입니다.

 

(『사기』) 위(魏) 나라 문후(文侯, 재위 기원전 445~396년)[1]가 어떤 인물을 재상을 삼아야 할지 이극(李克, 기원전 455~387년)[2]에게 묻자 이극은 말했다.

"그 사람이 평소 생활할 때 (누구를) 제 몸처럼 여기는지〔親〕를 보시고, 그 사람이 부유할 때는 그 사람이 무엇을 베푸는지〔與〕를 보시고, 벼슬이 높아졌을 때는 그 사람이 누구를 천거하는지〔擧〕를 보시고, 궁지에 처했을 때는 무엇을 하지 않는지〔不爲＝不行〕를 보시고, 가난해졌을 때는 무엇을 취하지 않는지〔不取〕를 보셔야 합니다."

신이 가만히 살펴보겠습니다. 문후가 재상감을 가리는 것에 대해 묻자 이극은 이 다섯 가지로써 말씀을 올렸습니다. 대개 평소 생활할 때 제 몸처럼 여겨야 할 사람을 진실로 제 몸처럼 여기는 자는 반드시 뛰어날 것〔賢〕이고, 부유할 때 베풀어야 할 것을 진실로 베푸는 자는 반드시 행실이 마땅할 것〔當〕이고, 벼슬이 높아졌을 때 천거해야 할 자를 진실로 천거하는 자는 반드시 좋은 마음을 가졌을 것〔善〕이고, 비록 궁한 상황에 처했지만 의롭지 못한 일은 하지 않는 것과 비록 빈곤하게 됐지만 의롭지 못한 재물은 취하지 않는 것을 포함한 이 다섯 가지는 군자가 아니고서는 할 수 없는 것들입니다. 따라서 이 다섯 가지(중의 하나)가 있는 사람이라면 마땅히 대신이나 재상의 직임을 감당할 수 있는 것입니다.

이극의 이 말은 또한 거의 사람을 살피는 요체〔觀人之要〕를 담고 있다고 할 수 있습니다. 이 당시에 위성자(魏成者)는 자신이 받는 식록(食祿) 천 종(千鍾) 가운데 9할은 집 밖에 쓰고 1할만 집 안에서 썼기 때문에 복자하(卜子夏), 전자방(田子方), 단간목(段干木)을 얻을 수 있었던 것이고, 또 이들을 나아가게 해서 문후가 이들을 모두 스승으로 모실 수 있었던 것입니다.

이극의 말은 비록 이렇게만 한다고 해도 절로 다 된다는 뜻은 아니지만 그러나 이것들을 하지 않고서는 아무것도 안 될 것입니다.[3] 그래서 문후는 마침내 이극을 재상으로 삼았으니 후대에 재상감을 논하게 될 때에는 반드시 이것을 살펴서 해야 할 것입니다.

이상은 빼어나거나 뛰어난 이〔聖賢〕들께서 사람을 살피는 법〔觀人之法〕을 논한 것입니다.

신이 가만히 살펴보겠습니다. 주희는 (『주자어류』에서) 이
렇게 말했습니다.

"사람을 아는 것〔知人〕은 어려운 일이다. 요순은 그것을 (자신들도
능하지 못하다 해서) 병통으로 생각했고, 공자 또한 남의 말을 들으면
그의 행위도 살펴야 한다는 경계의 말을 남겼다.

그러나 생각해 보면 이는 단지 소인들 때문에 생겨난 것이지 만약
에 모든 사람이 다 군자라면 무슨 어려움이 있겠는가?

무릇 하늘과 땅 사이에는 자연스러운 이치〔理〕가 있다. 대체적으로
양(陽)은 반드시 굳세디굳세며〔剛剛〕 반드시 밝디밝아〔明明〕 알기가
쉽고, 대체적으로 음(陰)은 반드시 여리디 여리며〔柔柔〕 어둡디 어두
워〔闇闇〕 헤아리기가 어렵다. 그래서 성인(聖人)께서는 역(易-『주역』)
을 지어 마침내 양을 군자로, 음을 소인으로 삼았으니 그것이 어둠과
밝음〔幽明〕을 두루 관통하는 까닭이다. 그래서 만물의 사정이라는 것
은 비록 백 세대가 지나도 바뀔 수 없는 것이니 일찍이 몰래 역의 학
설을 미루어 헤아려서 천하의 사람들을 보았던 것이다.

무릇 그 광명정대(光明正大)함과 소창통달(疎暢洞達-거칠 것이 없
음)함이 맑은 하늘의 빛나는 해와 같고 높은 산의 큰 물과 같고 천둥
번개의 위엄과 같고 비와 이슬의 혜택과 같고 용과 호랑이의 사나움
및 기린과 봉황의 상서로움과 같아 너그럽고 초연하여〔磊磊落落〕 털끝
만큼도 의심할 바가 없는 자가 반드시 군자이다. 반면 그 기대어 알랑
거리고〔依阿〕 때 묻어 악취 나고〔湔涊〕 서로 숨어서 몰래 결탁하는 것
〔隱伏糾結〕이 뱀과 지렁이〔蛇蚓〕 같고 자질구레하기가 서캐〔蟣蝨〕 같
고 귀신이나 불여우 같고 여우의 독기〔狐蠱〕 같고 도적떼와 같아 은밀
하게 저주하고 교활하기 그지없어 어디로 튈지 알 수 없는 자가 반드

시 소인이다.

군자와 소인의 지극한 표준[極]은 이미 마음속에 정해져 있는 것이
어서 겉으로 드러나는 모습은 그 말과 행동거지가 아주 작더라도 (속
마음은) 다 찾아낼 수 있는 것이다. 그런데 하물며 (군자가 행하는) 사
업과 문장은 찬연하게 다 드러나는 것인데 모를 수가 있으며, 저 소인
이라는 것은 비록 (저 사람이 소인임을) 알기가 어렵다고 하지만 그 또
한 어찌 제대로 보는 눈을 피할 수 있겠는가?"

신이 말씀드립니다. 주희의 말은 위대한 『주역』의 은밀하면서도 미
묘한 뜻을 깊이 체득했으니 임금이 이로써 사람을 살핀다면 생각함에
있어 허물이 절반으로 줄어들 것입니다. 그래서 덧붙여 드러내어 말씀
드렸습니다.


1) 전국시대 위나라 제1대 제후다. 서쪽에서 날로 강성해지는 진(秦)
   나라를 막아내고, 동쪽 제나라의 내란에 간섭했다. 남쪽으로는
   초나라의 침략을 막아 전국시대 최초로 중원의 주도권을 장악했
   다. 기원전 403년에는 주(周)의 천자가 정식으로 제후에 책봉했
   다. 공자의 제자 자하에게 유학을 배우고, 법가의 시조인 이극을
   등용하여 부국강병을 이루었다.

2) 전국시대 초기의 법가(法家) 사상가로 '이회(李悝)'라고도 한다. 위나
   라 문후에게 발탁되어 재상을 지냈으며, 위나라가 전국시대 초기,
   열국(列國) 중 가장 먼저 세력을 떨치는 데 크게 일조했다. 중국 형
   법의 기본이 된 『법경육편(法經六篇)』을 지었다.

3) 한마디로 이 다섯 가지는 필요충분조건은 아니고 필요조건이라
   는 뜻이다.

### 제왕들이 사람을 알아보는 일

(『자치통감』) 한나라 (고제 12년, 기원전 19년) 고제의 병환이 심해지자 여후(呂后-황후)가 물었다.

"폐하의 백세(百歲) 뒤에[1] 소(蕭) 상국(相國)[2]마저 죽고 나면 누구로 하여금 그 일을 대신하게 할까요?"

황상이 말했다.

"조참이 가능할 것이오."

그다음으로는 누가 있냐고 물었다. 이에 황상이 말했다.

"왕릉이면 할 수 있을 것이오. 다만 그는 조금 고지식하고 모자라니 진평이 도울 수 있을 것이오. 진평의 지혜는 남들보다 나음이 있지만 혼자서 일을 다 맡기에는 어렵소. 주발은 중후하면서도 학식〔文〕이 조금 부족하긴 하지만 우리 유씨(劉氏) 집안을 안전하게 해줄 수 있는 사람은 반드시 주발일 것이오. 따라서 그를 태위(太衛)로 삼도록 하면 될 것이오."

여후가 그다음으로는 누가 있냐고 다시 물었다. 이에 황상이 말했다.

"그 이후는 진실로 그대가 알 바가 아니오."

한나라 혜제 2년(기원전 193년)에 소하가 죽자 조참이 소하를 대신하여 상국이 됐는데 일을 하는 데 있어 (기존의 정책이나 국정 철학에) 아무런 변경도 가하지 않고 일관되게 소하와의 약속을 준수했다. 조참이 상국이 되어 3년이 지나자 백성들이 이를 노래했다.

"소하는 법을 만들어 하나같이 잘 갖추었고 / 조참은 그를 대신해 법

을 잘 지키면서 그것을 잃지 않았으니 / 조참의 깨끗함과 조용함을 울
라타고서 / 백성들은 하나같이 안녕하도다."

 신이 가만히 살펴보겠습니다. 이것이 조참으로 하여금
소하를 대신하게 한 좋은 효험[驗]입니다.

1) 황제에게 죽음이라는 말을 쓰지 않기 위해 이렇게 말한 것이다.
2) 상국은 재상을 뜻하고 소는 소하를 뜻한다.

(『자치통감』) 한나라 혜제 5년(기원전 190년)에 조참이 죽자 이듬해 왕
릉을 우승상으로, 진평을 좌승상으로 삼았고 주발은 태위로 삼았다.¹ 7년
에 혜제가 붕어하자 태후(=여태후)가 조정에 임하여 칭제(稱制)¹⁾했다.
고(高) 황후 원년(元年, 기원전 187년)에 태후가 여러 여씨(呂氏)를 왕
으로 세우고자 신하들에게 논의를 시키니 우승상 왕릉이 말했다.
"고제께서는 백마를 죽여 맹세하며 말씀하셨습니다. '유씨가 아니면
서 왕이 되면 천하는 힘을 모아 이를 쳐야 한다.' 지금 여씨를 왕으로 삼
으시려는 것은 애초에 약속된 바가 아닙니다."
태후는 불쾌해하면서 (좌승상) 진평과 (태위) 주발에게 물었더니 두
사람은 가능하다고 대답했다. 이에 태후는 기뻐하면서 조회를 파했다.
그러고 나서 왕릉이 진평과 주발을 꾸짖으며[讓] 이렇게 말했다.

"애초에 고제와 더불어 삽혈(歃血-짐승의 피로 서약함)하며 맹세했건만 그대들은 그 자리에 없었던가? 지금 여씨를 왕으로 삼으려 하는데 무슨 면목으로 지하에 계신 고제를 뵈올 것인가?"

진평과 주발이 말했다.

"면전에서 (윗사람의 뜻을) 꺾고 조정에서 간쟁하는 것은 저희〔臣〕²가 그대만 못하겠지만 사직을 온전하게 지키고 유씨의 후예들을 보호하는 일에서는 그대 또한 저희만 못하다 하겠습니다."

이에 왕릉은 더 이상 응답할 수가 없었다. 곧 태후는 왕릉을 태부(太傅-황제의 스승이기는 하지만 실권은 없음)로 삼아 사실상 재상으로서의 권력을 빼앗았고, 왕릉은 결국 병을 이유로 면직되어 (그의 봉지 하북성 안국현으로) 돌아갔다.

1 이로써 고제가 했던 말이 다 실현됐다.

2 한나라 초에는 전국시대의 관습을 이어받아 자기보다 신분이 높은 재상에게 말할 때 스스로 신(臣)이라고 칭하기도 했다.

신이 가만히 살펴보겠습니다. 왕릉이 여러 여씨들이 왕이 되는 것에 대해 간쟁한 것은 고지식하고 어리석었다〔戇〕고 하겠고, 진평이 간쟁하지 않고 그것을 받아들여준 것은 지혜로웠다〔智〕고 하겠습니다.

1) 스스로 황제임을 칭하지는 않았지만 제(制)는 황제만이 내릴 수 있는 명령이기 때문에 사실상 칭제한 것으로 볼 수 있다.

(『자치통감』) 고황후 7년(기원전 181년)에 여러 여씨들이 권력을 마음대로 하고 일을 꾸며대자 진평은 여러 여씨들에 대해 걱정했지만 힘으로 제어할 수가 없어 일찍이 홀로 머물며 깊은 생각에 잠겨 있는데 육가가 진평을 보고서 말했다.

"천하가 평안하면 재상을 주목하고 천하가 위태로우면 장수를 주목한다고 했습니다. (하물며) 장수와 재상이 화합하여 조화를 이루면 선비들은 평소에도 잘 따르고, 이리되면 변란이 일어난다고 해도 권력은 나눠지지 않을 것입니다. 그대는 어찌하여 태위와 사귀면서 서로 더 깊이 사귀지를 못하는 것입니까?"

진평은 육가의 계책을 써서 (태위) 주발과 깊이 신뢰 관계를 맺어 단결하니 여씨의 음모는 갈수록 시들해졌다.

신이 가만히 살펴보겠습니다. 진평은 주발 없이 혼자서는 할 수 없었기에 주발과 함께 대사를 도모할 수 있었습니다. 이처럼 혼자 일을 떠맡는다는 것은 그만큼 힘들다는 뜻일 것입니다.

(『자치통감』) 고황후 8년(기원전 180년)에 태후가 세상을 떠나자 여러 여씨들이 난을 일으키고자 했다. 이런 때를 맞아 조왕(趙王) 여록(呂祿)과 양왕(梁王) 여산(呂産)은 군사를 거느리고 남군과 북군에 있었

다. 태위 주발은 군사를 주관할 수 없었다. (곡주후) 역상(酈商)의 아들 역기(酈寄)는 여록과 사이가 좋았다. 강후(=주발)는 마침내 승상 진평과 더불어 모의해 사람을 시켜서 역상을 접박하여 그 아들 역기로 하여금 여록에게 가서 잘 둘러대도록 명했다. 결국 장군의 인새[印]가 돌아왔고 군사는 태위에게 소속되어 태위가 장차 북군에 이르니 아직 남군도 남아 있었다. 승상 진평이 마침내 주허후(朱虛侯) 유장(劉章)을 불러 태위를 돕게 하니 태위는 드디어 여러 여씨들을 주살하고 (대왕(代王) 유항(劉恒)) 문제(文帝)를 옹립했다.

 

🌿     신이 가만히 살펴보겠습니다. 이처럼 유씨 집안이 안정될 수 있었던 것은 분명 주발의 공입니다. 고제께서는 소하, 조참, 진평, 주발 등을 논하셨는데 그 시작과 끝을 다 살펴보면 털끝만큼도 사람을 판단하는 데 오차가 없었습니다.

대개 고제의 자질과 성품은 이미 밝고 통달한 데다가 수많은 일을 겪고[更事] 오랫동안 각종 난관들을 극복해 왔기 때문에 여러 신하
경사
들의 재능과 행실[才行]을 살피고 판단함에 있어 미리 헤아려보는 눈
재행
[斟酌]이 탁월했던 것입니다.
짐작

그래서 후대 사람들을 위한 계책을 세워줌에 있어 기미를 살피는 데 조금의 빈틈도 없었으니 훗날의 논자(論者)들은 (고제가) 사람을 알아[知人] 적재적소에 잘 써서[善任] 그 인재들로 하여금 마음껏 일
지인              선임
하도록 한 것이 믿을 만하다고 평가했던 것입니다. 그 뒤를 잇는 임금들은 고제처럼 밝고 통달하지[明達] 못하고 또 고제처럼 여러 일들을
명달
두루 겪지 못했습니다. 그러나 만약에 몸소 온갖 정사[萬機]를 친람함
만기

으로써 사안의 이득과 해로움을 정확히 파악하며 날마다 여러 신하들을 접함으로써 인재의 장점과 단점을 깊이 살피기를 한나라 선제가 정사를 행할 때 승상 이하 여러 신하들이 그 직임을 맡아 그 맡은 바를 밝게 개진하게 함으로써 공적과 재능〔功能〕을 평가한 듯이 한다면 이 또한 사람을 알아보는 방법〔知人之方〕이라고 할 수 있을 것입니다.

(반면에) 구중궁궐에 깊이 머물면서 팔짱을 낀 채 수수방관하여 〔高拱〕 일에 관해 일찍이 결정을 내리는 바가 없고, 깊은 침묵을 지키며 거의 말을 하지 않아 사람에 관해 일찍이 이리저리 두들겨가며 〔叩擊〕 사람됨을 알아보려 하지 않고 공적과 재능의 실상을 내팽개치며, 비뚤어진 혹평과 칭찬〔毁譽〕의 평가를 (그릇되게) 믿어 사람을 쓰고 버리려 하게 되면 각각은 자신에게 맞는 직임을 맡는 것이 어려워질 것입니다.

따라서 (후세의) 임금들이 최고로는 반드시 요임금처럼 하고, 다음으로는 반드시 (한나라) 고제처럼 하고, 또 그다음으로는 반드시 효선제처럼 한다면 거의 사람을 아는 일을 말할 수 있을 것이고, 만일 그렇게 하지 못한다면 그 어떤 좋은 평판도 듣지 못하게 될 것입니다.

(『자치통감』) 한나라 효문제 후원(後元) 6년(기원전 158년)에 흉노가 상군(上郡-산시성 쑤이더현)과 운중(雲中-내몽고의 한 지역)에 들어와 죽이고 노략질한 바가 아주 심했다. 이에 주아부(周亞夫)를 장군으로 삼아 세류(細柳-산시성 셴양시)에 배치했고, 유례(劉禮)를 장군으로 삼

아 패상(覇上-산시성 란텐현)에 배치했으며, 서려(徐厲)를 장군으로 삼아 극문(棘門-장안성 북문의 서쪽 첫 번째 문)에 배치하여 오랑캐에 대비했다. 황상은 직접 군대를 위무하기 위해 패상에 도착하여 극문에 있는 군영에 이르러 곧장 말을 달려 들어가니 장군이 말에서 내려 영접했다.

이미 그렇게 한 다음에 세류에 있는 군영으로 가니 군대의 사졸들이 갑옷을 입고 각종 무기와 칼 등을 날카롭게 하고 궁노(弓弩)를 잔뜩 당기고 있었다. 천자의 선봉이 그곳에 도착했지만 군영으로 들어갈 수가 없자 선봉이 소리쳐 말했다.

"천자께서 도착하실 것이다."

이에 군문도위(軍門都尉)가 말했다.

"군중에서는 장군의 명령을 따르는 것이지 천자의 조서(詔書)를 따르는 것이 아닙니다."

어찌할 수가 없었는데 황상이 도착했다. 그러나 황상도 들어갈 수 없었다. 이에 황상은 마침내 사자로 하여금 지절(持節)로써 장군에게 조서를 내리도록 했다.

"내가 군영으로 들어가 군대를 위무하고자 한다."

주아부가 곧장 명령을 전했다.

"성벽의 문을 열라!"

천자는 말고삐를 당겨 잡고서 천천히 나아갔고, 군영에 이르자 주아부가 무기를 소지한 채로 읍(揖)[1]하면서 말했다.

"갑옷을 입은 병사는 절을 하지 않습니다. 청하옵건대 군례(軍禮)로써 알현할 수 있도록 해주십시오."

천자는 감동을 받아 용모를 고치고서 수레의 가로 막대를 잡은 채 답례를 하고 사람을 시켜서 미안하다는 뜻을 전하게 했다.

"황제께서 경건하게 장군을 위로했소."

예를 마치자 군영을 떠나면서 황상이 말했다.

"아! 이 사람이 진정한 장군이도다. 이제 패상과 극문의 군영은 마치 아이들의 놀이일 뿐이니 그 장군들은 진짜로 습격을 받는다면 포로가 될 것이다. (하지만 오랑캐들이) 주아부가 있는 곳에 이르러서 과연 범접할 수 있을까?"

흘륭하다는 (황제의) 칭찬이 오래갔다. 한 달여가 지나서 흉노가 요새에서 멀어지니 한나라 군사들도 철수했고, 이어 마침내 주아부를 중위(中尉)에 제배했다.

한나라 효경제(孝景帝, 재위 기원전 157~141년) 2년(기원전 155년)[2]에 오(吳), 초(楚) 등 7국이 모두 반란을 일으키기에 앞서 문제는 태자에게 경계하라는 뜻으로 이렇게 말했다.

"지금 당장 천천히 해야 할 것과 서둘러 해야 할 것[緩急]이 있다면 주아부는 진실로 군사를 거느리는 책임을 맡을 만하다."

그리고 7국의 반란이 일어나자 황상(-효경제)은 마침내 중위 주아부를 태위(太尉)에 제배하여 36명의 장군을 데리고 가서 오와 초를 치게 하니 대략 석 달 만에 모두 격파하여 전멸시켰다.

효경제 3년에 주아부를 승상으로 삼았다. 그 후에 황상이 율태자(栗太子)를 폐위시키자 주아부는 힘껏 간쟁했으나 뜻을 이룰 수 없었다. 황상은 이를 이유로 그를 멀리했다.

두태후(竇太后)가 말했다.

"황후의 오라버니 왕신(王信)은 후(侯)로 봉할 만합니다."

황상이 승상 주아부와 의논하자 주아부는 말했다.

"고황제께서는 '유씨가 아니면 왕(王)으로 봉할 수 없고, 전공(戰功)을 세우지 않으면 후(侯)로 봉해서는 안 된다'고 하셨습니다. 지금 왕신은 비록 황후의 오라버니이지만 아무런 공을 세운 것이 없으니 그를 후로 봉하는 것은 고황제의 말씀을 어기는 것입니다."

황상은 아무 말 없이 듣고 있다가 이 일을 중지시켰다. 그 후 흉노의 왕 서로(徐盧) 등 6명이 투항해 오자 황제는 그들을 후에 봉하여 또 뒤에 올지 모를 투항자들을 고무시키고 싶어 했다. 이에 주아부가 말했다.

"저들은 자신들의 임금을 배반하고 폐하께 투항한 자들입니다. 폐하께서 그들을 후로 봉하신다면 신하들이 절의(節義)를 지키지 않는 것에 대해서는 무엇으로써 꾸짖을 수 있겠습니까?"

황상이 말했다.

"승상의 의견을 쓸 수가 없도다."

이내 서로 등 모두를 열후(列侯)에 봉하자 주아부는 이것을 이유로 물러났고, 이후 병으로 세상을 떠났다.


효경제 후원년(後元年, 기원전 143년)에 황제는 대궐에 머물면서 주아부를 불러서 식사를 하사했다. 이때 (식탁에는) 커다란 산적[大胾]만이 놓여 있었고 잘라놓은 고기[切肉]는 없었으며 또 젓가락도 없었다. 주아부는 마음이 편치 못해 식사를 주관하는 관리[尙食]를 돌아보면서 젓가락을 달라고 했다. 황상은 이를 지켜보다가 웃으면서 말했다.

"이것이 그대에게 부족한 것은 아닌가?"

주아부는 관을 벗어 사죄했고, 곧 빠른 걸음으로 나갔다. 황상은 그를 눈으로 전송하면서 말했다.

"이렇게 작은 일에도 불만스러워하니〔鞅鞅=怏怏不樂〕 어린 임금의 신<br>
하는 아니로구나."
<sub>앙앙　　　앙앙불락</sub>

얼마 후에 어떤 일로 인하여 주아부는 하옥됐고 반역을 하려 했다는<br>
무고를 당했다. 주아부는 (닷새 동안) 아무것도 먹지 않다가 (피를 토하<br>
고) 죽었다.


🐚　　　신이 가만히 살펴보겠습니다. 사람의 마음과 생각〔度量〕<br>
이란 서로 떨어져 있으니 어찌 멀지 않겠습니까? 주아부의 군대가 세<br>
류에 있을 때 군의 기강이 엄정하여 비록 임금일지라도 무릎을 꿇지<br>
않았고, 이를 본 황제는 비로소 "지금 당장 천천히 해야 할 것과 서둘<br>
러 해야 할 것〔緩急〕이 있다면 주아부는 진실로 군사를 거느리는 책임<br>
을 맡을 만하다"고 말했습니다. 그 후 어떤 일로 여러 차례 간언을 하<br>
여 황상의 마음에 서운함이 쌓여 경제는 결국 이 때문에 주아부를 의<br>
심하여 이렇게 말했습니다. "이렇게 작은 일에도 불만스러워하니 어린<br>
임금의 신하는 아니로구나."

세류에서의 일이 만약에 효경제 때 있었다면 주아부는 반드시 황<br>
상을 모독했다 하여 주살됐을 것이니 오히려 어찌 (그 이후에) 장수가<br>
될 수 있었겠습니까? 또 그 후에도 계속 문제가 살아 있었더라면 그는<br>
충성을 다하고 간언을 올려도 사직을 지키는 신하로 간주됐을 것이니<br>
두 황제의 마음과 생각이 서로 다르기가 이와 같았습니다. 따라서 일<br>
이 그렇게 된 것은 (문제는) 자신을 추어올리려〔拂己〕 하지 않아도 서<br>
운한 마음을 품지 않았는데, 경제는 이기적으로 자기에게만 맞춰줘야

〔適己〕 기뻐했던 때문입니다.
<sub>적기</sub>

따라서 임금이 진실로 신하가 현능한지 그렇지 않은지를 알려면 반드시 스스로 사사로운 뜻부터 없애야 할 것입니다.


1) 이는 두 손을 마주 잡고 위아래로 가볍게 흔드는 인사법인데 대등한 지위의 사람들끼리 하는 것이다.
2) 이는 진덕수의 착각으로 보인다. 『자치통감』에는 이 기사가 1년 후인 효경제 3년(기원전 154년)에 나온다.

(『자치통감』) 한나라 무제 말¹⁾에 곽광(霍光)을 대사마 대장군으로 삼았고, 김일제(金日磾)를 거기(車騎) 장군으로 삼았으며, 상관걸(上官桀)을 좌장군으로 삼았다. 이들은 어린 임금을 잘 보필하라는 유조(遺詔)를 받았으니 그 어린 임금이 훗날의 소제다. 또 상홍양(桑弘羊)을 어사대부로 삼았다.

뒤에 상관걸 부자(父子)는 곽광과 권력을 두고서 다투게 됐다. 연왕(燕王) 유단(劉旦)은 스스로 황제의 형이면서도 독자적으로 설 수가 없어 항상 마음에 원한을 품고 있었다. 상홍양은 술과 소금 그리고 쇠의 전매 제도를 건의하고 만들어 나라의 재정을 이롭게 하여 그 공로를 자랑하며 자식들을 위하여 관직을 얻으려고 하다가 역시 곽광을 원망하고 한을 품었다. 이에 상관걸 등은 모두 유단과 내통하면서 모의하여 거짓으로 사람을 시켜 연왕을 위하여 글을 올려 말했다.

"곽광이 낭관과 우림(羽林)[2]을 시험하고 훈련시키려고 나아갈 때면 길에서 필(蹕)[3]하고, 또 마음대로 막부(幕府-대장군부)의 교위(校尉)를 늘렸습니다. 곽광이 권력을 독점하고서 스스로 방자하니 비상한 사태가 생길까 의심이 됩니다. 신 단(旦)은 바라옵건대 들어가서 숙위(宿衛)하면서 간신의 변고[姦變]를 살필 수 있도록 해주십시오."

곽광이 탕목일(湯沐日-휴일)에 나가는 것을 엿보고서 상주했다. 상관걸은 대궐에서 그 일을 내려보내려 했고, 상홍양은 여러 대신들과 함께 곽광을 잡아서 퇴출시키는 일을 맡았다. 서신이 올라오자 황제는 이것을 내려보내려 하지 않았다.

다음 날 아침에 곽광은 이 소식을 듣고서 들어가려 하지 않았다. 황상이 물었다.

"대장군은 어디 있는가?"

상관걸이 대답했다.

"연왕이 그의 죄를 고발한 까닭에 감히 들어오지 못하고 있습니다."

조서를 내려 말했다.

"대장군을 들라 하시오."

곽광이 들어와 관(冠)을 벗고 머리를 조아리며 사죄했다. 황상이 말했다.

"장군, 관을 쓰시오. 짐은 이 서신이 거짓임을 알고 있소. 장군은 죄가 없소."

곽광이 말했다.

"폐하께서 그것을 어찌 아셨습니까?"

황상이 말했다.

"장군이 광명(廣明-광명원을 가리키는데 동문 밖에 있었다고 한다)에 가서 낭관을 시험한 것은 최근의 일일 뿐이고 교위들은 조정한 지 아직 열흘이 지나지 않았는데 연왕이 그것을 어찌 알 수 있었겠소? 또 장군이 정말로 그릇된 일을 저지르려 한다면 교위를 기다리지는 않을 것이오."

이때 황상의 나이 열네 살이었기 때문에 상서(尙書)와 좌우 신하들은 모두 놀랐다. 그리고 서신을 올린 자는 과연 도망을 쳤지만 아주 급하게 그를 체포했다. 상관걸 등이 두려움에 떨며 황상에게 말했다.

"작은 일이라 다 추적하기에는 아직 부족합니다."

황상은 들어주지 않았다. 뒤에도 상관걸의 무리들이 곽광을 참소를 했지만 황상은 번번이 화를 내며 말했다.

"대장군은 충신이고, 돌아가신 황제께서 친히 지명하셔서 짐의 몸을 보필하라고 했다. 만일 감히 대장군을 헐뜯는 자가 있다면 그를 벌하겠다."

이때 이후로 상관걸 등은 감히 다시는 말을 하지 못했다.


당나라 이덕유(李德裕, 787~849년)[4]가 논평했습니다.

"임금의 다움[德]이란 지극히 밝게 하는 것[至明]보다 중요한 것이 없다. 지극히 밝게 하여 간사한 자들을 훤히 비추게 되면 온갖 사악한 것들이 숨을 수가 없다. 한나라의 소제가 바로 이런 사람이다. 주나라 성왕은 다움에 있어 부끄러운 바가 있었다. 성왕은 관숙과 채숙의 유언비어를 듣고 드디어 주공으로 하여금 어쩔 수 없게 만들어 동쪽으로 가게 했던 것이다.[5] 이른바 여우 같은 의심을 갖게 되면 참소(讒訴)하는 도둑놈의 입이 다가온다는 것이 그것이다. 만일 소제로 하여금 이윤이나 여상의 보좌만 받게 했다면 성왕이나 강왕(康王)[6]과는 비교가 되지 않을 만 큰 훌륭한 임금이 됐을 것이다."

신이 가만히 살펴보겠습니다. 무제가 어린 임금〔孤〕을 곽
광에게 맡긴 것은 잘한 것이지만 상관걸과 상홍양도 함께 참여케 한
점에서 보면 사람을 보는 밝음의 수준〔知人之明〕은 고제(高帝-유방)
에 비해 처지는 바가 있다 하겠습니다. 상관걸과 상홍양 등은 모두 간
사하고 이익을 추구하는 무리들이라 밖으로는 번왕(藩王)들과 결탁했
고 안으로는 세력가들과 손을 잡았습니다.

만일 소제의 천성이 일찍 이루어지지 못해서 능히 충신을 밝게 알
아보고 지켜주지 않아서 상관걸 등이 뜻을 이루기라도 했다면 그 재
앙을 이루 다 말로 할 수 있겠습니까? 이처럼 소제가 사람을 알아보
는 밝음의 정도는 (아버지인) 효무제보다 뛰어났다고 하겠습니다. 그러
나 효무제도 연광릉(燕廣陵)[1,7]을 (태자로) 세우지 않고 소제를 세웠
으니 이는 자식을 보는 데 있어 밝았고, 또한 어린 임금을 황후 전씨(田
氏) 집안에 맡기지 않고 곽광에게 맡겼으니 이는 신하를 보는 데 있어
밝았다고 하겠습니다. 그랬기 때문에 상관걸은 모함하는 글을 통해, 상
홍양은 재정을 이롭게 하며 도모했지만 결국 실패하고 말았던 것입니
다. 전하는 말에 "겨가 날려 눈에 들어가 눈을 뜰 수 없으면 하늘과 땅
의 자리도 바뀔 수 있다〔播糠眯目 天地爲之易位〕"[8]고 했습니다.

따라서 임금은 반드시 먼저 그 마음을 바로 하고 미혹에 빠지지 않
으며 이익에 따라 마음이 동요하지 않은 이후에야 여러 신하들의 그
릇됨과 바름〔邪正〕을 제대로 판별할 수 있을 것입니다.

1 연왕(燕王)은 왕단(王旦)이고, 광릉왕(廣陵王)은 왕서(王胥)다.

1) 기원전 87년이다.

2) 둘 다 궁궐 수비병이다.

3) 천자가 행차를 할 때 행인들이 길에 다니는 것을 금지시키는 것을 말한다.

4) 당나라 때의 재상으로 문필에 뛰어났다. 음사(蔭仕)로 출사(出仕)하여 한림학사(翰林學士), 중서사인(中書舍人) 등을 역임했다. 경학(經學)과 예법을 존중하고 중앙집권의 강화를 꾀했다. 무종(武宗)의 회창(會昌) 연간에 권세를 누렸고, 폐불(廢佛)을 단행했다.

5) 성왕이 장성한 뒤에 누가 주공이 반란을 꾀한다고 하니 성왕이 그를 잡으려 하여 주공은 동쪽으로 도망쳐 목숨을 보존했다.

6) 두 사람 모두 주나라의 중흥을 이룬 임금이다.

7) 두 사람은 친형제로 무제 말기 태자가 되고 싶어 했으나 무제는 물리쳤다.

8) 원래 이 말은 『장자(莊子)』「천운(天運)」에 나오는 이야기다. 흥미롭게도 공자가 노자를 만나 어짊과 의리〔仁義〕에 대해 논하다가 노자가 던지는 말에서 나온다. 그런데 여기에 실린 것과 원문의 뒷부분이 조금 다르다. 원문은 다음과 같다. "겨가 날려 눈에 들어가 눈을 뜰 수 없으면 곧 하늘과 땅과 사방의 위치를 혼동하게 됩니다〔播糠眯目 則天地四方易位矣〕."

(『신당서』) 당나라 명황제(-현종)가 촉(蜀) 땅에 있을 때였다.¹ 급사중 배사엄(裴士淹)은 달변과 학식으로 황제의 총애를 받고 있었다. 이때 숙종(肅宗-현종의 뒤를 이은 황제)은 봉상(鳳翔)으로 피신해 있어 매번 재상에게 명을 내렸는데 문득 방관(房琯)을 장군으로 삼았다는 보고가 황제(-현종)에게 올라왔다. 이에 황제는 말했다.

"적을 깨트릴 만한 재주가 없다. 요숭(姚崇)¹¹이 있었다면 얼마든지 물리쳤을 텐데."

송경(宋璟)에 대해서는 "그 사람은 곧음을 팔아서 이름을 취한 자다" 라고 했는데, 이런 식으로 10여 명을 평한 것이 모두 다 딱 들어맞았다. 이임보(李林甫)에 대해서는 "이 사람은 현능한 이를 시기 질투하는 것이 아무도 따라갈 수 없는 정도였다"라고 했다. 배사엄이 말하기를 "폐하께서는 진실로 모든 사람을 꿰뚫어 보시니 어떤 자리가 오래갑니까"라고 하니 황제는 아무 말 없이 대답을 하지 않았다.

1 천보(天寶) 14재(載)(755년)에 안녹산이 반란을 일으켜 명황제는 촉으로 파천했다.

신이 가만히 살펴보겠습니다. 명황제의 사람됨은 얼마나 특이합니까? 어둡고 사특한 측면〔闇邪〕에서 방관을 평한 것, 요숭을 평한 것, 이임보를 평한 것이 얼마나 딱 들어맞습니까? (그러나) 밝기
  암사
는 하나 사특한 측면〔明邪〕에서 송경을 평한 것은 얼마나 어긋납니까? 송경의 충성스러움은 올바르고 선량하여〔端亮〕 당 현종 개원(開
  명사
                                                         단량

元) 연간의 재상들 중에서 최고인데 그를 "곧음을 팔아서 이름을 취한 자"라고 보았습니다.

대개 송경은 곧은 도리(直道)로 황제를 섬겼고, 황제의 뜻을 여러 차례 거스른 적(屢拂)이 있었습니다. 그래서 한 번 내치고서는 쓰지 않았는데, 이때까지도 여전히 그에 대한 화가 남아 있다는 것을 알 수 있습니다. 반면 이임보가 어진 이를 질투하고 유능한 인재들을 미워하는 것을 황제는 모르지 않았는데도 마침내 그를 기용했다가 몸을 망치는 지경에 이르렀으니 송경은 황제에게 맞추려 하지 않았고 이임보는 딱 맞췄기 때문입니다.

그렇다면 결국 임금이 자신과 똑같은 것(同)만 좋아하고 다른 것(異)을 미워하면 자신의 사사로운 뜻만 행해지고 신하가 현능한지 여부는 어지럽게 되니 임금이 아무리 영명한 자질을 갖고 있다 한들 결국은 몽매한 잘못에 빠지게 된다는 것입니다.

따라서 명황제 같은 임금을 어찌 (거울로 삼아) 경계하지 않을 수 있겠습니까?

1) 송경과 더불어 당대의 명재상이었고 이때는 이미 세상을 떠났다.

(『자치통감』) 당나라 덕종(德宗, 재위 780~805년) 때에 호사(濠泗) 관찰사 두겸(杜兼)이 막료인 이번(李藩)을 싫어해 그를 무고하여 "이번이 군대의 상황을 요동시켰다"고 글을 올렸다. 황상은 크게 노하여 이

번을 불러들여 장안(長安)으로 오게 했는데 멀리서 이번의 위의(威儀)
와 법도가 편안하고 단아한 것을 보고 마침내 말했다.

"어찌 이런 사람이 나쁜 짓을 할 사람이란 말인가?"

그리고 이번을 곧장 비서랑으로 발탁했다.


신이 가만히 살펴보겠습니다. 덕종은 사람 보는 눈〔知人〕
의 밝기〔明〕가 가장 떨어지는 임금이었습니다. 그래서 노기(盧杞)에
대해서는 그의 간사함을 전혀 깨닫지 못했고, 강공보(姜公輔)에 대해
서는 곧음〔直〕을 팔려 한다고 의심했고, 이성(李晟)의 공훈〔勳〕과 육지
(陸贄)의 충성스러움에 대해서는 멀리 배척하여 물리쳐서 내쳐버린
반면 배연령(裴延齡)은 거짓을 일삼았고 위거모(韋渠牟)는 졸렬했음에
도 불구하고 가까이 해서 신임하며 크게 의존했으니 거짓〔妄〕이 충성
스러움이 되고 곧음〔直〕이 굽음〔枉〕이 된 것이 그보다 심할 수가 없었
습니다.

그런데 이때에는 행동거지를 보고서 이번의 사람됨을 알아보았으니
아마도 이때에는 (그나마) 사사로운 견해의 굴레에 예속돼 있지 않았
기 때문일 것이요, 만약에 (두겸이 아니라) 노기나 강공보 같은 사람이
무고를 했다면 사사로운 정에 끌려 다른 결정을 했을 것입니다.

따라서 사람을 알아보는 일의 어둡고 밝음〔昏明〕은 이처럼 상황에
따라 다를 수 있습니다. 순자는 말하기를 "공명정대하면 밝음이 생겨
나고〔公生明〕, 한쪽으로 치우치면 어두움이 생겨난다〔偏生闇〕"고 했습
니다.

만약에 덕종이 마음의 평온을 유지하여 마음이 이랬다저랬다 하는

바(適莫)가 없어서 (다른 때에도) 이번을 제대로 알아보았을 때처럼 했다면 여러 신하들의 바름과 그릇됨[正邪]을 가리는 데 있어서도 위치가 서로 바뀌는 일은 없었을 것입니다. 그러니 뒤에 오는 임금들이 경계하지 않을 수 있겠습니까?

(『자치통감』) 당나라 헌종 원화(元和) 연간에 배도(裴度)가 채주(蔡州)의 반란을 평정하고 돌아와 지정사(知政事-실질적으로 정치를 책임지는 재상)에 올랐는데 정이(程异)와 황보박(皇甫鏄)이 세금을 악착같이 거둬 황상의 총애를 얻어 갑자기 재상이 되자 배도는 세 번에 걸쳐 황상에게 글을 올려 불가함을 극론했으나 황제는 받아들이지 않았다. 이렇게 되자 비로소 간악한 사람들[纖人=姦人]이 득세하기 시작했다. 황제는 일찍이 이렇게 말한 바 있다.

"신하란 마땅히 힘써 잘해야 하는 것인데 어찌 그대들은 붕당을 만들기를 좋아하는가? 짐은 이를 심히 싫어한다."

이에 배도가 말했다.

"군자와 소인은 각각 뜻에 따라 모이는 것인데 군자의 무리는 같은 덕[同德]이라 하고 소인의 무리는 같은 악[同惡=朋黨]이라 하니 밖으로는 심히 비슷한 부류로 보이지만 안으로는 실제로 현격하게 다르니 폐하께서는 그 자리에 계시면서 그들이 하는 일을 보고서 가리시면 될 것입니다."

황제가 말했다.

"말 잘하는 사람들은 대체로 이런 식으로 말들을 하니 짐이 어찌 (군자와 소인을) 쉽게 가릴 수 있겠는가?"

배도는 물러나면서 기쁜 마음으로 말했다.

"폐하께서 (지금처럼) 가리는 일을 어렵게 여기신다면 쉬울 것이고, 그 일을 쉽게 여기신다면 어려울 것입니다. 군자와 소인은 그 행하는 일로써 가리시옵소서."

결국 정이와 황보박은 하중절도사가 되어 외직으로 밀려났다.


신이 가만히 살펴보겠습니다. 헌종은 굳세고 밝으며 과감하고 결단력이 있어〔剛明果斷〕 능히 충성스러운 계책을 쓸 수 있었고, 여러 (그럴듯한) 의논들에 휩쓸리지 않음〔不惑〕으로써 중흥의 기반을 튼튼히 했으니 어찌 사람을 볼 줄 모르는 임금이겠습니까?

그러나 채주(蔡州)를 정벌하는 공을 이룩하고서 사치하는 마음이 드디어 불타오르니 이에 비로소 바름과 그릇됨〔正邪〕의 위치가 바뀌기 시작했습니다. 그 이유는 정이와 황보박의 무리들이 재산을 다스리는 데 능하여 수많은 사치품들을 제공한 때문입니다. 사마천은 말하기를 "이익은 지혜를 어둡게 한다"고 했으니 믿을 만하지 않습니까?

(다행히도) 그렇게 되지 않아 배도의 당당한 충절로 정이와 황보박의 무리들의 천박스럽고 간사한 아첨질을 꿰뚫어 보게 됐으니 헌종은 비록 흑백처럼 명확하게 가리지는 못했어도 능히 바름과 그릇됨〔正邪〕의 나뉨은 알 수 있었던 임금이라고 하겠습니다.

타고난 자질이 헌종처럼 뛰어났던 임금도 이익에 관한 욕심〔利欲〕 때문에 그 특유의 밝음이 가려질 정도였으니 이 때문에 임금은 마음을 바로 하는[正心] 방법을 배우지 않으면 안 되는 것입니다.

(『자치통감』) 당나라 무종(武宗, 재위 840~846년)이 즉위하자 이덕유(李德裕)를 문하시랑 평장사에 임명했다. 이에 이덕유가 감사해하며 황상에게 말했다.

"잘 다스리는[致理] 요체는 여러 신하들의 그릇됨과 바름[邪正]을 잘 가리는 데 있습니다. 그릇됨과 바름 이 두 가지는 형세상으로 서로를 용납하지 못하여 바른 사람은 그릇된 사람을 가리켜 사특하다[邪]고 하고, 그릇된 사람은 바른 사람을 가리켜 사특하다고 하니 임금으로서는 그것을 가리는 일이 참으로 어렵습니다. 신이 생각하건대 바른 사람은 소나무나 측백나무와 같아서 다만 서서 의지하지 않으나, 그릇된 사람은 등나무나 담장나무와 같아서 다른 물건에 붙지 않으면 스스로 일어날 수가 없습니다. 그러므로 바른 사람은 한마음으로 임금을 섬기는 데 반해 그릇된 사람은 다투어 붕당을 만듭니다.

돌아가신 황제(17대 문종)께서는 붕당의 우환을 깊이 아셨지만 결국 쓴 사람[所用]은 다 붕당을 이룬 사람들이었으니 이는 마음을 다잡는 것[執心]이 안정되지 않았던 탓입니다. 그랬기 때문에 간사한 자들이 그 틈을 타서 들어올 수 있었던 것입니다."

신이 가만히 살펴보겠습니다. 이덕유는 문종 때부터 조

정에 있었으며 이종민(李宗閔)과 더불어 번갈아가면서[迭] 재상이 됐 으나 이덕유가 마침내 이종민에게 꺾이니 문종은 이로써 그 그릇됨과 바름을 분별할 수 없게 됐던 것이요, 무종이 즉위하자 다시 재상이 되어 그릇됨과 바름, 이 두 가지를 분별하는 것에 관해 깊이 진술했는데, 무종도 충분히 그것을 알아들을 수 있었기 때문에 이덕유는 자신의 충성스러운 계책의 효과를 볼 수 있었던 것입니다. 그리하여 회창(會 昌-무종의 연호)의 공적은 거의 원화(元和-헌종의 연호)에 버금갑니다. 이렇게 될 수 있었던 것은 무엇보다도 무종이 능히 그릇됨과 바름을 분별할 수 있었기 때문입니다.

여기서 이덕유가 소나무와 측백나무 그리고 등나무와 담장나무를 언급한 것은 아주 좋은 비유입니다. 대개 바른 사람[正人]은 곧은 도 리[直道]로써 스스로를 단련하기 때문에 비록 임금 앞이라도 오히려 기뻐하는 모습을 보이려 하지 않는데 하물며 다른 사람이나 세력에 붙거나 기대어 진출하려고 하겠습니까? (반면에) 그릇된 사람[邪人]은 굽은 도리[枉道]로써 임금의 뜻에만 맞추려[合] 하기 때문에 권신이 권력을 마음대로 주무르면 권신에게 가서 붙고, 환관[近習]이 뜻을 얻 으면 환관에게 가서 붙고, 황후나 후궁[妃嬪]이 총애를 받으면 황후나 후궁에게 가서 붙으니 그 비루하고 추잡스럽기가 이르지 않는 데가 없 습니다. 따라서 이덕유의 이 말이면 얼마든지 바름과 그릇됨의 정확 한 실상[情狀]을 가릴 수 있을 것입니다.

근세[1]에 와서 명신 장준(張浚)도 이덕유의 글을 미루어 헤아리고 [推] 더욱 확장시켜서 군자와 소인에 관해 이렇게 말했습니다.

"내 몸에 사사로움이 끼어들지 못하게 하고 천하의 백성을 내 마음 으로 삼는 것, 이렇게 하는 사람이 군자요, 내 몸을 꾀의 단서로 삼는 것이 아주 깊은 반면 천하의 백성의 이해는 전혀 내 소관이 아니라고 여기는 것, 이렇게 하는 사람이 소인이다. 또 도리를 행하는 데 뜻을 두고서 명예를 추구하지 않으며 그 자신에게로 돌아가는 것, 이것이 군자의 길이요, 이익을 얻는 데 뜻을 두고서 허장성세하며 헛된 명예를 추구하는 것, 이것이 소인의 길이다. 또 그 말이 굳세고 바르며〔剛正〕굽힐 줄 모르고〔不撓〕아첨하거나 자랑하는〔阿徇〕뜻이 없는
　　　　　　　　강정　　　　　　　　　불요　　　　　　　　　　　아순
것, 이것이 군자의 말이요, 말의 기운이 살랑거리고 허망하며 오직 임금의 뜻에만 맞추려고 애절할 정도로 낯빛까지 아첨해 대는 것, 이것이 소인의 말이다. 다른 사람의 좋은 점을 이끌어주는 것을 즐기고 다른 사람의 나쁜 점을 언급하는 것을 싫어하는 것, 이것이 군자의 처신이요, 다른 사람에게 좋은 점이 있으면 반드시 그 모자란 점을 공격하여 그 좋은 점을 가리고 다른 사람이 허물이 있으면 맘껏 비웃으며 자기의 이익으로 삼으려는 것이 마치 보배라도 얻은 것처럼 행동하고 여러 사람의 말을 두루 끌어당겨서 마음대로 왜곡하고 임금 앞에서는 뭐가 됐건 반드시 이러쿵저러쿵 이야기를 하려 하는 것, 이것이 소인의 처신이다. 끝으로 (벼슬에) 나아갈 때는 어렵게 하고 물러날 때는 쉽게 하는 것, 이것이 군자요, 벼슬을 탐내어 무슨 짓이라도 하고 멸시를 당해도 염치를 모르는 것, 이것이 소인이다."

　신은 일찍이 이 글을 구해 보고서 군자와 소인의 나뉨을 거의 제대로 볼 수 있게 됐습니다. 신이 말씀드리겠습니다. 임금이라면 누구나 여러 신하들의 그릇됨과 바름을 알고 싶어 합니다만 오직 이덕유와 장준의 말만 제대로 살펴서 숙고한다면 어찌 그것을 판별하는 데 어려움이 있겠습니까?

　그러나 이덕유는 그릇된 사람이 다투어 붕당을 만든다고 해놓고서

군자가 그들과는 다른 부류임은 제대로 지적하지 못했습니다. 그 바람에 내가 붕당을 들어 소인을 소인이라고 하게 되면 소인도 역시 붕당을 들어 나를 소인이라고 하게 될 것입니다. 그렇기 때문에 반드시 배도처럼 "군자의 무리는 같은 덕[同德]이라 하고 소인의 무리는 같은 악[同惡=朋黨]이라 합니다"라고 (군자와 소인의 본질적인 차이를) 분명히 했어야 그 말하고자 했던 바가 제대로 관철될 수 있었을 것입니다. 바로 이 점이 이덕유가 배도에게 미치지 못하는 부분입니다.

　이상은 제왕들이 사람을 보는 일을 논했습니다.


　1) 송나라 때를 가리킨다.

## 간웅들이 나라를 도둑질하는 술책

『춘추좌씨전』

진(晉) 나라 위강(魏絳)[1]이 말했다.

"옛날에 하나라가 바야흐로 쇠퇴하기 시작할 때 후(后) 예(羿)[2]가 조(鉏) 땅에서 궁석(窮石)으로 옮겨 와서는[3] 하나라 백성을 갖고서 하나라를 대신해 정권을 장악했습니다.[4] 그러고는 자신의 활솜씨만 믿고서 백성들을 다스리는 정사는 닦지 않은 채 들판에서 사냥에만 빠져 놀면서 무라(武羅), 백인(伯因), 웅곤(熊髡), 방어(尨圉)를 버리고[5] 한착(寒浞)을 등용했습니다. 한착은 백명씨(伯明氏)의 아들로 간사했습니다. 그래서 한국(寒國)의 제후〔寒侯〕인 백명은 그를 내다버렸는데 이예(夷羿-夷는 성씨다)가 그를 거두어 믿고서 부리며 자신의 승상으로 삼았습니다. 이에 한착은 안으로는 궁궐 내 여인들에게 알랑거리고, 밖으로는 관리들에게 뇌물을 뿌리며 백성들을 우롱하고, 예를 사냥에 빠지게 하고서 조정 안에 사특한 무리들을 심어 그 나라를 빼앗았으니 안팎이 모두 그에게 복종했습니다. 그런데도 예는 생각을 전혀 바꾸지 않았습니다. 그 후에 사냥에서 돌아올 때 측근들이 그를 살해해 삶아버렸습니다. 그리고 한착은 예의 비와 첩을 자기 것으로 만들었습니다."[1]

1 위강은 진나라의 대부다.

2 예는 하나라 제후다.

3 조와 궁석은 둘 다 땅 이름이다.

4 우임금의 손자 태강(太康)이 음탕하고 놀기를 좋아해 나라를 잃

었고, 하나라 사람들은 그의 동생 중강(仲康)을 새롭게 옹립했으나 중강은 힘이 미약했다. 중강이 죽자 그의 아들 상(相)이 왕위에 올랐으나 예는 마침내 상을 축출하고 그 자리에 올라 칭호를 유궁(有窮-원래 예의 봉국명이다)이라 했다.

5 이들 네 사람은 다 예의 현능한 신하들이다.


🐌　　　신이 가만히 살펴보겠습니다. 예로부터 간신(姦臣)은 자기 임금의 나라를 빼앗으려 했습니다. (그러나) 대궐 내부 사람의 도움과 좌우 신하들의 결탁이 없으면 혼자서는 (아무리 하려 해도) 할 수 없습니다. 따라서 한착을 도운 것은 다름 아닌 예 자신이었습니다. 그리고 안으로는 궁궐 내 여인들에게 알랑거리고, 밖으로는 관리들에게 뇌물을 뿌려 안팎이 서리서리 얽혀서〔盤結〕 한착의 음모는 전혀 발각되지 않을 수 있었습니다. 그러고 나서 한착은 아래위를 맘껏 우롱하고 그가 하고 싶은 것은 마음대로 하였습니다. 만일 예가 짐승을 뒤쫓는 황음에 빠지지 않았을 경우 그 마음은 어둡지 않았을 것이니 언젠가는 깨달을 수 있었을 것입니다. 그래서 또 그는 예가 사냥을 즐기게 만들어 이리저리 말을 타고 들판을 내달리게 하여 그의 정신을 뒤흔들어놓고 그 뜻과 생각도 완전히 뒤집어놓았던 것입니다. 이에 그의 사특한 음모는 성공했고, 예의 나라를 빼앗았으며, 마치 손바닥을 뒤집듯이 예의 몸을 쉽게 죽일 수 있었던 것입니다.

그런데 마땅히 하나라 시절이면 풍속이 순진하고 질박했을 것인데도 나라를 빼앗는 일에는 한착처럼 교묘했습니다. 하물며 후대에야 어떠했겠습니까? 주나라 때 임금과 신하는 서로 타일러가며 경계하기를 나라를 잃지 않으려면 (임금과 신하 모두) "안일하게 놀기 좋아해서는 안 되고 향락에 빠져서도 안 된다"고 했습니다. 후세에 오히려 주색에 빠져 나라를 망쳐먹은 인물로는 한나라 성제(成帝)[2]만 한 이가 없을 것입니다.

1) 이 말은 위강이 자기 나라의 임금 도공(悼公)에게 한 것이라 경어체로 옮겼다.

2) 한나라 제11대 황제로 제10대 황제 원제와 왕(王) 황후의 아들이다. 원제 무렵부터 가뭄과 홍수가 계속되었고, 외척과 환관이 득세했다. 영시(永始) 3년(기원전 14년)에 농민과 형도(刑徒) 등의 반란으로 한 왕조는 급속히 무너지기 시작했다. 왕(王)·허(許)·조(趙)의 외척이 권력을 잡으면서 왕망(王莽)의 출현을 초래하는 계기가 되었다.

『사기』[1] '제(齊) 나라 세가(世家)'

전기(田乞)는 제나라 경공(景公)을 섬겨 대부가 됐다. 그가 백성들로부터 세금을 받을 때는 작은 말(小斗)로 받았고 백성들에게 곡식을 내어줄 때는 큰 말(大斗)로 쟀다. 이렇게 백성들에게 음덕을 베풀었으나 경공은 금지시키지 못했다. 이로 말미암아 전기는 제나라 백성들의 마음을 얻었고 그의 전씨 종족은 더욱 강해졌다.

안자(晏子)가 여러 차례 간언을 올렸지만 경공은 들으려 하지 않았다. 경공에게는 아끼는 후궁이 있었는데 그가 아들 도(茶)를 낳았다. 경공은 병이 들자 당시 상국(相國-재상)이던 국혜자(國惠子)와 고소자(高昭子)에게 명하여 도를 태자로 세우라고 하고서 세상을 떠났다. 그리고 두 상국이 도를 옹립하니 이 사람이 바로 안유자(晏孺子)다.

이에 전기는 불쾌해하면서 드디어 경공의 다른 아들 양생(陽生)을 추대하고 싶어 해 안유자 도를 살해하고 제나라의 정치를 전횡했다. 전기가 죽자 그의 아들 전항(田恒)이 아버지의 자리에 올라 큰 말로 주고 작은 말로 갚게 하는 아버지 희자(釐子-전기가 죽은 후에 받은 시호)의 정사를 다시 펼쳤다. 전항은 자신이 세운 간공(簡公)도 죽이고 간공의 아우를 옹립하니 그가 평공(平公)이다. 전항이 평공에게 말했다.

"덕을 베푸는 것은 사람이라면 누구나 하고 싶어 하는 바이오니 임금께서는 그것을 행하시옵고, 형벌을 행하는 것은 사람이라면 누구나 싫어하는 것이오니 신이 그것을 맡아서 행하기를 청하옵니다."

이렇게 해서 형정을 행한 지 5년이 되자 제나라의 모든 정사는 전항에게로 돌아갔다. 전항은 이에 포(鮑) 씨와 안(晏) 씨와 감지(監止)[2] 그리고 공족(公族-왕족)의 강자들을 남김없이 죽여버리고, 제나라 땅 가운데 안평(安平)의 동쪽에서 낭야(琅琊)에 이르기까지를 떼어내어 자신의 봉읍으로 삼았는데 그 봉읍이 평공이 식읍(食邑)으로 삼는 땅보다 컸다.

전항이 죽자[3] 아들 전반(田盤)이 아버지의 자리(-상국)에 올라 형제와 종친들로 하여금 모두 제나라 주요 읍의 대부가 되게 해주었다. 전반의 손자 전화(田和)는 마침내 자신의 군주인 강공(康公)을 바닷가로 내쫓고 성 한 개를 주어 조상들의 제사를 모시게 했고, 그 자신이 제나라 후(侯)에 올랐다.

1 한나라 때 사마천이 지었다.

2 이 세 성씨는 다 제나라의 명문거족들이다.

3 시호는 성자(成子)다.


　　🌸　　　신이 가만히 살펴보겠습니다. 『춘추좌씨전』에는 안자가
제나라 경공에게 이렇게 말하는 것이 실려 있습니다.[1]

　"진씨(陳氏)[1]가 비록 큰 덕은 없지만 백성들에게 은혜를 베풀었습니
다. 두(豆), 구(區), 부(釜), 종(鍾)의 여러 도량 용기를 사용하여 공세
(公稅)를 받아들일 때는 (작은 용기를 써서) 박하게 걷되 백성들에게
베풀 때는 (큰 용기를 써서) 후하게 주었습니다. 그런데 임금은 후하게
걷는데 진씨는 후하게 베풀었으니 백성들의 마음은 진씨에게 돌아갔
습니다. (임금의) 후손들이 만일 조금이라도 나태해질 경우 진씨가 멸
망하지만 않는다면 나라는 진씨의 나라가 될 것입니다."

　이에 경공이 "좋은 말이다. 이 일을 어떻게 하면 좋겠는가"라고 묻자
안자는 이렇게 답했습니다.

　"오직 예(禮)만이 그런 사태를 막을 수 있습니다. 예가 행해지면 한
대부 집안이 베푸는 시혜가 나라에 (영향을) 미칠 수 없고, 대부는 왕
실의 이익을 취할 수가 없습니다."

　이에 경공이 "좋은 말이다. (허나) 나는 예를 행할 수가 없구나"라고
말했습니다.

　『사기』에서 말했던 바는 바로 여기서 안자가 간언하고 경공이 받아
들이지 않은 그것입니다. 바야흐로 전씨 초창기에는 나라의 백성들에
게 베푸는 시혜라는 것이 얼마 되지 않았습니다. 이때 경공이 만일 안

자의 간언을 받아들여 임금과 신하 상하 간의 예를 밝게 닦고 은혜는 임금으로부터 나오고 아래의 대부는 사사로운 이익을 취할 수 없도록 했더라면 권력은 임금에게로 돌아가고 대부는 마음대로 할 수 없었을 것이니 대의명분은 밝아졌고 백성들의 마음은 하나가 됐을 것입니다. 만일 그랬다면 백 명의 전씨가 나왔다 하더라도 과연 나라를 도적질할 수 있었겠습니까?

경공은 말로만 좋다고 하면서 안자의 말을 쓸 생각은 아니했고, 경공은 세금을 거두어들이기를 두텁게 하고 전씨는 베풀기를 두텁게 했으니 이는 경공 자신이 자기 백성들을 내몰아 전씨에게로 돌아가도록 한 것이나 다름없습니다. 경공이 죽자 이에 전기는 새로 등극한 임금이 어리다는 것을 핑계 삼아서 나라가 혼란에 빠진 틈을 타 마음대로 어린 임금을 내쫓고 나라의 실권을 자기 손아귀에 넣었습니다.

전기가 죽자 이번에는 그의 아들 전항이 아버지의 자리에 올라 마음대로 시혜를 베풀고 마음대로 형벌을 행사했습니다. 이에 전항은 임금을 죽였지만 사람들은 어느 누구도 감히 그를 주토(誅討)할 엄두를 내지 못했고, 조정의 명문대가와 왕족들을 전멸시켰지만 어느 누구도 감히 따질 생각을 못했습니다. 결국 두 세대를 뛰어넘어 제나라를 전씨가 갖게 됐으니 이는 오히려 늦었다고 할 만합니다.

『주역』 곤(坤) 괘에서 말했습니다.

"신하가 자기 임금을 시해하고 자식이 자기 아버지를 시해하는 것은 하루아침에〔一朝一夕〕 일어나는 변고가 아니다. 그런 일이 일어나게 된 것은 점차 이뤄지니〔漸〕 일찍 알아차리지 못할 뿐이다."

전씨의 재앙은 경공 시절에 있었기 때문에 오히려 알아차릴 수 있었는데 결국 시간이 오래 지나면서는 알아차리기 힘들어졌습니다.

대개 점차 이뤄지는 것은 누가 딱히 의도한 바가 아니고 초기에는 알아차리기 어려운 것이라 정작 찬탈이 이루어지려 할 때에는 누가 그것을 막을 수 있겠습니까? 한나라 사람[2]이 했던 말 중에 "권신이 세상을 바꾸면 위태롭다"는 게 있습니다. 이 말은 대체로 권신이 나라를 제 마음대로 하는 것이 오래되면 그 권력은 다시 거두어들일 수가 없고, 그 세력을 제어할 수가 없어 반드시 위태로운 지경에 이르게 된다는 뜻입니다.

그래서 전기가 죽은 후에 전항이 마침내 그 자리를 대신하여 제나라를 마음대로 했고, 계숙(季宿)이 죽은 후에 의여(意如)가 그 자리를 대신하여 노나라를 마음대로 했습니다.[2] 또 한나라에서는 왕봉(王鳳)과 왕망(王莽), 조조(曹操)와 조비(曹丕)[3]가 그러했고, 위나라에서는 사마의(司馬懿)와 사마사(司馬師), 사마소(司馬昭)와 사마염(司馬炎)[4]이 그러했습니다.

이것들은 모두 다 점차적으로 이루어진 것이며 그 뿌리로 거슬러 올라가서 보면 초기에 일찍 알아차릴 수 있는 것은 아니었습니다.

그러니 사정이 이러한데 임금이 단 하루라도 권력의 칼자루를 놓을 수 있겠습니까?

1 전씨(田氏)는 원래 진씨에서 나왔다. 그래서 진씨라고도 한다.
2 계무자(季武子)의 이름이 숙(宿)이고 그의 아들 계평자(季平子)의 이름이 의여(意如)인데, 의여가 노나라 소공(昭公)을 축출했다.
3 왕봉은 5대에 걸쳐 정치를 농단했고 그 조카인 왕망에 이르러 황제의 자리를 찬탈했고, 조조는 정치를 농단했고 아들 조비에 이르러 황제의 자리를 찬탈했으니 그가 바로 위(魏) 나라 문제

(文帝)다.

4 사마의는 처음으로 정치를 농단했고, 그의 아들 사마사가 계속
그 자리를 이었으며, 사마사의 동생 사마소가 드디어 진왕(晉王)
에 봉해졌고, 사마소의 아들 사마염이 황제의 자리를 찬탈했으
니 그가 바로 서진(西晉)의 초대 황제 무제(武帝)다.

1) 이 말은 노나라 소공 26년(기원전 516년) 기사에 나온다.
2) 『한서』를 쓴 반고(班固)를 가리킨다.

(『사기』) (전국시대) 진(秦) 나라 소왕(昭王)의 (둘째) 아들 안국군(安
國君)이 태자가 됐다. 안국군에게는 20여 명의 아들이 있었지만 정작
그가 아꼈던 화양부인(華陽夫人)은 아들을 못 낳았다. (안국군의 또 다
른 부인) 하희(夏姬)의 아들 자초(子楚)는 진나라를 위해 조나라에 볼
모로 가야 했는데, 조나라는 자초를 그다지 예우하지 않았다. 이에 자
초는 거처하는 데 생활고를 겪었고 실의에 빠졌다. 이때 한나라 양적(陽
翟)의 큰 상인 여불위(呂不韋)가 조나라 한단(邯鄲)에 물건을 사러 갔다
가 자초를 만나보고 말했다.

"이 진귀한 물건(-자초)은 사둘 만하다."

이내 여불위는 다시 자초를 찾아가서 말했다.

"제가 천 금(千金)을 갖고 서쪽으로 가서 안국군과 화양부인을 섬겨
그대를 적통 후사[嫡嗣]로 세우도록 하겠습니다."
적사

자초가 말했다.

"당신 계책대로 된다면 반드시 진나라를 얻어 당신과 더불어 그것을 나눠 갖도록 할 것이오."

이에 여불위는 자초에게 500금을 주어 밑천으로 삼아 빈객들과 연결을 맺도록 했고, 나머지 500금으로는 진기한 물건과 각종 노리개를 사서 직접 그것들을 들고서 서쪽으로 가서 진나라에 들어가 화양부인의 언니를 통해 화양부인을 만나 그 물건과 노리개를 모두 바치고서 때를 틈타 말했다.

"자초는 어질고 지혜로우며 널리 천하의 빈객들과 교유하면서 항상 이렇게 말하고 다닙니다. '나는 화양부인을 하늘처럼 여기며 밤낮으로 태자와 화양부인을 그리워하면서 울고 지낸답니다.'"

화양부인은 크게 기뻐했다. 여불위는 그것을 계기로 그 언니로 하여금 부인을 설득해 자초를 후사로 삼을 수 있도록 해달라고 청했다. (화양부인이 청하자) 안국군은 허락했고, 이내 부인에게 옥부(玉符)를 새겨주면서 자초를 적통 후사로 삼기로 약속했고, 여불위에게는 자초를 잘 보살필 것을 주문했다.

여불위는 한단에 두었던 여러 첩들 중에서도 외모가 뛰어나고 춤을 잘 추는 자를 골라 한 집에 살고 있었는데 (어느 날) 그 여자가 임신을 한 것을 알게 됐다. 자초는 여불위를 따라가서 집에서 술을 먹다가 그녀를 보고 한눈에 반해 여불위의 만수무강을 빌고서는 그녀를 달라고 청했다. 여불위는 화가 났지만 생각을 해보니 자신의 전 재산을 내던져 자초를 위하고 있었던지라 이에 드디어 그녀를 자초에게 넘겨주었다. 그녀는 자신이 임신 중임을 숨기고서 만삭이 되기를 기다려 아들 정(政)을 낳았다. 자초는 마침내 그녀를 자신의 부인으로 삼았다.

소왕이 세상을 떠나고 안국군이 왕에 오르자 화양부인은 왕후가 되고 자초는 태자가 됐으며, 진왕이 즉위 3일(다른 자료에는 1년) 만에 죽자 시호를 효문왕(孝文王)이라고 했다. 그리고 자초가 이에 왕에 오르니 장양왕(莊襄王)이다. 왕은 여불위를 승상으로 삼고 문신후(文信侯)에 봉했다. 장양왕이 재위 3년 만에 세상을 떠나자 태자 정이 왕위에 올랐다. 새 임금은 여불위를 존숭하여 상국으로 삼고 중부(仲父)라고 불렀다.

진왕은 나이가 어렸기 때문에 태후는 수시로 남몰래 여불위와 정을 통했는데, 훗날 시황제가 장성했을 때 여불위는 이 일을 발설했다가 주살됐다.

🐚　　　신이 가만히 살펴보겠습니다. 여불위는 결코 단순히 큰 장사꾼이 아니라 무릇 큰 도둑입니다. 바야흐로 그는 자초를 보았을 때 "이 진귀한 물건(=자초)은 사둘 만하다"고 말했습니다. 이때 이미 그는 셈하기를 얼마든지 자초로 하여금 나라를 갖게 해줄 수 있고, 또 나아가 자초의 나라를 자기의 나라로 바꿔놓을 수 있다고 보았던 것입니다.

그가 천 금을 투자한 것은 작은 이익을 얻기 위한 것이 아니라 그보다 훨씬 많은 것을 얻기 위한 것이요, 또 그가 첩 하나를 넘겨준 것도 자기 욕심의 일부를 떼내어 준 것이 아니라 그보다 수만 배의 욕심을 채우기 위한 것이었습니다.

이 역사서에서는 자초가 첩 하나를 달라고 하자 여불위가 화가 났지만 어쩔 수 없이 넘겨주었다고 적고 있습니다. 저 여불위는 하고많은 첩들 중에서 바로 자신의 자식을 잉태한 첩으로 하여금 자초와 술 먹는 자리에 있도록 하여 자초가 한눈에 반해 애걸복걸 청하게 만든 다음 그 첩을 넘겨주었으니 이는 훗날 자기 자식이 나라를 가질 수 있도록 하기 위한 속셈이었습니다. 따라서 그가 첩을 넘겨준 것은 원래 그가 바라던 바였지 결코 어쩔 수 없어서 그렇게 한 것이 아니며, 그가 화를 낸 것도 거짓으로 그렇게 한 것이지 진심은 아니었습니다.

자신의 속셈을 숨기기 위해 겹겹이 둘러싼 포장이 워낙 깊었고, 미래를 위한 포석 또한 워낙 원대했기 때문에 자초만이 그것을 알아채지 못한 것이 아니라 후대의 역사가(-사마천)조차도 그것을 제대로 살필 수 없을 정도였던 것입니다.

또 효문왕이 즉위 3일 만에 죽은 것과 장양왕이 즉위 3년 만에 죽은 것이 어찌 그냥 우연한 일이겠습니까? 그것은 반드시 일어날 수밖에 없는 일이었다고 하겠습니다. 무릇 여불위의 지략과 기교〔智巧〕로<sub>지교</sub> 얼마든지 자초를 외부에서 들어가게 해 안에 있던 20여 명의 공자를 제치고 왕위에 오르게 했는데 어찌 그가 두 임금의 때 이른 죽음과 자기 아들의 즉위를 예측하지 못했겠습니까?

그의 아들 정이 즉위함으로써 영씨(嬴氏)의 나라는 사라지고 여씨(呂氏)의 나라가 생겨났습니다. 대개 자초가 대궐로 들어간 이후 이때까지 20년도 안 됐는데 여씨가 나라를 차지한 것입니다. 그래서 선배 유학자들은 진시황이 즉위했을 때 백예(伯翳-진나라 영씨(嬴氏)의 선조)의 제사는 이미 끊어졌다고 했던 것입니다. 그렇다면 역사가들도 마땅히 이렇게 기록했어야 합니다.

"(이때부터는) 후진(後秦)이라고 해야 할 것이다. 진나라는 효공(孝公) 이래 소왕에 이르기까지 국세가 날로 팽창해 일찍이 다섯 나라의 군사와 백만 백성을 통합했기 때문에 어느 나라도 넘볼 수가 없게 됐다. 그러나 여불위가 한 여자를 이용해 은밀하게 말과 미소만으로 옷깃을 스치듯 나라를 빼앗았다. 따라서 여불위는 단순히 큰 장사꾼이 아니라 큰 도둑이다."

그 후에 초나라 재상 황헐(黃歇)도 이미 이원(李園)의 여동생을 임신시킨 다음에 임금에게 넘겨주어 아들을 낳게 하고 태자를 만든 다음에 마침내 황씨(黃氏)로 우씨(芉氏)를 대신했으니 나라를 도적질하는 술책이 여불위와 똑같았다고 하겠습니다. 그러나 두 사람은 결국 집안이 몰살당하는 화를 입었으니 과연 무슨 이득이 있었다고 하겠습니까?

신이 지금 나라를 찬탈한 신하들을 열거하는 이유는 임금께서 간신들이 지략을 부리는 실상을 아시어 늘 조심하시기를 바라는 뜻에서입니다. 삼가 말씀드리오니 여색에 빠져 나라를 기울게 해서는 결단코 안 될 것입니다.

(『자치통감』) 한나라 왕망(王莽)은 효원(孝元) 황후의 동생(왕만)의 아들이다. 그의 형제들은 모두 다 (왕씨가 흥하던) 때를 타고 나서 사치가 심했고 수레와 말, 향락으로 놀고 즐기면서 서로를 높였다. (그러나) 왕망은 홀로 자신을 굽히고 굳은 뜻을 지키며 공손하고 검소하니 성제(成帝)는 신도후(新都侯)로 봉하고서 기도위(騎都尉) 광록대부(光祿大夫) 시중(侍中)으로 승진시켰다.

숙위(宿衛-근무)하는 것이 부지런하고 몸가짐을 조심하여[勅] 작위
는 더욱 높아졌으나 행실[節操]은 더욱 겸손히 하면서 수레와 마차와 의
복 등을 풀어서 빈객들에게 나눠주어 집안에 남겨두는 것이 없었고, 이
름 있는 선비들을 거두어 도와주었고 장군, 재상, 경(卿), 대부들과 교
유하며 친분을 다지는 일이 아주 많았다. 그래서 높은 지위에 있는 사
람들은 다시 그를 추천했고, 유세를 다니는 자들은 늘 그를 위해 유세
를 하게 되니 헛된 칭찬까지 생겨나고 이와 뒤섞여 그 삼촌들이 모두 그
에게 기울어졌다. 그래서 그가 느닷없는 행동을 하더라도 아무도 그것
을 부끄럽다거나 이상하게 생각하지 않았다.

후에 대사마(大司馬)인 곡양후(曲陽侯) 왕근(王根)이 자신을 대신할
사람으로 왕망을 천거하자 황상은 드디어 그를 발탁하여 대사마로 삼
았다. (이로써) 왕망은 이미 같은 항렬 가운데 뽑혀서 네 명의 아버지[1]
를 이어서 정사를 보필하게 되고 명예를 앞사람들보다 더 뛰어나게 하
고 싶어 했다. 그래서 여러 현량(賢良)들을 초빙하여 대사마부의 관리
인 연(掾)이나 사(史)로 임명해 상을 내려주고 읍전(邑錢-봉읍에서 나오
는 돈)은 모두 선비들이 쓸 수 있게 해주었다.

그리고 애제(哀帝, 재위 기원전 7~1년)가 즉위했을 때는 부(傅) 태후
의 존호(尊號)를 높이는 문제에 반대하는 간쟁을 하다가 꺾여 자신의 봉
국으로 물러나야 했다.

1 왕봉, 왕상, 왕립, 왕근 네 사람은 모두 대사마를 지냈고, 왕망의
  백부나 숙부들이다.

신이 가만히 살펴보겠습니다. 이것은 왕망이 가식으로 남들을 속이며 명예를 낚으려 했던 초창기의 일입니다. 하지만 이 당시에 어찌 반드시 곧바로 그의 마음속에 나라를 찬탈하려는 뜻이 있었겠습니까? 서리를 밟았을 때 경계하지 않으면 그것은 알지 못하는 사이에 점점 얼음이 된다고 했습니다. 이 때문에 빼어난 사람(聖人)은 그 처음을 경계하는 것입니다.

(『자치통감』) 애제가 붕어할 때 아들이 없었다. 태황태후는 왕망을 불러 대사마로 삼고 중산왕(中山王) 유간(劉衎)을 맞아들여 애제의 뒤를 잇게 했다. 이 사람이 평제(平帝)로 이때 그의 나이 아홉 살이어서 태후가 조회에 임석했고 내리는 명을 제(制-황제의 명)라 불렀으며 정사(政事)는 왕망에게 위임했다.

왕망은 대사도(大司徒) 공광(孔光)이 이름 있는 유학자(名儒)로서 세 황제의 재상이었고 태후가 공경하며 천하가 그를 믿으니 이에 그를 성대하게 높이 섬기면서 공광의 사위인 진한(甄邯)을 시중(侍中)으로 삼았다. 동시에 애제의 여러 외척이나 대신들 중에서 고위직에 있으면서 평소에 좋지 않게 생각했던 사람들에 대해서는 왕망이 모두 (억지로) 죄를 불여 상주문(上奏文)의 초안을 만든 다음 진한으로 하여금 공광에게 갖다주게 했다. 공광은 평소 겁이 많고 조심스러운 성품이라 감히 그것을 올리지 않을 수 없었는데 그때마다 왕망은 태후에게 잘 말하여 번번이 그 주문을 재가하도록 했다.

이리하여 왕망에게 붙어 고분고분한 자는 발탁되고 그를 거스르고 원망하는 자는 주멸되니 왕순(王舜)과 왕읍(王邑)은 그의 심복이 됐고 진풍(甄豐)과 진한(甄邯)은 정적을 공격하여 제거하는 일을 맡았으며, 평안(平晏)은 기밀에 관한 일을 주관했고 유흠(劉歆)[1]은 문장 짓는 일을 책임졌으며, 손건(孫建)은 왕망의 조아(爪牙)[2]가 됐다.

왕망의 모습은 엄숙했고 말은 바르고 곧았지만[1] 하고자 하는 바가 있으면 아주 살짝만 그 의향을 드러내어 주변에서 이를 눈치로 알도록 했고, 그의 무리들[黨與]이 그의 뜻을 이어받아서 받들려 하면 왕망은 머리를 조아리고 눈물을 줄줄 흘리면서 굳게 미루고 사양했다. 이렇게 함으로써 위로는 태후를 혹하게 만들었고, 아래로는 많은 사람들에게 자신이 좋은 사람인 것처럼 인상을 심어주었다.

1 겉으로는 근엄함을 보여주려 했고 바른 말을 하는 것처럼 가장하려 했다.


신이 가만히 살펴보겠습니다. 이것은 왕망이 권력을 얻어 일을 좌지우지하던[用事] 초창기의 일입니다. 따라서 그 정황은 많이 진행되어 앞서와는 다릅니다. 공광을 받들어 높임[推尊]으로써 왕망은 높은 명성[重名]을 얻었고 쉽게 상황을 제어했습니다. 명성이 높으면 세상을 쉽게 속일 수 있고, 쉽게 상황을 제어하고 있으면 아무런 방해도 받지 않게 되어 권력을 갖고서 마음대로 할 수 있습니다.

왕망 이전에는 곽광(霍光)이 채의(蔡義)로부터 명성을 빼앗아 그렇게 했고, 왕망 이후에는 왕비(王伾)와 왕숙문(王叔文)이 두우(杜佑)에 대해 그렇게 했습니다만 그 술책은 대략 똑같습니다.

"왕망의 모습은 엄숙했고 말은 바르고 곧았지만〔色厲言方〕"이라는
색려 언방
부분부터 그 이하는 사마광이 왕망의 속마음〔情態〕을 묘사하고 있습
정태
니다. 공자는 (『논어』 「양화(陽貨)」에서) 말하기를 "얼굴빛은 위엄을 보
이면서 내면이 유약한 것〔色厲內荏〕은 벽을 뚫고 담을 넘는 도둑놈과
색려 내임
같다"고 했습니다. 대체로 겉모습은 강한〔剛勁〕 색을 띠면서 마음속은
강경
실제로 음흉하며 약한〔陰柔〕 것은 세상을 속이고 이름을 도둑질하기
음유
위함입니다.

왕망이 나라를 도적질한 것도 대개 이런 술책을 사용해서 하고자
하는 바가 있으면 아주 살짝만 그 의향을 드러내고 자신의 뜻이 이루
어지면 눈물을 줄줄 흘리면서 굳게 미루고 사양하는 식의 간사함으
로 그렇게 한 것입니다. 밝은 군주라 하더라도 이런 것들은 단번에 모
두 살피기〔察〕는 불가능한데 하물며 모후야 얼마나 쉽게 속이고 일반
찰
백성들이야 얼마나 쉽게 현혹시켰겠습니까? 이런 식으로 한나라의 정
권〔鼎〕3)은 조금씩 조금씩 (왕망에게로) 옮겨갔던 것입니다.
정

1) 뒤에 유수(劉秀)로 이름을 고친다.

2) 손톱과 어금니라는 뜻으로 경호 책임자라는 뜻이다.

3) 鼎은 고대 중국에서 국가 제사에 사용되던 가장 중요한 제기이며
정
천자의 권위를 상징한다. 그래서 정권으로 옮겼다.

（『자치통감』）한나라 평제(平帝, 재위 기원전 1년~기원후 5년) 원시(元始) 원년(기원후 1년)에 (왕망이) 익주(益州-윈난성)에 바람처럼 신속하게 명하기를 요새 밖의 야만족에게 백치(白雉-흰 꿩)를 잡아 바치도록 했다. 왕망은 태후의 명을 빌어 이렇게 말했다.

"백치를 종묘의 제사에 천신(薦新)[1]토록 하라."

그로 인해 여러 신하들은 왕망의 공덕을 칭송하며 말했다.

"주나라 성왕(成王) 때 백치가 잡혀 상서로운 일이 생겼으니 마땅히 왕망에게도 안한공(安漢公)이라는 작호를 내려야 합니다."

왕망은 글을 올려 사양했으나 위에서 들어주지 않았고, 다시 왕망은 굳게 사양했다. 이에 여러 신하들이 다시 태후에게 말했다.

"마땅히 지금 상을 더해야 할 것입니다."

태후는 조서를 내려 왕망의 봉작을 더 높이고 2만 8천 호를 더 내려주었으며 태부(太傅)로 삼으면서 안한공에 봉했다. 이에 왕망은 어찌할 바를 모르며 부득이하게 일어나서 태부와 안한공의 칭호는 받되 봉작 읍을 더 내려준 것은 사양하며 돌려보냈다.


신이 가만히 살펴보겠습니다. 이것은 어린 황제를 대신한 섭정〔居攝〕이 점차〔漸〕 이루어지고 있는 것입니다. 안한공이라는 칭호는 주공(周公)의 고사를 끌어다 쓴 것입니다. 이미 주공의 칭호가 있었으니 공(公)이라는 말을 통해 주공의 섭정처럼 하겠다는 뜻입니다.

1) 새로운 수확물을 제물로 바치는 것을 말한다.

(『자치통감』) 왕망은 자신이 전권을 쥐려 했는데, 태후가 정치에 염증을 내자 곧바로 공경(公卿)들에게 바람을 넣어 상주(上奏)토록 했다.

"태후께서 친히 작은 일들까지 살피도록 하는 것은 마땅치 않습니다."

그리고 태후로 하여금 조서를 내리도록 했다.

"지금부터는 작위를 봉하는 것만 내가 결정하고 나머지 일들은 안한공과 사보(四輔)[1]가 공평하게 결정토록 하라."

이에 왕망의 권한이 임금과 같았다.

　　신이 가만히 살펴보겠습니다. 이것은 왕망이 점차 나라를 빼앗아가는[奪國] 과정입니다. 무릇 간신들이 나라를 빼앗을 때는 반드시 그에 앞서 국정을 제 마음대로 합니다[顓國]. 제 마음대로 한다[顓]는 것은 제 욕심을 채우겠다는 것이기 때문에 남의 나라를 빼앗는 일이라도 못할 짓이 없게 되는 것입니다.

　　1) 고대 중국에서 천자를 보좌하던 네 측근. 앞에는 의(疑), 뒤에는 승(丞), 왼쪽에는 보(輔), 오른쪽에는 필(弼)이 있었다.


(『자치통감』) 왕망이 생각하기에 이미 중국은 평정됐으나 네 오랑캐[四夷]는 아직 상황이 서로 달랐다. 이에 사자를 보내어 수만 금을 되물

로 준 다음에 흉노의 선우(單于)로 하여금 사신을 보내 중국처럼 두 글자 이름을 쓰고 싶다는 글을 올리게 만들었다.

"(신의 옛 이름은) 낭지아사(囊知牙斯)인데 지금 삼가 이름을 고쳐 지어 지(知)라고 하고자 합니다. (한나라의) 성스러운 제도를 사모하여 따르게 해주십시오."

(한편) 허황한 말로 태후를 속이고 아첨으로 섬겼고, 아래로는 태후를 가까이에서 오랫동안 모신 사람들에게 온갖 이유를 들어 뇌물을 주었다.

 신이 가만히 살펴보겠습니다. 왕망은 태후를 가까이 해야만 자신의 뜻을 이룰 수 있다고 보고서 최대한 그 가까이로 다가가려 했습니다. 이는 한착(寒浞)이 했던 옛 지략입니다. 간사스러운 국적〔姦賊〕의 마음이 아래위를 얼렁뚱땅 미봉하려는 것의 은밀함이 이와
간적
같았습니다.


(『자치통감』) 왕망은 이미 벼슬자리가 중할 대로 중해지자 이번에는 자신의 딸을 황제와 혼인시켜 황후로 만들어 자신의 권력을 더욱 공고하게 하고자 글을 올렸다.

"장추궁(長秋宮)[1]이 아직 세워지지 않았으니 청컨대 오경(五經)을 상고하고 논하여 후(后)를 취하는 예를 정하시고, 십이녀(十二女)[2]의 의미를 바로잡아서 후사를 잇는 길을 넓히시어 이왕(二王-은나라 왕족과 주나라 왕족)의 후손과 주공 및 공자의 후손 그리고 열후들 중에서 장안에 있는 정처(正妻) 소생의 여자들을 널리 채택하십시오."

일이 유사(有司-해당 기관)에 내려지자 많은 여성들의 이름이 올라왔는데 왕씨의 여자들 다수가 뽑힌 자들 가운데 있었고, 왕망은 이들이 자신의 딸과 다투게 될 것을 두려워하여 글을 올렸다.

"저는 덕이 없고 자식도 재주가 낮아 저 여성들과 나란히 간택되기에는 마땅치 않습니다."

태후는 왕망의 말을 지극한 정성에서 나온 것이라 여기고 이에 조서를 내렸다.

"왕씨의 여자들은 짐의 외가이니 간택하지 말라."

일반 백성과 벼슬하지 못한 선비들 그리고 하급 관리[郎吏] 이상들이 대궐문을 지키며 편지를 올렸고 공경대부는 모두 말했다.

"안한공은 성대한 공훈이 이처럼 당당한데도 지금 황후에 세우는 일을 당하여 어찌 단지 안한공의 딸만 제외합니까? 바라옵건대 공의 딸로 천하의 어머니를 삼아야 합니다."

왕망은 장사(長史) 이하를 나누어 보내 각각 공경과 선비들에게 중지하도록 타일렀지만 글을 올리는 사람들은 더욱더 많아졌다. 태후는 어쩔 수 없이 그들의 말을 들어 왕망의 딸을 간택했다. 이에 왕망이 다시 스스로 아뢰었다.

"마땅히 널리 여러 여자들 중에서 고르셔야 합니다."

공경들이 다투어 말했다.

"여러 여자들을 채택하여서 정통을 두 명으로 하는 것은 마땅하지 않습니다."[3]

드디어 왕망의 딸은 황후가 됐고, 왕망에게는 이윤(伊尹)과 주공(周

公)의 칭호가 더해져 왕망은 재형(宰衡)⁴⁾이 되어 상공(上公)에 이르렀다.

    신이 가만히 살펴보겠습니다. 왕망은 이미 나라의 칼자루〔國柄〕를 제 마음대로 했고 나아가 황후의 아버지가 되고자 했으니 그 존귀함은 어느 누구도 맞설 바가 못 됐습니다. 그러나 그의 마음씀씀이가 굽은 뱀처럼 구불구불하며 지극히 간사스럽고 위선적인 태도를 갖고 있어 마치 어쩔 수 없어서 하는 양 한 다음에야 그것을 받아들였습니다. 이때부터 그는 재형이 됐고 딸도 지극히 존엄한 지위에 올라 조정과 궁궐의 권력이 그의 한 몸으로부터 나왔으니 나라를 빼앗는 데 무슨 어려움이 있었겠습니까?

그 후에 조조(曹操)가 한나라를 찬탈하려 할 때에 역시 기존의 황후를 죽이고 자기 딸을 밀어넣었으며 수나라 양견(楊堅)도 황후의 아버지로서 후주(後周)의 천하를 취했으니 대체적으로 이와 비슷한 유형이라고 하겠습니다.

1) 추(秋)는 수확물을 거두는 때로 왕비를 뜻하니 황후의 궁궐을 뜻한다.
2) 고대 중국의 예법에 천자는 12명의 여자를 거느리도록 돼 있다.
3) 이는 오직 왕망의 딸만이 황후가 되어야 함을 강조하는 표현이다.
4) 은나라의 이윤(伊尹)이 아형(阿衡), 주나라의 주공(周公)이 태재(太宰)가 된 데서 유래하여 재상을 가리킨다.

(『자치통감』) 이 해(-평제 원시 4년(4년)이다) 왕망이 주문을 올려 명당(明堂), 벽옹(辟雍), 영대(靈臺)[1]를 세우고 학자들을 위하여 만여 채의 건물을 지은 다음 천하에서 한 가지라도 기예에 정통한 사람들을 모두 불러들여 공거(公車)[2]에 이르게 했다. 천하에 특이한 재능을 가진 선비들을 망라하니 전후로 도착한 사람들이 천여 명에 이르렀다.

 신이 가만히 살펴보겠습니다. 왕망은 장차 한나라를 찬탈하고자 했습니다. 그래서 이렇게 함으로써 천하의 선비들로부터 명예를 얻었으며 그것은 진실로 인재를 기르고 현능한 이를 초빙하고 나라를 위하려는 계책은 아니었습니다.

1) 명당은 황제가 정사를 다루는 곳이고, 벽옹은 성균관에 해당하는 태학이며, 영대는 천문대다.
2) 한나라 때에 상서(上書)와 징소(徵召)를 관장하던 관청이다.

(『자치통감』) 여러 신하들이 글을 올려 말했다.
"재형의 지위를 마땅히 제후들의 위에 있게 해야 합니다."
황상이 조서를 내렸다.
"그렇게 하라."

이어 구석(九錫)¹⁾의 법을 의논하도록 했고, 드디어 구명(九命)의 석(錫)을 더해주었다.


　　🌸　　신이 가만히 살펴보겠습니다. 구석이란 천자의 예법입니다. (춘추시대) 제나라 환공과 진나라 문공이 주나라 왕실에 공이 있어 석으로 받은 것이 불과 두세 개뿐이었습니다. 그런데 왕망은 이처럼 아홉 가지를 다 갖추었으니 섭정이 곧 시작되려는 것입니다. 그 후에도 신하로서 나라를 찬탈하려는 자들은 반드시 구석을 먼저 더해 달라고 했으니 이는 대개 왕망의 고사를 따라서 한 것입니다.


　　1) 이는 천자와 관련된 아홉 가지 물품으로 첫째는 수레와 말[車馬],
　　　둘째는 황제복[衣服], 셋째는 악기, 넷째는 붉은색 대문[朱戶], 다
　　　　　　　　의복　　　　　　　　　　　　　　　　　　　　주호
　　　섯째는 경사진 계단[納階], 여섯째는 무장한 호위병[武賁], 일곱째
　　　　　　　　　　　　납계　　　　　　　　　　　　　　무분
　　　는 깃발과 지휘용 무기[斧鉞], 여덟째는 활과 화살[弓矢], 아홉째
　　　　　　　　　　　　부월　　　　　　　　　　　　　궁시
　　　는 제사주[秬鬯]이다.
　　　　　　거창


〰〰〰〰〰

（『자치통감』） 왕망은 먼저 왕운(王惲) 등 8명이 풍속을 시찰하고서 돌아와 거짓으로 군국(郡國-지방의 제후 나라들)에서 만든 노래와 공덕송(功德頌)이 모두 3만 자에 이른다는 보고를 받았다.

천릉후(泉陵侯) 유경(劉慶)이 말했다.

"주나라 성왕이 어려서 유자(孺子)라 부르고 주공(周公)이 섭정의 자리에 있었습니다. 지금 황제께서 춘추가 젊으니[1] 마땅히 안한공으로 하여금 천자의 일을 수행하도록 하셔야 합니다."

평제가 붕어했다.[1]

왕망은 선제(宣帝)의 원손들 중에서 가장 어린 유영(劉嬰)을 황태자로 삼았다. 이때 나이 두 살이었는데 점괘가 가장 좋다고 해서 그렇게 한 것이었다.

그 전에(평제 원시 5년(5년) 12월) 전(前) 휘광(輝光) 사효(謝囂)가 글을 올렸다.

"무공(武功-산시성 우궁현) 현장 맹통(孟通)이 우물을 파다가 흰 돌〔白石〕을 얻었는데 그 돌에 붉은 글씨로 '안한공 왕망이 황제가 되리라'고 쓰여 있었다."

부명(符命)[2]이 일어난 것은 이로부터 시작됐다. 왕망이 여러 공(公)들로 하여금 태후에게 아뢰도록 했다.

"왕망이 천하를 가지려는 것이 아니라 단지 섭정〔攝〕이라고 칭하면서 그의 권력을 더욱 강하게 하여 천하를 늘려 복종시키고자 할 뿐입니다."

결국 태후는 이를 허락하고, 이어 명을 내려 주공의 고사에 따라 천조(踐祚-천자에 오르다)하여 섭정을 행하도록 하라고 했다.

이듬해 왕망은 섭정을 시작했고, 유영을 세워 황태자로 삼고 칭호를 유자(孺子)라 했다. 그리고 후에 부명에 따른다는 명목으로 천자에 올라 천하를 소유하고서 한(漢)을 버리고 이름을 신(新)이라고 했다. 이에 대해 반고(班固)가 사평(史評)했다.

"왕망은 처음에는 외척으로 일어나 절조 있는 행실로 명예를 얻어 지위는 황제의 정사를 곁에서 보좌하는 데 이르렀고, 성제와 애제의 통치

때에는 삼가 국가를 위해 노고를 아끼지 않아 칭송을 받았는데 어찌 이른바 겉으로는 어진 듯이 하면서〔色取仁〕 행동은 도리를 어기는 자〔行違者〕가 됐는가?[3]

왕망은 이미 어질지 않았고 거짓을 일삼으며 사악한 재간을 갖고 있었고, 또 네 명의 아버지〔四父〕[4]가 쌓아온 권력을 올라타고서 한나라가 중간에 미약해지고 나라의 후사가 세 번이나 끊어지는 시기를 만났고, 태후가 오래 살아 그를 위한 든든한 버팀목〔宗主〕이 되어주었다. 그래서 그는 간사함과 사특함을 제멋대로 발휘해 나라를 찬탈하고 도적질하는 재앙을 이루었다. 그리고 그는 천자의 자리를 도둑질하여 남쪽을 향해 앉게 됐지만 그 자리가 자신의 자리가 아니었기에 넘어지고 뒤집어질 형세는 걸왕이나 주왕 때보다 더 위험했다.

그런데도 왕망은 태연스럽게도 자신이 스스로 황제와 순임금이 다시 나타난 것이라 주장하면서 이내 방자해져 성내고 위엄과 속임수를 펼치니 죄악은 하늘에 닿고 백성들을 학대함은 극에 이르렀다. 그리고 그 해독은 제하(諸夏-중국)로 흘러들어갔고 주변 만족(蠻族)과 맥족(貊族)에까지 퍼져갔다. 옛 서적[5]에 실려 있는 바 난신적자(亂臣賊子)와 무도한 사람들을 고찰해 보아도 왕망만큼 심한 자는 없었다."

1 왕망이 독살했다.


신이 가만히 살펴보겠습니다. 반고가 평한 바는 왕망의 실상을 남김없이 보여주고 있습니다.

그렇지만 일찍이 왕망의 간사스러움과 거짓됨은 충분히 하늘을 속이고 사람을 옭아맬 수 있다는 것을 알 수 있었습니다. 만일 성제가 (이런 점들을 충분히 헤아려) 외척을 중용하지 않고 원후(元后)가 외가를 권력에 끌어들이지 않았다면 제아무리 왕망이 자기 세력을 심으려고 온 힘을 다했다 하더라도 결국 그 틈을 찾지 못했을 터이니 어찌 나쁜 뜻이 이루어질 수 있었겠습니까? 따라서 왕망이 이런 지경에 이르게 된 것은 성제와 원후의 죄입니다.

그렇다면 일이 이렇게까지 된 것이 왕망 혼자의 힘이었겠습니까? 그 전에는 전항이 있었고, 그 후에는 조조와 사마의가 그러했습니다. 간신은 간신일 뿐입니다.

임금으로 하여금 능히 서리를 밟는 경계의 의미를 일깨워주고 신하를 다스리는 칼자루를 잃지 않게 한 것은 다 그 당시의 현능한 신하들 때문이었습니다.

아! 천하를 소유한 자라면 그 어찌 그 점점 이루어지는 바[漸]를 막지 않을 수 있겠습니까?

이상은 간웅들이 나라를 도둑질하는 술책을 논했습니다.

1) 황제는 아홉 살에 즉위하여 5년간 재위하여 이때 열네 살이었다.
2) 천명을 암시하는 징조다.
3) 이 말은 『논어』「안연」에 나오는 구절에서 따온 것이다. 자장이 물었다. "선비는 어떠해야 경지에 이르렀다[達] 할 수 있습니까?"
   공자가 되물었다. "무슨 말인가? 네가 말하는 달(達)이란 것이."
   자장이 답했다. "나라에 있어도 반드시 그의 명예에 관한 소문이 나며 집안에 있어도 반드시 소문이 나는 것입니다."

공자는 말했다. "그것은 소문이 나는 것이지 통달한 것이 아니다. 무릇 통달한 사람이란 바탕이 곧고 의리를 좋아하며 남의 말을 가만히 살피고 얼굴빛을 관찰하며 사려 깊게 몸을 낮추는 것이니 나라에 있어도 반드시 이르게 되고 집안에 있어도 반드시 이르게 된다. (이에 반해) 무릇 소문만 요란한 사람이란 얼굴빛은 어진 듯하나 행실이 어질지 못하고〔色取仁而行違〕 머물러 있으면 자신의 행실에 대해 아무런 의문도 던지지 않으니 나라에 있어도 반드시 소문이 나고 집안에 있어도 반드시 소문이 난다."

4) 왕망의 백부와 숙부로 왕봉, 왕상, 왕립, 왕근이다.

5) 여기서는 공자가 지은 『춘추』를 말한다.

🐚     신이 가만히 살펴보겠습니다. 예나 지금이나 나라를 찬탈하는 신하는 많지만 유독 이들 네 사람을 여기에 실은 것은 그들의 간사함과 음모 그리고 궤변과 계략이 최고로 정교한 데다가 비밀스러웠기 때문입니다.

예를 들면 조조가 한나라를 찬탈한 것은 적을 토벌한 공을 기반으로 해서 병권을 마음대로 한 것이고, 사마의가 위나라를 찬탈한 것은 앞 세대의 유산을 이어받아 나라의 칼자루를 도적질한 것이며, 그 후에 유유(劉裕)가 진(晉) 나라를 찬탈한 것은 조조와 비슷하고, 양견(楊堅)이 주(周) 나라를 찬탈한 것은 사마의와 비슷합니다. 이들은 (여기서 논한 네 사람과 달리) 모두 다 호랑이나 표범처럼 맹수의 난폭함으로 겁박해서 신기(神器-왕권의 상징)를 취한 것이기 때문에 그 정황을 알기가 쉬운 반면 여기서 다룬 네 사람은 그 교활함이 토끼와 같고 그 간교함은 여우와 같으며 사람 속에 숨는 그 능력은 도깨비 같고 고황

(膏肓)[1]에 머물러 있는 것은 두 아이[二竪子][2]와 같아서 얼마든지 임금으로 하여금 모르는 사이에 나라를 넘기게 하였으나 그 정황은 알 수가 없어 그것을 제대로 살피는 것이 참으로 어렵습니다.

그래서 신은 그나마 쉽게 알아볼 수 있는 경우들을 몇 가지 뽑아 여기에 요약했고, 그 살피기 어려운 점을 드러내었으니 이는 천하를 소유한 자로 하여금 마치 구정(九鼎)을 통해 이매(魑魅)나 망량(罔兩=魍魎) 같은 세상의 각종 도깨비를 알게 하여[3] 불행한 사태를 미연에 막을 수 있게 되기를 바라는 마음에서였습니다.

이 점을 잘 살피시어 무엇보다 일이 생겨나기 전에 그 조짐만으로 사태를 막는다면 나라를 도적질하려는 간신은 뜻을 이루지 못하고 사라질 것입니다. 아! 참으로 어려운 일입니다.

1) 심장과 횡경막 사이로 여기에 병이 생기면 치료가 어렵다고 했다. 아주 찾기 힘든 곳이라는 뜻이다.

2) '이수자'는 '두 개의 병마'라는 뜻으로 치료가 불가능한 중병을 일컫는다. "진나라 경공이 병이 들었는데 꿈속에서 두 병마가 문답을 하다가 고황 사이에 숨기로 하겠다는 내용을 들었다. 그 뒤에 의원이 와서 진맥을 하고는 '질병이 이수자(두 아이)가 되어 고황 사이에 숨었기 때문에 치료가 불가능하다'고 한 데서 유래하였다."

3) 『춘추좌씨전』 선공(宣公) 3년(기원전 606년)에 초나라 장왕이 주나라 대부 왕손만에게 주나라가 소유한 거대한 솥 구정(九鼎)에 관해 묻는 대목이 나온다. 구정이라 한 것은 아홉 주에서 보내온 동으로 만들었다는 뜻이다. 왕손만에 따르면 하나라 우왕이 이

솥에 각종 귀신과 요괴의 모습을 그려 넣어 사람들로 하여금 선
악을 알게 했으니 더 이상 현실에서는 나쁜 일이 생겨나지 않도록
했다는 것이다. 지금 진덕수도 똑같은 문맥에서 구정과 귀신을 언
급하고 있다.

(『자치통감』) 진(秦) 나라 2세 황제(二世皇帝, 재위 기원전 210~207년)가 황위에 오르자 조고(趙高)[1]를 낭중령(郎中令)으로 삼아 늘 가까이에서 시중들게 하면서 일을 꾸몄다. 2세 황제가 한가할 때 조고를 불러 말했다.

"사람이 이 세상을 살아간다는 것은 마치 말 여섯 필이 끄는 마차가 작은 틈새를 지나가는 것과 같다고 하겠다. 나는 눈과 귀가 좋아하는 것은 남김없이 다 하고 싶고 마음속으로 즐기고 싶은 바를 끝까지 하면서 내 수명을 다할까 하는데 가능한 일인가?"

조고가 말했다.

"이는 현능한 임금이라면 얼마든지 할 수 있는 것이지만 혼란한 임금에게는 금하는 것입니다. 무릇 사구(沙丘)의 모의를 여러 공자(公子-왕자)들과 대신들이 다 의심하고 있는데 여러 공자들은 모두 폐하의 형님들이고 대신들도 돌아가신 황제(-진시황)께서 임명한 사람들입니다. 지금 폐하께서 즉위한 초창기이니 이것은 다 그들이 속으로 원망하며 불복하여 변란을 일으킬까 걱정해서 드리는 말씀입니다. 폐하께서는 어찌 그런 것으로 즐기려 하십니까?"

2세 황제가 말했다.

"그러면 어찌해야 하는가?"

조고가 말했다.

"법을 엄하게 하고 형벌을 혹독하게 집행하여 죄 있는 사람은 서로 연좌케 하여 왕실 친족들을 주멸하여 골육을 멀리하고 가난한 사람들을 부유하게 만들고 천한 사람들을 귀하게 만드십시오. 또 돌아가신 황제의 옛 대신들을 남김없이 제거하시고 폐하께서 친하다고 여기는 자들을 그 자리에 두십시오. 이렇게 하면 해로움이 제거되고 간사한 모의들이 차단될 것이니 폐하께서는 베개를 편안히 하고 뜻하신 바를 마음대로 할 수 있어 원하시는 바를 즐기실 수 있을 것입니다."

2세 황제는 그것이 옳다고 여기고서 곧바로 다시 법률을 만들어 여러 신하들과 공자들이 죄를 얻게 되니 그때마다 조고에게 내려보내어 국문(鞫問)하도록 하여 몽의(蒙毅) 등 선대부터의 대신들을 죽이고 공자 12명을 함양의 저잣거리에서 욕보여 죽였으며 그들의 재물은 모두 현관(顯官-황실)으로 들여보냈다.

법령으로 주살하고 처벌하는 일이 날로 더해가고 극심해지자 여러 신하들은 다들 스스로 위협을 느껴 그중에 반란을 하려는 자가 많아졌고, 옛 초나라의 변경을 지키던 말단 장교[戍卒]인 진승(陳勝)과 오광(吳廣) 등이 안휘성[1]에서 난을 일으키자 여러 준걸들이 더불어 일어나 후(侯)와 왕(王)을 자처하면서 진나라에 반란을 일으켰다.


1 조고는 환관이다.


신이 가만히 살펴보겠습니다. 간신(姦臣)이 장차 나라를 도둑질하여 가지려 할 때에는 반드시 그에 앞서 정신을 빼놓는 음란한 즐거움[荒昏淫樂]으로 그 임금의 마음을 호려낸[蠱] 다음에 그 뜻한 바를 행할 수 있는 것입니다. 조고도 오랫동안 2세 황제의 마음을 호려냄으로써 나라를 가지려 했습니다.

처음에 일단 "눈과 귀가 좋아하는 것은 남김없이 다 하고 싶고 마음속으로 즐기고 싶은 바를 끝까지 하고 싶다"는 말을 들었을 때 조고는 즉각 깊이 찬동하면서 말했습니다.

"이는 현능한 임금이라면 얼마든지 할 수 있는 것이지만 혼란한 임금에게는 금하는 것입니다."

무릇 늘 삼가고 조심하여〔兢兢業業〕놀지 않고 게으름에 빠지지 않는 것이 요순(堯舜)의 행한 바입니다. 반면 여색에 탐닉하고 술에 빠져 지내는 것은 걸주(桀紂)의 행한 바입니다. 그런데 조고는 도리를 정반대로 뒤집어 말하며 어두움과 밝음〔昏明〕은 본래 구분하기가 어렵지 않다고 했습니다. 대개 조고의 욕심은 선대의 옛 신하들을 남김없이 제거하고 권세를 자신이 마음대로 하는 데 있었습니다. 그래서 2세 황제가 마침 그런 질문을 던지자 (말리기는커녕) 그쪽으로 권유하는 극언을 했던 것입니다.

무릇 심한 형벌과 엄격한 법률을 통해 대신과 종실을 죽이고 멸하는 것은 조고가 스스로 하고 싶었던 것입니다. 음란한 즐거움에 빠져 베개를 편안히 하고 뜻하는 바를 마음대로 할 수 있게 하는 것, 이것이 바로 2세 황제가 기뻐하며 들었던 대목입니다. (그리고 조고는) 자신의 임금이 기뻐하는 바에서 자신의 몸을 펼쳐 마음대로 할 수 있는 것을 읽어냈던 것입니다.

그래서 조고의 말은 한 걸음 더 나아가 돌을 던져 병졸을 죽이는 형벌 같은 것이 만연되고 원한이 쌓여 반란이 일어났으며 2세 황제의 몸도 위태로워져 마치 제비가 자기 집에 불이 타오르는데도 안에 있어 잘 모르고 안일하게 지내는 것처럼 했으니 베개를 편안히 하는 즐거움이라는 게 과연 어디에 있었겠습니까? 2세 황제는 이미 이로써 패망하여 세상 사람들이 마침내 조고의 말을 독초처럼 여겨 반드시 죽여 없애려 했습니다. 아첨하고 간사스러운 신하는 이로써 그 임금을 호려냈고, 혼란한 임금은 이로써 그 나라를 뒤엎었으니 서로 맞물렸다고 하겠습니다.

이는 조고의 말이 독초가 되어 (그것을 좋아하면) 반드시 죽여야 할 대상이 된다는 것을 분명히 알면서도 (2세 황제가) 달게 여기는 마음[甘心]으로 그것을 즐기기를 싫어하지 않았으니, 아! 얼마나 슬픈 일입<br>감심<br>니까?

1) 사마천은 산동성이라고 했다.

(『자치통감』) 이사(李斯)가 여러 차례 청하여 간언을 올리고 싶어 했으나 2세 황제는 불허하면서 도리어 이사를 꾸짖으며 물었다.

"어진 사람이 천하를 소유하게 되면 천하를 자신에게 맞도록 할 뿐이다. 나는 내 뜻을 넓혀서 오래도록 천하를 향유하고 아무런 해가 없기를 바라는데 이를 위해서는 어찌하면 좋겠는가?"

(이때) 이사의 아들 이유(李由)는 삼천군(三川郡-허난성 뤄양시) 태수였는데 여러 도적들(-반란군)이 그 지역을 휩쓸고 지나갔지만 그것을 제대로 방어하지 못했다. (그 후) 이 일을 조사하기 위한 사자들이 계속 오가면서 이사도 문책을 했다.

"그대는 삼공(三公)의 지위에 있으면서 도적들이 이처럼 날뛰게 하다니 어찌된 것이오?"

이사는 작록(爵祿)을 중하게 여겼기에 어찌해야 할 바를 몰라 이에 2세 황제에게 아부하며 용서를 구할 요량으로 이렇게 글을 올려 답했다.

"무릇 현능한 군주라면 반드시 능히 (신하들을) 감독하고 꾸짖는 방법을 행합니다. 감독하고 꾸짖게 되면 신하들은 감히 자신의 온갖 능력을 다하지 않고서는 그 임금을 따를 수가 없습니다. 신자(申子-신불해)가 말하기를 '천하를 차지하고서도 자기 마음대로 할 수 없다면 그것을 이름하여 말하기를 천하를 족쇄와 수갑(桎梏)으로 삼는 것이다'라고 했<br>질곡<br>습니다. 이것은 다름 아니라 신하를 제대로 감독하고 꾸짖지도 못하면서 천하의 백성들을 위해 자신의 몸만 힘들게 하여 마치 요임금이나 우왕처럼 한다면 이를 일러 질곡(桎梏)이라고 하는 것입니다.

모름지기 신불해나 한비자의 방법을 갈고닦아서 신하들을 감독하고 꾸짖는 도리를 행하여 천하를 자기 마음대로 부리지 못하고 부질없이 애를 써서 자신의 몸을 괴롭히고 정신을 피로하게 하여 몸소 백성들을 위하는 것은 보잘것없는 백성들(黔首)[11]이나 할 일이지 천하를 기르고 다<br>검수<br>스리는 천자가 할 일은 아닙니다.

(옛날) 상군(商君)의 법에서는 길에 재(灰)를 버리는 사람도 처벌했습<br>회<br>니다. 사실 재를 버리는 것은 가벼운 죄(薄罪)인데 처벌을 받는 것은 무<br>박죄<br>거운 벌(重罰)이었습니다. 오직 밝은 군주(明主)만이 능히 가벼운 죄를<br>중벌　　　　　　　　　　　　　　　명주<br>심하게 감독할 수 있습니다. 즉 죄가 가벼운데도 이처럼 감독하는 것이 심한데 하물며 무거운 죄를 지으면 어찌 되겠습니까? 그리하여 백성들은 감히 법을 어기지 못하게 되는 것입니다.

또 검박하고 절의가 있으며(儉節) 어질고 의로운(仁義) 사람이 조정에<br>검절　　　　　　　　　　　　인의<br>서게 되면 거침없고 방자한(荒肆) 즐거움은 그칠 수밖에 없고, 간언을<br>황사<br>좋아하고 논리가 정연한 사람이 폐하의 곁에 있으면 방만한 뜻이 사라지게 되고, 열사가 죽음으로써 절개를 지킨 행실이 세상에 드러나게 되면 음란한 쾌락의 즐거움은 없어지게 됩니다. 고로 밝은 군주는 이 세가지를 능히 밖으로 내쳐 멀리하고 오로지 군주로서 신하들을 다스리는 방법을 써서 맹목적으로 따르는 신하들을 제어합니다. 이리하여 천자의 몸은 존귀해지고 세력은 중하게 됩니다."

이 글이 올라가자 2세 황제는 기뻐했다. 이리하여 감독하고 꾸짖는 것은 더욱 엄격해졌고, 백성들에게 세금을 더 심하게 걷는 자가 좋은 관리〔良吏=明吏〕로 간주됐다. 그 후 형벌을 받은 자가 길의 반을 차지했고, (형벌로) 죽은 사람들이 시장에 날로 쌓였으며, 많은 사람을 죽인 자가 충신으로 간주됐다. 이에 2세 황제가 말했다.

"이와 같이 한다면 제대로 감독하고 꾸짖고 있다고 할 만하도다."


🌀 　　신이 가만히 살펴보겠습니다. 2세 황제가 이사에게 던진 질문은 곧 전에 조고에게 던졌던 질문과 같은 취지입니다. 그런데 이사는 그 말한 바를 고치는 것이 조고보다 훨씬 심하여 요임금과 우왕마저 배척하고 신불해와 상군을 끌어들였습니다. 이에 감독하고 꾸짖는〔督責〕 방법이 널리 행해지고 사람들은 편히 땅에 발을 딛고 설 수가 없게 됐습니다. 온 천하의 사람들이 다 용납을 받을 수 없게 됐는데도 임금이라는 자는 위에서 거드름만 피우고 방자하기 그지없었으니 (세상에) 이런 이치가 있을 수 있습니까?

신이 말씀 올립니다. 이사와 조고의 말은 둘 다 진나라 황실을 쇠락으로 이끌었으니〔斲喪〕 후세의 임금들이 깊이 살피지 않을 수 없을 것입니다.

1) 관을 쓰지 않은 검은 머리라는 뜻으로 벼슬하지 못한 일반 백성을 말한다.

(『자치통감』) 조고는 사사로운 원한으로 사람을 죽이고 보복한 일들이 너무 많아 대신들이 일을 상주(上奏)하자 이에 2세 황제가 알게 될까 봐 두려워하여 마침내 황제에게 나아가 말했다.

"천자가 귀한 까닭은 단지 소리를 듣기만 하고 많은 신하들이 그의 얼굴을 볼 수 없도록 한 때문입니다. 그래서 호칭도 짐(朕)이라고 한 것입니다.

또 폐하께서는 춘추가 아직 많지 않으셔서 여러 가지 국사(國事)에 반드시 다 통달하지 못하셨으니 이제 조정에 앉아 꾸짖고〔譴=責〕 천거하는 가운데 마땅치 않은 것이 있을 경우 대신들에게 (폐하의) 단점을 드러내어 보이는 것이니 천하에 천자의 신명(神明)을 보이는 방법이라 할 수 없을 것입니다.

또 폐하께서는 대궐 안에서 깊이 팔짱을 낀 채 신과 시중처럼 법을 잘 익힌 자와 더불어 일을 기다리고 있다가 일이 오면 그때 가서 그 일을 처리하시는 것이 바람직합니다. 이와 같이 한다면 대신들은 감히 (폐하께서 결단하기 힘든) 의심스러운 일들은 상주하지 않을 것이고, 천하에서는 폐하를 성스러운 군주라고 칭송할 것입니다."

2세 황제는 그 계책을 썼고, 마침내 조정에 앉아 대신들을 보는 일이 없어졌고, 대궐 깊은 곳에 머물게 되자 모든 일은 다 조고에게서 결정됐다.

신이 가만히 살펴보겠습니다. 예로부터 충신은 자신의 임금이 현명하기를 바랐습니다. 그리고 밝은 자(신하)는 반드시 임금이 몸소 모든 주요한 일들[萬機=萬幾]을 챙겨 날마다 신하들에게 임하기를 마치 태양의 불꽃이 세상 만물을 비춰서 그 빛을 받지 않는 곳이 하나도 없게 하는 듯이 하도록 권면했습니다. 그런 이후에야 자신을 바로 세워 신하들의 충성을 담아내고 천하를 편안하게 할 수 있었습니다.

(반면에) 예로부터 간신은 자신의 임금이 우매하기를 바랐습니다. 그리고 어두운 자(신하)는 반드시 임금이 깊은 궁궐 속에 머물며 눈과 귀는 좌우의 마음 편한 폐신(嬖臣)들에게 내맡겨 백성들의 사정에 눈멀고 정령(政令)의 득실은 하나도 살피는 바가 없도록 권유했습니다. 그런 이후에야 자기 자신부터 신하들의 사특함을 내버려두고 천하를 망하는 쪽으로 밀어 넣어버렸습니다.

충신과 간신의 나눠짐[分]은 진실로 바로 여기에서 볼 수 있을 뿐입니다.


(『자치통감』) 조고는 승상 이사가 했다는 말을 전해 듣고서 마침내 이사를 만나 말했다.

"관(關-함곡관)의 동쪽[1]에 여러 도적떼들(-반란군)이 많은데도 지금 황상께서는 급히 요역(徭役)을 더 발동하여 아방궁(阿房宮)을 지으면서 개나 말과 같은 쓸데없는 것들까지 모아들이고 있습니다. 신이 간언을 드리고 싶지만 지위가 낮습니다. 이 일은 진실로 군후(君侯-이사를 높여 부르는 칭호다)의 일인데 군께서는 어찌하여 간언을 드리지 않는 것입니까?"

이사가 말했다.

"나도 그 말씀을 드리고 싶은 지 오래됐소. 황상께서는 조정에 나와 앉아 계시지 않고 깊은 궁궐에만 계시니 뵈려 하여도 그런 한가한 겨를이 안 생기는군요."

조고가 말했다.

"군께서 진실로 간언을 할 수 있다면 청컨대 (제가) 군후를 위하여 황상의 한가한 틈을 알아내어 군께 말해 주겠소."

이에 조고는 2세 황제를 모시고 바야흐로 연회를 즐기며 여자들이 그 앞에 많이 있을 때 사람을 시켜 이사에게 (한가한 겨를이 생겼다고) 전했다.

"때마침 황상께서 겨를이 있으니 일을 상주할 수 있습니다."

승상이 궁궐의 문에 이르러 황상을 배알코자 했는데 이번이 세 번째였다. 이에 2세 황제가 화를 내며 말했다.

"나는 늘 한가한 날이 많은데 (그럴 때는) 승상이 오지 않더니 내가 마침 연회를 하고 있을 때면 승상은 번번이 찾아와 일을 고하겠다고 청하는 것이오. 승상은 어찌 나를 어린아이로 취급한단 말인가?"

조고가 이때를 틈타 말했다.

"사구(沙丘)의 모의 때 승상도 참여했습니다. 지금 폐하께서는 황제의 지위에 올라 있지만 승상의 귀함은 그때보다 올라가질 못했으니 이는 그가 속으로 땅을 나눠 갖고서 왕이 되고자 하는 생각을 품고 있기 때문입니다.

또 승상의 아들 이유는 삼천군의 태수가 됐고, 초의 도적 진승 등은 하나같이 승상의 주변 현(縣)들의 자식들인데 초의 도적들이 삼천군을 지나갈 때 태수라는 자가 이들을 제대로 공격하려 하지 않았습니다. 저 조고가 듣기로 그들 사이에 문서가 서로 오갔다고 하고, 또 승상은 대궐 밖에 살기 때문에 (실제로 누리는) 그의 권력은 폐하보다 훨씬 무겁습니다."

2세 황제는 그 말이 맞다고 생각하고서 마침내 사람을 시켜 삼천군 태수와 도적이 서로 통했던 정황을 조사토록 했다. 이사는 이 소식을 전해들었다. 이때 황제는 감천궁(甘泉宮)에 있으면서 각저(穀抵)라고 하는 연희를 보고 있던 중이라 이사는 알현할 수 없었기에 글을 올려 말했다.

"조고가 사악한 뜻을 품고서 위험한 반역을 행하려 하니 폐하께서 미리 도모하지 않으신다면 신은 그것이 변란으로 이어질까 두려울 뿐입니다."

2세 황제는 조고를 신뢰하여 이사가 조고를 죽일까 봐 걱정하여 마침내 은밀히 조고에게 이 말을 전해주었다. 이에 조고가 말했다.

"승상이 걱정하는 것은 오직 저 조고뿐인데 저 조고가 죽고 나면 승상이 바로 전항이 했던 것과 같은 것을 하려는 것입니다."

이에 2세 황제는 이사를 낭중령 조고에게 넘겨 조사해 다스리도록 했고, 이사와 아들 이유에게 모반했다는 정황을 덮어씌워 태장을 치고 회초리로 때리기를 1천여 회나 하니 고통을 이기지 못하고 스스로를 무고하여 모반 사실을 털어놓았다. 이사는 옥중에 있으면서 황제에게 글을 올렸으나 조고는 관리로 하여금 이를 버리게 하여 황제에게 올라가지 못하게 한 다음 말했다.

"죄수가 어찌 글을 올릴 수 있단 말인가?"

조고는 그의 빈객 10여 명으로 하여금 거짓으로 꾸며 어사(御使), 알자(謁者), 시중(侍中)의 역을 맡게 한 다음 바꾸어가면서 이사를 다시 신문했다. 이사가 말을 바꾸어 사실을 이야기하면 번번이 사람을 시켜서 다시 태장을 쳤다. 후에 2세 황제가 사람을 시켜 신문을 하니 이사는 감히 말을 바꾸지 못하고 자복하자 주당(奏當-형량을 정한 최종 보고서) 으로 올렸다. 2세 황제는 기뻐하며 말했다.

"조군(趙君-조고)이 아니었더라면 거의 승상이 팔아먹을 뻔했다." 황제 2년에 이사를 오형(五刑)[2]에 처하는 것으로 정해져 함양의 저잣거리에서 요참(腰斬-허리를 잘라 죽이는 형벌)했다.

이사가 죽자 2세 황제가 조고를 중승상(中丞相)으로 삼으니 크고 작은 것 없이 모든 일을 다 조고가 결정했다.


신이 가만히 살펴보겠습니다. 이것은 조고가 이사를 유인하여 함정에 빠트리는 내용입니다. 이사의 간사함과 거짓됨[姦詐]이 어찌 조고보다 못하겠습니까마는 조고의 술수에 빠져들어 깨닫지도 못했으니 하물며 2세 황제의 용렬하고 아둔함[庸闇]이 어떻게 젖먹이 아이처럼 자신이 허벅지와 손바닥 사이에 있는 듯이[股掌] 총애하는 신하의 농간을 의심했겠습니까?

조고가 꺼렸던 자는 이사였는데 이사만 죽으면 조고가 전항이 되는 데 무슨 어려움이 있겠습니까?

마침내 조고는 거짓으로 그를 꾀어냈으니, 아! 무서울 따름입니다. 이사가 죽자 조고는 그 자리를 대신했고, 또 중승상이라는 새로운 자리까지 만들어 안으로는 궁궐을, 밖으로는 군국(軍國)의 일을 그가 장악하지 못한 것이 없었습니다. 2세 황제가 (전항에게 시해 당한) 제(齊)

나라 간공(簡公) 꼴이 되는 것은 시간문제였습니다.


1) 이는 곧 중원을 말한다.

2) 『서경』「순전」의 '유유오형(流宥五刑)'에서 비롯됐다. 주나라 형서(刑書)인 『여형(呂刑)』에 묵(墨-刺字), 의(劓-코 베기), 궁(宮-거세), 비(剕-발뒤꿈치 베기), 살(殺-사형)의 다섯 가지 형벌이 소개되는데, 이는 신체를 훼손하는 체형이다.


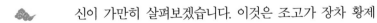

(『자치통감』) 조고는 반란을 꿈꾸었으나 여러 신하들이 자신의 말을 듣지 않을 것을 두려워하여 마침내 먼저 시험을 해보기로 하고 사슴을 끌고 가서 2세 황제에게 바치고 말했다.

"말입니다."

2세 황제가 웃으면서 말했다.

"승상은 틀렸소. 사슴을 말이라고 하시오?"

좌우의 신하들에게 물었으나 어떤 사람은 입을 다물었고, 어떤 사람은 말이라고 하면서 조고에게 아첨하여 순종했으며, 어떤 사람은 사슴이라고 말했다. 조고는 그로 인해 아무도 몰래 사슴이라고 말했던 사람을 법에 따라 처리했다. 그러자 여러 신하들은 모두 조고를 무서워했다.


신이 가만히 살펴보겠습니다. 이것은 조고가 장차 황제

의 자리를 찬탈하려는 일을 꾸미고 있는 것입니다. 그러므로 이로써 일찍이 여러 신하들을 시험해 보고 그들이 자신을 추종할 것인지 여부를 가리려 한 것입니다. 사슴과 말은 쉽게 판별할 수 있는 동물인데도 여러 사람들은 감히 말하지 못했으니 만일 난이 일어나게 되면 누가 사세(事勢)를 막아낼 수 있겠습니까? 이 지경이 되도록 2세 황제는 내버려두고서 (위급성을) 깨닫지 못했으니 그는 진실로 무능한 자라고 하겠습니다. 성인(聖人-공자)이 말하기를 "어떻게 하지 어떻게 하지라고 말하지 않는 사람에 대해서는 나도 어떻게 해볼 도리가 없을 뿐이다"[1]라고 했습니다.

따라서 나라를 소유한 임금이라면 반드시 그 점점 이루어짐[漸]을 (미리) 막지 않으면 안 될 것입니다.

1) 이 말은 『논어』 「위령공」에 나오는데 원문은 다음과 같다. 不曰如之何如之何者 吾未如之何也已矣. 스스로 먼저 애써 노력하지 않으면 옆에서 도와주려 해도 아무런 소용이 없다는 뜻이다.

(『자치통감』) 조고는 예전에 자주 "관(關-함곡관) 동쪽의 도적들은 아무것도 할 수 없을 것이다"라고 말하곤 했는데 항우(項羽)가 진나라 장군 왕리(王離) 등을 포로로 잡고 장한(章邯) 등이 여러 차례 패퇴하자 연(燕), 조(趙), 제(齊), 초(楚), 한(韓), 위(魏)[1]가 모두 각자의 왕을 세우고 관 동쪽에서는 대부분 진의 관리들이 배반하여 제후들에게 호응

했고, 제후들은 모두 자신의 무리들을 이끌고서 서쪽으로 향했다.

패공(沛公-유방)은 이미 무관(武關-산시성 상난현)을 공격해 도륙했고,¹ 조고는 2세 황제가 분노하여 주륙하는 것이 자신에게 미칠 것을 두려워하여 마침내 병을 사칭해 조정에 나아가지도 않았다. 그러고는 자신의 사위인 함양령(咸陽令) 염락(閻樂) 등을 시켜 병사를 이끌고 망이궁(望夷宮)으로 들어가게 한 다음에 조고도 들어가 말했다.

"산동의 도적떼가 크게 들이닥쳤습니다."

그러면서 조고는 2세 황제로 하여금 자살하도록 겁박했다. 그리고 황제의 옥새를 거두어 그것을 허리에 찼지만 좌우 백관들 중에서 따르는 사람은 아무도 없었다. 이에 자영(子嬰)을 불러 즉위시켰다. 그런데 자영은 계략을 통해 조고를 죽이고 삼족을 멸했다. 자영이 세워진 지 3개월 만에 패공 유방이 이끄는 군대가 무관에 들어오자 자영은 항복했고, 항우가 와서 그를 죽임으로써 진나라는 멸망했다.

1 한나라 고제가 이때는 패공이라는 신분으로 군사를 일으켰다.


신이 가만히 살펴보겠습니다. 조고의 장기는 2세 황제에게 아첨하고 설득하여 총애를 얻어내는 것이었으니 그가 옥새와 폐슬[韍=蔽膝]²⁾을 엿보며 황제의 자리를 빼앗아 그 자리를 차지하려 한다
불   폐슬
는 것을 누가 알 수 있었겠습니까?

이사와 조고의 일은 사마천의 『사기』에 낱낱이 드러내어 기록돼 있습니다. 신은 이제 그 개략적인 부분만 잘라낼 것은 잘라내고 취할 것은 취하여 임금된 자라면 간사스러운 신하들이 일을 꾸미는 계략과

정황이 대략 이러하다는 것을 알아야 하며, 또 2세 황제가 그들을 (잘 못) 믿어 재앙에 가까운 패망을 당하게 된 것을 영원한 거울로 삼아야 한다는 것을 보여주려 하였습니다.

조고는 원래 환관인데도 (그래서 사마천이 『사기』를 쓸 때) 내신(內臣-환관)의 편에 포함시키지 않고[3] 간신 편의 첫머리에 서술한 것은 그의 간사하고 흉악스러우며 사납고 교활스러운 것〔姦凶奸黠〕은 환관으로 보아줄 수 없다고 판단했기 때문입니다. 홍공(弘恭)과 석현(石顯)〔恭 顯〕[4]의 부류가 이에 준한다〔放=準〕고 하겠습니다.

1) 이들은 진나라가 통일하기 전 전국시대에 칠웅을 형성했던 나라 들이다.
2) 황제의 무릎 덮개다.
3) 열전에 이사는 있지만 조고는 없는 이유를 설명하고 있다.
4) 두 사람은 한나라 때 전횡을 일삼은 것으로 유명한 환관이다.

(『자치통감』) 한나라 중서령(中書令) 홍공(弘恭)과 복야(僕射) 석현 (石顯)[1]은 선제 때부터 오랫동안 추기(樞機)[2]를 맡아왔는데, 두 사람 다 문법(文法)[1]을 훤하게 익혔다.

원제는 즉위 초에 병치레를 자주 했다. 석현이 오랫동안 일을 관장했 는데, 중인(中人-대궐 내 환관이라는 뜻이다)이어서 밖으로 추종하는 무 리〔黨〕를 만들지 않고 오직 일에만 전념해 신임을 받을 수 있었다. (원제의 잦은 병치레로 인해) 마침내 정사를 맡기에 되었는데, 크고 작은 일을 가리지 않고 석현이 도맡아서 상주하고 결정하여 귀한 총애를 받게 되니 조정이 그에게로 기울었고 모든 관리들이 다 석현을 삼가며 섬겼다.

석현은 그 사람됨이 재주가 많고 머리가 좋아 일을 익혀서 임금의 작은 뜻까지도 능히 깊이 알아차렸고, 속으로는 도적과도 같은 생각을 깊이 하면서 궤변으로 다른 사람들을 중상모략하고, 자신을 고깝게 본〔睚眦〕 사
<sub>애자</sub>
람들에게는 반드시 원한을 품어 번번이 법으로 보복을 가했다.

1 두 사람 다 환관이다. 중서령과 복야는 둘 다 한나라 때 환관의
   벼슬 이름이었다.
2 추(樞)란 집의 문지도리이고 기(機)는 석궁〔弩〕의 송곳 고리로
   <sub>노</sub>
   둘 다 어떤 물건의 핵심적인 부분이다. 따라서 이는 정사(政事)
   의 기밀 업무를 비유한 것이다.

🌺      신이 가만히 살펴보겠습니다. 예로부터 소인이 장차 권세와 은총을 훔치려 할 때는 그에 앞서 반드시 주군의 뜻을 잘 엿보아〔窺伺〕 그에 영합합니다.
<sub>규사</sub>
대개 임금들이 좋아하는 것과 싫어하는 것은 일정치 않고 기뻐하는 것과 화를 내는 것도 예측할 수가 없기 때문에 반드시 숨어서 살펴보고 은밀하게 재어 그 숨은 뜻을 잡아내지 않으면 임금의 얼굴을 기쁘게 하여 아첨을 할 수 있는 단서를 잡아낼 수가 없습니다.

그래서 (전국시대 때) 설공(薛公)이 제나라 왕을 섬겼는데 왕에게는 아끼는 후궁 7명이 있었습니다. (왕후가 죽자) 설공은 제나라 왕이 그

중에 누구를 왕후로 세울지를 몰랐기에 7개의 귀고리를 바쳤는데 그 중 하나는 특히 아름다웠습니다. 다음 날 보니 실제로 그 특히 아름다운 귀고리를 한 후궁이 눈에 띄자 설공은 그 사람을 부인으로 삼아야 한다고 청했고 왕도 그에 따랐습니다.

신불해는 한나라 소후(昭侯)의 재상이었습니다. 소후가 뭔가를 도모하고 있었는데 신불해는 소후가 하고자 하는 바가 무엇인지를 정확히 알 수가 없었습니다. 그래서 동렬에 있던 두 사람으로 하여금 먼저 각각 그들의 계략을 올려보도록 해서 소후가 어느 대목에서 기뻐하는지를 은미(隱微)하게 살피고 나서 자신의 계략을 말하자 소후는 크게 기뻐했습니다.

간신들이 임금을 섬길 때 영합하는 일은 잦은 데 비해 거스르는 일이 드문 것은 그들이 임금의 뜻이 어디에 있는지를 살피는 데 능한 때문입니다. 석현이 한나라 원제에게서 특별한 신임을 받은 것도 대개 이런 술책을 썼기 때문입니다.


1) 문서로 된 각종 법률 조문을 뜻한다.

(『자치통감』) 이때(원제 초) 외척이자 시중인 사고(史高), 태자태부 소망지(蕭望之), 소부(少傅) 주감(周堪) 세 사람 모두 선제(宣帝)로부터 뒷일을 당부하는 유조(遺詔)를 받아 (황제의) 정사를 보필했다. 소망지와 주감은 사부로서 옛날부터 은혜를 입었고, 황제가 자주 연회에 불러

만나보고 치란(治亂)에 관하여 말을 하고, 황제의 해야 할 일[王事]에 <sub>왕사</sub>
관하여서도 글을 올렸다.

소망지가 건의하여 종실에서 경전에 밝고 행실이 뛰어난 산기(散騎)[1]
인 간대부(諫大夫) 유경생(劉更生)을 급사중(給事中)[1]으로 추천했다.
그래서 유경생과 더불어 시중 금창(金敞)이 좌우에서 습유(拾遺)하는
일[2]을 맡았다. 네 사람은 한마음이 되어 서로 의논하여 황상에게 옛날
의 마땅한 제도를 갖고서 권유하고 이끌어 자신들이 바랐던 바들을 대
부분 바로잡았고 황상도 깊이 영향을 받아 그것들을 받아들였다.

그런데 사고는 자리만 채울 뿐이었고,[3] 이로 인해 소망지와는 틈이 생
겨서 석현과 서로 겉과 속이 되어 항상 홀로 일을 추진하면서 소망지 등
의 의견을 따르지 않았다.

1 한나라 제도로 양성(兩省)에 속하지는 않고 상소문 정리 등의 업
  무를 하면서 황제를 가까이에서 보필한다.
2 습유는 임금의 언행과 잘못 등을 수습하고 바로잡는 업무를 한
  다. 그래서 후에 이 말은 간관(諫官)의 명칭이 됐다.
3 이는 자리만 차지한 채 건의하는 바가 없었다는 뜻이다.


신이 가만히 살펴보겠습니다. 소인이 군자들을 해코지하
려[擠] 할 때는 반드시 유력자와 굳게 결탁하여 당을 만들어 도움을
<sub>제</sub>
받은 이후에 군자로 하여금 설 자리를 없게 만듭니다. 사고는 외척으
로서 귀하고 중요한 인물인데 소망지와 틈이 생겼습니다. 그래서 석현
은 사고와 서로 겉과 속이 되어 소망지를 배척하고 그의 의견을 물리

쳤으니 당연한 일이라고 하겠습니다.

1) 황제가 대궐 밖을 나설 때 말을 타고 뒤를 따르며 황제의 자문에
   응하는 관직이다.

(『자치통감』) 소망지는 홍공과 석현이 권력을 농단하는 것을 싫어하
여 황상께 건의했다.

"마땅히 중서(中書)의 환관을 파직해야 합니다."

이로 인해 소망지는 홍공 및 석현과 크게 거슬리게 됐고, 홍공과 석현
은 황상에게 글을 올렸다.

"소망지는 유경생과 붕당을 지어 서로 칭찬하여 천거하고 권세를 오
로지 자기 마음대로 하려고 합니다. 신하로서 충성은 하지 않으면서 윗사
람을 무고하는 것이 도리에 맞지 않으니 청컨대 알자(謁者-황제의 예빈관)
로 하여금 불러서 정위(廷尉-궁정 사법관)에게 넘기도록 해야 합니다."

이때는 황상이 즉위한 초기라 불러서 정위에게 넘기는 것(김致)이 바
로 감옥에 가두리는 것인지를 살피지 못하여 홍공과 석현의 글이 올라
왔을 때 "그렇게 하라(可)"고 했던 것이다. 얼마 후에 황상이 주감과 유
경생을 부르자 누가 답하기를 "감옥에 있습니다"라고 하자 황상은 크
게 놀라 말했다.

"정위에 넘긴다는 것은 물어보고 끝나는 것이 아니었던가?"

그로 인해 홍공과 석현을 다 꾸짖자 두 사람은 머리를 조아리며 사죄

했다. 황상이 말했다.

"지금 당장 내보내어 일을 보게 하라!"

이에 홍공과 석현은 사고로 하여금 황상에게 말하도록 했다.

"황상께서는 새로 자리에 오르셔서 아직 덕을 널리 베푸심〔德化〕이 천하에 퍼지지 않으셨으니 먼저 사부에게 시험해 보이셔야 합니다. 이미 구경(九卿)과 대부1)를 옥에 내려보냈으니 마땅히 이어서 면직하도록 결단하셔야 합니다."

이에 소망지의 죄를 사하고 주감과 유경생은 둘 다 면직시켜 서인으로 삼았다.


🐚　　신이 가만히 살펴보겠습니다. 전 황제 때의 명신(名臣) 구양수(歐陽脩, 1007~1072년)2)는 이런 말을 남겼습니다.

"예로부터 소인은 충직하고 선량한 사람을 참소하고 음해한다고 했습니다. 소인들의 계략〔說〕은 멀리 있는 것이 아니라 어질고 좋은 사람들을 광범위하게 함정에 몰아넣으려 하면서 그들을 붕당이라고 지목하는 데 지나지 않습니다. 그런데 그들이 대신을 뒤흔들려〔動搖〕할 때는 반드시 없는 일을 덮어씌워서〔誣〕(무력화시킨 다음) 권력을 장악하게 되는데 이 이유는 무엇이겠습니까? 무릇 한 명의 좋은 사람〔善人〕만 제거하고 나머지 많은 좋은 사람들은 오히려 그냥 둘 경우 소인들이 도모하는 이익은 얻을 수가 없습니다. 그래서 그들은 좋은 사람들을 죄다 없애려 하는데 좋은 사람들은 허물이 적다 보니 일일이 그 잘못〔瑕〕을 찾아내기가 어렵습니다. 그래서 오직 당을 지었다〔爲朋黨〕고 (무고를) 해야만 한꺼번에 모두 축출할 수가 있습니다. 예로부터 대신(大臣)은 임금이 누구보다 잘 알고 있고 신임까지 받기 때문에 다른 일을 뒤흔드는 것에 비하면 훨씬 어렵습니다. 그래서 임금이 싫어하는 바, 즉 권력을 제 마음대로 한다〔專權〕는 명분을 내세우면 반드시 바야흐로 그를 거꾸러트릴 수 있게 되는 것입니다."3)

신이 홍공과 석현이 소망지를 비판한 상소를 잘 살펴보니 첫째는 붕당을 말하고, 둘째는 권력을 제 마음대로 했다〔擅權=專權〕는 것이었습니다. 그러나 실상을 잘 견주어보면 소망지 등은 한마음으로 옛 마땅한 제도에 따라 나라를 개혁하고 군주를 바로잡으려 했을 뿐 어찌 붕당을 짓고 권력을 제 마음대로 하는 일에 뜻을 두었겠습니까? 오히려 홍공과 석현 그리고 사고가 서로 결탁하여 붕당을 이루고 정사의 주요 핵심 업무들을 제 마음대로 쥐었으니 이것이 곧 이른바 붕당을 짓고 권력을 제 마음대로 했다〔朋黨擅權〕는 것의 실상이라 하겠고, 또 이를 일러 간사한 소인들이 검은 것과 흰 것을 뒤섞어 어지럽게 한다〔貿亂〕고 하는 것입니다. 대체로 이처럼 사고가 석현을 칭찬하듯이 안으로는 깊이 도적과 결탁하여 궤변으로써 (선량한) 사람을 중상하는 것을 일러 그런 부류라고 합니다. 그런데 원제는 심란하게도 그 청을 일찍부터 제대로 살피지를 못해 불러서 정위에게 넘겨 그것을 허락했으면서도 (곧바로) 이미 그들이 무죄인 줄 알고서 내보낸 것입니다. 그런데도 면직을 청하자 서인으로 만들었으니 이는 임금다움〔君德〕이 밝지 못했던 것입니다.

그리하여 소인은 자신들의 계략을 실현할〔售〕 수 있었으니, 아! 한탄스러울 뿐입니다.

1) 유경생은 종정이므로 구경 중의 한 명이고 주감은 광록대부다.

2) 송나라의 정치가이자 문인이다. 한림원(翰林院) 학사 등의 관직을 거쳐 태자소사(太子少師)가 됐다. 관료로서 뛰어난 능력을 발휘했을 뿐만 아니라 송나라 초기의 화려한 문체인 서곤체(西崑體)를 개혁해 쉬운 문체로 시작(詩作)하여 후대에까지 많은 사랑을 받았다. 당송팔대가(唐宋八大家)의 한 사람으로 꼽힌다.

3) 이 부분은 『송사(宋史)』에서 인용하고 있다. 이는 구양수가 두연(杜衍), 한기(韓琦), 범중엄(范仲淹), 부필(富弼) 등 당대의 현능한 이들을 옹호하기 위해 황제에게 올린 상소이기 때문에 경어체로 옮겼다.

(『자치통감』) (한나라 원제 초원(初元) 2년(기원전 47년)) 4월에 조서를 내려 소망지에게 관내후(關内侯) 급사중(給事中)의 자리를 하사하고 매달 초하루와 보름에 조회에 참석토록 했다. 그리고 주감과 유경생을 다시 불러 간대부(諫大夫-800석 관직)로 삼으려 하자 홍공과 석현이 (반대) 건의를 하는 바람에 두 사람 다 중랑(中郎-600석 관직)으로 삼았다.

황상은 소망지를 그릇으로 중하게 여기기를 그치지 않았고 그에 의지하는 바가 커서 재상으로 삼으려 하자 홍공, 석현, 허씨와 사씨[1] 자제들은 모두 다 소망지 등을 흘겨보았다(側目). 유경생이 마침내 자신의 외척으로 하여금 변고(-지진)가 일어난 데 대해 황상에게 글을 올리도록 했다.

"지진(地動)이 일어난 것은 거의 홍공 등 때문입니다. (신은) 마땅히 홍공과 석현을 물리치오니 그들이 선한 일을 숨기려 한 죄를 물으시고, 소망지 등을 올리시어 현능한 이들의 길을 크게 열어주셔야 합니다."

글이 올라가자 홍공과 석현은 유경생이 한 짓이라고 의심하고서 건의하기를 그것이 (남에게 상소를 대신 올리게 한) 간사한 짓인지 여부를 살펴보라고 청했고, 실제 조사 결과 과연 자복을 했다. 그래서 유경생은 체포되어 감옥에 갇혔다가 파면되어 서인(庶人)이 됐다.

때마침 소망지의 아들 소급(蕭伋)도 소망지가 과거에 관련됐던 사건을 쟁송하는 글을 올리자 황상은 그 글을 유사(有司)에 내려보냈고 얼마 후 답하는 글이 올라왔다.

"소망지가 아들을 시켜[教] 글을 올리게 했으니 대신으로서의 체모를 잃고 불경을 저질렀기에 청컨대 체포토록 해주십시오."

홍공과 석현 등은 소망지가 평소에 높은 절개를 가졌고 굴욕을 받지 않는다는 것을 알고서 건의했다.

"소망지는 과거의 사건에 다행히 연좌되지 않아 작위와 식읍[爵邑]이 회복됐음에도 허물을 후회하지 않고 죄도 자복하지 않은 채 아들을 시켜 글을 올리고 잘못을 황상께 돌리면서 스스로 황상의 사부라는 데 기대어 끝까지 반드시 연좌되지 않을 것이라 여기고 있습니다. 이에 소망지를 감옥에 가두어 그 원망하는 마음[怏怏心]을 (미리) 틀어막지 않으면 성스러운 조정에서 은혜를 베풀 수가 없을 것입니다."

황상이 말했다.

"소(蕭) 태부(太傅)는 평소 굴센 사람인데 어떻게 옥리(獄吏)를 보낼 수 있겠는가?"

석현 등이 말했다.

"사람의 목숨은 극히 중한 것이며 소망지가 연좌된 것은 그의 말이 야박했다[薄]는 죄이니 반드시 근심하실 바는 아닙니다."

황상은 드디어 그 주문에 대해 "그렇게 하라"고 했다. 석현은 조서(詔

書)를 봉하여 알자에게 보냈고 칙령으로 소망지를 불렀다. 그리고 급히 집금오(執金吾)[1]의 거기(車騎)를 발동하여 그의 집을 둘러쌌다. 사자가 와서 소망지를 불렀는데 소망지는 독이 든 술을 마시고 자살했다. 천자는 이 소식을 듣고 놀라서 손으로 땅을 치며 말했다.

"이전에 진실로 그는 감옥에 나아가지 않을 것이라고 의심했었는데 과연 내가 현명한 스승을 죽인 꼴이 됐구나!"

이때 태관(太官)[2]이 바야흐로 점심을 올리자 황상은 식사를 물리친 채 눈물을 펑펑 흘리며 울었다. 이에 석현 등을 불러 꾸짖으며 물으니〔責問〕 그들은 조사가 자세하지 못했다며 모두 모자를 벗고 사죄하다가 한참 지난 후에야 멈추었다.

1 허씨와 사씨는 다 외척이다.


신이 가만히 살펴보겠습니다. 간사한 신하의 종류는 많지만 권모술수는 대략 그 수를 알 수 있고 특히 분명한 것은 그들이 마음먹는 바가 바르지 않다는 것입니다.

따라서 좋은 일은 행할 수 없지만 나쁜 일은 행할 수 있고 충성은 할 수 없지만 속일 수 있는 것을 잣대로 삼아 홍공과 석현을 살펴보자면 그들은 소망지의 높은 절개와 굽힐 줄 모르는 성품을 알고서 능히 굴욕을 참아내지 못하리라고 보았던 것입니다. 그래서 이들은 소망지가 감옥에 가게 되면 그것이 그를 격분시켜 자살을 하기를 기대했던 것인데 소망지는 실제로 자살을 했습니다.

또 그들은 원제가 쉽게 속임수에 넘어간다는 것을 알고서 처음에는 소망지를 불러서 정위에게 넘기는 것만 공사(供辭)에 넣었지만 실제로는 감옥에 넣었고, 또 뒤에는 감옥에서 약간의 굴욕만 줄 것이라고 공사에 넣었지만 실제로는 그의 자살을 겁박한 것이나 마찬가지였습니다. 석현이 한 짓을 보면 (원제가) 지혜가 중간 정도만 되는 군주였어도 진실로 감히 그런 짓을 꾸미려고 생각도 하지 못했을 것입니다.

원제의 아둔함과 유약함은 필시 그것을 다스릴 수 없었을 것입니다. 그 때문에 일이 그렇게 흘러간 것이고 원제는 과연 다스리지를 못했습니다. (석현의) 미래를 헤아리는 재능과 일을 꾸며대는 기교가 맞아떨어지지 않은 것이 없었으니 만일 이것을 충성과 좋은 일을 위해 썼다면 그 유익함은 이루 다 끝이 없었을 것입니다. 따라서 소인이 재주를 품고서 나쁜 짓을 저지르면 그 해악이 닿지 못할 곳이 없다고 했던 사마광의 말은 (참으로) 믿을 만합니다.

무릇 황제의 스승을 죽게 만든 것은 죄가 큰 것이고, 관을 벗어 머리 숙여 사죄하는 것은 예가 작은 것입니다. 이처럼 작은 예로 큰 죄를 막으려 하고, 원제 역시 더 이상 문책하지 못하고 헛되이 식사만 물린 채 눈물만 흘릴 뿐이었습니다. 석현은 이때 비록 겉으로는 두려움에 떨며 죄를 비는 모양을 해보였지만 마음속으로는 사실 비웃으면서 경멸하고 있었을 것이 분명합니다.

따라서 임금 된 자가 건건이명(乾健離明)[3]의 다움〔德〕을 갖추지 못한 채 아녀자의 어짊〔婦人之仁〕[4]에 구애된다면 간신의 농간이 행해지지 않는 바가 거의 없게 되는 것입니다.


1) 대궐 문을 지키며 비상사태에 대비하는 무관직이다.
2) 황제의 식사를 주관하는 관직이다.

3) 『주역』 대유(大有) 괘(위는 ☲, 아래는 ☰)는 아래의 건(乾) 괘는 강
   건하고 위의 이(離) 괘는 밝다는 뜻이다.

4) 앞의 것이 남성적이고 강건한 어짊이라면 이것은 그에 대비되는
   어짊이라는 뜻이다.

(『자치통감』) 동군(東郡-허난성 푸양현) 출신의 경방(京房)[1]이 여러
차례 상소를 해 재이(災異)에 관해 말했는데 그것이 맞아떨어지자 천자
는 기뻐하며 경방을 여러 번 불러서 만나보았다. 이때는 석현이 권력을
제 마음대로 하고 있었다.[1]

황상이 편안하게 즐기고 있을 때 경방이 알현하고서 물었다.

"유왕(幽王)과 여왕(厲王) 같은 임금들은 어찌하여 위태로워진 것입
니까? 그들이 일을 맡긴 자가 누구입니까?"

황상이 말했다.

"임금이 밝지 못하니 일을 맡은 사람들이 간교하고 망령됐던 것이다."

경방이 말했다.

"그들이 간교하고 망령되다는 것을 알고서 쓴 것입니까? 아니면 현명
하다고 생각한 것입니까?"

황상이 말했다.

"현명하다고 생각했지."

경방이 말했다.

"그렇다면 지금은 어떻게 해서 그들이 현명하지 못하다는 것을 아는

것입니까?"

황상이 말했다.

"(돌아볼 때) 그 시대는 어지러웠고 임금이 위태로워졌으니 그렇다는 것을 아는 것이다."

경방이 말했다.

"만일 그러하다면 현능한 사람을 맡겨서 쓰면〔任用〕반드시 잘 다스려지고 불초(不肖)한 사람을 맡겨서 쓰면 반드시 어지러워지는 것은 반드시 그러한 도리〔必然之道〕입니다. 유왕과 여왕은 어찌해서 깨달아가지고 다시 현명한 이를 찾지 않았고, 또 어찌해서 결국 불초한 사람을 맡겨서 써서 이런 지경에 이르렀습니까?"

황상이 말했다.

"난세를 만난 임금은 자신의 신하들이 각각 현명하다고 할 것이다. 모두로 하여금 깨닫게 했다면 천하가 어찌 위태로워지고 패망하는 군주가 있을 수 있겠는가?"

경방이 말했다.

"제나라의 환공과 진나라의 2세 황제도 일찍이 유왕이나 여왕에 관해 듣고서 비웃은 바 있는데, 그렇다면 수조(豎刁)[2]와 조고(趙高)를 써서 정치는 날로 어지러워졌고 도적들은 산을 가득 채웠으니 어찌하여 유왕과 여왕의 사례를 통해 미루어보아 그 점을 깨닫지 못한 것입니까?"

황상이 말했다.

"오직 도리를 갖춘 자만이 지나간 것〔往〕을 가지고 앞으로 올 것〔來〕을 알 뿐이다."

이에 경방은 모자를 벗고서 머리를 조아리며 말했다.

"『춘추』는 242년간의 재이를 적어 만세의 군주들에게 보여주었습니다.

지금 폐하께서 즉위하신 이후로 해와 달이 빛을 잃고 별들이 거꾸로 가며, 산이 무너지고 샘이 용솟음치고 땅이 흔들리고 운석이 떨어졌으며, 여름에 서리가 내리고 겨울에 천둥이 치며, 봄에 꽃이 메마르고 가을에 잎이 무성해지며, 떨어진 서리[隕霜]가 (땅속 기생충들을) 죽이지 못하고 수재와 한재와 배추벌레와 구더기[蟊蟲]의 해가 있고, 백성들은 주려서 돌림병에 시달리고 도적을 제대로 막지 못하고, 형벌 받은 사람이 저잣거리에 가득하게 됐으니 『춘추』가 기록한 재이들이 모두 다 갖춰졌습니다. 폐하께서 보실 때 지금이 치세입니까 난세입니까?"

황상이 말했다.

"진실로[亦] 지극히 어지러울 따름이다."

경방이 말했다.

"지금 일을 맡겨서 쓰고 있는 사람들이 누구입니까?"

황상이 말했다.

"그렇다. 다행히 그들은 역사에 나오는 저들보다는 나으며 또 (문제의 원인이) 이 사람들에게 있지 않다고 본다."

경방이 말했다.

"전 시대의 군주들도 모두 다 그러했습니다. 신은 훗날 오늘날을 돌아보면서 오늘날 전 시대를 보는 것과 같을까 두렵습니다."

황상이 한참 동안 가만있다가 말했다.

"오늘날 어지럽게 하는 자가 누구인가?"

경방이 말했다.

"밝으신 군주께서는 스스로 그가 누구인지를 잘 아실 것입니다."

황상이 말했다.

"모르겠다. 만약에 알았다면 어찌 그를 맡겨서 썼겠는가?"

경방이 말했다.

"황상께서 가장 신임하고 계시며 더불어 휘장〔帷幄〕 속에서 일을 도모하며 천하의 선비들을 들고 나게 하는〔進出〕 사람이 바로 그 사람입니다."

경방은 석현을 지목해서 말한 것이고, 황상도 그가 누구인지를 알고서 말했다.

"이미 알아차렸다."

경방이 나갔는데 그 후 황상은 결국 석현을 내치지 못했다.

석현과 오록충종(五鹿充宗)[2]은 경방을 미워하여 그를 멀리 내쫓으려고 건의했다.

"마땅히 경방을 군수(郡守)로 삼아서 시험토록 해야 합니다."

이에 경방은 위군(魏郡-허난성 린장현) 태수가 됐는데 한 달쯤 지나서 어떤 일에 연루되어 불려와서 하옥됐다가 기시(棄市)됐다.

1 이때는 홍공은 이미 죽어 석현이 중서령을 맡고 있었다.
2 오록이 성이고, 석현의 패거리〔黨〕였다.

신이 가만히 살펴보겠습니다. 경방이 원제에게 올린 말은 이른바 깊이 절절하고 훤하게 밝습니다〔深切著明〕. 황상이 "이미 알아차렸다"고 했다면 이는 석현의 간사스러움을 알고 있었다는 뜻입니다. 그런데도 끝내 석현을 제거할 수 없었던 것은 대개 권세가 크고 임금의 총애를 크게 받고 있는〔權倖=嬖倖〕 신하는 처음에는 임금에게 아첨을 떨어 총애를 얻어내지만 끝에 가서는 임금을 겁박하여 자신의 지위를 굳건하게 하기 때문입니다.

통상 그 처음에는 임금의 사람 보는 눈이 깊지 못해 (간신들이) 뜻을 왜곡하고 아첨해 대는 것〔阿意容悅〕이 닿지 않는 바가 없습니다. 만일 그들이 요행히 임금의 측근이 되면 임금의 마음속을 파고드는 꾀〔鍵閉之謀〕³⁾가 날로 교묘해지고 서로 기대어 밀어주는 무리〔依憑之黨〕가 날로 번성하여 안팎의 큰 권세〔大權〕가 이미 그 손에서 나오게 됩니다. 이는 마치 사직단에 숨어 있는 쥐〔伏社之鼠〕는 연기를 피워 나오게 할 수 없고 성곽의 구멍에 숨은 여우〔穴墉之狐〕는 물을 채워 넣어도 꺼낼 수 없는 것과 같습니다.⁴⁾

이리하여 병이 깊이 자리 잡게 되면 약으로도 치유 불가능하고 그 혹이 목구멍 가까이에 있어 잘라낼 수도 없게 됩니다. 오직 훤하게 사람을 꿰뚫어 볼 줄 아는 임금만이 그들을 제대로 다스려 점차 없애버림으로써 마침내 거의 간신들을 다 제거할 수 있을 것입니다. 그렇지 않을 경우에는 그들을 용납하고 키워줘도 나라가 망하고 단번에 내치려 해도 망할 것입니다.

무릇 원제가 석현의 간사스러움을 알고 있었으면서도 결국 제거하지 못한 것은 제거하고 싶은 생각이 없었던 것이 아니라 제거할 수가 없었던 것입니다. 그러면 이처럼 제거할 수 없었던 까닭은 무엇이겠습니까? (석현이) 거기(車騎)를 발동하여 대신의 집을 둘러쌌다면 이는 그 권세를 제 마음대로 쓴 것입니다. 그리고 소망지를 죽이고 장맹(張猛)을 죽이고 가연지(賈捐之)를 죽인 것은 그 권세를 제 마음대로 하여 살육을 행한 것입니다.

외척으로서 사고(史高)가 붕당의 중심을 이루고, 알자(謁者)로서 뇌양(牢梁)이 당의 외곽을 이루고, 소인배인 오록충종 등이 당에 참여하여 권세가 떨어질 경우에는 당이 무리를 지어 합심해서 도우니 원제라 하더라도 그들을 제거할 수 없었던 것입니다.

따라서 성인(聖人-공자)이 구(姤) 괘(위는 ☰ 아래는 ☴)의 초육(初六)에 대해 풀이하면서 "그런 여자는 아내로 삼지 말라〔勿用娶女〕"고 했으니 대개 음(陰)에서 싹이 트려 할 때 그것을 억누르고 제압하여 제거할 수 없는 지경에 이르지 않도록 해야 한다는 뜻입니다.

아! 참으로 신묘하다고 하겠습니다.


1) 그는 양(梁) 땅 출신의 초연수(焦延壽)에게서 주역을 배웠는데 초연수가 늘 말하기를 "나의 도를 배워서 몸을 망칠 사람은 경방이다"라고 했다.

2) 관중은 죽으면서 환공에게 세 명을 소인으로 지목하며 중용해서는 안 된다고 했는데 그중 한 사람이다.

3) 열쇠가 자물통에 들어가듯 임금의 마음을 열었다 닫았다 한다는 뜻이다.

4) 이를 줄여서 城狐社鼠라고 하는데 임금 곁에 있는 간신들이나 몸을 안전한 곳에 두고 나쁜 짓을 일삼는 무리를 비유하는 고사성어이다. 중국의 진(晉) 나라 때 왕돈(王敦)과 사곤(謝鯤)의 고사(故事)에서 유래됐다.

(『자치통감』) 석현의 위세와 권력이 날로 번성하자 공경(公卿) 이하는 석현을 두려워하느라 두 발을 포개고 서서 한쪽 발자국만 남을 지경

이었다〔重足一跡〕. 석현은 중서복야(中書僕射-상소를 관장하는 책임자)
뇌양(牢梁)과 소부(少府-궁정의 물품 공급 책임자) 오록충종과 더불어
당우(黨友)를 결성하니 여기에 붙어 의탁한 자들은 모두 총애 받는 자리
를 얻었다.

석현은 스스로 자신이 권세를 제 마음대로 하고 있고, 또 일의 칼자루
도 자신의 손바닥에 있다는 것을 알았지만 (동시에) 천자가 하루아침에
좌우에 있는 신하들의 말을 받아들여 써서 자신을 떼어놓을까 봐 두려
워하여 마침내 한 번은 자신이 정성을 다 바쳐서 일단 신임을 받고 있다
는 것을 시험해 보기로 했다. 석현은 일찍이 여러 관서에 가서 징소(徵
召)하라는 황제의 명을 받았는데 석현이 먼저 황제에게 자백했다.[1]

"대궐 문 닫는 시간에 늦는 바람에 궁궐의 문이 이미 다 닫혀버렸으
면, 청컨대 (제가) 궁리(宮吏)들에게 조서(詔書)를 보여주게 하여 문을
열 수 있도록 해주십시오."

황상은 허락했다. 그리고 석현은 의도적으로 밤늦게 돌아오면서 조서
를 보여줘 문을 열게 하고 들어갔다. 뒤에 과연 어떤 사람이 글을 올려
고했다.

"석현이 명령을 마음대로 하여〔顓=專〕 조서를 고쳐서 궁궐의 문을 열
었습니다."

천자는 이 말을 듣고서 웃으면서 그 글을 석현에게 보여주니 석현은
그에 감격하여 울면서 말했다.

"폐하께서 지나치게 소신을 가까이 대해주시고〔私〕 일을 부탁하여 맡
기시니 여러 아랫사람들이 질투하지 않는 이가 없고, 신을 함정에 빠트
려 해치려고 하는 사람이 이처럼 여러 무리임에도 오직 밝으신 황상께
서만 이를 알아보십니다.

어리석은 신은 미천하여 진실로 이 한 몸으로는 수많은 무리들이 저를 칭찬하고 즐거워하게 할 수가 없으니 신은 바라건대 나라의 중책〔樞機〕은 다른 사람에게 돌리시고 저는 대궐 뒤뜰에서 청소나 하는 자리만 주신다면 (당장) 죽더라도 한스러운 바가 없겠습니다. 오직 폐하께서 불쌍하게 여기시어 제가 받는 총애를 줄여주신다면〔財幸＝裁幸〕 이로써 소신은 남은 생명을 온전히 할 수 있을 것입니다."

천자는 (석현의 속뜻도 모른 채) 실제 그렇다고 여겨 그를 불쌍하게 여기면서 여러 차례 그를 위로하고 권면하며 석현에게 후한 상을 내려주니 그가 재물로 남긴 것이 가치로 1억〔萬萬＝億〕에 이르렀다.


신이 가만히 살펴보겠습니다. 석현은 간특하여 무릇 원제가 자신을 제대로 알고 있지 못하다는 것을 혼자서는 알고 있었기에 하루아침에 발각되어〔敗露〕 더 이상 용납 받지 못하게 될까 봐 두려워했습니다. 그래서 이런 꾀를 내어 황상의 총애를 더욱 굳건히 하는 한편 사람들의 말이 들어갈 수 없도록 막았으니 그것은 참으로 교묘할 따름입니다.

옛날에 한 지방의 주군(州郡)에서 사람을 뽑는데 서로 경쟁하는 사람들 중에 갑(甲)이 을(乙)과 마주쳐 문득 고백하기를 자신은 팔에 일찍이 문신을 새겼다고 했습니다. 이에 을은 기뻐하며 당장 고을 수령〔長吏〕에게 일러바쳤습니다. (그러나) 고을 수령이 갑을 불러서 그 팔을 확인해 보니 문신은 없었습니다. 이에 갑이 기뻐하며 말하기를 "무릇 을이 봤다고 하면서 무리를 속이는 바가 이와 같습니다"라고 했습니다. 이후 을의 말은 두 번 다시 받아들여지지 않았고 갑이 천거를 받았습니다.

　이것은 일반 저잣거리에서 사람들이 서로를 배척할 때 쓰는 작은 술수〔小數〕인데 석현은 그것을 써서 자신의 황제를 말로 호렸고, 원제는 그것을 꿰뚫어 살피지를〔察〕 못했으니, 아! 한탄스러울 뿐입니다.

　1) 이는 황제의 명을 받아 대궐 밖으로 나갔다가 늦을 경우를 말한다.

　(『자치통감』) 애초에 석현은 자신이 전 장군 소망지를 죽인 데 대해 많은 사람들이 흉흉해한다는 소식을 듣고서 천하의 배운 선비들〔學士〕이 자신을 비방할까 봐〔訕〕 두려운 마음을 갖고 있었다. 그래서 그는 간대부(諫大夫) 공우(貢禹)가 경전에 밝고 절개가 뛰어나다는 것을 알고서 마침내 사람을 시켜 자신의 뜻을 전하고 깊이 스스로 연결을 맺고서 받아들였으며, 그것을 제기로 공우를 천자에게 천거하여 지위가 구경(九卿)에 이르렀고 예로 섬기는 것〔禮事〕도 자못 갖추어졌다. 이에 의논하는 사람들은 혹 석현을 칭찬하며 또 어떤 이들은 그가 소망지를 질투하여 참소했던 것은 아니라고까지 여겼다. 석현이 바꾸고 속이는 수법〔變詐〕을 써서 스스로 (궁지에서) 벗어나고 면하면서 임금의 신임을 얻어내는 것은 다 이런 식이었다.

　　　　신이 가만히 살펴보겠습니다. 석현의 이 같은 행위는 자신의 잘못을 학문의 힘을 빌려 무마하고 여러 사람들의 중론(衆論)을 가리려는[揜=奄] 수법입니다. 뒤에 왕봉(王鳳)도 먼저 왕장(王章)과 두흠(杜欽)을 살해해 놓고서는 이를 무마할 목적으로 직언(直言)과 극간(極諫)도 얼마든지 가능한 것처럼 보이기 위해 낭종관(郎從官)으로 하여금 황제 앞에서 그 말하고자 하는 바를 남김없이 진달하도록 했습니다. 이는 천하의 사람들로 하여금 말을 마음대로 했다고 해서 죄를 받는 것은 아니라는 것을 보여주기 위함이었습니다. 간사스러운 신하들이 자신의 잘못을 가리려고 겉을 꾸며대는[緣飾] 교묘함이 대체로 이와 같았습니다. (훗날) 도적 왕망이 이것을 본받아 마침내 나라를 도둑질하게 됩니다. 그러니 석현이 뜻을 쓰는 수법[用志]이 어찌 얄팍했다[淺淺] 하겠습니까?

(『자치통감』) 오(吳) 나라 임금[主] 손휴(孫休)[1]가 즉위했을 때 좌장군 장포(張布)와 승상 복양흥(濮陽興) 둘 다 귀하게 되고 총애를 받아 권력을 쥐게[用事] 되자 망령된 기교를 써가며 서로 겉과 속을 이루었다.

이때 오나라 임금은 책읽기를 좋아해 죄주(祭酒) 위소(韋昭) 및 박사 성충(盛沖)과 함께 강론을 하려고 했는데 장포는 이 두 사람이 간절하고 곧은 말을 잘하는 사람이라 이들이 입시하여 자신의 허물들을 말할까 봐 두려웠다. 그래서 강력하게 간언을 해 강론을 그치게 만들었다. 이때 오나라 임금이 말했다.

"고(孤-임금이 자신을 지칭하는 말이다)가 여러 책들을 섭렵하며 대략 두루 보았지만 단지 위소 등과 더불어 옛 이야기들을 강습하려고 하는 것인데 무슨 해로움이 있겠소? 그대는 특히 위소 등이 신하들의 간사함과 사특함을 말할까 두려워하여 그들이 들어오지 못하게 하려 하는 것이오. 이 같은 일은 고가 이미 스스로 잘 대비하고 있으니 굳이 위소 등이 말한다고 해서 내가 그것을 받아들이고 하는 것은 아니오."

장포가 황공하여 사죄의 말을 하고서는 또 자신이 정사를 방해한 듯하여 두렵다고 말하니 오나라 임금이 말했다.

"임금이 힘써 해야 할 일과 학업은 그 흐름상 다른 것이기는 하지만 서로 방해하는 것은 아니오."

그러나 오나라 임금은 장포가 의심하고 두려워할까 봐 걱정이 되어 결국 장포의 뜻대로 강론하는 일을 폐기하고 다시는 위소 등을 불러들이지 않았다.

1 손권의 아들이다.


신이 가만히 살펴보겠습니다. 가의가 말하기를 제왕이 태학에 들어가 스승을 모시고서 도리를 묻게 되면 다움과 지혜〔德智〕가 늘어나서 다스리는 도리를 얻게 된다고 했고, 동중서 또한 배우고 묻기에 힘써 노력하면 견문이 넓어지고 지혜가 더해지고 밝아진다고 했습니다. 무릇 임금으로 하여금 다움이 날로 늘어나게 하고 지혜가 날로 밝아지게 하는 것이야말로 천하 국가의 복이요, 신하 된 자의 큰 소망입니다. 그래서 충신의 마음은 오직 자신의 임금이 배움에 힘쓰기를 바랄 뿐이니 부열(傅說)이 고종(高宗)에게 고했던 바가 그것이요,

간신의 마음은 오직 자신의 임금이 배움을 좋아하는 것을 두려워할 뿐이니 장포가 오나라 임금을 저지한 것이 그것입니다.

어떤 사람은 (당나라 때의 환관) 구사량(仇士良)이 후배 환관의 무리들에게 임금으로 하여금 유학자들을 가까이 하지 못하도록 가르쳤다고 보면서 이런 술책은 구사량으로부터 시작되었다고 하는데 이는 이미 삼국시대에 장포와 같은 자가 있었다는 것을 몰랐기 때문입니다.

음험하고 사특한 자들이 마음을 쓰는 바가 깊은 계책 없이 영합하는데만 몰두하는 것[不謀而合]이 대체로 이와 같습니다. 그래서 그 후의 간신들도 이런 것을 본받아 경악(經幄-경연)을 설치하기는 했지만 거기에 끌어들인 것은 대부분 교활하고 망령된 무리들이었고, 유학을 익힌 신하들이 임금과 접견할 수 있도록 했지만 그들이 진술하는 바는 대부분 임금을 가리고 어둡게 만드는 학설뿐이었습니다. 장포와는 다른 술책이기는 하지만 그 마음은 결국 똑같았으니 임금은 이 모든 것들을 다 깊이 살피지 않으면 안 될 것입니다.

(『자치통감』) 진(晉) 나라의 시중 겸 상서령 겸 거기장군 가충(賈充, 217~282년)[1]이 문제(文帝) 때부터 총애를 받아 일을 쥐고서 권세를 휘둘렀는데 무제(武帝-사마염)가 태자가 될 때 가충이 자못 힘을 썼기 때문에 황제(-무제)에게 더욱 총애를 받았다.

가충의 사람됨은 교묘하고 아첨을 잘했으며 태위 순의(荀顗), 시중 순욱(荀勖), 중서감 풍담(馮紞)과 더불어 서로 패거리를 맺자 조정과 민간 모두에서 그들을 미워했다. 태시(泰始-무제의 연호다) 때 황제가 시중 배해(裴楷)에게 바야흐로 당시의 잘잘못에 대해 묻자 이렇게 대답했다.

"폐하께서 천명을 받으시어 온천하가 순풍을 탄 듯하지만 폐하의 다움이 요임금이나 순임금에 비교되지 못하는 까닭은 단지 가충의 무리들이 조정에 있기 때문일 뿐입니다. 마땅히 천하의 현능한 인재들을 끌어들이셔서 그들과 더불어 정치하는 도리를 크게 넓히시고 마땅히 사람들에게 사사로움을 보이셔서는 안 됩니다."

시중 임개(任愷)와 (하남윤) 유순(庾純)이 모두 가충에게 협력을 하지 않자 가충은 그들을 황상을 가까이에서 모시는 자리〔近職〕에서 내쫓고자 하였고, 마침내 임개가 진실하고 곧다〔忠貞〕고 천거하면서 마땅히 동궁에 있게 해야 한다고 하니 황제는 임개를 태자소부로 삼으면서 시중의 자리는 그대로 유지하도록 명했다. 때마침 (독발)수기능(樹機能)이 진주(秦州-감숙성 동부)와 옹주(雍州-산시성)를 침략해 어지럽히자 황제가 이를 걱정하니 임개가 말했다.

"마땅히 위엄과 명망이 있는 중신들 가운데 지략이 있는 자를 골라 그곳을 진무(鎭撫)케 해야 할 것입니다."

황제가 말했다.

"누가 할 수 있겠는가?"

임개가 그 말에 가충을 천거했고 유순도 그를 칭찬하니 드디어 가충을 진주와 양주(涼州)를 총괄하는 도독진량이주제군사(都督秦凉二州諸軍事)로 삼았다.

가충이 장차 임지로 떠나려 하자 공경들이 석양정(夕陽亭-낙양성 서쪽)에서 전별했다. 이때 가충이 은밀하게 순욱에게 계책을 묻자 순욱이 말했다.

"이번 임무는 사양하기가 실로 어렵습니다. 다만 태자(-사마염의 아들 사마충)와 혼사를 맺게 된다면 사양하지 않고서도 남아 있을 수 있을 것입니다."

그러고 나서 (순욱은) 말하기를 청한 다음 풍담에게 말했다.

"가공(賈公)이 멀리 가게 되면 우리의 무리가 세력을 잃게 됩니다. 태자의 혼사가 아직 결정되지 않았는데 어찌 황제께 가공의 딸을 받아들일 것을 권유하지 않습니까?"

풍담도 진실로 그렇다고 여겼다. 애초에 황제는 위관(衛瓘)의 (셋째) 딸을 태자비로 맞아들이고자 했는데 가충의 처 곽괴(郭槐)가 양후(楊后)의 좌우 사람들에게 뇌물을 주어 황후로 하여금 황제에게 자신의 딸을 태자비로 받아들이도록 설득하게 하였다. (게다가) 순욱 등이 다 가충의 딸이 대단한 미인인 데다가 재주와 덕을 갖추었다고 칭찬하자 황제는 마침내 이 말을 따랐다. 그리고 가충으로 하여금 경사에 남아 있도록 하고 다시 옛 직임들을 그대로 맡겼다.


🌿　　　신이 가만히 살펴보겠습니다. 가충은 사마소의 측근 신하로 위나라 황제를 내쫓고 사마소를 도와 진나라를 세우는데 기여했으니 진나라 황실에서 보자면 큰 공〔元功〕을 세운 것이지만 그 실상으로 보자면 천하의 큰 도적〔大賊〕입니다. 그가 일을 쥐고서 권세를 휘두른 것이 오래되자 순욱과 같은 간사한 소인 무리들이 붕당을 이뤄그를 도왔는데 이들은 다만 그가 경사를 떠나게 될 경우 자신들이 믿고 의지할 바가 없어지게 될까 봐 두려워했습니다. 그래서 가충이 진주와 양주의 총감독이 되어 임지로 떠나게 되자 순욱은 결혼이라고

하는 꾀를 생각해 냈고, 또 온 힘을 다해 가충의 딸의 재주와 덕을 칭찬했습니다. 이에 마침내 가충은 경사에 남게 되었고 이 결혼은 성사됐습니다.

원래 황제는 이 결혼에 대해 부정적이었으나 안으로는 양후가 곽괴의 뇌물을 받아 가충의 딸을 주장했고, 밖에서는 순욱 등 여러 사람이 서로 이끌고 도왔습니다. 비록 황제도 초심은 밝았으나 상황이 이렇게 되자 결국 현혹되어 자신의 결정을 지킬 수가 없었던 것입니다.

대개 간신들이 일을 꾸밀 때에 안으로는 궁위(宮闈-왕비나 후궁)와 연결을 맺고 밖에서는 여러 소인들과 교결한 후에야 결국 자신들이 원하는 바를 이루지 않은 바가 없었습니다. 이리하여 가충의 딸이 태자비가 되고서 진나라 황실의 어지러움이 싹텄으니 선배 유학자 소옹(邵雍)은 석양정에서의 한마디가 재앙을 낳은 것이지 석륵(石勒, 274~333년)[2]이 진나라를 무너트린 때문이겠는가라고 했는데 어찌 그렇지 않다고 하겠습니까?

1) 사마염이 위나라의 황제를 폐하고 진(晉) 나라를 세우는 데 큰 역할을 했다. 사마염이 무제로 즉위한 후, 거기장군상서복야(車騎將軍尙書僕射)가 됐고 두예(杜預) 등과 함께 『진율령(晉律令)』을 편찬했다. 오나라를 토벌할 때 대도독(大都督)이 되었고, 두 딸은 태자비(太子妃)와 제왕비(齊王妃)가 됐다. 태자비는 후에 혜제(惠帝)의 가황후(賈皇后)로, 팔왕(八王)의 난이 일어나 서진(西晉) 멸망하는 계기가 됐다.

2) 5호16국시대 후조(後趙)를 세운 황제로, 시호는 명제(明帝)이다. 갈족(羯族) 추장의 아들로 태어나, 20세 때 진(晉) 나라 병사에게

잡혀 노예로 팔리기도 했다. 흉노의 유연(劉淵)이 한국(漢國)을 세우자 장군으로 임명됐고, 점점 세력이 커지자 스스로 왕위에 올라 국호를 조(趙)라 하고 양국(襄國)을 수도로 삼았다. 한족의 교육을 받지 못했지만, 학문을 중히 여겨 학교를 세우고 학자를 중용했다. 귀순한 한인(漢人)들을 잘 다루고 문화를 융성시키는 등 유능한 통치자로서 15년 동안 재위했다.

(『자치통감』) 가충은 임개와 더불어 둘 다 황제의 깊은 총애를 받았다. 가충은 명예와 권력을 독점하고 싶어 임개를 꺼렸고, 마침내 임개를 이부상서(吏部尙書)로 천거하자 임개는 황제를 가까이에서 모실 기회가 점점 줄어들었다. 가충은 이로 말미암아 순욱 등을 통하여 그 사이에서 함께 임개를 중상모략했다. 이리하여 임개는 결국 죄를 얻어 자신의 집으로 폐출되었다.

신이 가만히 살펴보겠습니다. 소인이 군자를 해칠 때를 보면 그 실태는 한 가지가 아닙니다. 임금이 용렬하고 어두울 때를 만나면 노골적으로 밀쳐내니〔顯擠〕홍공과 석현이 소망지에게 했던 것이
<small>현제</small>
그것입니다. 임금의 자질이 뛰어나고 밝으면 암암리에 제거하니〔陰排〕
<small>음배</small>
가충이 임개에게 했던 것이 그것입니다.

진나라 무제가 비록 뛰어난 임금〔賢君〕이라는 평가는 얻지 못했어
<small>현군</small>

도 결코 용렬하고 어두운 임금은 아니었습니다. 게다가 임개 또한 황제의 총애를 받고 있었기 때문에 가충이 그를 넘어트리려고 했지만 그것이 결코 쉬운 일은 아니었습니다. 그래서 앞에서는 그의 진실하고 곧음(忠貞)을 칭찬해 동궁의 일을 맡도록 했으니 이는 임개로부터 시중(侍中)의 자리를 빼앗아 임금의 좌우에 있지 못하도록 하기 위함이었습니다. 그런데 이런 계략이 자기 뜻대로 되지 않자 이번에는 임개를 이부상서로 천거했습니다. 천관(天官)¹⁾의 직임이 중요하기는 하지만 그 하는 일은 사람을 고르고 평가하는 것(銓衡)이었기 때문에 시중만큼 황제의 지근거리에서 은밀하게 모실 수는 없었습니다. 그의 계략이 이미 행해지자 드디어 어떤 일로 임개를 배척하여 폐출시켰으니 이것이야말로 참으로 그 술책이 교묘했다고 하지 않을 수 없습니다.

옛날에 조요(趙堯)가 주창(周昌)의 어사대부 자리를 빼앗으려 할 때 (한나라) 고제에게 마치 조왕 유여의(척부인 소생)를 위한다는 명분으로 뛰어나고 강직한 재상을 붙여줘야 한다면서 주창을 천거했고, 또 공손홍이 동중서를 질시해 그를 외방으로 내치기 위해 (한나라) 무제에게 말하여 (포악했던) 교서왕(膠西王)의 재상이 되도록 했습니다. 대체로 고제와 무제는 둘 다 밝은 임금이고 주창과 동중서의 현능함 또한 두 황제가 잘 알고 있었습니다. 그런데도 조요와 공손홍 두 사람이 그들을 무고하여 죄를 얻게 하여 노골적으로 밀쳐냈다는 것은 두 황제가 반드시 일의 곡절을 다 살필 수는 없었기 때문일 것입니다. 이는 겉으로는 천거하여 높인다(薦譽)는 명분을 빌어 속으로는 배척하고 제거하는 술수를 쓴 것입니다.

그러므로 고제와 무제의 밝음으로도 다 제대로 살피지 못함이 있었던 것이니 이것이야말로 가충의 계략이 진나라 무제에게서도 행해질 수 있었던 까닭일 것입니다.

1) 인사를 책임지는 자리라 이렇게 별칭으로 불렀다.

(『자치통감』) 양나라 무제 때 중령군(中領軍) 주이(朱异)가 꾸밈이 화려한 데다가 재바르고 말주변이 좋았으며〔文華敏給〕 몸을 굽혀 세상 사람들의 칭찬을 얻었다〔曲營世譽〕. 이리하여 주이는 황상으로부터 총애를 받았다.

주이는 임금의 뜻을 잘 살피고 엿보아가면서 아첨을 잘해 권세를 쥐고 흔든 30년 동안 널리 뇌물을 받았고, (황제가) 보고 듣는 바를 속여서 멀고 가까운 사람들 가운데 분노와 원망을 하지 않는 사람이 없었다. 그의 정원과 주택, 노리개, 먹고 쓰는 것, 가무와 여색 등이 한때 최고로 융성했다. 그가 집에서 머물 때면 거마(車馬)가 문 앞을 가득 메웠다.

신이 가만히 살펴보겠습니다. 이것은 양나라 사신이 주이의 말을 묘사한 것입니다. "꾸밈이 화려한 데다가 재바르고 말주변이 좋았다"는 것은 임금이 그것을 좋아했다는 것이고, "몸을 굽혀 세상 사람들의 칭찬을 얻었다"는 것은 세상 중론이 그것을 기뻐했다는 것입니다. 또 능히 "임금의 뜻을 잘 살피고 엿보아가면서 아첨을 잘했다"고 하니 이는 그만큼 황제의 총애와 은혜가 더해가고 단단해진

〔益固〕 까닭입니다.
익고

오직 밝은 임금이 사람을 보는 법〔觀人〕은 꾸밈이 화려함〔文華〕으로
관인                                              문화
하지 않고 다움과 행실〔德行〕로 판단하고, 헛된 명예〔虛譽〕로 하지 않
덕행                                    허예
고 공적과 실상〔功實〕으로 판단하며, 자신의 뜻을 받들어 모시는 것
공실
을 좋다고 여기지 않고 자신의 허물을 살펴서 보필하는 것을 충성스
럽다고 여깁니다. 만일 이와 같이 한다면 주이 같은 자가 백 명이 있어
도 임금을 가리고 혹하게 하지 못할 것입니다.

무릇 대궐에 들어와서는 임금 앞에서 뱁새 눈을 하고서 눈치를 살피
며 마치 쥐새끼처럼 엎드려 굽실거리다가도 대궐을 나서면 외부 사람
들에게 마구잡이로 행동을 해대며 탐하고 빼앗는 것〔貪噬〕을 호랑이와
탐서
도 같이 하니 이것이 바로 간사스러운 신하들의 일반적인 행태입니다.

그래서 주이는 이미 아첨을 통해 황상으로부터 총애를 얻었고, 이렇
게 얻은 위세와 복〔威福〕을 이용해 아래로부터 뇌물을 거둬들였는데
위복
도 임금이 이를 제대로 살피지 못해 마냥 가납하고 기뻐하기만 했으
니 또 어찌 주이의 속마음의 실상까지 알 수 있었겠습니까?

❧

(『자치통감』) 태자시독(太子侍讀) 서이(徐摛)가 황상을 알현할 때
그 응대하는 바가 밝고 민첩하니 그에 대한 총애와 대우가 날로 융성해
지자 주이가 기뻐하지 않았다. 그래서 틈을 타서 황상에게 건의하기를
"서이는 나이가 많고 산과 물을 좋아해 그 뜻이 지방의 일개 군을 맡아
스스로 보양이나 하는 데 있습니다"고 하자 황상은 서이가 진짜 그런

줄 알고서 마침내 내보내어 신안(新安) 태수로 삼았다.


신이 가만히 살펴보겠습니다. 지아미는 지아비의 마음을 독점하려(顓) 하기 때문에 새로 들어오는 여인이 있으면 반드시 질투를 하고, 신하는 임금의 마음을 독점하려 하기 때문에 새로 들어오는 신하가 있으면 반드시 질시를 합니다. 따라서 부인이 마음 쓰는 바(用心)를 (『시경』의) '규목(樛木)'(에 나오는 것)처럼 하고 '종사(螽斯)'처럼 한다면 감히 그 지아비의 마음을 독점하려 들지 않을 것이요, 신하가 마음 쓰는 바를 (『서경』의) '태서(泰誓)'에 나오는 일개 신하가 그 마음을 너그럽게 하여 용납함이 있었던 것처럼 한다면 감히 그 임금의 마음을 독점하려 들지 않을 것입니다.

바야흐로 이때에 주이는 간사스러운 아첨으로 황제에게 총애를 얻어 오로지 재주와 능력을 갖춘 신하가 나타나 임금의 총애를 얻어 자신이 받고 있던 총애가 나눠지게 될까 봐 두려워했을 뿐입니다. 그래서 비록 별볼일 없는 일개 서이라도 용납하지 못하고서 반드시 계략을 써 그를 제거했습니다. 그러고서도 말하기를 "서이는 나이가 많고 산과 물을 좋아해 그 뜻이 지방의 일개 군을 맡아 스스로 보양이나 하는 데 있습니다"라고 하였습니다. 만일 황제가 주이의 말을 듣고서 그것을 서이에게 물어보았다면 그 간사스러운 꾀는 훤하게 드러났을 것입니다. 그러나 주이가 감히 이렇게 말할 수 있었던 것은 대개 이미 자신이 황제의 뜻을 독점하고 있으니 그저 자신의 말을 믿어서 반드시 더 이상의 질문을 하지 않을 것이라고 보았기 때문입니다.

후세의 간사스러운 신하들이 나라를 제 마음대로 하고 국정을 독점하려 할 때 임금이 다른 사람을 가까이하고 신임하는 것을 막은 것은 대부분 술책으로 그를 제거했는데 이는 주이가 했던 계략과 거의 똑같습니다.

(『자치통감』) 동위(東魏)의 후경(侯景, 503~552년)은 (동위의 실권자인) 고징(高澄, 521~549년)[1]과 틈이 있어 마음이 자연스레 늘 불안해하다가 하남(河南-황하 남쪽)을 점거하고서 반란을 일으켰다. 그러고 나서 13개주를 갖고서 투항하겠다고 청하자 황상(-진나라 무제)은 여러 신하들을 불러 조정회의를 열었는데 모두가 (후경을 다시 신하로 받아들이는 것은) 마땅하지 않다고 했다.

이 해(547년) 정월 을묘일에 황상이 꿈을 꿨는데 중원(中原)의 목사와 태수[牧守]들이 다 그들의 땅을 갖고 와서 항복하겠다는 내용이었다. 아침에 (중서사인) 주이를 보자 이를 말하니 주이가 말했다.

"이는 온 세상이 합쳐져 하나가 될 조짐입니다."

후경의 사신이 와서 후경이 그 같은 계획을 세운 것이 (바로) 정월 을묘일이라고 말하자 황상은 더욱 신묘하게 여겼으나 뜻은 아직 정하지 못했다. 황상은 일찍이 혼자서 이렇게 말한 적이 있었다.

"우리 국가는 마치 금사발과 같아서 한 곳도 다치거나 빠진 곳이 없는데 지금 갑자기 후경의 땅을 받는다면 어찌 이 일이 마땅하겠는가? 또 만약에 뒤섞여 어지럽게 되기라도 한다면 (뒤에 가서) 이를 뉘우친다 한들 어찌 이를 따라잡을 수 있겠는가?"

주이가 황상의 뜻을 은밀하게 헤아려 알고서 이렇게 말했다.

"빼어나고 밝으신 폐하께서 천하에 다가서니 남북에 사는 사람들이 귀의하며 우러러보는데 딱이 마땅한 일로 인한 기회가 없어서 그들의 마음에 도달하지 못하였습니다. 지금 후경이 위의 땅 반을 나누어 가지고 있으니 스스로 하늘이 그의 속마음을 유인한 것이 아니라면 사람이 그러한 모의에 찬성했다고 해도 어찌 여기에까지 이르렀겠습니까? 만약에 거절하고 받지 아니하시면 아마도 뒤에 오는 사람의 희망을 끊게 될까 두렵습니다."

황상은 이에 의논을 정하고 후경을 받아들였다.


동위의 (대장군) 고징이 자주 편지를 보내 다시 왕래하며 우호관계를 맺자고 청했고 정양후(貞陽侯) 소연명(蕭淵明)[2]을 송환시켜주겠다고 했다. 소연명도 사람을 보내 황상에게 계문을 바쳤다. 황상은 계문을 받고서 눈물을 흘리고 조정의 신하들과 이를 의논했는데 주이가 말했다.

"도적들을 조용하게 만들고 백성들을 쉬게 하려면 화해하는 것이 실로 편리합니다."

사농경 부기(傅岐)가 홀로 말했다.

"고징이 무엇 때문에 화해하려고 하겠습니까? 반드시 이것은 이간질〔設間〕을 하려는 것입니다. 그렇기 때문에 정양후에게 명하여 사람을 보내게 해서 후경으로 하여금 스스로 의구심을 품도록 하려는 것입니다. 그래서 후경이 속으로 불안하면 반드시 재앙과 혼란을 도모할 것입니다. 만약에 왕래하며 후호관계를 맺자는 청을 허락할 경우 바로 그 계략 속으로 떨어질 것입니다."

(그러나) 주이는 화해를 해야 한다는 입장을 고집했고, 황상 또한 병

력을 동원하는 일이 싫어 마침내 주이의 말을 따랐다.

후경이 주이에게 금 300냥을 주었는데 주이는 이를 받고서 계문을 전달하지 않았다. 후경이 이에 비로소 반란을 일으킬 계책을 세웠다. 파양왕(鄱陽王) 소범(蕭範)은 은밀하게 (후경이 모반할 것이라는) 계문을 올렸다. 이때 황상은 변경의 일은 전적으로 주이에게 맡겨놓았으며 모든 동정에 대한 보고는 그를 거치도록 했는데 주이는 결코 그럴 리가 없다고 여겼다. 이로부터 소범의 계문은 주이가 더 이상 (황상에게) 전달하지 않았다.

(마침내) 후경이 수양(壽陽-안후이성 서우현)에서 반란을 일으켜 주이와 소부경 서린(徐驎), 태자 우의수 육험(陸驗), 제국감 주석진(周石珍)을 주살하는 것을 명분으로 삼았다. 주이 등은 다 간사한 거짓말로 임금을 가리고 권력을 농단하여 당시 사람들이 다 병통으로 여겼기 때문이다. 그래서 후경이 그것을 핑계로 군사를 일으켰다. 마침내 후경이 강을 건너 대성(臺城)을 포위하자 조정과 민간 모두 주이에게 허물을 돌리니 주이는 부끄럽고 분하여 병이 생겨 곧 죽었다. 황상은 그의 죽음을 애처롭게 여겨 특별히 상서우복야(尚書右僕射)를 내려주었다.[3]

1 고징은 고환(高歡)의 아들이며, 대대로 위나라의 권세를 독점하고 있었다.

2 양나라 종실의 자제로 전쟁에 나섰다가 패해 동위의 포로로 있었다.

3 이때가 태청(太淸) 3년(549년) 정월이었다. 3월에 성이 함락되었고, 5월에 무제는 세상을 떠났다.

신이 가만히 살펴보겠습니다. 주이는 황상의 뜻을 잘 살피는 것으로 아첨하여 총애를 얻었기 때문에 나라의 중대사를 모의할 때에도 옳고 그름이나 가부(可否)는 논하지 않고 오로지 황제의 뜻이 어디에 있는지만 살폈습니다.

후경이 항복한다고 했을 때도 그것을 받아들이자고만 했지 아무런 계책이 없었습니다. 그저 주이가 황제의 뜻을 헤아려보니 황제는 중원의 땅을 얻는 데 관심이 있었습니다. 그래서 그쪽으로 권유하고 그렇게 되도록 한 것입니다.

정월 을묘일의 꿈을 일찍이 주이에게 말해 주었을 때 주이는 이미 간사스러운 말로 황제에게 아첨을 했습니다. 후경이 보낸 사람이 왔을 때 과연 후경이 항복하려는 계획을 세운 것이 딱 을묘일이라고 했는데 이는 대개 주이가 그 사람에게 그 말을 하도록 해서 황상의 뜻에 부합하도록 한 것일 뿐입니다. 그런데도 황상은 이 점을 제대로 살피지 못한 채 신묘하다고 했으니 어찌 하늘이 그의 지혜를 빼앗아 이토록 어리석게 만들었단 말입니까?

무릇 후경이 동위에 반란을 일으킨 것은 고징과 틈이 있었기 때문입니다. 앞서 후경의 투항을 받아들였다면 불필요하게 고징과 통교를 할 필요가 없다는 것을 삼척동자라도 오히려 쉽게 알았을 것입니다. 그런데 주이는 황상의 뜻이 정양후의 송환에 있다는 것을 헤아리고서는 그쪽으로 권유하고 그렇게 되도록 했습니다. 고징과 화해를 추구한 것은 후경의 반란을 재촉한 것입니다.

주이는 원래 유학을 공부한 자인데 어찌 무식한 자처럼 어리석습니까? 그가 이런 식으로 행동한 것은 다만 부귀를 누리고 싶어 했기 때문일 뿐입니다. "권세를 쥐고 흔든 30년 동안 널리 뇌물을 받았고, 그

덕에 그의 정원과 주택, 노리개, 먹고 쓰는 것, 가무와 여색 등이 한때 최고로 융성했다"고 했으니 덜덜 떨면서〔惴惴〕오로지 그것들을 잃게 될까 봐만 두려워했습니다. 그래서 그는 모든 관심을 오직 이것들을 지키는 데만 쏟았고, 나라를 위한 충성스러운 계책을 세우는 데는 조금의 노력을 쏟지 않았는데 양나라 무제는 그의 달콤한 말과 거짓을 달게 여겨 후경이 압박해 올 때 조정과 민간 모두 그 죄를 주이에게 돌리는데도 황제만이 홀로 그것을 알지 못했습니다. 심지어 그가 이미 죽었는데도 애틋한 마음을 갖고서 특별한 지위마저 추증해 주었으니 "난을 당한 임금은 각각의 신하를 다 현능하다고 여긴다"는 말은 거의 무제를 두고 하는 말이라 하겠습니다.

무릇 임금이 신하들의 사특함과 바름〔邪正〕을 보려 할 경우 대략 두 가지 방법이 있습니다. (첫째) 계책을 세우고 의논하는 바〔謀議〕가 나라를 중시하고 임금을 중시하지 않는 것, 이것이 바른 신하이고 이와 반대가 되면 사특한 신하입니다. (둘째) 처신하는 바가 의리를 중시하고 이익을 중시하지 않는 것, 이것이 바른 신하이고 이와 반대가 되면 사특한 신하입니다.

주이는 대신이면서도 아첨을 일삼고 재물을 끌어모았으니 이 두 가지 (사특한) 죄를 겸했다고 하겠고, 양무제는 그것을 하나도 살피지 못했으니 재앙에 이르게 된 것은 마땅하다고 해야 하지 않겠습니까?


이상은 간사한 자〔姦臣〕[1]가 (자신의) 주군을 옭아매는 사정을 논한 것입니다.


1 간사한 신하〔姦臣〕이다.

(『자치통감』) 애초 제(齊) 나라 말기에[1] 어룡(魚龍)이니 산거(山車)니 하는 놀이가 있었는데 이를 산악(散樂)이라 불렀다. 수나라 고조(高祖-수 문제 양견)가 황위를 선양받아 옥좌에 오르자 우홍(牛弘)에게 명하여 (나라를 위한) 음악을 제정하게 했는데 정성(正聲)[2]이 아닌 것은 모두 내보내도록 했다.

수 양제(煬帝)는 (돌궐의 제10대) 가한(可汗-임금)인 계민(啓民)이 장차 들어와 조현(朝見)하겠다고 하자 풍부한 음악을 그에게 과시하고 싶어 했다. 이때 태상소경(太常少卿) 배온(裵蘊)이 황상의 비위를 맞추려고 청을 올렸다.

"천하의 주(周-북주), 제(齊-북제), 양(梁), 진(陳)의 음악가 집안의 자제들을 모아서 모두 악호(樂戶)로 삼는데, 그 육품 이하의 관리와 일반 백성에 이르기까지 음악을 잘하는 사람이 있으면 모두 다 태상에 직속시켜 주십시오."

이에 (황제는) 사방에 있는 산악을 동경(東京)에 대거 결집시키고 그것을 방화원(芳華苑) 적취지(積翠池) 옆에서 관람했다. 그 후 (이들을) 모두 태상에 배치하고 제자들을 두게 했으며 서로 전수케 하니 악공이 (대거 양성되어) 3만여 명에 이르렀다.

(한편) 서역의 여러 오랑캐족들이 대부분 장액(張掖-간쑤성 장예시)에 이르러 교역을 하고 있었는데 황제가 이부시랑(吏部侍郞) 배구(裵矩)를 시켜 그것을 관장토록 했다. 배구는 황제가 원대한 계략을 좋아한다는 것을 알고서 오랑캐 나라에서 온 여러 장사꾼들에게 그쪽 여러 나

라의 산천과 풍속과 왕과 일반 백성들의 문화와 복식을 책으로 짓도록 꾀어서 『서역도기(西域圖記)』(전3권)를 편찬토록 했다. 그리고 조정에 들어가 그것을 황제에게 올렸다. 그리고 또 (배구는) 말했다.

"여러 나라들이 나란히 상인들을 통하여 비밀리에 정성(精誠)을 보내오는데 목 늘이고 바라기를 우리의 신첩(臣妾)이고자 합니다. 만약 그들을 굴복시키고 달래어 편안하게 살 수 있도록 하는 데 힘써 준다면 저들은 우리와 하나가 될 수 있습니다."

황제는 크게 기뻐하며 날마다 배구를 이끌어 어좌에 가까이 오라 이르고 직접 서역에 관한 일들을 질문하면 배구는 큰소리치며 말했다.

"오랑캐족들 중에는 여러 진귀한 보물들이 많은데 토욕혼(吐谷渾)[1]은 쉽게 집어삼킬 수 있을 것입니다."

황제는 이에 감격해하면서 진나라 시황제와 한나라 무제의 공로를 그리워하며 장차 서역과 통교(通交)하는 달콤한 꿈을 꾸었고, 네 방면의 오랑캐〔四夷〕를 경략하는 일을 모두 배구에게 일임했다. 그래서 배구를 황문시랑(黃門侍郞)으로 삼아 다시 장액으로 보내 여러 오랑캐들을 이끌어서 그들에게 이권을 제공함으로써 수나라에 들어와 조현하도록 권유했다. 이때부터 서역에 있는 여러 오랑캐들과의 왕래가 서로 이어지며 군현을 지나는 곳마다 피폐하여 없애버린 비용이 억〔萬萬〕을 헤아리게 됐고, 결국 중국(=수나라)을 피폐하게 만들어 멸망에까지 이르렀으니 이는 모두 배구가 앞장서 주장하며 이끈 것〔唱導〕이다.

어사대부(御史大夫) 배온은 배구 및 우세기(虞世基)와 더불어 기밀을 관장하는 데 참여했다. 배온은 군주의 작은 뜻을 잘 살펴 죄를 주고자 하는 사람이라면 법조문을 굽혀서라도 그의 죄상을 꾸며 만들었으며,

사면해 주고자 하는 사람이라면 가벼운 조항을 좇아서 적용하고 이어서 그를 풀어주었다.

이후로 크고 작은 옥사는 모두 배온에게 넘겨졌다. 배온은 임기응변의 재주를 갖고 있었고 말을 하는 것이 마치 폭포수같이 유창하여 혹 무겁게 하거나 혹 가볍게 하거나 하는 것이 모두 그의 입에서 비롯됐는데 당시 사람들은 이를 따질 수가 없었다.


애초 내사시랑(内史侍郎) 설도형(薛道衡)이 재주와 학식으로 이름을 떨쳐 오랫동안 추요(樞要-핵심 기밀 업무)를 담당했다. 수 양제가 즉위하자 설도형은 '고조문황제송(高祖文皇帝頌-양제의 아버지 고조 문황제 양견을 칭송하는 시가다)'을 지었는데 양제는 이를 보고서 기분 나빠하며 (측근에게) 말했다.

"설도형은 아버지 때의 조정을 지극히 찬양하고 있는데 이것을 보니 '어조(魚藻)'[2]의 의미가 있다."

(양제가) 장차 설도형을 죄에 걸어 넣으려고 했다. 마침 그때 새로운 법령을 논의하는데 제대로 결정을 하지 못하고 있었다. 이에 설도형이 조정 신하들에게 말했다.

"옛날에 고경(高熲)[3]을 죽이지 않았다면 율령은 벌써 결정되어 마땅히 시행된 지가 오래됐을 것이오."

어떤 사람이 이를 상주하니 양제는 화가 나서 법을 집행하는 자에게 맡겨 이를 추죄토록 했다. 배온이 주청했다.

"설도형은 재주에 의지해 옛 황제와 관계가 있다는 것을 믿고서 지금의 군주를 무시하는 마음[無君之心]을 갖고 있으니 그 죄명을 논의한다면 마치 숨어 있어 안 보이는 듯하지만[隱昧] 근본적으로 그 정황의 의

도를 보면 깊이 패역(悖逆)을 행하고 있다고 하겠습니다."

양제가 말했다.

"공의 논의는 그의 패역함의 본래 마음을 정묘(精妙)하게 파악한 것이다."

결국 설도형에게 자진(自盡)하라는 명을 내렸는데, 천하의 사람들은 다 그것을 원통하게 생각했다.

황제는 배구의 능력을 칭찬하며 여러 신하들에게 말했다.

"배구는 짐의 뜻을 잘 알고 있어 무릇 진술하고 상주하는 것[陳奏]이 모두 다 짐의 머릿속에는 있으나 아직 입으로 내지 않았을 때에도 배구를 통해 그 내용을 듣게 되니 스스로 나라를 받들고 온 마음을 다하지 않는다면 누가 능히 이처럼 하겠는가?"

이때 배구는 좌익위(左翊衛) 대장군 우문술(宇文述), 내사시랑(內史侍郞) 우세기, 어사대부 배온, 광록대부(光祿大夫) 곽연(郭衍)과 더불어 모두 아첨으로 총애를 받고 있었다. 우문술은 공봉(供奉-임금의 말을 받아서 명령서를 짓는 등의 일이다)하는 데 능했고, 용모와 행동거지는 편벽됐으나 곁에서 모시는 자들이 다 그를 본받으려 했다. 곽연은 일찍이 황제에게 닷새에 한 번씩만 조회를 열라고 권했다.

"고조를 본받지 마셔야 합니다. 헛되이 부지런히 하시면 몸만 고생입니다."

황제는 더욱 충성스럽다고 여기며 이렇게 말했다.

"곽연은 그 마음이 짐과 똑같도다."


황제가 가까이에서 모시는 신하들에게 도적에 관해 묻자 우문술이 "점점 줄어들고 있습니다"라고 답했다.

황제가 "종래에 비해 줄어드는 것이 어느 정도인가?"라고 묻자 "10분의 1도 안 됩니다"라고 대답했다.

(황제가 불러서 말하게 하자) 납언(納言-일종의 비서) 소위(蕭威)가 말했다.

"신이 맡은 소관 업무가 아니어서 얼마인지는 정확히 모르지만 다만 점점 가까워지고 있는 것은 걱정입니다."

"그게 무슨 말인가?"

"예전에는 도적이 장백산(長白山-산둥성 쩌우핑현)을 점거했지만 지금은 가까이 사수(泗水-허난성 형양현)에 있습니다. 또 옛날에 있었던 조세와 전부(田賦)(내던 사람들) 그리고 부역하던 남정네들은 지금 모두 어디에 있습니까? 그 사람들이 모두 바뀌어 도적이 된 것 아니겠습니까? 근래에 도적에 관한 주문(奏文)을 보건대 모두 사실대로 아뢰지 않아 마침내 지원하는 계책에서 빠르려 때에 맞추어 자르고 없애지 못했습니다. 또 옛날에 안문(鴈門-산시성 다이현)에서 요동 정벌을 철회하는 것을 허락하셔 놓고서 지금 다시 징발하니 도적이 무엇으로 그칠 수 있겠습니까?"

황제는 불쾌해하며 회의를 파했다.

뒤에 다시 황제가 고려(-고구려)를 정벌하는 문제에 관해 묻자 소위는 황제로 하여금 천하에 도적이 많다는 것을 일깨워주고 싶어서 말했다.

"이번 정벌에서 바라건대 군사들을 징발하지 않고 다만 여러 도적들을 사면하신다면 절로 수십만 명을 얻을 수 있으니 그들을 보내 동쪽(-고구려)을 정벌하십시오. 저들은 죄를 사면받을 것을 기뻐하며 다투어 공로를 세우기에 힘쓸 것이니 고려를 멸망시킬 수 있을 것입니다."

황제는 불쾌해했다. 소위가 나가자 어사대부 배온이 말했다.

"이것은 크게 불손한 발언입니다. 천하의 어느 곳에 그렇게 많은 도적이 있다는 말입니까?"

황제가 말했다.

"저 늙은 가죽[老革]³⁾이 아주 간사스럽게도 도적을 빙자하여 나를 협
박하는구나! 저 주둥아리를 때리고 싶지만 또다시 내 이런 마음을 숨기
고 참는다."

배온은 황제의 속마음을 알고서 사람을 보내 소위의 죄를 무고토록
했고, 결국 옥사가 이뤄지자 소위를 관직에서 내쫓아 서민으로 삼았다.


내사시랑 우세기는 황제가 도적에 관한 소식을 듣는 것을 싫어한다는
것을 알고서 여러 장수들과 군현에서 패배를 알리고 구원을 요청하는
것이 있으면 표문에 있는 상황을 모두 완화하고 훼손하여 사실대로 보
고하지 않고 다만 이렇게 말했다.

"쥐가 훔치고 개들이 도둑질을 하여 군과 현에서 잡아서 내쫓고 있으
니 마땅히 다 없어질 것입니다. 원컨대 폐하께서는 개의치 마옵소서."

황제는 정말 그런 줄로 알고서 혹 실상을 전하는 자가 있으면 매질을
하여 거짓말을 했다고 여겼다. 이로 인해 도적들이 전국적으로 두루 퍼
졌고 군현은 함락되어 없어졌으나 황제는 그것을 전혀 알지 못했다.

양의신(楊義臣)이 황하 북쪽에 있는 도적 수십 만을 깨트려 항복시키
고 상황을 자세히 보고하자 황제가 탄식하며 말했다.

"나는 애초에 소식을 들은 바가 없는데 도적이 갑자기 이와 같아서
의신이 항복시킨 도적이 어찌 이리도 많단 말인가?"

우세기가 대답했다.

"소소한 도적들이 비록 많기는 하지만 아직 걱정할 만큼 많지는 않습
니다. 그리고 양의신이 이겼고 그가 거느린 병사가 적지 않은데 오랫동

안 경사(京師-수도) 밖에 있으니 이것은 바람직한 일이 아닙니다."

황제가 말했다.

"경의 말이 옳도다."

급히 양의신의 뒤를 좇아가서 그의 군사들을 해산시키니 도적들은 이로 말미암아 다시 번성했다.


수 양제는 이미 강도(江都-장쑤성 양저우시)로 몽진을 갔다. 이때 그의 아들 월왕 양동(楊侗)을 동도(東都-낙양) 유수로 삼았다. 이밀(李密)[4]이 수많은 군사를 이끌고 동도를 압박하자 수나라는 군대를 보내 막았지만 번번이 패하여 달아났다. 이에 이밀은 격문을 돌려 수 양제의 열 가지 죄를 하나하나 열거했다.

(궁지에 몰린) 월왕 양동은 태상승(太常丞) 원선달(元善達)을 (아버지 수 양제가 있는 강도로) 파견했는데 원선달은 적들이 있는 곳을 샛길로 가로질러 가서 상주(上奏)했다.

"이밀이 무리 백만을 이끌고서 동도를 포위하고 압박하니 만일 폐하께서 빨리 돌아오신다면 저 까마귀떼 무리는 반드시 흩어질 것이지만 그렇지 않다면 동도는 결국 함락되고 말 것입니다."

인하여 원선달이 흐느끼며 오열하자 황제는 용모를 고쳤다. 이때 우세기가 나서며 말했다.

"월왕이 어리다고 해서 이런 무리가 월왕을 속이고 있는 것입니다. 만일 원선달의 말이 사실이라면 원선달은 어떻게 해서 여기에 올 수 있었겠습니까?"

황제는 마침내 발끈 화를 내며 말했다.

"선달 같은 소인이 감히 나를 조정에서 욕보이는가?"

이어서 도적이 있는 곳을 거쳐서 동양(東陽-저장성 진화시)을 향하여 양식 운반을 재촉하도록 하니 원선달은 결국 그곳을 지나다가 도적떼에게 피살됐다. 이후 사람들은 입을 다물고 아무도 감히 도적의 소식을 올리지 않았다.

우세기는 용모가 침착하고 생각이 깊어 말하는 것이 대부분 황제의 뜻과 맞아 황제가 특별히 가까이하며 아꼈으니 조정 신하들 중에는 그에 비견될 만한 사람이 없었다. 그와 가까운 패거리들[親黨]은 그에 의지해 관직을 팔고 옥사(獄事)를 팔아 뇌물이 공공연하게 행해지면서 그의 문은 마치 시장통과 같았다. 이로 말미암아 조정과 지방에 있는 (뜻있는) 사람들은 모두 그를 미워하고 원망했다.

내사사인(内史舍人) 봉덕이(封德彝)가 우세기에게 아첨하여 붙었다. 우세기가 관리의 업무에 익숙하지 않자 아무도 모르게 꾸며서 조서의 명령을 널리 행하고 황제의 뜻에 아첨하여 무조건 따랐으며 신하들이 올린 표문 가운데 황제의 뜻을 거스를 수 있는 것은 모두 차단하여 아예 올리지 않았다. 심문하고 재판할 때는 법을 엄격하게 써서 심하게 죄를 물었으며 논공행상을 할 때는 억누르고 깎아서 더욱 야박하게 했다. 그래서 그에 관한 우세기의 총애는 날로 융성해졌으니 수나라의 정치가 날로 무너져내린 것은 다 봉덕이의 소행이다.[5]

1 이는 돌궐의 양대 나라 중 하나다.
2 이는 『시경』「소아」[4] 의 편 이름이다. 이 시는 주나라 임금 유왕(幽王)을 풍자하고 무왕(武王)을 그리워한 것이다.
3 그는 수 문제 때의 현능한 재상으로 양제가 죽였다.
4 반란을 일으킨 신하다.

5 훗날 우문화급(宇文化及) 등이 반란을 일으켜 수 양제를 시해할 때 우세기와 배온도 함께 살해당했다.


신이 가만히 살펴보겠습니다. 수 양제는 무도하여 그 죄가 상나라 주왕 위에 뜬다면 배온, 배구, 우세기 등 여러 신하들은 (상나라의) 비렴(飛廉)과 그의 아들 악래(惡來)[5] 위를 날아다니는 수준이었다고 할 수 있습니다.

하지만 지금에 와서 고찰해 보면 배온 등이 임금을 현혹한 방법은 애초부터 다른 기술이 아니라 오직 하나 황제의 뜻에 무조건 맞추는 것[逢迎]뿐이었습니다.
봉영

(첫째) 황제가 음악을 심하게 좋아한다는 것을 알게 되자 온 천하의 산악과 백희들을 대거 경사에 집결시키도록 청하여 악공 3만 명이 경사에 들어왔으니 이에 황제의 마음은 정나라와 위나라의 음란한 음악과 연이은 질펀한 연회 등에 빠져 그칠 줄을 몰랐습니다.

(둘째) 황제가 원대한 계략을 좋아하고 큰 공을 세우고 싶어 한다는 것을 알게 되자 서역의 여러 나라들에 진귀한 보배들이 풍부하다고 말하고서는 그들을 초치하거나 이끌어들일 것을 청하여 그들이 입조케 하니 이에 황제의 마음은 문득 진시황이나 한 무제의 정복 사업을 그리워하게 되어 중국은 피폐해졌고 날로 망하는 길을 향해 달려갔습니다.

(셋째) 황제가 설도형이 올린 송(頌)에 자신을 풍자한 뜻이 있다는 것에 화를 내고 있다는 것을 알게 되자 즉각 죄를 지어내어 "근본적으로 그 정황의 의도를 보면 깊이 패역(悖逆)을 행하고 있다고 하겠습

니다"라고 말했습니다. 황제는 과연 그 말에 기뻐하면서 "공의 논의는 그의 패역함의 본래 마음을 정묘(精妙)하게 파악한 것이다"라고 했으니 이로써 능히 황제가 싫어하는 바를 제거할 수 있었던 것입니다.

(넷째) 황제가 정사에 게으르다는 것을 알게 되자 닷새에 한 번씩만 조회를 열라고 권했습니다. "고조를 본받지 마셔야 합니다. 헛되이 부지런히 하시면 몸만 고생입니다." 황제는 과연 그 말에 기뻐하면서 "곽연은 그 마음이 짐과 똑같도다"라고 했으니 이로써 능히 황제가 원하는 바에 무조건 맞춘 것입니다.

(다섯째) 그 후에 사방에서 도적떼가 일어났을 때 황제의 뜻이 도적에 관한 소식을 듣는 것을 아주 싫어한다는 것을 알게 되자 사방에서 올라오는 보고서〔表奏〕를 무시하고 황제에게 올리지 않은 채 말하기를 "천하의 어느 곳에 그렇게 많은 도적이 있다는 말입니까?"라고 했고, 또 "쥐가 훔치고 개들이 도둑질을 하여 군과 현에서 잡아서 내쫓고 있으니 마땅히 다 없어질 것입니다"라고 했습니다. 이에 황제는 그 말에 (그간 보고들에 대해) 의심을 품고서 소위에게 화를 냈고, 양의신을 의심했으며, 원선달에게 분노를 품어 결국 도적떼는 크게 번성하여 더 이상 통제를 할 수 없게 됐고, 한두 해도 안 돼 수나라는 드디어 멸망했습니다. 원래 이들이 그렇게 했던 것은 그저 총애와 봉록을 좀 더 얻어보려는 것이었을 뿐 나라가 이미 망해가고 있다는 것은 몰랐을 것입니다. 이제 몸조차 가눌 곳도 없어졌는데 어디서 자신들의 총애와 봉록을 지킬 수 있겠습니까?

여러 사람들을 논했지만 그중에서도 우세기가 간사함의 우두머리라 하겠습니다. 그래서 위징(魏徵)은 일찍이 말하기를 "양나라 무제는 주이를 지나치게 믿다가 대성(臺城)의 모욕을 당하게 됐고, 수 양제는 우세기를 지나치게 믿다가 강도(江都)의 화를 당한 것이다"라고 했습니다.

무릇 이 두 임금이 그들을 지나치게 믿게 된 까닭은 누군가가 무조건 자기 뜻에 맞춰주기를 바라는 욕심 때문이었습니다. 그러나 과연 자기 뜻에 맞추려 하는 것이 끝에 가서 결국 화가 될 줄이야 누가 알겠습니까? 옛날에 이윤이 태갑에게 고하여 이렇게 말했습니다.

"어떤 말이 마음에 거슬리면 반드시 그것이 도리에 맞는 것인지를 살펴보고, 어떤 말이 마음에 딱 들어맞거든 반드시 그것이 도리가 아닌 것[非道]인지를 살펴보십시오."[6]

대개 충성스러운 말과 지극한 논의[忠言至論]는 종종 임금의 마음을 거스르지만 이치로 따져보아 옳다면 마음에는 불편하더라도 마땅히 따라야 하는 것이고, 간사스러운 말과 사특한 언설[姦言邪說]은 종종 임금의 마음을 고분고분 따르지만 이치로 따져보아 어그러진 것이라면 뜻에는 맞더라도 마땅히 깊이 살펴야 합니다. 임금 된 자가 이것을 안다면 온갖 꾀를 써서 남의 마음을 알아내려는[揣摩] 간사함은 뜻을 얻지 못할 것이고, 끊임없이 임금의 작은 것까지도 살피려는[窺伺] 계책은 시행될 수 없을 것입니다.

1) 온공(溫公) 시대에 해당한다.
2) 정나라 음악을 가리키는 것으로 춘추 때부터 정나라 음악은 위나라 음악과 더불어 음탕하다고 하여 공자도 정나라 음악은 물리쳐야 한다고 강조했다.
3) 원래는 늙은 군인[老兵]을 가리키는데 여기서는 노인을 가리키는 욕이다.

4) 진덕수는 「대아」라고 했는데 착오다.

5) 이 부자는 주왕의 총애를 받았던 신하로 상나라가 망하는 데 결정적으로 기여한 인물들이다.

6) 이 말은 이윤이 태갑을 내쫓았다가 다시 불러들여 왕위에 앉힌 후에 경계로 삼으라고 해준 것이며 『서경』「상서」에 나온다.

<br>

～～～～～

(『구당서(舊唐書)』) 당나라 고종(高宗)이 장차 무소의(武昭儀-훗날의 측천무후)를 황후로 삼으려 하자 대신들이 절절하게 간언했다. 이에 예부상서 허경종(許敬宗)이 황제의 사사로운 뜻을 은밀히 파악하고서는 (황제가 없는 자리에서) 이렇게 말했다.

"농사를 짓는 영감도 대부분 10곡(斛)의 곡식을 거두게 될 정도면 오히려 지어미를 바꾸고자 하는데 하물며 천자가 황후를 세우고자 함에 어찌 여러 사람에게 일을 맡겨서 망령되게 다른 의견이 일어나게 할 것인가?"

황제의 뜻이 마침내 정해졌고 기존의 황후를 폐출했다. 이어 허경종은 폐출된 황후 집안의 관작을 삭탈할 것을 청했고 태자 충(忠)은 폐세자되어 대왕(代王)으로 삼았으니 마침내 황제는 원하던 바를 다 이룰 수 있었다. 그래서 허경종을 불러들여 무덕전 대조(待詔)로 삼았다. 허경종은 이리하여 잠시 시중으로 있다가 곧바로 중서령이 됐다.

허경종은 무소의가 황후가 되는 데 힘을 도왔기 때문에 황후는 고마운 마음으로 오랫동안 감싸주어 허경종의 권세를 튼튼히 해주었고 마침내 황후가 꾸미는 계략에는 모두 음으로 연결되어 한원(韓瑗), 내제(來濟), 저수량(褚遂良)을 축출하고, 양왕(梁王-쫓겨난 태자 충이다)과 장손무기(長孫無忌), 상관의(上官儀)를 죽이니 조정에서는 하나같이 그를 받들었고 그가 누린 위세와 받은 총애는 그 당시 누구와도 비할 바가 없었다.

🐚 　　　신이 가만히 살펴보겠습니다. 허경종은 황제의 사사로운 뜻을 은밀히 파악하고서는 임금으로 하여금 정후(正后)를 폐출케 하고 태자를 바꿨으며, 선황으로부터 고명(顧命)을 받은 대신들을 죽임으로써 일거에 부부, 부자, 군신의 근본 윤리〔綱〕를 다 끊어버렸습니다. 그런데도 고종은 그것을 기뻐하며 명을 내려 그를 재상으로 삼았는데, 훗날 무씨(-측천무후)가 뜻을 실현해 당(唐)을 주(周)로 바꾸고 태종의 자손들을 모조리 도륙하니 그 화란의 참혹함은 옛날에도 들어본 적이 없을 정도였습니다. 고종은 허경종이 근본 윤리를 끊는 것을 보고서도 기뻐했으니 허경종은 거기에 영합을 했던 것입니다. 농사짓는 영감 운운하는 말은 비루하기가 그지없습니다. 그런데도 고종이 그런 말을 빌미 삼아 의논을 끝내버린 것은 자신의 뜻에 부합됐기 때문입니다. 임금의 뜻이 기울어져 있으면 간사한 자들은 즉시 거기에 올라타 파고 들어오는 것이니 경계하지 않을 수 있겠습니까?

(『구당서』) 당나라 고종이 태자로 있을 때 이의부(李義府)가 태자사인 (太子舍人)으로 있으면서 일찍이 '승화잠(承華箴)'을 지어 올렸는데 그 끝부분에 이런 말이 있었다.

"망령되고 아첨하는 부류는 그 사특함과 기교가 여러 가지라 그 싹부터 끊지 않으면 그 해악은 반드시 커지리라."

이의부가 바야흐로 태자를 아첨으로 섬기면서 꾸며대기는 마치 곧은 척하니 태자는 그를 좋게 여겨 칭찬하고 비단(40필)을 하사했다.


신이 가만히 살펴보겠습니다. 간사한 소인이라고 해서 그 유형이 단 하나인 것은 아닙니다. 말과 행동이 다 간사한 자가 있고, 바른 말로 간사한 행동을 꾸며 가리는 자도 있습니다. 말과 행동이 다 간사한 자는 그 나쁜 점을 알아차리기가 쉽고, 바른 말로 간사한 행동을 꾸며 가리는 자는 그 나쁜 점을 알아차리기가 어렵습니다.

이의부의 경우 태자를 아첨으로 섬기면서도 잠언을 지어 올렸으니 바름[正]에 가까워 보이지만 실은 이것이 간사함이 더 심한 것입니다. 만약에 무심코 말만 믿고서 (행동은 고려하지 않은 채) 그것을 취했다가 어찌 잘못을 저지르지 않을 수 있겠습니까?

그래서 사람이 하는 말을 (제대로) 듣고[聽言] 사람이 하는 행동을 (제대로) 보는 것[觀行] 은 빼어난 이들이 세상에 내려준 큰 법인 것입니다.

1) 이것이 바로 귀 밝고[聰] 눈 밝은 것[明]이다.
2) 이 말은 공자를 비롯한 성인들의 핵심적인 가르침이 사람을 아는

것〔知人〕임을 강조하는 표현이다.
<sub>지인</sub>

(『구당서』) 당나라 고종이 즉위하여 이의부가 중서사인(中書舍人)이 됐는데 장손무기가 그를 미워하여 주문을 올려 배척하니 벽주(壁州) 사마로 좌천시켰다. 황제의 칙령이 아직 문하성에 내려가지 않았는데도 이의부가 사인 왕덕검(王德儉)에게 계책을 물었다. 왕덕검이란 자는 허경종의 조카인 데다가 지략이 많고 사리를 잘 파악하고 있어서 이렇게 말했다.

"바야흐로 무소의가 지금 총애를 얻고 있어 황상께서는 황후로 삼고 싶어 하지만 재상들의 반대 논의가 두려워 지금껏 발의하지 못하고 있습니다. 그대가 능히 건의를 주도적으로 올린다면 전화위복이 될 것입니다."

이의부는 즉각 합문(閤門)에서 머리를 조아리고 표문을 올려 황후를 폐하고 무소의를 황후로 세울 것을 청했다. 황상은 기뻐하며 그를 불러서 만나보고 더불어 말을 나눠보고서는 구슬 한 말을 하사했고 옛날 직책에 그대로 머물러 있도록 했다.

무소의가 마침내 황후가 되자 이의부는 허경종 등과 더불어 서로 밀어주고 당겨주며 각종 간사한 계책들을 시행했으며 골육대신들을 내쳤다. 그리하여 무후가 방자한 뜻을 얻게 되어 위세와 권력을 한꺼번에 장악하니 천자도 옷깃을 여미었다.

이의부는 용모가 부드럽고 공손했으며 사람들과 말을 할 때는 편안한 미소를 머금었으나 마음속에는 은근히 남을 해치려는 뜻〔陰賊〕과 속좁
<sub>음적</sub>

게 시기 질투하는 뜻[禍忌]이 자리하고 있었다. 그래서 자신의 뜻을 거스르는 자들은 다 중상모략하니 당시 사람들이 이의부를 "웃음 속에 칼을 숨긴 자"라고 했고, 또 부드러우면서도 해를 끼치니 그를 일러 "인간의 탈을 쓴 고양이[人猫]"라고도 했다. 얼마 안 가서 중서시랑(中書侍郎) 겸 동중서문하(同中書門下) 3품에 제수됐고, 뒤에 또 (인재 선발을 담당하는) 지선사(知選事)가 되어 일을 주관하니 아무런 기준도 없이 마구잡이로 사람을 뽑아 들이면서 오직 뇌물로 채용 여부를 결정했다. 이에 어머니와 처 그리고 여러 자식과 사위들까지 관직을 팔고 옥사를 돈으로 주고받으니 언제나 그 집 문 앞은 시장처럼 들끓었다.


신이 가만히 살펴보겠습니다. 이의부는 간사한 말로써 쉽게 일신의 부귀를 이루고 당나라 이씨 집안의 사직까지 팔아넘겼으니, 아! 두려워할 만하다고 하겠습니다. 역사가가 그 정황과 실태를 상세히 묘사하여 지금에 이르러서도 오히려 눈앞에서 보듯이 상상할 수 있습니다.

무릇 부드러우면서 아첨을 해대는[柔媚] 사람은 타고난 자질이 음험하여 해악을 끼치지 않는 일이 없습니다. 그래서 공자는 마음이 굳센 사람[剛者]을 만나보고 싶어 했고 말만 잘하는 사람[佞人]은 멀리했던 것입니다. 대체로 굳센 사람은 좋은 일을 하는 데 과감하고, 말만 잘하는 사람은 나쁜 짓을 하는 데 모질게 합니다.

오로지 임금이 공자의 도리로써 사람을 취한다면 말만 그럴듯하게 하고 표정은 부드러운 간사함에 거의 현혹되지 않을 수 있을 것입니다.

(『구당서』) 당나라 현종 때 이임보(李林甫)가 이부시랑이 됐다. 이때 무혜비(武惠妃)가 후비들 중에서는 가장 큰 총애를 받고 있었고, 그 사이에서 난 아들 수왕(壽王) 이모(李瑁)가 사랑받는 것도 성대했다. 이에 이임보는 환관 백비를 통해 '온 힘을 다해 수왕을 보호하겠다'면서 만세의 계책을 내놓으니 혜비는 그것을 고맙게 여겨 한휴(韓休)를 만나 이임보가 재상의 재목이라고 천거했다. 무혜비가 몰래 도우니 얼마 안 가서 이임보는 황문시랑 겸 동중서문하 3품에 올랐다.

신이 가만히 살펴보겠습니다. 여자와 소인은 그 부류가 똑같습니다. 그래서 외정(外廷)의 간신들은 대부분 궁액(宮掖-총애 받는 후궁들)에 기대어 자신의 지위를 굳히려 하고, 궁액도 역시 때로는 외정과 결탁하여 스스로를 도우려 합니다. 바로 이것이 이임보가 혜비를 찾아가 자신을 드러낸 까닭이며 동시에 혜비가 이임보를 천거한 까닭입니다.

(『구당서』) 황태자 이영(李瑛)과 악왕(鄂王) 이요(李瑤), 광왕(光王) 이거(李琚)가 역모를 꾸몄다는 참소를 입었다. 황제는 태자를 폐위시키려 했다. 이에 장구령(張九齡)[1]이 절절하게 간언하여 반대하자 황제는 불쾌해했다. 이때 이임보는 멍하니 환관에게 이렇게 말했다.

"천자의 집안일에 우리 같은 외부 사람들이 어떻게 관여할 수 있겠는가?"

1 당시의 현능한 재상이다.


신이 가만히 살펴보겠습니다. 천자란 사해(四海)를 집으로 삼으니 무릇 중외(中外-조정의 안팎)에 (천자의) 집안일이 아닌 것이 무엇이겠으며, 대신은 천자의 집안 어른[家老]이니 무릇 중외의 일들 중에서 마땅히 관여하지 않아도 되는 것이 있을 수 없는 것입니다.

이적(李勣)은 이런 말을 해서 고종이 황후를 폐출하는 데 도움을 준 다음 무씨[1]에게 줄을 댔고, 이임보는 같은 말로써 명황제(-현종)가 세 아들을 죽이는 데 도움을 준 다음 혜비에게 줄을 댔습니다. 이를 보면 간신들이 마음을 쓰는 것[用心]은 임금의 나쁜 쪽[惡]에 영합하면서 간언하는 자의 말을 두절시킵니다. 그래서 이렇게 말을 한 것입니다. 이때부터 사안이 궁액과 관련된 경우 신하들의 의논이 그런 문제에 미치게 되면 임금은 반드시 거부하면서 말하기를 "이것은 우리 집안일일 뿐이니 외부의 조정 대신들이 어찌 관여하려 하는가"라고 말했습니다. 이에 환관과 궁첩들이 비로소 그 문제에 관한 주도권을 쥐게 됐고, 외부 조정은 감히 그 문제로는 다툴 수 없게 됐습니다. 따라서 이런 단서를 연 것은 이적과 이임보가 시작한 것이니 두 사람은 무릇 만세의 죄인이라 하겠습니다.

1) 측천무후를 낮춰 부르는 말이다.

(『자치통감』) 개원(開元) 24년(736년)에 현종이 동도(東都-낙양)에 있을 때 장안으로 돌아가고 싶어 했다. 배요경(裴耀卿) 등이 건의했다.

"농민들이 아직 추수를 끝내지 않았으니 모름지기 겨울이 되어야 돌아가실 수 있을 것입니다."

이임보는 황상의 뜻을 몰래 알아차려 (재상들이 물러가고) 혼자 남아 있자 황상이 왜 그러느냐고 물었다. 이에 이임보가 답했다.

"신의 생각은 전혀 다릅니다. 원천대 낙양과 장안 두 도시는 원래 황제의 동궁과 서궁일 따름이니 폐하께서 행차하시는 데 어찌 시기를 가려 기다리는 바가 있을 수 있습니까? 설사 추수에 방해가 된다면 단지 지나가는 곳의 백성들의 세금만 면제하면 될 뿐입니다."

황제는 크게 기뻐하며 즉각 서쪽으로 행차에 나섰다.

신이 가만히 살펴보겠습니다. 천자의 행차에는 천승(千乘-말 네 필이 끄는 수레 천 대) 만기(萬騎)가 따라야 합니다. 그 행차하는 도중에 어찌 백성들의 삶을 방해하지 않을 수 있겠습니까? 배요경 등이 농한기(農隙) 때까지 기다려야 한다(俟=待)고 한 것은 바로 이 때문인데 이임보는 황제가 급히 환도하고 싶어 하는 것을 엿보아 알아차리고서는 다른 재상들과 함께 있을 때 말을 하면 굽은 자라는 지적을 받을까 두려워하여 마침내 다 떠나고 혼자만 남게 되자 황제에게 영합하는 말을 올렸으니 이렇게 한 까닭은 현종에게 아첨하고 배요경을 배척하려는 것이었습니다. 과연 현종은 크게 기뻐했고, 배요경은 실제로 이 때문에 파직됐습니다. 그러니 간사한 자들이 보여주는 정황

과 실태(情態)는 역사책에 분명하게 실려 있어 오히려 지금까지도 사
람들의 눈과 귀 앞에 있는 듯하니, 아! 참으로 더럽다고 하겠습니다.

(『자치통감』) 애초에 장구령이 유학에 뛰어나다 하여 벼슬길에 올라
바름(正)을 지키고 진중함을 잃지 않았으나 이임보의 사람됨은 특히 뭐
든지 할 수 있다는 듯 말만 번지르르했다(便佞). 그래서 장구령이 큰 임
무를 맡기만 하면 그때마다 이임보는 장구령을 질투해서 음해했다.

　이때 황제는 삭방절도사 우선객(牛仙客)이 비용을 절감하고 무기 개
량도 잘했다 하여 실봉(實封-봉읍에서 실제로 받는 조세)을 높여주려 했
다. 이에 장구령이 이임보에게 말했다.

　"실봉을 상으로 주는 것은 명신(名臣)과 큰 공을 세운 사람을 기다려
서 하는 것인데 어찌 변방의 장수를 고위직에 올리면서 이리 급하게 의
논할 수 있는가? 공과 더불어 힘껏 간언을 올려봅시다."

　이임보도 그렇다며 허락했다. 그러나 정작 황제를 나아가 뵈었을 때
장구령은 할 말을 다했지만 이임보는 침묵을 지켰고, 물러 나와서는 장
구령의 말을 우선객에게 흘렸다. 다음 날 우선객이 황제를 알현하여 울
면서 호소하자 황제는 다시 우선객에게 상을 내리기로 결심하고 논의
에 붙였으나 장구령은 여전히 안 된다고 고집했다. 그러나 이임보가 "재
능이 중요하지 사람됨을 말합니까? 천자가 사람을 쓰겠다는데 어찌하
여 안 된다는 것입니까?"라고 하자 황제는 듣고서 이임보는 꽉 막혀 있
지 않아 좋다고 여겼다. 이로 말미암아 장구령은 점점 총애가 엷어졌

고, 결국 배요경과 더불어 정사에서 물러나야 했다.


　　🐚　　　신이 가만히 살펴보겠습니다. 급암이 일찍이 공손홍과 더불어 함께 다투어 아뢰기로 했는데 정작 황상의 앞에 이르자 공손홍이 그것을 배반했습니다. 그래서 급암은 원래의 품은 바를 다 말했는데 공손홍은 면전에서 아첨을 일삼았습니다. 이임보가 장구령을 배반한 것도 역시 공손홍이 급암을 속여 넘긴 것과 똑같습니다. 그리하여 급암과 장구령은 죄를 얻어 폐척당한 반면 공손홍과 이임보는 뜻을 얻어 권세를 누렸으니 "천자가 사람을 쓰겠다는데 어찌하여 안 된다는 것입니까?"라는 말은 앞에서 보았던 "천자의 집안일에 우리 같은 외부 사람들이 어떻게 관여할 수 있겠는가?"라는 말과 더불어 임금에게만 초점을 맞추고 사람들의 말에는 조금도 개의치 않는 사정을 보여줍니다.

　　무릇 사람을 써서 얻고 잃는 것〔得失〕은 다스려짐과 어지러움〔治亂〕
　　　　　　　　　　　　　　　　　　득실　　　　　　　　　　　　치란
의 관건입니다. 불행하게도 얻지 못했을 경우에 대신이 마땅히 해야 하는 바란 그 쓰는 바를 제대로 말하는 것뿐입니다. 만일 황제가 못하는 일이 없다면 옛날에 황제들이 어째서 매사를 본인들 마음대로 하지 않고 간쟁하고 보필하는 신하를 두어서 스스로를 속박했겠습니까? 예로부터 소인은 임금의 뜻을 고분고분 받들려고만 할 때 "천자가 하겠다는데 어찌하여 안 된다는 것입니까?"라고 했고, 임금이 격노했을 때는 "귀함이 천자에 이르렀는데 못할 것이 무엇입니까"라고 아첨을 했던 것입니다. 이런 자들은 하나같이 나라를 무너트리는 창〔戈矛〕
　　　　　　　　　　　　　　　　　　　　　　　　　　　　　　　　　과모
이자 임금을 혼미하게 만드는 짐독(鴆毒)입니다.

　　따라서 이임보의 말이 먹혀 장구령이 쫓겨나고, 장구령이 쫓겨나면서 다스려짐과 어지러움은 나뉘어졌으니 간신의 말이 미치는 영향을 보실 수 있을 것입니다.

<hr />

(『자치통감』) 장구령이 파직되자 이임보가 겸중서령(兼中書令)에 진출했고 황제는 마침내 그의 말을 써서 세 아들을 죽이니 천하 사람들이 다 그것을 원통해했다. 대리경(大理卿) 서교(徐嶠)가 망언을 하기를 "그동안 대리옥(大理獄)에는 살기가 가득해 작은 새들이 감히 둥지를 틀지 못했는데 지금은 형부에서 사형으로 목숨이 끊어진 사람이 올해에 (겨우) 58명이어서 까치 둥지가 옥문에 생겼다"고 했다.

그래서 여러 신하들은 많지 않은 사람들에게 형을 내린 것을 갖고서 황제에게 축하하고, 황제는 그 공로를 대신들에게 돌리면서 이임보를 진국공(晉國公)에 봉했다.

 신이 가만히 살펴보겠습니다. 맹자는 (『맹자』 「만장장구(萬章章句)」에서) 말했습니다.

"군자는 도리로써 속일 수는 있어도 도리가 아닌 것〔非道〕으로써 옭아매기는 어려운 것이다〔君子 可欺以其方 難罔以非其道〕."
비도
군자 가 기 이 기 방 난 망 이 비 기 도

명황제(-현종)는 하루에 세 아들을 다 죽였으니 이것은 무슨 일입니까? 또 여러 신하들이 몇 안 되는 사람들에게만 형벌을 내렸다 하여 황제에게 축하를 했으니 옛날 주나라 성왕과 강왕의 시대〔成康之世〕[1]
성강지세

에 일찍이 이런 일이 있었습니까? 이것은 다름 아닌 황제를 장님이나 귀머거리로 여겨 도리가 아닌 것[非道]으로써 옭어 넣은 것이라 하겠습니다.

명황제가 진실로 돌이켜 생각해 보아 내 자식이 스스로를 지켜낼 수 없는데 신하들이 참소하여 그를 죽였으니 저 까치가 마침내 안전하게 됐다는 것이 무슨 뜻입니까? 이것은 천자의 아들을 까치로 간주하고 싶었다는 것인데, 이는 참으로 있을 수 없는 일입니다. 그렇다면 (명황제는) 반드시 불같이 화를 내어 여러 신하들이 기망한 죄를 벌해야 했습니다. 그런데 이임보의 무리가 감히 이런 일을 벌일 수 있었던 것은 황제의 귀 밝음과 눈 밝음[聰明]이 이미 쇠하여 바야흐로 아첨과 기망(欺罔)을 좋아하고 기뻐했으니 반드시 그같이 옭아매는 정황을 살필 수 없었기 때문입니다. 명황제는 과연 그것을 즐거워하며 상을 내렸으니 이임보는 이때에 분명 자신의 계략이 적중했음을 스스로 만족해하면서 황제를 쉽게 속일 수 있다는 것에 대해 몰래 비웃었을 겁니다. 그러니 간사하고 아첨하며 덮고 숨기는 것이 더욱더 꺼리는 바가 없게 됐던 것입니다.

신이 앞에서 석현이 원제의 속마음을 헤아릴 때 단 하나도 적중하지 않는 바가 없다고 논한 바 있는데 이임보가 명황제의 속마음을 헤아리는 데 있어서도 바로 그러했습니다.

따라서 임금 된 자는 반드시 자신의 귀 밝음과 눈 밝음을 잘 지키고 길러감[保養]으로써 간사한 소인들이 감히 임금을 업신여기는 마음을 갖고서 움직일 수 없도록 해야 합니다. 만일 그렇게 하지 못한다면 그 농간꾼은 못할 짓이 없을 것입니다.

1) 흔히 중흥을 이룬 임금의 시대에 붙이는 명칭인데, 당 현종 때가
   바로 성강지세로 불렸기 때문에 이런 표현을 쓴 것이다.

(『신당서』) 황제가 장차 태자를 세우려 하니 이임보는 황제의 속뜻을
알아내고자 여러 차례에 걸쳐 수왕 이모를 칭찬하며 은근히 유도했으나
황제의 뜻은 자연스럽게 충왕(忠王) 이여(李璵-훗날의 숙종)에게로 가
있었다. 수왕이 태자의 자리에 오르지 못하고 태자가 충왕으로 정해지
자1) 이임보는 자신의 계책이 행해지지 못한 것을 한스러워하고 또한 화
를 입게 될까 봐 두려웠다. 이에 위견(韋堅)에게 줄을 대니 위견은 태자
비의 오빠였다.

당시 이임보는 핵심 요직을 맡고 있으면서 장차 위씨 집안을 뒤집어
엎어 태자를 흔들려 했으며 이어 유적(柳勣)을 이용해 태자의 후궁인
두양제(杜良娣)와 그 아버지 두유린(杜有隣-유적의 장인이기도 하다)이
음모를 꾸몄다고 해서 태자에게 영향을 미치게 하려 했으나 둘 다 뜻을
이루지 못했다.

얼마 후에는 제양(濟陽-산둥성 지양현) 별가(別駕) 위림(魏林)으로
하여금 하서절도사 왕충사(王忠嗣)가 태자를 곁에서 병사로써 보좌하
고 싶다고 했다는 이유로 무고하게 했다. (왕충사에 대한 조사가 역모에
까지 이르게 되자) 이임보는 말했다.

"태자는 이번 모의를 분명히 알고 있었을 것입니다."

황제가 말했다.

"내 아이는 깊은 궁중에 있는데 어찌 외부 사람들과 더불어 모의를 할 수 있단 말인가? 이것은 분명 거짓이다."

이임보는 여러 차례 태자를 위험에 빠트리려 했지만 태자는 스스로 삼가며 효성을 다해 안팎 사이에 끼어들 틈이 없었다. 그래서 유언비어는 그 틈에 들어갈 수가 없었던 것이다.

이때 양국충(楊國忠)이 감찰어사(監察御使)가 됐는데 이임보가 위견 등의 옥사를 일으켜 태자를 위협하는 데 양국충이 받는 총애와 권력을 이용하기 위해 양국충으로 하여금 조사를 하도록 했다. 마침내 참혹한 옥사가 이뤄져 해를 넘겨가며 무고에 걸리거나 해서 주륙된 집안만 100여 집안에 이르렀고, 태자를 위험에 빠트리는 술책을 보면 먼저 이임보가 파놓은 함정은 거의 다 그가 원하는 대로 적중했다.

🍃　　　신이 가만히 살펴보겠습니다. 이임보가 재상이 될 수 있었던 것은 혜비의 도움이 있었기 때문입니다. 그래서 먼저 황제의 세 아들을 죽게 만들고 뒤에 충왕을 엎으려 한 것은 다 수왕의 입지 확보를 위해서였습니다. 다행히 명황제의 뜻이 견고하게 정해지고 다른 데로 옮겨가지 않았지만 그러나 세 차례나 큰 옥사를 일으켜 태자의 지위를 흔들어본 이후에야 그쳤습니다. 이는 대개 당시 태자였던 숙종의 지위란 황상의 뜻에서 나오는 것이었기 때문입니다. 만일 황상이 자신의 뜻을 물리치지 않는다면 그것은 큰 공을 세우는 것이요, 그리하여 수왕이 황제의 자리에 오르게 되면 자신과 혜비는 안팎에서 서로 의존하는 관계가 되어 부귀를 오래도록 보장받을 수 있었을 것입

니다. 이임보의 그릇된 마음[賊心]은 이와 같았으나 다행히 숙종이 아무런 과오 없이 황상의 뜻을 받들어 동궁의 지위는 조금도 흔들리지 않았고, 훗날 (안녹산의 난이 일어났을 때) 황실을 중흥하여 마침내 (현종으로부터) 큰 신뢰를 받았습니다.

거의 하늘의 뜻이 당나라를 도와서 이임보의 계책이 그 혼자서는 이루어질 수 없었던 것입니다. 만일 그렇지 않았더라면 얼마나 위태로워졌겠습니까?

1) 이 결정에는 환관 고력사의 조언이 결정적이었다. 고력사는 논란을 피하려면 맏아들을 세우는 것이 가장 좋다고 건의해 현종이 받아들인 것이다. 태자 책봉은 개원 26년(738년) 7월에 있었다.

(『신당서』) 이임보는 황상의 뜻을 잘 알아냈다[刺=探]. 이때 황제의 춘추가 높아 듣고 결단하는 것이 점점 게을러졌고, 스스로 몸가짐을 바로하는 데 염증을 느꼈으며, 대신들을 접견하는 것을 부담스러워하다가 이임보를 얻자 그에게 모든 것을 의심 없이 맡겼다.

이임보는 임금의 욕심을 길러내는 데 능해 이로부터 깊은 궁궐에서 연회나 즐기며 미인들과 잠자리를 하느라 임금의 다움[主德]은 시들어갔다. 이임보는 매번 청을 올릴 때마다 먼저 좌우를 물리치게 하고서 황상의 아주 작은 뜻까지 살폈으며, 궁궐 내 요리사나 몸종들에게까지도 은혜와 신임을 베풀어 천자의 동정을 반드시 소상하게 알아낼 수 있었다.

신이 가만히 살펴보겠습니다. 이임보가 황상의 뜻을 잘 알아낸 것은 곧 석현이 임금의 작은 뜻까지 능히 알아낸 것과 같고, 임금의 욕심을 잘 길러낸 것은 곧 조고가 진나라 2세 황제로 하여금 자기 마음대로 음란한 즐거움에 빠지도록 권한 것과 같습니다. 또 좌우를 물리치게 한 것은 곧 한착(寒浞)이 안으로 궁궐 내 여인들에게 알랑거리고 왕망이 내시와 궁녀〔旁側長御〕를 잘 섬긴 것과 같습니다.
방측 장어
옛날의 간신들이 이처럼 하나씩만 갖고 있던 재주를 이임보는 한꺼번에 다 겸했으니 이임보는 석현과 조고와 한착과 왕망을 한 사람으로 만들어놓은 것입니다.

당나라 왕실은 이로 말미암아 거의 망할 뻔했습니다. 그 시초를 거슬러 올라가서 미루어 헤아려보건대 그 이유는 명황제의 마음이 먼저 흐려진 때문입니다. 그래서 이임보가 파고들 수 있는 여지가 생긴 것입니다. 임금이 진실로 능히 자신을 버리고 사심을 없이 하여 늘 고요한 마음과 적은 욕심으로 안팎의 대비를 엄중히 하고 사사로운 청탁이나 민원을 단호히 차단한다면 제아무리 간신들이 설친다고 하더라도 어찌 그 간사함을 실행에 옮길 수 있겠습니까? 『예기』에서 이렇게 말했습니다. "왕이 도리에 적중하니 마음에 (억지로) 작위하는 바가 없어 지극히 바른 도리를 지킬 수 있다〔王中心無爲以守至正〕."
왕 중 심 무위 이 수 지정
이 말은 곧 하나의 바른 도리만 잘 지켜도 수많은 사람들을 제어할 수 있다는 것이니 이것은 임금이라면 반드시 마음으로 다잡는 바〔約〕를 지키는 좋은 방도라고 하겠습니다.
약

(『신당서』) 천보(天寶) 6년(747년)에 황제가 천하의 선비들 중에서 하나의 기예라도 있는 사람들은 다 경사에 들어와 글을 지어 올리도록 했다. 이에 이임보는 선비들이 그 글들에서 혹시라도 자신을 배척하는 말을 쓰게 될까 봐 두려워하여 즉각 건의했다.

"선비들은 대개 비천하고 어리석어 금하고 꺼려야 하는 바〔禁忌〕를 알
지 못하고 헛되이 미친 소리를 늘어놓아 폐하의 귀를 어지럽힐 것입니다."

그리고 황제에게 청해서 그 글들은 모두 다 상서성의 장관들이 시험해 보고 어사중승(御史中丞)이 감독하게 했는데 단 한 명의 합격자도 없었다. 이에 이임보는 초야에는 인재들이 하나도 없다[1]는 것이 확인됐다며 황제에게 측하의 말을 올렸다.

신이 가만히 살펴보겠습니다. 밝은 군주가 위에 있으면 반드시 지극한 바름의 길을 넓히고 이로써 현능한 인재들을 불러들이며, (언론을 막는) 사방의 진흙탕 길을 제거하여 충성스럽고 곧은〔忠讜=
忠直〕 사람들이 찾아오게 하면 위로는 (임금의 뜻을) 가리거나 덮는 근심이 없을 것이고 아래로는 내버려지는 인사들〔遺逸〕의 한숨 소리가 없게 될 것입니다. 이것은 나라의 큰 이익이며 간사한 자들은 결코 할 수 없는 일입니다.

이임보가 그렇게 한 것은 대체로 현능한 인재들이 (관직에) 진출하게 되면 자신은 용납되지 못할 것이고, 언로를 활짝 열면 자신의 죄를 더 이상 숨길 수 없었기 때문입니다. 그래서 이임보가 이에 황제에게 곡해하는 말을 올린 것이며, 또 상서성 장관들로 하여금 먼저 시험하

게 하고 또 어사중승으로 하여금 감독을 하도록 했던 것입니다. 그렇다면 설사 충성스러운 인재와 현능한 인재가 있었다 한들 어떻게 진출할 수 있었겠습니까? 당연히 단 한 명의 합격자도 없다고 해놓고 바야흐로 이임보는 초야에는 인재들이 하나도 없다면서 황제에게 축하의 말을 올렸습니다.

그러니 이임보가 감히 임금을 옭아매는 것이 어찌 심하다 하지 않을 수 있겠습니까?

1) 이 말은 천하의 인재들이 다 조정에 있다는 아첨의 뜻이다.

(『신당서』) 함녕(咸寧) 태수 조봉장(趙奉璋)이 이임보의 죄 20여 가지를 고발하려 했는데 이임보가 (이를 미리 알고서) 어사(御史)에게 넌지시 일러 체포토록 하니 조봉장은 요사스러운 말〔妖言〕을 했다는 이유로 곤장을 맞다 죽었다.

신이 가만히 살펴보겠습니다. 간신이 나라를 제 마음대로 할 때에는 반드시 먼저 측근들을 권력의 핵심 곳곳에 배치하여 치고 때리는〔擊搏〕 임무를 맡도록 하고 자신에게 반대하는 자들을 제거토록 한 다음에야 방자한 행동을 일삼고 꺼리는 바도 없게 됩니다.

이임보가 권세를 잡았을 때는 어사에 기용되는 자는 반드시 자신의 패거리를 썼습니다. 그래서 조봉장이 그의 죄를 말하려 하자 이임보는 곧바로 어사에게 넌지시 일러 조사[劾]를 명목으로 그를 죽여버렸습니다. 이처럼 간신의 권력이 자신을 반대하는 말을 하는 자를 죽일 정도가 되면 할 수 없는 바가 전혀 없게 됩니다.

따라서 밝은 군주가 위에 있어야만 천하의 뛰어난 인재들을 골라내어 임금의 넓적다리나 팔뚝[股肱]과도 같은 중책을 맡기고, 또 공명정대하고 깨끗하며 곧고 뛰어난[公淸直良] 인사들로 하여금 임금의 귀와 눈이 되는 자리[耳目之官]에 배치할 수 있습니다. 이렇게 되면 이 둘은 서로 그 자리를 교차로 맡을 것이고, 또 사사롭게 아첨하는 무리나 붕당을 이루지 않을 것이니 기강은 바로잡히게 되고 다스리는 도리[治道]는 (절로) 서게 되는 것입니다.

(『자치통감』) 이임보가 재상이 되자 무릇 재능이나 명망이 자기보다 낮고 황상이 두텁게 대하여 세력과 지위가 장차 자기를 핍박할 수 있는 사람은 반드시 백 가지 계책을 써서 제거했다. 특히 유학을 하는 선비를 시기하여 혹 겉으로는 더불어 잘 지내는 척하면서 달콤한 말을 했지만 뒤에서는 그를 모함했다. 세상에서는 이런 이임보를 두고서 '입에는 꿀이 있지만 뱃속에는 칼날이 들어 있다[口有蜜腹有劍＝口蜜腹劍]'라고 불렀다.

황상이 일찍이 근정루(勤政樓)에서 음악을 연주케 하고는 발을 드리운 채 이를 지켜보고 있었다. 병부시랑(兵部侍郞) 노현(盧絢)이 "황상께서는 이미 (연주 관람을 끝내고) 일어나셨다"고 말을 하고서는 (군사들을 이끌고) 말채찍을 늘어뜨린 채 말의 고삐를 잡고서 근정루 아래를 가로질러 갔다. 노현의 풍모와 품격이 맑고 순수하여 황상이 그를 지켜보면서 그의 온축된 풍모를 감탄했다.

이임보는 일찍이 금과 비단을 두터이 주어 황상의 좌우에 있는 자들을 심복으로 만들어 황상의 거동을 반드시 알고 있었다. 이에 곧바로 노현의 자제를 불러 말했다.

"그대의 부친〔尊君〕께서는 원래 명망이 높고 깨끗하신데 지금 교주(交州-베트남 하노이시)나 광주(廣州-광둥성)에서 인재를 빌리고자 한다. 성상께서는 그대의 부친에게 그 일을 맡기시려 하는데 가능한 일이겠는가? 만약 멀리 가는 것이라 꺼린다면 당장 좌천될 것이고, 그렇지 않다면 태자빈객 겸 첨사로 동도인 낙양에 가서 일을 나누어 맡게 할 것이니 이 또한 어진 사람을 우대하는 명령인데 어떻게 생각하는가?"

노현은 두려워하며 태자빈객 겸 첨사를 맡게 해달라고 청했다.

황상이 또 일찍이 이임보에게 물었다.

"엄정지(嚴挺之)는 지금 어디에 있는가? 이 사람은 역시 쓸 만하다."

엄정지는 당시 강주(絳州-산시성 신장현) 자사로 있었다. 이임보는 물러나서 엄정지의 동생 엄손지(嚴損之)를 불렀다.

"황상이 그대의 형님을 대우하는 뜻이 매우 두터우니 어찌 황제를 알현하기 위한 대책을 세우지 않는가? 주문을 올려 형님이 중풍이 들렸다고 하고 경사로 돌아가서 의원에게 갈 수 있도록 해달라고 청구하시오."

엄손지는 그대로 따랐다. 이임보는 그가 올린 주문을 갖고서 황상에게 보고했다.

"엄정지는 늙고 병들었으니 마땅히 산질(散秩-직책이 없는 벼슬)로 삼아 편안하게 병을 치료할 수 있도록 해야 합니다."

황상은 오랫동안 탄식을 했다. 그리고 얼마 후 엄정지를 첨사로 삼았다.

신이 가만히 살펴보겠습니다. 『서경』에서 요임금은 사흉 (四凶)을 벌한 다음에 말했습니다. "용모만 공손히 할 뿐이다." 또 말했습니다. "교언영색한 자는 공임(孔壬)뿐이다." 이처럼 요임금은 그들을 능히 알았고, 순임금은 능히 그들을 제거할 수 있었기 때문에 비할 바 없이 빼어나다(聖)고 하는 것입니다.
　　　　　　　　　　　　　성

이임보가 여러 사람들에게 행하는 악을 보면 대개 그런 것들을 다 겸하고 있었는데도 명황제가 그것을 제대로 꿰뚫어 보지 못한 것은 그의 욕심이 그것을 막았기 때문입니다.

『시경』에서 말하기를 "도둑의 말은 더욱 달다(盜言孔甘)"라고 했으
　　　　　　　　　　　　　　　　　도언 공.감
니 말 그대로입니다. 그래서 사람들은 그 해로움을 보지 못하고 그 단 말(甘言)이 도적이 되는지를 알지 못합니다. 그러니 이임보의 '입에는
　감언
꿀이 있지만 뱃속에는 칼날이 들어 있다(口有蜜腹有劍=口蜜腹劍)'는
　　　　　　　　　　　　　　　　구 유 밀 복 유 검　　구밀복검
것이 바로 나라의 큰 도적이 되는 까닭입니다.

옛말에 쓴 말(苦言)은 약이 되고 단 말은 병이 된다고 했습니다. 만
　　　　　고언
일 명황제가 능히 쓴 말이 약이 되고 단 말은 병이 된다는 것을 알고 서 장구령을 내치지 않고 이임보는 상대하지 않았더라면 백 명의 안 녹산이 나왔다 한들 그런 어려움에 처했겠습니까? 그래서 조정 안에 서 관복을 입은 도적이 있은 다음에 밖에서 무기를 든 도적이 있게 되 는 것입니다.

그렇다면 관복 입은 도적은 장차 무엇으로써 살필 수 있겠습니까?

그 말의 달고 씀〔甘苦〕을 살펴보기만 하면 됩니다. 대체로 바른 사람
〔正人〕이 단 말을 하는 경우는 없고, 또한 그릇된 자〔邪人〕가 능히 그
말을 쓰게 하는 경우도 없습니다. 이임보는 바로 이것으로써 임금을
오도했고, 또한 이것으로써 같은 대열에 있는 신하들을 오도했으니 노
현이 태자빈객 겸 첨사가 되고 엄정지가 없는 병을 갖게 된 것도 다 이
임보가 그들을 오도하여 사실상 그들을 가두고 막아버린 것이라 하
겠습니다.

이임보는 진실로 단 말을 갖고서 명황제를 오도하여 결국은 파천
(播遷)이라는 치욕을 당하게 했으니, 아! 두려워해야 할 것입니다.

(『신당서』) 이임보가 재상의 자리에 있으면서 총애를 튼튼히 하고 권
세를 장악하여 천자의 귀와 눈을 가리고 속이자 간언의 책임을 맡은 관
리들은 하나같이 자신들의 봉록이나 지키고자 하여 감히 바른 말을 하
는 사람이 없었는데 보궐(補闕) 두진(杜璡)이 거듭 글을 올려 잘못된 정
사를 논하자 그를 하규 영(下邽令-지방관리)으로 좌천시켜 버렸다. 그
런 다음 이임보는 다른 간관들을 협박하기를 "밝으신 천자가 위에 계
시니 신하들은 그 뜻을 그냥 따르면 되는 것이지 무슨 다른 할 말이 있
겠느냐. 너희들은 의장대에 줄지어 선 말을 보지 못했느냐. 종일 소리를
내지 않으면서도 3품관의 사료를 먹는데, 한 번 소리를 지르면 그 놈은
쓰지 않는다. 그다음에는 설사 울지 않는다고 해도 쓰겠는가?" 이 일로
말미암아 간언을 다투어 올릴 수 있는 길은 끊어졌다.

신이 가만히 살펴보겠습니다. 간신이 나라를 좌지우지할 때에는 반드시 먼저 언로를 막아서 임금을 저 위에 외로이 혼자 있게 만들고, 또 맹인처럼 밖을 볼 수 없게 만든 다음에야 그 뜻한 바를 마구 펼쳐냅니다. 그래서 크게는 나라를 찬탈하고 작게는 나라의 국정을 좌지우지하는 데 있어 할 수 없는 것이 없게 되는 것입니다. 정선(正先)이 죽고 나서야 조고가 설칠 수 있었고, 왕장이 죽고 나서야 왕봉이 뜻을 마구 펼 수 있었으며, 두진이 배척된 이후에야 이임보가 전횡할 수 있었으니 임금이 이 점을 잘 살피지 않을 수 있겠습니까?

(『신당서』) 당나라 정관(貞觀-태종의 연호) 이래로 번국(蕃國)의 장수들은 아사나사이(阿史那社爾)와 글필하력(契苾何力)처럼 당나라에 임용되어 다 충성스럽게 힘을 떨쳐 싸웠으나 오히려 상장(上將)이 되지 못했고, 대부분 대신들의 엄격한 통제를 받아야 했다. 고로 위에 여력이 있으면 그것으로 아래를 통제하는 것이 관례였다.

선천(先天)과 개원(開元)[1] 때에 설눌(薛訥), 곽원진(郭元振), 장열(張說) 등이 (변방을 지키는) 절도사로 있다가 재상이 되어 천자를 가까이에서 보필했다. 그래서 이임보는 유학하는 신하들을 싫어하여 계략을 동원해 변방의 힘든 곳으로 내쫓아버렸는데 (장차 그들이 조정으로 돌아올 것을 두려워하여) 그들을 근원적으로 차단함으로써 자신의 권력을 오래도록 공고히 하고자 하여 황제에게 말했다.

"폐하와 같으신 뛰어난 능력[雄材]이라면 벌써 나라가 부강해져야 하
<sub>웅재</sub>

는데 오랑캐가 아직도 다 없어지지 못한 것은 문신[文吏]들이 장수를 맡고 있는지라 화살과 돌이 자기 몸에 떨어지지 않도록 몸을 사리기 때문입니다. 따라서 번국의 장수들을 쓰는 것보다 못합니다. 번장들은 날 때부터 용맹스럽고 말 위에서 컸고 행군을 하면서 성장했기 때문에 타고난 본성이 그렇습니다. 만일 폐하께서 진심을 갖고서 그들을 쓰시면 그들은 반드시 목숨을 걸고 싸울 것이니 오랑캐는 얼마든지 물리칠 수 있습니다."

이에 황제는 기뻐했으며 안사순이 이임보를 대신하여 가서 안녹산(安祿山), 고선지(高仙芝), 가서한(哥舒翰) 등을 발탁하여 대장으로 삼았다. 이는 이임보가 그 오랑캐들은 설사 큰 공을 세우더라도 중앙 조정에서 재상이 될 수 없다는 것을 이용하려 한 것이다.

이리하여 안녹산이 3도의 병력을 거느리고 14년 동안이나 변방에만 머물렀는데 천자는 한 번도 안사순과 이임보의 계책을 의심하지 않다가 결국 안녹산이 거병하여 천하를 뒤집어엎었으니 황실은 마침내 쇠락하고 말았다.

1 둘 다 당 현종의 연호다.


신이 가만히 살펴보겠습니다. 한마디 말로 나라를 망하게 한다는 것[1]은 들어보았지만 한마디 말이 수백 년 동안 재앙을 남긴다는 말이 있겠습니까? 감히 말씀드리자면 있습니다. 이임보가 번국의 장수로 하여금 나라를 지키도록 하자는 것이 바로 그것입니다.

대체로 안녹산의 난이 일어난 때부터 당나라는 거의 망했다고 할 수 있습니다. 숙종이 비록 온갖 어려움 속에서도 중흥을 했다고는 하지만 두 강 사이의 땅의 절반이 오랑캐의 손아귀에 들어갔고, 서로 간의 쟁탈전이 이어져 과거 당나라의 치세는 회복할 수 없었습니다. 그리고 번진(藩鎭)들도 각각 군대를 거느리고 설쳐대며 조정 안팎이 결탁하니 마침내 당나라는 이로써 천하를 잃어버렸고, 오대(五代)의 난이 일어나면서 마지막 명맥까지 끊어지게 됐던 것입니다.

우리 송나라에 이르러서야 방진(方鎭)의 권한을 다시 중앙에서 거둬들여 천하가 하나로 됐습니다. 당나라는 고조 말부터 애제 초까지 대략 207년 정도 이어졌으니 그 재앙의 뿌리를 미루어 헤아려보면 번국의 장수로 하여금 문신 장수〔儒將〕를 대체케 한 때문이라 할 수 있습니다.

이임보가 마음 쓴 바〔用心〕를 잘 살펴보면 오로지 절도사가 (공을 세워) 재상이 되는 계단을 밟는 것을 막아서 자신의 권력을 오래오래 유지하려는 것뿐이었습니다. 하지만 중국이 혼란에 빠지고〔板蕩〕 백성들은 진흙탕에 굴러야 했던 것은 결국 이로부터 시작됐으니 예로부터 간신이 천하에 재앙을 입혀왔다고는 해도 이임보가 남긴 재앙만큼 혹심하지는 않았을 것입니다.


1) 『논어』에 나오는 공자의 말이다.

（『구당서』） 황상은 말년에 스스로 태평성대를 이루었다는 자긍심에 가득 차 천하에 다시는 근심 걱정이 없으리라 확신했다. 그리고 깊은 구중궁궐에서 연회와 여색에 빠져 지내면서 정사는 모두 다 이임보에게 맡기니 이임보는 황제의 좌우 측근들을 잘 구워삶아 황상의 뜻에 영합하여 황제의 총애를 튼튼히 하고 언로를 막아 황제의 총명을 가리고 덮었다. 또 그의 간사함으로 현능한 인재들을 질투하여 반드시 그들을 배제하고 꺾어 자신의 지위를 굳건히 했으며, 여러 차례 큰 옥사를 일으켜 귀한 신하들을 죽이고 내쫓아 그 세력을 확장하니 황태자 이하 모두가 그 옆에 서는 것도 두려워할 정도였다.

모두 19년 동안 재상으로 있으면서 천하의 어지러움을 키우고 완성했는데도 황상은 그것을 끝내 깨닫지 못했다.

　　신이 가만히 살펴보겠습니다. 이것은 『구당서』에서 이임보를 평한 말인데 이임보의 마음의 궤적을 남김없이 표현하고 있습니다.

（『자치통감』） 양국충(楊國忠)은 태진비(太眞妃-양귀비)의 6촌 오빠다. 양귀비의 언니인 괵국(虢國) 부인이 중간에서 일을 주선하고 꾸몄다〔用事〕. 황제가 좋아하고 싫어하는 것을 양국충은 반드시 그 작은 것까지도 다 알아내니 황제는 이로써 양국충을 능력 있는 인재라고 여겼다.

제3장 격물치지의 요체　737

신이 가만히 살펴보겠습니다. 여자와 소인이 안팎으로 결탁하여 일을 꾸며대는 것은 나라를 위태롭게 하고 집안을 망하게 하는 근본임은 앞에서도 이미 여러 차례 말씀드린 바 있습니다. 양국충이 이미 밖에서 일을 꾸며대고 그의 집안 누이가 또 대궐 안에서 일을 꾸며대어 당연히 황제의 거동과 일거수일투족을 다 알아내고서 그 뜻에 아첨하여 영합했을 것인데도 황제는 그것을 유능하다고 여긴 것입니다.

『자치통감』) 양국충이 재상이 되어 온갖 말재주를 부리며 황제의 즐기고자 하는 바에만 오로지 영합하면서 천하를 잘 다스리고 못 다스리고(成敗)에는 아무런 관심도 없었다. 한번은 황제가 변경에서 일어나는 일들에 관심을 두고 있다는 것을 알고서는 자신이 직접 군대의 식량을 조달한다고 해놓고 정작 그 일을 추진하면서 악질적인 관리로 하여금 문서와 장부들을 책임지도록 했다. 이렇게 해서 군대에도 그의 손이 미치게 됐다.

신이 가만히 살펴보겠습니다. 명황제는 전반기에는 이임보를 신임했고, 후반기에는 양국충을 신임했습니다. 두 사람이 술수를 부리는 것은 거의 비슷해서 대체로 황제의 원하는 바를 파악해서 주장하는 것뿐이었습니다. 황제가 변경의 일에 뜻이 있다는 것을 알고서는 몸소 군대의 식량을 조달했고, 악질적인 관리(惡吏)로 하여금 문서

와 장부〔文簿〕를 담당토록 해 (군대와 관련된) 모든 일들이 자신에게
다 모이도록 했고, 정작 제대로 군사들을 진휼할 겨를은 없었습니다.

그럼에도 불구하고 명황제가 자신의 욕심만을 따르겠다는 생각을
갖지 않았다면 제아무리 간신이라 한들 과연 그런 욕심을 찾아내고
그것을 제 마음대로 주무를 수 있었겠습니까?

그래서 말하기를 "임금의 마음이 바르면 조정 백관이 감히 바르지
못한 짓을 할 수가 없다"고 하는 것입니다.

(『자치통감』) 남조(南詔)의 왕 합라봉(閤羅鳳)이 (당나라에 맞서) 반
란을 일으키자 황제가 토벌코자 했다. 이에 양국충이 선우중통(鮮于仲
通)을 천거했는데 촉군(蜀郡)과 장사(長史)의 병사 6만 명을 이끌고 가
노천(-원남성)에서 싸웠으나 전멸하고 겨우 자기 몸만 피해 죽음을 면
했다. 그런데 양국충은 선우중통의 패전 소식은 숨기고 전투에서 공을 세
운 것처럼 기록을 고쳐 적고서 선우중통으로 하여금 백의종군토록 했다.

검남(劍南) 절도사 이밀(李宓)이 병사 7만 명을 이끌고 남조를 공격했
다. 합라봉은 이들을 유인해 깊숙이 들어오게 한 다음 이밀을 사로잡았
고 군대는 전멸했다. 양국충은 이 패전을 숨기고 오히려 바꿔서 이긴 것
처럼 아뢴 다음에 더욱 늘려서 중국 군대를 보내 토벌케 했는데 이를 전
후해서 죽은 사람만 20만 명이었지만 사람들 가운데 감히 이를 말하는
사람이 없었다.

　　　신이 가만히 살펴보겠습니다. 『예기』에서 (공자가 자하에게) 말하기를 "사방에서 패배가 있게 되면 반드시 (임금이) 먼저 알아야 하니, 이것을 일러 백성들의 부모라고 한다"고 했습니다.

명황제 말년에 양국충에게 국사를 위임하여 운남(雲南)에서 목숨을 잃은 병사가 20만 명인데 양국충은 도리어 거짓 보고를 했으니 명황제는 이때가 되면 흙덩어리처럼 시위(尸位-제사 지낼 때 신위를 대신하는 인형)가 되어 흙이나 나무로 만든 인형이라고 하겠습니다.

간신이 감히 임금의 눈과 귀를 가리고 덮는 것이 이와 같았으니 임금 된 자가 천하를 제대로 보고 들을 수 있었겠습니까?

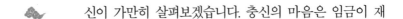

(『자치통감』) (당나라 천보 13년(754년)) 황상이 비가 내려 벼를 상하게 할까 봐 걱정을 하자 양국충은 벼 가운데 좋은 것만 거둬 올리면서 말했다.

"비가 많이 내리긴 했으나 곡식을 상하게 하지는 않았습니다."

황상이 그렇다고 여겼다. 부풍(扶風-산시성 푸펑현) 태수 방관(房琯)이 자신이 맡고 있는 지역의 수재에 관해 말하자 양국충은 어사로 하여금 그를 조사토록 했다. 이 해에 천하에서는 감히 수재가 들었다고 말하는 사람이 없었다.

　　　신이 가만히 살펴보겠습니다. 충신의 마음은 임금이 재

이(災異)를 두려워하지 않는 것을 걱정합니다. 위상(魏相)이 바람과 비는 역적과 같다고 선제(宣帝)에게 고했던 것이 바로 이런 뜻입니다. 반면 간신의 마음은 임금이 재이를 두려워하게 될까 봐 걱정합니다. 양국충이 비가 오지만 곡식에 해가 되지 않는다고 말함으로써 명황제를 속인 것은 바로 이런 뜻입니다.

대체로 임금이 하늘의 재이를 두려워하면 반드시 자신에게서 허물을 찾고, 반드시 정치를 개혁하고, 반드시 소인을 제거하니 이는 충신이라면 즐거워하는 것이고 간신이라면 불편해하는 것입니다. 그래서 충신과 간신이 마음을 쓰는 바가 같지 않음이 이와 같은 것입니다.

우리 송나라에 들어와 근래 왕안석이 드디어 하늘의 재이는 두려워할 필요가 없다고 말했습니다. 아! 하늘보다 큰 것은 없고 하늘보다 신령스러운 것은 없어 아무리 두려워해도 부족할 것인데 모든 사람의 위에 있는 존귀한 사람이 어찌 조심하지 않을 수 있겠습니까? 하늘을 업신여기고 임금을 속인 왕안석의 죄는 양국충보다 아래에 있는 것이 아니니 어찌 이루 다 처죽일 수 있단 말입니까?

(『자치통감』) 안녹산이 3개 도를 관장하며 몰래 다른 뜻(-역모)을 품고서 거의 10년이 됐지만 황상(-현종)의 대우가 두터웠기 때문에 황상이 세상을 떠난 이후에 난을 일으키기로 마음먹고 있었다. 마침 양국충은 안녹산과 사이가 좋지 않아 여러 차례 안녹산이 반란을 일으키려 한다고 말씀을 올렸으나 황상은 듣지 않았다.

양국충은 여러 가지 일로 안녹산을 자극하여 반란을 속히 일으키게 끔 만듦으로써 황상에게 신임을 얻고자 했다. 이 과정에서 안녹산은 결국 반란을 일으키기로 결심하고 거느리고 있는 병사 15만 명을 발동했는데 양국충 토벌을 명분으로 내세웠다.

황상은 이 소식에 재상들을 불러 대책을 모의하는데 양국충이 뜻을 얻었다는 표정을 하고서 의기양양하게 말했다.

"지금 반란자는 오직 안녹산뿐이고 장군과 병사들은 원하지 않고 있습니다. 열흘 안에 반드시 그의 수급이 행재소에 이를 것입니다."

황상은 그렇다고 여겼지만 대신들은 서로 쳐다보며 얼굴빛을 잃었다.


신이 가만히 살펴보겠습니다. 안녹산이 반란을 일으킨 까닭은 이임보가 그 뜻을 키우게 만들었고, 양국충이 그것을 격발한 때문입니다. 양국충은 그 신분이 대신에 이르러서 정적을 자극해 반란을 일으키게 했으니 과연 어째서 이랬겠습니까? 순전히 임금으로 하여금 자신의 말을 믿도록 하기 위한 실험이자 총애와 봉록을 더욱 튼튼히 하려는 마음 때문이었습니다.

대체적으로 간신들의 마음은 오직 자기 개인의 이익만을 위하기 때문에 나라가 위험에 처하고 종묘사직이 엎어지는 데 대해서는 전혀 개의치 않습니다. 아! 얼마나 두려운 일입니까?

이때 안녹산이 멀리서 대군을 이끌고 내달려 오는데도 양국충은 오히려 아첨의 말이나 올려 황상의 귀를 현혹시키고 있었으니 그 뜻 또한 황상으로부터 기뻐함이나 얻는 것이었지만 결국 마외지변(馬嵬之變)[1] 때 목과 사지가 달아나고 가족들도 살육됐으니 총애와 봉록은 과연 튼튼히 된 것입니까? 그저 간신들이 경계로 삼아야 할 뿐일 것입니다.

이상은 간사한 자[1]가 주군을 옭아매는 사정을 논한 것입니다.

1 간사한 신하[姦臣]이다.
　간신

1) 섬서성 홍평시 서쪽에 있는 마외역에서 반란의 책임을 물어 양국충과 양귀비 등이 무참하게 살해당한 일을 가리킨다.

(『자치통감』) 원재(元載, ?~777년)[1]는 당나라 숙종 때의 사람이며 이보국(李輔國, 704~762년)[2]의 천거에 힘입어 평장사(平章事)에 뽑혔다. 훗날 숙종이 몰래 이보국을 죽이려 할 때 원재는 그 모의에 참여했다[預=與].

이렇게 해서 대종이 즉위하자 원재의 권세는 점점 더 번성했고, 또 뇌물로 내시 동수(董秀)와 연결을 맺어 주서(主書-비밀 서류를 관장했다) 탁영천(卓英倩)으로 하여금 몰래 오가게 하면서 황상의 뜻이 어디에 있는지를 알아내니 원재는 반드시 먼저 황상의 뜻을 받들어 미묘한 것까지도 미리 탐지해 내 의논을 할 때 그가 말을 하면 황상의 뜻에 부합하지 않는 바가 없었다. 이리하여 그에 대한 총애는 더해만 갔다.

신이 가만히 살펴보겠습니다. 원재가 위의 뜻을 잘 받들고 미묘한 것까지도 미리 탐지해 낸 것은 이임보가 황제의 뜻을 알아내려 할 때 쓰던 바로 그 수법입니다.

처음에는 이보국과 결탁하고 뒤에는 동수와 결탁한 것도 이임보가 황상의 좌우에 뇌물질하던 그대로입니다. 간사한 자들은 서로를 스승으로 삼으니 함께 모의하지 않았는데도 그 정황이 대개 이처럼 서로 맞아떨어지는 것입니다.

1) 현종(玄宗) 초에 『장자』와 『노자』 『열자(列子)』 『문자(文子)』 등에

뛰어나 천거를 받아 벼슬길에 올랐고, 숙종 때 호조시랑(戶曹侍郎)을 거쳐 탁지(度支)와 강회전운사(江淮轉運使) 등을 지냈다. 이 보국의 눈에 들어 평장사(平章事)에 임명됐다. 이보국이 죽자 내시들과 어울리면서 대종 황제의 비위를 잘 맞추었다. 대력(大曆) 5년(770년)에 대종과 모의하여 환관 어조은(魚朝恩)을 주살했다. 권세를 누리며 충신들을 배척하고, 무도한 일을 서슴지 않았으며 공공연히 뇌물을 받았다. 결국 황제에게 자살을 명 받았다.

2) 숙종 때의 환관으로 병권을 장악하고 숙종과 대종이 황위에 오르는 데 큰 공을 세워 권력을 잡았지만, 대종이 보낸 자객에게 살해됐다.

(『자치통감』) 원재는 권력을 제 마음대로 하면서도 황제에게 일을 보고하는 사람이 자신의 사사로움〔私〕을 있는 그대로 까발려 공격을 할까 봐 두려웠다. 그래서 마침내 황상에게 청하기를 "백관(百官)이 무릇 일을 논할 때는 먼저 해당 부서의 최고 책임자〔長官〕에게 보고하고 장관은 재상에게 보고한 다음에 폐하께 주달(奏達)토록 해야합니다"라고 하니 이에 황상은 백관에게 말했다.

"요즈음〔比〕여러 부서에서 올라오는 글들을 보면 남을 중상모략하고 해치려는 내용〔讒毁〕이 많으니 장관과 재상에게 맡겨 먼저 그것을 올릴 것인지 여부를 정하도록 하라."

이에 형부상서(刑部尚書) 안진경(顔眞卿)[1]이 상소를 올렸다.

"간관(諫官)과 어사(御史)를 둔 것은 폐하의 눈과 귀가 되게 하기 위함인데 지금 일을 논하는 자²⁾로 하여금 (폐하께 올리기에 앞서) 먼저 재상에게 보이라 하니 이는 폐하 스스로 자신의 눈과 귀를 가리는 것입니다. 폐하께서 여러 신하들이 하는 참소(讒訴)를 걱정하신다면 어찌 그 말의 허와 실은 살피지 않으십니까? 만일 그 말한 바가 과연 거짓[虛]이 라면 마땅히 그 사람을 주살하여야 하고, 사실[實]이라면 마땅히 그에게 상을 내리면 됩니다. 힘써 이와 같이 일을 하지 않으면 온 세상 사람들은 폐하께서 정치[聽覽]의 번거로움에 싫증을 내고 있다고 생각할 것이고, (권신들은) 이 말을 핑계 삼아 다투어 간언하는 길을 막을 것이니 신은 남몰래[竊] 폐하를 위하여 이 점을 안타깝게 여기고 있습니다.

태종(太宗)께서는 사문식(司門式)³⁾을 지어 말씀하시기를 '문적(門籍)⁴⁾이 없는 사람으로서 급히 주문(奏聞)할 사람이 있으면 모두 문사(門司)와 장가(杖家)들로 하여금 주문을 받아 올리게 하여 닫고 가로막는 일이 없도록 하라'고 하셨으니 이는 막고 가리는 것[壅蔽]을 (제도적으로) 차단하려 한 때문입니다.

천보(天寶-당 현종 연호) 이후 이임보가 재상이 되자 말하는 사람[言者=言官=諫官]을 몹시 싫어하여 길에서 (그들을 만나면) 그냥 눈으로만 말할 정도였습니다. (그리하여) 황상의 뜻이 아래로 미쳐 내려오지 못하고 아래의 실상이 위로 닿지 못하여 덮이고 가려지는 바람에 우는 것인지 웃는 것인지[嚆鳴]를 알지 못해 결국 촉(蜀)으로 행차(사실은 피난을 위한 몽진)해야 하는 재앙이 이루어졌던 것입니다.

(그때부터) 내리막길을 걷게 된 것[陵夷]이 지금에 이르러서도 이어지고 있는데 그때나 지금이나 계속되는 것은 바로 (간신들의 권세 장악이) 점점 이루어짐[漸]입니다. 무릇 임금이 거리낌 없이 말할 수 있는 길을 크게 열어놓아도 여러 신하들은 오히려 할 말을 다하지 못하는 실

정인데 하물며 재상과 대신으로 하여금 이를 자르고 누르게 하면 폐하께서 보고 듣게 되는 것은 단지 서너 사람의 이야기에 불과할 뿐입니다. (그렇게 되면) 천하의 선비들은 이로부터 입을 다물고 혀를 묶으니 〔鉗口結舌〕 폐하께서는 더 이상 말하는 사람〔言者〕이 없는 것으로 여기시고 나아가 천하에 논의해야 할 일이 없는 것으로 여기시게 되니 이는 이임보가 오늘날 다시 나온 것이 될 것입니다.

옛날에 이임보가 권력을 제 마음대로 했다고 하지만 여러 신하들이 재상들에게 묻지 않고 문득 황제께 일에 관한 글을 올리게 되면 곧바로 다른 일을 핑계 삼아 몰래 그 사람을 중상하기는 했어도 오히려 감히 드러내어 모든 유사(有司)가 주문을 올리게 되면 모두 다 먼저 재상에게 아뢰도록 하라는 식의 명령은 하지 못했습니다.

폐하께서 이를 일찍 깨닫지 못하신다면 점차〔漸〕 고립될 것입니다."

원재가 이 소식을 듣고서 원한을 품어 안진경이 자신을 비방했다는 주문을 올렸고, 결국 안진경을 협주(峽州-후베이성 이창시) 사마(司馬)로 좌천시켰다.

신이 가만히 살펴보겠습니다. 원재가 사람들의 말을 틀어막는 것 또한 이임보의 옛 지모〔智〕입니다. 안진경이 논한 바는 참으로 그 실정과 상황을 남김없이 말한 것이라 하겠습니다. 후대에 정사(政事)를 제 마음대로 하는 자들도 언관〔言者〕을 꺼려서 수시로 (원재의 수법을) 익혀서 임금의 눈과 귀를 가리고 덮어〔蒙蔽〕 비록 언관이 일을 말하고 논하더라도 반드시 마른 풀잎처럼 여기고서 먼저 재상에게 보여 재상이 거부할 것인지 받아들일 것인지를 정하게 했으니 이 또한 원재의 옛 지모에서 나온 것이라 하겠습니다. 저 간특한 자들이 서로를 스승으로 삼는 것이 이와 같으니 위태로움과 어지러움〔危亂〕
위란
이 서로 이어져 끊이질 않는 것입니다. 아! 비통할 뿐입니다.

1) 당나라의 학자로 『안씨가훈(顏氏家訓)』을 저술한 안지추(顏之推)의 5대손이다. 과거에 급제한 후 출세길에 올랐으나 재상 양국충의 미움을 받아 한직인 평원(平原) 태수로 좌천됐다. 755년 안녹산의 난이 일어나자 의병을 일으켜 싸웠다. 숙종이 즉위하자 헌부상서(憲部尙書) 등 요직을 역임했다. 784년 덕종의 명으로 회서(淮西)의 반란군 장수인 이희열(李希烈)을 설득하러 갔다가 3년간 감금당했고, 끝내 살해됐다. 그는 서예로도 유명했는데, 남조 이래 유행해 온 왕희지(王羲之)의 우아하고 아름다운 서체와 달리 남성적인 기백이 넘쳐 당나라 이후의 중국 서도(書道)에 큰 영향을 주었다.
2) 정사를 비평하는 언관을 말한다.
3) 중앙 기구들의 업무 지침이다.
4) 궁궐 출입자들을 기록한 서류다.

(『자치통감』) 원재가 전횡을 일삼으며 뇌물로 정치를 어지럽히고 사치함이 끝이 없자 황상이 경고했으나 전혀 고쳐지지 않았다. 마침 원재가 불궤(不軌-반역)를 꾸몄다는 고변이 있게 되자 황상은 원재를 잡아들였

고 자살할 것을 명했다.[1] 그리고 유사에서는 그의 집안을 조사하여 재산을 장부에 기록했는데 후추[胡椒]만 800섬이었고 다른 물건들도 이와 비슷했다.

　신이 가만히 살펴보겠습니다. 충직한 신하는 반드시 청렴하고, 청렴한 자는 반드시 충직합니다. 간사한 신하는 반드시 탐욕스럽고, 탐욕스러운 자는 반드시 간사합니다. 그래서 제갈량(諸葛亮)은 촉나라에 충직을 다했는데도 성도(成都)에 뽕나무 800그루를 가졌을 뿐인데 반해, 원재는 당나라에 간사함을 떨고서 후추[胡椒-서역의 산초나무 열매라고도 한다]만 800섬을 쌓아놓았던 것입니다. 임금은 청렴한지 탐욕적인지를 통해 신하를 살펴 그 사람이 충직한 신하인지 간사한 신하인지 그 나뉨[分]을 알 수 있는 것입니다.

1) 원재의 자살을 지켜보던 관리가 더러운 버선을 벗어 원재의 입을 틀어막아 사실상 그를 살해했다고 사마광은 기록하고 있다.

(『자치통감』) 순종(順宗, 재위 805년)이 태자 때 한림대조(翰林待詔)[1] 왕비(王伾)는 글씨를 잘 썼고, 왕숙문(王叔文)은 바둑을 잘 뒀는데 함께 동궁을 출입하며 태자를 즐겁게 모셨다. 왕숙문은 남을 속이는 계책이 풍부했는데, 스스로 말하기를 책을 많이 읽어 다스리는 도리[治道]

를 안다고 했다. 드디어 태자로부터 크게 총애를 받아 왕비와 서로 의지하면서 태자를 따랐다.

(805년) 순종은 즉위 후 질병이 있어 늘 깊은 궁궐 내 주렴(珠簾) 휘장에서 오로지 환관 이충언(李忠言)과 후궁인 소용(昭容) 우씨(牛氏)만이 좌우에서 모셨고, 백관이 일을 상주하면 휘장 안에서 그 주문을 결재했다.

왕비를 좌산기상시로 삼고, 왕숙문을 기거사인으로 임명했다. 대체로 왕숙문은 왕비에 의지했고, 왕비는 이충언에게 의지했으며, 이충언은 우소용에게 의지하여 서로 돌아가면서 연결 관계를 맺었다. 무슨 일이건 일단 한림원에 내려보내 왕숙문으로 하여금 가부(可否)를 정하도록 한 이후에 중서성에서 선포하고 위집의(韋執誼)가 그것을 넘겨받아 시행했다.

외부에서 당을 함께 하는 사람들은 한태(韓泰)와 유종원(柳宗元) 등이며, 유우석(劉禹錫) 등은 주로 외부의 일을 듣고 채집했다. 서로 일을 모의하고 주창하고 화답하기를 밤낮없이 서둘러 미친 듯이 했으며, 서로를 빗대어 칭찬하기를 네가 이윤(伊尹)이다, 네가 주공(周公)이다, 네가 관중(管仲)이다, 네가 제갈공명(諸葛孔明)이다 했다. 모두 당당하게 자득(自得)했다며 천하에 (자기들보다 나은) 사람이 없다고 여겼다. 그리고 영욕과 진퇴가 아주 급박하게 이루어지고 자신들이 하고자 하는 바는 아무런 격식에도 구애를 받지 않으니 사대부들은 그들을 두려워하여 길에서 (그들을 만나면) 그냥 눈으로만 말했다.


신이 가만히 살펴보겠습니다. 왕비와 왕숙문이 대궐 안에 있으면서 권력을 마구 휘두를 때 안에서는 환관과 궁첩이 겉과 속

〔表裏〕이 돼주었고, 밖에서는 사대부들 중에서 출세를 꿈꾸는 자들이 모
의에 참여했습니다. 이러했기 때문에 조정의 권력을 자기들 마음대로 제
어할 수 있었던 것입니다. 하지만 그 뿌리로 거슬러 올라가 따져본다면
이는 순종이 깊은 궁궐 내 주렴 휘장에만 머물면서 여러 신하들과 두루
접촉하지 않은 때문입니다. 그랬기 때문에 이런 무리들이 그 간사함을 실
현할〔售〕수 있었던 것입니다.

따라서 임금 된 자가 반드시 밝음을 체화하고 어두운 곳에서 나와
자신의 모습을 당당하고 빛나게 하여 아랫사람들에게 임한다면 도깨
비 같은 무리들〔魑魅〕은 감히 그림자도 내비치지 못할 것이며 발길을
딱 끊을 것입니다.

1) 대조란 황제가 수시로 불러서 조칙을 쓰게 하는 관리다.

(『자치통감』)(당나라 덕종 건중(建中) 2년(781년)) 노기(盧杞)는 개원
(開元-당 현종 연호) 연간에 재상을 지낸 노회신(盧懷愼)[1]의 손자다. 얼
굴은 못생기고 낯빛은 남색(藍色) 같았지만 말재주〔口辯〕가 있었는데,
덕종이 그를 좋아해 어사대부로 발탁했다.

곽자의(郭子儀, 697~781년)[1]는 빈객들을 접견할 때마다 희첩(姬妾)
들이 곁을 떠나지 않았다. 노기가 일찍이 그의 집을 찾아 병문안을 한
적이 있는데 곽자의가 시중드는 첩들을 모두 물러나게 하니 누가 그 이
유를 묻자 이렇게 답했다.

"노기는 외모가 추하고 마음이 음험하다. 부인네들이 그를 보면 반드시 웃을 것이니 이 다음에 노기가 뜻을 얻게 되면 우리 집안은 씨도 남지 않을 것이다."

황상은 그를 뽑아 문하시랑(門下侍郞) 및 동평장사(同平章事)로 삼았다. 노기는 작고 못생겼으며 학문이 없었으므로 양염(楊炎)이 같은 서열이면서도 그를 가벼이 여겨 대부분 병을 핑계대어 함께 하는 식사 자리에 참여하지 않았는데 노기는 정말로 그것을 한스럽게 생각했다.

노기는 음침하고 교활하여[陰狡] 세력을 잡아 위엄을 세우고 싶어 했다. 그래서 조금이라도 자신에게 붙으려 하지 않는 자는 반드시 사지(死地)에 처하게 했다. 태상박사(太常博士) 배연령(裴延齡)을 집현전 직학사로 삼아 가까이하고 신임하니 배연령은 얼마 안 가서 양염을 참소하여 내쫓았다.

1 그는 청렴하다는 칭송을 받은 현능한 재상이다.


신이 가만히 살펴보겠습니다. 간사한 신하는 장차 나라의 권세[國柄]를 도둑질하여 가지려 할 때에 반드시 먼저 자신과 같은 자를 끌어들여 자기 당(黨)으로 삼은 다음에 자신과 다른 자를 제거하여 자신이 하고자 하는 바를 저지할 수 없게 했습니다. 그러면 위세와 권력[威權]은 모두 자기 손에서 나오는 셈이 되는 것입니다. 노기가 배연령을 끌어들여 양염을 축출한 것이 대개 그런 방법입니다.

1) 당나라의 무장이다. 안녹산의 난이 일어나자 중원(中原)의 반란군

을 토벌했고, 위구르의 원군을 얻어 장안과 낙양을 수복했다. 토번(티베트)이 장안을 공격하려 하자 위구르를 회유하고 토번을 무찔렀다. 상부(尙父)의 칭호를 받고 분양왕(汾陽王)에 봉해졌다.

(『자치통감』) 애초에 양염이 재상이 되자[1] 경조윤(京兆尹) 엄영(嚴郢)을 미워하여 대리경(大理卿)으로 좌천시켰는데 노기는 양염을 함정에 빠트리고자 엄영을 끌어들여 어사대부로 삼았다.

이에 앞서 양염은 장차 집안의 사당을 지으려고 하는데 집이 동도(東都)에 있었기 때문에 하남윤(河南尹) 조혜백(趙惠伯)에게 부탁하여 그에게 팔았고, 조혜백은 그것을 사서 관청으로 삼았다. 그런데 엄영이 그것을 조사해서 조혜백이 여분의 이익을 남긴 것을 알아냈다. 노기가 대리정(大理正) 전진(田晉)을 불러 해당되는 법을 의논하도록 하니 전진이 보고했다.

"법률에 따르면 감독하고 입석해야 할 관리가 팔고 사는 과정에서 여분의 이익을 남길 경우 협박하여 빼앗은 것으로 판결하여 마땅히 관직을 빼앗아야 한다고 돼 있습니다."

노기는 화를 내며 전진을 좌천시켜 형주(衡州)의 사마로 내쫓았고 다시 다른 관리를 불러 해당되는 법을 의논하도록 하니 그가 보고했다.

"감독해야 할 사람이 스스로 도둑질을 했으니 죄는 교수형에 해당합니다."

양염의 집안 사당이 바로 소숭(蕭嵩)의 사당 땅과 일치하자 노기는 이 기회를 잡아 (조정에서) 양염을 비난했다.

"이 땅에는 제왕의 기운이 서려 있습니다. 그래서 현종께서는 소승에게 명령하여 그것을 옮기도록 했는데 양염은 다른 속마음이 있었기에 그 땅에 사당을 세운 것입니다."

양염은 좌천되어 애주(崖州)의 사마로 내쫓겼는데 임지로 가던 중 목적지에 도달하기 전에 (노기가) 사람을 시켜 목 졸라 죽였고, 조혜백도 좌천되어 다전의 현위가 됐는데 그 또한 사람을 시켜 살해했다.

🌿 신이 가만히 살펴보겠습니다. 간사한 신하는 장차 나라의 권세[國柄]를 도둑질하려 할 때에 반드시 살육을 해서 자신의 위엄을 세웁니다. 노기는 양염을 일찍부터 싫어했으니 참소하여 죽였다고 하지만 조혜백이야 무슨 죄가 있어서 죽어야 했겠습니까?

대개는 이처럼 못할 짓이 없는 듯이 권력을 행사함으로써 사대부들을 두려움에 떨게 하여 굴복시키는 것입니다. 이때 덕종은 황위에 오른 지 얼마 되지 않았고, 노기는 이미 자신의 뜻을 얻었으니 대신을 죽일 수 있었습니다. 아마도 다른 때였다면 나라를 잃고 뿔뿔이 도망치고 흩어지는 화를 당했을지도 모를 일입니다.

1) 이는 대종 대력 14년(779년) 8월의 일이다.

(『자치통감』) 황상(-덕종)이 즉위 초에 최우보(崔祐甫)가 재상이 되어 관대함에 힘쓰고 받드니 당시에 정치를 잘한다는 이야기가 많았고 정관(貞觀-당 태종)의 풍조가 있다고까지 여겨졌다. 그러나 노기가 재상이 되자 황상의 성품에 시기심이 강하다는 것을 알고서 이 틈을 파고들어 의심스럽거나 비슷한 것을 갖고서 여러 신하들 사이를 떼어놓은 다음에 비로소 황상에게 엄격하고 각박한 방법으로써 아랫사람을 부리도록 권하여 중앙과 지방에서 크게 실망했다.

신이 가만히 살펴보겠습니다. 간사한 신하는 장차 나라의 칼자루[國柄]를 도둑질하려 할 때에 반드시 임금의 뜻이 가는 방향[意嚮=意向]을 몰래 살펴 그에 영합합니다. 노기는 덕종의 성품에 시기심이 강하다는 것을 잘 알고 있었습니다. 그래서 의심스럽거나 비슷한 것을 갖고서 덕종을 호려서 엄격하고 각박한 정치를 펼치도록 유도할 수 있었고, 덕종은 그것이 자신의 뜻에 맞다고 기뻐했습니다. 이리하여 덕종의 신임은 돈독했고 중한 임무를 맡겼으니 다른 신하들은 그 사이에 들어갈 틈이 없었습니다.

(『자치통감』) 황상은 유주(幽州)의 군대가 봉상(鳳翔)에 있었기 때문에 중신(重臣)을 찾아내 그로 하여금 (절도사) 주차(朱泚, 742~784년)를

대신해서 진(鎭)을 맡도록 명했다. 노기는 장일(張鎰)이 충성스럽고 곧아서 황상이 귀하게 여기는 것을 시기하여 그를 지방으로 내치려 했는데, 자신이 이미 조정의 정사를 제 마음대로 장악하게 되자 이에 대답했다.

"주차는 명예와 지위가 평소에 높았고 봉상에 있는 장군의 서열도 이미 높아 재상이 신임하는 신하가 아니면 그들을 늘러서 안무(按撫)할 수 있는 방법이 없으니 청컨대 신이 직접 가게 해주십시오."

이에 황상이 머리를 숙이고서 답을 하지 않자 노기가 다시 말했다.

"폐하께서는 반드시 신(臣)의 모습을 가지고 삼군(三軍)이 반드시 복종하지 않을 것이라고 생각하시는데 진실로 폐하의 신령스러운 계산일 따름입니다."

마침내 황상은 장일을 돌아보며 말했다.

"재주는 문무를 겸했고 명망이 안팎에서 무거우니 경을 가벼이 여길 수가 없소."

장일은 노기가 자신을 배척하여 그리하는 줄 알았으나 피할 수 있는 말이 없어 이어서 두 번 절하고 명을 받아들였다.

장일이 봉상에 도착한 지 얼마 되지 않아 주차의 장수인 이초림(李楚琳)에게 죽임을 당했다.


신이 가만히 살펴보겠습니다. 간사한 신하가 나라를 제 마음대로 할 때에는 반드시 그에 앞서 술수를 써서 같은 대열에 있는 뜻이 다른 사람들을 제거합니다. 노기는 먼저 양염을 죽였고, 이어서 장일을 축출했습니다.

양염은 도리가 부족했지만 장일은 왕실에 진실로 충성스러워 장차 재상의 그릇으로 으뜸이었습니다. 그래서 노기는 황상이 장일을 친애한다고 여겨 그 틈을 살피다가 마침내 병사를 이동시켜야 할 때 즉각 자신이 가겠다고 자청하여 덕종으로부터 안 된다는 답변을 얻어낸 다음에 장일을 천거했습니다.

먼저 자청하여 가겠다고 한 것은 황제의 속뜻을 살피려는 의도였습니다. 혹시라도〔儻〕덕종이 그 청을 받아들이면 그 술책은 궁지에 빠지게 됩니다. 그러나 노기는 황제가 자기의 외모로 인해 여러 장군들을 복종시킬 수 없다고 보아 반드시 자신으로 하여금 가게 하지 않으리라는 것을 정확히 읽고 있었습니다.

이런 때를 당하여 오직 장일만이 자신의 경쟁자였는데 자신을 보내지 않는다면 곧 장일을 보내리라는 게 확실했습니다. 이는 노기의 교활한 음모가 덕종을 대개 그 가운데에 빠트린 것이지만 덕종은 그것을 몰랐습니다.

아! 간사스러운 정황과 실상은 매번 이와 같으니 임금은 그것을 깊이 살펴야 할 것입니다.

(『자치통감』) 노기가 권력의 칼자루를 쥐자 황상이 반드시 바꾸어 재상을 (새롭게) 세우리라는 것을 알고서 그것이 자신의 권력을 나누게 될 것을 두려워했다. 이에 틈을 타서 이부시랑 관파(關播)가 유학자이고 중후하니 풍속을 다스릴 수 있을 것이라 하여 천거해 관파를 중서시랑 겸 평장사로 삼았다. 정사는 모두 노기에서 결정됐고 관파는 다만 웃

깃을 여민 채 옳다 그르다조차 말할 수 없었다.

황상은 일찍이 재상과 함께 일을 논의했는데 관파는 속으로 옳지 않다고 생각하는 바가 있어 일어서서 말을 하고자 했으나 노기가 눈짓을 하자 멈추었다. 돌아와서 중서성에 도착하자 관파에게 말했다.

"족하(足下)는 마음이 바르고 성실하고 말이 적어 서로 끌어당겨 여기에 이르렀는데 지난번에는 어찌하여 입을 열어 말을 하려고 했습니까?"

관파는 이때부터 감히 다시는 말을 하지 않았다.


신이 가만히 살펴보겠습니다. 간사한 신하가 나라를 제 마음대로 할 때에는 반드시 그에 앞서 사대부 중에서 유약하고 소심하여 쉽게 제어할 수 있는 자를 구하여 자신을 돕게 합니다. 그래야만 권력이 한군데서만 나오고 서로 다투지 않기 때문입니다. 곽광이 양창(楊敞)을 쓰고 이임보가 진희열(陳希烈)을 쓴 것이 바로 그것입니다.

관파는 평소 인품이 그리 뛰어나지 않은데 어찌 감히 이부시랑에 올랐다 하여 스스로의 길을 기약하겠습니까? 일단 권신이 이끌어 여기까지 왔으니 바야흐로 은혜에 대해 감사한 마음을 품고서 보답할 생각에 겨를이 없었으니 그 어찌 노기와 같고 다른 것이 있었겠습니까? 노기가 관파를 쓴 뜻은 대개 이와 같은 것이었습니다.

근래(-송나라)에는 채경(蔡京), 진회(秦檜), 한탁주(韓侂胄)의 무리도 이런 술책을 본떠서 오랫동안 국정을 제 마음대로 했습니다. 임금이 잘 살피지 않으면 안 될 것입니다.

(『자치통감』) 이희열(李希烈)이 반란을 일으켰을 때 황상이 노기에게 계책을 묻자 노기가 답했다.

"진실로 너그럽고 단아한(儒雅) 중신을 얻어 천자의 깊은 뜻(聖澤)을 받들어 널리 펴게 하셔서 그로 하여금 도리를 거스르는 것과 따르는 것(逆順), 재앙과 복됨(禍福)의 이치를 잘 설명해 준다면 희열은 반드시 마음을 고쳐먹고서 잘못을 뉘우칠 것이니 굳이 군대를 수고롭게 하지 않고서도 복종시킬 수 있을 것입니다.

안진경은 세 조정에 걸쳐 벼슬을 한 오래된 신하인 데다가 충직하고 강인한 결단력을 갖고 있어 그 이름이 온 나라에 무거워 백성들이 믿고 복종하는 바이니 진실로 그 사람이 딱 맞습니다."

황상도 그렇다고 여기고 안진경으로 하여금 허주(許州)에 가서 잘 달래도록(宣慰) 명했다. 이런 조서가 내려가자 온 조정이 크게 놀랐다(失色). 이면(李勉)이 표문(表文)을 올려 말했다.

"한 명의 원로를 잃는 것은 나라에 수치가 될 것입니다."

안진경은 허주에 도착해 이희열이 머무는 곳으로 찾아갔다. 안진경은 질책했고 곧 살해당했다.


예부상서 이규(李揆)가 재주와 방략(才略)이 있었는데 노기가 그를 미워했다. 그래서 (토번과의 외교 관계를 정립하는) 입번회맹사(入蕃會盟使)로 삼았다. 이에 이규가 말했다.

"신이 멀리 가는 것을 꺼리지는 않습니다만 가는 길에 죽어 폐하의 조칙을 전달치 못할까 봐 두렵습니다."

황상이 이를 측은하게 여기자 노기가 말했다.

"먼 곳의 오랑캐에게 사신으로 가는 것은 조정의 옛일들을 훤히 꿰고 있는 자가 아니면 안 됩니다. 또 이규가 가면 지금부터 이규보다 나이가 적은 사람은 감히 먼 곳으로 사신 가는 것을 사양하지 못할 것입니다."

이규는 결국 사행길에 죽었다.

 신이 가만히 살펴보겠습니다. 안진경은 충성스럽고 곧은 〔鯁=直〕원로 대신으로서 절의가 뛰어났고 여러 조정을 섬겼습니다. 경 직 이규의 명망도 당시에 아주 높았습니다. 노기는 두 사람 다 술수를 써서 배척했는데 안진경은 이희열에게 보내 결국 살해당하게 만들었고, 이규는 토번에 사신으로 보내 역시 길에서 죽게 만들었습니다. 대체로 이 둘 다 겉으로는 올리되 속으로는 밀쳐내는〔陽譽陰擠〕술책을 쓴 것 양예음제 인데 덕종은 이를 꿰뚫어 보지 못했습니다.

그러니 저 덕종은 그 자신이 충성스럽고 현능한 신하들의 마음을 제대로 살피지 않았기 때문에 노기가 바로 그 점을 이용하여 충량(忠良)한 신하들을 내치고 함정에 빠트릴 수 있었던 것이니 어찌 노기 혼자만의 죄라 하겠습니까?


(『자치통감』) 경사(涇師)의 난[1] 때 황제가 봉천성에서 나오자 노기는 이회광(李懷光)을 따라서 하북에서 돌아와 여러 차례 적을 깨트려 주차를 내쫓았다. 이때 어떤 사람이 왕굉(王翃)과 조찬(趙贊)[1]에게 말했다.

"제가 들은 바로는 이회광이 일찍이 배척하는 뜻으로 말하기를 재상 (-노기)은 제대로 된 계책을 내놓지 못했고, 탁지(-조찬)는 조세를 거둬들이는 것이 무거우며, 경조윤은 군대에 군량미를 공급하는 것이 각박하니 마땅히 이들을 주살하여 천하에 용서를 빌어야 한다고 했다 합니다.

바야흐로 이회광은 공을 세웠기 때문에 황상께서는 반드시 그의 말을 들어줄 것이니 공들은 위태로울 것입니다."

두 사람은 이를 노기에게 알렸고, 노기는 (이회광이 황상을 알현하게 되는 것이) 두려워서 즉각 황제를 찾아가 거짓을 아뢰었다.

"이회광의 공훈이 종묘사직에 있고 도적의 무리는 간담(肝膽)을 파괴당하여 모두 지킬 마음이 없으니 그 위세를 몰아서 단번에 파죽지세로 도적을 없앨 수 있을 것입니다. 만일 그가 조정에 들어오는 것을 허락하신다면 연회를 베풀어야 할 테고, 계속 조정에 머물 경우 도적으로 하여금 경사에 들어가도록 만들어 대비할 수 있는 여유를 주게 될 테니 제대로 도모하지 못할까 봐 두렵습니다. 계속 전진하여 도적을 깨트리도록 하는 것이 상책일 것입니다."

황제도 그렇다고 여겨 이회광에게 조서를 내려 조정에 들어오지 말고 곧바로 군대를 이끌고 편교(便橋-섬서성 함양시 서남쪽)에 주둔토록 했다. 이회광은 수천 리를 달려 어렵사리 큰 공을 세우고도 간신 때문에 천자를 알현하는 일이 저지당하자 속으로 매우 불만스러웠지만 드러내지 못했고 결국에는 모반을 하기에 이르렀다. 그리고 이회광이 황제에게 보내는 글을 통해 노기 등의 죄악을 폭로하자 여론이 들끓었고 모두 노기를 사태 악화의 주범으로 지목했다. 황제는 비로소 깨닫고 (노기의) 벼슬을 깎아 신주(新州-광둥성 언핑시) 사마로 삼았다.

1 두 사람 다 노기의 당이며, 왕굉은 경조윤(京兆尹)이었고 조찬은 판탁지(判度支)였다.


신이 가만히 살펴보겠습니다. 소식은 일찍이 말했습니다. "이사는 몽염(蒙恬-진나라 장군)이 자신의 권세를 빼앗을까 봐 근심했고, 결국 2세 황제를 세움으로써 나라를 망하게 했다."

(마찬가지로) 노기는 이회광이 자신의 잘못을 지적할까 봐 두려워했고, 결국 덕종을 잘못 이끌어 두 번이나 난을 겪게 했습니다. 그 마음은 본래 권력을 잃을까 봐 걱정하는 데서 생겨난 것인데 그 재앙은 마침내 나라를 상하게 하는 데까지 이르렀습니다.

신이 볼 때 이회광은 수천 리 먼 곳에서 삼가 황제를 받들며 대단히 어렵게 싸워 적을 깨트렸음에도 불구하고 천자를 한 번도 알현할 수가 없었습니다. 일의 이치로 보자면 결코 있을 수 없는 일인데도 덕종이 노기의 말에 넘어가 입조하지 못하도록 했으니 승승장구하여 적을 완전히 토멸해 주기를 바라는 황제의 욕심을 (노기가) 정확히 읽어낸 때문이라 하겠습니다.

이에 이회광은 충성심이 변하여 주차와 소통하며 반역을 일으켰고, 승여(乘輿-황제의 수레)는 다시 촉땅으로 파천을 가야 했던 것입니다. 간사한 자가 나라를 잘못 이끌어〔誤國〕 단번에 이 지경에까지 이르게 된 것은 (따지고 보면) 덕종의 밝지 못한〔不明〕 죄 때문이라 하겠습니다.

1) 덕종 건중(建中) 3년(782년) 주차는 동생 주도(朱滔)가 반란을 일으켜 파직되고, 태위함(太尉銜)으로 장안에 거주했다. 다음 해

경원(涇原)의 군사들이 경사(京師-수도)에서 난을 일으키자 덕종이 봉천(奉天)으로 달아났는데, 이때 주차가 옹립을 받아 황제가 되고 나라 이름을 진(秦), 연호를 응천(應天)이라 했다. 이성(李晟)이 경사를 수복하자 팽원(彭原)으로 달아났다가 부하에게 살해당했다.

(『자치통감』) 덕종 정원(貞元) 연간에 황상이 이필(李泌)[1]과 더불어 자신이 즉위한 이래 거느렸던 재상들에 관한 논평을 했다.

"노기는 충성스럽고 맑고 강하고 굳은데 사람들은 말하기를 노기가 간사하다고 했소. 짐만 그러하다는 것을 미처 깨닫지 못했소."

이필이 말했다.

"사람들은 노기가 간사하다고 말하는데 폐하께서는 홀로 그가 간사하다는 것을 알아차리지 못하셨으니, 이는 그만큼 노기가 사특〔邪〕했기 때문입니다. 만일 폐하께서 그 점을 일찍 알아차리셨다면 어찌 건중(建中-덕종의 다른 연호)의 난이 있었겠습니까?"

황제가 또 말했다.

"노기는 소심하여 짐이 말하는 바를 따르지 않는 것이 없었소."

이필이 답했다.

"노기가 말만 하면 따르지 않는 것이 없었다고 하니 어찌 충신이라고 하겠습니까? 무릇 '말을 하면 내 뜻을 어기는 것이 없었다'는 말이 있는데 이것이 바로 공자가 말한 '한마디 말이 나라를 망하게 한다'[1]는 것입니다."

1 이때 재상이었다.

🐌　　　신이 가만히 살펴보겠습니다. 노기의 간사함은 마음속 깊은 곳에 간직돼 있어 진실로 그것을 정확히 재기란 쉽지 않지만 일을 하는 것을 보면 제대로 알 수가 있습니다. 장일이나 안진경처럼 충성스럽고 현능한 신하[忠賢]는 사지로 몰아넣었던 반면 주차처럼 흉악한 역적은 오히려 감싸주었으며, 이회광처럼 큰 공이 있는 사람은 분노케 만들어 난을 일으키게 만들었으니 그 때문에 천하의 모든 사람들이 다 그가 간사하다는 것을 아는 것인데 덕종 홀로 몰랐다고 한다면 그것이 옳은 일이겠습니까?

이필의 대답에 따르면 무릇 간사한 자가 일을 꾸밀 때 임금이 그것을 알아차린다면 그 술책은 참으로 얕은 것이고, 천하 사람들은 다 아는데 임금만이 그 술책에 빠져든다면 그 술책은 중간쯤 되는 것입니다. 그리고 아예 모른다면 그것은 (간신이) 숨기고 덮고 호리는 기술이 반드시 깊고 정교하며 대단히 은밀하여 그럴 것입니다. 그리고 그렇게 된 것은 다름 아닌 말을 하면 따르지 않는 바가 없기 때문입니다.

무릇 말을 하면 따르지 않는 바가 없는 자가 간사한 신하이니 미끼를 이용해 임금을 낚는 것입니다. 임금이 그 미끼의 달콤함을 즐겨 그 낚시의 해로움을 잊는다면 진실로 반드시 망할 뿐입니다.

1)『논어』「자로」편에 나오는 말이다. 정공이 물었다. "한마디 말로써 나라를 흥하게 할 수 있다고 했는데 그런 일이 있을 수 있습니까?" 공자가 말했다. "말은 이와 같이 기약[幾]할 수 없거니와 사람들

의 말 중에는 '임금 노릇 하기가 어렵고 신하 노릇 하기가 쉽지 않다'고 했으니 만일 임금 노릇 하기의 어려움을 안다면 한마디 말로 나라를 흥하게 하는 것을 기약할 수 없겠습니까?"

다시 정공이 물었다. "한마디 말로써 나라를 망하게 할 수 있다 하니 그런 일이 있을 수 있습니까?"

이에 공자는 말했다. "말은 이와 같이 기약할 수 없거니와 사람들의 말 중에는 '나는 군주 된 것은 즐거울 것이 없고, 오로지 내가 말을 하면 어기지 않는 것이 즐겁다'는 것이 있습니다. 만일 군주의 말이 선한데 어기는 이가 없다면 이 또한 좋지 않겠습니까? 만일 군주의 말이 선하지 못한데 어기는 이가 없다면 한마디 말로 나라를 망하게 함을 기약할 수 없겠습니까?"

(『자치통감』) 목종(穆宗, 재위 820~823년) 때 이봉길(李逢吉)이 재상이 되어 안으로는 지추밀(知樞密) 왕수징(王守澄)[1]과 결탁하니 그 세력은 조정과 재야(朝野)를 다 기울게 만들었다. 한림학사 이신(李紳)만이 매번 황제가 돌아보며 묻는 것을 이어받아서 항상 그들을 물리치고 늘렀다. 이봉길은 이를 근심했지만 황제의 대우가 바야흐로 두터워 멀리할 수가 없었다.

마침 어사중승(御史中丞) 자리가 비자 이봉길은 이신이 맑고 곧다고 천거하면서 마땅히 풍조를 단속하는 자리〔風憲之地〕에 있어야 한다고 했는데 황상은 중승 또한 차대관이므로 의심하지 않고 이를 가하다고 했다. 마침 이신이 경조윤 겸 어사대부 한유(韓愈)와 더불어 대참(臺參)[11]으로 다투었고, 이봉길은 두 사람이 서로 화합하지 않는 것을 아뢰었다. 이 때문에 한유는 병부시랑이 됐고 이신은 강서(江西) 관찰사로 삼았다.

한유와 이신이 입조하여 사죄하니 황상은 두 사람이 각각 다투었던 일을 스스로 서술하게 하고서야 마침내 깊이 깨달았다. 그래서 다시 한유를 이부시랑으로 삼고 이신을 병부시랑으로 삼았다.

경종(敬宗)이 황위에 오르자 이봉길은 또 이신을 무고했고, 장차 황상에게 좋은 평가를 못 얻게 되어 결국 벼슬이 깎이면서 단주(端州) 사마로 좌천됐다.


1 왕수징은 환관이면서 일을 꾸미는 자였다.


🐌　　　신이 가만히 살펴보겠습니다. 이봉길이 이신을 천거한 것은 진실로 가충이 임개를 천거한 것과 같다고 하겠습니다. 대개 (한림)학사는 당나라 때는 (황제와) 가장 가까운 거리에 있게 되어 안으로는 재상의 명성을 갖게 되고, 중승은 비록 풍헌의 수장이면서도 가까운 거리에 있지 않아 내정(內廷)에서는 멀어지는 것이니 결국 외부의 직책으로 밀려나는 것입니다.

이신과 한유는 둘 다 강직한 것으로 이름을 얻어 한 자리를 놓고서 둘이서 싸우게 하는 이봉길의 술책이 대체로 심하게 교묘했으나 목종 같은 어둡고 평범한 군주도 마침내 그것을 살펴 일의 본말에 대해 더 깊이 물어봄으로써 두 사람은 다시 중앙 조정에 남게 됐습니다. 문제가 생기면 그 실상을 물어보는 것이 이처럼 유익합니다.

근세(송나라)에도 간언을 책임지는 자들이 재상을 욕되게 한 일들이 많습니다. 예를 들면 중승을 육조상서로 옮기거나 간의시어(諫議侍御)를 시랑으로 옮기는 것, 사간정언을 기거랑 사인으로 옮기는 것, 전중감찰을 열사소경(列寺少卿)으로 옮기는 것 등은 그 품계는 올라가는 승진이지만 그 권한은 줄어드는 것입니다. 즉 겉으로는 우대한다면서 실질적으로는 누르는 것이니 일단 언관의 자리〔言職〕에서 나오게 되면 결국은 축출당하지 않는 경우가 없었습니다.

그 때문에 언관의 자리에 있는 자들이 종종 스스로 재상과 연결을 맺어 요직을 차지하는 일이 있으니 임금이 꿰뚫어 살피지 않으면 안 될 것입니다.

 1) 새로 경조윤에 임명되면 어사대를 찾아가서 인사를 하는 일을 말한다.

(『자치통감』) 이훈(李訓)은 변론에 능했는데 수시로 큰소리를 치면서 스스로 소의(昭儀) 행군사마(行軍司馬) 정주(鄭注)에게 접근했다. 이훈이 가서 만나보고서는 서로 아주 기뻐했다.[1] 정주가 이훈을 (당대 최고 권력을 쥔 환관) 왕수징(王守澄)에게 소개했고 왕수징은 좋게 여겨 이훈과 정주 두 사람을 황제[1]에게 천거했다.

이훈은 궤변에 능하고 누구나 솔깃하게 자신의 거창한 이야기를 전하는 재주를 갖고 있어 임금의 뜻을 정확하게 낚아 올릴 줄 알았다. 황제는 그의 말이 종횡무진 거침없는 것을 보고서 일을 맡길만 하다고 판단하고 의심치 않았다. 그래서 대우가 날로 융성해져 누구와도 비할 바가 없었으며 황상은 그를 한림학사로 임명하고 궐내에 두어 크게 의지하여 여러 일을 맡기니 재상도 그를 섬겼다. 이훈은 곱속도로 천자의 뜻을 얻어 특진을 거듭했고 단단히 마음을 먹고서 악을 없앴다.[2] 그래서 황제와 더불어 천하의 대사를 논하니 (그때부터는 그가) 한번 하고자 마음먹으면 못할 것이 없었다.

정주와는 서로 붕당[朋比]을 이뤄 은혜건 원수건 되갚는 데 힘썼고, (황제를 알현한 지) 한 달도 되지 않아 동(同-副에 해당한다)평장사(-재상급)가 되어 매번 나아가 황상을 알현할 때마다 다른 재상들은 자리를 피하고 천자는 그에게로 쏠리니 환관과 금위의 장수들은 모두 떨고 두려워하면서 그를 마주치면 절하며 머리를 조아렸다. 그가 뽑아 올린 사람들은 하나같이 험악하고 거칠었으며 천하의 부귀는 다 그에게로 모였다. (하지만) 이훈은 때때로 현능한 인재와 큰 명망이 있는 사람들도 진출시켜 선비들의 마음을 흡족하게 해주니 사람들이 다 거기에 현혹됐다.


(『신당서』) (애꾸눈의) 정주는 방술(方術-주로 의술)을 갖고서 강호를 떠돌아다녔는데 재주가 많았으며 교묘하게 남들을 속이고 아첨을 하면서 다른 사람들의 속마음을 잘 헤아렸다. 이소(李愬)가 그를 왕수징에게 소개했고 왕수징이 다시 그를 (황상에게) 천거하자 황상은 그를 불러서 만나보고는 지극히 넉넉하게 대우했다.

이 무렵 밤에 혜성이 나타나 그 꼬리가 동쪽으로 3척이나 길게 이어지는 괴변이 나타나자 황상은 성내고 놀라 급히 정주를 태복경 겸 어사대부로 삼았다. 타고난 성품이 탐욕스러운 데다 이미 황제의 총애까지 얻으니 미관말직까지 상대로 이자놀이를 하여 쌓은 부가 엄청났는데도 그칠 줄을 몰랐다. 또 자격도 안 되는 거친 사람들이 인사청탁을 위해 매일 무리를 지어 그의 집 앞을 찾았는데, 이훈도 이때 정주에게 붙어 그 자리에 오를 수 있었다. 그리고 두 사람의 권세는 천하를 흔들게 된 것이다.

이훈은 급히 발탁되어 한림시강원(翰林侍講院) 학사가 되어 대궐에 머물면서 매일 황제 앞에서 국사를 논의하고 서로 선창하고 따라 부르며〔唱和〕 권세를 부리는 환관들을 일거에 죽여 없애버리기로〔鉏翦〕 모의
　　창화　　　　　　　　　　　　　　　　　　　　　　　　　　　　서전
하면서 그 정도 일은 한순간에 해치울 수 있다고 하니 황제는 그에게 현혹됐다.

이를 틈타 이훈은 (마음대로) 사대부의 진퇴를 결정하고 조정의 법과 대부분의 정책을 어지럽히고 급혀대니 머지않아 난이 일어날 수밖에 없었다. 이훈 등은 감로(甘露)[3]가 내렸다는 핑계를 대고 금오위로 하여금 좌장(左仗)[4] 근처 나무에 은신해 있다가 중위(中尉-환관) 구사량(仇士良)이 와서 감로를 보려고 할 때 그를 주살하라고 명했는데 일은 실패로 돌아갔고 오히려 이훈 등이 모두 족주(族誅)당했다. 사신(史臣)[5]은 이를 평하여 말했다.

"이훈은 사람이 붕 떠 있는 데다가 조급하고 지략이 모자랐으며 정주는 너무 소심하고 요행이나 바라는 사람이었으니 하늘의 공(功)이 어찌 위태롭지 않았겠는가?

문종은 재상 정담(鄭覃)과 이훈에 관해 이야기를 하던 도중 이렇게 평했다.

"이훈은 오상(五常)이나 착한 본성을 따르는 것〔性服〕, 인륜 등의 가
　　　　　　　　　　　　　　　　　　　　　성복

르침이라는 점에서는 공들에게 못 미치겠지만 천하의 기이한 재주는 공들이 따라갈 수 없소이다."

이덕유가 말했다.

"이훈은 일찍이 가까이해서는 안 되는 인물이었습니다. 그저 기이한 재주만을 익혔을 뿐입니다."

세상 사람들은 이덕유의 말이 옳다고 여겼다. 전해 오는 말에 나라가 장차 망하려 하면 하늘은 그 나라에 어지럽히는 사람[亂人]을 내려보내 준다고 했다. 만약에 이훈 등이 썩은 가지라도 잡고서 끝까지 버텼다면 천하는 마음이 얼어붙고 머리털이 곤두섰을 것이고, 문종은 거드름을 피우며 그들에게 더 의지했을 것인데 일은 이루어져 마침내 환관들이 권세를 올라탔으니 하늘은 과연 당나라의 덕을 싫어한 것인가?"

1 문종이다.

신이 가만히 살펴보겠습니다. 한나라 고제는 주발을 칭찬하여 평하기를 "사람됨이 묵직하고 두터운 데다 꾸밈이 적어[少文] (장차) 유씨(劉氏-황실 집안)를 안정시킬 사람은 반드시 주발일 것이다"라고 했습니다. 이훈과 정주는 음험하고 교활한 자들로서 환관들을 제거할 수 있다고 말재주를 부린 것에 불과한데 문종은 이를 살피지 못하고 기이한 재주만 믿어 큰일을 추진했으니 이것이 바로 고제가 주발에게 일을 맡긴 것과 다른 것입니다. 그러니 마땅히 실패할 수밖에 없었습니다.

이로써 볼 때 경망스레 우쭐거리는 무리들이나 재잘재잘 말이 많은 무리들은 밝은 군주라면 (반드시) 멀리해야 할 것입니다.

1) 이훈은 역술에 밝았고 정주는 의술에 능했다.
2) 문종이 간절히 원했던 왕수징 제거를 완수했다는 뜻이다.
3) 말 그대로 단 이슬로 천하태평의 조짐이라 하여 상서롭게 여겼다. 이를 핑계로 환관들을 한군데 모이게 한 다음에 일망타진할 계획 이었다.
4) 좌금오위군의 지휘소를 말한다.
5) 이 장은 『자치통감』이 아니라 구양수 등이 지은 『신당서』에서 인 용하고 있으니 사신도 『신당서』의 편찬자들을 가리킨다.

(『자치통감』) 무종이 즉위한 후 (회창(會昌) 3년(843년)) 구사량은 좌위상장군(左衛上將軍) 겸 내시감(內侍監)에서 물러나 은퇴했다.[1] 그 의 패거리가 호송하여 사저로 돌아가자 구사량은 권세와 총애를 굳건 하게 하는 술책을 가르쳐주겠다며 말했다.

"천자는 한가롭게 해서는 안 된다. 항상 사치스럽고 화려한 것으로 그의 눈과 귀를 즐겁게 해서 날마다 새로워지고 달마다 더 성대하게 하 여 다른 일에 다시 관심을 두게 해서는 안 되고 그런 후에야 우리들은 원하는 뜻을 얻을 수 있다. 조심스레 천자로 하여금 글을 읽고 유학을 공부한 신하들을 가까이하지 못하도록 해야 한다. 만일 그가 (글을 읽 어) 전 시대의 흥망을 보고 마음속으로 (나라가 망할 수 있는) 두려움을 알게 된다면 우리와 같은 무리들을 멀리하고 배척한다."

그 패거리들은 절을 올려 감사한 다음에 떠났다.

　1 구사량은 환관으로 헌종 때부터 일을 꾸미고 주도했으며 이때가
　　다섯 번째 황제였다.


범조우가 말했습니다.

"소인은 임금의 욕심을 부추기지〔養〕 않는 바가 없으니 그것을 통해 그
　　　　　　　　　　　　　　　　　　양
임금으로 하여금 붕 뜨게 만들어〔動〕 고요한 마음〔靜〕을 갖지 못하도록
　　　　　　　　　　　　　동　　　　　　정
한다. 그래서 임금이 (향락에 빠져) 그치는 바가 없게 되면 소인은 그때부
터 자신의 계략을 실행에 옮길 수 있게 되는 것이니 어찌 소인이 홀로 사
치스럽고 화려한 것으로 임금의 눈과 귀를 즐겁게 해서 임금의 마음을 흐
리게 하는 것이겠는가? 때로는 재물을 늘려주고 때로는 궁궐을 새로이 조
성토록 하고 때로는 국경을 넓혀가며 임금이 좋아하는 바를 따름으로써
권세와 총애를 도적질하는 것이다."


　　　　　　신이 가만히 살펴보겠습니다. 범조우가 논한 것은 좋다
〔善〕고 하겠습니다. 그러나 구사량이 말한, 자신들이 원하는 뜻을 얻
　선
을 수 있는 것에 대한 부분은 맞다고 할 수가 없습니다.

무릇 임금이 임금다움〔德〕을 닦고 배움에 힘쓴다면 천하가 안정되
　　　　　　　　　　　　덕
어 곤충이나 초목까지도 다 제자리를 찾을 것인데 하물며 좌우의 신
하들이 마땅한 제자리를 찾지 못하겠습니까? (반대로) 임금이 임금다
움을 닦지 않고 배움에 힘쓰지 않는다면 천하가 어지러워져 곤충이나

초목까지도 다 제자리를 잃을 것인데 하물며 좌우의 신하들이 마땅한 제자리를 찾을 수 있겠습니까?

그래서 진나라 황실이 위태로워지자 이사와 조고는 비참하게 죽었고 한나라 대업이 무너지자 (환관이던) 조충(趙忠)과 장양(張讓)이 주살됐습니다. 구사량은 소인이지만 권세를 도적질하고 총애를 굳건하게 하여 영화를 누리는 것만 알았지 나라와 집안이 패망하는 것에 대해서는 알지 못했으니 권세와 총애도 자신을 지켜주는 이치는 되지 못했습니다. 따라서 구사량은 다섯 조정 동안 일을 꾀하여 몸은 비록 집안이 산산조각나는 화는 요행히 면했으나 그 끝이 좋았다고는 할 수 없습니다. 만약에 마존량(馬存亮-당나라 환관)의 무리처럼 권세를 탐하지 않고 총애를 구하기를 정도에 넘치게 하지 않았다면 능히 그 몸을 보존했을 것입니다.[1]

구사량의 말은 예로부터 간신들이 임금을 어떻게 잘못된 길로 이끄는지를 보여주는 것이니 마땅히 한 부를 베껴서 그것을 옥좌 곁에 두고서 반드시 학문이 깊은 자를 가까이하고 경사(經史-사서오경과 역사서)를 깊이 파고들면 사치스럽고 화려한 것에 현혹되지 않을 터이고 간사스러운 자들이 눈을 가리는 일도 불가능할 것이 분명합니다.

만일 그리하지 않는다면 구사량의 무리처럼 어리석은 자들이 못하는 바가 없을 것입니다.

---

1) 그렇다고 구사량이 비참하게 죽거나 한 것은 아니고 정치적으로 몰락했을 뿐이다.

(『신당서』) 최윤(崔胤, 854~904년)[1]은 은밀한 계략(陰計)을 좋아해 권세가 강한 자를 찾아 붙었다 떨어졌다 했고 그 밖의 사람들 앞에서는 마치 대범하고 중후한(簡重) 것처럼 했지만 속은 음험하고 속임수에 능해(險譎) 사람들이 두려워했는데 (당나라 황제) 소종(昭宗)이 써서 평장사로 삼았다. 평소 주전충(朱全忠, 852~912년)[2]과 가까워 마음으로 결탁하는 사이였으니 음으로 주전충의 밑바탕이 돼주었고, 또 그를 도와 병권을 쥐고서 네 차례 토벌을 이끌었으며, (뒤에는) 주전충 제거를 위해 여러 차례에 걸쳐 계략을 내놓기도 했다. 이에 앞서 주전충은 비록 하남(河南)에 의탁하고 있었지만 변경의 여러 제후들과 연계를 맺어 서로 의지하며 감히 나라를 빼앗을 생각은 하지 못하고 있었다. 이때 최윤은 황제의 뜻을 이어받아 재앙을 막아내고 조정의 권력을 장악함으로써 (한때) 강대해졌으나 결국에 가서 천하는 망했고 최윤 자신도 도륙을 당하고 집안도 멸족의 화를 입었다.

이때 최소위(崔昭緯)라는 자도 소종을 도와 환관들과 비밀리에 결탁하고 밖으로는 강한 제후들과 연결해 천자를 누를 만큼 그 권력이 막강했으나 뒤에 주살됐다.

또 유찬(柳璨)이라는 자는 재상이 되어 주천충에게 바짝 붙어 중함을 받았는데 그때 마침 혜성이 나타나 길게 뻗어 하늘 끝까지 갔다.[3] 점을 보는 사람이 말했다.

"이것은 임금이나 신하 모두에게 불리한 조짐입니다. 마땅히 많은 이를 죽여 천변(天變)을 막아야 합니다."[4]

유찬은 이에 직접 상소를 올려 평소 원한을 갖고 있던 사람들을 주전충에게 말했고, 결국 독고손(獨孤損) 등 30여 명이 모두 주살됐다. 이에 천하 사람들이 모두 원통하게 여기니 주전충은 얼마 후 조금히 황제에 올라 유찬을 의심하여 저지하다가 결국 죽여버렸다. 『당사(唐史)』[5]의 「간신전(姦臣傳)」을 편찬한 이는 이렇게 말한다.

"나무가 장차 썩으려 하면 벌레들이 우글거리고 나라가 장차 망하려 하면 요망한 인간들이 우글거리는 법이다. 그래서 세 명의 재상[三宰]¹ 삼재
이 다투어 흉계를 꾸며대니 암탉이 새벽에 울어댔고[牝奪晨], 이임보가 빈 탈 신
오랑캐에게 변방의 장수를 맡기니 황제의 수레[黃屋]가 몽진(蒙塵)을 황옥
가야 했으며, 노기와 같은 간특한 자가 망하는 계략을 써대니 흥원(興元-덕종의 연호)이 위축됐고[纛=縮], 최윤과 유찬의 무리가 거꾸로 힘을 써 축 축
대니 당나라 황실은 전복됐다.

아! 천하를 소유한 자가 경계하지 않을 수 있겠는가?"

1 세 명의 재상이란 이적(李勣), 허경종(許敬宗), 이의부(李義府)인데 모두 다 고종에게 무후(武后)를 세워야 한다고 권했다.

신이 가만히 살펴보겠습니다. 간사스럽고 나라에 해로운 신하[姦賊之臣]는 대체로 누군가에게 바짝 붙은 다음에 나쁜 짓들을 간적 지신
마구 해대게 됩니다. 예를 들면 허경종과 이의부는 무후에게 바짝 붙어 임금을 제어했고, 무씨는 그것을 기반으로 나라의 권세를 자신에게 옮겼습니다. 또 최윤과 유찬은 나라를 망하게 할 신하 주온(朱溫-후량의 첫 황제인 주전충)에게 바짝 붙어 임금을 압박했고, 주온은 그것을 기반으로 황제의 자리를 찬탈했습니다. 그러니, 아! 얼마나 두려워할 일입니까?

근세에는 서쪽 오랑캐에 붙잡혀 있던 자들이 들어와 오랑캐와의 화해를 주장하여 말하기를 맹세문을 통해 황제가 마음대로 재상을 바꿀 수 없도록 하는 내용을 명백하게 말해야 한다고 했으니 이는 오랑캐에게 바짝 붙어 자신들의 임금을 핍박한 것입니다. 그 시절은 깨끗하고 맑은 때라 그들이 권세는 가졌을지 몰라도 나라를 도둑질할 수는 없었습니다. 그러나 그 정황은 전형적으로 우리 송나라에서 일어난, 대표적으로 간사스럽고 나라에 해로운 짓이었습니다. 그래서 여기에 함께 드러내어 기록했습니다.

이상은 간사한 자[1]가 주군을 옭아매는 사정을 논했습니다.

1 간사한 신하〔姦臣〕이다.
　　　　간신

1) 소종 때 진사를 거쳐 어사중승에 올랐다. 최소위의 추천으로 호부시랑 동평장사가 됐다. 평소 결탁했던 주전충의 힘으로 네 차례나 재상이 되어 세상에서는 '최사입(崔四入)'으로 불렸다. 주전충이 군대를 끌고 동주(同州)와 화주(華州)로 들이닥치자 소종이 봉상(鳳翔)으로 달아났다. 최윤이 주전충으로 하여금 무력으로 황제를 위협하게 했고, 시중(侍中)과 위국공(魏國公)에 봉해졌다. 주전충이 장차 찬탈할 욕심을 가진 것을 알고 병권을 장악하려고 했으나, 주전충의 사주를 받은 아들 주우량(朱友諒)에게 살해당했다.

2) 본명은 주온(朱溫)으로 나라 '황소(黃巢)의 난에 가담했으나, 882년 관군에 항복하여 희종(僖宗)에게 전충(全忠)이라는 이름을 하사

받았다. 그 뒤 황소의 잔당과 그 밖의 군웅을 평정하여 양왕(梁王)에 봉해지는 등 화북 제일의 실력자가 됐다. 그 후 소종을 살해한 뒤 애제를 세우고, 다시 907년에 애제를 폐하여 양(梁) 나라를 세웠다. 이로써 당 멸망 이후 50년에 걸친 오대십국(五代十國)시대가 열렸다. 즉위 후 6년 만에 아들 주우규(朱友珪)에게 살해됐다.

3) 당시 혜성의 출현은 역성혁명의 징조로 여겨졌다.

4) 어차피 많이 죽을 것이니 미리 그만큼 죽여 재앙을 막아보자는 것이다.

5) 이 장도 『신당서』를 인용하고 있다.

(『시경』) '시월지교(十月之交)'는 대부가 (주나라의) 유왕(幽王)을 풍자한 것이다. 그 8장은 이렇게 노래한다.

"애써 힘써 종사하여도 / 감히 힘들다 말하지 못하네 / 죄 없고 허물 없거늘 / 중상모략하는 입이 시끄럽구나 / 아래 백성들의 재앙은 / 하늘에서 내리는 것이 아니라 / 모여 수군거리다가 등 돌리면 미워하니 / 이에 가장〔職=主〕 힘쓰는 자 중상모략꾼이네."
　　　　　　　　　　　　　　　　　　　직　주


신이 가만히 살펴보겠습니다. 이때는 시월 초하루라 해가 (달에게) 먹히어 음(陰)이 성하고 양(陽)이 쇠하니 기상 변화〔謫〕가
　　　　　　　　　　　　　　　　　　　　　　　　　　　　　　　　적
하늘에 나타나 천둥과 번개〔震雷〕의 이변이 있고 개천이 용솟음치고
　　　　　　　　　　　진뢰
산이 황폐화되는 변고가 있게 됩니다. 시인은 그 원인을 미루어 헤아려 중상모략꾼〔讒人〕이 너무 많기 때문이라고 노래한 것입니다.
　　　　　　　　참인

사대부들은 온 힘을 다하도록 나랏일〔王事〕에 종사하지만 감히 힘
　　　　　　　　　　　　　　　　　　왕사
들다 말하지 못하고 아무런 죄도 없고 허물도 없는데 어디서 무슨 일을 당할지 몰라 하고, 중상모략하는 입들이 옳고 그름〔是非〕을 뒤엎
　　　　　　　　　　　　　　　　　　　　　　　　　시비
고 그릇되고 바름〔邪正〕이 뒤섞이니 이것이 바로 하늘이 이변을 보이
　　　　사정
는 까닭입니다. 그러니 재앙과 재해는 사람이 스스로 빚어내는 것이지 어찌 하늘이 내리는 것이겠습니까? 중상모략꾼과 사특한 소인들이 모여들어 온갖 말을 지어내면서 서로 기뻐하는 듯하지만 막상 돌아서면 증오하고 질시하여 서로를 해쳐대니 이런 일을 경쟁에 뒤질세라 다투

어 해대는 자들이 어찌 중상모략꾼이 아니겠습니까?

그러면 구체적으로 그런 사람이 누구이겠습니까? 이 시의 앞 장에 나오는 황보(皇父)요 가백(家伯)이요 중윤(中允)이요 번씨(番氏)요 추씨(聚氏)요 궐씨(蹶氏)요 우씨(楀氏)이니 이들 일곱 사람은 다 왕조의 경, 대부, 사이면서도 경쟁적으로 중상모략하는 입을 놀려대었습니다. 그들은 또 곱고 아름다운 처를 집에 잘 모셔놓고서 그 여자와 소인들이 겉과 속을 이뤄서 부채질을 해대도록 했으니 이것으로 인해 중상모략하는 입은 널리 행해질 수가 있었고 군자는 그들 앞에 무릎을 꿇어야 했던 것입니다.

"모여 수군거리다가 등 돌리면 미워한다〔噂沓背憎〕"는 네 마디(혹은 넉 자)밖에 안 되지만 중상모략하는 자들의 행태를 적확하게 묘사하고 있으니 임금 된 자는 살피고 또 살피지 않을 수 있겠습니까?

(『시경』) '소반(小弁)'은 대부가 (주나라의) 유왕을 풍자한 것이다. 태자의 사부가 지었다.[1] 그 7장은 이렇게 노래한다.

"군자가 중상모략하는 말을 믿는 것이 / 마치 권하는 술잔을 받아 마시듯 하고 / 군자는 사랑하지 않는지라 / 서서히 살피지도 않는구나."

1 태자란 유왕의 태자 의구(宜臼)다.

신이 가만히 살펴보겠습니다. 전하는 바에 따르면 유왕이 신(申) 나라 여성을 부인으로 맞아 태자 의구(宜臼)를 낳았고, 또 뒤에 포사(褒姒)를 얻어 아들 백복(伯服)을 낳자 (신후를 내쫓고) 포사를 왕후로 삼고서 의구를 내쫓은 다음 장차 그를 죽였습니다. 그래서 태자의 사부가 이 시를 지어 유왕을 풍자한 것입니다.

아버지와 아들은 천성의 은혜를 주고받은 관계이며 태자는 천하의 근본인데 유왕은 포사의 중상모략 한마디를 듣고서 마치 술잔을 주면 곧바로 받아 마시듯이 했으니 조금도 거부의 몸짓이 없었습니다.

무릇 중상모략하는 자의 말은 (전달력이) 아주 빨라서[驟] 그것을 듣는 순간에는 현혹되지 않을 수가 없습니다. 그러나 차분히 그것을 살펴본다면 그 사정[情]을 알 수 있게 됩니다. 그런데 유왕에게는 자식을 사랑하는 마음이 전혀 없었기 때문에 중상모략하는 말을 듣자마자 다시 한 번 천천히 그 실상을 규명해 보려 하지도 않고 갑자기 내쫓아버린 것입니다. 이랬기 때문에 태자로서는 스스로 변명을 할 기회조차 가져볼 수 없었던 것입니다.

그렇다 하더라도 포사는 또 어찌 스스로 중상모략을 행할 수 있단 말입니까? 『국어』에 따르면 포사는 총애를 받고 있었습니다. 이에 괵(虢) 나라 석보(石父)와 결탁하여 태자 의구를 내쫓았는데 석보라는 자는 중상모략을 일삼고 아첨하여 전형적으로 앞에서는 맹목적으로 따르는[面從] 사람이었습니다. 유왕이 그를 세워 경사(卿士)로 삼자 황후는 쫓겨났고 후첩이 황후의 자리에 올랐으며, 서얼이 총애를 받고 적장자가 위태로워졌으니 이는 모두 석보가 실제적으로 주도한 것입니다.

마침내 신(申) 나라 임금은 신후를 내쫓고 태자마저 제거하자 분노가 극에 달해 융족(戎族)을 끌어들여 유왕을 죽이고 포사를 사로잡고 의구를 세우는 바람에[1] 서주는 동쪽으로 옮겨가야 했습니다.

중상모략꾼의 폐해가 이처럼 나라를 옮겨야 할 지경에까지 이르렀
으니 (어찌 이 일을) 거울로 삼지 않을 수 있겠습니까?


1) 그가 평왕이다.

(『시경』) '교언(巧言)'은 유왕을 풍자한 것이다. 대부가 중상모략[讒]
의 피해를 입자 이 시를 지었다. 그 2장은 이렇게 노래한다.

"난(亂)이 처음에 생겨나는 것은 / 중상모략의 단서를 받아주기 때
문이라 / 난이 또 생겨나는 것은 / 군자(-임금)가 중상모략을 믿기 때문
이라 / 군자가 참언을 듣고 만일 노한다면 / 난은 혹시라도 빨리 그칠
것이고 / 군자가 좋은 말을 듣고 만일 기뻐한다면 / 난은 혹시라도 빨
리 끝날 것이다."


신이 가만히 살펴보겠습니다. 소인이 임금을 향해 누군가
를 중상모략할 때는 반드시 그 처음에는 점점 들어가는 방식[漸入]을
취합니다. 나아가서 살짝 맛을 보고 임금이 그것을 용인하여 거부하지
않으면 다시 조금 나아가고, 그래서 임금이 그것을 믿어준 이후에야 난
(亂)을 이루기 시작합니다. 임금을 범하는 것[僭]이 시작될 때의 범한
다는 것은 의리와 참소가 함께 있습니다. 이때 범하는 것은 참소의 시

작이고, 참소하는 것은 중상모략의 정점이니 바야흐로 참소함의 시작에는 의리와 참소가 서로 녹아들어 있어 (임금이) 제대로 분별해 내지 못하면 난이 일어나고, 또 참소가 더욱 진전됐을 때 임금이 그것을 믿어 제대로 분별해 내지 못하면 난은 반드시 이루어지게 됩니다.

(반면에) 참소하는 말을 들으면 화를 내고 좋은 말을 들으면 기뻐서 좋아하고 잘못이 명백하면 단호하게 끊어내어 조금도 의심하지 않는다면 참소꾼은 난을 행하는 것을 중단할 것입니다. 따라서 임금은 참소하는 사특한 도리를 막아내어 첫째는 그 실상을 가려내고, 둘째는 그것을 끊어야 한다고 했습니다.

또 이 시를 가만히 살펴보면 여섯 장이 다 참소꾼의 해악을 물리치는 내용이며 3장에서는 "참소하는 말을 매우 달콤하게 여기니 / 난은 그 때문에 진전되도다"라고 했고, 5장에서는 "생황과 같은 정교한 말은 / 얼굴이 두껍기 때문에 가능하다"라고 했습니다.

대체로 참소를 일삼는 소인은 틈을 타서 서로 사이가 멀어지는 순간을 엿보기 때문에 군자의 마음을 헤집을 때는 작은 구멍을 뚫는〔穿窬〕 도둑처럼 행하지만 그 말은 아주 달콤합니다. 그래서 듣는 사람은 그것이 즐겁고 싫지 않으니 바로 이 때문에 난이 진전될 수 있는 것입니다.

담백하면서도 교묘한 말은 사람들의 마음을 기쁘게 할 수 있으니 그래서 생황과 같다고 한 것입니다. 부끄러움을 안다면 하지 않을 텐데 얼굴이 두껍기 때문에 개의치 않는다는 것입니다. 이 때문에 그것을 행하면서도 부끄러움을 전혀 모르니 임금이 (참소하는 신하가 하는) 말을 들을 때는 조심해서 그것을 미리 막아야 하고, 그런 신하가 교묘한 짓을 할 때는 그것을 심히 멀리해야 합니다.

무릇 그런 연후에라야 참소꾼은 자신의 은밀한 뜻을 얻을 수 없고 군자
는 스스로 설 수 있는 것이니 이 시는 그런 경계의 뜻을 담고 있습니다.

(『시경』) '하인사(何人斯)'는 소공(蘇公)이 포공(暴公)을 풍자한 것이
다. 포공이 경사(卿士)가 되어 소공을 중상모략했다. 그 마지막 장에서
이렇게 노래한다.

"귀신이 되고 물여우가 된다면 / 볼 수 없거니와 / 버젓이 면목은 있
어 / 사람을 보는 데 다함이 없어라."

신이 가만히 살펴보겠습니다. 이 시는 중상모략꾼을 심
히 미워하는 내용입니다. 귀신과 물여우[1]는 사람을 해치는데 눈으로
볼 수가 없습니다. 중상모략꾼은 자신의 모습을 숨기고 흔적을 가린
채 사람들로 하여금 재앙을 당하게 하면서도 그것이 (자신이 아니라)
귀신이나 물여우 때문에 그렇게 됐다는 것을 알지 못하게 합니다.

그러나 나는 비록 너를 보지 못하지만 너는 면목은 있다고 했습니
다. 사람들과 함께 서로 보는 것은 다함이 없으니 홀로 편안하고 아무
런 부끄러움이 없겠습니까?

무릇 소인이 중상모략을 행하는 것이 어찌 다시 면목에 부끄러움이
있겠습니까마는 시인은 오히려 이 시를 짓는 것으로써 그렇게 되기를
바랐으니 여전히 소인에 대해 두터이 대하려는 마음이 남아 있다고

하겠습니다.

1) 전하는 바에 따르면 물여우[蜮=短狐]가 모래를 머금고 있다가 물
   속에 비치는 사람의 그림자를 향해 내뿜으면, 그 사람은 곧 병이
   든다고 했다.


(『시경』) '항백(巷伯)'은 유왕을 풍자한 것이다. 시인(寺人-내시)이 참
소를 당하자 이 시를 지었다.[1]

"조금 아름다운 무늬로 / 이 자개 무늬 비단을 이루는구나 / 저 참소
하는 자들이여 / 참으로 너무 심하도다.

조금 벌어진 것으로 / 남쪽의 키[箕] 모양 네 별을 이루는구나 / 저 참
소하는 자들이여 / 누구를 꺾으려 누구랑 함께하는가.

구설수에 올라 쉬쉬거리리니 / 꾀하여 남을 참소하려 하는구나 / 너는
말을 삼갈지니 / 너를 믿을 수 없다 말하리라.

슬렁슬렁 빨리 퍼져가니 / 꾀하여 남을 참소하려 하는구나 / 어찌 너
의 말을 받아들이지 않겠는가 / 결국은 너에게 옮겨가리니.

교만한 자 즐겁고 즐거운데 / 수고한 자 근심 걱정에 시달리네 / 푸른
하늘이여 푸른 하늘이여 저 교만한 자 살피시어 / 이 수고한 사람 불쌍
히 여기소서.

저 참소하는 자들이여 / 누구를 꺾으려 누구랑 함께 하는가 / 저 참
소하는 자를 잡아다가 / 승냥이 호랑이에게 던져주리라 / 승냥이 호랑

이가 먹지 않거들랑 / 저 북쪽 황무지에 내던져버리리라 / 북쪽 황무지
도 받아주지 않거들랑 / 저 하늘에 내던져버리리라.

저 낮은 곳의 길이여 / 언덕에 얹혀 있도다 / 내시 맹자가 / 이 시를
짓노니 / 모든 군자들이여 / 삼가 귀 기울여 들을지어다."

1 사인은 내신(內臣)이며 항백은 사인의 장(長)이다.

신이 가만히 살펴보겠습니다. 유왕의 시절에는 태자 같
은 지친(至親)과 대신 같은 지극히 중한 사람부터 환관 같은 미천한
자에 이르기까지 중상모략의 피해를 입지 않은 사람이 없었습니다. 그
래서 '소반' 이하의 여러 시들은 다 이를 다루고 있습니다.

여기서 참소를 당하는 자는 항백이면서 내시인데 마침내 왕을 풍자
하고 있습니다. 무릇 임금의 다움이 밝지 못한 연후에 참소하는 자들
이 본격적으로 행동에 나서는 것이기 때문에 참소가 널리 행해지는
책임을 왕이 아니면 누가 지겠습니까?

첫 장에서는 자개 무늬 비단(貝錦)을 비유로 끌어들였습니다. 대개
참소꾼은 마치 비단공이 비단을 짜듯이 다른 사람의 죄를 짜냅니다.
그래서 비단이 완성되어야 무늬(文采)의 아름다움을 느낄 수 있듯이
참소도 완성되어야 그렇게 된 이치(文理)를 비로소 이해하게 됩니다.
저 참소한 자들이 아무래도 너무 심했던 것 아니겠습니까?

2장에서는 남쪽의 키 모양 네 별(南箕)을 비유로 끌어들였습니다.
남기(南箕)는 남쪽에 있으며 그 모양은 키처럼 앞의 두 별(踵-발꿈치)
은 좁고 뒤의 두 별(舌-혀)은 넓습니다. 대개 참소꾼이 그 입을 벌리는

것[張]이 마치 남쪽 키 별의 혀가 넓은 것과 같습니다. 그들은 누구와
더불어 모의하여 이를 행했던 것이겠습니까?

3장과 4장은 둘 다 참소꾼의 모습과 행태를 묘사하고 있는데 쉬쉬
거린다는 것은 구설이 아주 빨리 퍼져가는 모습이고, 술렁술렁도 서로
부지런히 오가며 일을 꾸미고 만들어가는 정황을 묘사한 것입니다.

시를 지은 사람은 그것을 미워하면서도 오히려 그것을 경계하여 "네
가 말을 삼가서 하지 않으면 사람들도 장차 너를 믿지 않게 될 것이
고, 네가 남들을 참소하여 사람들이 그것을 받아들이면 사람들도 장
차 너를 참소하여 모든 것이 너에게로 되돌아올 것이다"라고 말하고
있습니다.

5장에서는 교만한 자[驕人]가 참소를 하고서 스스로 즐거워하고 수
고한 자[勞人]는 참소를 당해 깊은 시름에 빠져 하늘에 호소하며 원
망을 담아 "저 교만한 자 살피시어 / 이 수고한 사람을 불쌍히 여기소
서"라고 말하고 있습니다. 그 마음의 서글픔과 말의 절절함은 지금 읊
조려보아도 눈물짓게 만들고 있습니다.

6장에서는 참소하는 자를 잡아다가 승냥이와 호랑이[豺虎]에게 던
져버리고 승냥이와 호랑이가 잡아먹지 않으면 그것을 저 북방의 음습
하고 추운 땅에다 내던지고 싶다고 말합니다. 그런데 북방 황무지에서
조차 (더럽다고 해서) 받아주지 않는다면 그것을 하늘에다가 맡겨서
그 죄를 묻고 싶어 합니다.

대개 참소꾼들이 주는 피해가 너무도 심하기 때문에 이 시의 지은
이도 그것을 미워하는 것이 이처럼 심한 것입니다. 순임금께서도 사흉
(四凶)[1]을 사방으로 내쳐 권간(權奸)들이 조정에 영향을 미치는 것을
막았으며, 『대학』에서도 어질지 못한 자[不仁之人]에 대해서는 "그런

자들은 추방하여 유배를 보내 저 오랑캐 땅으로 내쫓아 그들과 더불어 함께 중국에 살지 않아야 한다"고 했으니 시를 쓴 사람의 마음도 이와 똑같았을 것입니다.

마지막 장도 "저 낮은 곳의 길이여 / 언덕에 얹혀 있도다"라고 해서 환관 같은 낮은 신분의 사람이 참소를 먼저 당하여 이야기하니 혹시 이 다음에라도 고위직에 있는 사람에게 도움이 될 수 있다는 것을 비유하고 있습니다.

'소반' 이하의 여러 시들은 다 참소를 당하고 나서 지은 것들이지만 그것을 미워하는 것이 이 편만큼 심한 것은 없습니다. 그래서 이 편에서는 일곱 장 모두를 실어 뒤에 오는 임금들에게 거울이 되도록 했습니다.

1) 공공(共工), 환두(驩兜), 삼묘(三苗)의 제후, 곤(鯀) 등은 간신이거나 순임금에게 반기를 들었던 사람들일 것이다. 이들 넷을 순임금 때의 사흉이라 한다.

(『시경』) '청승(靑蠅)'은 대부가 유왕을 풍자한 것이다.

"앵앵거리는〔營營 쉬파리떼 / 울타리에 앉았구나 / 점잖은〔豈弟 =
  영영
愷悌〕 군주께서는 / 참소하는 말을 믿지 마소서.
  개제

앵앵거리는 쉬파리떼 / 가시나무에 앉았구나 / 참소꾼들이 그치질 않아 / 사방의 나라들이 교란하도다.

앵앵거리는 쉬파리떼 / 개암나무에 앉았구나 / 참소꾼들이 그치질 않아 / 우리 두 사람을 교란시키는도다."


    신이 가만히 살펴보겠습니다. 쉬파리[靑蠅]라는 것은 더
러운 곳[汚穢]에서 나오는 것이라 먹고 마시기를 탐하여 즐기고 늘 시
끄럽게 술잔이 오가는 사이에 술상 위에는 막걸리와 산적 같은 좋은
안주들이 널려 있고 그 위로 남을 곤경에 몰아넣을 말들이 오갑니다.
그러면서 세상의 소인들이 더러운 짓[汚]을 행하고 이익을 따르며, 사
람을 해치고 일을 그르치는 것이 실제로 쉬파리의 그것과 흡사합니다.
  앵앵[營營]이라는 것은 쉬파리의 모습에 대한 묘사임과 동시에 그
소리를 나타낸 것입니다. 즉 쉬파리가 날아다니며 이리저리 왔다 갔
다 하는 꼴이 마치 뭔가를 꾸미려 하는 듯하다는 것이며, 동시에 앵앵
거리기를 그치지 않는 것은 사특하게 중상모략을 꾸미는 자들이 아침
저녁으로 계략을 짜서[經營] 사람들을 해치는 함정에 빠트리려 하고
또 끊임없이 입으로 말을 지어내는 모습이 앵앵거리며 쉬지 않는 것
과 같다는 비유입니다. 이 시를 지은 사람은 절묘하게 물체의 모습과
상태[物情]를 각각 잘 그려내고 있습니다. 그래서 그 형용하는 바가 이
와 같으니 '울타리에 앉았구나, 가시나무에 앉았구나, 개암나무에 앉
았구나'라는 것은 쉬파리가 밖에서 서식하며 머물고 싶다는 것이고,
사람들이 사는 집에는 절대 들어가지 않으면서 일을 더럽히겠다는 것
이니 이는 마치 사특하게 중상모략을 꾸미는 자들이 밖에 가림막을
쳐놓고서 결코 조정에는 들어오지 않으면서 선량한 이들에게 해코지
를 하는 것과 같습니다.
  예로부터 광포한 군주만이 참언을 믿어 정사를 그르쳤던 것은 아닙

니다. 오히려 자상하고 점잖은〔樂易=愷悌〕 군주가 단 한 번 참소하는
낙이   개제
말을 믿게 되면 또한 얼마든지 그 마음과 뜻이 바뀔 수 있는 것이니
예를 들면 성왕(成王)이 주공(周公)에게 했던 것이 그것입니다. 그렇다
고 성왕이 어찌 점잖은 자질이 없어서였겠습니까? 처음에 관숙(管叔)
과 채숙(蔡叔)의 유언(流言)이 들어가자 조금의 의심도 없이 그 말을
믿었다가 하늘이 움직여 사흘 동안 바람이 휘몰아치고서야 뒤늦게 깨
닫고 후회했습니다. 그래서 말하기를 "점잖은 군주께서는 / 참소하는
말을 믿지 마소서"라고 했던 것입니다.

　참소꾼들의 흉악한 속뜻은 현량한 사람들을 해치는 데 있고 그것
은 끝이 없습니다. 그래서 집안에 참소하는 사람이 있으면 집안이 어
지러워지고, 나라에 참소하는 사람이 있으면 나라가 어지러워지는 것
이니 관숙과 채숙의 유언이 횡행하게 되자 사방의 나라가 평정되지 못
한 것도 바로 그 징험입니다. 그래서 말하기를 "참소꾼들이 그치질 않
아 / 사방의 나라들이 교란하도다"라고 했던 것입니다.

　그리고 마지막 장도 실제의 일을 가리키는데 두 사람이란 그 당시
참소를 입은 사람들입니다. 참소꾼이 하는 일은 하나같이 없는 일을
지어내 단서를 만들어내기를 마치 목수가 재목들을 모아서 집을 짓듯
이 합니다. 두 사람은 본래 죄가 없는데 참소꾼이 교묘하게 그들의 죄
를 만들어낸 것입니다. 그래서 말하기를 "참소꾼들이 그치질 않아 /
우리 두 사람을 교란시키는도다"라고 한 것은 그 당하는 고통이 그치
지 않았기 때문입니다.

　'항백(巷伯)'과 '청승(靑蠅)' 두 시가 참소하는 자의 실상을 구체적으
로 묘사한 것은 뺄 것이 거의 없으니 임금 된 자는 그것을 두 번 세 번
반복해서 음미해야 할 것입니다.

(『춘추좌씨전』) 진(晉) 나라 헌공(獻公)은 태자 신생(申生)을 낳고, 또 융(戎)에서 두 여자를 맞아들여 두 아들 중이(重耳)와 이오(夷吾)를 낳았다. 그리고 여융(驪戎)을 정벌하고서 여희(驪姬, ?~기원전 651년)[1] 를 데리고 와서 해제(奚齊)를 낳았고, 여희의 여동생은 탁자(卓子)를 낳았다.

여희는 헌공의 총애를 받았기 때문에 그의 아들을 태자로 세우고 싶어 총애 받는 대부 양오(梁五)와 동관폐오(東關嬖五)에게 뇌물을 주어 헌공에게 이렇게 말하도록 시켰다.

"곡옥(曲沃)은 임금님의 종묘가 있는 곳이고 포(蒲)와 굴(屈) 두 읍(邑)은 나라의 변경이니 주관하는 사람이 없어서는 안 됩니다. 종묘가 있는 고을에 주관하는 사람이 없으면 백성들이 두려움을 갖고서 복종하지 않습니다. 변경에 주관하는 사람이 없으면 융적(戎狄－서쪽과 북쪽의 오랑캐)에게 침범하고 싶은 마음을 갖도록 유도하는 것입니다. 만약에 태자에게 곡옥을 주관케 하고 중이와 이오에게 포와 굴을 주관케 하신다면 백성들을 위엄으로 굴복시키고 융적을 두렵게 할 뿐만 아니라 임금님의 공덕을 드러낼 수 있습니다."

여희는 또 두 사람으로 하여금 이렇게 말하도록 시켰다.

"융적의 광대한 땅이 우리 진나라의 도시가 될 수 있으니 진나라가 강토를 개척하는 것이 마땅하지 않겠습니까?"

이에 진나라 임금은 기뻐하면서 여름에 태자를 곡옥에 가서 머물도록 했고, 중이와 이오는 각각 포와 굴로 보냈고, 여러 공자들을 모두 변방으로 보내어 그곳에 머물게 하니 오직 여희와 그 동생의 아들만을 강(絳－진나라 수도)에 남아 있게 했다. 양오와 동관폐오가 마침내 여희와 함께 여러 공자들을 참소하여 해제를 태자로 세우니 진나라 사람들이 이를 이오우(二五耦-두 오(五)의 짝이라는 뜻이다)라 불렀다.

(『국어』「진어(晉語)」) 헌공의 배우로 시(施)라는 자가 여희와 사통하고 있었다. 여희가 물었다.

"내가 어려운 일[1]을 하고자 하는데 누구부터 먼저 손을 써야 하겠소?"

이에 배우 시가 대답했다.

"반드시 신생부터 시작해야 합니다. 그의 사람됨이 소심하고 깔끔합니다. 깔끔한 자는 욕보이기가 쉽고 지나치게 깔끔한 자는 반드시 우매한 구석이 있으니 먼저 신생에 대해 중상모략을 시행해야 합니다."

배우 시가 여희에게 한밤중에 울면서 헌공에게 이렇게 말하라고 가르쳤다.

"제가 듣기로 신생은 참으로 어질고 강직하다고 하고 사람들은 말하기를 임금께서 지금 저에게 미혹되어 틀림없이 나라를 혼란하게 만들 것이라고 하고 있으니 이것이야말로 나라를 핑계 삼아서 임금께 강하게 나오는 것이 아니겠습니까?[2] 그런데 어찌 임금께서는 저를 죽이시어 첩하나로 인해 백성을 난으로 몰아넣는 일이 없게끔 하지 않으십니까?"

이에 헌공이 말했다.

"어찌 백성에게는 은혜를 베풀면서 아버지에게는 은혜롭지 않을 수 있겠는가?"

여희가 말했다.

"어짊을 행하는 것[爲仁]과 나라를 다스리는 것[爲國]은 다르다고 했습니다. 어짊을 행하는 것은 혈육일 경우에는 혈육을 사랑하는 것을 어짊이라 하고, 나라를 다스릴 경우에는 나라를 이롭게 하는 것을 어짊이라 합니다. 따라서 백성의 우두머리가 되고자 하는 자는 혈육에게는 제대로 하지 못하면서 자신을 따르는 무리를 혈친으로 여깁니다. 만일 백성의 무리를 이롭게 하고 백성들이 그와 화합한다면 어찌 임금을 시해하는 일을 꺼리겠습니까?"

헌공은 두려워하며 말했다.

"그렇다면 어떻게 해야 하겠는가?"

여희가 말했다.

"임금께서는 어찌 늙었다는 이유를 내세워 태자에게 정권을 물려주지 않으십니까? 태자가 정권을 얻게 되면 그가 하고 싶은 대로 할 수 있게 될 것이니 임금을 놓아줄 것입니다."

헌공이 말했다.

"그럴 수는 없다. 나는 무(武)를 위엄으로 삼고 있고, 그것으로 제후의 자리에 임하고 있다. 내 죽지도 않은 채 정권을 잃는다면 무(武)라 불릴 수 없을 테고, 아들이 있는데 그 아들 하나 제대로 이겨낼 수 없다면 위엄이 있다고 할 수 없다. 그대는 걱정 말라. 내 장차 도모하리라."

여희가 말했다.

"고락(皐落)의 오랑캐들이 우리의 변방을 괴롭히고 있어 고통을 겪고 있습니다. 임금께서는 어찌 신생으로 하여금 오랑캐들을 토벌케 하여 그가 과연 백성들에게 어떻게 하는지를 보시려 하지 않으십니까? 만약 태자가 오랑캐를 이기지 못한다면 그때 그 죄를 물어 다스리시면 될 것이고, 만약 오랑캐를 꺾는다면 백성의 무리들을 잘 다룬다는 것이 밝혀져 그에 따라 태자의 욕심은 반드시 더 커질 것이니 그때 더 든든한 계획을 세우시면 될 것입니다."

헌공은 기뻐했다. 그리고 신생으로 하여금 고락의 동산 부족을 정벌토록 명했고, 신생은 나아가 동산을 꺾고 돌아왔는데 나라에서는 참소하는 말이 점점 더 크게 일어나고 있었다.

(5년이 지난 후) 여희가 헌공에게 말했다.

"제가 듣기로 신생의 음모는 더욱 심해지고 있다고 합니다. 예전에 제가 이미 임금께 고하기를 태자가 백성의 무리로부터 신임을 얻게 될 것이라고 했었습니다. 그가 무리에게 이익을 베풀지 않았다면 어찌 그때 오랑캐를 무찌를 수 있었겠습니까? 지금 태자는 오랑캐를 칠 때의 공을 자랑하며 그 뜻을 더욱 넓혀가고 있습니다. 임금께서 (미리) 도모하지 않으시면 장차 어려움이 닥칠 것입니다."

헌공이 말했다.

"내 잊지 않고 있소. 하지만 아직은 딱히 죄를 지었다고 할 것이 없소."

여희가 배우 시에게 말했다.

"임금께서는 이미 내가 태자를 죽이고 해제를 세울 것을 허락하셨소. 그런데 이극(里克)이 어려우니 어찌하면 좋겠소?"

배우 시가 말했다.

"내가 이극을 오게 하면 하루면 충분합니다. 그러니 그대는 나를 위해 특양(特羊)의 잔치를 준비해 주십시오."

여희가 허락하고 이에 잔치를 준비하여 시로 하여금 이극과 술을 마실 수 있는 자리를 마련했다. 술자리가 한창일 때 배우 시가 일어나 춤을 추며 이렇게 노래했다.

"편하고 즐겁고자 하나 가까이 다가가기 어려워라 / 훨훨 나는 참새나 까마귀만도 못한 내 신세 / 사람들은 다 원림(苑林)에 모여들건만 / 나 홀로 고목에 앉아 있구나."

이극이 웃으면서 물었다.

"무엇을 일러 원림이라 한 것이오? 또 무엇이 고목입니까?"

시가 말했다.

"그 어머니는 정식 부인(夫人)이 됐고 그 아들은 임금이 될 것이니 원림이라 하지 않을 수 있겠소?[3] 그 어머니는 이미 죽었고 그 아들은 비방을 받고 있으니 고목나무라 하지 않겠소?[4]"

(잠시 후) 이극이 말했다.

"아까 한 말은 농담(戲)인가 아니면 들은 바가 있어 하는 말인가?"

시가 말했다.

"실제로 그렇습니다. 임금께서는 이미 여희에 태자를 죽이고 해제를 태자로 세우는 것을 허락하셨습니다. 계책도 다 마련돼 있습니다."

이극이 말했다.

"내가 임금의 명을 붙잡아[5] 태자를 죽이는 일이라면 나는 차마 할 수가 없소. 그렇다고 내가 태자와의 옛 친교를 회복하여 다시 내왕하는 것도 내 감히 할 수가 없소. 중립[6]을 지키면 괜찮겠소?"

시가 말했다.

"괜찮을 겁니다."


(『춘추좌씨전』) 장차 해제를 세우려 할 때는 이미 중대부(中大夫)[7]와 함께 계책을 만들었다.

여희가 태자에게 말했다.

"임금께서 지난밤 꿈에 (그대의 모친) 제강(齊姜)을 보셨다 하니 반드시 제사를 올리도록 하시오."

태자는 곡옥에 가서 제사를 지내고서 돌아올 때 제사 고기를 올렸다.

헌공은 그때 사냥 중이어서 도성에 없었다. 여희는 신생이 가져온 제사 고기를 받아 궁중에 두었다가 6일 만에 헌공이 사냥에서 돌아오자 그 제사 고기에 독을 쳐서 올렸다.

헌공이 땅에 술<sup>2)</sup>을 봉헌하자 땅이 끓어올랐다. (여희가) 그 술을 개에게 먹이자 개가 그 자리에서 죽었고 소신에게 먹이자 그 또한 그 자리에서 죽었다. 여희가 울면서 말했다.

"이 모든 게 태자에게서 나왔습니다."

태자는 신성(新城)으로 달아났다. 어떤 사람이 태자에게 말했다.

"태자께서 가서 말씀드리시면 임금께서 반드시 가려주실 것입니다."

태자가 말했다.

"임금께서는 여희가 없으면 편히 지내시지 못하고 음식을 드셔도 배불리 드시지를 않는다. (그렇다고) 나의 무죄가 밝혀진다면 여희는 반드시 죄를 입게 될 것이다. 임금께서는 늙으셨으니 여희를 잃으면 반드시 즐거워하지 않으실 것이고 이렇게 되는 것을 나도 즐거워하지 않는다."

그 사람이 말했다.

"그러면 태자께서 도망가십시오."

태자가 말했다.

"임금께서 실로 나에게 죄가 없음을 살피시지 못하시니 이런 죄명을 쓰고서 도망간다면 누가 나를 받아주겠는가?"

12월에 태자가 신성에서 스스로 목매어 죽었다. 여희가 드디어 두 공자를 참소하여 말하기를 "두 공자도 이 음모를 알고 있었다"고 하니 중이는 포성으로 도망갔고 이오는 굴읍으로 도망갔다.

---

1 세 공자를 죽이려는 것이다.

2 임금께 강하게 나온다는 것은 임금을 시해하려 든다는 뜻이다.

3 이는 여희 모자를 가리킨다.

4 이는 신생 모자를 가리킨다.

5 붙잡는다〔秉〕는 것은 잡아 쥔다는 뜻으로 구체적인 명령이 없는
   상태에서 막연하게 그 뜻에 기대어 임금이 태자를 죽이는 일을
   돕는다는 뜻이다.

6 이 말은 임금에게도 아부하지 않고, 태자 쪽에도 서지 않겠다는
   뜻이다.

7 중대부는 이극을 말한다. 이극은 이미 중립이라는 이름으로 허
   락했고, 이로써 태자를 죽이려는 계책은 이루어진 것이다.


신이 가만히 살펴보겠습니다. 여희가 신생을 중상모략한
것을 보면 그 비밀스러움이 변화무쌍하고 또한 아주 교묘합니다.

무릇 아버지와 아들의 정은 매일 오가서 아주 가깝기 때문에 이간
질하는 말이 파고들기 쉽지 않습니다. 그렇기 때문에 우선 두 사람을
떼어놓는〔離〕 술책을 쓴 다음이라야 참소와 하소연〔譖愬〕이 먹혀들
수 있습니다.

그래서 여희는 우선 양오와 동관폐오에게 뇌물을 주어 헌공으로 하
여금 세 아들을 변경 쪽으로 내보내도록 만들었습니다. 이것이 바로
부자를 떼어놓는 술책입니다. 헌공이라는 사람은 기뻐하면서 공을 탐
하고 욕심이 많은 인간이라 강토를 개척하여 자신이 원하던 바를 이
루고 싶어 했습니다. 그래서 양오와 동관폐오 두 오(五)는 그 점에 착
안하여 임금을 속이고〔啗〕 또 임금을 위한다면서 여러 노래들을 지어

부르게 함으로써 임금의 마음을 흔들었으니 헌공이 어찌 기뻐하지 않았겠습니까? 이리하여 그들의 말을 따라서 세 아들을 (도성에서) 내보내었으니 도모하는 일이 쉬울 수밖에 없었던 것입니다.

또 이미 배우 시와 더불어 어려운 일을 도모한 것이 앞서거니 뒤서거니 하면서 동시에 진행됐으니 시는 신생이 모함에 걸려들게 되리라는 것을 알고 있었습니다. 그래서 신생을 먼저 도모해야 한다는 그의 말은 이러했던 것입니다.

"(성격이) 깔끔한 자는 욕보이기가 쉽습니다."

또 말했습니다.

"지나치게 깔끔한 자는 반드시 우매한 구석이 있습니다."

대개 깔끔한 성격의 사람은 애석하게도 명예를 중시하느라 행동할 때 한 개의 오점이라도 자신에게 튈까 두려워합니다. 그래서 "욕보이기가 쉽다"고 말한 것입니다. 또 이런 사람은 스스로 채찍질할〔自勵〕 줄<sub>자려</sub>만 알지 스스로를 온전하게 할〔自全〕 줄은 모르기 때문에 "반드시 우매한 구석이 있다"고 한 것입니다. 신생이 바로 이런 깔끔한 성격이었<sub>자전</sub>습니다. 그래서 임금을 시해하려 했다는 누명으로 모욕을 당하자 반드시 죽음으로써 스스로의 억울함을 밝힌 이후에야 그치려 했던 것입니다. 신이 이미 앞에서 논했던 바와 같이 석현이 소망지를 모함했던 정황도 역시 이와 같습니다.

모름지기 완고하고 둔하여 부끄러움을 모르고 긴 계책을 마음속에 품은 자라야 비록 모욕을 당하더라도 동요하지 않는 것입니다. 회음 땅의 한 소년이 일찍이 한신을 욕보인 일이 있습니다. 한신은 오히려 기꺼운 마음으로 머리를 숙이고 가랑이 밑을 기어가는 치욕을 당했지만 죽지 않았습니다. 또 제갈량이 사마의를 욕보인 일이 있지만 사마의는 오히려 호랑이의 질책으로 여기고서 촉나라를 두려워하게 되어 전쟁에 나서지 않았습니다. 신생은 명예를 소중히 여기고 죽음을 가벼이 여겼으며 한신이나 사마의 같은 인내심도 없었기에 그런 술책을 써서 마침내 죽게 만들 수 있었던 것입니다. 그래서 먼저 신생부터 모함에 빠트린 것입니다.

그렇지만 헌공이 과연 태자를 죽이는 것을 용인하지 않을까 봐 두려워서 또 한밤중에 나아가 울면서 위협하기를 장차 태자가 역모를 꾸밀 것이라고 말하고서 스스로 먼저 죽겠다고 청하여 헌공을 두렵게 만든 다음에 새로운 계책을 제시하기를 정권을 내줘야 화를 피할 수 있다고 했습니다.

무릇 헌공은 강하고 맹렬한〔强猛〕 사람이라 능히 곽나라〔霍〕, 위나라〔魏〕, 괵나라〔虢〕, 오나라〔吳〕 등을 멸망시켜 나라의 크기에 맞게 봉해주었습니다. 그런데 제나라〔齊〕 환공은 오랫동안 하맹(夏盟)의 맹주였음에도 불구하고 일찍이 단 한 번도 굴(屈) 읍을 차지하지 못했으니 헌공은 자식에게 굴읍을 주고 싶었던 것입니다. (이에 여희는) 분노를 품게 되어 반드시 태자를 죽여야겠다는 마음은 바로 이로부터 본격화됐다고 볼 수 있습니다.

그런데도 오히려 아버지와 아들 사이에 아무런 틈이 없자 죄를 덧씌우기로 한 것이니 장차 군대를 끌고 가서 오랑캐를 정벌토록 해 이기면 백성의 무리를 얻었다는 이유로 죄를 만들고, 지면 그것으로 군대를 패배시켰다는 죄가 되는 것입니다. 이에 이르러 신생은 도망칠 길 없는 죽음의 길에 들어서게 됐습니다.

그렇지만 또 대신과 여러 신하들이 나서 힘써 간쟁하니 헌공이 여희의 꾐에 완전히 빠져들지는 않았습니다. 그러자 또 배우 시로 하여금 이극에게 가서 술을 마시고 여희 쪽에 와서 붙으라는 내용의 풍자 노래 '참새와 까마귀의 노래'를 들려주도록 했고, 양오와 동관폐오는 진나라 도시에 노래를 퍼트렸습니다. 시가(詩歌)는 사람을 가장 쉽게 움직입니다. 그래서 세 명의 간신의 말은 행해지지[售] 않은 바가 없었습니다.

그리고 이극은 대신이면서 중립을 표방하여 이들의 계략을 사실상 인정함으로써 적자를 죽이고 서자를 세우는 음모는 이루어질 수 있었습니다. 헌공은 이미 여희의 참소하는 말에 현혹됐기 때문에 제사 고기를 이용한 사기는 지극히 쉽게 판별할 수 있는 것임에도 불구하고 제대로 가려내지 못했고, 신생은 너무 어질어 아버지의 뜻이 상할까 봐 두려워한 데다가 차마 스스로 변명을 하지 못한 채 죽음을 선택했을 뿐입니다.

신생이 죽자 두 아들은 달아나 배우 시가 꾀한 대로 되지 않은 바가 없었습니다. 그 후 헌공이 죽자 해제가 왕위에 오르지만 이극이 그를 시해하고 탁자를 세웠다가 또 그를 시해하고 이오를 세웠으나 제대로 마치지 못했고, 중이가 즉위한 뒤에 어느 정도 안정이 됐으니 진나라가 20년간 난리에 휘말리게 된 것은 여희의 참소하는 말과 세 명의 간신이 그것을 도운 데서 비롯된 것입니다.

포사는 단 한 명의 괵나라 석보(石父)가 있었을 뿐인데도 오히려 꾀를 합쳐 의구를 축출했는데 하물며 여희는 세 명의 간신의 도움을 받았으니 실패할 리가 있겠습니까?

그러므로 여자와 소인이 안팎이 되어 서로 결탁한 것이 나라를 위기에 빠트리고 집안을 망하게 만든 근본입니다.

이상은 간사한 자[1]가 주군을 옭아매는 사정을 논했습니다.

1 참소를 잘하는 신하〔讒臣〕이다.
　　　　　　　　　　　　　참신

1) 여융 군주의 딸로 진나라 헌공 12년에 헌공이 여융을 정벌할 때
　붙잡혀 후궁이 되었다가 부인(夫人)이 됐다. 해제(奚齊)를 낳고 그
　를 태자로 세우려고 했다. 태자 신생을 모살(謀殺)하고 공자 중이
　(重耳)와 이오(夷吾)를 몰아냈다. 이 사건으로 진나라가 큰 혼란에
　빠지고, 대부 이극(里克)이 반란을 일으켜 여희와 해제를 살해했다.
2) 여희는 이 술에도 독을 탔다.

(『춘추좌씨전』) (노나라 양공(襄公) 26년(기원전 547년)) 송(宋) 나라 시인(寺人-환관) 혜장이려(惠牆伊戾)가 태자의 내사(內師)가 됐으나 아무런 총애를 받지 못했다.[1] 초(楚) 나라 사자(使者)가 진(晉) 나라를 방문하러 가던 길에 송나라를 지나게 됐는데 태자가 (서로 아는 사이였기에) 그 사자를 초청해 교외에서 연회를 열겠다고 하자 평공은 태자로 하여금 가서 접대하는 것을 허락했다.

이때 이려가 태자를 시종하겠다고 청하자 평공이 말했다.

"저 사람(태자)[夫]은 너를 싫어하지 않는가?"

이에 이려가 답했다.

"소인이 임금을 섬기는 도리는 저를 미워한다고 해도 감히 멀리하지 않고 좋아한다고 해도 감히 가까이 하지 않고서 늘 삼가며 명을 기다려야 하는 것입니다. 어찌 감히 두 마음을 품을 수 있겠습니까? (그래서) 신은 가고자 청하는 것입니다."

(이리하여 연회장에 가게 된 이려는) 도착하자마자 구덩이를 파고 희생을 잡아 준비한 다음 맹약문을 희생 위에 올려놓는 등 준비를 다해놓고[2] 말을 달려 돌아와 평공에게 고했다.

"태자께서 장차 반란을 일으키려고 이미 초나라 사신과 맹세를 했습니다."

평공이 말했다.

"나의 뒤를 이을 아들인데 또 무엇을 얻고자 한단 말인가?"

이려가 답했다.

"좀 더 빨리 임금 자리를 얻고자 함입니다."

평공이 사람을 시켜 살펴보게 하니 정말로 맹세를 한 증거가 있었다. 이에 평공이 부인과 좌사(左師)[3]에게 물어보니 둘 다 "분명히 그런 일이 있다고 들었습니다"라고 답했다. 평공은 태자를 가두었고, 태자는 결국 목을 매 자살했다. 평공은 뒤에 태자가 무죄라는 말을 듣고서 이려를 삶아 죽였다[烹].

1 혜장은 성이고 이려는 이름이다. 태자의 이름은 좌(痤)이고 송나라 평공의 아들이다.
2 마치 실제로 맹약을 맺었던 곳인 것처럼 하여 태자가 반란을 일으키려 했다는 증거로 삼으려 한 것이다.
3 두 사람 모두 태자를 미워했다.

🌿　　　　신이 가만히 살펴보겠습니다. 너무나도 심하옵니다. 저 송나라 평공의 어두움[闇]이여! 애초에 이려가 태자를 시종하여 초나라 사신을 접대하는 데 함께 가겠다고 청했을 때 이미 평공은 태자가 이려를 싫어한다는 것을 알고 있었습니다. 그리고 이려가 거짓을 꾸며 태자를 함정에 몰아넣는데도 이려의 말을 믿어 구덩이를 파고 희생을 잡아 준비하고 맹약문을 희생 위에 올려놓는 등 (반역의) 준비를 하고 있었다는 말을 전혀 의심치 않았습니다.

평공이 이런 말을 들었을 때는 그 간사함을 바로 알아서 역으로 꺾어 주륙하는 것이 상책이요, 그의 거짓됨을 차분히 조사해 벌하는 것이 그다음 방책일 텐데 마침내 앞뒤를 재지도 않고 이려의 말을 받아들여서 태자를 감옥에 가둬버려 태자가 스스로 변명도 하지 못한 채 자살하게 만들었으니 어찌 경박스럽기가 이와 같을 수가 있습니까?

뒤에 가서 참소한 자를 팽형에 처했다고는 하지만 그게 무슨 소용이 있습니까?

『시경』에서 노래한 시 "군자의 은혜롭지 못함이여 / 그것을 자세히 살펴보지 않으시는구나"가 바로 이런 부류라 하겠습니다.

(『춘추좌씨전』 노나라 소공(昭公) 6년(기원전 536년)) 송나라 시인(寺人) 류(柳)가 (평공에게) 총애를 받았다. 태자 좌(佐)[1]가 그를 싫어하자 화합비(華合比-송나라 대부)가 "제가 죽여버리겠습니다"라고 말했다. 류는 이 말을 듣고 곧바로 (교외로 나가) 구덩이를 파서 희생을 죽이고 맹약문을 땅에 묻은[2] 다음 평공에게 "화합비가 망인(亡人)[3]의 족속들을 불러들이려고 이미 북곽에서 맹세를 했습니다"라고 고했다.

평공이 사람을 시켜 살펴보니 정말로 맹세를 한 증거가 있었다. 이에 평공은 드디어 화합비를 축출했다.

1 좌가 죽자 태자에 올랐다.
2 마치 실제로 맹약을 맺었던 것처럼 속인 것이다.
3 이는 위나라로 달아난 화신(華臣)을 가리킨다.

신이 가만히 살펴보겠습니다. '구덩이를 파서 희생을 죽이고 맹약문을 땅에 묻는 것〔坎牲埋書〕'은 이려가 태자 좌를 무고할 때 썼던 바로 그 술수인데 환관 류가 또 그것을 써서 화합비를 무고한 것입니다. 삼척동자라도 처음에 잘못 들은 것이 있어도 뒤에는 반드시 반성하고 깨닫는 법인데 평공은 또다시 류의 말을 믿어 화합비를 축출해 버렸습니다. 평공은 참으로 잘고 용렬하여〔區區〕 그 같은 얕은 술수에도 쉽게 넘어가버린 것이니 (류처럼) 중상모략하는 쪽은 교묘했고, (평공처럼) 듣는 자는 귀가 밝지 못했다〔不聰〕고 하겠습니다.

우리 왕조(송나라)에서도 인종(仁宗) 때 원호(元昊)가 변방을 어지럽혔을 당시[1] 변방의 신하〔邊臣〕가 원호의 날랜 장군을 원호와 이간질하기로 하고 마침내 들판에 희생과 술을 펴놓고 마치 그 장군이 죽었다는 것을 듣고서 제사를 지내는 것처럼 하고 조사(弔辭)도 하나하나 읽어가며 자신이 그 장군과 통교를 맺게 된 연유까지 다 (지어내) 설명하고 마침내 끝까지 하지 못함〔不遂〕을 슬퍼하자 원호는 자신의 측근을 보내 그 장군을 죽여버렸습니다.

이 또한 구덩이를 파서 희생을 죽이고 맹약문을 땅에 묻는 유의 술수인데 지극히 얕다고 하겠습니다. 그런데도 원호처럼 간교한 자도 우리 변방의 계략에 자신의 장군을 의심해서 죽였는데 하물며 평공이야 무슨 말을 하겠습니까?

그래서 신은 이 두 가지를 드러내어 참신(讒臣)이 상대방을 이간질할 때 쓰는 지략은 대체로 똑같다는 것을 밝힌 것이니 임금 된 자라면 모두 다 깊이 꿰뚫어 보지 않으면 안 될 것입니다.

1) 1038년에 원호는 스스로 황제임을 정식으로 선포하고 국호를 대

하(大夏), 수도를 흥경(興慶)으로 정하고 독자적 연호를 사용했다. 송나라 서북쪽에 자리하고 있었기 때문에 송에서는 '서하(西夏)'라고 불렀다.

(『춘추좌씨전』 노나라 소공(昭公) 19년(기원전 523년)) 초자(楚子)[1]가 채나라에 있을 때 태자 건(建)을 낳았다. 그리고 초나라 임금으로 즉위하게 됐을 때 오사(伍奢)[2]를 태자의 사부로 삼고 비무극(費無極)을 소사(少師)로 삼았다. 그런데 태자가 비무극을 총애하지 않으니 비무극이 태자를 참소하려고 평공에게 말했다.

"건(建)이 아내를 가질 때가 됐습니다."

왕은 태자를 위해 진(秦) 나라 여성을 맞아들이기로 했고, 비무극은 그 여성을 맞아오는[逆=迎] 사절에 참여했는데 (돌아와서) 평왕에게 그 여자를 왕비로 맞을 것을 권유했다. 그리고 초부인[3] 영씨(嬴氏)가 진나라로부터 초나라로 왔다.

비무극이 초자에게 말했다.

"진(晉) 나라가 패자[伯=霸者]가 된 것은 제하(諸夏)[1]와 가깝기 때문입니다. 반면 우리 초나라는 한구석에 치우쳐 있고 풍속도 비루하기 때문에 진나라와 서로 패권을 다툴 수가 없는 것입니다. 만약에 성부(城父)에 큰 성을 쌓고서 태자를 그곳에 두어[寘=置] 북방과 서로 통교하고 왕께서는 남방을 거두어들이신다면 바야흐로 천하를 얻게 되실 것입니다."

왕은 기뻐하면서 그 말을 따랐다. 그래서 태자 건은 성부에 머물게 된 것이다.

이듬해 비무극이 또 초자에게 말했다.

"태자 건이 오사와 함께 장차 성 밖의 무리들을 거느리고서 반란을 일으키려 하고 있습니다."

왕은 이 말을 믿어 오사에게 묻자 오사가 답했다.

"이미 한 번의 과오[4]도 크신데 어찌 또 중상모략하는 말[讒言＝譖言]
참언　　참언
을 믿으십니까?"

왕은 오사를 잡아들였고 태자 건은 송나라로 망명했다.


1 초나라 평공을 가리킨다. 태자 때 채나라에 가 있었다.

2 오사는 오거(伍擧)의 아들이고 오원(伍員)의 아버지다.

3 왕이 직접 취했기 때문에 부인이라고 부른 것이다.

4 이는 태자의 아내감을 취한 것을 가리킨다.


신이 가만히 살펴보겠습니다. 비무극이 총애를 받지 못한다는 이유로 태자를 중상모략하는 내용인데 그 시작은 평왕에게 아들의 신붓감을 가로채도록 한 것입니다. 이미 태자의 신붓감으로 정해진 여인을 왕으로 하여금 자신의 부인으로 취하라고 권유했다는 것은 아버지와 아들 사이의 틈을 이미 열어놓은 것이고, 또 왕에게 성부에 큰 성을 지어서 태자로 하여금 머물게 하여 북방과 통교토록 했는데 이는 여희가 태자 신생을 대궐에서 내보내 곡옥(曲沃)에 머물게 했던 오래된 지략[故智]입니다.
고지
아버지와 아들의 관계가 멀어지고 서로 간의 정이 통하지 않은 데다가 태자는 북방 가까이에 머물게 되어 제나라나 노나라와 통교할 수 있게 됐으니 이제 반역을 도모한다고 중상모략을 하고 오사까지도 함께 끌어들였습니다. 그리고 그 흔드는 과정을 보면 점점 도모하는 바〔漸〕가 있었고 그 실현하는 과정을 보면 은밀한 바〔機〕가 있었습니다.

평왕의 마음은 (이런 것들을) 그냥 자신에 대한 충성이라고 보았을 뿐이고 아들의 신붓감을 빼앗게 하려는 것임은 알지도 못했습니다. 이는 참으로 짐승만도 못한 짓이며, 아무런 죄도 없이 자식을 죽이는 것은 호랑이나 승냥이도 하지 않는 짓이니 모두 다 비무극이 사실상 함정에 빠트려 그렇게 한 짓들입니다.

오사는 이미 죽었고, 아들 오원(伍員)은 오나라로 망명했다가 마침내 다른 때에[2] 오나라 군사를 이끌고 초나라의 수도 영(郢)에까지 당도하니 소왕은 달아나고 초나라는 거의 망하게 됐는데 이 또한 비무극이 그 바탕을 깔았던 것입니다.

아! 남을 참소하는 폐해는 단번에 이 지경에 이르게 되는 것입니다.


1) 중원의 여러 제후국들로 중국의 정치 문화적 뿌리다.
2) 11년 후인 소공 30년에 일어난 일이다.

(『춘추좌씨전』 노나라 소공 27년(기원전 515년)) 초나라 극완(郤宛)은 곧으면서도 온화하여〔直而和〕 나라 사람들이 다 그를 좋아했다. 언장사(鄢將師)는 우령(右領-관직명)이었는데 비무극과 결탁하여〔比〕 극완

을 미워했다. 영윤(令尹-관직명) 자상(子常)은 재물을 좋아하고 중상모략하는 말[讒言]을 쉽게 믿었다. 비무극이 극완을 모략하며 자상에게 말하기를 "극완이 당신에게 술 대접을 하고 싶어 합니다"고 하고, 또 극완에게 와서는 "영윤이 그대의 집에 와서 술 대접을 받고 싶어 합니다."라고 말했다. 이에 극완은 이렇게 답했다.

"나는 낮은 사람이라 영윤께서 왕림토록 할 수는 없지만 만일 영윤께서 반드시 왕림해 주신다면 (저로서는) 은혜를 크게 입는 것입니다. 그러나 나는 올릴 물건이 없으니 어떻게 하면 좋겠습니까?"

비무극이 답했다.

"영윤은 갑옷과 무기를 좋아하니 그것을 내놓아보시오. 내가 그중에서 선택하겠소이다."

다섯 벌의 갑옷과 다섯 개의 무기를 고른 뒤 비무극이 말했다.

"이것들을 대문 쪽에 놓아두도록 하시오. 영윤이 오시면 반드시 살펴보실 테니 그 틈을 타서 영윤께 올리도록 하시오."

연회를 갖기로 한 날이 되자 극완은 대문 왼쪽에 장막을 치고 그 안에 무기를 진열해 놓았다. 비무극이 영윤에게 말했다.

"내가 거의 당신을 화에 빠트릴 뻔했습니다. 극완이 당신에게 해로운 짓을 하려고 갑옷을 문에다 숨겨놓았습니다. 당신께서는 부디 가지 마셔야 합니다."

영윤이 사람을 보내 극완의 집을 살펴보니 정말 갑옷이 있었다. 영윤은 가지 않고서 언장사를 불러 이 사실을 말하고, 드디어 극완의 집을 공격해 집을 불태우니 극완은 자살했다. 이어 극완의 집안 사람들을 모두 죽이고 그의 당파인 양령종(陽令終)과 그 아우들 그리고 진진(晉陳)과 그 자식들까지 다 죽였다.

초나라는 극완이 난을 당한 일로 온 나라에서 비방하는 말이 그치질 않았고, 특히 제사용 고기〔胙〕를 바치는 자들 중에서 영윤을 비방하지 않는 자가 없었다. 심윤(沈尹) 술(戌)[1]이 영윤에게 말했다.

"저 좌윤(左尹-극완)과 중구윤(中廏尹-양령종)에 대해 사람들은 그들이 무슨 죄를 지었는지 모르는데 당신이 그들을 죽여 사람들의 비방을 불러일으켜 지금까지 그치질 않습니다.

저 비무극은 초나라의 대표적인 중상모략꾼〔讒人〕이라는 것을 모르는 사람이 없습니다. 태자 건(建)의 지위를 잃게 했고 연윤(連尹) 오사를 죽였으며 임금의 눈과 귀를 가리어〔屛=蔽〕밝게 듣고 볼 수 없도록 했습니다. 그렇게 하지 않았다면 평왕의 따스하고 은혜롭고 공손하고 검소한 다움이 (초나라의 옛 임금인) 성왕(成王)이나 장왕(莊王)보다 뛰어났으면 뛰어났지 못하지는 않았을 것입니다. (평왕이) 제후들에 의해 추대되지 못한 것도 비무극을 가까이 한 때문일 것입니다.

지금 또 아무 죄 없는〔不辜=無辜〕세 사람을 죽여서 큰 비방이 일어났으니 그 비방이 거의 당신에게 미쳤는데도 당신은 바로잡으려 하지 않으니 이런 중상모략꾼을 장차 어디에다 쓰려 하는 것입니까?

오나라에 새로운 임금이 들어서서 국경의 상황이 날로 두려워지고 있으니 초나라에 만일 큰 일(전쟁)이라도 생긴다면 당신은 아마 위태로울 것입니다. 사람을 볼 줄 아는 사람〔知者〕은 중상모략꾼을 제거하여 스스로 안녕할 터인데 지금 당신은 그런 모략꾼을 사랑하여 스스로 위태롭게 하니 당신의 현혹됨이 참으로 심하다 하겠습니다."

자상이 말했다.

"이는 나의 허물이니 감히 좋은 방안을 생각하지 않을 수 있겠는가?"

그해 9월 자상은 비무극과 언장사를 죽이고, 그 집안까지 죄다 없애

나라 사람들을 기쁘게 하니 나라에 비방하는 말이 드디어 그쳤다.

1 초나라의 어진 대부다.


🌀　　　신이 가만히 살펴보겠습니다. 비무극이 극완을 함정에 빠트린 것은 어찌 원통하지 않을 수가 있겠습니까? 극완은 처음부터 자상에게 술을 접대할 생각이 없었고, 자상도 일찍이 극완의 집에 가서 술을 대접받을 의사가 없었습니다.

허공에 구멍을 뚫어 단서를 만들 듯이 없는 원한을 빚어내고 차근차근 재앙을 이끌어내어 자상에게 갑옷과 무기를 올리도록 권유하고, 또 이어 문 앞에 무기를 두고서 장막으로 덮어두도록 한 다음 실제로 검증할 수 있도록 해놓았으니 자상인들 어찌 믿지 않을 수 있었겠습니까? 그리하여 저 세 집안은 아무런 죄도 없이 비무극의 한마디 때문에 함정에 빠졌던 것입니다. 아! 얼마나 가혹한 일입니까?

그렇지만 또 심윤 술의 이 말은 얼마나 좋습니까?

"(저 비무극은) 임금의 눈과 귀를 가리어 밝게 듣고 볼 수 없도록 했습니다."

술의 이 말은 무릇 임금의 눈과 귀는 본래 그 자체로는 눈 밝고 귀 밝은데〔聰明〕 중상모략꾼이 그것을 가리웠다는 것입니다. 이리되면 귀는 들을 수 없어 천하의 이익 됨과 손해 됨을 판별할 수 없고, 천하의 옳고 그름은 뒤엉켜버려 알 수가 없게 되니 이는 마치 귀 먼 자나 눈 먼 자와 같아진다는 것입니다. 그러니 어찌 이것이 비무극 혼자서 한 것이겠습니까? 예나 지금이나 중상모략꾼의 해로움은 한마디 말이면

얼마든지 임금의 눈과 귀를 가릴 수 있다는 데 있었던 것입니다.[1]

1) 여기서 진덕수는 다른 데서와 달리 특별히 강조하는 문장을 덧붙이지 않았다. 그러나 내용상으로 보자면 결국 그러한 중상모략꾼의 해로움을 미리 알아차려야 하는 것이 군주의 몫임을 간접적으로 강조하고 있는 것으로 보인다.

(『사기』) 오왕(吳王) 합려(闔閭)는 오자서(伍子胥)[1]의 계책을 써서 서쪽으로는 강대한 초나라를 깨트렸고, 북쪽으로는 제나라와 진나라를 위압했으며, 남쪽으로는 월(越) 나라 사람들을 복종시켰다. 뒤에 합려가 월나라를 본격적으로 정벌하러 가자 월나라는 합려를 맞아 고소에서 격전을 벌여 오나라를 패퇴시켰다.

(그때의 부상이 도져) 합려가 세상을 떠나자 아들 부차(夫差)가 왕위에 올라 전투와 활쏘기 훈련을 시켰고 얼마 후 부초(夫椒)에서 월나라를 꺾었다. 이에 월왕 구천(句踐)은 잔여 병력 5천 명을 이끌고 회계산에 올라 주둔하면서 대부 종후(種厚)를 시켜 많은 뇌물을 갖고 가도록 해서 오나라 태재(太宰) 비(嚭)에게 화의를 청하고 자신의 나라를 오나라에 맡기고서 자신은 신하가 되겠다고 했다.

오왕이 그것을 허락하려 하니 오자서가 말했다.

"월왕의 사람됨은 쓰라린 고통도 얼마든지 참아낼 수 있습니다. 지금 왕께서 월나라를 멸하지 않으시면 뒤에 반드시 후회하실 것입니다."

그러나 오왕은 이 말을 듣지 않고 태재 비의 계책을 써서 월의 항복을 받아들였다. 그 후에 오왕 부차가 군대를 일으켜 북쪽으로 제나라를 정벌하려 하자 오자서가 간언을 올렸다.

"지금 오나라가 월나라를 갖고 있는 것은 뱃속의 질환입니다. 그런데도 왕께서 월나라가 아니라 제나라를 먼저 정벌하려 하시니 잘못이라고 아니할 수 있겠습니까?"

오왕은 그의 말을 듣지 않았고, 제나라 군대를 대패시킨 다음에 돌아오니 오자서의 계책과는 더욱 소원해졌다.

그 후에 오왕이 또 제나라를 정벌하려 하자 월왕 구천은 마침내 수많은 군사를 이끌어 오나라를 돕는다고 하면서 다시 많은 금은보화를 태재 비에게 올렸다. 비는 그전에도 수많은 뇌물을 받은 바 있었기에 매일 밤 월나라의 편을 드는 말을 했다.

오왕은 비의 계책을 믿었기에 오자서가 간언을 올렸다.

"바라건대 제나라를 정벌하는 대신 먼저 월나라를 쳐야 합니다."

오왕은 그 말을 듣지 않았다. 태재 비는 그 때문에 오자서를 모략하는 참언을 했다.

"오자서의 사람됨은 고집 세고 난폭합니다. 또 은혜를 베푸는 데 있어 인색합니다. 전에 왕께서 제나라를 정벌하고 싶다고 하셨을 때 오자서는 불가능하다고 했지만 결국 왕께서는 정벌을 행하여 큰 공을 세우셨습니다. 오자서는 자신의 계책이 쓰이지 않은 것을 부끄러워하면서 늘 불만스럽고 원망하고 있으니 왕께서 서둘러 그에 대한 대책을 세우셔야 할 것입니다."

오왕이 말했다.

"그대의 말이 아니어도 나 또한 그를 의심하고 있었소."

마침내 사자를 시켜 오자서에게 촉루검을 보내면서 말했다.

"그대는 이 칼로써 스스로 목숨을 끊기를 바란다."

오자서는 하늘을 올려다보며 한탄하여 말했다.

"아! 참신(讒臣) 비가 나라를 어지럽히고 있구나!"

그리고 오자서는 자신의 심부름하는 신하〔舍人〕에게 말했다.

"내 눈을 뽑아서 동문에 걸어두도록 하라. 내 죽어서도 월나라가 오나라에 침입해 들어오는 것을 보리라."

마침내 자살하니 오왕은 이 말을 전해 듣고서 분노하여 오자서의 시신을 갖고 오도록 해 강물에 내던져버렸다. 오나라 사람들은 그를 가엾게 여겨 강가에 사당을 지었다. 사람들은 그것을 인연 삼아 그곳을 서산(胥山)이라 이름 붙였다.



신이 가만히 살펴보겠습니다. 오자서는 선왕(합려)의 계책을 아는 신하〔謀臣〕이자 나라와 한 몸인 신하였으니 그런 간언을 올린 것입니다. 그런데 부차는 월나라에 대해 자기 마음대로 하고 싶어 했고, 이후에는 바위와도 같은 충성스러움과 시귀(蓍龜)와도 같은 지혜를 가진 오자서를 제거했으니 더 이상 할 말이 없습니다.

태재 비는 명색이 대신이면서 월나라로부터 많은 뇌물을 받고서 도리어 오자서를 중상모략해 죽게 만들었고 그 바람에 10년도 채 안 돼 월나라는 오나라를 멸망시켰습니다. 비가 오자서를 중상모략한 말을 잘 살펴보면 첫째도 '원망'이요, 둘째도 '원망'입니다. 무릇 신하 된 자로서 그 임금을 원망하면 이는 무조건 주살(誅殺)시키는 죄에 해당합니다.

그래서 비는 이 방법을 써서 그대로 적중했으니 뒤에 참소하는 자들이 충직한 대신들을 함정에 빠트리려 할 때에는 이런 방법을 본받아[祖=法] 썼습니다. 그렇다면 신하가 임금에 대해 원망을 품을 경우 과연 주살해야 하는 것입니까?

조 법

원망[怨]이라고 말하면 다 같은 것 같지만 실은 그 사정은 같지 않습니다. 통상적으로는 자식이 부모를 섬길 때에 수고로워도 원망하지 말아야 하는 것이니 신하 또한 임금을 모실 때 그러해야 합니다. 그렇지만 위대한 순임금도 원망하며 그리워하는 마음[怨慕]을 품은 바 있고 『시경』 「소아」에서도 원망하며 비난하는 장면[怨誹]이 있는 것은 어째서입니까?

원

원모

원비

대개 '수고로워도 원망하지 않아야 한다[勞而不怨]'[2]는 것은 마땅히 그래야 하는 도리[常]이긴 합니다. 그러나 진정 마음속으로 열렬함과 의로움을 품고서[懷誠抱義] 최선을 다하는데도 임금이나 부모가 그것을 제대로 몰라줄 때는 (순임금도) 하늘을 향해 울부짖으며 자책하여 말하기를 "부모께서 나를 사랑하지 않는 것은 나에게 무슨 문제가 있는 것인가"[3]라고 했던 것이고, 또 『시경』 「소아」(의 시 '소반')에서는 "하늘은 나를 낳으셨는데 정작 나의 좋은 때는 언제이런가"라고 했으며, 굴원(屈原-전국시대 초나라 시인)이 「이소(離騷)」라는 작품을 쓴 것 역시 스스로를 원망하되 나라와 임금의 안녕을 빌고 있으니 이들 셋은 그런 점에서 뜻이 같다고 하겠습니다.

노이불원

상

회성 포의

이런 의미에서의 원망이란 조심스럽게 충성과 효도를 다하고 있는 것입니다. 이것만으로는 오자서가 원망하는 마음을 가졌는지 그렇지 않았는지를 정확히 알 수는 없습니다만 전체 흐름으로 보자면 그는 진실로 반드시 나라를 걱정하고 임금을 사랑하는 마음을 갖고서 그렇게 했을 것으로 보입니다. 그런데 부차는 태재 비의 참소하는 말을 받아들여 오자서를 서둘러 주살했으니 그 나라가 망한 것은 마땅하다고 할 것입니다.

후세에 참소하는 신하들이 (동료 신하들의) 원망하는 말을 빌미삼아서 군자와 같은 신하들을 무고하는 데 대해서는 임금들이 깊이 살펴보아야 할 것입니다.


1) 비무극을 피해 오나라로 달아난 오원(伍員)이며 자서는 그의 자다.
2) 원래 이 말은 『논어』 「이인」에서 공자가 했다. "부모를 섬기되 (부모의 잘못이 있을 때) 은미하게 간해야 하니, 부모의 뜻이 내 말을 따르지 않음을 보더라도 더욱 공경하고 어기지 않으며, 수고로워도 원망하지 않아야 한다."
3) 이 내용은 『맹자』 「만장장구」에 나온다.

(『춘추좌씨전』 애공(哀公) 16년(기원전 479년)) 위(衛) 나라 후(侯)의 꿈풀이[占夢]를 잘해 총애를 받던 한 사람이 대신 태숙희자(大叔僖子)에게 술을 요구했다가 얻지를 못했다. 그래서 그는 다른 점쟁이와 함께 위후를 찾아가 고했다.

"왕의 신하 중에 대신이 서남쪽에 있으니 제거하지 않으면 장차 왕을 해치게 되지 않을까 두렵습니다."

마침내 태숙희자를 내쫓으니 희자는 진(晉) 나라로 달아났다.

신이 가만히 살펴보겠습니다. 대신(大臣)은 무거운 책임을 맡고 있는 반면 꿈풀이는 천한 기예에 불과합니다. 이처럼 대신이 중한데도 천한 기예를 가진 자가 사사로이 대신에게 술을 요구했다가 얻지 못했다고 하여 꿈풀이를 빙자해 대신을 어려움에 빠트렸으니 위후의 (사람 보는 눈이) 밝지 못함[不明]을 충분히 알 수 있습니다.

그 후에도 한나라 효무제 때 (복서관(卜筮官)인) 구자명(丘子明)의 무리들이 점을 핑계로 무고를 하여 공공연하게 마구 주살한 사람이 이루 셀 수 없을 만큼 많았습니다. 그리고 근래에 이르러서도 곽천신(郭天信, 생몰년 미상)[1]의 무리가 뇌물을 받아 사람을 천거해 그 사람이 경상(卿相)에까지 이르렀는데 대체로 그들은 점에 기대어 그렇게 했던 것입니다. 그것이 아무런 사심이 없는 데서 나오는 것처럼 보인다고 해서 정말로 그것이 사심에서 비롯된 것임을 알지 못했으니, 아! 경계해야 할 것입니다.

1) 송나라 개봉 사람으로 휘종(徽宗)의 총애를 받아 몇 년 지나지 않아 추밀도승지(樞密都承旨)와 절도관찰유후(節度觀察留后)에 올랐다. 정화(政和) 초에 정무군절도사(定武軍節度使)와 우신관사(佑神觀使)에 올랐다. 재상 채경(蔡京)의 무리들이 탄핵하여 행군사마로 좌천됐다가 신주(新州)로 유배된 후, 몇 달 뒤에 죽었다.

(『맹자』「양혜왕장구(梁惠王章句)」) 노나라 평공(平公)이 궐 밖으로 나가려 하는데 그가 총애하던 측근 장창(臧倉)(이라는 사람)이 와서 물었다.

"다른 날에는 전하께서 외출하실 때면 반드시 해당 관리에게 가시는 곳을 일러주시더니 오늘은 군주용 수레를 끄는 말에 이미 멍에가 채워졌는데도 해당 관리는 전하께서 어디로 가시는지를 모르니 감히 (어디로 가시는 것인지 알기를) 청합니다."

평공이 "맹자를 만나보려고 한다"고 하자 장창은 이렇게 말했다.

"어찌 그럴 수가 있습니까? 전하께서 몸을 가벼이 하여 이쪽에서 먼저 필부에게 나아가는 이유가 (혹시) 그를 현자(賢者)라고 여겨서입니까? (무릇) 예(禮)와 의(義)는 현자로부터 나온다고 했습니다. 그런데 맹자의 뒷 상〔後喪〕이 앞 상〔前喪〕을 뛰어넘었으니 전하께서는 그 사람을 만나보지 마소서."

이에 평공은 "(너의 청을) 받아들이겠다"고 말했다.

(이번에는 맹자의 제자인) 악정자(樂正子)가 평공을 찾아 뵙고 "어찌하여 맹가(孟軻-맹자)를 만나지 않으셨습니까?"라고 묻자 평공은 "어떤 사람이 과인에게 고하기를 맹자의 뒷 상이 앞 상을 뛰어넘었다고 하기에 그 때문에 내가 그를 보러 가지 않았다"고 말했다.

이에 악정자는 다음과 같이 말했다.

"어찌 그럴 수가 있습니까? (방금) 왕께서 이른바 '뛰어넘었다〔踰〕'고 하신 것은 (맹자가) 앞 상은 벼슬을 하지 못한 선비〔士〕의 예로 하고 뒷 상은 벼슬한 대부(大夫)의 예로 하며, (또) 앞은 삼정(三鼎-선비의 제례)을 쓰고 뒤는 오정(五鼎-대부의 제례)을 쓴 것을 염두에 두신 것입니까?"

평공이 "아니다. 겉 관과 속 관, 옷과 이불의 아름다움을 말하는 것이다"라고 하자 악정자는 이렇게 말했다.

"아닙니다. 이것은 이른바 '뛰어넘었다'는 것이 아니라 앞뒤 각각의 상을 당했을 때 빈부(貧富)가 같지 않았기 때문입니다."


🌀　　신이 가만히 살펴보겠습니다. 소인이 군자를 중상모략하고 헐뜯을 때는〔讒毁〕 반드시 그에 앞서 임금의 뜻을 살핀 다음에 이야기〔說〕를 지어내 임금을 현혹시킵니다. 노나라 평공의 욕심은 맹자에게 자신이 예와 의〔禮義〕를 갖춘 사람으로 보이는 것이었습니다.

장창은 그 같은 임금의 속내를 엿보아〔覘〕 알고 있었기에 마침내 맹자가 뒷 상이 앞 상을 뛰어넘었다〔踰〕는 이유로 맹자를 헐뜯었습니다. 이 말은 (뒤에 치른) 어머니 상(喪)은 두텁게 하고 (먼저 치른) 아버지 상은 엷게 하여 예법의 측면에서 허물이 있었다는 뜻입니다. 평공은 이 말에 과연 의혹을 품고서 다시는 가서 (맹자를) 만나려 하지 않았습니다.

무릇 정말로 장창이 그렇게 헐뜯을 수 있었던 것은 소인이 임금의 뜻을 능히 바꿔놓을 수 있었기 때문입니다. 여기서 보듯 임금은 맹자의 뒷 상이 앞 상을 뛰어넘었던 것은 아버지이고 어머니라서 두텁고 엷게 한 것이라고 생각했습니다. 그러나 그것은 상을 당했을 당시의 빈부가 똑같지 않기 때문일 뿐입니다. 상례란 집의 (재산) 유무에 따르는 것이니 맹자도 앞 상은 빈곤했고 뒷 상은 부유했던 것입니다. 따라서 상을 치를 때의 두텁고 엷고는 당시의 재력을 보여주는 것일 뿐 예의와는 무관합니다. 그런데 거기에 대고 '뛰어넘었다' 운운할 수 있겠습니까?

악정자의 말은 심히 밝았지만 끝내 평공의 의혹을 돌려놓지는 못했던 이유는 장창의 말이 먼저 평공의 머릿속에 들어가 자리 잡은 때문입니다. 소인의 무고하는 말은 이처럼 잘 먹혀드니 어찌 두려워하지 않을 수 있겠습니까?

(『전국책(戰國策)』) 추기(鄒忌)가 제나라의 재상이 되고 전기(田忌)가 장군이 됐는데 서로 사이가 좋지 않았다. 공손한(公孫閈)이 추기를 불러 말했다.

"공은 어찌하여 왕께 위나라를 쳐야 한다고 말씀드리지 않습니까? 승리하게 되면 그것은 그대의 공이 될 것이요, 전쟁에서 이기지 못하더라도 전기가 전투에 나아가지 못할 것이고, 또 전투에 나갔다 하더라도 죽지 않으면 용감하게 나아가지 못했다 하여 주살될 것이오."

추기는 그렇다고 생각하고서 마침내 왕을 설득해 전기로 하여금 위나라를 치도록 했다. 그런데 전기는 세 번 싸워 세 번 모두 이겼다. 이에 추기가 공손한에게 이 소식을 전하자 공손한은 사람을 시켜 10금을 갖고서 저자에 나가 점을 치도록 하고서 이렇게 말하라고 시켰다.

"나는 전기의 부하다. 우리 장군께서 세 번 싸워 세 번 모두 이겨 천하에 위세를 떨치고 있으니 장차 대사(大事)[1]를 하려고 하는데 길하겠는가 그렇지 않겠는가?"

점쟁이가 나가니 사람으로 하여금 그를 붙잡도록 하고, 그 말을 증거로 삼아 왕에게 보고하니 전기는 마침내 다른 나라로 달아났다.

1 반역을 뜻한다.

 신이 가만히 살펴보겠습니다. 공손한의 이 술책은 한마디로 얕다[淺=譾]고 하겠습니다. 어찌 임금에게 모반을 한다는 내용으로 저잣거리에서 점을 칠 수 있겠습니까? (제나라의) 위왕(威王)은 밝은 군주였습니다. 만일 전기가 나아와서 더불어 그 사실을 해명했다면 반드시 위왕은 그것을 바로잡고서 추기를 굴복시켰을 것입니다. 그런데 어찌 급히 달아나야 했습니까?

중상모략은 워낙 정교하고 방법도 다양하기 때문에 이치에 입각해 잘 살핀다면 그것이 잘못된 것임을 분명하게 드러낼 수 있지만 그렇지 못할 경우에는 그런 기만술에 빠져들지 않을 수 없습니다.


(『전국책』) 진(秦)나라는 왕전(王翦)으로 하여금 조나라를 공격하게 했고 조나라는 이목(李牧)과 사마상(司馬尚)으로 하여금 방어토록 하니 여러 차례 진나라 군대를 깨트렸다. 왕전이 이를 싫어하여 이에 조나라 임금이 아끼던 신하 곽개(郭開) 등에게 간첩을 통해 수만 금을 주면서 "이목과 사마상이 진나라와 손잡고 조나라에 반란을 일으킨 다음 진나라로부터 많은 봉토(封土)를 얻으려 한다"는 말을 퍼트리게 했다. 이에

조나라 임금은 두 사람에 대해 의심을 품게 되고 조총(趙蔥)과 안취(顔聚)를 보내 두 사람을 대신하게 하고 이목은 죽이고 사마상은 관직을 빼앗았다. 5개월 후에 왕전은 조나라를 공격해 크게 깨뜨리고 조나라 임금 천(遷)을 포로로 잡았다. (이로써 조나라는 멸망했다.)

신이 가만히 살펴보겠습니다. 곽개는 진나라로부터 수만 금을 받고서 이목을 중상모략해 마침내 조나라를 망하게 했습니다.

대개 안에서 중상모략하여 이익을 탐하는 신하가 있은 연후에 적이 병법에서 말하는 내간(內間)을 행할 수가 있습니다. 임금이 이를 잘 살피지 않을 경우 그런 술책에 빠져들지 않기란 아주 드물다고 하겠습니다.

(『사기』) 굴원(屈原)은 이름이 평(平)이고 초나라 왕실과 성이 같다. 그가 초나라 회왕(懷王)의 좌도(左徒)로 있을 때 보고 들은 것이 많고 기억력이 뛰어났으며〔博聞强記=博覽强記〕 치세와 난세의 일에 밝고 문체가 우아하고 탁월했다〔嫺〕.

조정에 들어오면 임금과 더불어 국사를 도모하고 의논하여 밖으로 명령을 내렸으며, 나와서는 외교 사절을 대접하고 제후들을 응대하니 왕이 그를 깊이 신임했다.

상관대부(上官大夫) 근상(靳尚)은 그와 서열이 같았는데 왕의 총애를 놓고 다투면서 마음속으로 굴원의 능력을 시기했다. 회왕이 굴원으로 하여금 나라의 법령을 만들도록 했다. 굴원이 아직 초안을 완성하지 못하고 있었는데 상관대부가 그것을 보고서 빼앗으려 했으나 굴원이 그것을 내주지 않자 회왕에게 굴원을 중상모략[讒]했다.

"왕께서 굴원으로 하여금 법령을 만들도록 하신 일은 모르는 사람이 없는데 매번 하나의 법령이 만들어질 때마다 굴원은 그 공을 자랑하며 [伐] '내가 아니면 누구도 할 수 없을 것이다'라고 말한다고 합니다."

왕은 화가 나서 굴원을 멀리했다. 굴원도 왕이 신하들의 말을 듣는데 귀 밝지 못하고[不聰], 또 중상모략과 아첨이 임금의 눈 밝음[明]을 가리고 덮으며, 사특하고 비뚤어진 말들이 공명정대함[公]을 해치고, 곧고 바른 사람이 인정을 받지 못하는 것을 싫어했다. 그래서 근심하며 그윽이 생각을 거듭하며 「이소(離騷)」라는 시를 지었다. 이소란 근심 걱정 [憂=騷]에서 벗어난다[離]는 뜻이다.

신이 가만히 살펴보겠습니다. 초나라 회왕이 굴원에 대해 했던 것을 보면 그의 현능함을 알고 있었고 그에게 중요한 일을 맡기기도 했습니다. 그런데 단 한 번 상관대부의 중상모략하는 말을 듣고서는 갑자기 화를 내고 굴원을 멀리했으니 이것은 무엇입니까? 임금의 근심 중에는 신하와 다투는 것만큼 큰 것이 없습니다.

바야흐로 회왕이 굴원에게 법령을 기초하도록 한 뜻은 분명 굴원의 손을 빌려 그것이 완성되고 나면 그것을 자신이 한 것으로 하려는 데 있었을 것입니다. 상관대부는 바로 이 점을 (정확히) 엿보았기에 왕에게 굴원을 중상모략하기를 굴원이 법령 기초 작업을 많은 사람들에게 자랑하면서 자신의 공인 것처럼 떠벌린다고 했던 것입니다. 그리고 이런 모략은 정확하게 왕이 꺼려하는 바를 톡 건드렸으니 굴원이 내팽개침을 당한 것은 어쩌면 마땅하다고 하겠습니다.

대체로 간사한 자가 임금을 격노시키려 할 때는 반드시 (먼저) 임금의 뜻이 꺼려하는 바가 무엇인지를 정확히 엿봅니다. 굴원이 내팽개침을 당한 것도 상관대부가 회왕이 꺼리는 바를 알아서 (정확히) 그것을 자극했기 때문입니다.

무릇 빼어나고 밝은〔聖明〕 임금이라야 임금다움이 하늘처럼 사안을 훤히 헤아려〔度〕 아첨을 해도 기뻐하지 않고 자극을 해도 화내지 않으니 참소하는 무리들로부터 우롱을 당하는 일이 거의 없을 것입니다.

(『사기』) 한나라 무제 때 안이(顔異)는 청렴하고 강직하여 구경(九卿)에까지 올랐다. 황상이 어사대부 장탕(張湯)과 더불어 백록피(白鹿皮) 화폐를 만들어 안이에게 물었더니 안이가 말했다.

"오늘날 여러 왕과 후들은 벽옥(碧玉)으로 조하를 하고 있는데 그 값은 수천에 지나지 않습니다. 그런데 가죽화폐로 올리게 된다면 도리어 사십 만이니 본말이 서로 맞지가 않습니다."

이에 천자는 기분 나빠했다.

장탕은 또한 안이와 틈이 있었는데 어떤 사람이 다른 일을 갖고 와서 안이를 고발하자 (황상은) 안이를 장탕에게 내려보내 처리토록 했다. (예전에) 안이가 손님이랑 이야기를 하는데 그 손님이 하는 말이 처음에 조령(詔令)이 떨어져 불편한 것이 있다고 하자 안이는 아무런 답도

않은 채 아주 조금〔微〕입술을 삐쭉한〔反脣〕적이 있었다. 장탕이 조사
결과를 보고했다.

"안이는 구경으로서 조령에 불편한 점을 보고서도 (조정에) 들어와
말을 하지 않고 마음속으로 비방〔腹非＝腹誹〕했으니 사형에 처해야 합니
다."[1]

이때부터 마음속으로 하는 비방이 법에 저촉이 되자 공경과 대부들은
대부분 아첨으로만 황상의 눈에 들고자 했다.


👐　　　신이 가만히 살펴보겠습니다. 호인이 말했습니다.

"마음속으로 비방했다고 처벌하는 법은 진실로 이상하지 않은가?
요순과 같은 위대한 성인들도 오히려 사람을 아는 것〔知人〕을 어렵게
여겨 사람을 아는 도리는 반드시 (마음속이 아니라 겉으로 표출된) 말
을 듣는 것에서부터 시작한다고 했다. 이 때문에 (『서경』에서는) 임금
에게 의견을 아뢰면 그 말을 살피라 했고 (사람을 평가할 때는) 공정하
게 시험을 쳐서 그 공과를 점검하라고 했다.

만일 온 힘을 다하게 될 경우 크게 간사한 자도 충성스럽게 보일 수
있고, 크게 거짓말을 하는 자도 신실하게 보일 수 있기 때문에 그것을
제대로 알아내기란 불가능하다.

그런데 여기서 그 마음속〔心腹〕을 살펴서 죄를 주고 있다. 무릇 사
람의 마음을 재는 것의 어려움은 하늘(의 뜻)을 아는 것보다 더 심하
다. 왜냐하면 마음속에 들어 있는 것을 어떻게 추적하여 검증할 수 있
겠는가?

그런데 지금 효자를 가리켜 '너는 아버지를 어기려 한다〔悖父〕'하

고, 충신을 가리켜 '너는 임금을 배신하려 한다〔背君〕' 하고, 청렴한 선
비를 가리켜 '너는 (벽을 뚫거나 담을 넘어) 도둑질을 하려 한다〔穿窬〕'
하고, 의로운 선비를 가리켜 '너는 도적이 되려 한다' 하고 있다. 그래
놓고는 '너는 말하지 않고 행하지 않아도 나는 너의 마음을 알 수 있
다'고 한다면 이런 식으로 해서 누군들 죽이지 못하겠는가?

무릇 관숙과 채숙이 장차 반란을 일으킬 것이라는 것은 (사람 보는
데 능했던) 주공도 (미리) 알지 못했는데 장탕은 마침내 한 사람의 가죽
과 살과 뼈와 피를 다 따로 떼낸 다음 그 사람이 순리를 따르는지 거스
르는지의 속사정을 볼 수 있다고 했으니, 아! 얼마나 이상한 일인가?

공자는 '남이 나를 속일까 봐 미리 걱정하지 말고 또 남이 나를 믿
어주지 않을까 봐 억측하지 말아야 한다〔不逆詐 不億不信〕'[2]고 했고,
또 제자 재여(宰予)에 대해서는 '그의 말을 듣고 다시 그의 행실을 살
펴보게 됐다'[3]고 평한 바 있다.

아무리 마음이 맑은 거울과 같아서 사정을 다 숨길 수 없다고 하더
라도 결국은 남의 마음속을 들여다보고 억측하여 재어보는 법은 있
을 수 없다."

후세의 임금들 중에서 불행하게도 복비(腹誹)를 통한 참소를 행하
는 자를 마주치게 될 수도 있으니 밝은 군주라면 그 점을 깊이 살펴야
할 것입니다.


1) 이때 복비법(腹誹法)이 생겼다.
2) 이 말은 『논어』「헌문」에 나온다.
3) 이 말은 『논어』「공야장」에 나온다.

(『자치통감』) 한나라 무제 천한(天漢) 말에 조(趙) 땅 출신의 강충
(江充)은 원래 조 땅의 경숙왕(敬肅王-한나라 경제의 아들)의 빈객이었
는데 태자 단(丹)에게 죄를 짓고서 장안으로 도망쳐 와서 대궐을 찾아
가 조 태자의 은밀한 사건〔陰事〕을 밀고해 태자가 죄를 입어 폐위되게
만들었다.

황상은 강충을 불러서 만나보았는데 그를 기이하게 여겨 더불어 정치
에 관한 이야기를 해보고는 크게 기뻐했다. 이로 말미암아 강충은 황상
의 총애를 입게 되어 직지수의사자(直指繡衣使者)에 임명되어 귀한 친척
들과 측근 신하들 가운데 도에 지나친 사치를 하는 사람들을 감독하고
사찰하게 됐다. 그리고 강충은 이들을 탄핵하면서 피하는 바가 없었으
니 황상은 그를 충직하게 여겼고, 그가 말하는 바는 대부분 황상의 뜻
에 들어맞았다.

일찍이 황상을 따라서 감천궁(甘泉宮)에 갔는데 태자의 집안 사람들
이 수레를 타고서 천자의 길〔馳道〕 한가운데로 달리는 것을 보고서 강
충은 이들을 형리에게 넘겼다. 태자는 이 소식을 듣고서 사람을 보내 강
충에게 사과했으나 강충은 들어주지 않고 그대로 황상에게 보고하니
황상이 말했다.

"신하 된 자는 마땅히 이와 같아야 한다."

황상이 크게 신임을 보이면서 썼으니 그 위세가 온 장안을 떨게 했다.


애초에 황상은 스물아홉 살 때 (위후와의 사이에) 태자 여(戾)를 낳
았기 때문에 그를 몹시 사랑했다. 태자는 장성하게 되자 어질고 너그럽
고 따스하고 삼갈 줄 알았는데 황상은 (오히려) 재주가 많지 않고 자신

과는 비슷하지 않다 하여 꺼렸다. 마침 왕부인 등이 다 아들들을 낳자 황후와 태자는 황상의 은총이 점점 시들어가서 항상 스스로 편안치 못한 생각을 갖고 있었다.

황상은 매번 행차 때마다 뒷일을 태자에게 맡겼고, 태자가 평결한 바는 돌아와서 그 중요한 골격만 보고를 받아도 황상은 이견이 없었고, 때로는 아예 (밑고서) 살피지도 않았다. 황상은 법을 엄격하게 써서 대부분 아주 각박한 형리에게 법 집행을 맡겼는데 태자는 너그럽고 두터워〔寬厚〕 대부분 형리의 판결을 되돌렸다. 그래서 백성들의 마음은 얻었지만 법을 집행하는 대신들은 모두 불쾌하게 생각했다.

여러 신하들 중에서 너그럽고 두터운 자들은 다 태자에게 붙은 반면 법을 심히 혹독하게 쓰는 자들은 다 태자를 헐뜯었고 특히 사특한 신하들은 대부분 패거리〔黨與〕를 만들었다. 그래서 태자를 칭찬하는 사람은 적었고 헐뜯는 사람은 많았다.

황상과 여러 아들들은 서로 멀었고 황후도 아주 드물게만 황상을 만나볼 수 있었다. 태자는 일찍이 황후를 배알하고서 해가 기울어서야 마침내 나왔는데 황문(黃門)[1]인 소문(蘇文)이 황상에게 고했다.

"태자가 궁인들과 놀았습니다."

이에 황상은 태자의 궁인을 더 늘려주었다. 태자는 소문이 한 짓을 알게 되어 마음으로 이를 악물었다. 소문과, 소황문인 상융(常融) 등이 늘 숨어서 태자의 과실을 살피고 번번이 과장해서 보고했다.

황상이 일찍이 몸이 편치 않아 상융을 시켜 태자를 불러오게 했는데 상융이 와서 말했다.

"태자가 (황상이 불편하다는 소식에) 얼굴에 기뻐하는 빛을 보였습니다."

황상은 아무 말을 하지 않았다. 태자가 도착했을 때 그 얼굴을 살펴보니 눈물을 흘린 곳이 있었는데 억지로 웃는 말을 하기에 황상이 이상하게 생각해 살짝 물어보아〔微問〕 저간의 사정을 알게 됐다. 결국 상융은 주살됐다.

이때 방사(方士)와 신들린 무당〔神巫〕들이 상당수 경사에 모여들었는데 대부분 좌도(左道)[2]로써 많은 사람들을 현혹했고, 여자 무당들은 궁중을 오갔으며, 비빈들에게는 액(厄)을 넘는 법을 가르쳤고, 방마다 나무로 만든 인형을 묻어두고 여기에 제사를 지냈다. 그로 인해 시기와 질투를 하면서 다시 서로가 간사하다며 고발을 했다. 이에 황상이 분노하며 궁인들을 죽였는데 연좌되어 죽은 대신까지 치면 수백 명이었다.

황상의 마음은 이때부터 이미 의심을 품게 됐다. 일찍이 낮잠을 자는데 꿈에 나무 인형 수천 개가 장대를 들고 황상을 공격하려 해서 놀라 잠을 깨는 등 이로 인해 옥체가 불편하게 되고 마침내 현기증에 시달려 건망증까지 생겨났다.

강충은 스스로 태자나 위(衛) 씨 집안과는 틈이 있었고, 황상이 늙어가는 것을 보고서는 이 다음에 황상이 세상을 떠난 후에 태자에게 주살당할까 두려워하다가 중상모략을 하기로 결심을 하고서 황상에게 지금 앓고 있는 병은 무고(巫蠱) 때문이라고 간언(姦言)을 올렸다. 이에 황상은 강충을 사사(使者)로 삼아 무고의 옥사를 다스리도록 명했다.

강충은 사람들을 시켜 궁궐에 들어가 땅을 파고 인형을 파묻는 등의 무고를 한 사람들을 찾아내도록 했다. 그리고 강충은 이렇게 발표했다.

"태자궁에서 나무 인형을 아주 많이 찾아냈고, 또 비단에 글씨를 쓴 것도 있었는데 그 말이 무도하니 마땅히 상주할 것이다."

이 말을 전해 들은 소부(少傅) 석덕(石德)은 자신도 연루되어 죽게 될까 봐 두려워 태자에게 말했다.

"지금 무당과 사자가 함께 땅을 파서 증거들을 찾아냈다니 무고를 한 사악함이 실제로 있었는지는 모르겠지만 스스로 밝힐 방법이 없습니다. 아예 부절(符節-황제의 명을 담은 표시다)을 고쳐 강충 등을 체포하여 옥에 가두고 그의 간사함을 끝까지 다스리는 것이 훨씬 나을 것입니다. 또 황상은 병으로 인해 감천궁에 계시고 황후와 집안일 돌보는 사람들이 물어도 아무런 대답이 없어 황상이 살았는지 죽었는지도 알 수 없는데 간신들이 하는 짓이 이와 같으니 태자께서는 진나라 부소(扶蘇)[3]의 일이 생각나지 않으십니까?"

태자가 말했다.

"내가 사람의 아들로서 어찌 멋대로 죽일 수가 있겠소? 돌아가서 아버지께 사죄하고 운 좋게 무죄가 되는 게 좋을 것이오."

그래서 태자가 감천궁으로 가려고 했으나 강충이 태자를 잡으려 하는 것이 몹시 급했고, 태자의 계책대로 하자니 마땅한 출구를 알 수가 없어 결국 석덕의 계책을 따르게 됐다. 태자는 강충 등을 체포하여 직접 그의 목을 베었고, 사인(舍人)을 시켜 부절을 갖고서 황후에게 모든 일을 고백한 다음 무기고에서 병기를 꺼내고 장락궁의 위졸들을 발동했다.

마침내 장안은 소란스러워졌고, 태자가 반란을 일으켰다는 말이 떠돌았다. 소문이 도망쳐서 감천궁으로 돌아가 상황을 보고하니 황상이 말했다.

"태자가 반드시 두려워서 그랬을 것이고, 또 강충 등에게 분노했으니 이런 변란이 생긴 것이다."

마침내 사자를 보내 태자를 소환토록 했으나 사자는 감히 태자에게 나아가지 못하고 돌아와서 보고했다.

"태자의 반란은 이미 진행중이라 신의 목을 베려 하기에 신은 도망쳐 돌아왔습니다."

황상은 크게 화를 냈다. 그리고 승상(-유굴리)에게 새서(璽書-옥새를 찍은 명령서)를 내려주면서 말했다.

"반란자를 잡아 목 베는 사람에게는 자동으로 큰 상이 있을 것이다. 성문을 굳게 막아 반란자들이 나올 수 없도록 하라."

태자가 병사들을 이끌고 장락궁 서쪽 대월 아래에 이르러 승상의 군대와 마주쳐 교전을 벌여 태자의 군대가 패했다. 태자는 도망쳐 동쪽으로 가서 호(湖)에 이르러 천구리라는 마을에 숨었는데 거기서 발각되어 관리들이 태자를 에워싸 체포하려 했다. 태자는 방으로 들어가 문틀에서 목을 매었다. 황제의 손자 두 명도 함께 죽었다.

뒤에 관리와 백성들이 무고를 서로 밀고했는데 조사해 보면 대부분 사실이 아니었다. 황상은 자못 태자가 두려워했을 뿐이지 다른 뜻이 없었다는 것을 알게 됐는데 마침 고침랑(高寢郞-고제 유방의 묘 관리인) 전천추(田千秋)가 급히 글을 올려 태자의 억울함을 아뢰었다. 황상은 그의 말에 크게 감동하여 잘못을 깨닫고서 전천추를 불러 말했다.

"부자간의 일에 대해서는 다른 사람이 말하기 어려운 법인데 그대만이 홀로 그 잘못된 실상을 밝혀주었구려. 이는 고묘(高廟-유방)의 신령께서 그대로 하여금 나를 일깨워주신 것이오."

그리고 전천추에게 대홍려(大鴻臚)라는 벼슬을 내려주고 강충의 집안을 족주했다.

황상은 태자가 아무런 잘못이 없었음을 가련하게 생각해 마침내 사자궁(思子宮)을 짓고 태자가 마지막에 머물렀던 호(湖)에 추모 건물을 지어 귀래망사지대(歸來望思之臺)[4]라 이름하니 천하 사람들이 이를 듣고서 모두 한스러워했다.

신이 가만히 살펴보겠습니다. 여원(戾園)[5]의 화(禍)는 강충이 태자를 중상모략한 데서 시작돼 그렇게 된 것입니다. 그리고 강충의 이런 중상모략이 먹혀들 수 있었던 것은 네 가지 잘못 때문입니다.

바야흐로 태자가 태어났을 때 무제는 태자를 몹시 사랑했지만 그 후에 후궁이나 왕부인 등이 다 왕자들을 낳으면서 황후와 태자에 대한 총애는 점점 시들어갔습니다. 그리고 법률을 적용하는 과정에서 대신들이 헐뜯었고, 황문 소문도 태자를 헐뜯다가 주살됐습니다. 강충은 무고로 사람들을 함정에 빠트려 죽였습니다.

대체로 중상모략꾼들이 모략을 할 때는 그에 앞서 반드시 윗사람의 뜻을 몰래 살핍니다. 윗사람의 뜻이 이쪽으로 향하면 그도 이쪽으로 향하고, 윗사람의 뜻이 저쪽으로 향하면 그도 저쪽으로 향합니다. 마침 황제가 태자를 보는 시각이 점점 부정적인 쪽으로 움직이는 것을 확인한 다음에 (중상모략하는) 신하들은 바람에 따라 몸을 눕히게 되는 것이니 이것이 그 첫 번째 잘못입니다.

소문이 중상모략을 했을 때 황제는 마땅히 전후를 잘 살펴서 실제 그런 일이 있었으면 태자를 꾸짖고 없었으면 소문을 주살해야 했습니다. 이 둘은 잘 살피기만 하면 끝날 일이었습니다. 그런데 물어보지도 않은 채 태자의 궁인을 갑자기 늘림으로써 태자를 부끄럽게 만들었습니다. 이것이 바로 서서히 젖어드는 참소(중상모략)와 살갗을 파고드는 하소연이 행해진 것입니다.[6] 이로부터 소인이 (본격적으로) 중상모략을 행했으니 더 이상 꺼릴 바가 없었습니다. 이것이 그 두 번째 잘못입니다.

태자는 다른 일을 맡고 있는 게 아니라 문안드리고 시선(視膳)[7]하는 것뿐이니 아버지와 아들이 어찌 하루라도 서로 보지 못하는 일이 있겠습니까? 그러나 위후에 대한 총애가 시들면서 태자도 아버지께 나아가는 일이 드물어지는 바람에 바야흐로 상융이 그 사정을 은밀하게 살펴 중상모략을 행했다가 주륙됐던 것입니다.

대체적으로 보면 두 부자의 정이 충분치 않았기에 두 사람 사이가 가로막혔습니다. 그 후에 황제는 마침 감천궁에 있었고, 태자는 집안 관리들이 황제께 가서 물어봐야 한다고 청했을 때 그 청을 따르지 않았으며, 또 황제는 그에 관해 보고도 받지 못했으니 부자간의 괴리가 지극했던 것입니다. 이러고도 그 사이에 중상모략이 끼어들지 않기를 바랄 수 있겠습니까? 이것이 그 세 번째 잘못입니다.

강충은 (이미) 조 태자의 은밀한 사건[陰事]을 밀고하여 총애를 얻었으니 이는 평소 그의 성격이 비딱하고 음험하다[傾險]는 것을 보여줍니다. 또 일찍이 태자의 집안 관리들이 수레를 타고서 천자의 길 한가운데로 달리는 것을 보고서 이를 형리에게 넘기고 그 사실을 황제에게 있는 그대로 보고했으니 이는 평소 그가 태자에 대해 좋지 않은 감정[仇憾]을 갖고 있었다는 것을 보여줍니다.

그런데 황제는 무고(巫蠱)의 옥을 다스리면서 다른 사람이 아닌 강충에게 책임을 맡겼으니 비딱하고 음험한 사람이 태자에게 좋지 않은 감정까지 품고 있었다면 그 해악이 태자에게 미칠 것은 필연이라고 하겠습니다. 하지만 황제는 일찍이 제대로 살피지를 못했고 이는 마치 (강충에게) 도끼를 맡겨 나라의 근본[國本-태자]을 장차 찍어내라고 한 것이나 마찬가지이니 이것이 그 네 번째 잘못입니다.

그럼에도 불구하고 이상의 네 가지는 상황이 그랬다는 것이고, 근원적인 원천은 사실상 하나의 마음[一心]에서 나온 것입니다.

먼저 황제가 많은 욕심[多欲]을 부린 것입니다. 그래서 총애받는 후궁들이 번성하고 그에 따라 서얼들이 우거질 정도로 많아 사랑하고 미워하는 뜻이 이미 정해지다 보니 태자의 지위가 어떻게 안정될 수 있었겠습니까?

또 황제가 많은 의심[多惑]을 품은 것입니다. 그래서 방사(方士)나 무당의 설에 푹 빠져 정신과 영혼이 오랫동안 어둡고 어지러웠으며 나이가 들어 기력이 쇠하여[憊=衰] 온갖 불안과 엉뚱한 생각들이 끊임없이 생겨났습니다. 이에 마음 밖에서는 요망스러운 말들이 부채질하고[煽] 마음 안에서는 요망스러운 꿈들이 현혹시켰습니다. 따라서 무고의 사건도 이로부터 생겨난 것이라 할 수 있습니다. 만일 황제가 동중서의 마음을 바로잡아주는 말[正心之言]을 목욕통이나 난간 등에 새겨 아침저녁으로 이를 경계했다면 돌이켜볼 때 어찌 그런 일이 있을 수 있었겠습니까?

강충은 참소를 일삼는 자[讒賊]이자 소인이기 때문에 그를 둘러싼 일들에 대해서는 굳이 논할 필요를 못 느낍니다. 다만 무제의 잘못에 대해서만은 후세의 임금들이 조심해야 할 것입니다.


1) 대궐의 문을 지키는 관리다.

2) 정도(正道)가 아닌 그릇된 도리로서 각종 술사들의 비법 등을 말한다.

3) 진나라에서 시황제가 죽은 뒤 장자인 부소가 간신들에 의해 피살된 일을 말한다.

4) 직역하면 죽은 태자가 다시 돌아오기를 바라고 그리워한다는 뜻이다.

5) 태자가 강충의 무고로 죽자 무제가 시호를 '여'로, 그의 무덤을 높여 '원'이라 했다.

6) 『논어』 「안연」 6장에서 제자 자장이 밝다[明]는 것이 무슨 뜻이냐

고 묻자 공자는 이렇게 답했다. "서서히 젖어드는 참소(讒訴)와 살 갗을 파고드는 하소연[愬]이 행해지지 않는다면 그 정사는 밝다 [明]고 할 만하다."

7) 임금에게 올라가는 음식에 독이 들었는지 음식이 상하지 않았는 지 등을 살피는 일이다.

(『한서』) 한나라 애제 때 중산왕(中山王) 유기자(劉箕子)[1]가 (어려서) 백내장[靑病]에 걸리자 할머니인 풍태후(馮太后)[2]는 몸소 병간호를 하면 서 자주 재앙을 풀어달라고 천지신명께 기도를 올렸다.

황상은 알자(謁者) 장유(張由)를 보내 의원을 데리고 가서 치료를 하 도록 조치했다. 장유는 평소 정신착란증[狂易病]을 앓고 있었는데 (이런 명이 내려오자) 병이 도져 화를 내며 서쪽 장안으로 돌아가버렸다. 이에 상서(尙書)가 문서로 장유가 제멋대로 가버린 일을 꾸짖자 장유는 두려 운 마음에 무고(誣告)했다. 중산태후가 황상과 부태후(傅太后)를 저주 했다는 것이다.

부태후는 풍태후와 나란히 원제를 모셨는데 풍태후에 대해 원한을 갖 고 있었기 때문에[1] 어사를 파견해 조사를 명했다. 그러나 수십일이 지 나도 아무런 소득이 없었다. 이에 부태후는 다시 중알자(中謁者)로 하여 금 그 일을 다스리도록 했는데 이때 부태후의 지시를 받아서 무고하는 주문을 올렸다.

"(풍태후가) 저주하는 기도를 올려서 황상을 시해하고 중산왕을 세우려 모의했습니다."

중산왕은 마침내 약을 먹고 자살했고, 의향후(宜鄕侯) 풍참(馮參-풍태후의 동생이다) 등 죽은 사람이 17명이었다. 장유는 먼저 고했다 하여 후(侯)에 봉해졌다.

사신 반고(班固)는 말했다.

"『시경』에 이르기를 '점잖디 점잖은 위엄 갖춘 거동〔抑抑威儀〕 / 오직 다움을 갖춘 자의 모습이라〔維德之隅〕'[2]라고 했다. 의향후 풍참은 늘 삼가고 조심하며 때와 장소를 가려 행동했기에 이른바 맑고 깊은 군자라 할 만했는데 결국 죄에 걸려 죽으니 슬픔을 참을 길이 없구나. 중상모략이 난을 일으키며 곧고 선량한 이들이 해를 당하는 것이 예로부터 그러했으니 『시경』「소아」에 말하기를 '마음이 울적하니〔心之憂矣〕 / 벌써 눈물이 떨어지는구나〔涕旣隕之〕'라고 했던 것이다. 풍참 남매의 일은 참으로 슬프도다."

1 중산은 나라 이름이고, 기자는 왕의 이름이다.
2 풍태후는 중산왕의 어머니인데 한나라 제도에서는 제후의 어머니와 할머니를 다 태후라고 불렀다.

신이 가만히 살펴보겠습니다. 장유가 저주를 빙자한 참소를 했던 것은 단순히 자신이 명을 어긴 것에 대한 죄에서 벗어나기 위함이었으니 만일 애제가 제대로 사안을 파악할 수 있는 조정 신하를 보내 심문토록 했다면 그의 무고는 들통나고 말았을 것인데 마침

부태후가 묵은 원한으로 자신의 속내를 드러내어 옥사를 일어나게 했습니다. 그리하여 풍씨 가문은 아무런 죄도 없는데 그 일로 죽은 자가 17명이나 됐고, 무고한 자는 이에 후로 봉작됐으니 이때에 한나라 왕조는 거의 망하게 됐습니다.

임금의 임금다움이 미미하다 보니〔不競〕 모후가 사사로운 뜻으로
불경
제후왕의 할머니와 그 친족들 중에서 현능한 이들을 죽일 수 있었고 얼마 안 가서 부씨 일족도 똑같은 꼴을 당하게 됐습니다. 그것을 보면 (『서경』에서) "하늘은 훤한 도리를 갖고 있어 그 의로운 바는 참으로 밝게 드러난다〔天有顯道厥類惟彰〕"고 한 것은 바로 이를 두고 한 말입
천 유 현 도 궐 류 유 창
니다.

반고의 이 글은 지금 읽어도 오히려 사람들로 하여금 눈물 짓게 만듭니다.


1) 원제가 살아 있을 때 두 사람의 암투에서는 풍태후가 이겼다.
2) '억계(抑戒)'라는 시에 나오는 구절이다.


∿∾

(『후한서』) 후한 안제(安帝, 재위 106~125년) 때(123년)에 양진(楊震)이 태위(太尉-최고위 무관직)가 됐다. 그때 유모 왕성(王聖)이 황제와의 각별한 인연으로 방자하기 그지없었고, 그의 딸 백영(伯榮)은 궁궐을 들고나면서 간사한 뇌물〔姦賂〕을 전달했고, 중상시(中常侍) 번풍(樊
간뢰
豊) 등과 위세를 나누고 권력을 공유해 주군(州郡)의 인사를 마음대로

하고 대신들을 대부분 자기편으로 삼았다. 그리고 황제의 명〔詔書〕을 날
조해 사농(司農)과 전곡(錢穀)을 마음대로 징발했고, 각종 농지나 택지
를 마음대로 빼앗기를 무수히 하자 양진은 여러 차례 상소를 올려 절절
하게 진술했으나 그때마다 황상은 살펴보지 않았고 번풍 등은 모두 양
진을 흘겨보며 분노와 원한을 더했다.

하간(河間) 출신의 조등(趙騰)이 예궐하여 정치의 잘잘못을 논한 상
소를 올리자 황제는 화를 내며 그를 잡아들여 감옥에 집어넣었다. 이에
양진은 또 상소를 올려 조등을 구원하려 했으나 황제는 거들떠보지도
않았고 조등을 저잣거리에서 참수했다.

번풍 등은 드디어 양진을 중상모략하기로 하고 "양진은 조등의 죽음
에 대해 깊은 원망스러움〔怨懟〕을 갖고 있다"고 황제에게 고했다. 황제
는 사자를 보내 양진의 인수(印綬)를 거두어들였다. 그리고 번풍 등이
또다시 양진을 중상모략하자 황제는 양진으로 하여금 고향으로 돌아갈
것을 명했다.

귀향을 위해 길을 떠난 양진은 도성 서쪽에 이르자 비분강개한 마음
으로 송별 나온 자식들과 제자들에게 이렇게 말했다.

"내가 황상의 은혜를 입어 높은 관직에 있었으면서도 간신과 교활한
자들을 미워하기만 했지 악질적이고 아첨하는 무리들을 없애 기울어가
는 사직을 바로잡지 못했으니 무슨 면목으로 살아갈 수 있겠는가?"

그러고는 독을 탄 술을 마시고 자살했다.


신이 가만히 살펴보겠습니다. 번풍이 양진을 참소하면서
'원망스러움〔怨懟〕'을 언급했는데 이는 석현이 소망지를 참소하면서 했

던 '원망(怨望)'과 흡사합니다.

원망[怨]이란 마음속에 있는 것이어서 일로 형체를 드러내는 것도
아니고 이슬처럼 말로 맺히는 것도 아닙니다. 그런데 석현과 번풍이 어
떻게[曷] 그것을 알아내겠습니까? 또 그것은 장탕이 안이를 중상모략
하면서 했던 '복비'와 무슨 차이가 있겠습니까? 이는 뱃속에 숨어 있
는 것을 찾아냈다면서 애매한 것으로 사람에게 죄를 주는 것이니 지
극히 밝은 임금을 만나지 않는 한 누가 그것을 정확하게 분별해 낼 수
있겠습니까?

그렇다면 과연 마음속으로 그렇게 하는 것을 분별해 내는 것이 정
말로 어려운 일이겠습니까? 신의 생각으로는 임금이 (분별해 내는 데)
아무런 뜻이 없는 것만이 걱정일 뿐이지 만일 그럴 뜻이 있다면 그것
이 분별하기에 어렵다 하여 무슨 걱정을 하겠습니까?

임금이 알아내려는 뜻만 있었다면 "그(소망지)가 원망(怨望)했다고
말한 너의 말은 무엇을 통해 알 수 있는가" 혹은 "그(양진)가 원망스러
움[怨懟]을 갖고 있다고 말한 너의 말은 무슨 일을 통해 알 수 있는가"
라고 물어야 했습니다. 즉 그렇게 말하는 근거나 이유를 물었다면 누
구라도 마치 재판에서 실상을 가리듯 그 말에 신빙성이 있는지 여부
를 알 수 있었을 것입니다. 그래서 만일 그 사람이 실상을 왜곡했다면
무엇을 갖고서 왜곡했는지를 볼 수 있고, 그 사람이 곧게 말했다면 또
무엇을 갖고서 그처럼 곧게 말했는지를 볼 수 있습니다.

물론 아직 뜻이 분명치 않아 마음속에서 결정된 것이 없다면 그 말
을 가리고 덮을 수도 있습니다. 그럼에도 불구하고 재판을 해보는 것
[聽訟]이 아예 소송을 하지 않는 것보다 못하고, 중상모략을 해명하는
것[辨讒]이 아예 중상모략이 없었던 것보다 못한 것이니 최고 윗자리

에 있는 임금으로 하여금 마음을 바로 하고 뜻을 열렬히 갖게 해[心正意誠=誠意正心] 사사로운 바가 그것을 가릴 수 없게 하며 공명정대하게 듣고 신하들과 더불어 보게 하여 신하들에 대한 신임이 한쪽으로 기우는 바가 없도록 한다면 도깨비[魑魅]라도 임금의 위엄[震霆]을 두려워할 것이고[讋] 비와 눈은 훤한 빛에 말라버리거나 녹아버릴 것입니다. 이렇게 된다면 상을 주며 중상모략을 해보라고 해도 감히 할 수 없을 것입니다.

이것이 바로 임금이 자신을 지키고 다잡는[守約] 방도입니다.

(『후한서』) 후한 질제(質帝, 재위 145~146년)가 즉위하자 양태후(梁太后)는 조정의 권한을 쥐고서 정치는 재상 이고(李固)에게 일임했다. 태후는 이고가 말하면 대부분 그것을 따랐고 대궐 내 환관 중에서 그릇된 자들은 단번에 축출하니 천하가 모두 치세(治世)가 오리라 기대했다.

그런데 (태후의 오빠인) 양기(梁冀)는 이고를 몹시 꺼리고 싫어했다. 애초 순제 때 관직에 임명되었던 100여 명이 이고(의 상소)에 의해 면직당하자 이미 원한을 품었는데, 양기에게 희망을 걸고서 합작하여 비장(飛章)[1]을 올려 이고가 죄를 지었다고 중상모략했다. 그들은 비장(飛章-익명으로 올리는 글)에서 이렇게 말했다.

"태위 이고는 공(公)을 내세우며 사실상 사사로움을 취하여 말로는 바름[正]을 이야기하면서 사특하게 행동하고 있습니다. 산릉이 아직 조성되지 않았는데도 낡은 정치를 바로잡는다는 명분으로 선왕의 도리를 어겼습니다.

　무릇 자식 된 자의 죄 중에 부모에게 누를 끼치는 것보다 큰 것이 없고 신하 된 자의 잘못 중에 임금을 헐뜯는 것보다 심한 것이 없습니다. 이고의 죄는 반역의 단서를 열었으니 주륙해야 합니다."

　익명의 벽서가 올라가자 양기는 이를 태후에게 보고하면서 이고를 당장 하직시켜야 한다고 했으나 태후는 듣지 않았다. 양기 등이 독이 든 떡을 질제에게 올려 질제가 세상을 떠났다. 이에 이고가 청하왕 유산을 새 황제로 옹립할 것을 청했으나 양기는 따르지 않았고 오히려 이고를 면직시킨 다음에 살해했다.


　　신이 가만히 살펴보겠습니다. 이고는 황제의 곁에서 보필하며 초기의 정사를 펼치면서 악질적인 패거리를 척결하고〔斥惡黨〕관
　　　　　　　　　　　　　　　　　　　　　　　　　　　　　　척 악당
직 남발을 깨끗이 했으니〔淸濫官〕그 바름은 마땅하다고 하겠습니다.
　　　　　　　　　　　청 남관
　그러나 중상모략꾼들은 마침내 "낡은 정치를 바로잡는다는 명분으로 선왕의 도리를 어겼습니다〔違矯舊政〕"라고 하면서 아버지의 도리
　　　　　　　　　　　　　　　　　위 교 구정
는 3년 동안은 고쳐서는 안 된다는 (공자가 말한) 근거를 제시했습니다. 그리고 신이 일찍이 앞에서 언급한 바 있듯이, 악질적인 패거리를 척결하고 관직 남발을 깨끗이 하는 것이 낡은 정치를 바로잡는다는 명분으로 선왕의 도리를 어기는 것〔違矯舊政〕이라고 한다면, 사흉(四
　　　　　　　　　　　　　　　　　　　위 교 구정
凶)이 조정에 있었지만 요임금이 미처 제거하지 못했으나 순임금이 그들을 제거한 것 또한 요임금의 정사를 어긴 것 아니겠습니까?

　양기와 그 무리들은 바로 이 점(공자의 말)을 근거로 삼아 이고를 중상모략했던 것이고, 우리 송나라에 이르러서는 사마광이 신종(神宗)

황제를 보필하여 왕안석 등이 만들어놓은 신법(新法)을 바로잡았으며, 그 후 희풍(熙豐)[2] 연간에 소인들이 다시 그것을 내세워 사마광을 중상모략하여 그 후에 다시 왕안석을 받드는 당파〔紹述之論〕[3]가 흥하여 결국 종묘사직이 큰 재앙을 당했으니, 아! 단단히 경계해야 할 것입니다.

이상은 간사한 신하[1]가 주군을 옭아매는 사정에 대해 논했습니다.

1 참소를 잘하는 신하〔讒臣〕이다.

1) 익명으로 올리는 상소나 장주문이다.
2) 송나라 신종의 연호인 희녕(熙寧)과 원풍(元豐)을 합쳐서 부르는 말이다.
3) 15년의 재위 기간은 선인태후(宣仁太后) 고(高) 씨의 수렴정치가 행해진 전기와 철종(哲宗)이 친정(親政)을 행한 후기로 구분되는데 한마디로 신법과 구법의 투쟁이 계속된 시대였다. 전기는 신법을 하나하나 혁파하는 소위 원우갱화(元祐更化)로 불리는 구법파의 시대이고, 후기는 소술(紹述)의 정(政)/논(論)이라 불리는 신법파의 시대이다.

(『자치통감』) 진(晉) 나라 무제 때 상서(尚書) 장화(張華, 232~300년)[1]
가 문필과 학식과 재주와 식견이 뛰어나 그 이름이 더욱 신망을 얻게 되
어 일시에 논자들이 하나같이 장화는 마땅히 재상〔三公〕이 될 만하다
고 말하니 중서감(中書監) 순욱(荀勗)과 시중(侍中) 풍담(馮紞)은 (장화
가) 국경을 지켜야 한다는 속임수를 내어 장화를 배척하려 했다.

때마침 황제가 장화에게 "누가 나의 뒷일을 맡길 만한 자인가?"라고
묻자 장화는 "(황제가 될 만한) 다음을 닮은 지친(至親) 중에서 보자면
제왕(齊王) 사마유(司馬攸)만 한 인물이 없습니다"라고 답했다. 이는 황
제의 뜻을 미묘하게 거스르는 것이어서[2] (순욱과 풍담의) 참소가 마침
내 실현되어 장화는 도독유주제군사(都督幽州諸軍事)가 되어 외방으로
쫓겨났다. (그러나) 장화는 진지에 이르러 동이족과 중국 사람들을 두
루 어루만져주어 그의 명예와 인망이 점점 더해가자 황제는 그를 다시
불러들이고 싶어 했다.

풍담이 황제를 가까이에서 모시면서 그 말이 조용히 (위진 시대의 일
에 이르러) 종회(鍾會)에게 미쳤을 때 "종회의 반란은 태조(太祖-사마
소) 때문입니다"라고 하자 황제는 안색이 변하면서 "경은 지금 무슨 말
을 하고 있는가?"라고 말했다. 이에 풍담은 관을 벗고 사죄하면서 이렇
게 답했다.

"신이 듣기에 (여섯 마리) 말을 잘 모는 자는 반드시 여섯 개 말고삐
의 풀어주고 당기는 마땅한 이치를 잘 알아야 한다고 합니다. 그렇기 때
문에 공자는 중유(仲由)로 하여금 남들보다 앞서 가려 하니 물러나게

하고 염구(冉求)로 하여금 남들보다 물러서려 하니 나아가도록 했던 것입니다.

한나라 고조는 오왕(五王)을 지나치게 총애했기 때문에 그들은 오랑캐에게 멸망당했고, 광무제는 여러 장수들을 누르고 억제했기 때문에 능히 끝까지 갈 수 있었습니다. 위에 있는 사람이 어진지 난폭한지의 차이나 아래에 있는 사람이 어리석은지 지혜로운지의 차이가 아니라 대개는 (윗사람이 아랫사람을) 누르거나 추켜올리는 것 혹은 주거나 빼앗는 것이 일을 그렇게 만든 것입니다. 종회의 경우 재주와 지모가 한계를 갖고 있었는데도 태조는 지나치게 칭찬하고 지모를 가상히 여겨 권세 있는 자리에 앉힘으로써 대병력을 맡겼기 때문에 종회는 스스로 말하기를 자신의 책략에는 아무런 흠결이 없고 자신의 공적은 아무도 상을 줄 수 없을 정도라고 했습니다. 이렇게 생각했으니 결국은 흉역(凶逆)한 짓을 저지르기에 이르렀던 것입니다. 만일 태조가 그의 작은 능력은 상을 주되 그것을 큰 예로써 절제시키고 권위로써 억누르며 법도로써 받아들여 주었다면 반란의 마음은 생겨나지 않았을 것입니다."

이에 황제는 "그대 말이 맞다"고 말했다.

이에 풍담이 머리를 조아리고서 "폐하께서 이미 신의 말이 맞다고 여기신다면 마땅히 딱딱한 얼음도 (원래는 물이었다가) 점차 그렇게 됐다고 생각하시어 종회의 무리들처럼 다시는 나라를 뒤집는 지경에 이르도록 해서는 안 될 것입니다"라고 말하자 황제는 "지금 당장 어찌 또 종회와 같은 자들이 있겠는가?"라고 답했다.

풍담은 좌우의 신하들을 물리치게 해달라고 한 다음 이렇게 말했다.

"폐하의 계책을 내는 신하로서 큰 공을 천하에 드러냈으며 국경의 진지를 기반으로 삼아 군사를 거느리는 자가 모두 다 폐하의 성스러운 생각 속에 있습니다."

이에 황제는 아무 말이 없었다. 하지만 이로 인해 장화를 부르려던 구상을 그만두었다.

🐚    신이 가만히 살펴보겠습니다. 정벌 군대를 맡음으로써 장화가 실질적인 권한을 갖게 되자 풍담과 순욱은 곧 가충에게 의탁함으로써 장화의 정벌을 저지했습니다. 오나라를 평정한 후에 풍담 등은 스스로 부끄러운 줄을 모르고 이에 도리어 (장화를) 참소하고 미워했습니다. 그들이 무제에게 한 말을 잘 살펴보면 고금(古今)의 사례들을 끌어들여 마치 이치라도 되는 듯이 이야기하니 임금이 그것을 듣고서 어찌 마음이 움직이지 않을 수 있겠습니까? 그러나 그 실체를 들여다보면 뛰어난 자를 중상모략하는 교묘한 말〔巧辭〕이고, 또 현능한 자를 가리려는 사특한 궤변〔邪說〕일 뿐입니다. 시인의 이른바 자개 무늬 비난〔貝錦〕[3]이란 거의 이런 부류를 가리키는 것입니다.

따라서 임금들은 이 점을 깊이 살피지 않으면 안 될 것입니다.

1) 진나라 무제 때 오나라 멸망에 공을 세워 무후(武侯)에 봉해졌다. 그 후 혜제 때는 사공(司空)을 거쳐 장무군공(壯武郡公)에 올랐지만, 조왕(趙王) 사마윤(司馬倫)의 반란 때 살해당했다. 장재(張載), 장협(張協)과 함께 '삼장(三張)'으로 불릴 정도로 시문에 뛰어났다.

2) 왜냐하면 황제는 태자 사마충(司馬衷)을 염두에 두고 있었다.

3) 이것은 『시경』에 실린 시 '항백(巷伯)' 첫 장에 나온다. "조금 아름다운 것들로 / 이 자개 무늬 비난〔貝錦〕을 만들어내니 / 저 다른

사람을 참소하는 자여 / 참으로 너무도 심하구나." 이는 작은 허
물로 인해 큰 죄를 꾸며내는 것을 말한다.

(『자치통감』) 제(齊) 왕(진(晋) 나라의 제후) 사마유(司馬攸-무제의
친동생)의 덕망이 날로 높아가자 순욱과 풍담 그리고 양요(楊珧)가 모
두 그것을 싫어했다. 풍담이 무제에게 말했다.

"폐하께서는 제후들에게 조칙을 내려 자신들의 봉국(封國)으로 가도
록 하셨으니 마땅히 혈육상으로 가까운 사람부터 가기 시작해야 할 것
입니다. 혈친으로는 제왕만큼 가까운 사람이 없는데 지금 홀로 수도에
머물러 있으니 그것이 가능한 일입니까?"

순욱도 말했다.

"모든 관리들이 중앙 지방 할 것 없이 모두 다 제왕에게 마음이 쏠리
고 있습니다. (이리되면) 폐하의 만세(萬歲-세상을 떠난다는 뜻) 후에
태자께서는 제위에 오르실 수 없습니다. (지금 당장) 폐하께서 떠보기
위해 제왕으로 하여금 자신의 봉국으로 가도록 조칙을 내리시면 온 조정
이 들고일어나 불가하다고 할 것이니, 만일 그렇게 된다면 신의 말씀이
딱 들어맞는 것입니다."

황제는 그 말을 듣고 그렇겠다고 생각하고서 제왕을 대사마(大司馬)
겸 도독청주제군사(都督靑州諸軍事)로 삼자 정동대장군(征東大將軍) 왕
혼(王渾)이 상소를 올렸다. "사마유는 가장 가까운 혈육이고 다음이 성
대하니 마땅히 황제의 조정을 보필하고 더불어 주요 정사에 참여할 수

있게 해야 합니다. (또) 태자태보(太子太保-태자를 보필하는 직책)의 자리가 비어 있으니 마땅히 사마유를 수도에 머물게 하여 그 자리에 앉히셔야 합니다."

이어 부풍왕(扶風王) 사마준(司馬遵), 광록대부 이희(李憙), 중호군 양수(羊琇), 시중 왕제(王濟), 진덕(甄德)이 모두 나서 간절하게 간했지만 황제는 끝내 따르지 않았다.

(오히려) 황제는 태상(太常)에게 명을 내려 제왕을 총애하여 하사할 선물들을 의논케 하자 박사 유부(庾旉) 등 일곱 명이 표문을 올렸다. 제왕은 다른 제후들과 다르니 밖으로 내보내서는 안 된다는 것이었다.

이 일은 박사좨주(博士祭酒-박사들의 최고 책임자) 조지(曹志)를 거치게 됐는데 조지는 곧바로 임금에게 상주문을 올렸다. 그 내용은 박사들의 의논과 같았다. 황제는 상주문을 열람하고서 크게 화를 내며 조지의 관직을 빼앗고 유부 등은 모두 정위(廷尉)에게 넘겨 죄를 처리토록 했다. 이에 사마유는 황제에게 작별 인사를 하고 나와 며칠 후 피를 토하고 세상을 떠났다.

초창기에는 황제가 사마유를 아끼는 것이 심히 도타웠으나 순욱과 풍담 등이 얽어맨 바에 걸려들어 자신이 죽고 난 이후의 일을 걱정하여 그를 내쳤던 것이다. 사마유가 세상을 떠나자 황제가 애통함을 그치지 않으니 풍담이 곁에서 시중을 들며 말했다.

"제왕은 명성이 그 실상보다 지나침이 있어 천하가 그에게로 쏠렸던 것이고, 지금 자연스럽게 세상을 떠난 것은 사직의 큰 복이온데 폐하께서는 어찌 그를 슬퍼하심이 지나치십니까?"

황제는 눈물을 거두고 슬픔을 멈췄다.

신이 가만히 살펴보겠습니다. 무제가 제왕을 아꼈던 것은 대개 일찍이 태후의 유명이 있었기 때문입니다. 그래서 늘 우애로 대하며 형제의 정을 태후의 뜻대로 했는데 순욱과 풍담의 말 한마디에 그 마음이 흔들린 것은 어째서이겠습니까?

먼저 두 사람은 이렇게 말했습니다. "모든 관리들이 중앙 지방 할 것 없이 모두 다 제왕에게 마음이 쏠리고 있습니다. (이리되면) 폐하의 만세 후에 태자께서는 제위에 오르실 수 없습니다." 이 말이 일단 들어가자 동생을 아끼고 사랑하는 무제의 마음이 그로 인해 의심하고 잔인한 마음〔猜忍〕으로 바뀌었으니 여러 신하들이 나서 간절하게 호소했으나 그 마음을 풀 수가 없었습니다.

또 두 사람은 이렇게 말했습니다. "폐하께서 떠보기 위해 제왕으로 하여금 자신의 봉국으로 가도록 조칙을 내리시면 온 조정이 들고일어나 불가하다고 할 것이니, 만일 그렇게 된다면 신의 말씀이 딱 들어맞는 것입니다." 그리고 조칙을 내리니 실제로 과연 온 조정이 다투어 들고 일어나자 이에 황제의 의구심은 더욱 커졌고 두 사람의 말은 실현됐습니다.

중상모략을 일삼는 간사한 무리들은 아주 교묘하게 밑그림을 그린 다음 온갖 노력을 다하여 미리 몰래 함정을 파두고서 상대방이 빠져들기를 기다리는 것이 대체로 이와 같습니다. 원래 진나라가 망하게 된 것은 (무제의 태자였던) 혜제가 어둡고 용렬한데도〔昏庸〕 태자〔主器〕로 삼았고, 가후는 흉악하고 음험한데도〔凶險〕 태자의 배우자로 삼았기 때문이긴 하지만 순욱과 풍담 두 사람이 이 모든 것을 주도했습니다.

현능한 이를 제 몸처럼 여기는 것〔親賢〕이 제왕 사마유만 한 사람이 없고, 충성스러운 공을 세운 것이 장화만 한 사람이 없는데 순욱과 풍담 이 두 사람이 그들을 사실상 기울게 만들었습니다. 그래서 사신(史臣)[1]은 이렇게 평했습니다.

"태자를 흔들고 가후에게 바람을 넣은 것은 순욱의 힘이고, (풍담은) 사마유를 가리고 가충을 안정시켰으며 순욱과 결탁하고 장화를 원수로 삼았으니 그 마음 씀씀이는 초나라 대표 간신 비무극을 뛰어넘고 그 잘못은 진나라의 패륜아 이오(二五)를 넘어서는 것이 풍담의 죄다."

이것은 간략하면서도 두 사람의 겉과 속[情實]을 남김없이 다 말하고 있습니다. 그래서 덧붙여 인용했습니다.

정실

1) 당나라 때 편찬된 『진서(晉書)』의 집필자를 가리킨다.

---

(『자치통감』) 진나라 혜제(惠帝, 재위 290~306년) 때 태자 사마휼(司馬遹)은 가후(賈后)의 소생이 아니었기 때문에 가후의 어머니 곽씨는 늘 가후에게 권하기를 태자를 자애롭게 대하라고 했다. 그러나 가후는 이를 따르지 않았고, 가오(賈午-여동생) 등과 함께 태자를 해칠 궁리만 했다.

또 시중 가밀(賈謐)은 교만하고 존귀했는데 태자는 성격이 강해 그가 가후를 믿고서 그렇게 하는 것을 용납할 수가 없었다. 가밀이 가후에게 태자를 참소했다.

"태자가 사사로이 재물을 엄청나게 쌓아놓고 소인들과 교결을 맺고 있는 것은 다 우리 가씨(賈氏) 집안을 염두에 둔 것입니다. 일찍 도모하여 성품이 온순한 자를 다시 세워 우리를 안전하게 하는 것이 낫겠습니다."

황후는 그 말을 받아들여 마침내 태자의 단점을 드러내어 멀고 가까운 사람들에게 널리 퍼트렸다.

이 무렵 태자의 장남이 병에 들었는데 태자는 아들을 낫게 해달라고 기도도 하고 제사도 지내고 복도 빌었다. 가후는 이 소식을 듣고 곧장 거짓으로 황제가 몸이 불편하다면서 태자에게 궁에 들어오라고 했다. 태자가 입궁하자 황후는 그를 만나보지도 않은 채 별실에 머물게 하고서 여종 진무(陳舞)를 보내 황제의 명이라고 하면서 태자에게 술 석 되를 하사한 다음 이를 다 마시도록 했다. 태자가 그럴 수 없다고 사양하자 진무는 묘하게 압박을 가해 억지로 다 마시도록 했고 드디어 크게 취했다.

이에 가후는 황문시랑 반악(潘岳)을 시켜 글의 초안을 만들도록 하고 어린 여종 진복(陳福)으로 하여금 종이와 붓 그리고 초안을 들고 가서 황명을 빙자해 태자로 하여금 그것을 베껴 쓰도록 했다. 태자가 술에 취해 깨지 않은 채 결국 그것을 베껴 썼다. 그렇게 해서 반도 제대로 완성되지 못했는데 나머지는 가후가 보충해 완성한 다음 그것을 황제에게 올렸다.

(얼마 후) 황제가 식건전(式乾殿)에 행차해 공경들을 들라 한 다음 태자가 썼다는 글을 내보이며 말했다.

"사마휼이 써내려 간 것이 이와 같으니 지금 죽음을 내리노라."

그리고 그 글을 여러 왕공들에게 돌아가면서 보여주니 말하는 사람이 아무도 없었는데 장화가 홀로 말했다.

"이것은 나라의 큰 화란입니다. 예로부터 항상 바른 적자(嫡子)를 폐출하게 되면 변란이 일어났습니다. 또 황제께서 천하를 소유하신 지 얼마 되지 않았습니다. 원컨대 폐하께서는 이런 점들을 상세하게 살피셔야 합니다."

배위(裵頠)는 마땅히 먼저 이 글을 전달한 사람을 조사하고 또한 태자가 손수 쓴 글자와 비교해 보기를 청했고, 그렇게 하지 않는다면 아마도 거짓으로 만들었을 것이라고 생각했다. 가후는 마침내 태자가 일을 보고할 때 썼던 종이 10여 장을 제시했고 여러 사람들이 비교해 보았으나 역시 감히 말하는 사람이 아무도 없었다.

의논은 해가 서쪽으로 기울 때까지도 결론이 나지 않았다. 황후는 장화 등의 뜻이 굳센 것을 보고서 일이 변질될 것을 두려워하여 마침내 태자를 폐위해 서인으로 만들자는 표문을 올리니 황제는 이를 허락했고, 그 후 가후는 사람을 보내 사마휼을 때려 죽였다.


신이 가만히 살펴보겠습니다. 가밀이 태후에게 태자를 참소했을 때 태후는 그것을 믿었지만 아직은 그를 폐위시킬 만한 죄가 없었습니다. 그래서 신하로서는 할 수 없는 말〔不臣之語〕을 지어내어 강압적으로 태자를 취하게 한 다음 그 말을 글로 쓰게 했습니다. 그러나 그 행적은 너무도 분명해 그 실상은 조금만 제대로 들여다봐도 쉽게 알 수 있는 것이었습니다.

그러나 신하 된 자가 어떻게 장차 태후를 거슬러가면서 감히 필적에 대한 자신의 속마음을 드러내겠습니까? 이것은 태자만이 직접 할 수 있는 것이지 다른 사람은 할 수가 없는 것이었습니다. 그런데 혜제는 어둡고 용렬해 이미 그것을 제대로 판별할 수 없었고, 대신들 중에서는 오직 배외만이 거칠게나마 청하여 그 골격만은 바로잡았으나 그 또한 그것이 거짓으로 조작된 것임을 깊이 있게 판별할 수는 없었습니다. 그래서 결국 태자〔儲君〕는 무고를 당했으나 스스로 그것을 밝혀내지 못하고 마침내 원통한 죽음을 당했으니 어찌 슬프지 않겠습니까? 무릇 이 사건을 검증하는 데는 태자의 필적만 한 것이 없는데도 더 이상 증거를 끌어들이지 못하고 흐지부지된 것이 이러했습니다.

본조(本朝-송나라)에 들어와서도 경력(慶曆-인종의 연호) 연간에 석개(石介, 1003~1043년)[1]가 황제의 빼어난 다움을 칭송하는 시를 써서 부필(富弼, 1004~1083년)을 높이고 하송(夏竦, 985~1051년)[2]을 비난했습니다.[3] 이에 하송은 뼈에 사무치는 원한을 품고서 비(婢)로 하여금 석개의 필체를 익히도록 한 다음 그것이 끝나자 석개와 부필이 쓴 것처럼 꾸민 글을 쓰도록 했는데 그 내용은 황후의 폐립을 권하는 글이었습니다. 그래서 이 글을 조정에 퍼트려 결국 두 사람은 배척당하고 말았습니다. 인종(仁宗, 재위 1022~1063년)께서는 뛰어난 황제였음에도 하송의 참소를 알아차리지 못했던 것입니다.

또 영종(英宗, 재위 1063~1067년)이 황위를 이어 즉위했을 때 (당대의 명신이었던) 삼사사(三司使) 채양(蔡襄, 1012~1067년)을 미워하는 무리가 있어 그들이 채양을 참소하여 말했습니다.

"인종께서 (태자가 없어 종실 사람들 중에서 후계자를) 고르려 할 때 채양은 황상(영종)께서 후사가 되는 것을 일찍이 저지했던 적이 있습니다."

황상이 자못 채양에게 화를 내자 대신 구양수가 말했습니다.

"폐하께서는 일찍이 채양이 쓴 글을 직접 보신 적이 있으십니까? 아니면 그것을 전해 들으신 것입니까? 신이 인종을 모실 때에도 거짓 상소들이 줄을 이은 것이 있습니다. 이것들은 대부분 좌우 신하들을 중 상모략하는 것들이었습니다.

폐하께서는 일찍이 직접 보신 상소들도 오히려 마땅히 그 진위(眞 僞)를 가리셔야 할 터인데 하물며 전해 들은 것에 대해서야 말할 필요 도 없을 것입니다."

이에 영종은 미심쩍었던 것들을 다 풀게 됐습니다.

그 후 원부(元符-송나라 철종의 연호) 연간(1085~1100년)에 소인이 또 거짓으로 간하는 글을 만들어 추호(鄒浩, 1060~1111년)를 함정에 빠트렸습니다. 이처럼 세상 풍조가 혼탁해지면서 사정을 속이는 일들 이 날로 늘어만 갔으니 무슨 일인들 없었겠습니까? 공적이건 사적이 건 무역을 하면서 그 당사자들이 계약서를 주고받을 때도 교묘한 사 기꾼들은 그것을 얼마든지 위조하는데 하물며 참소꾼이 사람을 참소 하는 데 얼마나 공을 들였겠습니까? 그래서 신은 태자 사마휼의 이야 기와 더불어 (송나라 때 일어난) 이 일들을 나란히 드러내어 적어보았 습니다.

따라서 이 점들을 살피시어 혹시 신하들이 참소하는 일을 겪게 되 실 경우 비록 손으로 쓴 글씨〔手書〕처럼 쉽게 검증할 수 있는 경우에 도 단번에 믿어서는 안 되는 것이니 반드시 깊이 조사하고 잘 살펴보 아야 할 것입니다. 만일 그리하지 않으면 장차 그 실상을 훤하게 밝힐 수 없게 되어 태자 사마휼처럼 되는 일들이 생겨날 것입니다.

1) 송나라 때의 유학자이다. 인종 때 과거에 급제하여 관직에 올랐으 나 부모의 상(喪)으로 조래산(徂徠山)으로 돌아가 『주역』을 가르 쳤다. 문장의 폐단과 불교, 노장사상의 폐해를 비판했다.

2) 송나라 사람으로 진종(眞宗) 때 관직에 입문했다. 왕약흠(王若欽) 등과 붕당을 만들어 당시 사람들에게 비난을 받았는데, 석개가 시(詩)를 지어 그를 대간(大奸)이라고 비판했다.

3) 그 시의 일부다. "여러 현능한 이들이 조정에 나아감은 띠가 뽑힌 듯하고 / 큰 간신이 물러난 것은 닭의 발톱이 빠진 것과 같도다."

(『자치통감』) 북제(北齊)[1] 상서 우복야 조정(祖珽)[2]의 세력이 조야 (朝野)를 기울이자 (좌승상인) 함양왕(咸陽王) 곡률광(斛律光)이 그를 미워해 조정을 볼 때마다 번번이 멀리서 욕을 하니 조정이 그것을 듣고 서 원한을 품었다. 또 여자 시중 육령훤(陸令萱)[3]의 아들인 (무위대장 군) 목제파(穆提婆)가 일찍이 황제에게 공전인 목전(牧田)[4]을 요구하여 황제가 하사하려 하자 곡률광이 다투어 반대해 그것을 좌절시켰다. 이 로 말미암아 조정과 목제파 두 사람은 다 곡률광에게 원한을 품게 됐다.

곡률광은 절조가 있고 검소하여 음악과 여색을 좋아하지 않았고, 빈 객을 접대하는 일이 드물었으며, 음식 대접[饋餉][5]은 완전히 끊었고, 권 세를 탐하지 않았다. 매번 조정 회의에서는 항상 혼자서 나중에 말했지 만 그 하는 말이 번번이 이치에 딱 들어맞았다. 군사를 움직일 때는 군 영의 막사가 정리되지 않았으며, 끝내 천막 안으로 들어가지 않았고, 몸에서 갑옷과 투구를 벗지 않았으며, 항상 사졸들의 앞에 섰다. 머리 카락을 묶고 군사를 쫓아다니면서부터 일찍이 패배한 적이 없어 주변의 적들이 심히 두려워했다. 그래서 주(周) 나라 훈주(勳州-산시성 지산

현) 자사 위효관(韋孝寬)이 몰래 노래를 지어 불렀다.

"백승(百升)6)이 하늘을 날고 명월(明月)이 장안을 비추네."1

또 노래했다.

"높은 산[高山]2은 밀지 않아도 절로 무너지고, 심은 나무는 지탱해주지 않아도 절로 일어난다."

그리고 첩자들을 시켜 그것을 업(鄴-허베이성 린장현)에 퍼지게 하니 업 안에 있는 어린아이들이 길가에서 그것을 노래했다. 조정은 그 노래에 이어 새로 가사를 덧붙였다.

"눈먼 늙은이는 등에 도끼를 받고, 수다쟁이 늙은 어미는 말을 할 수가 없네."7)

그러고 나서 처형 정도개(鄭道蓋)에게 이것을 상주토록 했다. 황제가 조정을 불러 물어보자 조정과 육령훤 둘 다 말했다.

"실제로 그런 시가 있다는 것을 들었습니다."

이어 조정은 그 뜻을 풀어서 말했다.

"백승이라는 것은 곡(斛)입니다. 눈먼 늙은이는 신을 말하는 것이니 나라와 함께 걱정하지 않을 수 없습니다. 수다쟁이 어미는 여자 시중 육씨를 말하는 것 같습니다. 또 곡률씨는 여러 대에 걸쳐 대장을 맡았고 명월의 명성이 관서를 흔들고, 그 위세가 돌궐에서 행해지고 있으니 이 노랫말[謠言]은 매우 두려워할 만합니다."

드디어 곡률광을 입궐토록 한 다음 그를 죽이니 피가 땅에 흘러 이를 깎아냈으나 그 흔적은 끝내 없어지지 않았다. 주나라 임금은 곡률광이 죽었다는 소식을 듣고서 대사면령을 내렸고, 그로부터 6년 후에 주나라가 제나라를 멸했다.

1 곡률광의 광(光)이 명월(明月)이다
2 고(高)는 북제 황실의 성(姓)이다.


신이 가만히 살펴보겠습니다. 주나라와 북제는 사실상 적국(敵國)이었는데 주나라에 위효관이 있었다면 북제에는 곡률광이 있었으니 두 사람 다 명장(名將)이었습니다. 그런데 이때 주나라 임금〔周主-무제〕은 바야흐로 밝은 군주여서 현능한 이들이 적재적소에 배치돼 있었던 반면 북제의 임금¹은 어둡고 사나워 정사(政事)가 여러 군데서 나왔습니다.

육령훤은 보모로서 안에서 일을 꾸미고〔用事〕, 조정은 음험하고 간사하게 밖에서 권력을 갖고 놀았는데 목제파라는 자는 육령훤의 아들이었습니다. 그래서 이들은 안팎으로 연결을 맺고서 마구잡이로 부채질해 가며 간사한 이익을 취했는데 곡률광은 충성스러운 노고에 몸을 아끼지 않고 홀로 분투하며 그들을 심하게 미워했습니다. 이에 조정과 목제파는 이를 갈았습니다.

위효관이 지어 부르게 한 노래는 곡률광을 거꾸러트리려는 계략이었으니 그를 거꾸러트리면 곧 북제를 거꾸러트리는 것이었기 때문입니다. 이처럼 적국의 재상을 거꾸러트리는 책략은 말세에나 있을 법한 뻔한 수작이었음에도 불구하고 조정 등이 거기에 맞장구를 쳐서 결국 곡률광을 거꾸러트렸으니 이는 스스로 자기 나라를 거꾸러트린 것입니다.

곡률광이 죽자 주나라는 대사면령을 내렸으니 이는 대체로 자신들의 독이 사라진 데 대한 자축이었다고 할 수 있습니다. 참소를 일삼는 사특한 신하가 충량한 신하를 죽임으로써 적국에 힘을 보내주었고, 용렬한 군주는 그것을 단 하나도 제대로 살피지 못했으니 어찌 이루 다 한탄할 수 있겠습니까?

곡률광이 죽고 6년이 지나 주나라가 북제를 멸했으니 이는 주나라가 북제를 멸망시켰다기보다는 고위(高緯)를 비롯한 임금과 신하가 사실상 자멸한 것이라 하겠습니다.

신은 앞에서 참소하는 신하의 칭찬하는 수법을 논한 바 있는데 적국의 간첩들이 쓰는 계략은 대체로 똑같으니 잘 살피지 않으면 안 됩니다. 이것은 한 가지 일이면서 동시에 각각 둘인 것이니 이 일도 따로 잘 기록하여 천 년의 경계로 삼아야 할 것입니다.


1 이름은 고위(高緯)다.


1) 남북조 시대에 고양(高洋)이 동위(東魏)를 멸하고 업(鄴)을 수도로 삼아 세운 나라로 27년 만에 북주(北周)에게 멸망했다.

2) 문학적 소양이 있고 기예가 많았으나 거칠고 경솔하며 행실이 좋지 않았다고 한다.

3) 황태자의 유모로 무성제가 군군(郡君)에 봉하면서 자동으로 시중이 됐다.

4) 전쟁 대비를 위해 말 사육과 농사를 겸하는 국가 토지다.

5) 세력을 모으기 위해 음식을 대접하는 것이다.

6) 1승(升)이 한 되인데 100승은 1곡(斛)이다. 즉 백승은 곡률광을 지칭한다.

7) 눈먼 늙은이는 한쪽 눈이 불편했던 조정을 가리키는 것이고, 늙

은 어미는 육령훤을 가리킨다. 즉 곡률광이 힘을 얻어 두 사람을 제거하게 될 것이라는 암시를 담았다.

(『신당서』) 당나라 태종은 즉위하여 위징(魏徵)을 간의대부(諫議大夫)로 삼았는데 위징은 스스로 내세우는 바가 없었고, 자신의 속마음[底蘊]저온을 남김없이 드러내어 숨기는 바가 전혀 없었다. 그래서 모두 200여 차례 올린 글이 황제의 마음에 딱 들어맞지 않는 바가 하나도 없어 이로 말미암아 상서우승 겸 간의에 제수되었다.

그러자 좌우에서 위징이 친척들을 사사로이 하며 패거리를 만들고 있다고 고발하자 황상은 어사대부 온언박(溫彦博)으로 하여금 이를 조사토록 했는데 그런 실상이 없었다. 온언박이 말했다.

"위징은 신하로서 그 같은 형체와 흔적을 드러내지 않았고 혐의와는 전혀 무관했습니다. 다만 익명의 비방[飛謗]을 당했으니 그 점에 대해서비방는 문책을 할 필요가 있을 듯합니다."

황상이 온언박을 시켜 위징을 나무라자 위징은 알현하고서 사과했다.

"임금과 신하는 한마음이라고 했는데 이는 곧 한 몸이라는 뜻입니다. 그런데 어찌 공적인 일을 하면서 형체와 흔적을 남겨둘 수 있습니까? 만약에 위아래가 서로 형체와 흔적을 남겨둔다면 (이렇게 되면 서로 과시를 하려 할 것이기 때문에) 나라의 흥망이 어찌 될지 알 수 없을 것입니다."

신이 가만히 살펴보겠습니다. 위징은 충성을 다하고 숨기는 바가 없어 간사한 소인들이 보여주는 알랑거림[便]이 전혀 없었습니다. 그래서 좌우에서 익명의 비방을 통해 그를 더럽힘으로써 태종의 마음속에 그것을 쌓아서 만일 위징이 그것을 깨끗하게 해명하지 못할 경우 태종이 그를 의심하도록 했습니다. 일단 그런 의혹의 싹이 트게 되면 간사한 말은 더욱 기승을 부리며 쉽게 태종의 마음속을 파고들 수 있기 때문입니다.

만일 그 정황을 살피게 하면서 권만기(權萬紀, ?~643년) 같은 무리에게 일을 맡길 경우 반드시 장차 교묘하게 일을 얽어내어 죄를 만들어내었을 것입니다. 그러나 태종은 밝은 황제였기 때문에 그 일을 소인에게 맡기지 않고 온언박에게 맡겼으니 온언박은 (당대의 명신이었던) 왕규(王珪)나 위징 같은 엄정한 원칙[倫]을 갖지는 못했으나 또한 당시로서는 나름대로 괜찮은 신하[良臣]였습니다. 그래서 능히 위징의 굽은 점[枉]을 곧게 하여 황제로 하여금 불필요한 말을 하지 않게 했으되 (위징과 같은) 현능한 이의 죄는 짚고 넘어갔으니 이것은 참으로 큰일을 한 것입니다. 그러나 동시에 위징의 굽은 점을 곧게 하되 좌우에서 참소를 했던 자들을 불문에 붙여 그 죄를 드러내어 바로잡지 못했으니 이는 지극히 잘한 일이라고 할 수는 없습니다.

즉 이것은 한 가지 일을 말했을 뿐인데 태종이 얻은 것은 둘이고, 잃은 것은 하나이니 후세의 임금들이 거울로 삼지 않을 수 있겠습니까?

（『신당서』정관 17년(643년)） 위징이 병들어 눕자 황상과 태자가 함께 그의 집에 갔고, 형산(衡山) 공주를 지목해 그의 아들 위숙옥(魏叔玉)과 결혼시키려 했다. 위징이 세상을 떠나자 황상은 스스로 비문을 지은 다음 아울러 돌에 새겼다.

위징은 일찍이 두정륜(杜正倫)과 후군집(侯君集)이 재상감이라 하여 천거한 적이 있는데 두정륜은 죄에 걸려 축출됐고, 후군집은 모반을 했다 하여 주살됐다. 이리하여 황상은 비로소 위징에 아첨하는 무리가 있는지에 대해 의심을 품고 있었는데 또 위징이 자신이 간언으로 올렸던 글을 기거랑(사관) 저수량(褚遂良)에 보여줬다는 말이 있자 황상은 더욱 불쾌해했다. 마침내 위숙옥을 내쫓고 자신이 지었던 비석을 뽑아 넘어트렸다.


신이 가만히 살펴보겠습니다. 태종이 위징을 대한 것을 보면 임금과 신하의 관계의 양극을 볼 수가 있습니다. 위징이 죽은 후에 그가 추천한 사람들이 유배 가거나 주살되자 황제는 드디어 그들이 위징의 패거리라고 의심했습니다. 일단 의심하는 마음이 생겨나자 참소하려는 자는 잽싸게〔邊〕거기에 올라탔고, 그것이 먹혀드니〔入〕곧장 위징이 기록해 두었던 간언(諫言)의 초고를 사관에게 보여줘 자신이 임금에게 했던 일들을 자랑하려 했다는 식으로 언급하자 태종처럼 뛰어난 임금조차도 현혹되지 않을 수 없었습니다. 이에 공주와 위숙옥의 결혼을 중도에 파기하고 비석도 쓰러트렸으며 위징과 그 자식들에 대한 총애 또한 거둬들였습니다.

원래 참소하는 말이 먹혀들 수 있었던 것은 황제의 마음이 먼저 의심을 품었기 때문입니다. 만일 황제가 참소하는 자의 말을 듣고서 저수량을 불러 그에게 실상을 물어 진실로 위징이 사특함이 있었는지를 확인할 경우 저수량이 감히 숨기려 들지 않고 만일 위징의 사특함이 근거가 없는 것임이 드러나도록 했다면 저수량 또한 어찌 이때 무고한 자의 말을 긍정할 수 있었겠습니까? 만일 이러했다면 진상은 가려지지 않았을 것입니다.

마침내 황제의 마음속에는 의심과 의혹이 더욱 쌓여 이것저것 묻지도 않고 말없이 위징을 폐기〔泯〕시켰으니 옛날에 온언박에게 명을 내려 실상을 살피게 했을 때와 어찌 이리도 심하게 다를 수 있습니까?

세월이 흐른 뒤에도 자신이 내린 이런 결정을 후회하지 않았다면 어찌 그가 밝은 임금〔明主〕이라는 명성을 얻을 수 있었겠습니까?[1]

1 황제는 말년에 이르러 이렇게 탄식했다. "만일 위징이 지금 있었더라면 어찌 이렇게 됐겠는가?" 그리고 황제는 위징을 복권하고 그의 처자에게도 친히 지은 글을 담은 비석을 다시 내려주었다.

(『신당서』) 당나라 현종 개원 때 재상 송경(宋璟)은 죄를 지어놓고서 망령되게 고소를 그치지 않는 자들을 미워해 모두 어사대에 넘겨서 그들을 다스리도록 했다.

마침 하늘에서 가뭄 귀신〔魃=旱魃〕이 나타나자 광대패가 가뭄 귀신의 모습을 만들어 황상 앞에서 연희를 하는데 황상이 귀신에게 물었다.

"그대들은 어찌하여 이렇게 나왔는가?"

대답했다.

"상공을 받들어 처리하려는 것입니다."

황상은 의아해하며 다시 물었다.

"뭐라고?"

귀신이 말했다.

"억울한 자가 이백 명이나 되는데 상공이 모두 감옥에 가두어 그들을 억누르니 우리 귀신들이 나오지 않을 수가 없었습니다."

황상은 그렇다고 생각하고, 얼마 후 송경을 재상의 자리에서 물러나게 했다.


신이 가만히 살펴보겠습니다. 참소꾼들이 군자를 해치는 방법은 참으로 다양합니다. 송경은 현종 때의 현능한 재상〔賢相〕입니다. 기강을 잡고 측근들의 아첨을 억누르는 것은 대체로 황제를 가까이에서 친하게 모시는 소인들이 싫어하는 것입니다. 그래서 큰 가뭄이 들자 광대패들로 하여금 연희를 베풀어서 송경을 기울게 했습니다. 해학과 익살〔恢諧笑謔〕이 마치 공평한 마음〔無心〕에서 나온 듯이 꾸며 현종으로 하여금 그것을 믿게 하여 곧장 송경을 재상에서 내쫓았으니 과연 일을 이렇게 만든 것은 누구이겠습니까?

어떤 사람들은 말하기를 그가 누구인지 정확히 알 수가 없다고 합니다만 당시 정치 상황〔時=時局〕을 고찰해 보건대 양사면(楊思勉)이 내시로서 총애를 받았지만 송경은 그와 말도 섞으려 하지 않았고, 강교(姜皎)는 오래된 공훈 구신으로서 송경이 그 성대함을 멀리했고, 왕인교(王仁皎)는 황후의 아버지라 해서 분묘를 조성하는 것이 나라의 법을 어겨 송경이 그것을 다투어 비판했고, 왕인침(王仁琛)은 번저(藩邸)의 묵은 관리라 해서 사람들에게 관직을 내려주는 것[除官]이 나라의 법을 어겨 송경이 그것을 다투어 비판했으니 바로 이 여러 사람들이 다 송경을 불편하게 여겼을 자들입니다. 따라서 광대패들의 연희도 반드시 이 무리들이 실질적으로 주도했을 것입니다.

현종은 처음에는 맑고 밝았으나[淸明] 이때는 이미 교방(敎坊)의 음악에 푹 빠져[1] 늘 배우와 각종 기예를 가진 자들이 황제의 좌우에 있었습니다. 그리고 이때에 이르러 마침내 그들의 기예를 동원해 현능한 재상을 기울일 수 있을 정도가 됐던 것입니다.

무릇 황제를 가까이에서 친하게 모시는 소인들은 황상의 뜻을 엿보는 것을 업으로 삼기에[工] 그들이 사람을 천거할 때에는 일찍이 곧은 사람은 없고 대부분 그들이 억지로 밀어주는 사람들뿐이었고, (반면) 그들이 사람을 헐뜯을 때는 일찍이 마땅히 비판해야 할 사람은 없고 대부분 그들이 몰래 중상모략하려는 사람들[陰中]뿐이었습니다.

위홍간(魏洪簡)은 장차 원진(元稹)을 끌어내리려 할 때 궁중에서 자신의 시를 읊었는데[2] 이는 천거를 통하지 않은 천거의 술책이라 할 수 있습니다. 그런 점에서는 광대들의 연희 또한 남을 헐뜯지 않는 헐뜯음의 술책이라 할 수 있습니다. 비밀스럽게 판 함정이 어찌 이다지 깊을 수 있고, 수를 내다보는 술책이 어찌 이다지 교묘할 수 있단 말입니까? 그러나 이것은 황제 가까이에서 총애를 받는 무리들만으로 그리될 수 있는 것은 아닙니다.

우리 송나라에 들어와서도 선화(宣和-휘종의 여섯 번째 연호) 때 왕보(王黼, 1079~1126년)[1]와 채유(蔡攸, ?~1126년)가 대신이 되어 대궐에 들어와 매번 실없는 말장난(謔浪)으로 재롱이나 떠는 중인들을 이용해 못하는 짓이 없었으니 간사한 중상모략의 기예가 예로부터 참으로 보기 힘든 것들이었습니다. 그러니 임금들이 과연 아무런 생각 없이(無心) 그것을 보고 듣기만 한다면 되겠습니까?

   1 개원 2년에 교방을 설치해 속악(俗樂)을 가르치도록 했다.
   2 당나라 목종 때 위홍간은 내신으로서 총애를 얻게 되자 이 방법으로 원진을 끌어내려 자신이 재상의 자리를 차지했다.

  1) 휘종 때 진사가 되었고, 좌사간(左司諫)에 올랐다. 선화 원년(1119년)에 특진(特進)과 소재(少宰)에 올랐고, 민간의 재물과 특산물들을 가혹하게 착취했다. 태부(太傅)에까지 올랐으나 흠종(欽宗)이 즉위했을 때 주륙됐다.

(『신당서』) 당나라 덕종이 사람을 보내 육지(陸贄)를 타일렀다.

"묘찬(苗粲)의 아버지인 묘진경(苗晉卿, 675~756년)이 예전에 섭정을 할 때 일찍이 신하 노릇을 하지 않을 사람이나 할 수 있는 말[不臣之言]을 했고, 여러 아들들의 이름도 다 옛날 제왕의 이름과 똑같이 했으나 지금은 그것을 드러내어 내쫓고 싶지 않으니 그 형제들에게 각각 외직으로 벼슬을 내리도록 하라."

이에 육지가 주문을 올려 말했다.

"무릇 헐뜯으며 일러바치는 일은 대부분 실제로는 믿을 만한 말이 아니니 중상모략하는 것을 이롭게 생각해 드러내놓고 말하는 것을 꺼립니다. 어떤 사람은 말하기를 세월이 이미 오래되어 조사해도 찾을 수 없다고 하고, 또 어떤 사람은 사안의 핵심〔事體〕에 방해가 되니 모름지기 드러내지 말고 참아야 한다고 말하며, 또 어떤 사람은 나쁜 자취를 아직 드러내지 말고 마땅히 다른 일을 빌려서 명분으로 삼아야 한다고 하며, 또 어떤 사람은 단지 그 사람을 버리면 되는 것을 어찌 반드시 말을 밝혀 꾸짖으며 욕을 보여야 하느냐고 합니다.

이것들은 다 이치에 맞는 듯하지만 그 뜻은 실은 속이며 헐뜯는 말을 겉으로 포장한 것이니 좋은 사람을 다치게 하고 간사함을 행하는 것이 이보다 심할 수는 없을 것입니다."


신이 가만히 살펴보겠습니다. 육지의 말은 참소꾼들의 실상을 제대로 파악한 것이라 하겠습니다.

무릇 그들이 하는 말은 대체로 실상이나 실체〔實〕가 없는 것이니 만일 임금이 실제로 행해진 바를 있는 그대로 드러내고 훤하게 가려낸다면 옳고 그름, 굽고 곧음〔是非曲直〕은 가려질 수가 없습니다.

하지만 일단 숨어서 마음대로 지껄여대며〔陰肆〕 중상모략을 하여 임금으로 하여금 상대방을 꾸짖게 하고 화를 내게 한다면 그것으로 참소꾼은 무죄가 되고 참소를 입는 자는 죄를 면할 수 없게 되는 것입니다. 그래서 예로부터 충성스럽고 뛰어난 신하〔忠良〕가 소리도 못 내고 울면서〔暗鳴〕 재앙을 당하게 되는 것은 바로 그 때문이었습니다.

묘진경이 숙종 때와 대종 때에 조정에 있으면서 특기할 만한 행실은 없었지만 그러나 조심하면서 공손하여 한때 칭송을 들었습니다. 비록 (돌아가신 황제의 무덤인) 산릉을 조성하면서 잠시나마 섭정을 하기는 했으나 나라를 다스리는 위세와 실권〔軍國威權〕이 애초에 그로부터 나오는 것이 아니었는데 그가 어찌 감히 신하로서는 할 수 없는 말을 할 수 있었겠습니까? 또 여러 아들들의 이름을 지으면서 제왕의 이름과 똑같게 한 것 역시 거의 우연이라 할 수 있고 반드시 무슨 특별한 뜻이 있었다고 볼 수는 없습니다.[1]

(만일 요순의 이름을 따와서) 조요(趙堯)나 이순(李舜)이라는 이름은 당시에 거슬리는 이름이라는 얘기는 들어본 적이 없고, 왕망(王莽)이나 조조(曹操)의 이름은 이전 시대에 어느 누구도 가져다 쓰려는 이름이 아니었습니다. 그런데도 참소꾼은 이런 식으로 해서 묘진경을 무고했으니 참으로 묘진경으로서는 원통했을 것입니다. 만일 육지가 변론을 해주지 않았다면 어찌 그가 죄를 면할 수 있었겠습니까? 하지만 묘찬 등이 다행히 목숨을 보전하기는 했지만 덕종의 의심은 끝내 다 풀리지 않았으니 이것이 바로 덕종이 어두운 군주〔闇主=暗主〕인 까닭입니다.

우리 송나라에 들어와 인황제(仁皇帝) 때 송교(宋郊)가 이름난 유학자라 하여 조정에 진출했는데 그를 참소하는 자가 말하기를 "그의 성(姓)은 나라 이름과 같은 데다가 이름은 천자의 제사〔天郊〕에서 따왔습니다"라고 하자 송교가 스스로 불안해하며 이름을 상(庠-지방의 향학을 뜻한다)으로 바꿨습니다. 인황제께서는 일찍이 송교를 조금도 의심하지 않았고, 이와 관련해서 아무런 명도 내리지 않았습니다. 이것이 바로 인황제께서 빼어난 임금〔聖君〕이 되신 까닭이니 후대에 참소나 중상모략을 미워하는〔慝=惡〕 임금들은 반드시 인황제를 모범으로 삼아야 할 것입니다.

1) 묘진경에게는 열 명의 아들이 있었다. 그중에 묘발(苗發)은 주나
   라 무왕 희발(姬發)과 이름이 같았고, 묘비(苗丕)는 위나라 문제
   조비(曹丕)와 같았으며, 묘견(苗堅)은 전진(前秦)의 부견(符堅)과
   같았고, 묘수(苗垂)는 후연(後燕)의 모용수(慕容垂)와 같았으며,
   묘직(苗稷)은 진나라 3대 황제 영직(嬴稷)과 같았다.

(『신당서』) 당나라 경종(敬宗, 재위 824~826년) 초(보력 2년(826년))
에 배도(裴度)가 (변방의 임지인) 흥원(興元-산시성 한중시)에서 들어
와 조현하자 이봉길(李逢吉)의 무리들이 백 가지 계책으로 그를 헐뜯었
다. 그에 앞서 먼저 민간에 이런 노래가 퍼졌다.

"비단 옷(緋衣)[1]을 입은 어린아이가 배를 드러내놓고 있으니 하늘(天)
위에 있는 입(口)이 내쫓겨났구나!"[2]

또 장안성 안에는 가로로 여섯 개의 고개가 길게 뻗어 있어 마치 건
(乾) 괘의 모양과 같았는데 배도의 집이 다섯 번째 고개에 있었다.[3] 간
관 장권여(張權輿)가 말했다.

"배도의 이름이 도참설에 맞아떨어지며 집이 고개의 근원에 자리 잡
고 있습니다. 그런데 그가 부르지 않았는데도 되돌아왔으므로 그 뜻을
알 수가 있습니다."

황상이 비록 나이는 어렸지만 그들이 속이며 헐뜯는다(誣謗)는 것을

모두 헤아렸기 때문에 배도를 더욱 두텁게 대우했다. 그리고 얼마 후 배도를 사공(司空) 및 평장사로 삼았다.


신이 가만히 살펴보겠습니다. 비단 옷[緋衣]의 노래는 반드시 그 당시 사람들이 배도가 오원제(吳元濟)의 난을 평정한 공을 아름답게 보았기 때문에 만들어진 것입니다. 그래서 민간에 이런 노래가 퍼진 것이니 이는 설인귀(薛仁貴, 613~683년)가 천산을 평정하고서 세 화살[三箭]의 노래가 생겨난 것과 비슷하다고 하겠습니다.[4]

그래서 이봉길 등이 마침내 그 노래를 이용해 비방을 한 것이니 이 것은 대체적으로 배도가 헌종 때부터 이미 이봉길과 서로 물과 불 사이였고, 헌종이 재위 초기에는 맑고 밝아서 그 뜻을 읽어내고 배도를 재상으로 삼고 이봉길을 축출했습니다. 그러나 채주의 공을 이룬 뒤에는 헌종은 점점 교만하고 게을러져서 다시 이봉길을 재상으로 삼고 배도를 축출했으니 바른 사람과 그른 사람[正邪]이 나란히 설 수 없는 것이 아주 오래됐습니다.

그리고 이미 3대가 흘러 배도의 공훈과 다움[勳德]은 더욱더 성대해지자 여러 사특한 무리들이 배도를 미워하는 것이 원수를 대하는 것보다 훨씬 더 심했습니다. 그래서 배도가 대궐에 입조하는 것을 계기 삼아 익명의 비방을 퍼붓고 장권여 같은 자는 또 거기에 부화뇌동하여 배도를 헐뜯었습니다.

이는 이봉길과 장권여가 간사함과 음험함을 서로 주고받으면서 이른바 도참설을 써서 노랫말을 이용해 대신을 거꾸러트리려 한 것입니다. 이는 조정이 곡률광에게 썼던 것인데 고위(高緯-북제의 임금)가 제대로 살피지 못해 곡률광을 죽이고 북제는 망하게 됐습니다. 그러나 경종은 그것을 잘 살펴 (오히려) 배도를 재상으로 삼았고, 당나라도 어지러워지지 않을 수 있었으니, 아! 후대의 임금들은 이것을 거울로 삼아야 할 것입니다.

이상은 간사한 신하[1]가 주군을 옭아매는 사정을 논했습니다.

1 참소를 잘하는 신하[讒臣]이다.
  참신

1) 비단 옷을 뜻하는 비의(緋衣)는 곧 배도의 배(裵)를 뜻한다.
2) 천(天)과 구(口)는 합쳐 오(吳)를 뜻하는데 이는 817년 반란을 일으켰다가 배도에게 진압당한 오원제(吳元濟)의 오(吳)를 가리킨다.
3) 건괘의 다섯 번째 효의 풀이는 '날아가는 용이 하늘에 있다[飛龍
   在天]'이다.
   재천
4) 철륵도 행군총관(鐵勒道行軍總管)으로 천산(天山)에서 세 화살로 세 사람을 쏘아 죽이니 적병이 물러갔다. 그래서 군중(軍中)에서 노래가 돌기를 "장군의 세 화살이 천산을 평정했네[將軍三箭定天山]"
   장군 삼전 정 천산
   라 했다.

(『춘추좌씨전』) 제나라 환공 말년에 관중이 병들자 환공이 병문안을 가서 물었다.

"여러 신하들 중에 누가 재상을 맡을 만한가?"

관중이 말했다.

"신하가 어떤지 아는 것은 임금만 한 사람이 없습니다."

환공이 말했다.

"역아(易牙)는 어떤가?"

관중이 답했다.

"자기 아들을 죽여 임금의 비위를 맞췄으니 사람의 인정상 안 된다고 봅니다."

환공이 말했다.

"개방(開方)은 어떤가?"

관중이 답했다.

"아버지를 배반하여 임금의 비위를 맞췄으니 사람의 인정상 가까이 하기에는 어렵다(難近)고 봅니다."

환공이 말했다.

"수조(豎刁)는 어떤가?"

관중이 답했다.

"스스로 거세하여 임금의 비위를 맞췄으니 내 몸과 같이 여기기에는 어렵다(難親)고 봅니다."

관중이 죽고 나서 환공은 이 세 사람을 썼고, 이들은 권력을 마음대로 행사했는데 환공이 죽자 역아가 수조와 함께 (궁중에) 들어가 내총 (內寵-권세가 있는 환관들)의 도움으로 여러 대부들을 죽이고 공자 무궤 (無詭)를 임금으로 세웠다. (이때 효공(孝公)은 송나라로 도망갔다.)

송나라가 제나라를 정벌하자 제나라 사람들은 무궤를 죽이고 효공을 임금으로 세웠다. 효공이 죽자 그 동생 반(潘-소공(昭公)이다)이 개방의 도움을 받아 효공의 아들을 죽이고 자신이 왕위에 올랐다.


신이 가만히 살펴보겠습니다. 간사한 소인들은 임금의 총애를 얻으려고 하기에 앞서 반드시 임금의 마음에 딱 맞는 짓을 해서 기쁘게 해주어 친하게 된 다음에야 그 나쁜 마음을 마음대로 풀어냅니다.

역아는 자기 자식을 죽여 그것을 과시함으로써 환공을 기쁘게 해주었습니다. 그랬을 때 환공은 대개 "이는 그 자식을 사사로이 아끼는 대신에 반드시 나에게 충성을 다하려 한 것이다"라고 말했습니다. 개방은 아버지를 배반하여 그것을 과시함으로써 환공을 기쁘게 해주었습니다. 그랬을 때 환공은 대개 "이는 그 아버지를 사사로이 사랑하는 대신에 반드시 나에게 충성을 다하려 한 것이다"라고 말했습니다. 수조는 스스로 거세하여 그것을 과시함으로써 환공을 기쁘게 해주었습니다. 그랬을 때 환공은 대개 "이는 자신의 몸을 아끼지 않는 대신에 반드시 나에게 충성을 다하려 한 것이다"라고 말했습니다.

그렇지만 이 모든 경우에서 환공은 사람의 정이란 자신이 사랑하는 바를 사랑할 줄 안 다음에야 그것을 미루어 헤아려 사랑하지 않는 바에도 미치게 한다는 것을 알지 못했습니다. 그래서 두터이 해야 할 것을 엷게 한다면 엷게 하지 않는 바가 없게 될 것이니, (실제로) 그들은 자식이 있는데 그를 죽였고, 아버지가 계신데 아버지를 배반했고, 자기 몸이 있는데 스스로를 해쳤습니다. 이는 사랑해야 할 바를 사랑하지 않은 것이니 어찌 제대로 자신의 임금을 사랑할 수 있을 것이며, 두터이 해야 할 것을 엷게 한 것이니 어찌 제대로 자신의 임금을 두터이 할 수 있겠습니까?

(그런데도 그들이) 이처럼 했다는 것은 단지 임금의 비위를 맞춤으로써 자신들의 큰 욕심을 구하려 한 것일 뿐이니 어찌 그것이 사람의 (사람다운) 정이겠습니까? 옛 사람들은 새끼 사슴을 놓아준 일〔放麑〕방예의 이야기[1]를 통해 나라를 맡길 만한 사람이 누구인지를 알았다고 하니 무릇 한 명의 서예도 차마 하지 못하는 바를 통해 그 어짊을 알 수 있습니다. 이 때문에 나라를 맡길 만하다고 한 것입니다.

그러나 환공은 세 사람의 속마음〔情〕정을 제대로 살피지 못했고, 서둘러 재상에 임명하고 싶은 욕심에 관중이 말했던 것도 듣지 않고서 마침내 그들에게 권력의 칼자루를 맡겼습니다. 결국 (환공이 아꼈던) 여러 대부들을 죽이고 환공이 원하지 않았던 무궤를 세운 것은 역아와 수조였고, 효공의 아들을 죽이고 그 자리에 어울리지 않는 동생을 세운 것은 개방이었습니다. 제나라는 그 후 30여 년간 대혼란에 빠져들었으니 예전에 환공의 비위를 맞추려 했던 자들이 마침내 임금의 지반을 망쳐놓았기 때문에 그렇게 된 것입니다.

1) 『한비자』에 나오는 이야기로 맹손씨가 사냥을 할 때 새끼 사슴을 잡아 진서파에게 맡겼는데 어미 사슴이 따라오자 진서파가 새끼 사슴을 놓아 주었다. 그래서 맹손씨는 진서파를 아들의 스승으로 삼았다.

(『전국책』) 조나라 효성왕(孝成王) 때에 한 빈객이 왕을 알현하고서 말했다.

"세상에는 이른바 상옹(桑雍)[1]이라는 것이 있는데 왕께서는 그것을 아시는지요?"

왕이 말했다.

"아직 들어보지 못했다."

빈객이 말했다.

"이른바 상옹이라는 것은 바로 임금의 좌우에 있는 측근과 부인과 나이 어린 미녀와 환관들을 말하는 것입니다. 이들은 다 임금께서 취하거나 혼매한 틈을 타서 임금으로부터 자신들이 원하는 바를 얻어내려 할 뿐입니다. 이리하여 그들이 안에서 마침내 자신들이 원하는 것을 얻게 되면 대신들은 밖에서 법을 굽혀 똑같은 짓을 합니다. 그래서 해와 달도 그들의 겉만 비출 뿐 임금을 해치는 적은 정작 그 안에 있는 것입니다. 그러니 미워하는 자에 대해 늘 방비를 갖추는 것은 물론이고 재앙은 임금께서 사랑하시는 바에 있다는 것을 유의하시기를 바랍니다."

<br>

신이 가만히 살펴보겠습니다. 이때 건신군(建信君)이 임금에게 큰 총애를 받고 있었으니 빈객이 말한 '바로 임금의 좌우에 있는 측근과 부인과 나이 어린 미녀와 환관들'이란 실은 건신군 한 사람을 지목하고 있다고 볼 수 있습니다.

뽕나무 속에 나무좀[蠹]이 있으면 우툴두툴한 모양[磈磓之形]이 겉으로 드러나니 이는 마치 사람 속에 병이 생기면 겉으로 등창[癰]이
두                               외외 지 형

옹

피는 것과 같습니다. 측근에서 아첨을 일삼는 무리들은 아무도 모르게 임금의 좌우로 다가가 임금의 마음을 미혹시킵니다. 임금의 마음이 안에서 좀먹어 들어가면 언행의 결함〔疵〕과 정치의 실정〔失〕이 훤하게 다 겉으로 드러나 가릴 수가 없게 됩니다.

무릇 임금의 다움〔君德〕이 맑고 밝으면 사사로운 접근〔私謁〕은 애초에 생각도 할 수 없고, (반대로 임금이) 술에 빠져들어 마음과 뜻이 혼매하고 황폐하면 소인들이 그것을 틈타 자신들의 사특한 욕심을 채우려 하고, 또 이미 그렇게 되고 나면 궁궐 밖에서는 대신들도 법을 굽혀가면서 그 행태를 그대로 따르게 됩니다. 대체로 대신들의 충성스럽지 못함이나 바르지 못함은 임금의 측근들과 더불어 서로 안팎이 되어 가까워지고 배우는 데서 비롯됩니다.

해와 달이 밝은데도 달빛〔蟾蜍〕이 그것을 잡아먹는 것은 비유하자면 임금이 밝아도 측근이나 소인들이 능히 그것을 해칠 수 있다는 뜻이니 이는 재앙〔禍〕이란 것은 속에 숨어 있어 알 수가 없기 때문입니다.

평상시에 사람이 미워하는 것에 대해 삼가 방비를 갖춰야 할 뿐만 아니라 그 사랑하는 바에는 쉽게 홀릴 수 있으니 방비를 갖추지 않으면 화란의 싹이 종종 그 홀린 바로부터 시작된다는 것을 알지 못할 수 있습니다.

제나라 환공은 (생전에) 능히 그 강대한 초나라도 굴복시킬 수 있었지만 그가 죽고서 제나라를 어지럽게 만든 것은 세 명의 간신〔豎〕이었지 초나라가 아니었습니다. 진시황은 능히 그 강대한 오랑캐를 무찌를 수 있었지만 그가 죽고서 진나라를 멸망케 한 것은 중거부령 조고(趙高)이지 오랑캐가 아니었습니다.

달빛이 달을 잡아먹는다는 것은 옛날부터 하던 말인데 언관들이 주로 이 말을 빌려 임금을 일깨워주려는 비유로 썼습니다. 즉 아첨꾼들이 임금에게 몰래 가까이 다가가서 자신의 몸을 의탁하여 임금에게 재앙을 끼치는 것이 마치 달빛이 달에 의탁하여 능히 그 달을 잡아먹는 것과 같다는 것입니다. 그 말하고자 하는 바가 지극히 간절하고 그 끌어들인 비유가 심히 절절하니 임금 된 자가 이를 잘 살펴보면 (임금 자리에 있다는 것이) 두렵지 않을 수 없을 것입니다.

1) 이는 점치는 방법 중의 하나다. 원래 상옹이란 뽕나무에 사는 벌레인데 이 벌레가 있으면 나무를 갉아먹어 결국 죽게 된다는 뜻으로 겉으로는 드러나지 않으면서 속으로 병들게 하는 것을 말한다.

(『자치통감』) 한나라 애제 때 동현(董賢)은 외모가 아름답고 준수해 스스로 좋아했는데〔自喜〕 황제가 불러서 이야기를 해보고는 황문랑(黃門郞)에 임명하였다. 이때부터 총애를 받기 시작해 황제가 궐 밖을 나설 때는 참승(參乘)[1]하고 들어와서는 좌우에서 시중을 드는데 열 달 사이에 상으로 받은 것이 거만(鉅萬)이었고 황제로부터 귀하게 대우받은 것은 조정을 떨게 할 정도였다.

동현은 성품이 부드럽고 남의 비위를 잘 맞추어 아첨을 잘하니 지위를 굳건히 하여 황상은 수시로 욕실을 선물로 내렸고 대궐 밖으로 못 나가게 하여 동현은 항상 궁중에 머물면서 황상의 의약(醫藥)을 챙겼다. 그리고 황상은 장작대장(將作大匠-토목 책임자)에게 조서를 내려 동현을 위해 큰 저택을 지어주도록 했는데 토목 공사에 들인 공은 최고의 기교를 다했다. 또 어린 하인들을 내려주고 내리는 상은 끝이 없었으며 각종 무기와 상방(上方)의 진귀한 보배들을 하사하니 그동안 골라놓은 물건 가운데 최고의 것들은 다 동씨의 집에 있었고 타고 다니는 마차나 입고 다니는 옷은 황제에 버금갔다.

그리고 황상은 동현을 고안후(高安侯)에 책봉하고 대사마 및 위장군(衛將軍)을 삼았는데 이때 그의 나이 22세로 비록 삼공이 됐다고는 하나 늘 궁궐 안에서 일을 맡아 상서(尚書)의 일을 관장하니 백관들은 (반드시) 동현을 통해 황상에게 일을 보고했다.

애제가 세상을 떠나자 태후는 즉시 책서를 내려 동현의 작록을 빼앗았다. 동현은 바로 그날 자살했으며 동현의 집안 사람들은 합포현으로 옮겼다. 관리가 가서 정리한 동현의 재산은 모두 사십삼 만이었다.


신이 가만히 살펴보겠습니다. 한나라 때 아첨하는 신하〔佞幸之臣〕가 많았지만 그 받은 총애가 크고 지극히 귀하게 된 신하로
<small>영행 지 신</small>
는 동현만 한 자가 없습니다. 황제로부터 이 같은 총애와 존대를 받을 수 있었던 이유는 성품이 부드럽고 남의 비위를 잘 맞추고 아첨을 잘하여 지위를 굳건히 한 때문일 뿐입니다.

이때 산이 무너지고 지진이 일어나고 일식이 하루아침에 세 번씩 나타나자 승상 왕가(王嘉)는 이것을 빌려 현능한 신하들을 총애하여 그 같은 천재지변에 응할 것을 상소했고, 백홍(白虹)이 해를 범하고[2] 연일 흐린데도 비가 오지 않는 것을 빌려 (간대부) 포선(鮑宣)도 같은 취지의 상소를 올렸습니다. 무릇 임금이 한 명의 아첨하는 신하만 가

까이 해도 하늘이 징계하는 바가 이와 같으니 두려워하지 않을 수 있 겠습니까?

왕가는 이렇게 말했습니다.

"마땅히 앞 시대의 일들을 깊이 살피셔서 동현에 대한 총애를 절제 하시어 그의 생명을 온전히 지킬 수 있도록 하셔야 합니다."

포선도 이렇게 말했습니다.

"진실로 동현을 애달프게 여기시려면 마땅히 하늘과 땅에 사과하여 해내(海內)의 원한을 풀어주어야 하니 그를 면직시켜 그의 봉국으로 돌려보내면 동현 부자는 그 성명(性命)을 끝까지 할 수 있을 것입니다."

두 신하의 말은 지극히 조심스러우면서〔惓惓〕간절하여〔懇懇〕임금 에게 충성을 다하는 데 그치지 아니하고 아첨하는 신하까지 보전하려 했으나 황제는 총애하는 사사로움에 빠져 충성스러운 말을 배척하고 듣지 않았습니다. 바야흐로 동현은 현능한 신하들을 제거하며 삼공에 까지 이르렀으니 기둥이 휘고 솥이 엎어지는 것을 미리 막지 못한 것 이라 하겠습니다.

황제는 어찌 그 부드럽고 간사스러운 아첨이 곧 큰 악을 저지르는 것으로 이어지리라는 것을 몰라서 그랬겠습니까? 하지만 황제는 숨어 서 일을 꾸미는 자질이 결국은 권력을 마음대로 하고 일을 자기 뜻대 로 좌우하여 큰 해악을 끼친다는 것은 몰랐습니다.

한나라의 대업은 이미 이때부터 크게 무너져내렸고 현능한 신하들 도 주륙을 면치 못했으니 대개 아첨꾼을 가까이하고 어질고 현능한 신하를 멀리하게 되면 그 재앙은 반드시 이처럼 되는 것입니다. 그러 니 임금들은 반드시 이 점을 힘써 경계해야 할 것입니다.

1) 황제가 수레에 오르면 그 옆에 함께 올라 시종하는 것을 말한다.

2) 백홍이란 해 주변에 흰 기운이 서리는 것인데 그것이 해를 범했다는 것은 신하가 임금을 범한다는 뜻이다.

---

(『자치통감』) 한나라(후한) 영제 때에 장차 (큰 정원인) 필규원(畢圭苑)과 영곤원(靈昆苑)을 조성하려 하자 사도 양사(楊賜)가 간언을 올렸다.

"마땅히 하나라 때 우왕이 궁궐을 낮춰 지은 뜻을 깊이 생각하시어 백성들의 노고를 위로하셔야 합니다."

이에 황제는 공사를 중단할 뜻을 갖고서 시중 임지(任芝)와 낙송(樂松)에게 묻자 그들은 이렇게 답했다.

"문왕의 정원은 (사방) 백 리인데도 사람들이 작다고 여겼고, 제나라 선왕의 정원은 오 리인데도 사람들이 크다고 여겼습니다. 지금 백성들과 더불어 그것을 함께하신다면 정사(政事)에 아무런 해가 되지 않을 것입니다."

이에 황제는 기뻐하며 드디어 공사를 강행했다.

---

신이 가만히 살펴보겠습니다. 양사는 곧은 신하[直臣]입니다. 하나라 우왕의 고사를 끌어들여 임금에게 간언을 올렸는데 영제는 그의 말을 받아들이지 않았습니다. 임지와 낙송은 아첨하는 신하[佞臣]입니다. 문왕을 끌어들여 임금에게 아첨했는데 영제는 그의

말을 받아들였습니다.

대개 쓴 말(苦言)은 받아들이기 어렵고 단 말(甘言)은 쉽게 시행이
되는 것은 그 때문입니다. 문왕의 정원(囿)이 백 리라는 것은 원래 경
전에 나오는 것이 아니고 전해져 오는 것이 그렇다는 것입니다. 맹자가
바야흐로 그 이야기를 한 것은 제나라 임금으로 하여금 백성들과 더
불어 즐거움을 함께하라(與民同樂)고 설득하기 위해서였습니다.

(맹자는 말했습니다.) "(문왕의 정원에는) 꼴 베고 나무 하는 사람들도
맘대로 드나들고 꿩과 토끼를 사냥하는 사람들도 맘대로 드나들었으
니 백성들이 그것을 작다고 여긴 것은 진실로 당연하지 않겠습니까?"

그리고 문왕의 일을 예로 들어 이렇게 말했습니다.

"늙어서 부인이 없는 사람이 홀아비(鰥)요, 늙어서 지아비가 없는
사람이 과부(寡)요, 늙어서 자식이 없는 사람이 무의탁 노인(獨)이요,
어린데도 부모가 없는 사람이 고아(孤)입니다. 이 네 가지는 세상에서
가장 곤궁한 백성이자 어디 하소연할 데도 없는 자들입니다. (그래서)
문왕께서 힘써 정사를 행해 인(仁)을 베풀 때 반드시 이 네 부류의 사
람들을 먼저 했습니다."

또 말했습니다.

"(옛날에 문왕께서 주나라의 옛 땅인 기(岐) 땅을 다스릴 때) 농사짓는
자에게는 9분의 1을 세금으로 받았고, 벼슬하는 자에게는 대대로 녹
봉을 주었으며, 저수지를 파거나 고기잡이 하는 것을 금하지 않았고,
죄인을 처벌할 때는 처자식은 벌하지 않았습니다."

문왕이 백성을 사랑하는 바가 이와 같았으니 비록 정원이 크다고
해도 백성들이 그것을 작다고 여겼던 것입니다. 영제에게 제대로 충성
스럽고 현명한 말을 하려 했다면 반드시 이렇게 했어야 할 것입니다.

"폐하께서는 문왕의 어진 정치[仁政]를 능히 다하셨다고 할 수가 없습니다. 원컨대 일단은 백성을 사랑하는 일을 급히 하시고 스스로를 받드는 일은 천천히 하셔야 합니다."

만일 이렇게 했더라면 황제에게 유익했을 것입니다. 그러나 임지와 낙송 두 신하는 마침내 옛일을 요상하게 끌어들여 임금을 기쁘게 하는 데 급급해 이른바 임금의 나쁜 점을 끌어내었습니다. 이리하여 황제의 혼매함과 두 신하의 아첨이 만나 결국 재앙과 낭패로 이어졌으니 마땅하다고 하겠습니다.

(『자치통감』) 북제의 시중 화사개(和士開)는 제나라 임금[主]¹⁾에게 총애를 받는 것이 심했는데 간사하고 아첨하는 술수가 너무도 다양하여 [百端] 총애가 날로 커졌다. 좌우에서 황제를 모실 때마다 말과 행동이 아주 비열하고 무례했는데 밤낮없이 이어지니 임금과 신하의 예가 없어지다시피 했다. 이때를 전후하여 그가 상으로 하사받은 것은 이루 다 기록할 수가 없다. 일찍이 그가 황제에게 말했다.

"예로부터 제왕들은 다 국토를 회복하려고 했으니 요순이나 걸주가 결국은 또 무엇이 다르겠습니까? 폐하께서는 마땅히 나이가 젊고 혈기 왕성하시니 뜻한 바를 다 이루는 것을 즐거움으로 삼으십시오. 하루에 즐거움을 다 얻는 것은 천 년에 맞먹습니다. 나라의 일을 대신들에게 맡긴다고 하여도 어찌 잘못될까 염려하십니까? 아무것도 하지 않으셔도 대신들은 스스로 힘써 맡은 바 일을 다 해낼 것입니다."

황제는 크게 기뻐하며 관작과 채용은 대신들에게 위임하고 본인은 삼사일에 한 번쯤 잠깐 조회를 보고 나면 다시 내전으로 들어가 오로지 성색(聲色)만을 즐겼으니 조정과 정사는 날로 문란해졌다.

　　신이 가만히 살펴보겠습니다. 화사개가 북제 임금에게 아첨한 방법은 (진나라 때) 조고와 이사가 2세 황제를 옭아매는 것과 똑같은 것입니다. 이사와 조고는 그렇게 함으로써 진나라를 망하게 했고 화사개 역시 이렇게 하여 북제를 망하게 했습니다.

옛 사람들은 향락에 빠지는 것을 짐독(鴆毒)으로 여겼는데, 짐독을 마시는 자는 반드시 죽습니다. 마찬가지로 향락에 빠지는 자는 반드시 망하게 돼 있으니 경계하지 않을 수 있겠습니까?

　1) 무성제(武成帝)를 황제라 하지 않고 그냥 임금이라고 한 것은 북제가 오랑캐가 세운 나라라고 본 때문이다.


(『자치통감』) 당나라 태종이 일찍이 금중(禁中-대궐 안)의 나무를 구경하다가 "나무가 아름답구나"라고 하니 우위대장군 우문사급(宇文士及)이 옆에서 탄미(歎美)하기를 그치지 아니하자, 태종이 정색하고 말했다.

"위징이 일찍이 나에게 간사한 사람을 멀리하라고 권했는데, 간사한 사람이 누구인지 알지 못했더니 오늘에서야 참으로 알겠구나."

이에 우문사급이 사과했다.

"남아(南衙-간쟁을 담당하는 부서)의 여러 신하들이 면대하여 폐하의 뜻을 꺾고 조정에서 다투어, 폐하가 손 한번 마음대로 들지 못하는데, 지금 신이 다행히 좌우에 모시고 있으면서 뜻을 받들어 고분고분하지[將順] 않으면 비록 귀하기가 천자라 할지라도 또한 무엇이 즐겁겠습니까?"

이에 태종이 노여움을 풀었다.


사관은 말했다. "태종은 우문사급이 아첨하여 말장난하는 것을 알고서 스스로 화를 풀긴 했지만 배척하지는 못했으니 (당 태종처럼 사람 보는 눈이) 뛰어나지 못해 중간 정도 되는 임금은 고도의 아첨에 현혹되지 않으려 해도 어렵겠구나!"


신이 가만히 살펴보겠습니다. 범조우가 말했습니다.

"위대한 우왕이 말하기를 '교묘한 말과 좋은 낯빛을 꾸미는[巧言令色] 간사한 아첨꾼[孔壬]을 어찌 두려워하겠는가'라고 했고, 공자는 말하기를 "아첨꾼[佞人]은 위태롭다"고 했다. 아첨을 하는 자는 아첨하는 말로 윗사람을 기쁘게 하여 고분고분 따를 뿐이니 그런 자를 가까이 하면 위태로움에 이르게 되는 것은 어째서인가? 그런 아첨꾼들은 의리가 어디에 있는 것인지는 알지 못하고 오직 이익만을 따르기 때문이다. 이익이 임금과 아버지에게 있으면 임금과 아버지[君父]를 따르다가도 이익이 권신(權臣)에게 있으면 권신에게 가서 붙고 이익이 적국에 있으면 적국과 내통하고 이익이 오랑캐에게 있으면 오랑캐와 친해진다. 그래서 이익이 있으면 따르고 이익이 사라지면 어기니 임금과 아버지에게라도 다를 바가 없다.

충직한 신하는 그렇지 않다. 의리를 따르지 임금이라 해서 따르지 않고 도리를 따르지 아버지라고 해서 따르지 않는다. 그래서 임금으로 하여금 의롭지 못한 데 빠지지 않게 하고 아버지로 하여금 도리가 아닌 데 들어가지 못하게 하는 것이다. 그래서 (의리가 아니고 도리가 아니면) 임금과 아버지의 명이라도 따르지 않는 경우가 있지만 그렇게 함으로써 장차 임금과 아버지를 편안케 하는 것이다.

이처럼 임금이 의롭지 못할 때는 따르지 않는데 하물며 권신이야 무슨 더 할 말이 있겠는가? 아버지가 의롭지 못할 때는 따르지 않는데 하물며 다른 사람들이야 무슨 더 할 말이 있겠는가?

옛날에 아첨꾼들은 그 처음에는 교묘한 말과 좋은 낯빛을 꾸미지 않는 바가 없더라도 반드시 패역(悖逆)하는 마음을 품지는 않지만 우환과 실패에 이르면 하지 못하는 짓이 없었다. 결국은 임금을 시해하고 나라를 망하게 하는 것이 다 처음에 아첨하는 말로 윗사람을 기쁘게 하여 고분고분 따르는 것에서 비롯됐다."

이제 신이 말씀드리겠습니다. 아첨하는 신하의 해로운 점은 범조우가 빠짐없이 다 진술했습니다. 우문사급의 말은 심히 임금에게는 짐독이 되는 것입니다.

임금이 지극히 밝을〔盛明〕 때에는 충성스럽고 곧은 말이 조정을 가득 채워 임금의 말과 행동에 작은 차이만 있어도 그 즉시 경계하는 말이 따르게 되니 천자라는 귀한 지위에서는 마땅히 무료할 것 같지만 늘 그 몸을 지극히 편안하고 지극히 영예로운 데에 두게 됩니다.

(반대로) 임금이 혼매하고 어지러울 때에는 아부하고 알랑거리는 말

들이 귀를 꽉 채워 사치를 다하고 욕심에 이끌려 다니는데도 밑에서는 아무도 감히 말을 하지 못하니 천자라는 귀한 지위에서는 마땅히 뜻대로 다하는 것[適意] 같지만 늘 그 몸을 지극히 위태롭고 지극히 험난한 데에 두게 됩니다.

그렇다면 임금은 장차 어느 것을 택해야 하겠습니까? 우문사급 같은 자는 망한 수나라의 잔챙이[餘孽]이니 심하게 책망할 것도 없습니다. 참으로 애석해야 할 것은 태종이 그 아첨하는 것을 알면서도 그를 버릴 줄은 몰랐다는 것입니다.

이상은 간사한 신하[1]가 주군을 옭아매는 사정을 논했습니다.

1 아첨하여 임금의 총애를 받는 신하[佞幸之臣]이다.

━━━━◆━━━━

(『사기』) 한나라 무제 때 낙양 상인의 아들인 상홍양(桑弘羊)은 암산이 뛰어나다는 이유로 13세 때 시중이 됐고 후에 치속도위(治粟都尉)가 되어 대농(大農)의 일을 주관하며 천하의 소금과 철을 모두 관장했다.

상홍양이 여러 관청들로 하여금 각자 사고팔게 하여 서로 경쟁을 시키니 물가가 그 때문에 뛰어오르고 천하에서 조세를 운송하는데 어떤 때는 그 운송비도 충당할 수 없었다. 이에 대농부승(大農部丞) 수십 명을 배치하여 각각 나눠 군국(郡國)의 업무를 주관하게 하고서 각자 자신들이 가는 곳곳의 현에 균수관(均輸官)과 염철관(鹽鐵官)을 두도록 했다. 그리고 장안에서 멀리 떨어진 곳의 지방관으로 하여금 각자 물가가 비쌀 때 상인들이 사고파는 값에 부세를 매기고 균수관이 일괄적으로 매매함으로써 서로 교류할 수 있도록 했다.

경사(京師-수도인 장안)에는 평준관(平準官)을 두어 천하 각지에서 위탁해 오는 물품들을 받아들이고 공관(工官)들을 불러 수레와 각종 물건들을 제조토록 하면서 모든 비용은 대농에서 받아가도록 했다. 이렇게 해서 대농의 여러 관리들은 천하의 화물을 다 장악하여 비싸지면 이를 팔고 싸지면 이를 사들였다. 이렇게 하면 부상(富商)이 큰 이익을 취할 수 없게 되니 근본인 농업으로 돌아가게 되어 온갖 물건값이 지나치게 비싸지지 않도록 했다. 그래서 천하의 물건값을 누른다 하여 이름을 평준법(平準法)이라 하였는데 천자가 옳다고 여겨 이를 허락하니 민간에게서 부(賦)를 늘리지 않아도 천하가 (재용을) 넉넉하게 쓸 수 있었다.

이해에 가뭄이 계속되자 황상은 관원들로 하여금 비를 내리게 할 수 있는 방책을 찾으라고 했다. 복식(卜式)이 말했다.

"현관(縣官-조정)에서는 마땅히 조세를 가지고 먹고 입을 뿐인데 지금 상홍양이 관리들로 하여금 시장에 나가 가게를 열어놓고 물건을 팔아 이익을 구하게 하고 있으니 상홍양을 팽형(烹刑)에 처해야 하늘이 마침내 비를 내릴 것입니다."


🪨　　　신이 가만히 살펴보겠습니다. 상홍양의 균수법은 음으로 상인들의 이익을 빼앗아 그 혜택이 조정에 돌아가게 함으로 해서 천자를 위하되 백성에게는 원망을 산 것일 뿐이니 상하가 모두 만족할 만한 것은 아니었습니다. 복식의 말은 상홍양이 저지른 죄에 딱 맞는

것이라 할 수 있습니다만 무제는 그것을 제대로 살피지 못했습니다. 그리고 우리 송나라에 들어와서는 희녕(熙寧) 연간에 재상 왕안석(王安石)도 상홍양의 옛 지략을 배워 시역법(市易法)[1]을 입안했고, 또한 말하기를 재물을 잘 관리하면 부세를 늘리지 않고서도 황상이 재용을 풍족하게 쓸 수 있다고 했습니다. 그러자 사마광은 이렇게 반박했습니다.

"천하에 어찌 그 같은 이치가 있을 수 있습니까? 하늘과 땅에서 생산해 낸 재화와 수백 가지 물건들은 백성에게 있지 않다면 관청에 있을 것입니다. 이를 비 내리는 것에 비유하자면 여름에 장마가 지고 가을에 가물어도 부세를 더 걷지 않고 황상의 재용은 풍족하게 할 수 있다는 것인데 이는 이상한 법을 만들어 은밀하게 백성들에게 가야 할 이익을 빼앗는 것입니다. 그것은 부세를 더 걷는 것보다 해악이 심합니다. 이는 마치 (한나라의) 상홍양이 무제를 속였던 말과 똑같습니다. 태사공(太史公-사마천)이 그런 내용을 글로 써서 무제에게 보이고 깨우쳐주었어야 했습니다."

아! 사마광의 이 말은 예나 지금이나 지극히 맞는 말입니다. 후세에 말로써 이익을 가져다주겠다는 신하가 있으면 임금 된 자는 사마광의 이 말로써 그것을 잘 살펴야 할 것입니다.

1) 큰 상인들이 시장을 농단하는 것을 제한하고 중소 상인에게 돈을 빌려주어 조정의 재정 수입을 증가시키기 위한 법이다.

(『자치통감』) 당나라 현종 개원(開元) 연간에 호부시랑 우문융(宇文融)은 성품이 치밀하고 민첩하며 사람을 대할 때 구변이 좋은 데다가 이재(理財)와 세금 문제에 밝아 황상으로부터 총애를 얻었다. 처음에는 여러 관리들을 널리 배치하여 경쟁적으로 세금을 끌어모았다. 이 때문에 백관들은 점점 할 일이 없어졌고 황상의 마음은 더욱더 사치하는 쪽으로 옮겨갔으며 백성들은 모두 근심과 고통에 시달려야 했다.

그리고 우문융이 실패하자 이번에는 양신긍(楊愼矜)이 총애를 얻었고 이에 위견(韋堅-태자비의 오빠)과 왕홍(王鉷)의 무리들이 경쟁하듯 이익을 향해 나아가니 백사(百司) 가운데 이권이 있는 곳은 점점 따로 사직(使職)[1]을 두고서 그것을 관장했다.

천보(天寶) 연간 초에 위견이 관리가 되어 일을 빨리 처리한다〔幹敏〕는 칭찬을 듣게 되자 황상은 그에게 장강과 회수의 조세 운반을 감독하도록 했다. 위견은 산수(滻水)의 물을 끌어들여 금원(禁苑)의 동쪽에 있는 망춘루(望春樓) 아래까지 이르게 하여 연못을 만들고 장강과 회수의 운반선의 역부(役夫)들과 장인들로 하여금 조거(漕渠-조운을 위한 하구다)를 통하게 했는데 백성들의 무덤을 허물어버리는 바람에 장강과 회수에서부터 경성(京城-장안)에 이르기까지 백성들 사이에서 마음이 돌아서고 근심에 잠겨 원망함이 컸으나 2년 만에 완성됐다.

황상이 망춘루에 행차하여 새로 조성한 연못을 구경했다. 위견이 새로 만든 선박 수백 척에다가 군(郡)의 명칭을 두루 써붙이고 각자의 군에서 나오는 진귀한 재물과 보배들을 선박 뒤쪽에 늘어놓았는데 섬현(陝縣-허난성 싼먼샤시) 현위 최성보(崔成甫)가 반소매로 된 비단 옷을 입고 푸른 적삼을 바짓가랑이에 찔러 넣어 옷을 벗어젖힌 채 머리에는 붉은 머리띠를 하고서 배의 앞머리에 앉아서 득보가(得寶歌)라는 노래를 불렀고, 아름다운 여인 100명으로 하여금 화려한 옷차림을 하도록 하여 이에 화답하게 했다. 이때 이어진 돛대가 여러 리(里)였다. 위견은 무릎을 꿇고 여러 군에서 온 경화(輕貨)2)를 올렸으며 이어 100개의 상아 쟁반에 음식을 올렸다. 황상이 잔치를 벌였는데 하루 종일 걸려서야 마침내 철폐했고 구경하는 사람들이 산처럼 모였다.

위견에게 좌산기상시 벼슬을 더해주고 그의 요속과 이졸들에게는 차등을 두어 칭찬하며 상을 내렸는데 그 연못의 이름도 광운(廣運)이라고 지어주었다.


호부낭중(戶部郎中) 왕홍이 호구색역사(戶口色役使)3)가 됐다. 황상이 재위한 지 오래되자4) 씀씀이가 날로 사치해지고 후궁들에게 내리는 상에도 절제함이 없었고, 좌우의 장(藏-국고)에 있는 것을 헤아리려고도 하지 않고 마구 가져갔다.

왕홍은 황상의 뜻을 탐지해 내어 해마다 진공하는 액수 이외에 100억 만을 따로 챙겨서 내고(內庫)에 비축해 두고 궁중에서 여는 잔치와 하사품으로 제공하면서 말했다.

"이것은 모두 조용조(租庸調)에서 나온 것이 아니며 나라 경비에는 포함되지 않습니다."

황상은 왕홍이 나라를 부유하게 할 수 있다고 여겨 그를 더욱 후하게 대우했다. 왕홍은 가죽을 벗기고 살을 베어내어서 아끼려는 것이었기 때문에 안팎에서 탄식하며 원망했다.

탁지랑(度支郎) 양쇠(楊釗-양귀비의 사촌오빠)는 황상이 속으로 좋아하는 것과 싫어하는 것을 잘 엿보아 그에게 딱 영합했기 때문에 세금을 긁어 들이면서 빠르게 승진해 한 해 동안 15개가 넘는 사직(使職)을 관장했다. 급사중으로 승진하고 어사중승을 겸하면서 탁지에 관한 일을 홀로 맡아 처리하니 총애가 날로 융성해졌다.

천보 8년(749년) 봄 3월에 황상은 백관을 이끌고 좌장(左藏)을 둘러보면서 관직에 따라 차등을 두어 비단을 하사했다. 이때 (지방의) 주현(州縣)들은 재물이 넉넉하고 부유하여 창고에는 오곡과 비단이 쌓였는데 움직였다 하면 만(萬)을 헤아렸다.

이때 양쇠가 주문(奏文)을 올렸다.

"있는 곳에서 곡식을 팔아 경화로 바꾸고 정조(丁租)와 지세(地稅)를 거두어들여서 모두 포와 백으로 바꿔 경사로 보내도록 해야 합니다."

누차 아뢰어 창고가 가득 찬 것은 예로부터 지금까지 드문 경우라고 하니 황상이 여러 신하들을 이끌고 와서 둘러보았던 것이다. 이때 황상은 양쇠에게 자의(紫衣)와 금어(金魚)를 상으로 내렸다. 황상은 나라의 재용이 넉넉하게 되자 금과 비단 보기를 분토(糞土)처럼 여기며 총애하고 사랑하는 집안에 상을 내리기를 한도 끝도 없이 했다.


　　　신이 가만히 살펴보겠습니다. 개원(開元-당 현종) 때의 세금을 긁어모은 신하[聚斂之臣]로 그 첫 번째는 우문융이며 그를 위견이 잇고 다시 그를 왕홍이 잇고 양쇠에게서 끝납니다. 이 네 사람은 다 세금을 마구 긁어모아 백성들을 착취함으로써[掊克=掊克] 위에는 아첨했고 아래에는 원한이 맺히게 했으니 나라를 흔드는 귀신과 물여

우이며 백성을 해치는 벼멸구 같은 존재입니다. 명황제(明皇帝-당 현종)는 자신을 받들게 만들고 싶은 욕심에 그자들의 말에 기뻐하고 그자들을 총애했으며 그것이 백성들의 마음을 잃게 하는 것인 줄을 몰라 나라의 줄기〔脉=脈〕를 좀먹게 했습니다.

무릇 1천 척 가까운 배를 모으고 만 가지 재화를 산처럼 쌓은 것은 한때의 성대한 볼거리〔盛觀〕라 할 수 있겠지만 사람들을 쥐어짜고 집을 부수고 백성들의 무덤을 허물었으니 그 비참한 상황을 황제는 어쩔 수 없이 보았을 것이고, 백성들의 고통에 찬 울음소리를 황제는 어쩔 수 없이 들었을 것입니다.

또 논밭이 있으면 조(租)가 있고, 몸이 있으면 용(庸)이 있고, 집이 있으면 조(調)가 있는 것입니다.[5] 천하의 논밭에 일정한 양이 있으면 조(租)에도 일정한 양이 있고, 천하의 사람에 일정한 수가 있으면 용(庸)에도 정해진 수가 있고, 집에 매기는 조(調)도 마찬가지입니다. 그런데 정해진 양과 수 이외에 또 100억만의 수입이 있어 그것을 황상에게 따로 올려 마음대로 쓸 수 있게 했다는 것은 과연 무엇입니까?

이리하여 간신이 감히 황제를 속였는데, 황제는 그것을 살피지 못한 채 무리를 이끌고 가서 창고를 구경하고 흡족해하며 사치하는 마음이 날로 심해져 후궁과 외척들에게 내리는 하사품이 한도 끝도 없게 됐으니 이는 단돈 한 푼이라도 다 백성의 피와 땀에서 나온 것이라는 점을 생각지 않은 것입니다. 이런 생각을 했다면 어찌 차마 금과 비단 보기를 분토(糞土) 보듯이 할 수 있었단 말입니까?

훗날 변방의 장수가 군사를 일으켜 창고 안의 보배들을 모두 차지하고 왕홍과 양쇠의 무리들은 깡그리 극형을 당한 이후에 가족들이 먹을 것조차 없게 된 후에야 "재물이 (도리에) 어긋나게 들어오게 되면 반드

시 어긋나게 나가게 된다〔貨悖而入者必悖而出〕"[6]는 것을 깨달았으니
세금을 긁어모은 신하〔聚斂之臣〕의 죄가 도적과도 같은 신하〔盜臣〕보
다 심하다고 하겠습니다. 아! (반드시) 경계해야 할 것입니다.


1) 중앙에서 지방에 파견하는 관리다.

2) 비단처럼 무게가 별로 안 나가는 공물들이다.

3) 전국의 호구와 노동력을 관리하는 직책이다.

4) 이때 34년째다.

5) 조(租)는 토지에 부과하여 곡물을 징수하고, 용(庸)은 사람에게
   부과하여 역역(力役) 또는 그 대납물(代納物)을, 조(調)는 호(戶)
   에 부과하여 토산품을 징수했다.

6) 이 말은 『대학』에 나온다.


〔『자치통감』〕 당나라 덕종 정원(貞元) 8년에 사농소경(司農少卿) 배연
령(裴延齡)을 판탁지사(判度支事-탁지 판사라고도 한다)로 삼았다.

이듬해 배연령이 주문을 올렸다.

"여러 주(州)를 검열하여 부족분 800여만 꾸러미〔緡〕를 책임지도록
했고, 위에 바치는 물건 30여만 꾸러미를 거둬들였으니 이런 물품들을
별도로 저장하는 창고를 따로 설치하여서 이를 관장하고, 더럽혀진 흰
비단은 또 다른 창고를 따로 설치하여서 이를 관장할 수 있도록 해주십
시오."

부족한 것은 모두 가난한 사람들의 몫으로 갚을 수가 없으니 헛되이 그 숫자만 있는 것이고, 바치는 물품이나 더럽혀진 비단은 모두 좌장(左藏)에 있는 하자 없는 물건들이었다. 배연령은 헛되이 따로 창고를 설치토록 하여 명목과 숫자만 늘려서 임금을 현혹했다. (그런데도) 황상은 이를 믿고서 나라를 부유하게 만들 수 있다고 여겨 그를 총애했으나 실제로는 늘어난 것이 전혀 없었고 헛되이 관리들에게 장부에만 기입하게 할 뿐이었다.

또 그다음 해(정원 10년)에 배연령이 주문을 올렸다.

"좌장고사(左藏庫司-정부 창고인 좌장고 관장 부서)에서 잃어버리고 빠트린 것이 많아 최근에 검열사(檢閱使)로 하여금 장부를 마련하도록 했는데 마침내 분토(糞土) 안에서 은 13만 냥을 찾아냈고, 또 이렇게 해서 찾아낸 필단(匹段-비단)과 여러 재화들이 1백만을 조금 넘었습니다. 이것들은 모두 다 이미 버려진 물건들이라 곧바로 세금에 포함되지 않는 잉여물[羨餘]이니 모두 마땅히 여러 창고들에 옮겨두었다가 별도의 칙령으로 지출하고 쓰도록 해야 할 것입니다."[1]

태부소경 위소화(韋少華)가 명을 따를 수 없다며 항의하는 내용의 주문[抗奏]을 올렸다.

"이것들은 모두 달마다 현재 창고에 있는 물건이라고 주문을 올려 아뢴 것들이니 청컨대 다시 헤아려가며 조사하도록 해주십시오."

황상은 허락하지 않았다. 대신 배연령이 매번 아뢰거나 대답하면서 방자하게 궤변을 늘어놓으며 속였지만 사람들은 감히 그것을 입에 담을 수도 없었고, 또 일찍이 들은 바도 없는 내용이었다. 그래서 배연령도 사람들을 의식하지 않았고, 황상도 역시 자못 배연령이 허탄하고 망령되다는 것은 알면서도 그냥 그를 남을 헐뜯고 망가뜨리는 것을 좋아하는 자 정도로 치부하면서 대신에 그로부터 바깥의 일들을 들을 수 있었기 때문에 그를 가까이 하면서 두텁게 대해주었다.

이때 재상 육지가 글을 올려 배연령의 간사스러움과 거짓됨[姦詐]을 극력 진술했는데 그 대략은 다음과 같다.

"배연령은 쥐어짜서 긁어모으는 것[聚斂]을 뛰어난 계책으로 여기고, 궤변과 거짓을 훌륭한 꾀로 여기고, 세금을 마구 거둬들여 백성을 해침으로써 원망을 받는 것을 마치 자신의 몸을 돌보지 않고 일하는 것으로 여기고, 남을 중상모략하는 것을 편안하게 생각하고, 모함에 굴복하는 것을 충절을 다하는 것이라고 여기고, 각종 전적(典籍)들에서 악하다고 하는 것을 한데 모으는 것을 지혜와 술수로 여기니 그가 간사하게 좀먹어 들어가는 것을 살펴보면 날이 갈수록 커지고 달이 갈수록 늘어납니다.

폐하께서 일시적으로 그를 보호하고 지켜주고자 하셔서 일찍이 따져 물는 일이 없었으니 배연령은 스스로 얼마든지 폐하를 가리고 현혹할 수 있다고 여기고 다시는 두려워하는 생각을 갖지 않고 있습니다. 그러면서 동쪽으로 옮기고 서쪽으로 이동시켜 자기 편한 대로 이를 업적이라 하고, 이것을 가져다가 저것에 맞춘 다음에 드디어 세금에 포함되지 않는 잉여물[羨餘]이라고 부르면서 조정을 우롱하는 것이 마치 아이들이 소꿉장난하듯이 하고 있습니다."

또 말했다.

"옛날에 조고(趙高)가 사슴을 가리키며 말이라고 했는데[指鹿爲馬] 신은 사슴과 말은 동물의 종류로 보자면 오히려 같다고 말씀드릴 수 있겠으나 어찌 배연령처럼 있는 것을 덮어 가리고서 없다고 하고, 없는 것을 가리키며 있다고 할 수 있겠습니까?"

황상은 불쾌해하면서 배연령에 대한 대우를 더욱 두텁게 했다. 그리고 얼마 후 육지를 재상에서 파직시켜 충주별가(忠州別駕)로 좌천시켰다. 그 후에 배연령이 죽었을 때 조정 안팎이 서로 측하를 하는데 황상 홀로 그를 애도하며 슬퍼했다.

신이 가만히 살펴보겠습니다. 덕종은 재위 초기에 노기와 조찬의 무리들을 등용해 간가(間架)와 맥전(陌錢)의 법을 만드는 바람에 큰 혼란(-봉천의 난)이 일어나 나라가 거의 망할 뻔하다가 겨우 극복할 수 있었습니다. 그런데 또 배연령의 간사함에 현혹되어 그를 믿고 쓰니 그의 속이고 허황한 말을 추적해 보건대 처음에는 그 허점을 찾아내기가 어렵지 않았습니다. 원래 창고에 있던 것을 살짝 옮긴 다음 그것을 세금에 포함되지 않는 잉여물이라고 속이는 수준이었으니 만일 황제가 제대로 조정 신하들 중에서 밝고 깨끗한[公淸] 자에게 명을 내려 그것을 잘 살펴서 아뢰도록 했다면 그런 속임수는 실패했을 것입니다. 좌장이 비록 부유하다고 하나 어찌 분토 안에서 13만 냥의 은과 백만여의 버려진 재화를 얻음이 이에 이르러 처음 나온 것이겠습니까?

만일 황제가 제대로 조정 신하들 중에서 밝고 깨끗한 자에게 명을 내려 그것을 잘 살펴서 아뢰도록 했다면 그런 속임수도 역시 실패했을 것입니다. 하물며 이때에는 책임의식을 갖고 그 거짓됨을 입증해 낼 실무자들이 있었고, 또 재상으로서 그 간사한 자들을 탄핵할 사람들이 있었음에도 황제는 그 어느 쪽도 시도할 생각을 하지 않았습니다. 대체적으로 간사한 자들이 쓰는 술책이 윗사람의 마음속을 좀벌레처럼 파먹어 흐리게 만들고 또 윗사람의 눈과 귀를 덮는 것이 이와 같았으니 참으로 슬프다 하겠습니다.

　배연령은 이처럼 간사했는데도 황제는 그를 총애하여 그가 죽었을 때에 오히려 참으로 애도하며 슬퍼한 반면 육지는 충성스러웠는데도 황제는 그를 배척하여 결국 죽을 때까지 다시 부르지 않았습니다. 범 조우는 덕종의 성품에 대해 말하기를 "소인과 합치되며 군자와는 구 별된다"고 했는데 어찌 그렇지 않다고 하겠습니까?

　이상은 간사한 신하¹가 주군을 옭아매는 사정을 논했습니다.


　1 세금을 가혹히 징수하는 신하〔聚斂之臣〕이다.
　　　　　　　　　　　　　취렴 지 신

　1) 배연령의 말대로라면 쓰레기 더미에 있던 비단이나 물건을 황제에
　　게 쓰라는 말인데도 덕종은 아무런 문제를 삼지 않았다.

900

**지은이** | 진덕수 眞德秀(1178~1235년)

중국 송(宋) 나라의 유학자이자 정치가로 지금의 푸젠성[福建省]인 건녕부(建寧府) 포성(浦城) 출신이다. 영종(寧宗) 때인 1199년에 진사(進士)가 됐고, 1205년에 현직 관료들을 대상으로 시행하던 시험인 박학굉사과(博學宏詞科)에 합격했다. 1225년 이후 이종(理宗)의 총애를 받아 중서사인(中書舍人), 예부시랑(禮部侍郎) 등에 임명됐지만, 재상 사미원(史彌遠)의 탄핵으로 파직됐다. 벼슬자리를 떠나 있으면서 '황제의 다움을 닦고 다스림을 보필하기 위해'『대학연의』를 집필했다. 사미원 사망 후 1234년에 다시 정계에 복귀하여 황제에게『대학연의』를 바쳤고, 호부상서(戶部尙書)를 거쳐 한림학사지제고(翰林學士知制誥)가 됐으나, 다음 해 참지정사(參知政事)에 오르고 1년이 채 되지 않은 58세에 병으로 세상을 떠났다.

조선 전기에는『대학연의』가 널리 읽혔고 조선 후기에는 그의 다른 저작인『심경(心經)』이 선비들의 필독서로 각광받았다. 그 밖의 저서로는『당서고의(唐書考疑)』『독서기(讀書記)』『문장정종(文章正宗)』『서산갑을고(西山甲乙稿)』『서산문집(西山文集)』 등이 있다.

**옮긴이** | 이한우

1961년 부산에서 태어나 고려대 영문과를 졸업하고 동 대학원 철학과 석사 및 한국외국어대 철학과 박사과정을 수료했다.《뉴스위크》《문화일보》를 거쳐 1994년《조선일보》로 옮겼다. 2002~2003년 논설위원을 지낸 후 문화부 기자로 학술과 출판 관련 기사를 썼고, 지금은 문화부장으로 근무 중이다.

10여 년에 걸쳐『조선왕조실록』을 탐독하며 조선 군주의 리더십 연구에 몰두해 온 저자는 인문학적 깊이와 감각적 필치가 돋보이는〈이한우의 군주열전〉시리즈, 즉『태종, 조선의 길을 열다』『세종, 조선의 표준을 세우다』『성종, 조선의 태평을 누리다』『선조, 조선의 난세를 넘다』『숙종, 조선의 지존으로 서다』『정조, 조선의 혼이 지다』를 펴냈고, 조선의 사상적 기반을 추적하는 데 있어 공자 사상에 주목해『논어』로 사서삼경을 풀이하는〈이한우의 사서삼경〉시리즈를 기획,『논어로 논어를 풀다』『논어로 중용을 풀다』『논어로 대학을 풀다』를 세상에 내놓아 한문학에서 정치학까지 학계의 주목을 두루 받고 있다.

또 조선 당쟁의 숨은 실력자인 구봉 송익필의 생애를 생생하게 복원하고 그 사상을 입체적으로 조명한『조선의 숨은 왕』, 조선사의 다양한 이면을 다루는『조선사 진검승부』『왜 조선은 정도전을 버렸는가』『왕의 하루』『조선을 통하다』, 고려사의 역동적 순간을 담은『고려사로 고려를 읽다』, 공자의 생애와 사상을 정리한『슬픈 공자』등도 그간의 연구 성과 중 하나다. 그 외에도『우남 이승만, 대한민국을 세우다』와 사회비평서『한국은 난민촌인가』『아부의 즐거움』등을 출간했다.

역서로는『해석학이란 무엇인가』『역사의 의미』『여성 철학자』『폭력사회』『안전의 원칙』등 역사와 사회철학 분야를 아울러 20여 권이 있다.

대학연의 上

초판 1쇄 2014년 7월 10일
초판 5쇄 2021년 11월 10일

**지은이** | 진덕수
**옮긴이** | 이한우
**펴낸이** | 송영석

**주간** | 이혜진
**기획편집** | 박신애 · 최미혜 · 최예은 · 조아혜
**외서기획편집** | 정혜경 · 송하린 · 양한나
**디자인** | 박윤정 · 기경란
**마케팅** | 이종우 · 김유종 · 한승민
**관리** | 송우석 · 황규성 · 전지연 · 채경민

**펴낸곳** | (株)해냄출판사
**등록번호** | 제10-229호
**등록일자** | 1988년 5월 11일(설립일자 | 1983년 6월 24일)

121-893 서울시 마포구 잔다리로 30 해냄빌딩 5 · 6층
**대표전화** | 326-1600 **팩스** | 326-1624
**홈페이지** | www.hainaim.com

ISBN 978-89-6574-445-0
ISBN 978-89-6574-444-3(세트)

파본은 본사나 구입하신 서점에서 교환하여 드립니다.